济南市市中区志

（1991—2006）

济南市市中区志编纂委员会　编

方志出版社
Publishing House of Local Records

图书在版编目（CIP）数据

济南市市中区志．1991—2006 / 济南市市中区志编纂委员会编．— 北京：方志出版社，2017.10
ISBN 978-7-5144-2473-7

Ⅰ.①济… Ⅱ.①济… Ⅲ.①区（城市）—地方志—济南—1991-2006 Ⅳ.①K295.21

中国版本图书馆CIP数据核字（2017）第181560号

济南市市中区志（1991—2006）

编　　者：济南市市中区志编纂委员会
责任编辑：刘　珊
出 版 人：冀祥德
出 版 者：方志出版社
地址　北京市朝阳区潘家园东里9号（国家方志馆4层）
邮编　100021
网址　http://www.fzph.org
发　　行：方志出版社图书经销中心
电话（010）67110500
经　　销：各地新华书店
印　　刷：济南黄氏印务有限公司
开　　本：889×1194　　1/16
印　　张：42
字　　数：917千字
版　　次：2017年10月第1版　2017年10月第1次印刷
印　　数：0001～3000册
ISBN 978-7-5144-2473-7　　**定价**：378.00元

济南市市中区志编纂委员会

（1991—1997年）

主　　任：	赵文朝					
副 主 任：	于界平	刘同毅	高金同			
委　　员：	张苏华	王铁志	王　军	胡灼金	宋　群	侯登凡
	胡庆德	王　建	路俊秀	周庆忠	单存珂	梁英为
	宋汝海	张忠泉	贺文萍	赵孟海	杨　杰	林　永
	吴家瑞	李顺志	杨立福	马　杰	刘民训	

济南市市中区志编纂委员会

（2005年5月）

名誉主任：	齐建中					
主　　任：	于界平					
副 主 任：	王铁志	崔学莉	刘梦海	张廷和	杨　杰	
委　　员：	周健刚	张立春	黄　伟	阎　勇	李文山	于忠建
	王者彬	张振德	苗金祥	钊凤利	周锡山	马　杰
	陈皓富	董德海	刘　宪	侯登凡	郑天全	杨景雪
	黄元俭	王书信	支元福	王福新		

济南市市中区志编纂委员会

（2007年3月）

济南市市中区志编纂委员会

（2008年1月）

济南市市中区志编纂委员会

（2011年11月）

名誉主任：孟庆斌

主　　任：王勤光

副 主 任：邵登功　　徐广玉　　李咸梁

委　　员：杨先俊　　徐先领　　张铁军　　于荣波　　郭光杰　　宿宏岭

闫志强　　张德江　　高　勇　　姜化东　　周锡山　　董德海

刘绍辉　　王靖瑶　　闫　勇　　程　伟　　周健刚　　杨景雪

夏正平　　王　放　　张　颉　　陈皓富

济南市市中区志编纂委员会

（2013年10月）

主　　任：王勤光

副 主 任：邵登功　　徐广玉　　李咸梁

委　　员：任建军　　李常青　　张军海　　于荣波　　张铁军　　宿宏岭

于冬梅　　谭国栋　　高　勇　　姜化东　　王河山　　董德海

刘绍辉　　吴乃峰　　王晓峰　　程　伟　　闫　勇　　刘书业

李善田　　付　华　　金书强　　程洪法

济南市市中区志编纂委员会

（2017年10月）

名誉主任：宋永祥

主　　任：韩永军

副 主 任：于　红　钱　城　李咸梁　孙振华

委　　员：任建军　李常青　张军海　于荣波　徐　琳　刘树明

刘伟忠　谭国栋　高　勇　姜化东　王河山　周　杰

刘绍辉　张华国　王晓峰　徐　波　刘书业　于维群

郝全义　金书强　侯　江

《济南市市中区志（1991—2006）》

编审人员

主　　审：韩永军

副 主 审：李咸梁

主　　编：侯　江

副 主 编：于继东　陈皓富　程洪法　刘民训

编　　辑：刘　静　李　伟　刘润华　李佰顺　李　丽

王维锦　刘玉萍

《济南市市中区志（1991—2006）》

审稿人员名单

于　飞	于荣波	于维群	马吉营	马兴园	马忠生
马金霞	王　伟	王　恒	王河山	王宝安	王洪翔
王晓峰	王教泉	王康金	王德东	牛纪伦	尹兆虎
左　颖	叶朝洪	田贯祯	史　青	史宏捷	朱　牧
仲崇斋	任建军	刘中泰	刘长东	刘书业	刘伟华
刘伟忠	刘红雁	刘学法	刘绍辉	闫　勇	闫书喜
闫培胜	许　强	许胜勇	孙延丰	李　涛	李广林
李良春	李宗宝	李洪涛	李常青	邹　斌	张　杰
张立春	张华国	张庆云	张军海	张敬轩	张鑫宁
陈国华	范光刚	林秀丽	金书强	周　军	周　杰
周　勇	赵跃进	郝　莉	郝全义	胡　明	胡永福
施海颖	贾汝兴	贾志岱	徐　波	徐　涛	徐　琳
徐广利	殷　洁	黄春国	尉常杰	韩元福	韩明轩
韩秉林	傅光鲁	焦卫东	温　磊	谢　洁	鲍季生
燕晓静					

序

《济南市市中区志（1991—2006）》历经十载精心编纂，即将印刷出版，这是全区人民政治文化生活中的一件大事，也是精神文明建设结出的丰硕成果，可喜可贺！

地方志承载着传统文化和历史记忆，传承着中华文明的血脉，是区域地情资料的重要载体。《济南市市中区志（1991—2006）》是1997年出版的《市中区志（1840—1990）》的续修，全面系统地记载了16年间市中区政治、经济、文化和社会各项事业的发展变化。既记述了改革开放和现代化建设取得的丰硕成果，也记述了全区发展进程中走过的不平凡历程。全书以弘扬主旋律、传播正能量为宗旨，秉承“存史、资政、育人”功能，集思想性、科学性、资料性于一体，是一部有益当代、惠及后世的重要历史文献。

区志编纂是一项繁琐的系统工程，功在当代，利在千秋。区委、区政府始终关注区志编修进程，省、市史志办公室给予了精心指导和大力支持，全区各部门做了大量的工作。具体编纂人员，克服困难，上下一心，通力合作，辛勤笔耕，修成此志。值出版之际，谨向全体编纂人员，以及关心支持本志编纂出版工作的专家、学者和社会各界人士表示感谢！

“治天下者以史为鉴，治郡国者以志为鉴”。希望此书能成为大家借鉴历史、把握规律、开创未来的一面“镜子”。“修志问道，以启未来”。希望全区人民能从中汲取力量、受到启迪，在全面建设小康社会，实现中华民族伟大复兴的中国梦的征程中，继往开来，砥砺奋进，不忘初心，加油实干，为建设国内知名、全省一流的品质之区而努力奋斗！

是为序。

中共济南市市中区委书记 

济南市市中区人民政府区长 

市中全景

麗山大厦

市中区夜景（匡松　摄影）

北部核心区

INZONE
人才济南
成就梦想

玉函立交（孙济生　摄影）

中部拓展区（匡松　摄影）

南部生态区

棚户高楼拔地起（陈长礼　摄影）

中海国际社区

华润中央公园

领秀城（袁寒松　摄影）

华润仰山别墅

漫山香墅

领秀城（匡松　摄影）

①四里村街道城管队员夜间巡查
②多功能小型机扫车作业
③机械化车辆正在进行保洁作业
④雾炮车正在作业
⑤生活垃圾收集清运
⑥皇上岭垃圾转运站

①街头花饰
②植物造型
③装扮家园（建委）
④风雪交警（闫鹏　摄影）
⑤花卉综合布展造型

巨峰葡萄

闻名全国的济丽红杏

水晶梨

鹿园

欧李

中华寿桃

脆酸枣

老家农场（戚务欣　摄影）

远眺生态园

山盛花卉

玉龙山都市农业观光园

石崮生态园现状图－菜园认领区

石固生态园全貌

悠悠古道

万达广场（张勇　摄影）

海鲜大市场

中海环宇城

舜耕国际会展中心（王平　摄影）

民康里

齐鲁七贤文化城（柳晓　摄影）

中华名优小吃城（沙利　摄影）

济南美食街牌坊（陈长礼　摄影）

交通银行

农业银行

齐鲁银行

广发银行济南分行

中国人银行

渣打银行

恒生银行

东亚银行

济南第十四中学

南上山街小学

舜玉小学

育英中学

山东省实验中学

西藏学生游趵突泉

爱都小学（融汇城小区）

舜苑学校（铁路南苑）

快乐校园（裴梦雪　摄影）

关爱（左宝驹　摄影）

2013年5月31日小学生参观区金融办打击非法集资宣传栏（裴梦雪　摄影）

八职专的“大学生”和西藏中学的“小学生”

儿童剧龟兔赛跑（匡松　摄影）

手把手（梁南书画协会）

无声的赛场（裴梦雪　摄影）

大师与幼苗（左宝驹　摄影）

庆六一活动革命传统教育

庆六一

2013年5月31日育才中学特色花鼓表演（裴梦雪　摄影）

小小运动员（袁寒松　摄影）

乐在其中（李玉鸿　摄影）

李志功《民俗表演》（张泉刚　摄影）

装扮（匡松　摄影）

绝活（张泉刚　摄影）

英雄山文化市场

文化文明（左宝驹　摄影）

红歌大家唱（杨力利　摄影）

袁寒松

小超高跷队（郭尧　摄影）

区运动会（裴梦雪　摄影）

鼓手（孙炜农　摄影）

流动图书馆（匡松　摄影）

大观园（老和　摄影）

粉墨人生（袁寒松　摄影）

居民积极投票

交通安全（徐小飞　摄影）

职工参加廉政歌曲比赛（2006年摄　王官庄街道办事处）

七里山街道开通手机短信平台

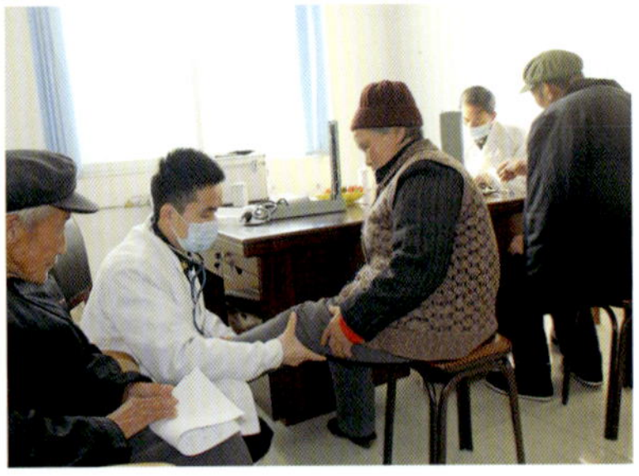

敬老院查体（民政局）

警民一家亲（谭华　摄影）

考……（闫鹏　摄影）

兵妈妈（民政局）

翰墨飘香文化春节（舜和社区）

舜华社区组织辖区居民于端午节开展包粽子活动深受社区居民欢迎（周峰　摄影）

天心月送环卫工（范良　摄影）

吴家村五世同堂之家

雪中情（闫鹏　摄影）

元宵节慰问女兵（陈倩　摄影）

老当益壮（袁寒松　摄影）

放飞春天（张泉刚　摄影）

①

②

③

④

⑤

①白寿带一家（刘诚　摄影）
②菊香（颜承功　摄影）
③觅（刘诚　摄影）
④奋起（刘诚　摄影）
⑤八一文体馆（蒲永毅　摄影）
⑥笑逐颜开（袁寒松　摄影）
⑦王川　摄影
⑧金龙驻足（王保国　摄影）
⑨第一高楼楼顶（刘诚　摄影）

⑥

⑦

⑧

⑨

《济南市市中区志（1991–2006）》志稿评审会合影

凡　例

一、本志以马克思列宁主义、毛泽东思想、邓小平理论、“三个代表”重要思想、科学发展观、习近平新时代中国特色社会主义思想为指导，坚持辩证唯物主义和历史唯物主义观点，全面、系统、客观地记述辖区自然、政治、经济、文化、社会等方面的发展变化，力求思想性、资料性、科学性的统一。

二、本志为《市中区志（1840—1990）》的续志，上限为1991年，下限为2006年。为保持事物的完整性和连续性，个别内容适当上溯或下延。志首前插照片、篇体页及背页照片突破断限。

三、本志采用篇、章、节、目结构，篇下设无题序。除概述、大事记、人物、附录不设篇外，共设25篇。

四、本志采用述、记、志、传、图、表、录等体裁，志为主体，随文插图。大事记以编年体为主，纪事本末体为辅。

五、除引文外，本志采用规范的现代语体文、记述体，语言力求朴实、严谨、简洁、流畅。

六、本志采用公元纪年，出现历史纪年时括注公元纪年。

七、本志称谓使用第三人称。各类机构、会议名称等，在不产生歧义的情况下使用规范简称。

八、本志文字使用国家文字工作委员会公布的简化汉字；计量单位使用中华人民共和国法定计量单位，少数地方沿用习惯用法；标点符号、数字用法，执行国家有关规定。文中数据，以区统计部门公布数据为准；区统计部门未纳入统计的，以主管部门数据为准。表中缺失的数字用空格表示，无此数字用“—”表示。

九、入志人物坚持生不立传原则，选录本区已故区级领导及其他有重大影响人士，以卒年为序。

十、本志资料主要由区直各部门、街道（镇）、驻区有关部门提供，部分资料来源于档案、文献、报刊、网络等，文中不再注明出处。

目 录

第五篇　环境保护

第六篇　交通　邮电　旅游

第七篇　农　业

第八篇　工　业

第九篇　商贸服务业

第十篇　财税　金融

第十一篇　经济综合管理

第十二篇　中共地方组织

第十三篇　地方人民代表大会

第十四篇　地方人民政府

第十五篇　政协地方组织

第十六篇　民主党派 工商联 群众团体

第十七篇　政法 军事

第十八篇　民　政

第十九篇　人事 劳动

第二十篇　科学技术

第二十一篇　教　育

第二十二篇 文化 体育

第二十三篇 医疗卫生

第二十四篇 社会生活

第二十五篇　街道 镇

人物传略

附　　录

索　　引

概　述

一

市中区位于济南市市区中部，东与历下区搭界，西与槐荫区、长清区毗邻，南与历城区相连，北与天桥区接壤。东西最大横距35千米，南北最大纵距22.73千米，总面积280.19平方千米。2006年，市中区辖13个街道、2个镇，95个社区、77个行政村，有汉族、蒙古族、回族、藏族等37个民族。总人口568746人，其中，汉族540166人，少数民族28580人。

辖区地势南高北低，依次为低山、丘陵、山后倾斜性平原。最高点为南部青桐山，海拔754.7米；最低点为北部倾斜性平原，海拔30米。辖区属暖温带半湿润季风气候，春季干燥少雨，多西南风、南风，夏季酷热多雨，秋季天高气爽，冬季干燥寒冷，四季分明。年平均气温14.9℃，年平均日照时数2287.7小时，年平均降水量743.1毫米。

辖区历史源远流长。早在新石器时代就有先民居住。春秋战国时期，为齐历下邑属地。始皇帝二十六年（前221），秦统一中国后，为济北郡历城属地。至1904年5月前，辖区始终属历城属地。光绪三十年（1904）5月，辖区属济南商埠局管辖。民国9年（1920），济南商埠局与市政公所合并为济南市政厅，辖区属市政厅管辖。1929年，济南设市。辖区为济南市城外三区和商埠一、二、三区。1948年，济南解放后，辖区为济南特别市四、五、六、九区。1951年，属济南市第五区。1954年，改称第四区。1955年9月，济南市设五个行政区，辖区因地处济南市中心始称市中区。

辖区自然资源和人文景观众多。有国家重点文物保护单位——红万字会济南母院旧址，英雄山革命烈士陵园等山东省文物保护单位8处。境内有殷家村遗址、杨台遗址等商周时代遗址。玉函山摩崖石刻造像，东佛峪石刻造像是隋代、唐代佛教兴盛和佛像造型艺术的见证。估衣市街北侧（今五龙潭公园）建有秦琼府。保存完好的北宋道观——长春观是元代全真道真人丘处机潜心修行的地方。始建于元代的清真南大寺，建筑规模宏大，为省内清真寺之冠，是济南穆斯林主要礼拜斋戒庆典之地。英雄山风景区风光秀丽、林相丰富，是济南市民登山锻炼、休闲游乐的理想场所。斗母泉、林汲泉名列济南七十二名泉之列。

辖区是山东省近现代爱国民主运动的发祥地之一。1919年五四运动后，育英中学曾派代表赴欧洲巴黎发表演说，反对日本侵占山东。1921年，中共一大代表王尽美、邓恩铭在育英中学建立山东省共青团组织，是山东最早的共产主义党团组织。中共中央政治局原常委宋平、广东省委原第一书记任仲夷及山东省文化艺术界名人王统照、黑伯龙、魏启后、王玉梅等曾在育英中学就读。1968年建成的英雄山革命烈士陵园，安葬着山东早期革命先烈王尽美、邓恩铭、刘谦初以及济南战役牺牲的烈士5000余人，是济南市爱国主义和革命英雄主义教育基地。

二

全区农业产业从传统农业向现代农业转变。1991年后，大力实施退耕还果、还林，发展畜牧养殖及高效生态农业，粮食和经济作物种植比例由8∶2降至5.5∶4.5。培育优质农产品，发展无公害果品产地533.3公顷，无公害蔬菜产地133公顷。农业生产、畜禽养殖逐步实现专业化、农工贸一体化，建成农业科技示范园、党家庄奶牛养殖基地，为发展高效生态农业、畜禽集约化养殖起到示范带动作用。培植济南圣都食品有限公司、济南利蒙制药有限公司、山东雁领农牧业开发有限公司等一批农业龙头企业。2004年，取消农业税、农业特产税，结束了农业生产亘古不变的纳税历史。2006年，粮食作物种植面积8952公顷，蔬菜、花卉等总面积2733.33公顷，禽畜规模化饲养率95%。粮食总产4.02万吨，蔬菜、水果总产量分别为1.5万吨、0.87万吨。肉类、奶类、禽蛋总产分别为0.98万吨、2.13万吨、2.01万吨。农业总产值35736万元。

全面推动企业产权制度改革。1991年后，继续实行企业承包经营责任制，全面推行三项制度改革。1994年后，全区公有制中小企业通过产权出售或重组、兼并、破产等多种方式，进行公司化改革。1997年，制定《关于鼓励发展民营经济的意见》，推动民营经济加快发展。民营经济逐渐成为全区经济的重要组成部分。2001年，全面放开企业用工制度，由企业自主录用，政府负责合同鉴证。至2002年，辖区公有制企业全部建立起股份制为代表的现代企业制度，进入快速发展轨道。中国重型汽车集团有限公司经过数年发展，成为国内外知名的企业集团，出口额多年稳居国内行业首位。2002年后，采取“走出去，请进来”方式，开展招商引资工作。赴日、韩等国和香港、深圳、广州等沿海发达地区招商。同时，加强与世界500强企业对接，先后与德国西门子股份公司变压器集团、瑞典沃尔沃卡车有限公司签署投资合作协议。2006年，全区有规模以上工业企业71家，外商投资企业52家。实现销售收入229.43亿元。其中高新技术企业产值179.08亿元，占工业总产值的83.75%。

全面深化商贸体制改革。1992年后，商业、粮食、供销、物资、旅游等部门所属流通企业全部推行经营、价格、用工、分配“四放开”；实行联销计酬责任制，探索股份制和股份合作制改组。1995年，大观园、人民商场等现代企业制度改革试点单位正式投入运营。在健全管理机制、明晰产权关系、优化企业组织结构等难点问题上取得进展。1999年，建成全省首家中华名优小吃城，集餐饮、商业、娱乐、健身于一体，汇集川、鲁、宁、粤四大菜点及名优特色小吃上百种。2002年后，现代服务业加速发展，形成了以纬二路、经七路为核心的金融证券、技术服务、科技咨询、总部经济为特色的现代服务业聚集中心。中国人民银行济南分行及中国工商银行、中国农业银行、中国建设银行三大国有银行省级分行总部均设在市中区。2006年，全区有区属经营性公司4个，市级区域性商业中心2处，有一定规模的专业批发市场3个，主要大型连锁企业超市9家，1万平方米以上的商务宾馆和大酒店35家，特色经营一条街6条，现代化物流园6处；各类商业网点7100余个。社会消费品零售总额135.33亿元；城乡商品成交额16.76亿元；三产增加值占全区生产总值的74.59%。对外贸易出口总额3.09亿美元。

三

城市建设步伐加快，城市面貌日新月异。1991年后，全区坚持“高起点规划，高标准建设，高效能管理”方针，加快城区建设步伐。道路、供水、供电、供气、供暖等基础设施更加完善，城区街巷道路达到“干、净、洁、美、亮”标准，城市形象明显提升。1996年，全面推进城市居民住房制度改革，开始第一期居民住房售房，房地产进入商品化时代。现代化住宅小区从无到有，高楼大厦鳞次栉比，鲜花绿树交相辉映，生活环境舒适惬意。旧城改造与新区建设齐头并进，城市建设实现高投入、高起点、跨越式发展，建成各类住宅小区70余个，已建在建商务楼宇60余幢。随着主城区不断对外扩展，近郊村镇通过旧村改造、房地产开发和基础设施建设，已经与主城区基本融合，为主城区向外拓展提供了广阔的空间。至2006年，辖区城区规模比1991年增长2倍，绿化覆盖率41%，人均占有绿地面积11.88平方米。

交通通信发展迅猛。1991年后，对全区道路实施拓宽改造，提升功能。排污防洪设施全部进行清理、改造、拓宽。1992年起，开办国内邮政电子信函业务、电子传输书信、稿件、文件、合同等，可通达北京、上海、天津和各省省会等36个城市；同时开办台湾快件包裹业务。1995年，开通数字移动电话，与30个省、市联网和自动漫游。2003年起，农村公路修建大范围展开，农民进城更加快捷。2004年，“全夜航”邮路开通，当日收寄的特快专递邮件次日17：00前有效投递，与全国136个城市实现次日投。2006年，全区有道路217条，其中，主干道12条，次干道24条，支路43条，街巷138条，总长165.2千米；道路总面积比1991年增加3倍，桥涵设施增加60%。农村公路全部进行改造，普遍达到县乡三级公路标准，偏远山区公共交通实现“村村通”。程控电话装机总量达42万线，固定电话用户27.29万户，小灵通用户14.18万户；全区有8.85万户通过宽带、ADSL、局域网等形式接入互联网，每百人互联网用户数15.8户。移动电话网络实现全覆盖，城区、农村信号一样迅捷。电话主干线路、网络光缆覆盖全区13个街道、2个镇、77个行政村，形成完整的通信网络。

四

市中区教育事业快速发展。办学水平、义务教育普及程度、教育教学质量等各项指标达到或超过省定标准，教育技术装备和信息现代化达国内先进水平，初步实现教育现代化。辖区名校荟萃、教育硕果累累。蜚声省内外的齐鲁第一中学——山东省实验中学本校坐落于辖区，济南外国语学校、育英中学、实验初中、经五路小学等均是莘莘学子向往之地。1993年，辖区提前2年普及九年义务教育。1994年，被评为全国“两基”工作先进区。1995年，成为国家教委公布的首批普及九年义务教育的县（区）。1996年，被评为全国特殊教育先进区。1998年，被评为山东省素质教育先进区。2001年9月，成为山东省第一个实验教学普及县（区）。2003年，被评为全国幼儿教育工作先进区。2005年，区教育局被评为全国文明单位。至2006年，共增设、划入、撤并各类学校62所，全部实行城乡一体化教学管理体制。全区有各类学校76所，建立16所9年一贯制学校。创建省级规范化学校18所，省教学示范学校2所，省电教示范学校19所。基础教育课程改革完成省、市重点试验课题40项。市中区多次被评为全国“两基”工作先进区、山东省教育工作先进区。济南市经五路小学被编入《中国名校》，济南育英中学被列为全国教育科学“十五”规划重点课题实验学校。

市中区是全国科技示范区。1991年，编制《济南市市中区“八五”科学技术发展计划纲要》，制定《济南市市中区科学技术进步奖励暂行办法》《济南市市中区科技进步优秀企业、科技进步示范企业评选管理暂行办法》。1992年，成立济南市市中区科技进步与经济发展专家咨询委员会，制定《济南市市中区关于引进专业技术人才的试行办法》。1994 年 5 月，制定市中区产学研工程实施意见，成立山东亚太生产力促进中心。推行科技与生产相结合，实施“产学研工程”。1998 年 9 月，区委、区政府作出《关于大力发展民营科技企业，进一步促进科技进步的决定》。2002 年，建成高科技创业服务中心，通过院（校）企联合，聘请人才，提高企业技术研发能力及产品科技含量。2005—2006 年，完成省、市级科技项目 55 个，获市级以上科研成果奖 28 项，资助申请专利 721 件。2006 年，全区有省级高新技术企业 15 家，市级高新技术企业 24 家，高新技术产品 93 项。市中区多次获全国科技工作先进区、全国科技进步先进区称号。

辖区历来就有开展群众文化娱乐活动的传统和基础，也是济南市专业文艺团体较为集中的地区之一。1905 年建成的北洋大戏院是济南市最早的戏剧演出场所，与济南解放后建成的山东剧院一同成为著名戏剧表演艺术家演出之地。始创于 1933 年的“大观园晨光茶社”以曲艺、戏曲为特色，成为当时北派曲艺的兴盛之地，2006 年被济南市政府列入首批市级非物质文化遗产品录。20 世纪 90 年代后，随着经济和社会事业的发展，文化事业日渐繁荣，政府不断加大财力物力投入，做好历史文化遗产的继承和保护，推动群众文学艺术作品的创新。1992 年 5 月，建成位列全国四大文化市场之一的济南英雄山文化市场，使文化产业成为促进和拉动辖区经济社会事业发展的一个重要方面。驻区文艺团体，如济南前卫文工团、济南市曲艺团等，创作了一大批精品艺术佳作，涌现出许多著名表演艺术家。广场文化、休闲文化是市中区市民文化生活的一大特色，英雄山风景区、英雄山广场、英雄山文化市场三场合一，呈现群艺、健身、生活情趣和文化商品 4 大特征，是济南市面积最大、人流最密集的文化休闲场所。每逢节假日和重大节庆日，各广场自发组成表演队，开展形式多样的文艺表演、体育表演和电影放映等活动。辖区体育健身设施遍及城市、乡村，山东省体育中心多次承办大型赛事项目。

五

城乡统筹保障机制逐步完善，社会保障体系基本健全。1991 年，市中区开始在部分企业试行劳动合同制管理。1992 年，企业开始自主、择优录用工作人员。1993 年，建立完善由国家、集体、个人三方共同承担的养老保险金制度。同时，加大政策扶持力度，对失业下岗人员开展就业技能培训、转岗培训。1995 年，确定在职职工最低工资标准及困难职工基本生活保障金，并根据经济发展情况适时调整。2005 年 7 月，区委、区政府制定《关于建立新型农村合作医疗制度的实施意见》，8 月开始实施，有效解决了农民因病致贫、因病返贫问题。同年，市中区被评为全国社区卫生服务示范区。2006 年，全区有社区卫生服务机构 27 个，其中 22 个机构纳入城镇职工基本医疗保险定点单位。

民主法制建设不断进步，城乡居民依法选举、依法监督制度不断完善，民主管理、民主维权意识不断提高，社会投诉渠道畅通。2003 年，市中区在全市率先建立“网格化”治安防控体系，“平安市中”建设实现电视监控城乡全覆盖，监控中心与公安“110”报警系统实现联网。完备的治安防控，高效的应急机制保障了政治中心区的社会秩序。2006 年，全区信访总数 1417 件，比 1991 年下降

864件。社会治安综合治理成效显著。

人民生活显著改善，文明素质不断提升。1991—2006年，城镇职工年人均收入由1874元增长到26959元，人均住房面积由7.6平方米增长到20平方米；农村居民人均收入由1135元增长到6133.1元，人均住房面积增加到50.37平方米；家用汽车、电脑等高档消费品进入寻常百姓家。少数民族各项事业得到广泛支持，宗教政策得到充分落实。弱势群体和老年人生活显著改善，“五保”老人应保尽保；建立了老年优待、养老补贴发放制度；制定了残疾人就业优惠政策，全社会形成扶残、助残的良好氛围。城乡居民的衣、食、住、行条件发生显著变化，精神文化生活日益丰富，健康水平显著提高，人民生活实现小康。

市中区在推进经济社会发展的同时，不断加强精神文明建设。以公民思想道德建设为引领，以创建文明城市为动力，把社会主义思想教育和职业道德、社会公德结合起来，在全社会广泛开展“争先创优活动”。市中交警作为爱岗敬业先进集体，先后受到党和国家领导人江泽民、胡锦涛的亲切接见，田宝明、齐亚珍作为道德模范先进个人，广为社会知晓。“文明城市创建活动”如火如荼，形成全社会动员、全区域覆盖、各街道争先创优的局面。2002年，市中区被中央文明委授予“全国创建文明城市工作先进区”称号。

市中区十六年的历史，是一部改革开放史、经济发展史、科技文化进步史、社会和谐史。市中区的发展历史证明：改革与创新是推动历史进步的灵魂，和谐发展是社会健康的基石，党的政治领导是事业成功的保障。自古以来，中华文化倡导“苟日新，日日新，又日新”的思想，崇尚不断发展和积极进取的精神。而今，站在新的历史起点，市中区全体人民将在中国共产党的领导下，继承和发扬中华民族优良传统，继续在改革创新的道路上砥砺前行，为创造繁荣昌盛、美丽和谐的幸福家园而努力奋斗！

大 事 记

1991年

1月1日 36路公交车通车。始发站为郎茂山小区，终点站为大明湖东门。

同日 市中区驻京联络点成立。16日，在北京召开经科贸信息联络座谈会，中国科学院、国家科学技术委员会、中国科学技术协会、北京大学、清华大学等60多个部门负责人、高级工程技术人员近80人应邀参加会议。

1月4日 中共市中区委员会、市中区人民政府、市中区人民武装部联合召开全区民兵预备役工作会议，济南军分区司令员温吉福到会讲话。

2月22日 区委六届五次全委（扩大）会议召开，审议《市中区国民经济和社会发展第八个五年计划》《市中区经济科技发展战略规划研究》。

2月23日 区委、区政府召开1990年度社会主义物质文明和精神文明先进集体、先进生产（工作）者表彰大会，全区235个文明单位，351名先进生产（工作）者受到表彰。

2月28日 《济南市市中区经济科技发展战略研究》通过山东省科委鉴定，并获高度评价。

3月6日 区十二届人大常委会第八次会议召开，审议通过区人大常委会工作报告、关于代表资格审查的报告和关于召开区十二届人大二次会议的决定，听取区十二届人大二次会议筹备工作汇报，并通过人事任免事项。

3月14日 济南市西青龙街回民小学更名为济南市西青龙小学，成为招收智障学生的辅读学校。1992年5月19日，更名为济南市泺源学校，成为全区唯一的九年制智障儿童学校。

3月18—22日 政协市中区三届委员会第二次会议召开。市政协副主席王炳琴、代秘书长惠熙和到会祝贺，区委书记王丕俊讲话。

3月19—23日 区十二届人大第二次会议召开，审议通过区政府工作报告、1990年市中区国民经济和社会发展计划、市中区财政预算执行情况和1991年财政预算报告；听取区人大常委会、区人民法院、区人民检察院工作报告，并作出相应决议；审议并原则批准市中区“八五”计划纲要。

3月24日 区政府发出《关于进一步做好制止乱收费、乱罚款和各种摊派工作的通知》，对治理“三乱”工作作出部署。

3月28日 省人大常委会农业经济委员会副主任高传杰与省林业厅副厅长李兴仁在市有关部门领导陪同下考察七贤镇林业生产情况，听取荒山绿化、荒山造林工作汇报。

4月5日 区社会治安综合治理委员会成立。

4月9日 区税务局成立，为区政府直属单位。

4月17日 区委印发《关于在全区机关、学校、企事业、街道开展社会主义思想教育的实施意见》。

4月23日 全区思想政治工作会议召开。

4月24日 省军区司令员易元秋、副参谋长张子杰视察市中区民兵预备役工作。

4月25日 市中区委、区政府及驻区部队联合召开市中区创建双拥模范区动员大会，部署双拥共建工作。

4月28日 甘肃省妇联一行17人，参观七里山街道第三居委会妇女儿童服务站。

5月1日 泺源大街拓宽工程开工。12月20日竣工通车。

5月3—4日 市中区第九次团员代表大会在济南大厦二楼礼堂召开。

5月4日 区委书记王丕俊率济南华鲁肉鸡养殖公司等4人考察组赴美考察，洽谈在济南建设合资种鸡场等事宜。

5月18日 济南市育贤小学、济南市育贤幼儿园成立。

6月5日 济南市舜耕小学成立。

6月7日 省军区副政委杨聚庆到市中区调查了解预备役军官登记工作。

6月14日 区十二届人大常委会第十次会议召开，听取并审议区政府关于房管、劳动就业、职工教育及卫生工作情况汇报，审查批准区政府1990年财政决算，审议通过区人大常委会《关于进一步加强代表工作的意见》，任命赵厚民为区政府副区长。

6月19日 省军区副司令员郑广臣到市中区检查指导民兵预备役工作。

6月24日 区委发出通知，号召全区认真学习宣传贯彻中共中央、国务院《关于加强计划生育工作，严格控制人口增长的决定》。

6月25日 省党史陈列馆（新馆）正式开馆，位于共青团路3号。

6月28日 市中区书画协会成立。

6月 区职业介绍所成立，负责组织培训安置待业青年。1994年，改称为区职业介绍中心。

7月1日 区环卫所更名为区环卫局。

7月6日 区委、区政府召开全区打击拐卖妇女儿童犯罪，查禁取缔卖淫嫖娼专项斗争会议。

7月12日 区委六届六次全委（扩大）会议召开，区委书记王丕俊代表区委总结1991年上半年工作，部署下半年任务。

7月13日 济南玉函中学改建为山东省济南西藏中学。1992年2月27日，济南第十四中学西藏班和济南回民中学西藏班并入该校。

7月16日 区十二届人大常委会第十一次会议召开，任命王毅为区政府副区长。

7月23日 区政府召开全体（扩大）会议，区长王翰科总结上半年工作情况，安排部署下半年工作任务。

8月8日 全区领导干部会议召开，传达市委组织部长、统战部长会议精神；传达省市社会治安综合治理有关文件精神；总结上半年机关岗位责任制工作，部署下半年工作。

8月16日 全区经济工作会议召开。

同日 区委、区政府发出通知，要求全区认真贯彻执行市委、市政府《关于坚决制止请客送礼的紧急通知》。

8月21—22日 区十二届人大常委会第十二次会议召开，听取并审议区政府关于1991年上半年经济计划执行情况、财政预算执行情况和检察院上半年工作报告等。

8月27日 市人大常委会主任李元荣及部分代表到市中区进行联系代表活动，向驻市中区的市人大代表通报常委会工作情况和济南市经济发展情况。

28日 区委、区政府召开全区严厉打击盗窃犯罪，加强防范工作会议。

9月3日 宁津县六大班子主要领导等一行10人到访市中区。市中区与宁津县结为友好县（区）。

9月10日 区政府对杆石桥街道部分居委会进行调整，16个居委会调整为17个。

9月12日 区武装部与区教委联合创办的预备役通信学校首批学员在济南第十中学举行开学典礼。解放军总参通信兵部、济南军区、山东省军区和济南军分区派员参加会议，省、市教委领导到会祝贺。

9月20日 全区捐资助学、改造校舍表彰动员大会召开。

9月24日 市委副书记李启万视察杆石桥乐山小区南区居民住宅安全防范工作。

10月10日 区政协组织编写的《市中文史资料》第一辑出版，共收录文史资料17篇，计6万余字。

10月25日 公安部副部长俞雷视察杆石桥派出所工作，并题词“富贵不能淫、贫贱不能移、威武不能屈”。

同日 区行政复议办公室成立。

10月31日 区政府召开全区社会团体清理整顿领导小组成员和有社会团体的主管部门领导会议，社会团体清理工作全面展开。

10月 济南市综合治理办公室在杆石桥街道召开居民小区安全防范现场经验交流会，推广乐山小区反盗防盗安全防范经验作法。

11月7日 全市“双拥模范城”表彰大会召开，区武装部被市委、市政府和济南驻军授予双拥共建先进单位。

11月14日 市中区离婚前教育学校在济南大厦礼堂举行开学典礼。

11月18日 省委、省政府、省军区授予市中区“双拥模范区”称号。

11月 全国省级城市住宅安全防范工作会议在济南召开。会后，省公安厅副厅长曲植凡与各地代表观摩杆石桥派出所楼群管理工作。

12月20日 区政府印发《济南市市中区建设城市社会服务体系，发展第三产业实施意见》，提出“八五”规划目标和发展重点。

12月24日 区政府制定《济南市市中区科学技术进步奖励暂行办法》。

12月 区妇幼保健站通过省卫生厅验收，达到甲级妇幼保健站标准。

1992年

1月7日 区委六届七次全委（扩大）会议召开，传达市委六届八次全委（扩大）会议精神；总结1991年工作，研究部署1992年工作任务。

1月8日 全区领导班子思想作风建设会议召开。

1月19—21日 全区基干民兵点验在济南武警指挥学校进行。济南军区动员部部长张秀山，省军区副司令员郑广臣、副参谋长张子杰，济南军分区司令员温吉福、政委王涛及市中区六大班子领导参加。

1月21日 区政府全体（扩大）会议召开，区长王翰科总结1991年政府工作，安排部署1992年的任务。

1月22日 全区农村工作会议在七贤镇召开，传达市委五届八次全委（扩大）会议精神，落实区委六届七次全委（扩大）会议提出的各项任务，进一步推动农村工作。

1月23日 区十二届人大常委会第十五次会议召开，通过1992年人大工作重点和召开十二届人大三次会议的决议及筹备工作方案，补选董承铭为市人大代表。

1月 区科技进步与经济发展专家咨询委员会成立。

2月17日 区政府作出关于建立健全政府法制工作及行政复议应诉工作网络的决定。

3月5日 区委发出通知，要求全区党员干部深刻领会邓小平南方谈话精神，坚定不移地坚持党的基本路线，集中精力把经济建设搞上去。

3月12日 全区企业转换经营机制动员大会召开。

3月14日 区委印发《关于深化改革转

换企业经营机制的意见》。

3月31日—4月4日 政协市中区三届委员会第三次会议召开。

4月1日 经七路西段（纬二路—辛西路）拓宽改造工程开工。8月18日，竣工通车。

4月1—4日 区十二届人民代表大会第三次会议召开。

4月6—7日 省人大常委会民族侨务外事委员会徐学孟、马德贵、饶曼妮等一行14人到市中区调查《山东省民族工作条例》贯彻执行情况。

4月11日 西南外环路（西外环路南段和南外环路西段）建设工程开工，总投资3000万元，由济南市市政工程设计研究院设计，济南第二市政工程公司施工。11月15日，竣工通车。

4月19日 济南市市中区民兵爆破分队在烟台全国民兵预备役基层建设工作会议上作爆破表演，受到解放军三总部、济南军区、山东省委、省政府、省军区的一致好评，并获表演奖杯。

4月21—23日 区人大常委会组织区、街道（镇）两级部分人大代表视察镇、村关于对《国务院农民承担费用和劳务管理条例》《山东省农民负担管理条例》贯彻执行情况。

4月27日 全区经济工作会议召开。

4月 纬二路（经一路—经十路）改造工程开工，5月竣工。

5月18日 区政府对引荐外商投资者奖励作出暂行规定。

5月27日 区委印发《关于开展"解放思想，扩大开放"大讨论的实施意见》。

6月4日 全国政协副秘书长卢之超到市中区调研基层政协组织建设工作。区政协主席赵绪信汇报。

6月9日 区人大常委会第十八次会议召开，听取审议区政府关于商业、科技、农业等工作情况汇报，并进行人事任免。

6月11日 区政府印发《市中区基建施工用水管理暂行办法》。

6月12日 社会主义青年团济南地方团建团会址、万竹园、世界红万字会济南母院3个单位被公布为山东省第二批重点文物保护单位。

6月18日 全区土地管理登记发证工作会议召开。

6月26日 新世界商城开工奠基。1994年1月8日，建成开业。

6月 回民小区改造工程动工。

同月 国务委员李铁映视察山东省实验中学。

7月9日 全区房改单位登记会议召开。

7月11日 区委六届八次全委（扩大）会议召开，传达贯彻全市领导干部会议精神，总结上半年工作，研究部署下半年任务。

7月30日 中共中央总书记江泽民到市中区视察济南第一机床厂并为企业题词。

8月11日 区工业出口开发区机械电子工程控制公司成立。

8月14日 区十二届人大常委会第十九次会议召开，审议区政府经济、城建、开发、财政等工作情况汇报和法院、检察院半年工作报告，并通过人事任免。

8月15日 区政府印发《市中区矿产资源管理实施办法》。

8月24日 省内与市中区结为友好县（区）的13个区（县）人大常委会领导到市中区座谈交流人大工作。

8月30日 市中区打击生产和经销假冒伪劣商品违法行为工作领导小组成立。

9月15日 省军区政委刘国福带领检查组到市中区武装部检查正规化建设和基层建

设工作。

9月17日 区政府转发区体制改革委员会《关于城镇集体所有制企业实行股份合作制的意见（试行）》。

9月18日 区进出口公司成立。

10月13日 区十二届人大常委会第二十次会议召开，作出关于1993年区镇两级人大换届选举工作的决定和安排意见，审议区政府外贸、计划生育等工作汇报。

10月 市中区被国家计划生育委员会评为全国城市计划生育工作先进单位。

11月1日 全区放开粮油销售价格，取消实行30余年计划供应的粮票、油票。

11月23日 区十二届人大常委会第二十一次会议召开，接受区长王翰科的辞职申请，任命陈亚建为代理区长。

11月28日 东方大厦竣工并投入使用。

12月5日 区委六届九次全委（扩大）会议召开。

12月14日 区委制定《关于开展纪念双拥运动五十周年和“双拥月”活动的意见》。

12月25日 全区202127名选民和七贤镇22051名选民到200个投票站进行投票，选举区人大代表210名，镇人大代表85名，参选率分别为98.4%和97%。

12月 玉函小区开发改造工程动工。

1993年

1月9—14日 政协市中区四届委员会第一次会议召开。选举产生区政协第四届委员会主席、副主席、秘书长和常务委员。市政协主席刘耀华到会。

1月10—14日 区十三届人民代表大会第一次会议召开。选举产生十三届区人大常委会、区政府领导班子和区法院院长、区检察院检察长。大会选举济南市十一届人大代表64名。

1月16日 区机关事业单位养老保险启动。

1月 区矿产资源分布及地形地界编图出版。

2月17日 区十三届人大常委会第一次会议召开，审议通过区人大常委会1993年工作要点和代表资格审查委员会名单，任命区政府28个序列部门的主要负责人和区检察院副检察长。

2月18日 区首家商业集团公司——济南炊事机械冷冻设备集团公司成立，同时举办第十一届全国炊事机械冷冻设备大型展销订货会。

同日 政协市中区四届委员会第一次常委会召开，审议区政协1993年工作要点、各专门委员会工作组织通则等议题。

2月28日 中外合资济南科迪计算机设备公司成立，是全区第一家外商投资高新技术产业开发企业。

2月 全区开始试行公费医疗制度改革。

3月18日 区基督教“三自”爱国委员会成立。

3月 区政府印发《关于加快我区九年制义务教育实施步伐的意见》，提出年内全区基本普及九年制义务教育目标。

4月10日 区委常委会第五十九次会议研究同意区纪委、区监察局《关于中共济南市市中区纪委、区监察局机关合署办公和机构设置有关问题的请示》，机构设置为办公室、案件检查室、案件审理室、信访室、执法监察室、党风廉政建设室。

4月13日 区十三届人大常委会第二次会议召开，听取区政府关于转换企业经营机制工作情况及打算等4项汇报，作出关于补选区十三届人大代表的决定。

4月19日 区政府批准区教委设立教育督导室，代表区政府行使督导职能。

4月27日 区人才劳务信息市场成立。

5月12日 区电力公司成立。

5月20日 市人大常委会主任李启万视察市中区实施《中华人民共和国义务教育法》情况。

5月24日 国务委员、国家民委主任司马义·艾买提视察清真南大寺。

5月 《市中区地名志》出版。

6月18日 区城建管理巡回法庭成立。

6月26日 区先进党组织和优秀共产党员命名表彰大会召开，授予济南红旗电器开关厂等10个党支部为“红旗党支部”，华兰强等10名党员为“有突出贡献的优秀共产党员”称号，表彰121名优秀共产党员。省委常委、济南市委书记王怀远，省委组织部副部长王光先，市委常委、组织部部长邢玉墀，区委书记董承铭先后讲话。

6月30日 撤销济南市经六路小学，组建济南实验初级中学。

7月2日 区委、区政府印发《区委、区政府关于对党政领导干部加强监督的意见》。

7月10日 区委、区政府印发《区委常委和党员副区长抓党风廉政建设责任制》《关于全区党政机关副局级以上领导干部廉洁勤政的规定》《关于对党政领导干部加强监督的意见》等文件。

7月15日 区政协组织政协委员中经济科技界的专家、工程师召开经济工作座谈研讨会，市政协主席刘耀华出席会议并讲话。区经济计划委、对外经济贸易委员会负责人应邀出席会议并与委员们座谈。

7月22日 区委、区政府印发《关于加快经济发展的若干意见》。

7月28日 市长谢玉堂视察市中区武装部。

7月30日 东南外环路（市中区段）建设工程竣工通车。

7月31日 全国人大常委会副委员长雷洁琼等领导视察市中区九年制义务教育工作，到经五路小学视察。

8月11日 全区召开救灾捐助工作紧急动员会，至8月25日全区共捐助37.91万元。

8月20日 七里山街道组织参与由联合国社会发展和人道事务中心发起和组织的“老年人参与社会发展”抽样调查。

9月3日 省军区副司令员王宝书、军分区政治部主任荣建芝一行6人到市中区武装部检查指导民兵预备役建设和以劳养武工作。

9月13日 中共中央委员、全国人大常委会民族委员会主任委员王朝文视察市中区回民小区。

9月15—18日 省教委督导室检查市中区“两基”工作。检查结果全部达标。

9月22—23日 区十三届人大常委会第五次会议召开，作出《关于对司法机关加强监督的决定》《关于对国家机关及其有关部门实行执法责任制的决定》。

9月23日 市政协副主席张钰、查国华率市政协部分常委同市政法委及公安局、检察院、法院、司法局、教育局、工会、共青团、妇联等部门负责人到市中区调查青少年违法犯罪情况。

9月 公安部政治部副主任车利华到市中区检查杆石桥派出所工作。

10月4日 区委六届十一次全委（扩大）会议召开，通报出席济南市六次党代会代表候选人名单；审议通过关于召开区党代表会议决议。

10月7日 第三届全国部分城区城市建

设管理研讨会在市中区举行。全国15个省（直辖市、自治区）25个城区的91位代表参加会议。建设部、山东省建委和济南市委、市政府、市建委、济南各区负责人及驻济新闻单位代表应邀出席会议。代表们考察大观园商场夜市、济南房地产开发（集团）总公司、舜玉小区、济南植物园等场所。

10月11日—11月2日 区武装部按照市委、市政府指示，对市直机关25岁以下的250名青年干部开展为期23天的岗前军训。

10月14日 中共市中区党员代表会议召开。应到代表206人，实到190人。采用差额选举无记名投票方式，选举产生市中区出席中共济南市第六次党员代表大会的代表16名。

10月16日 区委、区政府邀请著名战斗英雄杨育才为全区机关干部作革命传统教育专题报告。

10月23日 全国妇联书记处书记张连珍考察七里山街道第三居委会便民服务工作。张连珍为居委会题词“优质服务，便民利民，促进社会主义两个文明建设”。

11月12日 市人大常委会主任李启万视察市中区回民小区。

11月15日 辽宁省人大常委会侨务委员会副主任委员格日勒考察回民小区。

11月17日 省委常委、省军区政委刘国福视察市中区1993年冬季征兵工作。

11月20—25日 呼和浩特市回民区区委书记陈洪贵、副区长樊卫国率领呼和浩特市回民区党政代表团一行6人到市中区访问考察，并与市中区结为友好区。

11月22日 区委印发《关于加强农村、企业、机关党建工作的实施意见》。

12月26日 区人大常委会举办的纪念毛泽东诞辰一百周年暨市中区实施人民代表大会制度40年书画展开幕。市人大常委会主任李启万到会祝贺。此次画展共收集作品500余幅，展出163幅。

12月28日 山东华联商厦建成开业。

12月 《七贤镇志》出版发行。

1994年

1月10日 区十三届人大常委会第七次会议召开，审议通过市中区人大1994年工作要点，作出关于召开市中区十三届人大二次会议和调整1993年财政收支预算的决议，并进行人事任免。

1月12日 区婚前健康检查领导小组成立，全区施行婚检制度。

1月14日 区委六届十二次全委（扩大）会议召开，总结1994年工作，研究确定1995年主要工作任务。

1月20日 政协市中区四届委员会第九次主席会议召开，审定关于刘学梓等8人职务任免的决定，议定提交第六次常委会议题。

1月 辖区企事业单位开始执行国务院发布的每周44小时工作制。

2月10日 省委副书记李文全，副省长王玉玺，省公安厅厅长孟庆丰，省武警总队队长杨家杰、政委阎文彬，市委副书记、副市长张福山到杆石桥派出所看望春节期间坚守岗位的全体干警。李文全为派出所题词“搞好社会治安、促进经济发展”；王玉玺题词“弘扬先进、攀登高峰”。

2月 区房改办公室成立。

3月11—18日 区政府派出18个单位、87人的代表团参加青岛对外经贸洽谈会，共签约8项，总投资682万美元，外资400.5万美元。其中，合同2项，总投资330万美元，合同外资额187.5万美元，出口成交额279万美元。

3月15日 政协市中区四届委员会第二次会议召开。市政协副主席查国华及市中区委、区政府领导应邀出席。

3月16—19日 区十三届人民代表大会第二次会议召开，会议听取“一府两院”工作报告和区人大常委会工作报告；增选人大常委会委员1人。

3月25日 区委、区政府印发《关于实行领导干部个人重大事项申报制度的规定》《关于建立党风廉政档案的规定》《关于建立礼品登记制度的规定》《关于减轻企业负担和农民负担的规定》。

3月 济大路（舜耕路—玉函路）改造工程开工。

4月9日 民政部副部长、全国双拥领导小组办公室主任杨衍银视察市中区预备役通信学校。

4月13日 济微路商业街改造建设工程暨山东省鞋帽城开工奠基仪式举行。副市长谭永青及市建委、市城建局、市规划局、市工商局和区有关领导参加。

4月 市人大常委会副主任饶曼妮视察回民小区配套设施建设情况。

5月10日 区委印发《关于进一步加强居民委员会建设大力发展居办经济的意见》。

5月12日 区国有资产管理局成立。

5月24日 全国人大常委会教科文卫委员会副主任李绪鄂视察齐鲁给排水设备公司，并为公司题词“专利兴厂、专利发家”。

6月6日 区委、区政府印发《关于加快发展个体私营经济的意见》。

6月13日 英雄山早市关闭。

6月20—30日 区纪委对各街道、镇及区属党政机关、人民团体和事业单位中的工作人员借、欠、挪用公款进行清理，共清理个人借欠款57250元，清还欠款53550元，追回借欠公物彩电、收录机各1台。

7月4日 西外环路拓宽工程竣工通车。

8月5日 区房地产开发（集团）总公司入选由建设部、国家统计局与中国建设企业评价中心共同评选的“首届中国房地产综合效益百强企业”，排名第48位。

同日 区回民小区管理委员会成立。

8月10日 济南革命烈士陵园续建工程开工，修建400米围墙和3处大门。

8月15日 市中区税务局分设为市中区国家税务局和地方税务局市中分局。

8月25日 公安部部长助理李润森视察杆石桥派出所工作。

8月28日 区委决定撤销济南市市中区儿童少年工作协调委员会，成立济南市市中区妇女儿童工作委员会。

9月1日 全区开始执行《济南市禁止燃放烟花爆竹的规定》。

9月10日 中共中央政治局常委、书记处书记胡锦涛视察省实验中学。

同日 位于纬二路和经四路的济南首座大观人行过街天桥竣工。该桥由济南市电信广告信息公司出资488万元兴建，是全市第一个利用民间资金建设的市政基础设施。

9月21日 济南人民商场扩建改造工程竣工。扩建后营业大楼共8层，建筑面积5.12万平方米。

9月24日 国家教育督导团山东检查组督导检查市中区“两基”工作。检查组视察济南第六十八中学、经五路小学和胜利大街小学。

9月24—28日 市中区举办1994年经贸洽谈会。签约合资项目31项，总投资4166万美元，合同协议外资额2320万美元。其中，合同3项，总投资95万美元，合同利用外资

55 万美元；协议意向 28 项，总投资 4071 万美元，协议外资额 2265 万美元，实现自营出口成交额 262.1 万美元。在新世界商城举办“马来西亚产品展览会”，共展出棕榈油、食品、化妆品、玩具、建材、瓷器、玻璃器皿等 8 个系列，150 种产品，参观人数 2250 人次。

9 月 29 日 联合国国际儿童基金会吴风岗、省妇联副主席侯逾章视察七里山街道第三居委会。

9 月 六里山路东段建设工程竣工通车。

10 月 9 日 玉函住宅小区划归六里山街道。

10 月 20 日—11 月 1 日 区政协主席赵绪信率团参加全国二十城市辖区政协第七次横向联系会。

11 月 25 日 位于回民小区永长街的清真女寺落成开放。

12 月 14 日 设王官庄街道；撤销西青龙街和共青团路 2 个街道，设立泺源街道。

12 月 撤销市中技术开发服务中心，组建山东亚太生产力促进中心。

1995 年

1 月 9 日 区委六届十四次全委（扩大）会议召开，总结 1994 年工作，部署 1995 年主要工作任务。

1 月 12 日 区人大常委会第十四次会议召开，通过召开人大三次会议及学习《中华人民共和国国家赔偿法》的有关决议、方案、决定；补选市人大代表 1 人。

1 月 18 日 政协市中区四届委员会第十四次常委会议召开，传达区委六届十四次全委（扩大）会议精神和市政协九届九次常委会议精神；审议通过《关于召开区政协四届三次会议筹备工作的意见》和《关于市中区三资企业的调查报告》；审议通过人事任免事项。

1 月 19 日 济南军区纪委书记徐春阳、后勤部政委单既林、空军副司令员李惠礼、空军政治部主任尹庆立、空军司令部副参谋长张利视察预备役学校。

2 月 16 日 区十三届人大常委会第十五次会议任命王兆永为区政府副区长、代理区长，于界平为区政府副区长。

同日 区人大常委会第十六次会议召开，通过区人大常委会 1995 年工作要点、工作报告及召开十三届人大三次会议的有关事项，并进行人事任免。

2 月 17 日 政协市中区四届委员会第十五次常委会议召开，审议区政协常委会工作报告（讨论稿）和提案委员会工作报告；通过区政协四届三次会议各项工作事宜和 1995 年区政协工作要点，以及人事任免等事项。

2 月 28 日—3 月 2 日 市中区第九次妇女代表大会召开。

3 月 2 日 国家教委民族司司长韦鹏飞、济南市副市长王丕俊和西藏自治区教委副主任陈秀芳及山东省、济南市、市中区有关领导到西藏中学，与师生共庆藏历新年。区政府拨专款 5 万元用于改善学生生活。

3 月 7—11 日 政协市中区四届委员会第三次会议召开，选举苏乐芬为区政协第四届委员会副主席。

3 月 8—10 日 区十三届人民代表大会第三次会议召开，选举王兆永为市中区区长。

3 月 13 日 区交通管理委员会更名为区交通局。

3 月 22 日 区政府印发《市中区政府工作规划》。

3 月 23 日 区委六届十五次全体会议召开，听取区第七次党代会代表选举情况的汇报；通过关于召开市中区第七次党代会的决议；通过第七次党代会会议议程（草案）；通过六届区委报告。

3月25日 区委六届十六次全委会议召开，通报市委批准的区委七届常委、书记、副书记和纪委书记候选人预备人选建议名单和七届区委委员、候补委员、区纪委委员候选人预备名单；审议通过区第七次党代会选举办法（草案）和有关名单（草案）、党代会日程（草案）。

3月29日 区政府第四次全体（扩大）会议召开。

3月 辖区企事业单位开始执行国务院发布的每周40小时工作制。

同月 市中区被国家教委公布为首批普及九年义务教育县（区）。

4月1日 公安部纪委副书记、监察局局长张国学到大观园派出所检查指导工作，并题词“珍惜荣誉，再创辉煌”。

4月3—6日 市中区第七次党员代表大会召开。选举产生由29名委员、4名候补委员组成的中共市中区第七届委员会和由17名委员组成的区纪律检查委员会。在七届一次全委会上，选举产生区委常委11人。董承铭当选为书记，王兆永、邹世平、张志远当选为副书记。

4月6日 区纪委召开第一次全委扩大会议。选举区纪委常委7名，李东明当选为区纪委书记。

4月10日 区公费医疗改革试点工作开始。

4月19—20日 共青团市中区第十次团员代表大会召开。

5月1日 区机关全体人员及驻区省市机关、部队、学校、企事业单位共3000余人参加“五一”万人上街义务劳动，市领导孙常印、谭永青到街道联系点参加义务劳动。

5月2日 区委决定，撤销王官庄街道筹委会、中共西青龙街道委员会、中共共青团路街道委员会，成立中共王官庄街道委员会、中共泺源街道委员会。

5月4日 成立区外商投资企业管理局、区技术监督局、区乡镇企业办公室。

同日 致公党市中支部成立。

5月17日 副市长董绍成到市中飞达食品有限公司和台顺饮料厂现场办公。

5月19日 公安部办公厅主任吕伯涛视察杆石桥派出所，并题词“廉靖乐道”。

5月24日 区法律服务中心成立。

6月2日 全国人大常委会民侨外委副主任李崇智到市中区视察回民小区和清真北大寺。

6月9日 济南第四职业高中改建为济南第八职业中等专业学校，济南第十职业高中改建为济南第十一职业中等专业学校。

6月29日 区政协第二十三次主席会议召开，审议通过《关于加快发展市中区个体私营经济的报告》。

7月8日 区委七届三次全委（扩大）会议召开，传达学习市委领导干部会议精神，决定在全区开展“学先模、创一流、做贡献”活动。

7月20日 自由大街水产品市场关闭。

7月25日 区政府为抗日战争时期结婚的驻区8对老战士夫妇举行金婚纪念庆典，中央电视台《新闻联播》进行报道。

8月14日 西藏自治区人大常委会考察市中区回民小区建设情况。

8月23日 区文化局举办纪念抗日战争胜利50周年书画展。

9月5日 区民营企业经济互助基金会成立。

9月10日　全区第三次工业普查开始，1997年5月完成。

9月10—13日　市中区承办的全国十一中心城区人大工作研讨会第三次年会召开。北京崇文区、上海卢湾区等10个城区人大常委会有关人员出席会议。

9月25日　1995年金秋经贸洽谈会闭幕。市中区洽谈项目13项，合同1项，总投资120万美元，协议外资401万美元；境外办企业2家，总投资120万美元；在谈项目5项，自营出口形成意向、协议4个，出口额160万美元。

9月26日　区普法教育依法治理办公室成立。

9月28日　济南市玉函小学成立。

9月　魏华西路道路桥梁工程竣工。

10月4—7日　市中区举办首届全民田径运动会。

10月18日　公安部户政局副局长吴冬立到大观园派出所检查工作。

10月20日　市中区关心下一代工作委员会成立。

10月　区委、区政府决定，每四年举办一届市中区全民运动会。

11月1日　济南军区司令部参谋长钱国梁、动员部部长郝维品到市中区体检站检查新兵查体情况。

11月7日　全区预算外资金管理工作动员大会召开，决定对全区预算外资金进行统一管理。

11月16日　区纪委、区监察局聘请特邀监察员会议召开，聘请9名党外人士为区监察局特邀监察员，并颁发聘书及工作证。

11月24日　经四路东段（纬二路—顺河街）拓宽工程开工。1996年6月底竣工。

11月30日　区委七届三次全委（扩大）会议召开，贯彻十四届五中全会精神，审议《市中区国民经济和社会发展“九五”计划及2010年远景目标纲要（草案）》。

12月8日　区教委教育督导室改为区政府教育督导室。

12月14日　市政协副主席任荷舫、查国华带领驻市中区社会文教委员会委员视察薄弱初中——济南第七十一中学。

12月　信义庄东、西街因旧城改造动迁，动迁598户、拆除面积2.1万平方米。1997年6月竣工，回迁居民353户。

同月　《济南日报》新闻综合大楼在辖区复兴大街2号落成。

同月　建设路南段拓宽改造工程竣工。

1996年

1月1日　市委副书记、市长谢玉堂，副市长沈建国慰问山东省济南西藏中学师生。

1月2日　区委印发《关于在全区领导干部中实行诫勉制度的暂行规定》。

1月12日　市纪委书记倪士崇率检查组到市中区检查“三整顿”工作情况。

1月15日　区委七届五次全委会召开。

1月26日　济南军区某师政治部副主任王克刚，济南市委副书记孙常印、宣传部部长牛洪恩看望子弟兵的好母亲——张秀红。

2月1日　区住房制度改革售房工作启动。

2月7日　省纪委信访达标验收小组到市中区检查指导纪检监察信访工作。

2月10日　区政府第六次全体（扩大）会议召开，通过区政府1996年工作要点。

2月14日　全区各街道（镇）开始组建财政所。

同日　区十三届人大常委会第二十三次

会议召开，补选谭静波、徐宗臻为市十一届人大代表。

2月15日 区政协召开第二十五次常委会议，审议通过《区政协1996年工作要点》《关于召开四届四次会议的决定》《增免四届区政协委员名单》等议题。

2月 山东省社会主义学院在舜耕路动工兴建。

3月8日 山东省军区副参谋长程传生、济南市副市长王丕俊和济南军分区领导参加市中区武装部收归军队建制交接仪式。

3月11—15日 区政协四届委员会第四次会议召开，应到委员200名，实到192名，会议选举苏乐芬为政协四届委员会主席，李学孟、张武臣、陶文镛为副主席。

3月12—15日 区十三届人民代表大会第四次会议召开，会议通过区政府、区法院、区检察院和区人大常委会工作报告和相应决议。补选王长和、汪人鹏为区十三届人大常委会副主任，刘西安为区政府副区长。

4月2日 区委印发《关于开展创立社会治安综合治理模范区活动的实施意见》。

4月5日 区纪委信访室被评为省级优秀单位。

4月26日 位于英雄山路20号的山东省保健品批发市场建成开业。

4月 省公安厅厅长高新亭到杆石桥派出所看望战斗在严打工作第一线的干警。

5月1日 区纪委、区监察局调查中小学收费情况。共查出乱收费项目7项，违纪金额43261元。

5月21日 区十三届人大常委会第二十六次会议召开，审议通过关于认真开展“严格执法，热情服务，争当好公仆”活动的决议，并通过人事任免事项。

5月 区机构改革暨推行国家公务员制度领导小组成立，区长王兆永任组长。

6月6日 中央党校西藏班一行43人视察山东省济南西藏中学。

6月12日 济南市育贤第二小学成立。

6月20日 区纪委、区监察局与区财政局等组成检查组，对预算外资金使用情况进行清理。9月底结束。

6月26日 区委印发《市中区国家公务员实施方案》。

6月27日 市中区设立社会治安见义勇为奖励基金。

6月28日 位于英雄山路的省属三星级涉外酒店——贵友大酒店建成开业。

6月 经四路东段拓宽及地下人防工程竣工。

7月1日 市中区创建全国科技工作先进区工作启动。1997年8月3日，被国家科委评为全国科技工作先进区。

7月28日 七贤镇有15个村（居）遭受龙卷风、暴风雨袭击，倒塌房屋21间、淹没土地286公顷，受灾面积231公顷，直接经济损失6665万元。

7月30日 区委号召全区机关干部开展星期六读书日活动。

7月 辖区开始实施城市居民最低生活保障。

8月4—17日 区级领导和全区党员干部参加区纪委组织的党纪政纪条规知识学习专场考试。

8月6日 市电信局在第二长途电信枢纽中心楼设立四里村市话分局。

8月8日 区委七届四次全委会召开。

8月15日 全区机构改革暨推行国家公务员制度工作会议召开。

8月21日 全市社会治安综合治理基层基础工作规范化建设现场会在市中区召开。

8月27日 区体育训练活动中心奠基仪式举行。

8月 撤销区物资局，成立区物资总公司；撤销区商业局，成立区商业委员会。

同月 区委、区政府定为“拥军优属活动月”。

9月2日《市中区预算外资金管理暂行办法》颁布实施。

9月3日 区十三届人大常委会第二十九次会议召开，审议区政府关于机构改革工作情况的汇报；通过关于许可对区十三届人大代表马济生进行刑事审判的决议，并进行人事任免事项。

9月9日 区委、区政府印发《关于实行领导干部离任审计制度的决定》。

9月10日 万竹园古建筑群遭拆迁，引发文物保护人员及市民热议。在《齐鲁晚报》及省相关部门呼吁下，13日，省政府责成市政府立即制止对万竹园建筑的拆除。

9月12日 总参通信部军务局局长李国玉考察预备役军人学校。

9月25日 省电信技术中心大楼在经三路77号落成。

9月 市委常务副书记孙常印视察舜玉小区，对舜玉小区创建文明小区的经验予以肯定。

10月4日 市人大常委会主任李启万察看市中区争当好公仆活动情况，并为七里山街道第三居委会题词“永做群众知心人，甘当居民好后勤”。

10月12日 区人大常委会主任王翰科、副主任刘昌新、刘同毅等到重庆市渝中区参加全国11城市中心城区人大工作研讨会第四次年会。

10月15日 魏家庄街道举办第十届全国16城市部分街道社区服务群众文化研讨会。

10月23—24日 山东10城市区县纪委书记座谈会在市中区召开，会议决定吸收荣成、蓬莱市纪委为友好联谊区县成员。

10月 公安部户政局局长王景山到经二路派出所考察。

11月1日 全区开展全国第一次基本单位普查。

11月15日 副省长王玉玺带领省直8个部门负责人到英雄山文化市场现场办公。

11月26日 摩洛哥王国宗教基金和伊斯兰事务部秘书长艾哈达德率领访问团参观清真南大寺、北大寺、女寺及泺源回民小区的穆斯林家庭。

11月28日 市中区小清河干流治理工程指挥部成立，副区长赵厚民任总指挥。区机关为小清河专项治理捐款14.56万元。

12月5日 市妇联在七里山街道召开“文明之家”现场会。

12月19日 市人大常委会在市中区召开“严格执法，热情服务，争当好公仆”活动座谈会。市委副书记孙常印、市人大常委会主任李启万到会讲话。

12月21日 济南三箭置业集团5年捐资助学80万元协议书签字仪式在山东省济南西藏中学举行。

12月27日 区十三届人大常委会第三十一次会议召开，补选董承铭为市十一届人大代表；接受王兆永辞去市中区区长、程运莲辞去副区长职务的请求；决定任命李大伟为市中区副区长。

12月30日 济南第二长途电信枢纽大楼在八一立交桥西南角落成。

12月 舜玉小区被建设部评为全国城市物业管理优秀住宅小区。

1997 年

1 月 3 日 西藏自治区党委副书记、常务副主席杨传堂，山东省副省长张瑞凤，济南市副市长沈建国到山东省济南西藏中学看望师生。

1 月 12 日 国家税务总局党组书记、副局长项怀诚视察地方税务局市中分局。

1 月 15 日 区委七届五次全委（扩大）会议召开。

1 月 20 日 市中区和槐荫区在岔路街小区的行政区划界限进行调整，北接市人民银行(新楼南院)西南角原界线沿路向西，沿省人民银行宿舍外墙向西向南，至岔路街北路沿折向西至纬七路，过路口沿岔路街路南沿折向东接原界线。

1 月 26 日 市人大常委会主任李启万视察泺源街道，并题词“民族团结，邻里和睦，小区共走文明路”。

1 月 27 日 市中区被国家教委授予全国“两基”工作先进区称号。

2 月 26 日 全区机关科以下职位竞争上岗、双向选择动员大会召开。

2 月 省公安厅副厅长陈吉光视察杆石桥派出所春节安全保卫工作。

同月 英雄山中心市场改建为齐鲁花卉批发市场。

3 月 1 日 区委、区政府决定，在全区范围内开展“讲政治、正风纪、做表率”主题教育活动。

3 月 26 日 区十三届人大常委会第三十三次会议召开，任命邹世平为区政府副区长、代区长；接受张福荣辞去区检察院检察长职务的请求，任命王建为区检察院代检察长。

4 月 7—10 日 区政协四届委员会第五次会议召开。

4 月 8—11 日 区十三届人民代表大会第五次会议召开，选举邹世平为区政府区长，王建为区人民检察院检察长。

4 月 11 日 全国妇联副主席赵地慰问经七纬二路、纬一路女交警，视察七里山街道第三居委会便民服务网点。

4 月 27 日 全国政协民族和宗教委员会参观考察团一行 34 人，在团长金鉴率领下，视察市中区舜玉小区安全文明管理工作。

4 月 英雄山革命烈士纪念塔首次进行全面整修，7 月 30 日完工。

5 月 8 日 区预算外资金管理结算中心成立。

同日 济南市邮票交易市场在经四路小纬二路开业。

5 月 16 日 济南电力调度大楼在文化西路与泺源大街交叉处落成。

5 月 18 日 区纪委、区监察局、区民政局等组成联合调查组，对公车迎亲嫁娶情况进行突击检查，对违纪车辆进行处理。

5 月 27 日 区民营经济领导小组成立，区委副书记、区长邹世平任组长。

5 月 济南预备役军人学校成立。

同月 四里村邮电新村改造第一期工程竣工，共 9 栋楼，建筑面积 12.5 万平方米。

6 月 3 日 济南第一职业高中与济南第二职业高中合并，改建为济南第十二职业中等专业学校。

6 月 22 日 区非农业建设用地清查工作会议召开，清查非农业建设用地工作随即展开。

6 月 《中共市中区党史资料大事记》出版发行。

同月 区退伍军人服务中心设立。

7月1日 市中区在英雄山下举办“普天同庆香港回归”大型文艺演出活动，观众逾万人。

7月2日 中共中央政治局委员、山东省委书记吴官正视察回民小区，走访居民家庭，参观清真南大寺。

7月12日 市政协副主席任荷舫视察市中区基层计划生育队伍建设工作。

7月18日 区委、区政府印发《关于开展“百日爱民奉献”活动的意见》。

7月26日 中共中央政治局委员、山东省委书记吴官正看望、慰问市中区环卫工人。

7月 区政府印发《济南市市中区人民政府关于建立农村最低生活保障制度的实施意见》。

8月14日 区委七届六次全委会召开。

8月22日 市政府召开会议决定支持市中区加快经济和社会发展，定名为“8·22”会议。

8月27日 撤销济南市经一路小学。

8月28日 济南市梁家庄小学更名为济南市育明小学。

同日 顺河高架路破土动工，1998年10月1日竣工通车。

8月29日 市中区组织开展小区综合整治“乐园工程”，主要以“拆违章、造绿地、治脏乱、上配套”为工作目标。

8月 在全国第三次生产力促进中心工作会议上，山东亚太生产力促进中心被国家科委命名为首批10家国家示范生产力促进中心之一，同时被评为全国生产力促进中心先进集体。

9月9日 投资360万元，占地面积6600平方米，总建筑面积2523平方米的七贤镇敬老院投入使用。

10月5日 市中区腊山工业园成立。1999年11月1日，更名为济南腊山民营科技工业园。

同日 省卫生防疫站对市中区卫生防疫站进行计量认证考核。区卫生防疫站获省技术监督局颁发的检定测试能力及其可靠性评审论证合格证书。

10月9日 区委、区政府印发《关于加强城市居民区基层组织建设的意见》。

10月10—27日 区人大建立区选举委员会及办事机构，制订换届选举工作方案，部署选举工作。

10月17日 区十三届人大常委会第四十次会议召开，通过关于换届选举的决定、实施意见等有关事项。

10月 济南市绿荫休闲广场——英雄山广场竣工，成为全市首期“造绿工程”率先建成开放的广场。

11月26日 区信息网络方案在全市率先通过专家论证。

同日 1997年版《市中区志》发行。

11月29日 区体育总会成立。

11月 济南第二十七中学教师肖琳在北京举行的全国电教课题评比赛中获一等奖。

12月18日 副省长吴爱英、省计生委主任班开庆视察七里山街道第三居委会。

同日 山东省“创建安全文明市、区、街镇、村居、单位”活动领导小组在七里山街道七三居委会召开现场会。

12月 区开发公司投资3000万元兴建的新世界商场债务移交给市中工商分局，新世界商城全部产权归市中工商分局所有。

1998年

1月1日 新房屋权属证书启用，分为“房屋所有权证”“房屋共有权证”“房屋他项权证”3种。

1月12—17日 区政协五届委员会第一次会议召开，李东明当选为区政协主席。

1月13—18日 区十四届人大第一次会议召开。会议选举张志远为区人大常委会主任、赵文朝为区政府区长、胡庆德为区法院院长、王建为区检察院检察长。

1月23日 市伊协领导和老阿訇们慰问泺源回民小区的穆斯林特困群众，走访群众8家，赠送慰问金3000余元。

2月27日 省政协主席陆懋曾、省人大常委会副主任严庆青慰问山东省济南西藏中学师生。

3月2日 区精神文明建设委员会召开全区“扫黄打非”工作紧急会议，印发《致全区人民的一封公开信》1万份。

3月5日 撤销七贤镇太平、土屋两村行政建制。

3月29—31日 区第八次党员代表大会召开，选举产生新一届区委、区纪委领导班子，邹世平当选为区委书记，李聚春当选为区纪委书记。

3月 英雄山风景区开始建设。

4月1日—5月31日 区纪委、区监察局、区房管局、区行管局等组成联合调查组，对全区712名（含离退休）副处级以上领导干部住房情况进行调查摸底。

4月26日 共青团中央、建设部、全国少工委颁发市中区绿荫休闲广场“全国青少年绿色文明园”揭牌仪式暨市中区全民“爱绿护绿”誓师大会在英雄山北麓举行。市委常委、宣传部部长牛洪恩，市人大常委会副主任董承铭为文明园揭牌。

4月 国务委员、国家计生委主任彭珮云视察泺源小区。

同月 区公安消防大队成立。

6月1日 区政府印发《加强自身建设，树立人民政府良好形象的意见》。

6月8日 省纪委副书记、省监察厅厅长刘统侠、市纪委书记李荣芝到市中区检查指导工作，并参观《中华人民共和国行政监察法》板报展。

6月11日 省文明办副主任刘宝聚检查验收市中区创建省级精神文明先进区工作。1999年11月，市中区被命名为山东省精神文明先进区。

6月17日 全区社情民意大调查活动动员大会召开。区委书记邹世平作动员讲话。会后，全区开展“千人入万户”社情民意调查活动。

6月 泺源街道被山东省民族事务委员会评为山东省民族经济发展促进会会员单位。

7月2日 区业余体校更名为区少儿竞技体育运动学校。

7月15日 区委、区政府印发《关于在全区开展创建文明社区工作的实施意见》，决定利用3年时间，把市中区基本建设成为文明新社区。

7月29日 全区社情民意调查群众建议交办会召开。1016条建议全部以督办书的形式分别交到区属36个部门、单位，限期办理。

8月4日 区再就业服务中心组建。

8月19日 全区深化企业改革工作会议召开。

8月 市中区教师“园丁小区”在郎茂山小区建成投入使用，首批293户教职工喜迁新居。

9月12日 英雄山赤霞广场建成开放。

9月15日 在舜玉公园举行济南市首批全民健身工程暨“小篮板”工程竣工仪式。该工程为山东省首批实施全民健身工程和向全国推荐的全民健身优质工程。副市长刘荫岛、副区长崔学莉及全市四区的体委主任出席。

10月13日 区人大常委会副主任徐莉蕾参加在上海市卢湾区举行的全国11城市人大工作研讨会第六次会议，作题为“加大监督力度，力求监督实效”的发言。

10月16日 区房产交易市场成立。

10月27日 区政府实行办公用品、设备统一采购。

10月 王官庄小区中心绿地大众广场建成开放。

11月24日 全区城区居委会由225个调整合并为109个，并进行换届选举，选出205名正、副主任。

11月 七贤广场建成开放。

12月7日 区法律援助中心成立。

12月16日 省地方档案馆规范化目标管理二级档案馆认定工作会议召开。区档案馆通过省二级档案馆认定。

12月11—31日 区纪委对区政法系统6家下属企业进行清理。其中，5家被撤销，1家移交。

12月 泺源街道被评为山东省民族团结进步先进单位。

1999年

1月1日 经四路地下人防商城建成开业。

1月12日 中共中央政治局常委、国家副主席胡锦涛看望经七纬二路交通岗值勤民警。

1月13日 区委八届三次全委会召开。

1月15日 副省长陈抗甫、省环保局局长张凯等视察市中区高楼烟尘观察哨工作，对这一做法予以肯定。

2月4日 区十四届人大常委会第四次会议召开，会议听取区十四届人大二次会议筹备工作情况汇报；审议并通过区人大常委会工作报告、关于召开区十四届人大二次会议的决定、议程草案、代表资格审查报告。

2月13日 区纪委在全国《中华人民共和国行政监察法》知识竞赛中获组织纪念奖、山东省《中华人民共和国行政监察法》知识竞赛中获组织纪念一等奖。

3月6日 英雄山路（经十一路—二七新村南路）改造工程开工。北起经十一路，南至二七新村南路，全长1.69千米，总投资720万元，由济南第一市政工程公司等单位施工，4月25日竣工。

3月9—13日 区十四届人民代表大会第二次会议召开。会议听取并审议区政府、区法院、区检察院和区人大常委会的工作报告，补选孙玉林为区人大常委会副主任。

4月12日 市中区被评为全省双拥模范区。

5月18日 济南汽车维修配件广场开业。

5月25日 省双拥办召开现场会，学习推广市中区科技拥军工作的经验做法。

5月26日 区十四届人大常委会第十一次会议召开，选举蒋培育为区政府副区长。

5月 趵突泉公园扩建，万竹园并入趵突泉公园景区。

同月 七彩广场（济微路与二环路交叉口东北角）建成开放。

6月11日 全区下岗职工进社区工作会议召开。

6月23日 中共中央总书记江泽民看望经七纬二路交通岗值勤民警。

6月 区政协召开五届八次常委会。会议审议通过区政协机关人事任免决定；讨论和审议10家私营企业大户发展情况专题调查报告。

7月7日 济南市共青团路小学撤销。

7月15日 区委八届四次全委会召开。

7月16日 市委研究室、市纪委信访室联合调研组调研市中区党员、领导干部执行廉洁勤政责任书情况。

8月12日 全区企业改革与管理工作会议召开。

8月27日 市中区被确定为全省计划生育优质服务试点区。

9月9日 副省长邵桂芳视察山东省济南西藏中学。

9月17日 区政协、区委统战部联合举办庆祝新中国成立和人民政协成立五十周年及迎接澳门回归报告会。

10月11—13日 全省中小学实验教学普及县督导评估工作研讨会召开，市中区成为全省第一个实验教学普及达标县（区）。

10月19—21日 区第二届全民体育运动会举行。

10月22日 市中区学区九年一贯制办学体制经验在全国中小学整体改革研讨会上交流。

10月23日 市中区中小学实验教学工作通过山东省政府教育督导室验收，成为全省第一个实验教学普及区（县）。

11月6日 区卫生防疫站综合楼（在郎茂山路6号）落成。

11月12日《中国纪检监察报》总编辑张雷克及省、市纪委领导张天民、王良远、于振滨、徐庆海等到市中区检查指导工作。

11月23日 市中区被科技部评为全国科技工作先进城区。

12月23日 市委常委、市纪委书记李荣芝视察腊山民营科技工业园。

12月27日 区社区服务中心成立，位于经七纬一路261号。

12月29日 历城区党家庄镇、十六里河镇划归市中区。

12月30日 区委八届五次全委会召开。

12月 舜玉路街道被评为山东省城市体育先进社区。

2000年

1月31日 市中区军队离、退休干部休养所在建设路76号组建。

2月1日 区十四届人大常委会第十七次会议任命齐建中为代区长。

2月13日 历城区国税局十六里河分局划归市中区国税局，更名为济南市市中国家税务局十六里河分局。

3月8日 省科委主任董昭和听取济南腊山民营科技工业园建设情况汇报。

3月13—17日 区政协五届三次会议召开。选举产生区政协副主席、常委、委员各1人。

3月14—18日 区十四届人民代表大会第三次会议召开，齐建中当选为区政府区长。

4月10日 全区农村工作会议召开。

4月11日 市政协主席孙常印带领调查组到市中区调研，察看市中区社区服务中心，舜玉路街道所辖居委会社区服务站，视察腊山民营科技工业园。

4月14日 济南预备役军人学校更名为济南国防科技通信学校。

4月26日 市委常委、副市长刚占标到腊山民营科技工业园现场办公。

4月 区水务局成立。

同月 民生大街（经七路—经十路）改造工程开工，5月竣工。

同月 建设路（经十路—建设路大桥）拓宽改造工程动工，9月竣工。

5月10日 国务委员、国务院秘书长王忠禹和国家人口计生委主任张维庆视察七里山街道七东社区计划生育工作并给予高度评价。

5月26日 全区党风廉政建设工作会议召开，区监察局局长张秀云通报廉政工作情况，提出全年工作意见；区财政局、区审计局等部门大会发言。

5月 经八路市中段（青年西路—八一立交桥北）改造工程动工，6月竣工。

同月 经三路市中段（纬二路—小纬六路）改造工程开工，10月竣工。

6月22日 区十四届人大常委会第二十一次会议召开，听取并审议区政府关于第三产业发展情况的汇报，关于“三五”普法工作情况的汇报，关于《中华人民共和国档案法》贯彻实施情况的汇报及人事任免事项。

6月30日 区农业科技产业园动工兴建。

6月 全国省会城市区域卫生规划研讨会代表参观大观园街道社区卫生服务中心。

同月 玉函路市中段（马鞍山路东口—舜玉路西口）改造工程动工，7月竣工。

同月 济大路市中段（舜耕路—玉函路）改造工程动工，7月竣工。

同月 大纬二路（天桥—八一立交桥）改造工程动工，7月竣工。

7月20日 区政协五届十四次常委（扩大）会议召开，审议通过区政协对辖区农业结构调整情况的调查报告和有关人事任免事项。

同日 区纪委检查党家庄镇、十六里河镇、七贤镇落实夏粮收购政策情况。

7月 经四路市中段（迎仙桥—小纬四路）改造工程动工，8月竣工。

8月1—10日 区监察局会同区财政局、区劳动局、区民政局检查各单位“四项资金”使用情况，涉及资金3.5亿元。

8月3—17日 区纪委对区有关单位借用的小汽车进行集中清理。

8月5日 区政府印发《关于实施南郊生态保护性开发和加快城市化进程的意见》。

8月30日 投资165万元的五里山顶阁楼落成。

8月 印尼驻香港领事馆商务领事葛杜苏维查及夫人一行4人参观清真南大寺。

同月 经五路市中段（纬一路—小纬六路）改造工程动工，9月竣工。

同月 经六路市中段（纬一路—小纬六路）改造工程动工，9月竣工。

9月12日 济南市地名委员会同意将位于市中区七贤镇西北部东邻大涧沟，西依腊山脊线，南距魏华西路400米，北距腊山排洪沟200米，总面积100公顷的区域，命名为“济南腊山民营科技产（工）业园”。

9月15日 区纪委组织基层党（工）委、党组参加省纪委《明镜月刊》举办的“学刊用刊”知识竞赛，区纪委、区监察局获组织一等奖。

9月29日 副省长林廷生及省、市老龄委等领导走访慰问杆石桥辖区2户70岁以上老人。

9月30日 《市中年鉴（1991—1997）》出版发行。

9月 区“148”法律协调指挥中心成立。

10月20日 区人大常委会成立二十周年纪念大会召开。

10月27日 区民营经济服务局成立。

11月2日 教育部副部长王湛视察济南市泺源学校。

11月22日 市中区被山东省科协命名为山东省科普示范城区。

11月 区纪委与15个街道主要领导进行廉政谈话。

同月 全国民族协调工作经验交流会在济南召开，140余位代表参观清真南大寺。

12月12日 由驻区7个民主党派发起、市中区政协组织的"风雨同舟共建新农村"帮扶活动启动。

12月13—30日 区纪委对济南市中变压器厂等10家企业实施挂牌保护。

12月14—15日 区八届全委（扩大）会召开，会议审议并通过《济南市市中区国民经济和社会发展第十个五年计划纲要（草案）》及《中共济南市市中区委、市中区人民政府关于实施南部生态保护性开发、加快城市化进程的意见》。

12月19日 济南市经四路小学撤销，并入济南市纬二路小学。

12月 省委、省政府授予市中区"山东省社会治安综合治理模范区"称号。

2001年

1月24日 中共中央政治局委员、山东省委书记吴官正慰问杆石桥派出所公安干警。

1月 齐建中任中共济南市市中区区委书记。

2月26日 山东建材工业学院与济南联合大学合并组建的济南大学揭牌，位于济微路106号。

2月 位于党家庄镇的济南历城第七中学更名为市南中学，划归济南市教育局管辖。

3月1—5日 区十四届人民代表大会第四次会议召开，于界平当选为区政府区长，解雅洁当选为区法院院长。

3月5日 市纪委、市监察局对济南腊山民营科技工业园实施挂牌保护。

3月30日 市委副书记、市长谢玉堂，市委常委、副市长徐华东视察济南腊山民营科技工业园。

4月23日 共青团路东段拓宽改造工程竣工通车。

4月 区市政工程管理养护处更名为市政工程管理局；区绿化管理处更名为区园林局。

同月 济南市教育工作现场会在党家庄镇召开。

同月 撤销经二路街道，划归大观园街道；撤销馆驿街街道，划归魏家庄街道；撤销经七路、岔路街街道，划归杆石桥街道；撤销玉函路街道，将其所辖的一居、二居并入四里村街道；三居、四居并入舜玉街道。

5月1日 济南山水集团与市中区人民政府合作兴建的综合性大型商贸中心——山水商城开业，位于二七南路，占地面积8万平方米。

5月7日 贯通玉函路与英雄山路的主干道——六里山路建成通车。

5月9—10日 共青团市中区第十一次团员代表大会召开，

5月16日 市政协主席孙常印视察市中区腊山民营科技工业园、农业科技园和畜牧大世界生产经营、建设情况。

6月6日 区招商局成立。

6月11日 位于英雄山的济南革命烈士陵园被中宣部命名为全国第二批百个爱国主义教育基地之一。

6月19日 济南工商银行大观园储蓄所被团中央、中央金融工委授予"全国杰出青年文明号"。

6月22日 在市纪委举办的"永远忠于党"文艺汇演中，区纪委选送的舞蹈节目《警花英姿》获"创作奖"和"表演奖"。

6月 区体育中心主体楼建成并投入

使用。

同月 中共市中区委被评为山东省先进基层党组织。

同月 市中区被评为全国“两基”工作先进区。

7月20日 全区“打霸除恶”专项斗争动员大会召开，区委常委、政法委书记梁英为传达全区“打霸除恶”实施方案，区委副书记苏维泉对开展好专项斗争提出具体要求。

7月27日 区委八届七次全委会通过《中共济南市市中区委关于按照“三个代表”重要思想要求加强和改进党的基层组织建设的意见》。

8月16日 省委副书记王修智视察市中区。

9月18日 “兵妈妈”齐亚珍及其一家获全国五好文明家庭“十大标兵户”称号。

9月20日 交警市中大队女子中队被授予“人民满意的公务员集体”称号。

9月23日 撤销七贤镇，以原七贤镇的行政区域设立舜耕、白马山、七贤3个街道。

10月22日 市政协主席孙常印带领市政协部分常委视察市中区中小学素质教育工作。

10月23日 市委副书记、市长谢玉堂调研市中区加快城市化进程工作。

10月24日 副省长赵克志一行视察腊山科技工业园。

10月31日 区纪委、区委组织部、区监察局、区人事局、区编委办5部门联合下发《关于严明纪律 保证机构改革顺利进行的通知》。

10月 区经济计划委员会更名为区经济计划发展局；区对外经济贸易委员会更名为区对外贸易经济合作局；区教育委员会更名为区教育局；区科学技术委员会更名为区科学技术局；区建设委员会更名为区建设管理局；区计划生育委员会更名为区计划生育局；区体育运动委员会更名为区体育局；区农业办公室更名为区农业经济发展局；区法制工作办公室更名为区法制办公室；区成人教育办公室更名为区成人教育局。

同月 七里山街道被评为全国“婚育新风进万家”活动先进街道。

11月6日 区委八届八次全委（扩大）会议召开，传达贯彻中共十五届六中全会精神。

11月10日 上海联华公司与济南蔬菜集团联合出资1亿元建设的世纪联华超市开业。

11月15日 区人大十四届常委会第三十二次会议召开，审议通过党家庄镇、十六里河镇人大换届选举工作的决定。

11月 撤销区经济体制改革委员会，在区政府办公室挂区经济体制改革办公室牌子；撤销区土地管理局、区矿产资源管理局，组建区国土资源局；组建区安全生产监督管理局，由区经济发展计划局管理；区商业委员会更名为区商业贸易局，为事业单位，授权行使行政管理职能；区房产管理局为事业单位，授权行使行政管理职能。

同月 市中区被省政府授予“教育工作示范县（市、区）”称号。

同月 舜玉路街道被国家体育总局评为“1996—2000年度全国群众体育先进单位”。

12月4—5日 伊朗诵经团一行2人分别到清真南、北大寺恭诵《古兰经》。

12月12日 区纪委下发《关于做好乡村领导班子换届选举工作的意见》。

12月15日 区政府对政务公开情况进行检查，全区54个部门中，有53个实行政务公开，建立公开栏180个、公开电话94部、意见箱115个。

12月23日 七里山街道第三社区居委会主任兼社区妇联主席田宝明被评为“全国十佳妇女思想政治工作者”，同时被授予全国“三八”红旗手称号。

12月29日 舜玉路街道被共青团中央、文化部、国家体育总局、中央电视台授予“青年文明社区大家乐”舞台牌匾。

12月 大观园街道社区服务中心被定为全市唯一的国家社区卫生服务示范点。

同月 位于三里庄东街13号的基督教堂（1934年建成）复堂。

同月 市中区被评为山东省社会治安综合治理先进集体。

2002年

1月1日 机关事业单位养老保险实行市、县（市区）两级统筹；各县（市）区不再上解调剂金，济南市不再下拨调剂金。

同日 位于英雄山路10号的国美电器公司八一店正式营业。

1月28日 文登倪氏集团投资5000万元建设的山东倪氏餐饮有限公司开业。

2月25日 区十四届人大常委会第三十四次会议召开，审议通过关于补选区人大代表的决定，并进行人事任免。

3月12日 市中区被共青团中央、民政部、建设部、国家工商行政管理总局授予“青年文明社区”称号。

3月12—16日 区十四届人民代表大会第五次会议召开，选举于联军为区人民检察院检察长。

3月27日 区招商引资工作领导小组成立，区长于界平任组长。将全区招商引资指标分解到各街道（镇）、区直部门，纳入全方位目标考核体系。

4月2日 区劳动服务公司更名为区劳动就业办公室。

4月7日 市中区组织参加山东省暨济南市在泉城广场组织的世界卫生日宣传活动，出动锣鼓队、秧歌队28支，制作各类展牌78块，发放宣传品1.6万份，悬挂横幅标语28条，解答群众咨询1000余人（次）。

4月20—21日 参加中央党校培训学习的全国部分县（市）区委书记一行17人，参观市中区考察腊山科技产业园、区农业科技园。

4月26日 区纪委制定《关于清理党政机关工作人员借用公款问题的实施意见》，召开专题会议部署清理借款工作。

4月30日 位于经七路88号的济南市房产大厦落成投入使用。

4月 济南腊山高新技术创业服务中心成立。

5月9日 济南国际会展中心动工兴建，9月30日竣工投入使用。建筑面积4.1万平方米。

5月13日 山东亚太生产力促进中心与区高新技术创业服务中心合署办公，实行一套班子、两块牌子。

5月25日 省人大常委会副主任王道玉带领检查组视察市中区社会治安综合治理和“严打”整治工作。

6月15日 七贤供水加压站建设工程竣工。

6月25日 区政协与济南市文联创作室联合组织部分市、区政协委员到聊城市举办创作联谊活动。

6月27日 中国民主促进会济南市市中区总支委员会成立。

7月 济南市林祥南街小学撤销。

8月18日 中国泛海集团投资4.3亿元的齐鲁商会大厦开工建设。

8月29日 市中区被民政部命名为全国社区示范区。

8月 济南第二十七中学被教育部、国家体育总局批准为山东省正道棋校，是全国8家棋类活动中心之一。

同月 市中区70名学生参加全省航模比赛，济南第六十八中连续16年蝉联山东省航模比赛团体第一名。

9月10日 中共中央政治局委员、山东省委书记吴官正，省委常委、秘书长杨传升，副省长邵桂芳等，看望慰问山东省实验中学、济南铁路第一中学、胜利大街小学教师。

9月28日 山东银座商城股份有限公司投资8000万元建设的银座商城八一店开业。

9月30日 位于舜耕路中段的济南国际会展中心建成并投入使用。

10月18日 湖南长丰汽车制造股份有限公司投资3000万元建设的山东猎豹汽车销售有限公司开业。

10月23—31日 区纪委对全区10所中小学行风情况进行群众评议。

10月 市中区被中央精神文明建设指导委员会评为全国创建文明城市工作先进城区。

11月15日 区总工会困难职工帮扶中心成立，形成区、街道（社区）16个帮扶二级网络，涵盖送温暖、再就业、困难帮扶三个方面的救助。

11月21日 全区学科首席教师聘任大会召开，在全市率先实行学科首席教师制，聘任15位区首席教师。

12月7日 北京东方集团投资1.2亿元、建筑面积3万平方米的东方家园济南建材超市七贤店正式营业。

12月8日 区法院由小纬二路53号迁至英雄山路197号。

12月17日 全区首批专业技术拔尖人才和首批镇、村优秀科技人才表彰大会召开。

12月23—24日 区纪委、区法制办检查全区20个部门行政执法工作。

12月26日 全区年满18岁的选民到所在地区投票站投票，选举市中区第十五届人大代表219人。

12月 市中区被省委、省政府授予山东省社会治安综合治理先进集体称号。

同月 市中区被省委、省政府、省军区授予“双拥模范区”称号。

同月 经十路拓宽改造（玉函路—中光明街）工程开工，2003年5月竣工。

同月 省委副书记王修智、副省长赵克志陪同西藏自治区副主席杨传堂慰问山东省济南西藏中学师生。

2003年

1月12日 全市最大的旧城改造项目——八里洼地区综合改造工程启动。

1月15—19日 区政协六届一次会议召开。选举产生区政协六届领导班子，高金同当选为区政协主席；寻广起、李大伟、张廷和、潘华、贺文萍、薛效贤当选为副主席。

1月16—20日 区十五届人民代表大会第一次会议召开。选举李聚春为区人大常委会主任；张成铭、崔学莉、陶连月、左玉田、佘洪深、李莹为区人大常委会副主任；于界平为区政府区长；张忠泉、米俊伟、荣光、韩宏伟、吕建新、刘梦海为副区长；解雅洁为区法院院长；于联军为区检察院检察长。

2月28日 区委八届十次会议召开。

2月 区双查工作领导小组成立，全区开展土地双查工作。

3月6—8日 区第九次党员代表大会召开，齐建中当选为区委书记。

3月15日 三联电器八一店开业，经营面积1100平方米。

3月24日 济南战役纪念馆在英雄山烈士陵园落成。建筑面积6800平方米，总投资3800万元。

3月26日 十六里河镇瓦峪村第十一石料厂发生爆炸事故。

4月1日 济南第三中学与市南中学合并为新的济南第三中学。

4月2日 市中区被省委、省政府授予山东省计划生育优质服务先进区称号。

4月16日 全区"非典"防治工作会议召开。区委副书记、区长于界平进行动员部署，区委副书记王铁志主持会议并就贯彻落实提出要求，副区长韩宏伟传达中央和省市防治"非典"工作会议精神。26日，在国道104七贤段、省道103线大涧沟段分别设立留验站。

4月27日 开展全民爱国卫生清洁日活动。省委书记张高丽，省委副书记、省纪委书记赵春兰到赤霞广场北侧参加劳动。

4月30日 市委常委、市妇联主席雷杰代表市防治"非典"工作领导小组到市中区2个留验站检查指导工作，慰问一线工作人员；副市长张泽到经八路小学、育贤幼儿园检查指导"非典"防治工作。

4月 市中区被教育部评为全国幼儿教育先进区。

5月4日 国务院防治"非典"工作督查组检查七里山街道第三社区居委会，对辖区加强社区防控的做法给予充分肯定，并题词"群防群控，争取防治'非典'工作的最后胜利"。

5月6日 山东蓝海集团投资2000万元建设的蓝海钟鼎楼食府开业。

5月13日 市国土资源局依据省、市国土资源管理部门对腊山用地问题的检查结果，决定废止济南腊山科技产业园管委会非法批准的19家企业占用国有土地协议；收回济南腊山科技产业园管委会非法批准占用的国有划拨土地14.46万平方米土地使用权，并依法给19家土地使用者办理国有土地使用权出让手续。

5月26日 区老龄工作委员会组织机构调整，由区委、区政府、区人大、区政协分管领导及34个部门单位负责人组成。

5月29日 区委、区政府印发《济南市市中区招商引资考核奖励办法（试行）》《济南市市中区招商引资项目（资金）认定实施细则》。

6月16日 济南市王官庄小学更名为济南市育贤第四小学。

7月9日 区第十次妇女代表大会召开。

7月12—14日 以老挝人民革命党中宣部副部长征·宋本坎为团长的老挝中宣部考察团一行10人访问济南，与市中区委进行座谈，了解基层党组织在改革开放条件下的政治思想工作及贯彻落实"三个代表"重要思想，发挥党组织先锋模范作用等情况。

7月22日 省长韩寓群、副省长赵克志到七里山街道调研劳动就业和社会保障工作。

7月 中国重汽集团与世界500强企业——瑞典沃尔沃卡车公司合资组建的济南华沃卡车有限公司投产。

同月 市中区被省委、省政府授予山东省防治"非典"工作先进区称号。

8月17日 最高人民法院审判委员会委员、副院长刘家琛视察市中区人民法院。

9月3日 区城市管理行政执法局成立。

9月8日 七里山街道第三社区党支部书

记、居委会主任田宝明被中组部、民政部授予全国优秀社区工作者称号。

9月20日 山东省暨济南市首次“公民道德宣传日”活动在英雄山广场举行。

9月22日 老挝人民革命党纪委考察团一行与市中区委座谈。

9月23日 全市首家民营资本介入的文化产业——济南顺风大剧院在二七南路开业。

同日 香港宏润实业集团投资的山东宏瑞置业有限公司落户市中区，注册资金600万美元，是在市中区注册成立的第一家港资房地产公司。

9月25日 济南报业集团与腊山管委会签订入驻协议，投资1.6亿元建设济南日报报业集团发行印务中心。

10月1日 全区婚前医学检查由强制改为自愿。

10月10日 中央军委原副主席迟浩田参观济南战役纪念馆。

10月28日 在国防大学深造的43个国家的57名留学军官参观济南战役纪念馆。

10月 市中区被省委、省政府授予山东省老干部工作先进集体称号。

11月12日 济南第七十一中学更名为济南普利初级中学，并确定为全市首家外来务工就业人员子女定点学校。

11月26日 全国残联工作委员会常务副理事长吕世明视察七里山社区残疾人工作。

11月27—29日 全国社区残疾人工作现场会在济南召开，市中区被命名为全国社区残疾人工作示范区。

11月28日 济南市社会治安综合治理暨创建“平安济南”动员大会在市中区召开，区委副书记苏维泉代表全区作典型经验介绍。

11月 区纪委在建行系统开设“581廉政账户”。

12月17日 济南法因数控机械有限公司工程师黄玉新及济南压力容器厂董事长、总经理、经济师董鹏被区委、区政府命名为首批市中区专业技术拔尖人才。

12月 团中央第一书记周强视察杆石桥街道城市青年中心建设工作。

同月 市中区被科技部评为全国科技进步先进城区。

同月 市中区被教育部评为全国社区教育实验区。

2004年

1月9日 全市农村工作会议确定，市中区自2004年起取消农业税。

1月10—12日 区十五届人民代表大会第二次会议召开。

1月28日 山东鲁能泰山发展有限公司投资3亿元承建的鲁能泰山广场开业。

1月 市中区被省委、省政府授予山东省信访工作先进单位称号。

同月 市中区被省委、省政府授予山东省第六届精神文明建设工作先进县（市、区）称号。

2月10日 总投资4000万元的山东民利达印铁包装有限公司成立。

2月14日 区教育局承办的2003年全国“太阳花”杯系列活动颁奖大会在南郊宾馆举行。

2月20日 全区94个网点首开体育彩票销售。

2月21日 省、市、区各级领导到山东省济南西藏中学与藏族学生共度藏历新年。

2月28日 省防治禽流感工作领导小组在十六里河镇大西村进行禽流感防治演习。

2月 全区“再就业伙伴计划”启动。全区121名劳动系统工作人员与363名下岗失业人员结成再就业伙伴。

同月 副区长吕建新带领区非煤矿山专项治理整顿小组成员检查十六里河镇、党家庄镇部分非煤矿山企业。

同月 区委、区政府举办“济南自开埠100周年”系列纪念活动。举行纪念“济南自开商埠100周年”专家座谈会；与济南电视台联合拍摄6集电视专题片《古城开埠》，在中央电视台、凤凰卫视、山东卫视播出；收集拍摄图片470余幅，搜集文字资料100余万字。

同月 区法院被山东省高级人民法院记集体一等功。

3月2日 省委副书记、市委书记姜大明到市中区调研。

3月10日 市委副书记、纪委书记徐长玉到市中区调研，听取市中区工作汇报，对进一步做好新形势下的党风廉政建设工作提出要求。

同日 区招商引资领导小组下发《市中区招商引资内资统计核实办法（试行）》。

3月19日 区委书记齐建中带队到莘县参观走访。

3月21—26日 区纪委、区委组织部、区民政局有关人员，先后到上海南汇区、江苏昆山和浙江宁波、台州等地，学习考察党风廉政建设进社区、反腐倡廉体系建设、机关效能建设和村民理事制度建设等工作。

3月26日 区政府与德国西门子股份有限公司变压器集团在德国纽伦堡签署合作谅解备忘录。

3月 经一路市中段住宅、私有非住宅拆迁工作结束。

同月 全区开展街巷综合整治工作。

同月 泺源街道成立全区首家“爱心超市”，免费为弱势群体提供物质帮扶。

同月 区残联被省残联授予2003年度山东省残疾人信访工作先进单位称号。

4月5日 省计生委副主任宋新强调研魏家庄街道计划生育工作。

4月8日 区第三届全民运动会开幕。10月20日闭幕。历时7个月，开展各类比赛项目11项；226支代表队，3400余名运动员参加比赛。

4月11日 区妇联在二七街道英雄山南路社区居委会举行打造山东“首善之区”、创建全国文明城市启动仪式。

4月19日 济南第八职业中专初中部和红庙小学并入济南育才中学，成立九年一贯制学校。

4月20日 党家庄镇陡沟村周亮成为首位入选济南市青年科技奖的农民获奖者，受到市政府表彰。

4月29日 济南市张安中学更名为济南张安中学，济南市七贤中学更名为济南七贤中学(12月被确定为济南市外来务工就业人员子女定点学校)。

4月 辖区斗母泉、林汲泉和甘露泉名列济南市评定的72名泉。

同月 区教育局“齐鲁网校”获山东省教育系统网站一等奖。

同月 经一路（纬一路—纬五路）改造工程开工，6月竣工。

5月10日 马鞍山—玉函路交叉口改造成工程开工（西起经十一路，东至马鞍山路桥，南起省社科院宿舍，北至经十路），7月10日竣工。

5月17日 济南腊山科技产业园管理委员会撤销。

5月20日 区知识产权局成立。

5月25—27日 新疆阿克苏市市委书记

岳秀诚参观考察市中区。

5月 市中区被民政部授予全国先进星光老年之家称号。

同月 市中区被民政部授予全国先进婚姻登记机关称号。

6月5日 新版婚姻证正式启用。

6月15日 济南西北餐饮娱乐有限公司投资近3000万元的西北假日大酒店开业。

6月26日 经十一路中华名优美食街正式开街。

6月30日 中共中央政治局常委、中央政法委书记罗干视察十六里河镇司法所。

6月 副市长邹世平调研市中区环卫工作。

同月 全市社区教育工作经验交流会在市中区召开。

同月 在中国参加亚洲杯足球赛的约旦、印尼、巴林、伊朗等伊斯兰国家运动员、教练员、官员和新闻记者共200余人先后到清真南大寺参加主麻日聚礼。

同月 市中区被省委授予山东省先进基层党组织称号。

7月2日 澳大利亚澳中集团投资1000万元建设的济南澳中国际商务与语言培训学校在市中区成立。

7月14日 山东省体育中心改造扩建配套项目——英雄山广场改造、经十一路东段道路拓宽及地下人防主体工程竣工。该工程东起体育中心，西至英雄山广场，全长800米，总建筑面积2.7万平方米，总投资约1.4亿元。

7月17日 区少儿艺术团一行21人作为中国唯一代表队，前往乌克兰参加“让世界更美好”国际儿童文化艺术节活动。

7月19日 区政府与韩国富川市市政发展研究所联合举办中国·济南“韩国周”市中区项目合作推介会。省贸促会会长刘方会、副市长王天义、区委书记齐建中、区长于界平及韩国风险投资协会副会长吴亨根等出席。

7月25日 市委宣传部、市档案局（馆）、济南日报报业集团与市中区委、区政府联合主办的“济南开埠百年档案图片展”在东方现代艺术馆举行。共展出800余幅珍贵照片，观众10万余人次。

7月27日 省委副书记、市委书记姜大明、市长鲍志强等检查指导市中区县域工业经济工作。

7月29日 济南西门子变压器有限公司500千伏变压器生产厂间奠基，区委书记齐建中、区政府区长于界平等出席。

7月30日 中共“一大”代表、山东省委首任书记邓恩铭烈士陵墓在济南革命烈士陵园落成。

7月 全区农村残疾人“百户安居工程”启动。首批确定19户服务对象，年内完成60户特困残疾人家庭的危房改造。

同月 区贸促会组织20余家单位参加2004中美经济合作论坛、中美加工贸易（济南）洽谈会。

同月 市政府将经十一路英雄山段命名为“济南美食街”。

同月 泰国正大集团与鲁能集团签署协议，拟投资800万美元，在市中区建设济南易初莲花连锁超市。

8月28日 国家人口计生委副主任王国强调研市中区计划生育工作。

8月 七里山街道、杆石桥街道分别被国家人口和计划生育委员会评为2004年度全国计划生育质量管理小组活动先进单位。

9月7日 济南腊山工业基地管理委员会成立。

9月9—11日 杭州市下城区委书记翁

卫军参观考察市中区经济与社会发展、城市建设与管理工作。

9月3日 区社区科普大学开学典礼在杆石桥街道举办，是全区科普大学试点工作的开始。

9月 台湾明木国际商务交流有限公司商务考察团到市中区交流考察。

同月 区土地利用总体规划（1997—2010）修编工作启动。

10月12日 省委政法委书记高新亭、副市长张泽调研舜耕街道平安济南建设工作。

同日 市长鲍志强、市中区委副书记王铁志与西门子变压器集团在德国纽伦堡签署第二个谅解备忘录，双方将在西门子500千伏变压器制造项目、变压器零部件采购加工中心等六个方面进行合作。

10月17日 山东省新华书店投资5.2亿元的省新华书店综合发行中心开工建设。

10月26日 区惩治和预防腐败体系建设工作会议召开，下发《关于建立健全惩治和预防反腐败体系的实施意见》《惩治和预防腐败体系工作任务分工》。

10月27日 经一路市中区段开放式绿地开工建设。

10月 区政府投资500万元修建的西门子变压器专用路投入使用。

11月8日 国家评估组检查市中区创建全国社区卫生服务示范区工作。

11月15日 副市长赵文朝调研指导市中区农业产业化工作。

11月29日 西门子股份有限公司副总裁、最高董事会董事沙利夫博士参观访问市中区，参加次日举行的济南西门子变压器公司十周年庆典活动；国家发改委工业司司长李冶、济南市市长鲍志强、副市长王天义等参加庆典。

11月 区政府投资1600余万元，整治背街小巷107条，初步实现街巷的“平、洁、净、美”。

12月6日 济南铁路第四小学更名为济南市民生大街小学，济南铁路第六小学更名为济南市白马山小学，济南铁路实验学校更名为济南育文中学，3所学校移交市中区教育局管理。济南第十二职业中专并入济南第八职业中专。

12月 经十一路地下人防工程（省体育中心至八一立交桥段）商业改造完成，建成建筑面积2.3万平方米的地下商城。

2005年

1月1日 全区开展全国第一次经济普查。

1月11—14日 区政协六届委员会第三次会议召开。

1月12—14日 区十五届人民代表大会第三次会议召开。

1月20日 位于山东省体育中心的“易初莲花”连锁超市开业，营业面积2万平方米，总投资1.5亿元。

1月 位于胜利大街56号的山东新华印刷厂装订车间发生火灾，直接财产损失171889元，无人员伤亡。

2月1日 全区首批部门和单位开展“保持共产党员先进性”教育动员大会召开。

2月 山东亚太生产力促进中心建成“活动服务器网页（ASP）”信息化应用平台。

3月8日 全区背街小巷绿化整治全面启动。

3月14日 省委副书记、市委书记姜大明视察杆石桥街道社区服务中心。

4月14日 区红十字会成立。

4月24日 辖区失业人员大型就业洽谈会在赤霞广场举行。

5月1日 全区廉租住房工作启动。

5月27日 区委、区政府制定《关于构建和谐市中的意见》。

5月 市中区四季花园社区成为济南市唯一一家入选全国首批的“绿色社区”。

5月30日 改制、重组企业的离休干部实行属地化管理，全区接收市属改制企业离休干部131人，分布在24家企业。

6月4日 国家环保总局、教育部、全国妇联授予市中区全国绿色社区创建工作先进单位称号。

6月6日 “山东省暨济南市下岗失业工人进民企活动周”启动仪式在英雄山广场举办，省委常委、省总工会主席阎启俊，副省长赵克志、省政协副主席苗淑菊出席。

6月13日 德国西门子股份公司变压器部总裁贝尔特瑞姆·伊曼访问济南，与济南志友集团股份有限公司签署全面合作意向书。

6月27日 济南市东八里洼小学、济南市西八里洼小学撤销，济南市馆驿街小学与济南市安平街小学合并。

7月7日 区老年教育工作领导小组成立。

7月29日 济南一机床集团有限公司子弟小学移交市中区教育局管理，11月该学校撤销。

7月 四里村街道被全国双拥工作领导小组、中央宣传部、中央文明办、民政部、解放军总政治部授予军民共建社会主义精神文明先进单位称号。

同月 区委、区政府制定《关于建立新型农村合作医疗制度的实施意见》。

8月28日 中国残疾人理事会党组书记王新宽视察市中区残疾人专项救助工作。

8月 省委、省政府授予市中区山东省文明城市（区、县）称号。

同月 济南市市中区被卫生部、民政部、国家中医药管理局命名为第一批全国社区卫生服务示范区。

9月9日 市委书记姜大明走访慰问济南舜耕中学教职工。

9月20日 区教育局选派济南第二十七中学数学教师张钊、济南第六十八中学化学教师王林琳、党家镇丰齐小学教导副主任乌东彪、民生大街小学数学教师张长占前往新疆维吾尔自治区塔城地区托里县第二中学和托里县第一小学支教，为期2年。

9月22日 市政协主席徐华东到市中区调研。

9月23日 总投资7亿元人民币的外海蝶泉山庄项目开工建设。

9月24—25日 区第二十届青少年科技创新大赛举行，有10余所学校600余名学生参加比赛。

9月 党家庄镇东渴小学并入党家庄镇催马小学。

10月13日 市中区教育局和部分学校承担的全国教育科学“十五”部级课题子课题《多种媒体应用数学教学，促进中小学数学素养的研究》通过省、市专家鉴定。

11月3日 全区破损山体治理工作会议召开。

11月9日 在济南战役中牺牲的13位烈士，由党家庄镇丰齐村迁葬到济南革命烈士陵园。

11月17日 济南市关工委在市中区召开济南市关心下一代工作现场会，各县（市）区关工委常务副主任、关工委办公室主任与会。

11月 区图书馆成立，位于经五小纬二路53-4号。

12月3日 济南市农村残疾人实用技术培训市中基地落成，并举行首期开班仪式。

12月7日 东方家园七贤店开业，位于市中区济微路92号，投资7000余万元，占地2.8公顷，经营面积2万余平方米。

12月22日 民政部部长李学举调研舜玉路街道慈善超市中心店，并给予高度评价。

12月30日 市委书记姜大明调研舜玉社区"惠民医疗工程"实施情况。

12月 英雄山北麓济南美食街城市设计规划由中国航天建筑设计院编制完成。

同月 区艾滋病筛查实验室在区卫生防疫站建成，并通过市级初步审验。

是年 区教育局被评为全国文明单位。

2006年

1月10日 区政府机关成立"市中区机关科普大学"，在开学典礼上，邀请全国著名健康教育专家万承奎上第一堂课。

1月12日 区行政服务中心成立。

1月17—20日 区政协六届委员会第四次会议召开。

1月18—20日 区十五届人民代表大会第四次会议召开。

1月23日 济南邮政营业局撤销，恢复设立济南市市中区邮政局。

1月24日 济南市后魏华庄小学移交市中区教育局。

1月 济南舜耕国际会展中心被建设部评为全国物业管理示范大厦。

2月15日 市中区邀请中国台湾屏东科技大学农企业管理系教授、博士段兆麟为两镇两办党支部书记、村委会主任培训班作报告。

3月9日 省委副书记、市委书记姜大明与副省长赵克志等察看经十一路地下人防工程建设情况。

3月23日 全区第二批学科首席教师聘任大会召开。

3月 全省共建社会主义新农村活动启动仪式在党家庄镇举行。副省长李玉妹、市委副书记雷建国等出席。

4月18日 享誉近百年的老字号"燕喜堂"在六里山南路20号重新开业。

4月27日 区疾病预防控制中心、区卫生监督所成立。

4月 市长鲍志强考察"伟东新都"房地产项目、"海鲜大市场""齐鲁商会大厦""大观园社区改造"等重点建设项目。

5月3日 辖区内安装的22台防空报警器全部试鸣成功。

5月4日夜间至5日 普降大到暴雨，局部大暴雨，全市平均降水量达77.9毫米，辖区降水量达118.3毫米，为1951年以来历史同期最大值。

5月25日 红万字会济南母院旧址被列为国家级重点文物保护单位。

5月 国家人口计生委培训交流中心主任李春敏、国家人口计生委办公厅副主任姜卫平，调研七里山街道早教辅导站工作情况。

6月1日 旅游路西段竣工通车。

6月8日 市公安局在党家庄派出所召开现场会，推广党家庄派出所管理经验。

6月15日 济南市劳教所科普大学成立，是全省劳教系统成立的第一所科普大学。

6月28日—7月1日 济南荣宝斋举办庆祝中国共产党成立85周年书画展，展出作品230余幅。

6月 2006年度"英特尔求知计划"山东省项目在辖区启动。该项目在中国、以色列、印度和墨西哥4个国家开展。

7月4日 参加全国人口早期教育座谈会的220余名早教专家，到七里山街道早教辅导站参观指导。

7月11日 党家庄镇陡沟村举办中国早熟葡萄大奖赛。

7月18日 九年一贯制学校济南舜文中学成立。

7月29日 晨光茶社恢复营业。

7月31日 14时左右，辖区出现强降雨天气，并伴有雷电。十六里河镇涝坡办事处部分村庄突遭龙卷风袭击，持续时间1分钟左右，受灾区域跨度窄。有40余户、181间房屋受损；玉米和谷子大面积倒伏，基本绝产，受灾面积200公顷；1万余株树木被折断；供电线路1万余米受损，直接经济损失150余万元。

7月 济南泺源特教学校残疾人运动员在全国第四届特殊奥林匹克运动会上获9金12银7铜的好成绩，并被组委会授予道德风尚奖。

同月 济南市首个农村图书站在党家庄镇陡沟村投入使用。

8月7日 市中区被民政部表彰为全国社区服务示范区。

8月23日 省财政厅、省教育厅相关领导庞敦之、陈光华、黄琦等到山东省济南西藏中学调研，区长于界平参加。

8月30日 共青团中央书记处书记卢雍政视察舜玉路街道社区志愿服务和谐行动工作开展情况。

8月 济南育文中学、党家庄中学、民生小学代表山东省到云南昆明参加中国科协举办的全国第三届青少年机器人大赛。

同月 白马山小学组队参加中国青少年科技协会在南京举行的全国小学生“国际数棋”比赛，获团体一等奖。

同月 区环卫系统1100余名保洁员全部免费入住新公寓。

同月 投资3亿元人民币的银都国际项目开工建设。

同月 市中区被评为名为全国残疾人工作先进区。

9月7日 省委书记、省人大常委会主任张高丽视察山东省济南西藏中学并慰问教师。

9月29日 英雄山路改造工程建成通车。

10月1日 卫生部启动国家人群出生缺陷监测工作，市中区成为山东省唯一的城区监测点。

10月2日 在第八届国际机器人奥林匹克竞赛中，济南育文中学小学组分获亚军和季军、5个二等奖和7个三等奖。

10月18日 济南市首家社区矫正对象技能培训基地成立，位于济南第一机床技工学校。

10月 里村街道机床一厂南郊家委会退休女职工王俊芝被全国敬老爱老助老主题教育活动组委会授予“中华孝亲敬老之星”称号。

同月 聚丰德饭店获商务部认定的全国首批“中华老字号”称号。

同月 省道103线、南二环至绕城高速路段道路改造竣工。

同月 区劳动就业培训中心落成。

12月2日 山东法因数控机械有限公司获全国民营企业文化建设先进单位称号。

12月7日 殷士儋墓、德国领事馆旧址、德华银行旧址、山东邮务管理局旧址、交通银行济南分行旧址被公布为山东省文物保护单位。

12月11日 馆驿街小学被命名为“中国曲协幽默艺术学校”，中国文联副主席、中国曲协主席刘兰芳，市委宣传部部长王良为学校揭牌。著名相声表演艺术家姜昆被聘为名誉校长。

12月13日 济南美食街（新世界商城北）举行济南市食品安全示范街揭牌暨食品安全示范店授牌仪式。副市长张宗祥、区委书记齐建中、区长苏维泉参加授牌仪式。

1月17—20日 区政协六届委员会第四次会议召开。

1月18—20日 区十五届人大第四次会议召开。

12月19日 济南大观园股份有限公司被商务部授予“中华老字号”称号。

12月20—22日 区第十次党员代表大会召开。

12月 魏家庄街道永庆街社区被全国老龄委办公室授予全国敬老模范村居（社区）称号。

同月 最高人民法院授予区法院“全国优秀法院”称号，是山东省当年唯一一家获此殊荣的基层法院。

是年 全区农村教师工资全部按市统一标准发放，全额纳入区级财政预算。

是年 市中区被评为全国计划生育优质服务先进县（区）。

第一篇　行政区域

市中区自6000多年前的新石器时代已有先民在此繁衍生息，历经变迁，至1904年5月，济南设商埠前，均属历城。济南开埠后，商埠属商埠局管辖；商埠外属历城。1920年，辖区属济南市政厅管辖。1948年，济南解放后，属济南特别市第四、五、六、九区。1951年，属济南市第五区。1954年，改称第四区。1955年9月，始称市中区。1966年7月1日，改名红旗区。1973年7月1日，复称市中区。1991年，辖15个街道、1个镇。1999年12月29日，历城区党家庄、十六里河镇划归市中区。

2006年，市中区辖13个街道、2个镇，95个社区、77个行政村，总面积280.19平方千米。

第一章　位置　境域

第一节　位　置

市中区位于济南市市区中部。1991年，地理坐标为北纬36°35′36″~36°40′04″，东经116°54′29″~117°02′01″，东部与历下区搭界，西部与槐荫区毗连，南部与历城区为邻，北部与天桥区接壤。1999年12月29日，济南市区划调整。市中区东部从泺源桥向南经护城河，沿南新街、趵突泉西墙，向南经泺源大街东段，沿省民政厅西墙至上新街北头，向南经文化西路西首至广场西沟，沿广场西沟中心线向南至玉函路北首，再向南沿南郊宾馆南墙，东转至千佛山西麓至舜耕街道办公楼，再沿罗袁寺、顶橛子山、老虎山、官山橛子、佛谷山脊线与历下区搭界。西部以纬五路自北向南经小纬六路、水泥厂路、沿刘长山、西十里河、尹家堂、朱家庄、济南军区综合训练基地东南墙、党家庄、玉符河大桥与槐荫区、长清区毗连。北部以经一路自西向东，沿馆驿街、穆家楼街、顺河街北段与天桥区接壤。南部以十六里河镇侯家庄、狼窝顶山北山、青桐山、丁子寨山脊线、经泉泸水库，向西转南沿大寨山、石屋子寨与历城区为邻。至2006年，市中区区界未变。

第二节　境　域

1991年，辖区东西最大横距17.5千米，南北最大纵距12.5千米，总面积58.26平方千米。2000年，辖区东起泺源桥，西至玉符河大桥，最大横距35千米；南起侯家庄，北至顺河街北段，最大纵距22.73千米，总面积280.19平方千米。至2006年，辖区境域未变。

第二章　建置区划

第一节　建置沿革

济南古城历史悠久，早在6000多年前的新石器时代，就有先民在此居住，繁衍生息。辖区作为古历城属地，历史源远流长。

春秋战国时期，为齐历下邑属地。春秋桓公十八年（前694），“公会齐侯于泺”。泺，指泺水，发源于趵突泉，是济南见于记载最早的地名。

秦始皇帝二十六年（前221），秦统一中国后，为济北郡历城属地。西汉初年，始有“济南”之名。汉高后元年（前187），“高后立其兄子郦侯吕台为吕王，割齐之济南郡为吕王奉邑”。

东汉至三国鼎立时期，为济南国历城属地。至东晋，复为济南郡历城属地。

隋唐时期，济南郡先后改为齐州、齐郡，为齐郡历城所辖。唐护国大将军秦琼在辖区东北估衣市街北侧（今五龙潭公园）建秦琼府。

唐末，地方割据。五代十国时期，先后为梁、唐、晋、汉、周国齐州历城县属地。

宋至道三年（997），为京东路齐州历城属地；宋熙宁七年（1074），为京东西路齐州历城属地；宋元丰元年（1078），改属京东东路；宋政和六年（1116），为京东东路济南府历城属地。

金天会六年（1128）至金崇庆二年（1213），为山东东路济南府历城属地。

元代，为济南路历城所辖。外地回民陆续迁入辖区定居，东北部逐渐形成街巷。始有大街（今永长街），继有后街（今西青龙街），东街（今长春观街），西街（今永长街西段），城顶一带估衣市街、剪子巷、花店街、粮食市街，商贸集市，日趋繁荣。长春观及后阁楼、万竹园、清真南大寺等一批著名建筑落成。

明洪武二年（1369），济南修建府署。洪武四年（1371），以砖石修济南城顶，西开泺源门。洪武九年（1376），济南设山东承宣布政使司、提刑按察使司、都指挥使司，成为山东全省政治中心和首府。辖区迎仙桥外始设馆驿总站，后形成馆驿街。

明崇祯十二年（1639），清军占据济南后，沿用明代建制，属地为济南府历城所辖。

清光绪二十七年（1901），德国在山东修筑胶济铁路，光绪三十年（1904）六月竣工通车，济南第一个火车站设在五里沟北首。同年5月，山东巡抚周馥会同直隶总督袁世凯奏请清廷，在济南自开商埠，划定商埠范围，东以西圩壕（今顺河街），西至大槐树（北、中、南大槐树庄），东西长五里，南北宽二里，划界内有馆驿街、魏家庄、东太平庄、三里庄、五里沟庄、北上山庄、南上山庄、三合庄、西太平庄、民生庄等村庄。开辟商埠初期，东西只有三条经路，南北七条纬路，沿街建平房棚户、四合院等。济南设商埠局，辖区商埠地带属商埠局管辖。

民国初年（1912），辖区商埠以南地区属岱北道历城县管辖。1914年，属济南道历城县管辖。

1908 年及 1926 年商埠界址 2 次扩展。向西展界至纬十路，向南展界至经七路。

1917 年 3 月，市政公所成立。1920 年，商埠局与市政公所合并为市政厅，辖区属市政厅管辖。

1929 年，济南设市。辖区为济南市城外三区和商埠一、二、三区。

1938 年，日伪当局将经七路以南辟为日本人聚居地，并调整区划，辖区为城外西区和商埠东区、商埠中区。

1945 年 8 月，日本投降后，国民党统治期间，经七路以南至经十路段为半建成区。

1948 年，济南解放后，成立济南特别市，设 11 个行政区，辖区为四、五、六、九区。1951 年，济南市行政区进行调整，划分 6 个区，辖区为第五区。1954 年，改称第四区。1955 年 9 月，济南市设五个行政区，辖区因地处济南市中心始称市中区。1959 年 12 月 7 日，济南市增设东区，撤销市中区。1960 年 6 月 15 日，市东区改名郊区，恢复市中区建制，改称市中区城市人民公社。1966 年 7 月 1 日，改为红旗区。1973 年 7 月 1 日，复称市中区。

第二节　区划调整

1991 年，市中区辖经二路、馆驿街、魏家庄、大观园、岔路街、经七路、杆石桥、四里村、共青团路、西青龙街、六里山、七里山、舜玉路、玉函路、二七新村 15 个街道和七贤镇。有 190 个居、27 个村。1992 年 1 月 28 日，将位于槐荫区内的市中区西槐荫街居委会全部划归槐荫区。1994 年 10 月 9 日，玉函住宅小区划归六里山街道。12 月 14 日，设立王官庄街道；撤销西青龙街和共青团路 2 个街道，设立泺源街道。1997 年 1 月 20 日，市中区和槐荫区在岔路街小区的行政区划界线进行调整。辖区北接市人民银行（新楼南院）西南角原界线沿路向西，沿省人民银行宿舍外墙向西向南，至岔路街北路沿折向西至纬七路，过路口沿岔路街路南沿折向东接原界线。

1999 年 12 月 29 日，济南市区划调整，将历城区所辖党家庄镇和十六里河镇整建制划归市中区。2001 年 4 月，撤销经二路街道，划归大观园街道；撤销馆驿街街道，划归魏家庄街道；撤销经七路、岔路街街道，划归杆石桥街道；撤销玉函路街道，将其所辖的一居、二居并入四里村街道；三居、四居并入舜玉街道。同年 9 月，撤销七贤镇，以原七贤镇的行政区域设立舜耕、白马山、七贤 3 个街道。至 2006 年，市中区辖四里村、大观园、杆石桥、魏家庄、泺源、六里山、二七新村、七里山、舜玉路、舜耕、王官庄、白马山、七贤 13 个街道和党家庄镇、十六里河镇 2 个镇；有 95 个社区、77 个行政村。

2006 年市中区街道（镇）、社区（村）表

表 1-1

街道（镇）名称	社区、村庄数量（个）	社区、村庄名称
舜玉路街道	8	舜园社区、舜玉社区、舜函社区、舜绣社区、舜岭社区、舜中社区、东八里洼社区、张安新村社区

续表 1-1

街道（镇）名称	社区、村庄数量（个）	社区、村庄名称
六里山街道	8	六里山路社区、六里山南路社区、七里山路社区、英西南路社区、玉函北区社区、玉函南区社区、西八里洼南社区、西八里洼北社区
七里山街道	5	七里山东社区、七里山西社区、郎茂山南社区、郎茂山北社区、陈南社区
二七新村街道	7	铁路第一社区、铁路第二社区、梁南社区、梁北社区、陈庄社区、建南社区、建新社区
四里村街道	5	小梁庄社区、建设路社区、信义庄社区、英雄山社区、玉函路社区
大观园街道	5	纬一路社区、万紫巷社区、经二路社区、睦和苑社区、纬五路社区
杆石桥街道	8	春元里社区、七一小区社区、乐山小区社区、德胜街社区、新市区社区、启明里社区、自由大街社区、聚善街社区
魏家庄街道	5	永庆街社区、魏家庄社区、人民商场社区、麟祥街社区、馆驿街社区
泺源街道	5	青年西路社区、饮虎池社区、科技街社区、永长街社区、普利街社区
王官庄街道	10	四区第一社区、四区第二社区、青龙山社区、八区社区、九区社区、十区社区、英华苑社区、王官庄东社区、王官庄西社区、西十里河社区
舜耕街道	3	舜雅社区、舜世社区、舜苑社区
七贤街道	8	前龙窝庄社区、后龙窝庄社区、文庄社区、七贤庄社区、九曲庄社区、杨家庄社区、井家沟社区、双龙庄社区
白马山街道	16	白马山第一社区、白马山第二社区、袁柳东社区、袁柳西社区、山凹社区、谷庄社区、铁路新村社区、槐荫街社区、前魏华庄社区、后魏华庄社区、朱家庄社区、尹家堂社区、东红庙社区、韩家庄社区、西红庙社区、南红庙社区
十六里河镇	33	兴济河社区、大涧沟西村、东十六里河村、西十六里河村、南康村、分水岭村、吴家村、瓦峪村、石崮村、复兴村、柏石峪村、花山峪村、大涧沟东村、西仙村、石匣村、北康村、石青崖村、侯家村、郑家窝坡村、大岭村、青桐山村、矿村、兴隆三村、白土岗村、小岭村、涝坡村、王家窝坡村、斗母泉村、义和村、兴隆二村、郭家窝坡村、兴隆一村、搬倒井村
党家庄镇	46	丘山小区社区、党家庄西村、党家庄东村、枣林村、罗而村、小屯村、魏家庄村、邵而庄西村、小白村、蛮子村、邵而庄东村、东渴马村、寨而头村、宅科村、西渴马西村、西渴马东村、催马村、展庄西村、刘家林村、相家村、土屋村、展庄东村、张庄村、陡沟村、岳而村、立新村、黄山店村、小庄村、殷家林村、北桥村、东风村、大庙屯村、袁庄村、杜家庙村、鸡耳屯村、马家庄村、董庄村、红卫村、新平村、赵庄村、双庙屯村、丰齐村、仁里村、杨台村、郑庄村、红星村

第二篇　自然环境

市中区地处泰山北麓低山丘陵和鲁西北黄河冲积性平原，属暖温带大陆性季风气候区。1991—2006年，年平均气温14.9℃，平均降水量743.1毫米，平均日照时数2287.7小时。境内地形，南部多为低山丘陵，西部、北部地势平坦，依次为低山、丘陵、山后倾斜性平原。最高点为南部青桐山，海拔754.7米；最低点为北部倾斜性平原，海拔30米。2006年，全区土地总面积28019.13公顷。其中，耕地7481.67公顷，园林地3245.52公顷。3处泉水被列为济南市72名泉。矿产资源主要有石灰岩矿和黏土矿。动植物资源丰富。

第一章 地貌 地质

第一节 地 貌

辖区地处泰山北麓低山丘陵和鲁西北黄河冲积性平原。南部多为低山丘陵，西部、北部地势平坦，依次为低山、丘陵、山后倾斜性平原。最高点为南部青桐山，海拔754.7米；最低点为北部倾斜性平原，海拔30米。

辖区山岭主要有橛子山、马鞍山、英雄山、郎茂山、青龙山、簸箕山、马武寨北峰、狼窝顶山北山、青桐山、顶沟峪、半偏山、珍珠山。青桐山最高，海拔754.7米；白马山最低，海拔89米。

第二节 地 质

地质结构属山东地块太古代泰山群体。主要有黑云斜长片麻岩、斜长角闪岩、变粒岩，普遍受中高级区域变质作用，经强烈混合岩化和花岗岩化，年龄约25亿年左右。

南部英雄山（四里山）一带，分布着下古生界，中奥陶系的海相沉积的碳酸盐地层，下统为白云质灰岩，上部含燧石结核和条带，地层厚度为106.92米；中统按照沉积韵纬划分为三组六段，每组下段为薄层状泥灰岩，泥质灰岩夹角砾状泥灰岩和白云质灰泥，厚度为31.63～40.70米，每组的上段为深灰色厚层石灰岩和豹皮状石灰岩，厚度为121.09米，产珠角石化石。中统总厚度为678.64米。地层呈单斜构造，东西走向，倾向北，倾角平缓，一般为8°左右。

北部为第四系统沉积，岩性为亚黏土、亚砂含石灰砾石，厚度往北变厚，约百米左右。第四系统之下，隐伏着久负盛名的辉长岩体。东西长30千米，南北最宽为15千米左右，分布面积430平方千米，平面形态大致呈东西椭圆状，深达2000米以上，主要岩性为橄榄苏长辉长岩、橄榄辉长岩。苏长辉长岩，属于浅成至深成相，产状呈向北倾状的复杂岩盖，是晚白垩纪燕山运动产物。自英雄山至郎茂山，为辉长岩体与中奥陶系石灰岩南接触带一部分。该部位接触带呈陡倾角，自此向北至火车站第四系统之下全为辉长岩体。

第二章　气候　水文

第一节　气　候

辖区属暖温带大陆性季风气候区，春季干燥少雨，多西南风、南风；夏季酷热多雨；秋季天高气爽；冬季严寒干燥，多东北风。年平均气温 14.9℃，极端最高气温 42.7℃（1942 年 7 月 6 日），极端最低气温 -19.7℃（1953 年 1 月 7 日）。最热月份为 7 月，平均气温 27.6℃。最冷月份为 1 月，平均气温 -0.2℃。年平均降水量 743.1 毫米，最大降水量 1090 毫米（2004 年），最小降水量 456.6 毫米（2002 年）。雨量分布主要集中在 7—9 月。年平均日照时数 2287.7 小时，月最高日照时数 252.9 小时（5 月），月最低日照时数 149 小时（12 月）。全年无霜期为 218 天，初霜日在 10 月 30 日，终霜日 4 月 8 日，常年主导风向为东北风、西南风，年平均风速 3 米 / 秒，风力 2 ~ 3 级。每年 4 月风速最大，平均风速 4.3 米 / 秒。

1991—2006 年市中区月均气温、降水、日照时数统计表

表 2-1　　单位：℃、毫米、小时

时间	1月	2月	3月	4月	5月	6月	7月	8月	9月	10月	11月	12月
气温	-0.2	3.2	8.7	16.3	21.9	26.4	27.6	26.0	22.1	16.2	8.4	2.0
降水	6.0	9.7	14.2	28.3	68.9	87.7	198.1	187.3	59.0	32.2	17.1	6.2
日照	159.0	161.3	196.3	231.0	252.9	223.9	186.4	189.7	190.3	192.4	165.5	149.0

1991—2006 年市中区年均气温、降水、日照时数统计表

表 2-2　　单位：℃、毫米、小时

年份	1991	1992	1993	1994	1995	1996	1997	1998	1999	2000	2001	2002	2003	2004	2005	2006	平均
气温	14.6	14.8	14.6	15.7	15.2	14.7	15.5	16.0	15.1	14.5	14.6	15.2	13.9	14.8	14.4	15.3	14.9
降水	776.0	541.1	834.2	872.2	596.8	834.0	618.1	772.5	574.8	721.2	599.3	456.6	985.6	1090	965.4	652.5	743.1
日照	2369.5	2593.3	2491.3	2311.0	2416.9	2223.0	2498.2	2228.9	1961.2	2233.9	2314.0	2382.0	2017.0	2179.7	2369.5	2088.4	2287.7

第二节　河　流

兴济河　又名柳塘河，发源于兴隆山东北峪沟，流经辖区后进入槐荫区地界，向北注入小清河，全长 22 千米，河床宽 20 ~ 50 米，深 6 ~ 10 米。流经市中区分为 2 段，总长 3.1 千米。

腊山河　原名饮马河，源于腊山北坡，流经辖区七贤街道西部，在南吴家堡（槐荫区）西入小清河。全长 6.7 千米，河面宽 8 ~ 15 米，水面宽 3 ~ 5 米，流量为 0.5 立方米/每秒，排洪流量30立方米/每秒，水深0.6米，排洪水深3～6米，主要用于灌溉、排洪、排涝。

大涧沟 源于十六里河镇大涧村，西北流经复兴、小白庄，于井家沟穿津浦铁路后，北拐直入小清河，长约20千米，流域面积40.2平方千米。

陈家大河 因清朝财主陈继尧在河面修建木桥而得名。起于饮虎池，止于坤顺门桥，长490米，宽4.5米，深1.9米。护栏用石块累砌，河底平时干枯，汛期南山洪水经此河汇入护城河。主要用于排洪、排涝。

广场西沟 位于辖区东南部，是一条自然形成的山水沟，经整修后，部分地段用碎石砌成护岸。自东八里洼沿玉函路和南郊宾馆西墙至经十路三孔桥，流入新生大沟，长3.5千米，沟上宽15米，下宽10米，深6米，是经十路以南的较大排洪沟。现状断面为复式断面，主河槽7.5米宽，约3米深，副河槽5.5米宽，2米深，沟底坡度较大，河沟已棚盖。

新生大沟 位于辖区东郊，是一条自然形成的排洪山水沟，护岸用碎石砌成。该沟南接广场西沟，自经十路沿青年西路东侧至文化西路，流入南圩壕。长700米，上宽7米，下宽6米，深4.5米，平时沟内干枯，汛期洪水汹涌，为排洪、泄污两用沟。

民生大沟 又称霸王涯沟，位于辖区中部，是一条自然形成的排洪山水沟。开辟商埠时，在西侧修建马路，称新民东四路。民国时期改称民生大沟。该沟南接四里山沟，自经十路沿民生大街东侧流入西圩壕南端，长930米，宽7米左右，深3米，护岸用石块砌成，为排洪、泄污两用明沟。1985年，经十路至毛巾厂段修建为钢筋混凝土拱沟，在沟上建筑宽27米的民生大街。

南圩子壕 位于辖区东部，是由山洪冲击形成的排洪沟。流经历下、市中2区。自省体育场至民生大沟河汊子，流入西圩壕，全长2.38千米，长0.6千米，沟上宽13.5米，下宽11.5米，深4米左右，护岸用石块砌成，汛期排洪，平时泄污。

西圩子壕 古称锦缠沟，位于辖区东北部，是自然形成的山水沟，也是排洪、泄污的两用明沟。全长7.7千米，经市中、天桥2区。该水向北经西泺河排入小清河，流经本辖区部分自民生大沟河汊子，沿顺河街东侧至迎仙桥，长1.27千米，沟上宽15.5米，下宽14.5米，深4米，护岸用石块砌成。

四里山沟 位于辖区南部，是一条自然形成的排洪山水沟。随着城市建设的发展，大部分地段被地面建筑物覆盖，已用碎石砌成暗沟。该沟由七里山、六里山、英雄山（四里山）西侧至南郊果园、省体育馆至经十路流入民生大沟，长1.5千米，沟上宽5米，下宽3.5米，深1.6米，为排洪、泄污两用沟。

泉泸河 俗称泉泸峪，发源于十六里河镇义和庄，流至涝坡庄折向西南，经历城区仲宫镇入卧虎山水库，全长20千米，流域面积60平方千米。上游建有泉泸水库，库容85.8万立方米。

玉符河 发源于历城南部山区的锦绣、锦阳、锦云三川。三川汇入玉符山与卧虎山之间的水库，流出水库后始称玉符河。向北流入党家庄镇境内，经丰齐一带至古城村南，折向西北于北店子村注入黄河。全长41千米，流域面积827.3平方千米。流经渴马崖时河水大量渗入地下，遂变为季节河。丰齐以下河道逐渐恢复明流。在睦里闸小清河源头处有放水闸口，可向小清河注水。下渗的河水是济南诸泉的来源之一。

第三节 泉 水

辖区河、泉水文条件为寒武、奥陶系碳酸岩层分布密集地带，大气降水渗入地下，形成裂隙岩下溶水。由南向北朝低洼处潜流，受济南辉长岩体堵截后，水涌地面形成闻名全国的趵突泉群。2004年4月，济南市评定新的七十二名泉，辖区的斗母泉、林汲泉名列其中。

斗母泉 位于十六里河镇青铜山斗母泉村。原名窦姑泉，别名大泉，泉旁有斗母宫。“青铜山阳，唐代雕有大佛，山下原有大佛寺”（清《七十二泉记》收录）。明崇祯《历城县志》载：“窦姑泉，在大佛寺北顶。”清乾隆《历城县志》和道光《济南府志》均称窦姑泉。清郝植恭在《七十二泉记》中解释说：“曰窦姑……泉从乎姓也。”何时改称“斗母泉”未见文献记载，已无从查考。斗母泉所在的村子因泉而得名。泉水出露形态为涌状，常年不竭，水流量大，积水成池。今池呈正方形，边长3.2米，深1.5米，是当地居民主要饮用水源。

2001年整修后的斗母泉（2005年摄）

斗母泉地处南部山区海拔754米的青铜山上，有趵突泉“晴雨表”之称。夏秋之际盛水期，斗母泉日喷涌量达到七成时，趵突泉必喷无疑。斗母泉池旁，有2株奇特大树。一株是刺楸，另一株是车梁木。两树树根盘曲连生，状如虬龙。刺楸树高10.5米，主干高4.5米，直径37厘米，其树冠呈平顶圆形，直径9米，长势十分旺盛。车梁木直径96厘米，枝干粗壮四展，树冠呈伞状，直径13米，今已枯，巨大的枯干仍蟠曲悬卧在崖壁上，长达10米，状如巨龙。

林汲泉 始于金代，位于十六里河镇钔村内的佛峪趵鱼台东，属佛峪泉群，泉池砌垒而成。水势旺盛，水质甘甜，当地居民以此泉为饮用水。泉池右上方现存有年代不详的石刻碑文和泉池介绍。因风化严重，碑文已难以辨认。

金《名泉碑》、明《七十二泉诗》、清《七十二泉记》均收录。泉水自崖壁间石穴涌出，常年不竭。泉池呈不规则形，长4.2米，宽1米，深0.5米。泉池右上方石壁上镌刻“林汲泉”三字（隶书），何时何人题不详。旁又有清乾隆五十四年（1789）题记。题记文字虽经岁月剥蚀，山水冲刷，但仍依稀可辨。盛水期，泉水从崖壁泻下，形成小瀑布。

林汲泉四周，林茂谷幽，景色宜人。清《四库全书》主要编辑人之一的周永年，自号林汲山人，曾于此建林汲山房，著书立说，晚年绘制《林汲山房图》。

蕊珠泉 位于十六里河镇玉函山北侧佛峪寺遗址。清道光《济南府志》载，蕊珠泉“在西佛峪崖上”。泉自佛峪寺内西侧岩壁上渗出，汇成水流，注入方池。因细流撞击，池内常有水泡泛起，如蕊珠，故名“蕊珠泉”。泉池呈长方形，凿石为岸，长4.3米，宽1.6米。泉水出露形态为渗流，常年不竭。曾是寺内僧人主要饮用水源。盛水季节，泉水自石隙中泻出，顺势跌落崖下，夕阳返照之时，远处观之，犹如一道金线，若值深秋，加之红叶满谷，翠柏相映，景色更佳。

灰泉　位于玉函山北坡佛峪寺下，别名惠池。据清雍正十年（1732）佛峪寺住持通惠所立《佛峪右灰泉记》碑载，该泉属佛峪寺，历来为僧侣所用。后来周围各村也来取水，引起僧徒不满。经僧侣与各庄人士商议，此后“只许峪口拾人度用”，其他人等不能再来此取水。因立此碑，以告民众。今泉池呈不规则形，池岸为自然土石，长0.8米，宽0.6米。泉水出露形态为渗流，常年不竭。泉旁尚存《佛峪右灰泉记》石碑。因长年风化，碑文内容已辨识不清。

鹁鸽泉　位于玉函山佛峪寺西侧，鼓楼峰下。因四周多野生鹁鸽而得名。清代济南诗人方启英《登玉函山过卧佛寺》云：“野鸟频呼侣，山猿自饮泉。”水自岩缝流出，积于天然土石池内，属季节性泉。

大泉　位于玉函山安息园内。因水势大而得名。泉池为石砌长方形，长3米，宽2米，水出自一巨岩下，出露形态为涌流，常年不竭，积水成池。今人在池东壁雕一龙首，将泉水导入新建的蓄水池，作为消防水源。泉上建有小亭，泉畔垂柳婆娑。由亭内南望玉函山主峰，巍峨壮观，历历如画。

无名泉　位于玉函山安息园内。泉池呈不规则形，石砌，泉塘口径最长13米，常年有水，为玉函山安息园景观泉。

东峪泉　位于十六里河镇柏石峪村。泉眼处在石崖下，山上长满柏树。泉池石砌长方形，长2米，宽1.7米。泉水出露形态为岩缝渗流，常年不竭，积水成池。

沛泉　位于十六里河镇柏石峪村西，帅旗峰下果园内。因泉源丰沛而得名。泉池为石砌长方形，长6.9米，宽6.7米。据题字可知，泉池重修于清道光元年（1821）三月，下署“东十六里河白石峪公立”字样。出露形态为渗流，常年有水，积水成池，是居民主要饮用水源。池底是一整块巨大岩石，泉源在泉池南壁下，从崖间众多细小的洞隙中流出，水盛时溢出方池，漫山而流，为峪内奇观。泉池东壁上嵌泉名碑。

南泉井　位于十六里河镇花山峪村。泉池石砌正方形，边长0.65米，深2.8米。泉水出露形态为渗流，常年不竭，积水成池，是附近居民主要饮用水源。

北泉井　位于十六里河镇花山峪村，南泉井北。泉池圆井形，水泥修筑，直径0.8米，深2米。泉水出露形态为渗流，常年不竭，积水成井，是附近居民主要饮用水源。

永清泉　位于十六里镇道花山峪村南侧，玉函山东侧。泉池为石砌正方井形，边长0.5米、深3米。昔日池旁有1966年所立泉名碑，20世纪80年代被毁。泉水出露形态为渗流，常年不竭，为村民饮用水源。水盛时沿井口溢出，沿山谷漫流。泉南约200米崖壁下，还有两眼山泉，无名，无泉池。盛水期，山泉腾突喷涌，汇而成溪，沿山峪下泄，景象壮观。

鹿泉　位于十六里河镇石匣村南，石固寨山（亦称大寨山）北侧崮头下。名列金《名泉碑》。传说泉内有一条白龙，后驾云而去，将片片鳞甲留在泉中，阳光照耀下银光闪烁，故又名“白龙泉”。泉池呈正方形，石砌，边长0.6米。泉水出露形态为渗流，属季节性泉。水质清冽甘美，乡人奉若“圣水”，是村民主要饮用水源。泉旁有村民新建的碧霞元君祠和白龙庙。

双龙泉 位于十六里河镇石匣村东。泉池为石砌长方井，井口长1.2米，宽0.7米，井深6.5米。泉水出露形态为渗流，常年不竭，用于浇灌农田。

大汩泉 位于十六里河镇石匣村西。2011年8月泉水普查收录。泉池石砌正方形，边长0.5米，深1米。泉水出露形态为涌状，常年不竭，为村民饮用及农耕水源。

大岭泉 位于十六里河镇大岭村东山脚下。传说曾有苏姓兄弟二人到此落户，发现南北两处泉眼，称之为“鸳鸯泉”。后大哥搬走，北边的泉眼干涸。人们把南边仍喷涌的泉称作大岭泉。泉池呈不规则形，半石砌，长16米，宽12米，深2米。泉水出露形态为渗流，常年不竭，为农田灌溉水源。

金鱼泉 位于十六里河镇，佛峪钓鱼台东。泉池石砌长方形，长4.3米，宽1.1米。出露形态为线状水流，常年不竭，积水成池，为饮用水源。

逻岩泉（二姑泉） 位于十六里河镇村佛峪大沟崖下。该泉因后面山体呈半圆形且直上直下，泉水自岩底流出而得名。传说唐末宋初，来自泰山的两个道姑在此采药时，发现岩底有鸟儿喝水，经挖掘，涌出汩汩泉水。两个道姑遂在此建庙定居，庙称“二姑庙”，泉曰“二姑泉”。今二姑庙已废，遗址处建有护林房。泉水出露形态为涌状，常年不竭。

白花泉 位于十六里河镇白花泉村东。明《七十二泉诗》收录。清道光《济南府志》载：“白花泉，在大佛寺东。旧志云飞泻漫流，曲尽幽姿，流经孤山，入锦绣川。”泉池呈长方形，东临深涧，三面石砌，长10米，宽7米。泉水出露形态为渗流，常年不竭，为农田灌溉水源。

小泉 位于十六里河镇斗母泉村北部，小泉村南侧山崖下台地上。因泉水量小于俗称“大泉”的斗母泉而得名。泉池呈长方形，石砌，长0.7米，宽0.6米。泉水出露形态为渗流，常年不竭，为农田灌溉水源。

南岭泉 位于十六里河镇斗母泉村宝兴山，因源于南岭山顶得名。池呈方形，石砌，长宽各0.55米。泉水出露形态为渗流，常年不竭，水自岩缝涌出，流落池内，哗哗作响，为村民主要饮用水源。

南圈泉 位于十六里河镇南圈村西，泉以村得名。泉池呈长方形，水泥修筑，长2.6米，宽2.3米。泉水出露形态为渗流，常年不竭，水自南壁岩缝流出，积水成池，清澈洁净，为村民主要饮用水源。

边庄北泉·南泉·西泉 位于十六里河镇边庄村，以村得名。三泉又依方位分别取名“北泉”“南泉”“西泉”。泉池均呈长方形，石砌，长7米，宽3米，被水泥板棚盖，留取水孔。泉水出露形态为渗流，常年不竭，四季涌水量较均衡，不涸不溢，为村民主要饮用水源。

西坡北泉 位于十六里河镇西坡村中部偏北，因方位而得名。传说村民如果想吃豆腐，就到泉边烧纸，第二天，泉边就会出现豆腐，故又名“豆腐泉”。泉池呈长方形，水泥修筑，长4.75米，宽3.84米。泉水出露形态为渗流，常年不竭，水质清澈，为村民主要饮用水源。

西坡南泉 位于十六里河镇西坡村中部，因在村中“北泉”之南而得名。泉池呈长方形，石砌，长3.1米，宽2.7米。池顶用料石券为拱形，水自岩缝流落池内。泉池上方有水泥石碑，字迹模糊，无从辨认。泉水出露形态为渗流，常年不竭，积水成池，为村民饮用水源。

寄宝泉　位于十六里河镇硐堡峪村。传说曾有僧人在泉旁石缝寄藏财宝，故名。该村有三泉，统称寄宝泉：一泉在街旁崖下，池呈圆井形，石砌，口径0.75米；一泉在村西北，池呈长方井形，石砌，长0.6米，宽0.5米；另一泉位于村内，池呈方井形，长宽各0.5米。三泉均为村民饮用水源。

吴家泉　位于党家庄镇土屋村东南。因从前一吴姓地主在泉边种庄稼，每年都大获丰收，故得名吴家泉。泉池石砌长方形，长0.78米，宽0.59米，属季节性泉。

姑嫂泉　位于党家庄镇蛮子庄，金拱岭北坡，别名淑让泉。泉池石砌长方形，长1.5米，宽0.3米。泉旁立姑嫂塔两座。塔门上镌“红云嫂墓”和“青云姑坟”。两塔间有姑嫂殿遗迹。泉水出露形态为渗流，常年不竭，是村民主要饮用水源。

姑嫂泉的由来，源于传说故事。宋代，有宋氏姑嫂二人，逃难来到此地。时值盛夏，气候干旱，方圆几十里不见人烟。两人干渴难耐，突然发现山峪中有一牛蹄印，蹄印里荡漾着一洼清水。因水太少，只够一人喝。二人互相谦让。小姑子认为，自己年龄小，理应让嫂子先喝。嫂子则觉得，自己年长，应该让妹妹喝。结果两人谁也没有喝，最终双双渴死。神灵得知此事，甚是感动，便在牛蹄印边凿一清泉，称“淑让泉”。老百姓则称之为“姑嫂泉”。人们为了纪念姑嫂二人，把她们葬在了姑嫂泉边，并在墓上筑以双塔。后来又在塔边建造姑嫂殿。后几经扩建，到了明朝，姑嫂殿殿宇规模宏大。山下则逐渐形成一个村落，称为蛮子庄。清代，重修姑嫂殿，因为游客不断，四周乡民便在泉边约立香会，香会分两天，农历三月十五主祭小姑，第二天即三月十六主祀嫂子。至民国时期，香客遍布鲁西地区。

第三章　土壤　植被

第一节　土　壤

辖区土壤主体为褐土类，土龄长，层段明显，土层深厚，有覆盖深厚的沉积物，土壤中微生物活动旺盛，易保肥保水，熟化程度高，适宜耕种，土壤可利用面积占70.72%。分褐土性土，亦称石渣土、砂土，主要分布在七贤街道、党家庄镇、十六里河镇；淋溶褐土，亦称黄砂土，主要分布在党家庄镇、十六里河镇；呈中性，耕层质地适中，通透性好，宜种植地瓜、花生、土豆等作物。

第二节　植　被

按其分布区域和植物组成划分，可分为森林植被、灌草丛植被、草甸植被和农业植被4个类型。由于人为活动的参与，这4个植被类型尤其是农业植被和森林植被并没有一个严格的区域界限，常常是交互穿插存在，而又彼此相互影响相互促进。现有的成片森林群落皆为人工栽培次生林。森林植被分为针叶林、落叶阔叶林、竹林3类。针叶林主要由松林和侧柏林组成。松林主要分布在沙石山区，侧柏林主要分布在青石山区。落叶阔叶林，包括杨柳林、刺槐林、经济林及灌木林。主要分布在山前平原区。杨林由毛白杨和各类杂交杨构成；柳林由旱柳构成。杨柳树多用以农田林网、围村林及小片速生丰产林。经济林主要由苹果、梨、桃、杏、核桃、柿子、板栗、山楂、葡萄等果树组成。核桃、柿子、杏、山楂等多在低山坡脚、梯田堰边散植，形成层层梯田、行行果树的景观。苹果、梨、桃、葡萄等果树多在山坡下部及平原区集中连片形成果园。灌草丛植被和草甸植被皆属野生自然植被，多为待开发的荒山荒滩区。农业植被主要分布在山前平原区。栽培植物分为农作物、蔬菜、栽培果木3类。

第四章　自然资源

第一节　土地资源

1991年年初，全区土地总面积为5826.27公顷。其中，耕地884.86公顷，占土地总面积的15.2%；园地190.28公顷，占3.3%；林地597.45公顷，占10.2%；居民点及工矿用地3256.87公顷，占55.9%；交通用地140.04公顷，占2.4%；水域23.62公顷，占0.4%；未利用土地733.15公顷，占12.6%。

1999年12月29日，历城区党家庄镇、十六里河镇划归市中区，全区土地面积增加到28019.13公顷。至2006年，市中区土地总面积28019.13公顷。其中，耕地7481.67公顷，园地934.73公顷，林地2311.19公顷，城镇及工矿用地6644.71公顷，交通用地801.11公顷，水域535.31公顷，未利用土地9310.41公顷。

第二节　水资源

辖区地下水资源丰富。南部及以南的低山丘陵是地下水的补给径流区。2004年，有关专家对地下水的监测资料表明，沿机床二厂、青龙山、郎茂山、万灵山至兴隆山一带，有一道西南—东北走向的地下水分水岭。分水岭东侧的地下水，济南泉水经由辖区向北补给城区。辖区水文地质情况较好，基本具备开采地下水的地质条件。200米以上地下水位受干旱气候影响较大，250米以下的深层地下水受各种因素的影响相对较小。辖区地下水主要为岩溶承压地下水，符合《国家生活饮用水卫生标准》要求，是良好的重碳酸钙型、低矿化度饮用水。局部地带地下水因生产生活的影响受到不同程度污染。

第三节　矿产资源

一、石灰岩矿

19世纪70年代勘探查明白马山石材灰岩地质储量为500万立方米，米山坡石材灰岩地质储量为500万立方米。

经预测圈标，辖区大型石材灰岩矿有2处，中型9处，小型12处。按水泥灰岩矿划分，大型水泥灰岩矿床5处，中型7处，小型11处。E级石材灰岩总储量42981.44万立方米，保有E级石材灰岩总储量41129.24万吨；E级水泥灰岩总储量93394.38万吨，保有E级水泥灰岩总储量为88779.14万吨。

二、黏土矿

主要分布在南部山间洼地和山前坡麓与平原相接地带，分为砖瓦黏土矿和水泥黏土矿。砖瓦黏土在杨家庄、文庄、双龙庄一带以及西八里洼、土屋一带均有产出，剥去厚度0.2～0.5米的地表耕作层，即为砖瓦黏土，主要为浅红色、褐红色、黄褐色黏土及亚黏土，厚达4～10米。水泥黏土矿分布在井家沟、杨家庄、文庄及九曲庄以南山前地带，主要有3处。窟窿山北黏土矿，位于窟窿山西北段北侧，北邻机床一厂煤气站，西距井家沟石料二厂约300米。该黏土矿一般呈红色，局部夹少量黄色黏土。矿物成分复杂，以蒙脱石、水云母等为主。红色黏土黏度大，呈致密状结构，块状构造，塑性指数为14.4；黄色黏土的黏度较低，结构较松散，塑性指数10.55。均达到一级水泥黏土质量指标。远景储量大于50万吨，达到小型矿床规模。文庄黏土矿，位于文庄以南龟山东侧。该处黏土矿呈酱红色、褐红色，结构致密，黏度较大，块状结构，达到一级水泥黏土质量指标。远景储量50万吨，规模为小型矿床。九曲黏土矿，位于九曲庄南，假山坡以北。黏土矿呈红—酱红色；矿块裂陈面上见黑色锰质或有机质，黑色物质呈树枝状、点状，如同步假化石；矿块晒干后呈鲜红色，结构较致密，黏度中等，块状构造，属二级水泥原料。规模很小，其远景储量10万吨左右。

2006年市中区矿产资源开采企业储量变化情况表

表2-3

企业名称	单位	年初保有量	开采量	年末保有量
济南市中六合石料厂	万吨	27.65	4	23.65
济南市中昊昱石料厂	万吨	17.6	5	12.6
济南市中党家庄镇小白砖厂	立方米	10	4.8	5.2
济南市中怀信砖厂	立方米	5.5	2.5	3
济南市中二头石料厂	万吨	70.72	4	66.72
济南市中金元久石料厂	万吨	178.28	4	174.28
济南市中安隆石料厂	万吨	91.13	0.5	90.63
济南市中东腾石料厂	万吨	54	0	54
济南市中清平石料厂	万吨	136.08	5	131.08
济南市中德达石料厂	万吨	60.75	5	55.75
济南市中飞跃石料厂	万吨	108	0	108
济南市中崛山石料厂	万吨	64.4	8	56.4
济南市中东渴石料厂	万吨	256.22	8	248.22
济南市中甲钊石料厂	万吨	105.52	0	105.52
济南市中仁里砖厂	立方米	4.5	2	2.5
山东水泥厂有限公司	万吨	292.9	90	202.9

说明：统计数字为开采企业划定开采范围内储量

第四节　生物资源

一、植物资源

森林资源　除局部地区尚保留少量次生天然林外，大部分为人工片林、行道林或散生阔叶树。落叶阔叶林乔木优势种有12科、30余种，由其构成的片林主要有杨柳林、刺槐林、栎林、泡桐林及杂木林等。针叶林耐瘠耐旱，广泛分布于山地丘陵区，是主要植被类型之一，有侧柏林、松林。

主要林种有防护林、用材林、经济林。防护林主要是水土保持林和农田防护林。水土保持林主要树种是侧柏、松类和刺槐。农田防护林，包括农田林网、林粮间作及四旁植树。主要树种有杨、柳、泡桐等。用材林主要树种是刺槐、侧柏、松、杨、柳等，多为幼龄林和中龄林。经济林有木本粮油林、水果林。木本粮油林主要有花椒、核桃、柿子、枣、板栗等，多分布于南部山丘区。水果林有苹果、梨、桃、杏、山楂、葡萄、樱桃、李子、石榴等。

野生植物资源　包括药用植物、纤维植物、油脂类植物、芳香油类植物、淀粉糖类植物、鞣质植物、土农药植物、饲料植物等。

野生药用植物多分布于南部山丘区。主要有卷柏、银杏、柏子仁、麻黄、胡桃、紫参、土大黄、牛膝、马齿苋、瞿麦、乌头、木通、小檗、威灵仙、白头翁、杜仲、黄芪、葛藤、扶芳藤、花椒、酸枣、柴胡、前胡、珊瑚菜、连翘、紫草、荆条、益母草、丹参、枸杞、地黄、车前、忍冬、桔梗、红花、土三七、旋覆花、蒲公英、苍耳、香蒲、芦苇、土茯苓、黄精、玉竹、猪毛菜等。野生纤维植物有苎麻、芦苇、南蛇藤、胡枝子、朴树、草、羊胡子草、苔草、灯心草、白羊草等。野生油脂类植物主要有侧柏、播娘蒿、南蛇藤、苍耳、小檗、野大豆、蒺藜等。野生芳香油类植物主要有野花椒、菖蒲、野薄荷、香薷、藿香、莎草、罗勒、百里香、黄花蒿等。野生淀粉糖类植物主要有绵枣儿、薯蓣、葛藤、芡、菖蒲、香蒲、莲等。野生鞣质植物主要有地榆、多花蔷薇、郁李、委陵菜、绣线菊、君迁子、槲树、赤松、丹参等。野生土农药植物主要有枫杨、臭椿、南蛇藤、苦参、猫儿眼、半夏、菖蒲、毛桃、百部、瞿麦、牡蒿、银杏等。野生牲畜饲料植物有40余种，主要是豆科、禾本科的一些种属，有达乌里黄芪、胡枝子、尖叶铁扫帚、野苜蓿、野豌豆、羊草、白羊草、虎尾草、牛筋草、马唐、看麦娘、画眉草、千金子、六月禾、狗尾草、稗等。

农作物资源　粮食作物主要有小麦、玉米、谷子、地瓜、大豆等。

经济作物主要有棉花、花生、芝麻等。蔬菜种类繁多，主要有芹菜、菠菜、韭菜、甘蓝、黄瓜、茄子、白菜、青萝卜、蕃茄、芸豆、豆角、冬瓜、辣椒、莴苣等。

二、动物资源

两栖脊椎动物　有大蟾蜍、黑斑蛙（青蛙）、金线蛙、花背蟾蜍、泽蛙、北方狭口蛙6种，均属无尾目。爬行类分为蜥蜴和蛇2个亚目。鸟类资源丰富，有160多种，有留鸟、夏候鸟、冬候鸟、旅鸟，如：麻雀、大山雀、喜鹊、乌鸦、鸽子、斑鸠、啄木鸟、老鹰、百灵、翠鸟；燕子、白鹭、莺、杜鹃、黄鹂；小天鹅、灰鹤、鹧鸪、白鹳、白鹤等。

陆栖无脊椎动物　主要有蚯蚓、蚂蟥、蜗牛等。节肢动物是动物中种类最多的一门，主要包括多足纲（如蜈蚣）、甲壳纲（如虾、蟹等）、蛛形纲（如蜘蛛、蝎等）和昆虫纲。

昆虫　种类很多，森林害虫100多种，农作物害虫60多种，天敌昆虫40余种。农作物害虫主要有蝼蛄、金龟甲、金针虫、黏虫、麦蚜虫、玉米螟、东亚飞蝗、斜纹夜蛾、棉蚜、稻纵卷叶螟、谷子钻心虫等。森林害虫主要有赤松毛虫、松梢螟、松针卷叶蛾、松扁叶蜂、侧柏红蜘蛛、侧柏松毛虫、双条杉天牛、侧柏毒蛾、油松毛虫、杨扇舟蛾、白杨透翅蛾、柳毒蛾、杨二尾舟蛾、杨天蛾、杨卷叶螟、杨白潜叶蛾、光肩星天牛、刺角天牛、叶蝉、柳乌蠹蛾、桑天牛、木尺蠖、大蓑蛾、豆天蛾、刺槐蚜、刺槐小皱蝽、榆兰金花虫、榆掌舟蛾、榆毒蛾、榆毒掌舟蛾、芳香木蠹蛾、肖黄掌舟蛾、臭椿皮蛾、黄二星舟蛾、泡桐龟甲、草履介壳虫、核桃舟蛾、云斑天牛、舞毒蛾、柿棉介壳虫、枣黏虫、枣皮银尺蠖、枣尺蠖、柿毒蛾、栗大蚜、栗瘤峰、桃蛀螟。

主要天敌昆虫有广腹螳螂、薄翅螳螂、华北大螳螂、东方麻蝇、柞蚕饰腹寄蝇、蚕饰腹寄蝇、伞裙追寄蝇、黏虫缺须寄蝇、广大腿小蜂，次生大腿小蜂、毒蛾平腹小蜂、黑青小蜂、松毛虫赤眼蜂、玉米螟赤眼蜂、松毛虫脊茧蜂、舞毒蛾黑瘤姬蜂、野茧黑瘤姬蜂、稻苞虫黑瘤姬蜂、夜蛾拟瘦姬蜂、松毛虫黑瘤姬蜂、黑背长脚乌蜂、黄边胡蜂、舟蛾赤眼蜂、螟甲腹茧蜂、卷叶蛾黄长距茧蜂、螟蛉瘤姬蜂、天牛肿腿蜂、赤腹茧蜂、褐纹马尾姬蜂、异色瓢虫、中华草蛉、点线脉褐蛉、虎斑食蚜虻、白头小食蚜虻、大食蚜虻、上海青蜂、刺蛾广肩小蜂、刺蛾紫姬蜂、丽草蛉、牯岭草蛉、大草蛉、全北褐蛉等。

淡水动物资源　浮游动物是鱼类的重要饵料，主要有原生动物、轮虫类、枝角类和桡足类。底栖动物以螺类、水生寡毛类为主。环节动物主要为尾鳃蚓、水颤蚓、水丝蚓、水蚯蚓等。甲壳动物有沼虾、中华长臂虾、秀丽白虾、细足米虾、中华绒螯蟹等蟹类，水生昆虫则以摇蚊幼虫、蜻蜓幼虫、水蜘蛛为主。鱼类品种繁多，如草鱼、青鱼、鲫鱼、鲤鱼、白鲢、花鲢、鲶鱼、泥鳅、黄鳝等。

饲养动物资源　主要饲养动物有家畜牛、马、驴、骡、猪、羊、兔；家禽鸡、鸭、鹅等，以鸡为主。

第五章　自然灾害

第一节　旱　灾

1992 年，市区降水量比常年减少 124.6 毫米，部分农田受旱。1993—1994 年，连续发生旱灾。

1999 年 7 月 19 日降 43.4 毫米大雨后，市区降水持续偏少，造成大面积伏旱。

2000 年 3—4 月，市区降水仅为 26.6 毫米，较常年同期少 23.4 毫米。

2003 年 5 月 29 日—6 月 8 日，仅降水 6.0 毫米，较常年偏少 13.1 毫米。

2005 年 3 月，降水少，4 月气温回升快，降水持续偏少，农田蒸散量大，部分无水浇条件的农田出现旱象。6 月上、中旬降水少、气温持续偏高，且风速较大，失墒较快，农田大面积受旱。

2006 年 9 月 5 日—11 月 23 日，降水量为 0.8 毫米，为辖区自 1964 年有记录以来同期最少的一年。农田大面积受旱。

第二节 水 灾

1993年6月22日18时50分，市区受暴风雨袭击，部分高、低压供电线路遭破坏；23日23时恢复供电。

1994年8月6日，济南市普降暴雨到大暴雨，最大降雨中心在市区为188.0毫米。由于降雨量大、时间短，因而造成部分河道、水渠漫溢，居民住宅和工厂部分进水，农村部分农田被淹。

1996年7月5日16时20分，市区持续降雨2小时，降水量60毫米，街道水流成河，汽车如水中行舟。

2000年8月8日20时至10日6时，市区降暴雨，降雨量73.8毫米，南部山区发生泥石流。

2005年9月16日、9月19日，辖区2次出现暴雨天气；雨量大、降水持续时间短，造成市区低洼地段、桥涵（洞）等多处积水，对交通造成一定影响，同时部分处于低洼处的民房、仓库被淹。

2006年5月4日夜间至5日，普降大到暴雨，局部大暴雨，全市平均降水量77.9毫米，辖区降水量118.3毫米，为1951年后历史同期最大值。

第三节 风 灾

2000年4月9日15时许，市区内开始出现大风，风势渐强，瞬时最大风速28.1米/秒，平均风力7～8级，出现沙尘暴。大风裹挟起沙尘杂物，能见度低，枯枝弱树折断，卷起的杂物使行人和建筑工人受伤，各大医院外伤病人增多。15时40分，出现一次雷雨过程，沙尘暴逐渐减弱，天气有所好转，至16时天空转亮。

2006年4月16—17日，市区出现大风天气，瞬时风速22.1米/秒。4月28日，市区最大风速26.0米/秒，风力10级。7月31日14时左右，辖区出现强降雨天气，并伴有雷电。十六里河镇涝坡办事处部分村庄突遭龙卷风袭击，持续时间1分钟左右，受灾区域跨度窄。有40多户、181间房屋受损；玉米和谷子大面积倒伏，基本绝产，受灾面积达200公顷；1万多株树木被折断；供电线路1万多米受损，直接经济损失150多万元。

第三篇 人口

1991年，全区有306281人，人口平均密度为1169人/平方千米。2000年，党家庄、十六里河2个镇划归市中区，辖区人口达到500356人。同年，南郊派出所辖区内人口全部转为非农业户口。2002年，辖区取消农业户口，全部变更为济南市居民户口。

1991年后，全区贯彻落实计划生育基本国策，实行人口与计划生育目标管理责任制，坚持计划生育“三为主”工作方针，不断创新计划生育优质服务思路、方法，为全区育龄群众提供“婚、孕、育、养、教”一条龙计划生育、生殖健康保健服务，全区男女性别比低于107，2006年为98.57。

1992年，区计生局被评为全国城市计划生育工作先进单位；2005年，获山东省文明单位。2006年，区计生局获全国计划生育科技工作先进集体；同年，市中区被评为全国计划生育优质服务先进县（区）。

第一章 人口状况

第一节 人口数量及分布

1991年，全区有306281人，分布在15个街道和1个镇，人口平均密度为1169人/平方千米。2000年，全区有500356人，分布在15个街道和3个镇，平均密度为1785人/平方千米。2006年，全区有568746人，分布在13个街道和2个镇，平均密度为2030人/平方千米。

2006年市中区人口分布情况表

表3-1

街道、镇	户数（户）	人口（人）	面积（平方千米）	人口密度（人/平方千米）
四里村街道	13656	39272	3.25	12084
大观园街道	10113	28229	0.98	28805
杆石桥街道	19202	55609	1.93	28813
魏家庄街道	9675	23377	0.5	46754
泺源街道	11485	30402	0.94	32343
六里山街道	13617	35753	2.74	13049
二七新村街道	12382	33605	1.47	22861

续表 3-1

街道、镇	户数（户）	人口（人）	面积（平方千米）	人口密度（人/平方千米）
七里山街道	12492	32462	0.71	45721
舜玉路街道	14954	59458	3.44	17284
舜耕街道	1950	5494	9.98	551
王官庄街道	11572	29771	3.6	8270
白马山街道	9049	25363	8.26	3071
七贤街道	8337	47315	19.13	2473
党家庄镇	16856	65588	119.33	550
十六里河镇	16948	57048	103.93	549
合计	182288	568746	280.19	2030

第二节　人口变动

1991年，辖区常住人口108938户，306281人，自然增长率2.29‰。1996年，辖区常住人口120816户，337320人。户数比1991年增加11878户，增长10.90%；人口增加31039人，增长10.13%。2000年，党家庄、十六里河2个镇人口整体迁入。辖区常住人口168415户，500356人。2006年，辖区常住人口182288户，568746人。户数比2000年增加13873户，增长8.24%，人口增加68390人，增长13.67%，自然增长率2.76‰。

1991—2006 年市中区人口基本情况表

表 3-2　　　　单位：户、人

年份	户数	总人口	男	女	迁入			迁出			移入	移出	出生	出生率（‰）	死亡	死亡率（‰）	自然增长人数
					省内迁入	省外迁入	合计	迁出省内	迁出省外	合计							
1991	108938	306281	154292	151989	3464	1780	5244	1394	1018	2412	19013	14922	2381	7.77	1681	5.49	700
1992	113370	315204	158800	156404	3128	1374	4502	1423	1067	2490	22014	16963	2524	8.01	1812	5.75	712
1993	115927	321938	162500	159438	3928	2387	6315	1616	1019	2635	14351	13210	2270	7.05	1872	5.82	398
1994	118013	328069	165416	162653	4863	1723	6586	1743	1069	2812	24176	23463	2476	7.55	1974	6.02	502
1995	120816	337320	169378	167942	5350	2535	7885	2715	1233	3948	30886	28374	2494	7.39	1953	5.79	541
1996	123287	345106	173126	171980	6636	3164	9800	2469	1217	3686	17456	14774	2652	7.69	2056	5.96	596
1997	128743	365790	183439	182351	5234	3401	8635	2872	1423	4295	—	—	2687	7.35	2017	5.51	670
1998	131798	376602	187480	189122	5614	2662	8276	3732	2169	5901	28335	24464	2818	7.48	2153	5.72	665
1999	133880	383921	190832	193089	6009	3875	9884	3551	2522	6073	18154	17106	2460	6.41	2067	5.38	393
2000	168415	500356	249778	250578	10805	3941	14746	5994	3052	9046	37928	22774	3166	6.33	3078	6.15	88
2001	170613	511790	255147	256643	10421	3782	14203	5690	3782	9472	15790	13581	4389	8.58	2771	5.41	1618
2002	172972	526297	262123	264174	11698	3594	15292	5840	3063	8903	—	—	4748	9.02	2870	5.45	1878
2003	175533	540163	268452	271711	19037	4647	23684	5911	2645	8556	—	—	3914	7.25	3105	5.75	809
2004	177811	553340	274137	279203	20474	6548	27022	6533	3148	9681	—	—	4728	8.54	3073	5.56	1655
2005	179626	562238	278782	283456	14266	5217	19483	8922	3422	12344	—	—	4604	8.19	3186	5.67	1418
2006	182288	568746	282320	286426	12468	5376	17844	9160	3925	13085	—	—	4606	8.1	3038	5.34	1568

第三节　人口构成

一、性别构成

1991年，辖区总人口为306281人。其中，男性154292人，占50.38%，女性151989人，占49.62%，性别比为101.52。2000年，第五次人口普查结果，辖区总人口为572095人。其中，男性290000人，占50.69%，女性282095人，占49.31%，性别比为102.80。2006年，辖区总人口为568746人，其中，男性282320人，女性286426人，性别比为98.57。

二、年龄构成

2000年，第五次人口普查结果，辖区0～14岁人口87792人，占总人口的15.34%；15～64岁人口440027人，占总人口的76.92%；65岁及以上人口44276人，占总人口的7.74%。

2006年，全区0～18岁人口90955人，占总人口的15.99%；18～35岁人口181089人，占总人口的31.84%；35～60岁人口223608人，占总人口的39.32%；60周岁以上人口73094人，占总人口的12.85%。

三、文化程度构成

1990年，第四次人口普查结果，辖区总人口中具有大学（指大专以上）文化程度32325人，高中（含中专）文化程度86423人，初中文化程度88443人，小学文化程度63406人（以上各种文化程度分别包括各类学校毕业生、肄业生和在校生）。

2000年，辖区人口接受大学（指大专以上）教育103839人，占18.15%；接受高中（含中专）教育149466人，占26.13%；接受初中教育164209人，占28.70%；接受小学教育99325人，占17.36%；文盲人口19975人。

2006年，辖区人口中研究生6881人，占总人口的1.21%；大学本科79625人，占总人口的14%；大学专科57793人，占总人口的10.16%；中专42760人，占总人口的7.52%；技校4616人，占总人口的0.81%；高中85494人，占总人口的15.03%；初中137641人，占总人口的24.2%；小学80695人，占总人口的14.19%；其他73241人，占总人口的12.88%。

四、民族构成

1990年，第四次人口普查结果，全区总人口中，汉族311969人，占94.98%；22个少数民族人口16474人，占5.02%。

2000年，第五次人口普查结果，全区有汉族、蒙古族、回族、藏族等23个民族。其中，汉族544854人，占95.24%；少数民族人口27241人，占4.76%。

2006年，全区有汉族、蒙古族、回族、藏族等37个民族。其中，汉族540166人，占94.97%；回族27428人，占4.82%；其他35个少数民族1152人，占0.2%。

五、城乡构成

1991年，全区总人口306281人，非农业人口286154人，农业人口20127人（白马山17982人，南郊2145人）。农业人口占总人口的6.58%。

2000年，南郊派出所辖区内人口全部转为非农业户口，全区总人口500356人。其中，非农业人口489060人，农业人口11296人，农业人口占总人口的22.58%。2000年1月，历城区十六里河、党家庄2个派出所整建制划归市中区公安分局管辖。辖区农业人口增加93149人（十六里河41522人，党家庄51627人）。2002年，辖区就地农转非113075人（白马山街道19401人，十六里河镇41868人，党家庄镇51806人）。辖区取消农业户口，全部变更为济南市居民户口。

第二章 人口控制

第一节 机 构

1991年，区计划生育局（简称计生局）有工作人员7人。1996年9月，区计生局更名为计划生育委员会，下设办公室、综合科、流动人口管理科3个科室，编制12人，实有人员10人。同年12月，机构改革，计划生育工作实行属地管理，各街道设立计划生育办公室（以下简称计生办），为科级单位，人员编制3～5人。计生办主任、专职工作人员实行竞争上岗，择优录用。1999年4月，成立区计划生育社区服务中心。2001年10月，区计划生育委员会更名为区计划生育局，设办公室、综合管理科、科学技术科、政策法规科。2002年6月，区计生局办公地址从济南大厦迁至文化西路58号。同年11月，成立济南市太阳花亲子园培训中心。2005年10月，区计划生育局更名为区人口和计划生育局，设办公室、综合管理科、科学技术科、政策法规科、流动人口管理科及计划生育协会、计划生育社区服务中心2个事业单位。2006年，机构未变。

1992年，区计生局被评为全国城市计划生育工作先进单位；1998年，区计生委被省委、省政府评为全省计划生育工作先进集体；2005年，区计生局获全国人口和计划生育质量管理小组活动贡献奖、山东省文明单位；2006年，区人口计生局被评为全国计划生育科技工作先进集体。

第二节 计划生育管理

一、政策规定

1991年，全区执行省委、省政府《关于农村独女户实行有间隔地生育第二胎的决定》，实行计划管理，落实生育二胎审批制度。对晚婚晚育的，给予延长婚假、产假奖励。对符合生育二胎条件，自愿放弃生育的，发放“独生子女父母光荣证”及独生子女保健费，给予一定物质奖励。1992年9月起，在职职工独生子女保健费由每月5元提高到8元，对符合条件允许生第二个孩子而自愿只要一个孩子的夫妇，由所在单位给予500～1000元的一次性奖励。提倡和推行独生子女两全保险、双女绝育户父母年金保险等计划生育系列保险。1993年，实行育龄夫妇证件（结婚证、身份证、生育证）一袋制。落实新实施的《济南市流动人口计划生育管理办法》。

1996年，全区统一规定12项规章制度，区计生委编制印发村（居）计划生育工作规范，村（居）计生人员人手一册。制定《市中区计划生育规范化管理实施意见》。同年10月，济南市城市计划生育管理，实行属地化管理。1997年1月起，对批准生育二胎的家庭征收1000元社会抚养费，形成比较完整的限制二孩生育的配套法规；对独生子女家庭的奖励费由不少于8元提高到不少于10元；对违反计划生育规定的职工征收社会抚养费。1998年，实行人口与计划生育目标管理责任

人口与计划生育目标管理奖惩兑现暨表彰大会（2005年摄 区计生局提供）

制，突出“一把手”在计划生育责任体系中所担负的责任，建立区、镇、村三级计划生育目标管理责任制。2000年，贯彻落实中央《关于加强人口与计划生育工作，稳定低生育水平的决定》及济南市《关于加强人口与计划生育工作，稳定低生育水平的实施意见》。确定对符合条件可以生育第二个子女而自愿生育一个子女的夫妇，一次性给予的奖励费由1000元提高到不少于2000元；对实行计划生育的家庭特别是只要一个女孩的家庭，优先入托、入学；独生子女在小学至初中阶段，免交学费；独生子女参加高中、职业中专招生或招工考试时，照顾5分，计入考试成绩。同时继续落实独生子女父母退休后加发5%退休金的规定。对农村终生不要二胎的独女户，给予一次性补助。2001年7月起，城区居委会主任、计生主任每人每月享受15元计生补助。2003年，制定《市中区计生局关于社会抚养费征收管理办法》。2004年，落实《济南市城镇企业职工生育保险暂行办法》、市人口与计划生育领导小组制定的《关于建立健全计划生育利益导向机制的实施意见》及市人口计生委与民政局联合下发的《关于对计划生育困难家庭优先实施社会救助的通知》，制定计划生育奖励、扶持、保障、救助和优先优惠政策。2005年，推行对农村部分计划生育家庭实行奖励扶助制度，即对农村只有1个子女，或2个女孩，或无子女年满60周岁的夫妇，按每人每月50元标准，以“直通车”方式发放奖励扶助金。

2006年，贯彻落实《山东省人口计生委关于开展计划生育便民维权活动的意见》和市人口计生委《关于认真贯彻〈山东省人口计生委关于开展计划生育便民维权活动的意见〉的通知》精神，制定《市中区关于进一步深化计划生育便民利民维权活动的意见》，优化服务环境，提高群众满意度。

二、目标责任管理

1991年，全区计划生育实行以条为主、条块结合的管理目标责任制。区计生局负责管辖16个街道（镇）、13个区属单位、105个省直单位的计划生育工作。1992年，市计生委将86个市直单位转交区计生局管理。区计生局按省、市、区、街道、镇5个方面实行分片包干责任制。1996年，济南市进行城市计划生育管理体制改革，实行属地化管理，建立单位负责、条条保证、以块为主、条块结合、双重管理、双向考核的管理体制。区委、区政府每年与各街道（镇）、区直有关部门签订《人口与计划生育目标管理责任书》，明确人口出生率、计划生育率、出生婴儿性别比等相关指标。每年年中、年末，市委、市政府组成专门班子进行人口与计生目标考核，凡完成任务好的部门，全市考核结束后，区委、区政府给予表彰奖励；对完不成任务的部门给予通报批评，并追究部门主要领导的责任。区委以此作为考核各有关部门主要领导政绩的一项重要内容。

1998年，突出“一把手”在计划生育责任体系中所担负的责任，建立区、镇、村三级计划生育目标管理责任制。2003年，区委、区政府与各街（镇）签订《2003—2005年度人口与计划生育责任书》，区直25个部门分别确立各自职责分工。2006年，市委、市政府与区委、区政府签订《2006—2007年度目标责任书》。区委、区政府将责任目标层层分解，分别与各街道（镇）、区直部门签订计划生育年度目标责任书。

三、已婚育龄妇女管理

1991年后，市中区严格执行国家、省、市关于育龄妇女管理规范，不断完善和提升全区育龄妇女管理服务水平。1998年后，省计生委多次出台、修订《山东省育龄妇女信息管理规范》，区计生委也相应制定《市中区育龄妇女信息管理规范》。2000年开始，全省组建计划生育专线网，育龄妇女信息日常管理以街道（镇）为单位登录全省育龄妇女信息系统（WIS系统）完成变更，信息以村（居）委会为采集起报单位，每个育龄妇女为具体管理服务对象。系统运转主要体现为“一卡、三单、五表、一板”。每月由村（居）上报村级人口与计划生育信息变更报告单、育龄妇女基础信息卡至街道（镇）计生办。街道（镇）计生办集中审核村（居）上报的变动信息，无误后录入育龄妇女信息系统，同时通过计算机网络传输上报区计生局，并根据统计生成下月工作指导计划，指导村（居）完成相关工作。区计生局审核各街道（镇）上报的信息质量，并将数据升迁到数据库中，变更信息后通过网络上报市计生委，同时将汇总信息交相关科室，提供数据支持。

第三节 宣传教育

1991年，全区贯彻落实山东省提出的以宣传教育为主、经济处罚为辅，以避孕节育为主、补救措施为辅；以经常性工作为主、突击活动为辅的“三为主”工作方针，制作大型宣传牌、宣传专栏30余块，大型固定标语38块，各种宣传牌、黑板报105块，街道（镇）、村（居）建立人口学校，分层次、类别举办培训班，开展计划生育宣传。1995年，开展“中国12亿人口日”宣传活动；各行政村全部建立人口学校，参学率90%，应知应会率85%。以《基层计划生育人员适应性培训教材》为主，对街道（镇）、社区（村）计划生育人员开展业务知识培训。1997年10月，市计生委、市公安局、市工商局等部门在市中区召开计划生育现场会，先后有10多个单位到市中区参观学习。1998年后，开展“宣传教育进村，婚育新风进家”和“建设新型生育文化，建设文明幸福家庭”宣传教育活动。2002年，宣传新型生育文化，建立生殖健康宣传教育基地；农村建立人口文化大院、阅览室、宣传一条街；开展“婚育新风进万家”活动，营造良好的计划生育舆论氛围。

2003年，宣传“以人为本、关爱女孩、男女平等，生男生女一样好，女儿也是传后人”的新理念、新思想。举办各级各类宣传培训班，发放计生科普知识宣传袋，制作各类规范温馨的计生宣传牌，通过计生宣传一条街等形式，加强楼道、社区计生文化建设。发挥网络媒体作用，宣传计划生育政策法规、优生优育、生殖保健知识，倡导社会主义新型生育文化和婚育新风尚。2004年，下发《关

计生“711”服务热线（2004年摄　区计生局提供）

于在全区深化“711”优质服务工程，成立育龄群众活动之家，创建“一家四室”工作新模式的实施意见》《市中区关爱女孩行动实施意见》，每年6月定为“关爱女孩，关爱女性”主题宣传月。在党家庄镇太阳花健康超市创立“711”救助超市，并面向全区推广。2005年，举办各级各类宣传培训班，在基层普遍设立咨询热线、悄悄话室。2006年，推行专门面向0～3岁婴幼儿早期教育的“人口开端计划”。7月，全国人口早期教育工作座谈会在济南召开，国家人口计生委主任张维庆出席会议并到市中区参观。同年，开展关爱女孩行动知识普及暨竞赛活动，宣传晚婚晚育、少生优生、男女平等、计划生育丈夫有责等新的婚育观念和新型生育文化，在中等以上学校开设人口课程。

第四节　流动人口计划生育管理

1991年，全区流动人口计划生育管理，由各街道（镇）、各单位自行管理。1993年，制定《市中区流动人口计划生育管理办法》。1995年，成立市中区流动人口计划生育管理协调小组，由计生、公安、工商等12个部门组成。1997年，区、街（镇）配备流动人口专职管理人员，对全区9354名流动人口育龄妇女建立档、簿、卡，与流入、流出已婚育龄妇女签订计划生育合同，发放审验计划生育证明，与流出地建立联系，定期发放联系信。全区流动人口育龄妇女建档率93%，证件审验率87%，发证率88%。1999年，流动人口计生管理纳入经常化管理轨道，建立健全区、街（镇）、村（居）三级组织网络，落实区一季一清查、街道（镇）半月一清查、居委会一周一清查的工作制度。在城郊结合部主要抓房主管房客，在城区主要抓雇主管雇工，计生部门与房主、雇主、流动人口育龄妇女依据《流动人口计划生育工作管理办法》签订管理合同，定期与流出地联系，帮助打工流入人员解决房屋租赁、子女求学、执照办理等困难。对违反流动人口计生管理规定的人员，由区计生委授权16个街道、镇进行处罚。2001年，建立各级流动人口计划生育综合治理领导小组。制定《关于对流动人口计划生育管理工作实行合署办公、合署检查及合署考核的实施意见》。区、街道（镇）计生办与公安、工商等部门成立流动人口稽查机构，各相关部门主动交流信息，并负责全区暂住人口的检查、管理与服务。在王官庄街道召开试点现场会，探索把流动人口纳入警务责任区管理的新路子，推动全区流动人口管理再上新水平。同年，有流出育龄妇女702人，其中已婚429人；流入育龄妇女13796人，其中已婚7011人，全部纳入正常管理。2002年，在流动人口集中的王冠集团等6个社区居委会实行“两位一体”模式。流动人口工作做到“六个到位”，即流入育龄妇女的持证到位，验证、盖章、签字到位，查体及宣传服务到位，手工档案和微机录入到位，定期联系制度落实到位，对流入育龄妇女的生产和生活的服务到位。“六个清楚”，即流出的人口底数清、合同与档案管理清、婚育状况清、现居住地址清、管理情况清、家庭需要帮扶情况清。

2004年，实行流动人口与常住人口“同重视、同管理、同服务、同奖励”制度。流入育龄妇女持证率、建档率、验证率、发（回）函率98%以上，办理证明率100%。2005年度，成立流动人口计生服务站，满足流动人口需求。2006年，全区流动人口管理三率达96%，均高于与市委、市政府签订的《2006—2007年度责任书》下达指标。

第五节 计划生育服务

1990年后，市中区开始实施计划生育优质服务工作。技术服务由单一的避孕节育向避孕节育措施知情选择权、优生优育、不孕不育、生殖健康服务发展。对中学生开展青春期、生理卫生、人口国情等教育。根据已婚育龄妇女不同情况，实行跟踪服务，建立月经、孕、产等制度。1999年4月，成立计划生育社区服务中心。2001年，贯彻《计划生育技术服务管理条例》及配套文件，免费向农村实行计划生育的育龄夫妻提供各项医学检查技术服务。实施避孕措施知情选择、出生缺陷干预、生殖道感染干预“三大工程”，推行以长效措施为主的避孕方法知情选择，为育龄群众提供宣传、咨询、指导、发放、随访等服务。

2002年6月，投资350万元，将计划生育社区服务中心扩建到1000平方米，设女性门诊、妇检室、手术室、检验室、B超室等14个科室；有副主任医师、主治医师、主管护师等技术职称的技术队伍；为全区育龄群众提供“婚、孕、育、养、教”一条龙计划生育、生殖健康保健服务。在街道（镇）社区建立技术服务室，与医疗卫生机构结合，让育龄群众享受全面、方便、周到的计划生育、生殖健康服务。同年11月，拓展优质服务领域，加强优生、优育、优教工程，创建300多平方米的早教实验基地——太阳花亲子园，成立零岁方案函授学校济南分校。2003年9月，成立济南市太阳花亲子园泺源分园，与省人口计生委三优教育培训中心合作，成立早教潜能开发中心；市中区被省计生委评为优质服务运行机制项目示范单位。2004年，成立以开展性健康、性心理、性教育为主的“太阳花花季呵护中心”，为青年学生提供

太阳花亲子园（2002年摄 区计生局提供）

性安全服务。同年，成立“太阳花健康工作室”，进行更年期保健、按摩保健等系列化服务，提高中老年朋友生殖健康水平。市中区被省委、省政府评为计划生育优质服务先进县（区）。2005年，建立并完善“三三三制工作法”，打造计划生育优质服务品牌，即以科学发展观为指导，建立和谐计生体系；以人的全面发展为中心，建立人本计生体系；以社会救助、社会保障、社区服务为依托，建立福利计生体系。成立太阳花健康工作室，满足中老年需求。成立太阳花救助超市、太阳花花季呵护中心和太阳花青春园，满足“特殊”人群需求。救助超市面向计划生育贫困家庭，依托全区建立的社会救助、社会保障和社区服务三大体系，每年每户发放600元救助物品；花季呵护中心以开展性健康、性心理、性教育为主，为青年学生提供性安全服务；青春园以社区未婚青年为服务对象，引导广大青年自觉实行计划生育、晚婚晚育、避开生育高峰。2006年，市中区被评为全国计划生育优质服务先进县（区）。

第六节　协会工作

1997年11月，成立区计划生育协会。2000年后，各街道（镇）、村（居）委会及育龄妇女超过100人以上的企业相继成立计划生育协会，理事为村（居）领导和企业法人。理事会的成员由区委、区政府分管计生领导、相关部门主要领导、热心计划生育工作的专家，人口理论、医疗卫生、妇幼保健方面的工作者及“五老”（老党员、老干部、老模范、老职工、老长辈）组成。2001年，全区协会发展到487个，会员6.5万人，建立会员小组2476个。2002年，各村（居）发挥育龄妇女小组长、协会会员作用，结合咨询、“十上门”等活动，了解群众对计划生育工作的个人需求和愿望。各级计生协会与财政、科技、农业等有关部门，帮助人均收入低于当地平均水平的计生家庭上生产经营项目。全区有“中心户”184户，帮扶户428户，绝大多数计划生育贫困户基本脱贫。在城区为下岗女工二次择业想办法、出主意、提供信息，大多数下岗女工重新走上就业之路；对流动人口，从子女入托、上学、租赁房屋、门头房（沿街经营用房）等，提供政策、信息及择业指导。2004年，对计生干部进行培训，改进宣传方式、宣传手段、宣传内容，抓好硬件宣传、计生网络宣传、集中宣传，促进薄弱村（居）升级转化。2005年，将晚婚晚育纳入计生协会活动内容，开展各类主题特色活动；会员小组长与会员联户，劝导青年自觉实行晚婚晚育，使晚婚晚育成为群众的自觉行动。同年，区计生协会被国家计生协会评为青春健康国际合作项目先进单位。2006年，制定《关于在城区开展“当好帮手、做贴心人”活动的实施意见》，把计划生育协会组织向社区、向企业、向流动人口工作生活聚集点延伸。全区成立计生协会331个，187个企业建立各种形式的企业计生协会160个，建会率85%；大型流动人口聚集地9个，建立流动人口计生协会9个；全区计生协会会员人数9.21万人。

第四篇　城乡建设

1991年后，辖区城市建设步伐加快，旧城改造日新月异，基础设施建设日臻完善，房地产业发展迅猛，配套设施建设完善齐全，城市面貌焕然一新。全区广泛开展环境绿化、街巷美化、道路净化等一系列综合整治活动。1994年，开始进行城镇职工住房制度改革。2005年5月，开始实行廉租住房补贴制度。2006年，对9个片区进行规划编制。至年底，全区有主干道12条，次干道24条，形成纵横交错、四通八达的交通网络，建成各类居民住宅小区及商业建筑71处。有具备资质的物业管理企业61家，管理面积1092.19万平方米。公路、公交、自来水、电、电话、网络等全部实现村村通。

第一章　城市规划

第一节　规划编制

1989年2月，区城市建设管理委员会增设规划管理科，负责监督辖区建设规划的实施，审查主次干道规划起线50米以外，50平方米以下一般工程和100平方米以下居民住房新建翻建项目的申请，审批沿街建筑的装饰、装修、开门、开窗业务申请。2002年1月，济南市规划局在市中区设立规划分局，接受市规划局领导，主要承担辖区部分授权建设项目审查、报批和规划实施监督检查。

2004年9月，区政府委托中国航天设计研究院对纬五路至纬二路地区编制规划设计方案，面积26.7公顷。功能定位为商业及商务区、济南铁路客运枢纽，包括万紫巷、经二纬四路等传统商业区，是济南市中央商务区的重要组成部分。2005年8月，区政府委托济南市园林规划设计院编制《九龙涧生态保护区总体规划——玉符河景区方案》。九龙涧生态保护区位于党家庄镇南部玉符河流域，西至国道104，东至宅科村，与历城区搭界，南北至玉符河两岸山脊线。东西长约10千米，南北宽约5千米，面积48平方千米。规划以保护生态系统、恢复两岸植被、科学利用生态景观资源为目的，营造以生态恢复和保护为主，融休闲、娱乐于一体的“绿色走廊”，形成具有原生态、纯自然特色的生态保护区。同年12月，区政府委托中国城市规划设计研究院和济南市规划设计研究院共同编制《济南市党家地区空间布局规划研究》，规划涉及七贤街道大部和党家庄镇全部，规划面积127平方千米。党家组团的总体定位是立足生态保护，突出以高科技产业为主导的工业开发，强化城市综合配套，形成以高科技产业组团为核心，集居住、商业、文化、教育、娱乐等于一体的生态示范型城市组团。规划研究以河流、高速公路、山体的自然边界为依据，划分为中心片区、北部片区、东部片区、南部片区4个片区。同时，区政府委托中国航天建筑设计院编制《济南美食街城市设计》，把西起英雄山路、东至玉函路、北起经十一路、南至马鞍山路的区域打造成集餐饮、茶艺、酒吧、文化、购物等于一体的综合休闲区。

2006年3月，市中区与市规划局联合进行魏家庄商务区详细规划与城市设计方案征集活动，邀请中国城市规划设计研究院、清华大学城市规划设计研究院等国内著名规划设计院参与，并组织国内知名专家进行评审。北京清华规划设计研究院的方案将魏家庄区域定位为综合商务区，主要包括商务、商业和居住三大主要功能。建设规模100余万平方米，容积率3.5。同年4月起，对9个片区发展规划编制分2批进行。其中，党家庄片区、九曲片区、七贤—白马山片区和王官庄片区由区政府和市编研中心共同委托编制；千佛山片区和英雄山—七里山片区由市编研中心单独委托编制，市中区配合协助。老商埠片区、柏石峪片区以及南部山区保护与发展规划现状调查等规划衔接工作同时完成。8月，区政府委托济南市规划设计院编制大观园片区详细规划，规划范围北起经四路、南至经五路、东起纬二路、西至纬三路，占地6.67公顷，可规划用地5公顷。主要分为2部分，东部为大观园核心区，西部为综合整治区，使小纬二路形成一条特色商业街。策划方案编制远期规划和近期改造规划。远期规划净用地5公顷，新建建筑面积3.2万平方米，总建筑面积20.4万平方米，容积率4.06。近期改造规划新建西南部，改造北部，形成小纬二路特色商业街，在尽量减少拆迁的同时，形成大观园核心区改造效果。10月，全区完成2个镇村庄布点规划编制及十六里河镇侯家村、瓦峪村、石崮村、钌村、斗母泉村和党家庄镇邵西村、展东村、红卫村、殷家林村、丰齐村现状测绘与建设规划编制工作。

第二节　片区规划

一、九曲片区

规划范围：东至二环南路、省道103和兴隆山，西至马武寨山，北至二环南路，南至大涧沟，总用地1713.86公顷。将开发建设与景观塑造、可持续发展有机结合，突出该地区作为城市重要门户和形象窗口的风貌特征，创造富有个性魅力的生态型居住社区。

发展规模：规划城市建设用地总面积796.52公顷，建设开发总量约750万平方米，规划城镇居住人口约13万人。在省道103与分水岭路路口规划为城市商业金融、娱乐休闲和交通枢纽功能区；向西延伸，规划为居住区及配套服务功能区，在九曲路中部规划为居住区级配套服务功能区。九曲路两侧、老虎洞双山顶山东侧、省道103东侧规划为生活居住功能区。规划非城市建设用地面积917.34公顷，占规划总用地的53.52%；城市建设用地面积796.52公顷，占规划总用地的46.48%。主要包括居住地面积382.03公顷，城市公共设施用地面积90.9公顷，对外交通用地面积9公顷，城市绿地面积88.66公顷，道路广场用地面积173.46公顷，市政公共设施用地面积17.82公顷。

二、七贤片区

规划范围：北至二环南路，东面以山脊为界，西、南面以“六线规划”提供的范围为界，规划用地总面积为851.52公顷。规划建设以居住休闲为主导功能，公共设施完善、交通便捷高效、生态特色突出的现代化宜居城区。

发展规模：规划城市建设总用地面积637.61公顷，非城市建设用地面积213.91公顷。城市居住人口约5.0万人。以济微路作为城市发展轴，南部形成居住功能片区，北部形成综合产业功能片区；建设高教园区中心、综合市场群中心、公共服务设施中心；沿大涧沟、文庄沟、九曲沟形成3条滨河生态景观带。规划城市建设总用地面积637.61公顷，占规划总用地的74.88%。居住用地168.64公顷，公共设施用地 56.15 公顷，绿地 98.60 公顷，道路广场用地 111.53 公顷。

三、千佛山片区

规划范围：跨越历下、市中 2 个行政片区，北至经十路，南抵二环南路，西接舜耕路，东至二环东路，东西长约 5 千米，南北长约 5.5 千米，总面积 18.29 平方千米。规划目标：以“生态优先、环境友好、可持续发展”作为首要原则，突出城市特色文化、风貌，重点塑造沿经十路的城市景观和千佛山风景名胜区的建设，将片区塑造成为城市个性化名片与重要宣传窗口、城市特征文化的重要展示舞台和生态居住区建设的典范。

发展规模：以城市公共服务和旅游功能为主，建筑开发总量宜控制在 487 万平方米以内。规划居住人口 8.2 万人。沿经十路南侧规划为城市文化娱乐、办公及居住功能区；沿舜耕路东侧规划为片区配套服务及居住功能区；沿舜城路东侧及二环南路北侧规划生活居住功能区；片区内千佛山、金鸡岭、卧虎山、羊头山、蝎子山等山体及郊野绿地统一规划为千佛山风景名胜区。规划非城市建设用地 1064.79 公顷；城市建设用地 764.59 公顷，占规划总用地的 41.80%。主要包括居住用地 218.83 公顷，公共设施用地 129.55 公顷，道路广场用地 128.56 公顷，市政公用设施用地 11.86 公顷，绿地 264.79 公顷，特殊用地 11 公顷。

四、党家庄片区

规划范围：北至刘长山路延长线，西至长清边界，西北至市中区边界，南至马鞍子山山脊，东至马武寨山、围子山一线，总用地面积 7089 公顷。

规划目标：以“生态优先、环境友好、可持续发展”作为规划首要原则，以良好的生态体系构筑未来城市可持续发展的基础，突出城市门户地位和山水相依的自然风貌特征，营造“生态、山水、田园”绿色城市片区。功能定位：济南市重要的生态隔离区和水源保护地；相对独立的高品质生活居住和教育科研区；现代都市产业与自然环境和谐共生的示范地区。

发展规模：规划城市建设用地总面积 1374.36 公顷。规划居住人口 14.3 万人，城镇居住人口 11.2 万人（核心区人口规模控制在 8.8 万人，北部组团 2.4 万人），另外 3.1 万人分布在非城市建设用地内的农村居住社区。规划形成“一带一环；三区五组团”丰富而独特的、各具特色的整体空间结构。“一带”：沿玉符河两岸 3 千米宽绿色隔离保护带。“一环”：党家庄核心区周围由凤凰山、大青山、小庄山、老虎洞、三王寨、橛山组成的环状绿色山林林带。“三区”：由中部党家庄核心区、北部大庙屯发展区、西部玉符河沿岸生态隔离区组成的三大功能分区。“五组团”：以铁路、绿化隔离带等大型交通设施为隔离形成五个功能组团，分别为党家庄中心组团、山水科研组团、重汽都市工业组团、郑庄都市工业与仓储物流组团、马家庄居住组团。规划非城市建设用地 5714.47 公顷，城市建设用地 1374.36 公顷。主要包括居住用地 296.6 公顷，公共设施用地 167.43 公顷，工业用地 205.15 公顷，仓储用地 65.03 公顷，对外交通用地 3.15 公顷，道路广场用地 236.54 公顷，市政公用设施用地 37.84 公顷，绿地 269.3 公顷（不含非城市建设用地内防护绿地 58.82 公顷）；特殊用地 93.32 公顷。

五、白马山片区

规划范围：北起腊山河，东、南方向到津浦铁路，西至腊山片区规划边界，总用地面积 702.51 公顷。

发展规模：以生活生产功能为主导，集

生活服务和生产服务功能为一体，生态特色突出的城市综合片区。规划城市建设用地总面积626.96公顷，建设开发总量宜控制在476.34万平方米，城镇居住人口约4.5万人。依托腊山工业园区和西门子工业园区设置南北2个居住区，配置居住区级公共服务中心；突出腊山郊野公园的生态地位，改造大涧沟、腊山河等水体，形成生态特色鲜明的城市片区。总体布局概括为“双心十字轴，两片绿带环”。“双心”指以刘长山路为界南北两片的居住区级公共服务设施中心。“十字轴”指以纵向的二环西路和横向的刘长山路两条重要城市干道作为白马山片区的发展轴线。刘长山路将整个白马山片区分为南北2片，各依托工业园区，集生活、生产和公共服务功能于一体。“绿带环”是指白马山片区建设用地四周，由西侧南侧的山体自然景观带、北侧腊山河生态景观带和东侧津浦铁路绿化带形成环形绿化隔离带。功能分区：将二环西路两侧、魏华南路以北规划为南北2大居住区；沿二环南路两侧布置商业金融、商务办公、娱乐休闲、医疗卫生等公共服务设施；机场路以西、克朗山路以北规划为腊山工业园区；魏华南路以南规划为西门子工业园区。规划非城市建设用地面积75.55公顷，城市建设用地面积626.96公顷。主要包括居住用地面积119.68公顷，公共设施用地面积40.83公顷，工业用地面积106.70公顷，仓储用地面积13.24公顷，绿地面积120.97公顷，对外交通用地面积22.33公顷，道路广场用地面积137.13公顷，市政公用设施用地面积5.70公顷，特殊用地面积60.38公顷。

六、王官庄片区

规划范围：北靠兴济河与丁字山路，南邻二环南路，西接铁路津浦线和济沪线，东侧与水泥厂路及朗茂山路毗邻，地跨市中与槐荫2个行政片区，总用地约1276公顷。

发展规模：以居住为主导发展功能，以地区级公共服务中心、高等教育、高新技术研发和物流为相关发展功能。规划城市建设用地1065.41公顷，建筑开发总量宜控制在858.35万平方米，居住人口14.1万人。片区规划结构为“一核、两轴、三区、五片”。“一核”：白马山东路、白马山北路、龙窝东路和刘长山路围合的两个街坊，规划形成地区核心功能区；以建新路—刘长山路和辛西路为依托形成2条地区发展轴线；“三区”为二环南路大学园区、二环南路市场物流区和保留工业区。规划沿二环南路辛西路东侧为大学园区、西侧为市场物流功能区；辛西路兴济河西南侧为保留的工业产业功能区；其他区域均为居住功能区。规划非城市建设用地面积210.2公顷，规划城市建设用地面积1065.41公顷。主要包括居住用地413.90公顷，公共设施用地173.17公顷，绿地150.72公顷，工业用地46.33公顷，道路广场用地184.17公顷，市政公用设施用地12.66公顷，仓储用地30.35公顷，对外交通用地27公顷，特殊用地27.11公顷。

七、英雄山—七里山片区

规划范围：规划范围东起舜耕路，西至阳光新路，北抵经十路，南接二环南路，规划总用地面积16.25平方千米。规划以“老社区、新生活”为发展目标；以“规划延续性、可持续发展、整体效益优先，适度弹性；军事保障”为基本原则，突出核心城区的成熟与稳定，重点塑造沿经十路与英雄山路的城市功能及景观，构建“便捷、高效、舒适、优美、和谐”的城市空间。

发展规模：以居住和文体为主导，以生态为特色的城市综合功能区。规划城市建设用地1396.65公顷，开发建设总量1365万平方米，城镇居住人口约25万人。规划为“三轴两带，三点七区”。“三轴”指经十路城市时代发展轴、舜耕路旅游文化轴、英雄山路生活轴；“两带”指经十一路的特色商业及文体发展带；经千佛山、泉城公园、英雄山、七里山、朗茂山到南部山体的生态绿带。“三点”指英雄山路与经十路路口城市节点，英雄山—六里山路口区域节点，重汽中心区域节点。“七区”指四个居住综合片区，一个文体居住综合片区，一个商务居住综合片区，一个休闲服务片区。沿经十路与经十一路之间规划为商业、文体休闲区，英雄山路沿线为行政及商务办公、商业金融、文化娱乐功能区。泉城公园、英雄山、七里山、朗茂山为生态功能区，其他为居住及其配套设施区。规划非城市建设用地面积229.03公顷，占规划总用地面积的14.09%；城市建设用地面积1396.65公顷，占规划总用地的85.91%。主要包括居住用地面积705.78公顷，公共设施用地面积246.93公顷，道路广场用地面积220.49公顷，市政公用设施面积15.35公顷，工业用地面积6.24公顷，特殊用地面积57.66公顷，绿地面积144.20公顷。

八、商埠片区

跨越市中、槐荫2个行政区。

规划范围：东至顺河高架路，西至纬十二路，南至经十路，北至胶济铁路，总用地面积838.56公顷。规划把“保护”作为一种观念贯穿始终，围绕环境保护、历史文化遗存保护等特色展开，以小网格城区格局为骨架，以商住混合为主体、文化娱乐、旅游休闲、小型办公等多种功能并存，具有浓厚近代济南建筑和文化特色的历史城区。

发展规模：规划城市建设用地总面积838.48公顷，定位为中高密度区域，建设开发总量控制在1026.85万平方米以内。规划居住总人口约12.7万人。商埠区是近代济南历史建筑、商业、文化和宗教的主要承载地，其保护与更新应立足于济南的城市特色，着重进行“保护与控制”和“发展与提升”四方面工作。总体布局概括为“两市复兴、三区保护、经纬格局、环链渗透”。“两市复兴”指复兴大观园、西市场两大综合性商场；“三区保护”指按照分级保护的原则，分别划定特色历史风貌保护区、风貌协调区和城市风貌控制区。“经纬格局”指7经12纬小网格的城市格局；“环链渗透”指扩大中山公园、槐荫广场核心绿地面积，增强开敞性，增加小网格道路的绿地层次。规划非城市建设用地面积0.08公顷，占规划总用地的0.01%；城市建设用地面积838.48公顷，占规划总用地的99.99%，主要包括居住用地面积318.98公顷，城市公共设施用地面积222.08公顷，仓储用地0.64公顷，对外交通用地面积49.02公顷，道路广场用地面积200.10公顷，市政公用设施用地面积10.46公顷，城市绿地面积24.80公顷，特殊用地面积12.40公顷。

九、柏石峪片区

规划范围：北至二环南路，西至省道103，南、东至玉函山、泉子山、兴隆山一带山体，总用地面积约1988.42公顷。规划按照“提倡生态，保护山水”的基本原则，突出该片区的城市南大门地位，塑造城市边缘景观，营建“生态、健康、时尚”的人居环境。

发展规模：规划城市建设用地总面积563.99公顷，建设开发总量约530万平方米，城镇居住人口约10.5万人。总体布局可概括为“一带五团”。“一带”指沿城市主干路的市级、地区级公共设施带；“五团”指围绕五条自然水系，深入到绿化山体中的五个生态型居住小区。功能分区：沿省道103、二环南路规划为城市商业金融、娱乐休闲、教育科研功能区；鲁能领秀城北部3号路与5号路之间规划为居住区及配套服务功能区；鲁能领秀城用地及山东大学西侧用地规划为生活居住功能区；小岭村和搬倒井村用地规划为新农村居民点建设区。规划非城市建设用地面积1424.43公顷，占规划总用地的71.64%；城市建设用地面积563.99公顷，占规划总用地的28.36%。主要包括居住用地面积284.97公顷，城市公共设施用地面积115.39公顷，城市绿地面积41.38公顷，道路广场用地面积105.74公顷，市政公用设施用地面积12.44公顷。

第二章　市政建设

第一节　机　构

1991年，区市政养护所设办公室、财务材料科、生产计划科、市管科、道路队、机械队、排水队，有249人。1995年7月，增设河道管理科、防汛办公室。1996年，养护所改为养护处。2001年，撤销市政养护处，组建区市政工程管理局，设办公室、政工科、市管科、财务科、材料科、质检科、河道科、排水队、生计科、道路机械队10个科、室、队，主要负责二环路以内城区道路的市政设施管理、检查、监督、道路养护、河道保洁等。2006年，区市政工程管理局设办公室、政工科、财务科、生产计划科、市管科、质检科、材料科、河道科、核算科、道路机械队、排水工程队，有130人。

第二节　道　路

1991年，全区有道路185条，其中，主干道12条，次干道16条，支路34条，街巷123条，总长227.94千米。12月20日，泺源大街建成通车。省委书记姜春云，济南军区副司令员阎琢，济南市委书记、市长翟永浡等出席通车典礼。1992—1996年，建设南外环路4880米、西北外环路3300米、六里山路东段1076.67米；拓宽改造马鞍山北路、建设路南段、舜耕路、土屋路、建设路；进行街巷路面维护20余条，翻新路面2.13万平方米。1997年8月，建设顺河高架路。全长5200米，宽18.5米，双向四车道，总投资6.3亿元。1998年10月1日，竣工通车。1999年3月，英雄山路改造工程开工。全长1.69千米，快车道由4条增至6条，总投资7200万元，4月25日竣工。同年，拓宽改造经十一路。2000年4月，实施建设路拓宽改造工程，由区市政养护所组织施工。北起经十路，南至建设路大桥，总长2250米；由15米拓宽至20米。9月竣工通车。

2002年12月，经十路拓宽改造工程开工，由济南市城区建设指挥部组织施工。市中区段东起玉函路，西至中光明街，总长2483米，宽度由24米拓宽至60米；2003年5月竣工通车，投资5000万元。2004年4月，实施经一路市中段拓宽改造，东起纬一路，西至纬五路，铺设无障碍设施2210米，施工面积4420平方米。6月竣工通行。2005年6月，济微路（北起经十路，南至二环南路）段拓宽改造。道路控制红线宽度为60米，全长4143.45米。同年，整修经十一路（西起建设路，东至马鞍山路）段。全长999.25米。经三路、舜玉路、顺河高架路、经七路、泺源大街完成整修。2006年3月，对纬二路（含纬二路和英雄山路西段）进行改造。全长8.23千米。机动车道采用双向八车道，道路两侧设置慢行一体车道。工程于9月竣工。

至2006年年底，辖区有道路217条，其中，主干道12条，次干道24条，支路43条，街巷138条，总长165.2千米。

附：主干道路选介

经一路 1904年，济南开埠后兴修，1914年前形成。至1990年，该路段西起纬十二路，东至历黄路，地跨槐荫、市中、天桥3个区，全长5583米。属市区环线道路“三纵三横”中的重要一纵，是连接济南火车站至济南火车东站的一条主要干道。经一路市中段西起纬五路，东至纬一路，全长1105米。1998年8月，对该路车站前街至北关立交南口段进行拓宽整修。道路规划红线宽50米，一期工程实施35米，道路横断面为两块板和一块板2种形式。路中花坛宽5米，两侧机动车道宽各11米，非机动车道宽各3米。由济南市市政工程设计研究院设计，济南市政一、二公司施工。12月底，大部分路段建成通车。2004年4月，再次对经一路进行整修，东起纬一路，西至纬五路，铺设无障碍设施2210米，施工面积4420平方米。6月竣工。

经四路 1904年，济南开埠后兴修。1927年前成为建成区道路，到1990年，该路段西起小纬六路，东至顺河街，全长1738米，宽16～58米。1995年11月24日，对经四路东段（纬二路—顺河街）实施拓宽改造。长800米，规划红线宽50米，三块板式，快车道宽23米，慢车道各6米，人行道各7.5米，中间安装铸铁交通隔离护栏，同步建设雨水、污水、供电、电信、自来水等8种10余条地下管线。工程拆迁商用及居民房屋206户，8000平方米。由济南市政设计研究院设计，济南第一、第二市政工程公司施工。1996年6月底竣工。

经七路 1904年，济南开埠后兴修，东与杆石桥、永安门相通，西接古历城清大道。1927年前形成。1992年4月，对经七路西段进行拓宽改造，东起纬二路，西至辛西路，全长3700米。其中，纬二路至纬十二路路段长1855米，由12米拓宽为50米（机动车6车道、22米，水泥混凝土路面；两侧隔离带各3米；慢车道各7米，沥青混凝土路面；人行道各4米，水泥花砖铺装路面）。全路地下埋设供水、排水、电力、电信等13条管线，安装新型高压钠灯453盏，新建新型公交候

经七路

车廊、亭16处。道路总面积15.7万平方米，其中水泥混凝土路面4万平方米。工程总投资3700万元。由济南市市政工程设计研究院设计，济南第一、二市政工程公司施工。8月18日通车。

经十路 1941年兴修，原名"兴亚大路"，东起红桥，西止营市街北口，位于济南市区南部，是济南市最主要的东西向交通干道，又是连接东郊工业区与白马山工业区的主要道路，同时也是连接济南东西出入口的必经之路。2002年12月，经十路拓宽改造工程开工，市中区段东起玉函路，西至中光明街，总长2483米，由50米拓宽至60米，机动车道采用双向六车道，同时建设无障碍设施。总投资5000万元。2003年5月竣工通车。

经十路（2004年摄）

泺源大街 由济南市市政工程设计院设计，市第一、二市政工程公司施工，全长3714米。拓宽原东舍坊、兴隆、红墙、仁里、正觉寺、趵突泉前、西青龙、经七路东段等街。搬迁居民3425户，267个单位，拆迁面积14.9万平方米。拓宽后路面宽50米。其中，杆石桥至历山路快车道为混凝土路面，面积6.36万平方米；杆石桥至纬二路快车道及全线慢车道为沥青混凝土路面，面积7.9万平方米。改建原杆石桥为钢筋混凝土结构，桥面增宽至100米。改造该路与历山路、趵突泉南路、文化西路和纬二路4个交叉路口；安装新型高压钠灯415盏；埋设雨（污）水、供水、电力、电信等14种管线，沿街新建8对候车廊亭。总投资4500万元。1991年12月20日，竣工通车。

纬二路 位于市区中心，北起经一路，南至经十路，长2207米。北向跨越胶济铁路天桥与济泺路相通，南向跨越八一立交桥，过英雄山路与南外环路相接，是贯穿市区南北的主干道。1992年4月，进行拓宽改造，拆除两侧隔离带，将机动车道展宽为21米、6车道，慢车道各7米，道路中心线和快慢车道之间，设铁栅栏分隔。安装高压钠灯，水泥杆改造为新型银色钢管杆。工程总投资400万元。济南市市政工程设计研究院设计，济南第二市政工程公司施工。5月竣工。2000年6月，对天桥南头至八一立交桥段铺设无障碍设施5225米，面积10450平方米；7月竣工。同年，对大纬二路（含纬二路和英雄山路西段）进行道路改造，工程北起经一路，南至二环南路，道路全长8228米。工程分为2个标段，经一路至六里山南路为1标段，长度4300米；六里山南路至二环南路为2标段，长度为3928米。机动车道采用双向八车道，两侧设置慢行一体车道。由济南市市政工程设计研究院设计，济南第二市政工程公司施工。

英雄山路 原为市区通往仲宫、柳埠的一条土路。1980年，将经十路至十六里河桥段命名为英雄山路。英雄山路横穿市中区南北，是济南市市区主要交通干道。1999年3月，实施全面改造。北起经十一路，南至二七新村南路，全长1690米。拆除花坛4878平方米，快车道由4条增至6条，快慢车道间新装不锈钢护栏2539米，铺装人行道彩色花砖2万平方米，沥青路面6万平方米，更换路灯187盏，总投资720万元，由济南第一市政工程公司等单位施工。4月25日竣工。2006年3月，对英雄山路北段进行道路改造，9月竣工。

2006年市中区城区主干道路情况表

表4-1

序号	名称	起止点	长（米）	宽（米）	建成时间	面积（平方米）		
						车行道	人行道	总面积
1	经一路	纬一路—纬五路	1105	40	2004	36988	5696	42684
2	经四路	顺河街—小纬六路	1735	16～58	1996	49119	14924	64042
3	经七路	杆石桥—小纬六路	1762	51	1992	73694	14370	88064
4	经十路	玉涵路—中光明街	2067	65	2003	108063	16536	124599
5	共青团路	泺源桥—林祥桥	843	22～43	1954	12804	9813	22617
6	泺源大街	花墙子街—杆石桥	713	50	1991	31049	5958	37007
7	济微路	辛西桥—二环南路	3250	55	1991	130000	26000	156000
8	大纬二路	经一路—经十一路	2613	54	2006	133528	10452	143980
9	英雄山路	经十一路—二环南路	5634	50	1985	243497	25400	268897
10	舜耕路	舜耕山庄—省社会主义学院	2700	35.8	1986	48804	21453	70257
11	玉函路	经十路—八里洼路	3312	8～27	1987	51378	19594	70972
12	建辛路	南辛庄西路—建设路	2011	—	—	104385	28501	132886

附：次干道路选介

马鞍山路 2004年5月10日，马鞍山—玉函路交叉口改造，该工程是为配合第13届亚洲杯足球赛的举办而实施的重点建设项目。工程西起经十一路，东至马鞍山路桥，南起省社科院宿舍，北至经十路，建设内容包括新建雨水管线、交叉口范围内架空管线入地、路面罩面补强、更换路灯灯杆及灯具。7月10日竣工，投资260万元。

济大路 济大路市中段东起舜耕路，西至玉函路，全长1076.67米。1994年3月，进行改造，新建道路宽25米，其中车行道宽15米，两侧人行道各宽5米，共铺装沥青混凝土路面1.6万平方米，水泥花砖人行道1万平方米，铺设无障碍设施2280米，面积约4560平方米。9月竣工通车。

建设路 2000年4月，建设路拓宽改造工程开工，由区市政工程管理局组织施工。北起经十路，南至建设路大桥，总长2260米；由15米拓宽至20米，其中快车道各15米，慢车道5米。新建沥青路面3.38万平方米。新铺设雨水、污水管道各2300米。2002年9月竣工，工程总投资700余万元。

经十一路 是经十路以南主要的城市次

干道，起着经十路交通分流的重要作用。1999年，进行道路拓宽改造，新铺路面6800平方米。工程西起英雄山路，东至纬一路，长约400米，拓宽道路红线宽30米，人行道宽3.5米，车行道宽9米，中央分隔带宽13.5米，南侧人行道宽5米，二块板形式。2005年，再次进行整修。工程西起建设路，东至马鞍山路，全长999.25米。改造后机动车、非机动车辆分行，新建慢行一体车道。机动车道在标准段为双向四车道，宽15米，路口段增加右转车道，车道总宽为18.5米。绿化带宽1.25米，非机动车道宽3.75米，人行道宽2.5米。

2006年市中区城区次干道路情况表

表4-2

序号	名称	起止点	长（米）	宽（米）	建成时间	面积（平方米）		
						车行道	人行道	总面积
1	经二路	顺河街—纬五路	1725	10～14.5	1988	19091	9827	28918
2	经六路	纬一路—纬十二路	1118	17～24	1982	13873	7822	21695
3	经八路	青年西路—纬二路	1493	30～35	1985	35021	15093	50114
4	纬一路	经一路—经十路	2166	25	1908	30876	16372	47248
5	济大路	玉函路—舜耕路	1140	25.5	1996	17100	10488	27588
6	文化西路	山医西墙—经七路	650	13～21.6	1998	9840	7014	16854
7	马鞍山路	玉函路—经十路	1457	34～64	1998	18503	35206	53709
8	顺河街	经七路—英贤桥	1040	26～32	1998	16920	8359	25279
9	民生大街	经十路—经七路	1055	26～36	1985	19544	11102	30645
10	建设路	经十路—建设路大桥	2260	14～21	1989	25920	13530	39450
11	青年西路	经十路—文化西路	730	12～22	1998	14805	6183	20988
12	站前路	车站广场—纬二路	236	25.6	1988	3405	2276	5680
13	经三路	纬一路—小纬六路	1174	13～23	—	12479	6966	19445
14	经五路	纬一路—小纬六路	1007	17～24	1982	11843	8102	19945
15	纬三路	经一路—建国小经三路	1263	5.8～26	1924	8798	5736	14534
16	纬四路	经一路—建国小经三路	1088	13～39	1908	12930	8041	20971
17	纬五路	经六路—经十路	860	13～23	1982	9452	6762	16214
18	舜玉路	玉函路—舜耕路	905	26.9	1992	13576	7710	21286
19	六里山南路	英雄山路—玉函路	1428	25	1985	8765	5738	14503
20	七里山路	舜耕路—英雄山路	920	14～18	1994	11532	4846	16378
21	经十一路	马鞍山路—建设路	2132	30	2006	31980	34160	66140
22	市中路	建设路—阳光新路	1933	—	—	34824	26397	61221
23	二七新村南路	建设路—英雄山路	1007	15～21.5	1984	12605	7881	20486
24	历阳大道	舜耕路—舜世路	926	44	—	22219	18516	40735

2006年市中区城区支路情况表

表 4-3

序号	名　称	起　止　点	长（米）	宽（米）	建成时间	面　积（平方米）		
						车行道	人行道	总面积
1	小纬六路	经七路—岔路街	385	16	1998	6200	2284	8484
2	刘长山路	建设路—工兵八团路	1330	6～18	1989	9150	0	9150
3	顺河东路	经七路—英贤桥	1040	12～18	1998	9638	5184	14822
4	工兵八团路	济微路—工兵八团	431	24.3	1986	6465	0	6465
5	白马山西路	谷庄桥—789仓库	2551	8～20	1986	20786	0	20786
6	岔路街	建国小经三路—岔路街小区	570	12	1998	5280	5427	10707
7	城顶街	共青团路—三十九中学	140	10～24	1982	1893	837	2729
8	二七新村中路	建设路—英雄山路	642	11.5	1966	7383	0	7383
9	谷庄路	小额分公司—谷庄桥	364	7～20	1986	3201	0	3201
10	馆驿街	英贤桥—纬一路	803	7～17	1980	9451	0	9451
11	建国小经三路	胜利大街—纬五路	815	19～21	1986	8041	8047	16088
12	经九路	青年西路—纬二路	1045	10～22	1971	11437	3089	14526
13	郎茂山路	建设路—二环南路	1760	—	1988	23192	0	23192
14	林祥南街	纬一路—经四路	817	12～20.2	1976	6867	6324	13190
15	六里山路	英雄山路—玉函路	1435	9～26	1985	10799	4752	15551
16	六里山南路支路	六里山南路—英雄山路	395	9.5～27	1985	1230	786	2016
17	民族大街	经十路—文化西路	665	5.5～19	1987	4883	3500	8383
18	普利街	共青团路—普利门	496	8～18.5	1991	4074	1575	5649
19	七里山西路	二七中路—朗茂山桥	1272	9.5～11	1991	9284	3345	12629
20	上新街	泺源大街—上新街124号	299	5.5～40.5	1976	2558	90	2648
21	升平街	车站街—纬三路	265	8.4	1994	1961	265	2226
22	胜利大街	经七路—经十路	927	9～30	1972	9828	4869	14697
23	土屋路	土屋界碑—十六里河	1946	18.1	1985	12844	22379	35223
24	五里山路	英雄山路—六里山派出所	770	6～11	1985	4683	384	5067
25	小纬二路	经三路—建国小经三路	1039	13～18	1983	6344	6992	13337
26	小纬四路	经四路—经六路	356	13～15	1969	2477	2130	4607
27	小纬五路	经四路—经五路	165	12	1972	1419	476	1895
28	斜马路	经六路—经七路	281	12.6	1976	1967	1493	3460

续表 4-3

序号	名 称	起 止 点	长（米）	宽（米）	建成时间	面 积（平方米）		
						车行道	人行道	总面积
29	永长街	泺源大街—城顶街	410	8～15	1997	2980	1870	4850
30	永庆街	经四路—林祥南街	310	12.2	1984	2170	1574	3744
31	万寿路	二环南路—新华书店储运公司	1259	21～22	2003	15379	7991	23369
32	八里洼南路	八里洼路—土屋路	1207	15～18	1999	8724	7591	16315
33	水厂路	舜耕路—旅游路	1849	21～22	1999	27975	9118	37093
34	八里洼路	七里山路—舜耕路	885	5	—	4424	0	4424
35	青龙山北路	卧龙山庄—济微路	1513	13.5	—	9833	9263	19095
36	德胜南街	民生大街—胜利大街	216	17	—	2311	932	3243
37	七十一中前街	凤翔街—经二路	140	9.5	—	1330	0	1330
38	信义庄南街	经十一路—英雄山路	450	10～14	—	4675	0	4675
39	千佛山西路	千佛山南路—舜耕路	910	7～17	—	6370	0	6370
40	英西路	英雄山路—人防宿舍	525	6～10	—	1755	0	1755
41	英西南路	英雄山路—七里山路	400	13～18	—	3755	2780	6535
42	青龙山东路	青龙山北路—郎茂山路	1034	15～19	2002	10026	9036	19062
43	万灵山东路	七里山路—万灵山路	750	20	—	6324	0	6324

1991—2006 年市中区城区街巷情况表

表 4-4

序号	名 称	起 止 点	长（米）	宽（米）	建成时间	面 积（平方米）		
						车行道	人行道	总面积
1	英雄山支路	英雄山路—英雄山 106 号	387	6～9.6	1988	2369	0	2369
2	六里山东路	玉函路—舜耕路	1028	25.1	1994	15420	10353	25773
3	六里山北路	六里山路—六里山南路	140	9	1985	840	381	1221
4	七里山小学路	六里山南路 8 号—市中区委宿舍	275	5.6～9.2	1985	1588	356	1944
5	七里山东路	二七南路—七里山五区 5 号	548	10	1982	2192	0	2192
6	七里山支路	七里山路 43 号—七里山路 35 号	123	8.8	1987	740	346	1086
7	七里山中路	二七新村南路—七里山区中心	548	25.2	1983	4932	8472	13404
8	七里山西路	二七中路—朗茂山桥	1272	9.5～11	1991	9284	3345	12629
9	机床八厂路	建设路—车桥厂	290	16	1983	2030	0	2030

续表 4-4-1

序号	名　称	起 止 点	长（米）	宽（米）	建成时间	面　积（平方米）		
						车行道	人行道	总面积
10	建国小经一路	复兴大街—胜利大街	49	6.2	1980	242	62	304
11	建国小经五路	青年西路—自由大街	324	6	1983	1396	0	1396
12	建国小经六路	民生大街—青年西路	543	11～12.8	1981	2820	0	2820
13	建国小经十路	青年西路—民权大街	321	4～6	1979	1284	0	1284
14	信义庄西街	经十路—经十一路	300	7	1975	1200	0	1200
15	信义庄南街	经十一路—英雄山路	529	4～7	1989	2609	0	2609
16	四里村	八一立交桥—经十一路	804	1.5～5.4	1986	3482	0	3482
17	小梁庄路	经十路—建设路	1626	2～8.5	1986	6505	2059	8564
18	光明街	经十路—光明里5号	67	5.7	1983	382	0	382
19	梁庄大街	英雄山路—建设路	712	6.5～23.3	1985	5912	0	5912
20	梁庄北街	梁庄四街—建设路	212	4～4.3	1990	902	0	902
21	梁庄一街	梁庄大街—二七中街	291	5.6～12.2	1990	2042	0	2042
22	梁庄四街	梁庄大街—二七中街	478	5.5	1990	1714	0	1714
23	梁庄五街	梁庄大街—建设路	392	6～10	1990	1395	0	1395
24	陈庄大街	二七中路—二七南路	673	12～16	1967	4038	3047	7085
25	陈庄东街	二七中街—陈庄东街南头	664	6	1988	2964	350	3315
26	陈庄西街	二七中街—陈庄西街垃圾台	340	6.3～8.9	1989	1489	0	1489
27	三里庄东街	经五路—经六路	170	5.9	1994	282	289	571
28	七里山北村	七里山北村粮店—七里山西路	433	4～10	1983	1732	342	2074
29	三里庄西街	经五路—经六路	211	4.9	1970	654	0	654
30	共和街	经六路—经七路	220	8.3～11.6	1992	1342	847	2189
31	万紫巷东街	纬四路—万紫巷西街	309	5.6	1978	1732	0	1732
32	万紫巷西街	经二路—纬五路	314	5.6	1978	1758	0	1758
33	英西南路	英雄山路—机械队	204	13.6	1993	1734	1040	2774
34	自由大街	经八路—经九路	130	20.7	1970	1365	1301	2666
35	魏家庄路	经二路—纬一路	484	4.5	1978	2178	0	2178
36	杆南东街	文化西路—杆南西街	525	5.1～11	1993	3121	824	3945
37	杆南西街	文化西路—杆南东街	242	6.1～14	1992	1415	59	1473
38	花墙子街	共青团路—小桥	130	4	—	520	0	520
39	望平街	纬三路—经四路	208	6	1988	874	374	1248

续表 4-4-2

序号	名称	起止点	长(米)	宽(米)	建成时间	面积(平方米)		
						车行道	人行道	总面积
40	太虎石巷	太虎石巷7号—靖安巷	58	6.1	1978	232	122	354
41	西券门巷	普利街—共青团路	130	3.7	1972	481	0	481
42	郝家巷	共青团路—普利街	98	7.5	1975	441	294	735
43	麟趾巷	城顶街—共青团路	140	10	1991	1375	0	1375
44	石棚街	顺河东路—城顶街	394	13	1991	1562	0	1562
45	盛塘巷	城顶街—剪子巷	246	8.3～10	1972	1151	564	1714
46	丁家崖	顺河街—经二路	429	4	1972	1524	0	1524
47	凤翔街	丁家崖—经二路	353	4	1976	1412	0	1412
48	人民商场路	顺河街—奎胜街	222	15.5	1982	2109	1316	3425
49	奎胜街	永盛街北口—林祥街95号	162	4	1980	648	0	648
50	永盛街	奎胜街东口—魏家庄	140	3.5	1980	490	0	490
51	经一路后街	经六路—经五路	163	5～10	1992	963	0	963
52	舜玉路南区	舜玉路—济南发展家电厂	1064	6	1993	7977	3426	11403
53	舜玉路北区	六里山东路—舜玉路	1384	5～8	—	8344	7601	15945
54	七里山小区1区路	1号7号楼—七里山西路	671	4.1～13	1983	3941	982	4923
55	七里山小区2区	2区1号楼—人防宿舍	265	3.6	1983	954	0	954
56	七里山小区3区路	南村3区1号楼—英雄山路	249	4.3～14	1983	1883	816	2699
57	七里山小区5区路	5区13号楼—七里山小学	1138	4～9.4	1983	5844	0	5844
58	七里山小区6区路	6区13号楼—人防建材宿舍	65	9.5	1983	390	0	390
59	崇德街	经九路—经八路	199	6	1986	796	398	1194
60	徐家花园	上新街—文化西路	787	4～6	1985	2579	0	2579
61	林祥街	纬一路—经四路	554	4	1976	2216	0	2216
62	纬一路胡同	省委对面347号—363号	122	3.5	1908	427	521	948
63	英西路	英雄山路—开关厂	124	9.7	1993	682	521	1203
64	空军干休所路	空军干休所—英雄山路	300	10.8	1983	1741	0	1741
65	剪子巷	共青团路—小桥	90	4	—	360	0	360
66	经八路胡同	青年西路—纬二路	132	2.8～3.3	1985	404	0	404
67	林祥南街	纬一路—经四路	82	2.5～3	1976	227	0	227
68	上新街胡同	泺源大街—文化西路	361	2.2～7.1	1976	972	156	1128
69	通惠街胡同	通惠街14号—28号	89	3	1983	267	0	267

续表 4-4-3

序号	名 称	起 止 点	长（米）	宽（米）	建成时间	面 积（平方米）		
						车行道	人行道	总面积
70	梁庄二街	梁庄大街—二七中街	418	4	1990	1677	0	1677
71	梁庄三街	梁庄大街—二七中街	587	4.5	1990	1884	0	1884
72	平安里	经三路—平安里 22 号	203	2.6	1980	528	0	528
73	济安里	经二路—济安里 16 号	234	2.6	1980	609	0	609
74	福详街	保安巷—福详街 1 号	90	3.4	1970	306	0	306
75	西凤凰街	普利街—共青团路	294	2.6～3.2	1979	909	0	909
76	发祥街	丁家崖—顺河街	130	2.7	1972	352	0	352
77	对关街	馆驿街—丁家崖	306	2～2.5	1976	702	0	702
78	凤馆街	丁家崖—馆驿街	140	3.41	1976	476	0	476
79	普安里	经二路—魏家庄	259	4	1982	643	0	643
80	东兴里	经二路—经三路	317	3.5	1994	1492	0	1492
81	安平街	经二路—魏家庄	168	3	1972	587	0	587
82	靖安里	经二路—魏家庄	192	4	1982	627	0	627
83	长春里	经二路—平安街	155	2～2.8	1972	359	0	359
84	树德里	魏家庄—奎胜街	183	2.4～3	1972	472	0	472
85	民康里	魏家庄—林祥街	123	3	1986	369	0	369
86	魏家胡同	魏家庄—林祥街	108	2.5	1980	270	0	270
87	宝善里	林祥街—经四路	188	2.4	1980	451	0	451
88	德安里	林祥街—经四路	175	2.5	1980	438	0	438
89	文化街	林祥街—经四路	175	2.4～2.5	1972	435	0	435
90	兴云里	纬二路—兴云里 5 号	60	2	1995	120	0	120
91	民权大街	杆南东街—经十路	427	5.3～9	1994	2282	576	2858
92	仁爱街	纬二路—小纬二路	294	6.9～11	1989	1457	1082	2539
93	复兴大街	经七路—建国小经三路	318	6.2	1980	1272	700	1972
94	通惠街	纬四路—纬三路	171	10	1983	855	855	1710
95	西十里河东路	西十里河—刘长山路	1170	4	1992	4680	0	4680
96	万灵山路	郎茂山桥—二环南路	1054	6	1993	13480	6000	19480
97	王官庄小区	卧龙山庄—建辛路	3886	4～18	1993	1039	0	1039
98	风林小区	永庆街—纬一路	210	11	—	1670	0	1670
99	风林北区	街心花坛—纬一路	160	6	—	960	0	960

续表 4-4-4

序号	名　称	起 止 点	长（米）	宽（米）	建成时间	面　积（平方米）		
						车行道	人行道	总面积
100	凤林南区	—	80	6	—	480	0	480
101	岔路街小区	—	884	—	—	6505	1494	7999
102	乐山小区	—	1275	6～15	—	9476	2065	11541
103	郎茂山小区	—	3919	6	—	23514	0	23514
104	礼拜寺街	乐源大街—剪子巷	720	14	1991	4586	5760	10346
105	土街	城顶街—乐源大街	386	20	1991	5928	2640	8568
106	苍街东街	土街—礼拜寺街	234	10	—	1774	936	2710
107	苍街西街	礼拜寺街—东顺河街	234	10	—	1564	936	2500
108	斜街	礼拜寺街—土街	164	8	—	836	656	1492
109	旧新街	礼拜寺街—苍街	210	9	—	1120	1050	2170
110	北苍街	土街—礼拜寺街	200	8	—	800	800	1600
111	大杆巷	盛唐巷—礼拜寺街	153	8～18	—	797	612	1409
112	土街西街	苍街—乐源大街	80	8	—	320	0	320
113	小苍街	苍街—东顺河街	136	8	—	544	0	544
114	机床一厂南路	南辛庄西路—袁柳庄中街	973	5	—	4934	0	4934
115	机一西厂路	南辛庄西路—袁柳庄西街	1040	5	—	5279	0	5279
116	王官庄南街	南辛庄西路—机床一厂南路	681	4	—	2813	0	2813
117	王官庄中街	南辛庄西路—机床一厂南路	430	5	—	1851	0	1851
118	机床一厂南路	机床一厂南村—井家沟村路	2718	6	—	16403	0	16403
119	井家沟村路	井家沟铁路道岔	1977	6	—	12005	0	12005
120	袁柳庄中街	机床一场南路—谷庄桥	417	5	—	2167	0	2167
121	山凹庄南街	机床二厂南街—白马山	931	4	—	3811	0	3811
122	白马山西路	袁柳庄路—白马山铁路新村	3114	6	—	19166	0	19166
123	东韩路	兴济河—韩家庄	1260	6	—	7631	0	7631
124	东红庙北路	二环西路—东韩路	759	5	—	4649	0	4649
125	东红庙南路	二环西路—东韩路	351	5	—	2154	0	2154
126	韩家庄路	二环南路—白马山西路	509	4	—	2656	0	2656
127	韩家庄中路	韩家庄路—白马山南路	1251	4	—	7601	0	7601
128	韩家庄北路	二环西路—韩家庄中路	312	6	—	1976	0	1976
129	杨家庄大街	二环南路—火车南站	1846	6	—	13009	0	13009

续表 4-4-5

序号	名 称	起 止 点	长（米）	宽（米）	建成时间	面 积（平方米）		
						车行道	人行道	总面积
130	白马山南路	二环南路—杨家庄大街	691	5	—	4240	0	4240
131	白马山南路	机床一厂南路—井家沟路	1849	4	—	14872	0	14872
132	后龙窝庄中路	南辛庄西路—后龙西路	723	6	—	4433	0	4433
133	后龙东路	南辛庄西路—后龙西路	477	6	—	3461	0	3461
134	后龙西路	白马山南路—前龙庄路	793	6	—	6503	0	6503
135	前龙庄路	南辛庄西路—袁柳中街	2117	6	—	17115	0	17115
136	谷庄路	机床二厂南路—杨家庄东街	82	6	—	537	0	537
137	井家沟路	白马山南路—杨家庄东街	539	6	—	3393	0	3393
138	杨家庄路	井家沟路—济微路	1379	6	—	11308	0	11308

第三节 桥 梁

1991年年初，辖区城区有桥梁15座。1995年9月，魏华西路道路桥梁工程竣工。1998年10月，玉函立交桥建成通车，同时对林祥桥西侧进行加宽。2000年后，城区不断向东南扩展，相继建设兴隆桥北桥、东方红桥、济大路桥、南郊宾馆桥、谷庄桥、济大路东桥、万灵山桥、袁柳桥、财政学院北桥9座桥梁。2004年，八一立交桥经十路下穿拓宽为双向八车道。2006年，八一立交桥沿纬二路方向跨线主桥和引道加宽为双向六车道，桥宽由18.3米加宽至23.2米，与主桥相连的4座匝道桥重建，原桥与经十路相接的匝道引道部分保留，另外，对原引道缩短15～20米，并对经十路和经八路路口进行交通渠化。同年7月，林祥桥继续进行改造。对东方红桥拓宽，加宽石桥梁总宽度50米，其中，行车道30.6米，两侧分隔带2.2米，慢车道4.5米，人行道3米。至2006年年底，城区有桥梁24座（含涵洞1座）。

2006年市中区城市道路桥梁情况表

表 4-5

名 称	分 类	路 线	基本结构
兴隆桥北桥	中桥	二环南路	全长32米，宽组合为27米行车道+2×8米人行道，上部为2孔，净径为10米拱桥组成；下部为石砌重力式桥墩
东方红桥	中桥	英雄山路	全长60米，宽组合为10米行车道+0.5米中央分隔带+10米行车道+2×7米非机动车道。上部为1孔净跨径40米的钢筋混凝土钢架拱与3孔标准跨径18米的预应力简直空心板组成；下部为桩柱盖梁式桥墩
朗茂山桥	中桥	郎茂山路	全长62.4米，宽组合为12米行车道+2×1.8米人行道。上部为6孔标准跨径10米的简直实心板组成；下部为石砌重力式桥墩台

续表 4-5-1

名　称	分　类	路　线	基本结构
建设路桥	中桥	建设路	全长 52.5 米，宽组合为 15 米行车道 +2×5.1 米人行道。上部为 1 孔净跨径 30 米的双曲拱组成；下部为石砌重力式桥台组成
刘长山桥	中桥	刘长山路	全长 45.5 米，宽组合为 5 米行车道 +2×0.2 米栏杆。上部为 1 孔标准跨径 3 米的简直实心板组成；下部为轻型桥台组成
八一立交桥		纬二路 经十路	桥上纬二路南北道桥长 560 米，宽 23.2 米，六车道。中层由两座跨越经十路的 3 孔连续板桥组成，各长 50 米，宽 14 米。经十路下穿长 465 米，宽 18 米
财政学院北桥	小桥	舜耕路	全长 25.6 米，宽组合为 2×3.1 米非机动车道 +2×10.2 米行车道 +2 米中央分隔带。上部为 1 孔净跨径 16 米的板拱组成；下部为石砌重力式桥台
青年桥	小桥	青年西路	全长 23.8 米，宽组合为 23.8 米行车道 +2×4.2 米人行道。上部为 1 孔净跨径 7.8 米的混凝土板拱组成；下部均为石砌重力式桥台
科技桥	小桥	文化西路	全长 25.1 米，宽 19 米
杆石桥	小桥	经七路	全长 17.5 米，宽组合为 23 米行车道 +10 米非机动车道 +2×6.2 米人行道。上部为 1 孔标准跨径 16 米的预应力简直空心板组成；下部为轻型桥台。1991 年改为钢筋混凝土结构，桥面增宽至 100 米
火柴厂桥	小桥	顺河街	全长 17.5 米，宽 17.5 米
林祥桥	小桥	经四路	全长 20.5 米，宽组合为 4.7 米人行道 +18.7 米行车道 +2.85 米人行道。上部为 1 孔标准跨径 16 米的预应力简直空心板组成，下部为石砌重力式桥墩
普利桥	小桥	普利街	全长 19.1 米；宽组合为 10 米行车道 +2×2.45 米人行道。上部为 3 孔标准跨径 5 米的简直实心板组成，下部为石砌重力式桥墩
迎仙桥	小桥	顺河街	全长 16.7 米，宽组合为 7 米行车道 +2×7.35 米人行道。上部为 2 孔标准跨径 8 米的简直实心板组成，下部为石砌重力式桥墩
清泉桥	小桥	顺河街	全长 18.2 米，宽组合为 7 米行车道 +2×1.75 米人行道。上部为 3 孔标准跨径 5 米的简直实心板组成，下部为石砌重力式桥墩
舜玉桥	小桥	舜玉路	全长 25.1 米，宽组合为 14 米行车道 +2×5.5 米人行道。上部为 1 孔标准跨径 18 米的 T 梁组成，下部为石砌重力式桥台
舜玉北区桥	小桥	舜玉路	全长 25 米，宽组合为 6 米行车道 +2×0.5 米栏杆。上部为 1 孔标准跨径 20 米的 T 梁组成，下部为轻型桥台
济大路桥	小桥	济大路	全长 20.8 米，宽组合为 15 米行车道 +2×4.8 米人行道。上部为 2 孔标准跨径 5 米的简直实心板组成，下部为石砌重力式桥墩台
南郊宾馆桥	小桥	马鞍山路	全长 28.8 米，宽组合为 18 米行车道 +2×4.3 米人行道。上部为 1 孔标准跨径 20 米的预应力简直空心板组成，下部为轻型桥台
谷庄桥	小桥	谷庄路	全长 32.3 米，宽组合为 12 米行车道 +2×1.7 米人行道。上部为 3 孔标准跨径 10 米的简直实心板组成，下部为石砌重力式桥墩

续表 4-5-2

名 称	分 类	路 线	基本结构
袁柳桥	涵洞	谷庄路	全长 6.77 米，宽组合为 3.6 米行车道 +2×0.15 米护轮带。上部为 2 孔标准跨径 3 米的整体现浇板组成，下部为石砌重力式桥墩
济大路东桥	小桥	济大路	全长 26.4 米，宽组合为 15 米行车道 +2×5.4 米人行道。上部为 1 孔净跨径 16 米的板拱组成；下部为石砌重力式桥台
万灵山桥	小桥	万寿路	全长 24.5 米，宽 11.5 米。上部为 2 孔标准跨径 8 米的简直实心板组成，下部为石砌重力式桥墩
虹（红）桥	小桥	经十路	全长 16.3 米，宽组合为 0.5 米栏杆 +10.5 米人行道 +23 米行车道。上部为 2 孔标准跨径 6 米的简直实心板组成，下部为钢筋混凝土组合式桥墩

第四节 排污泄洪设施

一、泄洪河道

1991 年，对广场西沟护岸进行改建和维修。1993—1995 年，完成兴济河、英雄山大沟、民生大沟、西圩子壕防洪岁修工程。1996 年，对广场西沟、兴济河进行全面整治清淤。1997 年春，承建 3740 米小清河干流治理工程，总投资 4488 万元，6 月竣工。1999 年，完成广场东沟、广场西沟、兴济河岁修工程，新建袁柳庄排洪沟，开挖河道 650 米，宽 6 米，深 2 米。完成顺河高架路沿线西围壕、南围壕清淤任务。2000 年，对广场西沟再次进行整修和疏浚后实施棚盖。2002 年，广场东沟棚盖后作为绿地，总长 100 米，宽 16 米。上部采用 30 号普通钢筋混凝土板，墩基础为现浇 20 号钢筋混凝土条形基础，立柱 0.6×0.6 米方柱，现浇 25 号钢筋混凝土结构，盖梁及台帽均采用现浇 30 号普通钢筋混凝土，砌重力式桥台。2006 年，广场东沟绿化地改建车行道。同年，对西圩子壕进行河岸修复和清淤。

兴济河整治后新貌（区环卫局提供）

二、排水管道

辖区城区排水管道分别为雨污水、雨水、污水 3 种类型和陶土管、混凝土管、陶土管、铸铁管、石板沟、混凝土板沟、砖拱沟、混凝土拱沟、石拱沟 8 种结构形式。随着旧城区改造和新城区扩展，下水管道得到相应改善与提升，到 2006 年，城区列入养护范围的各种排水管道总长 183969 米。其中，雨污水混流管道 68720 米，雨水管道 56611 米，污水管道 58638 米。

2006 年市中区排水管道分类统计表

表 4-6　　单位：米

分类	合计	结构							
		混凝土管	陶土管	铸铁管	石板沟	混凝土板沟	砖拱沟	混凝土拱沟	石拱沟
雨污水	68720	11353	49647	572	2403	21	3756	767	201
雨 水	56611	18368	31995	53	—	3647	1167	1381	—
污 水	58638	5452	52766	—	—	—	420	—	—
总 计	183969	35173	134408	625	2403	3668	5343	2148	201

第五节　市政设施维护

一、道路养护

1991—1997 年，先后对 91 条道路、56 条街巷进行综合治理，解决老城区因市政基础设施老化造成的污水冒溢和路面坑洼不平问题。对西北外环路、建设路、土屋路、舜耕路一期和马鞍山等道路实施拓宽改造。7 年完成街巷路面维修 7.6 万平方米，主次干道养护维修面积 4.85 万平方米，完成路面刨掘修复面积 13.80 万平方米，铺装、修换混凝土花砖人行道 16.30 万平方米。1998—2004 年，先后对建设路、经一路、经八路等 156 条道路进行拓宽改造和养护，并对泺源小区、二七新村、七里山小区等 92 条背街小巷进行整治，完成街巷路面维修 63 万平方米，完成路面刨掘修复面积 5600 万平方米，新铺装、修换无障碍设施 1400 万平方米。2005 年，对经三路、省国税南路等 6 条道路进行拓宽改造，改造沥青混凝土路面 9.74 万平方米，改造人行道花砖 3.1 万平方米，更换立沿侧石 7149 米；对土屋路、玉函路等 32 条主次道路进行维修养护，养护面积 6.57 万平方米，对林祥南街、上新街等 233 条背街小巷进行综合整治，路面沥青混凝土盖被 13.56 万平方米，改造人行道花砖 9930 平方米，新换、调整立沿侧石 1900 米。2006 年，完成经三路、经五小纬四路等 5 条道路大修改造工程，改造沥青混凝土路面 5.75 万平方米；对土屋路、玉函路等 30 余条主次道路进行维修、养护，沥青混凝土养护面积 3.4 万平方米，整修人行道 2200 平方米，调整立沿侧石 660 米，对王官庄小区、回民小区等 131 条街巷进行综合整治，整修沥青路面 4.11 万平方米。

二、排水管道养护

1991 年前，对管道的疏浚分别采用弹批拉大绳、手摇绞车、自动水冲闸门等方法。1997 年购置高压疏通车后，大部分管道疏浚采用机械化作业。对盖板沟的疏浚仍一直采用每隔几米掀开一块板，用铁锨、挖泥勺等工具掏取污泥；对较大石拱沟的疏浚，采用人工进入沟内进行掏挖。

1991—2006 年，市中区城区共疏浚各种管道 1493.68 千米，纬二路、英雄山沟、六里山道路等重点基础排水工程相继竣工。保洁河道 1236.15 万平方米，清运淤泥、杂物 1.19 万立方米。

第三章　公用事业

第一节　供　热

1989年8月，南郊热电厂和纬二路区域供热站分别从济南第一建材厂和市环保局划出，合并成立济南市南郊热电厂。1990年12月8日，南郊热电厂1#汽机正式并网发电。1994年12月30日，南郊热电厂二期工程4号炉点火，1995年1月20日开始供热。11月28日，建成舜玉花园小区供热工程，具有供暖、供冷、供生活热水“三联供”功能，填补济南市集中供热的一项空白，被市供热主管部门评为优质工程。1996年，南郊热电厂实现271天连续安全运行，通过电力部“安全文明生产达标”复查验收。热电厂烟气流化床脱硫除尘装置年内在济南南郊热电厂研究应用成功，在35蒸吨／小时及以上燃煤锅炉脱硫除尘方面填补国内空白。1998年9月，南郊热电厂投资30余万元，与济南绿源环境技术公司合作，采用浮床深层过滤技术对灰水系统进行改造，使该厂灰水系统达到零级排放，每年可节水54万立方米，效益60万元。同年，新建2台58兆瓦热水炉。全部采用四电场静电除尘器，炉内脱硫，除尘率99.6%，脱硫率70%。

2000年5月10日，位于辖区东南部的金鸡岭热源厂开工建设，是全市第一个环保园林式供热工厂。一期工程为2台75蒸吨／小时循环硫化床蒸汽锅炉及配套供热管网建设，总投资1.3亿元，由济南南郊热电厂建设；当年投入运营。2001年，实施金鸡岭热源厂二期工程，增设一台130蒸吨／小时循环硫化床锅炉，当年竣工供热。同年，济南市区域供热公司在经三路14兆瓦锅炉上安装DX旋风式除尘器与DCL脱硫净化器，同时将林南锅炉房3号锅炉除尘进行更新。2003年，南郊热电厂投资150万元，新上一套灰水分离装置，完善厂内双碱法脱硫系统。2004年，南郊热电厂投资420万元对灰渣厂和噪音污染进行综合治理，建设路分厂新增4台58兆瓦热水锅炉，新建配套管网10.2千米，改造管网4.6千米，配套建设输煤、排渣、除尘、二级换热站等辅助设施。同年，济南市区域供热公司对经三路的20蒸吨／小时锅炉进行脱硫改造。2006年，南郊热电厂开工建设丁字山分厂1台58兆瓦链条式热水炉，配套建设烟气脱硫除尘设施。

第二节　供　电

1990年年底，七贤供电站管理的配电室增加到79处，配电变压器增加到93台，14345千伏安。同时，进行设备改造，降损节能，高损变压器由41台降到26台。1994年2月，英雄山110千伏变电站投产，主变压器2台，变电容量2×31.5兆伏安，三相两圈风冷有载调压变压器。1998年7月15日，舜玉110千伏变电站投产，一期工程容量2×31.5兆伏安。一期工程土建按50兆伏安变压器基础设计施工。110千伏内桥接线，选用三相共箱式全封闭六氟（SF6）组合电器。12月22日，南郊220千伏变电站新装1号变压器投产，变电容量15万千伏安，选用三相三圈油浸风冷高阻抗有载调压变压器。二期工程2001年开工，新装2号变压器。2002年8月17日，义和庄110千伏变电站投产，一期主变压器2台，变电容量2×31.5兆伏安；二期主变压器扩容为2×50兆伏安。8月20日，经七路110千伏变电站投产，主变压器2台，变电容量2×50兆伏安，主变压器选用三种两圈油浸自然循环风冷分级绝缘有载调压全封闭变压器，减少对市区及周围居民的噪音干扰。2006年4月，英雄山变电站2台主变压器更换为2×50兆伏安，高阻抗、低噪音、三相两圈自冷节能型有载调压变压器。

第三节　供　水

供水管理由济南市自来水公司负责，辖区为供水工程建设施工提供协调服务。济南市自来水公司在辖区建有供水营业管理所，位于英雄山路66号。

1991年，完成市重点工程经七路东段拓宽工程中的各种类型供水管道近20千米的安装任务，新装直径1000毫米球墨铸铁管3800米，直径200毫米UPVC管7400米，直径500～1000毫米各类闸门15组，地下十米深处顶管穿越杆石桥直径1500毫米、直径1400毫米钢套管53米，穿进直径1000毫米钢管55米，与原有输水管线合口40余处。

1992年，完成经七路西段拓宽工程自来水管道的新装、改造和铺设工程，完成主干管3674米、配水管6698米以及闸门、消防等配套设施的安装任务。1996年，先后完成济齐路、建设路等管线新装和改装任务。1998年，完成市中区消防工程、四季村宾馆供水工程等。2000年3月起，对全区闸门进行普查，完成直径100毫米以上的闸门的检修。2002年4月20日，管径800～1200毫米的建设路加压站应急供水管道工程竣工。新建七贤加压站、建设路加压站和千佛山加压站。2004年，完成建设路、经十路管网改造工程。

2005年，对七里山南路低压片区进行管网升级改造。改造后的片区供水压力可以满足六楼正常用水需求。3月，南郊水厂直径800毫米供水管改造工程竣工，总长度282米。7月，腊山北路直径300毫米供水管道工程竣工，总长度846米。

第四节　公　交

公交管理由济南市公交运输公司负责，辖区为公交线路、站点设置施工提供协调服务。1993年，建成王官庄停车场，面积1.67万平方米。2005年，完成英雄山公交调度中心，面积2.9万平方米建设。

1991年1月1日，开通36路公交车，起点为黄台物流中心，终点为郎茂山小区，途经辖区站点为经十一路、济南大厦，线路长11.3千米。5月28日，开通19路公交车，起点为大观园，终点为白马山铁路新村，途经辖区站点为大观园、青年公园，线路长9.2千米；1994年11月25日，开通43路公交车，起点为东八小区，终点为天桥，途经辖区站点为东八小区、马鞍山路、体育中心、远东贸易公司、人民商场、大观园。

1996—2000年，新开辟营运线路途经辖区的有20条，依次为48路、K50路、49路、33路、K51路、6路、72路、73路、K56路、76路、75路、K52路、K59路、82路、32路、42路、K55路、88路、K96路、104路。2001—2005年，新开辟营运线路途经辖区的有10条，依次为K92路、64路、62路、K93路、K100路、111路、113路、120路、21路、22路。

2006年，新开辟营运线路途经辖区的有6条，依次为9路支线、128路、129路、165路、501路、502路。

第四章 绿化美化

第一节 机 构

1991年，辖区绿化工作由区绿化管理所负责，为副处级。下设绿地管理一组、绿地管理二组、生计组、社会绿化组、财务组、车辆管理组以及办公室，人员43人。主要以养护管理为主。1995年5月3日，区绿化管理所更名为区绿化处，为正处级，有52人。2001年，区绿化处更名为区园林局，正处级；下设办公室、绿地管理科、社会绿化管理科、生计科、监察科、财务科、车队等科室部门，有67人。2002年12月，区广场管理办公室由园林局代管，下设办公室、综合科、大桥管理科、广场绿地管理科。

第二节 道路绿化

1991年，道路绿化形式是树木多，绿地少。主要以经七路、经八路、经十路、纬一路、纬二路绿化为主，道路两侧主要栽植毛白杨、法桐等高大行道树，突出树木的遮荫效果。道路两侧只有个别地方有冬青绿篱，大部分道路两侧没有绿化带，景观效果差。1992年4月，结合植物园（今泉城公园）建设，对马鞍山路做自然式种植，以刺槐、毛白杨、白皮松等高大苗木作为背景树，点缀丁香、石榴、红叶李等花灌木，建成开放式绿地；1994年，改造成半封闭绿地。1995年，共栽植乔灌木4.84万株，新建绿地7936平方米。至1997年年底，共计植树31.45万株，植攀缘植物13万株，种植草坪12.43万平方米，建成绿地23.74万平方米，种草花34.58万盆。1998—2002年，先后对泺源大街、经七路、经八路、英雄山南路、济微路、玉函路等17条道路绿化带进行更新改造。其中，玉函路作为道路绿化示范路，在全市率先建成，绿化带内乔、灌、草合理配置，平面绿化与垂直绿化相结合，绿化与沿街环境、建筑相协调，形成层次丰富的道路绿化景观。经七路、泺源大街和英南路的道路绿化体现丰富多样，错落有致的特点，是全市道路绿化的

玉函立交桥下鲜花一角（2005年摄 区园林局提供）

最高水平。马鞍山路、纬一路、经八路等主要道路绿化覆盖率均在40%以上，达到三季有花、四季常青的目标。2000年，在“一环九射”38.2千米的路段，栽植乔灌木120万余株，新增绿化面积100万平方米，形成省道103线、二环路中段和国道104罗而段等精品路段，建成视觉效果突出的绿化景观带。

2003年，进行部分道路和街头绿地改造。先后对建设路、腊山工业路、农业园路、重汽路、建新路等道路进行绿化，新植行道树4900株，花灌木8.5万株。景观提升工程有二环路、经一路、经十路、经八路和玉函路等15条道路。栽植花灌木2500株，攀缘植物1200余株。全区修剪伐除枯树死枝近千株，整形修剪花灌木10万余株，草坪60万平方米，清理花坛、绿地垃圾15吨，防治病虫害喷洒药物近200吨。2004年，以“迎亚足赛·创文明城”为中心，对经十路市中段（玉函立交至建设路路口）1.7千米的道路进行绿化，建成宽3.5米的分车道绿化带和省电力医院东、山东移动通信公司门前、省委宿舍、机床一厂宿舍等道路两侧公共绿地，培植出玉函立交、八一立交、英雄山广场北侧等绿化景点；移植法桐170余株，种植花灌木25万余株，铺设草皮3万余平方米，新建和恢复绿地面积5万余平方米。结合玉绣河综合治理，将马鞍山路西端改建成玉函路口开放式绿地，与植物园融为一体。2005年，对经十路、经一路、省道103线和二环南路等17条道路实施景观提升工程，改造绿化带总长6万米、面积60万余平方米。绿化整治工程有玉函路、舜玉路、舜耕路、经十路、经一路、马鞍山路、经七路、泺源大街、二环南路和纬二路—英雄山路—省道103南北线等，栽植各种苗木130余万株，铺设草皮5万余平方米。其中，二环南路拆除破旧建筑物6200平方米，清理建筑垃圾20.29万立方米，回填种植土16.56万立方米，平整土地31.4万平方米，栽植苗木23.8万株，铺设草坪15万平方米，对分车隔离带、道路两侧绿地和山体进行景观提升。实施辖区铁路沿线绿化整治，在京沪铁路市中区段12千米沿线两侧栽植银杏、杨树、柳树、桧柏等绿化树木6万余株，增加绿化面积11.2万平方米，基本建成该道路绿荫景观大道。

2006年，对纬二路取消人行道绿化，非机动车道与人行道并用，使快车道增至宽40米8车道，行道树仍为悬铃木，沿行道树根基设置1.5米宽绿化带，带内栽植小叶黄杨绿篱。将英雄山路北段（八一立交桥至二七新村南路）绿化改造成与纬二路一致。南段（二七新村南路至二环南路）保持原有风貌，成为全市仅有的高规格雪松一条街。

第三节　绿地广场与街角游园

1991年，辖区只有八一立交桥1处绿地。1991年后，按照济南市统一部署，围绕“一创两迎”活动，辖区以八一立交桥为中心，开展城市绿化美化工作，在群众绿化活动中，实行全民义务植树登记卡制度。1991—1997年，建设街心绿地3.4万平方米，栽植绿篱1.1万米，种植草皮7.6万平方米。节假日期间，绿化处设计制作“醒狮”“万象更新”“四角亭立体喷泉”等具有特色的立体5色草造型20组。1997年10月，市中广场建成开放，占地总面积5.3公顷。

1998—2002年，贯彻落实省委关于“济南五年大变样”的精神，开展5期造绿和大环境绿化工程。先后建成市中、七贤、七彩、赤霞、大众、舜湖、六里山、虹桥、玉函等9处绿地广场。其中，市中绿荫休闲广场作为市中区的中心广场，被团中央、建设部和国家少工委命名为全国绿色文明园。草坪建设增加到80万平方米。建成经四路、经八路、杆石桥、经七纬二路、六里山南路等近30处街头绿地。市中广场、七贤广场、七彩广场、八一立交桥绿地等标志性地段，绿化养护达到省定一级标准。至2002年，城区绿化覆盖率、人均占有公共绿地面积分别达到37.4%和7.8平方米。

市中（英雄山）广场

2003—2004年，围绕创建国家文明城市和国家生态园林城市工作，开展辖区公共绿地建设、道路绿化专项整治、主要道路和街头绿地改造及背街小巷绿化整治等工作，新植乔灌木111.8万株，新增绿地面积127.6万平方米，城区绿化覆盖率、绿地率、人均占有公共绿地面积分别达到39.2%、33%和10.95平方米。2004年，整治七里山小区、岔路街小区、乐山小区和信义庄路、永庆街等街巷，伐除修剪枯树死枝1000余株，补植所需绿化苗木，更新维修护栏。2006年，全区新增绿地面积93400平方米，绿化覆盖率、绿地率、人均占有绿地面积分别达41%、35.8%、11.88平方米。

附：广场绿地选介

市中广场 1997年10月建成开放，绿荫休闲广场，位于英雄山北侧，由济南市园林规划设计院设计。广场北临经十路，南至英雄山烈士陵园北门，东临邮电新村、百旺商城，西至儿童乐园、省军区第五招待所、市政府宿舍等，马鞍山路、经十一路穿插其中，占地总面积5.3公顷，总投资300余万元。在工程建设中，保留部分原有毛白杨树林，补植各类乔木1007株、花灌木2.3万株、草坪2.6万平方米，林下铺装面积1.87万平方米。建有音控喷泉2座、门球场地3个、公厕1座，放养广场鸽200余只，增设果皮箱、健身器材及卫生服务设施等。1998年2月16日，被团中央、建设部、全国少工委评为全国青少年绿色文明园。2004年，对广场进行改造。

七贤广场 1998年11月建成开放，总面积21250平方米，总投资300万元。其中，拆迁面积6500平方米，铺装面积7449平方米，清运渣土35870立方米，种植各类乔灌木1500余株，草坪13801平方米，砌垒蘑菇石562米，配有休闲、卫生等服务设施。

七彩广场 1999年5月建成开放，广场南北长119米，东西宽106～112.5米，总面积10800平方米，总投资250万元。其中，拆迁面积4000平方米，整地换土7500立方米，安装蘑菇石450米、立沿石900米，铺装人行道花砖2500平方米，栽植乔灌木8655株，铺设草皮8300平方米，配有汉白玉“奔马”雕塑，安装草坪灯、喷灌等设施。

八一立交桥绿地 始建于1988年，位于经十路和纬二路的交叉路口，由济南市园林局设计、济南市市中区绿化处（现为济南市

八一立交桥绿地（2005年摄　区园林局提供）

市中区园林局）建设并管理，总投资约148.7万元。分为开放式铺装广场和封闭式绿地2部分，整个构图以“泉”字变形为主。占地面积2.4万平方米，植有各种花灌木1.28万株，绿篱1899.2米，草坪1.36万平方米，铺装面积7500平方米，草坪灯72盏，自动喷灌设备24处，护栏长1040米，护网180平方米。1997年、2004年、2006年先后进行三次改造。

第四节　庭院绿化

1991—1996年，庭院绿化主要是指辖区机关、事业单位工作生活区的绿化美化，绿化风格普遍为植树与栽植冬青绿篱，景观比较单一，院内院外由院墙隔离，单位内景观没有形成与城市大环境相融合。其间，济南市政府倡议全市机关、企事业单位拆墙透绿。

1997—2002年，驻区各大单位加大投入，绿化景观、植物种类全面提升，同时拆墙透绿。全景四季花园、玉函南区和王官庄小区绿化面积超过总用地面积的30%，山东财政学院、济南大学等12个单位成为省级花园式单位。各驻区单位拆迁违章建筑面积9.5万平方米，新建绿地86.87万平方米，改建绿地面积10万平方米，栽植乔灌木122.9万余株，拆墙透绿1.61万米。2003—2006年，辖区单位栽植乔灌木187.54万株，新增绿地面积182.71万平方米，完成拆墙透绿3.07万米，完成垂直绿化长度4.27万米，新增屋顶绿化面积17934平方米。区绿化部门对七里山小区、乐山小区、春元里小区、郎茂山小区、王官庄小区等20多个开放式旧居民小区进行拆违整治绿化，栽植各种苗木20余万株，绿地面积30万平方米。2006年，新增单位庭院、居住区绿地面积32.71万平方米，拆墙透绿4805米，种植垂直绿化苗木5.5万株，屋顶绿化完成910平方米。

第五节　公　园

1991年，辖区有趵突泉公园、中山公园等历史公园。

2003—2006年，先后建成舜玉公园改造和郎茂山公园。舜玉公园于2006年改造竣工，投资200余万元，拆除门头营业房5000平方米，栽植各种苗木6000余株，铺装地面7000余平方米，增设照明路灯，更新凉亭牌坊，整治面积2.2万平方米。2006年11月，建设郎茂山公园，计划投资2560万元，分三期工程实施。该公园建设将整修上山道路，绿化32公顷山体，增设景观设施等，建成市民集休闲、健身、娱乐为一体的山体公园。

附：公园选介

中山公园 是济南市1904年修建的第一个商埠公园，位于市中区经三路132号。1986年11月12日，孙中山先生诞辰120周年之际恢复"中山公园"名称。园内有百年以上古树名木10余种近百株，有"松柏深秀而满园"之说。1998年始，对部分生长差的古树采取复壮措施。2006年10月起，对中区及西区进行绿化改造，使古树得以更好保护。

郎茂山公园 1997年，郎茂山公园被定为市中区区属公园，位于辖区南部，南临二环路，东北为郎茂山小区，西为墓地、采石场，由大小7个山头组成，海拔111.2～232.6米之间，总面积约82.5公顷。园内主山脉为西北、东南走向，山势高差大，除东面、南面小部分和山脊线地势较缓外，其余地方均较陡，且缓坡少，基本无水源。

郎茂山公园（李玉鸿 摄影）

1997年，以造绿为主，栽植侧柏、火炬、黄栌等观赏性、成活率较高的苗木。主山脉的东北坡侧柏已成林，南部2个小山头近年栽植的小侧柏苗初步形成风景林特色。2006年11月，进行新一轮规划设计建设，计划投资2560万元，整修上山道路，绿化32公顷山体，增设景观设施等。

舜玉公园 始建于1991年，因位于舜玉路而得名，占地2.2万平方米，是开放式社区公园。建有山、石、亭、桥、廊、雕塑、水池、舞台等设施。2001年，舜玉公园"大家乐"舞台被团中央、文化部、国家体育总局、中央电视台授予青年文明社区大家乐舞台称号。

2006年，投资200余万元，对舜玉公园进行改建。拆除10余处临街房，清除垃圾3000立方米；铺设绿地、栽植花木，补植草坪1.1万平方米，栽植各类观赏花木7000余株；安放石桌石凳60套，新式垃圾收集设施16套，添置新款美观的照明路灯43套，设置健身器材40余套；修建健身广场、休闲娱乐广场和儿童娱乐广场5300平方米，铺设花砖3000平方米。

第六节 古树名木

1990年，辖区进行古树名木普查，查明有古树名木47株，全部登记建档。

2004年，再次开展古树名木普查工作，普查结果见下表。

2004年市中区古树名木普查情况表

表4-7

序号	编号	树种	位置	树龄（年）	树高（米）	胸径（厘米）
1	A2-0001	国槐	原财政厅宿舍院落内（永长街1号）	500	15	115
2	A2-0002	银杏	十六里河镇矿村白云观西侧学校院内	1300	33.3	185
3	A2-0003	国槐	党家庄镇陡沟村	600	14.5	345
4	A2-0004	国槐	党家庄镇马家庄	500	9.6	150
5	A2-0005	国槐	十六里河镇郑家村	300	8.9	136
6	A2-0006	国槐	十六里河镇大岭村	400	13.6	103
7	A2-0011	国槐	十六里河镇大涧沟村1区175号	300	9.6	340
8	A2-0012	国槐	党家庄镇西渴马村北（井旁）	300	12	120
9	A2-0013	国槐	七贤街道九曲村	300	14.6	110
10	A2-0014	国槐	王官庄街道王官庄村363号	300	7.8	110
11	A2-0015	侧柏	七贤街道后魏华村	500	11.6	75
12	A2-0016	侧柏	十六里河镇涝坡村	500	10.6	70
13	A2-0017	侧柏	十六里河镇（村东南绕城高速南侧200米外）	300	13.2	77.5
14	A2-0018	侧柏	十六里河镇（村东南绕城高速南侧201米外）	300	13.2	77.5
15	A2-0019	侧柏	十六里河镇（村东南绕城高速南侧202米外）	300	13.2	77.5
16	A2-0020	侧柏	十六里河镇（村东南绕城高速南侧203米外）	300	13.2	77.5
17	A2-0021	侧柏	十六里河镇（村东南绕城高速南侧204米外）	300	13.2	77.5
18	A2-0022	侧柏	十六里河镇（村东南绕城高速南侧205米外）	300	13.2	77.5
19	A2-0023	侧柏	党家庄镇尹家林村	400	7	65
20	A2-0025	侧柏	党家庄镇相家村	400	12.6	110
21	A2-0026	侧柏	回民小区清真北大寺	400	11.5	50
22	A2-0027	侧柏	回民小区清真北大寺	400	12	45
23	A2-0028	侧柏	回民小区清真北大寺	400	11.2	55
24	A2-0029	侧柏	回民小区清真南大寺	400	12.4	65
25	A2-0030	枣树	回民小区31号楼后小广场	500	17	55
26	A2-0031	枣树	济南市供电局西北角（西青龙街107号）	350	10.2	—
27	A2-0033	车梁木	十六里河镇斗母村斗母泉旁	500	13.6	120
28	A2-0034	刺楸	十六里河镇斗母村斗母泉旁	400	11.3	72

续表 4-7-1

序号	编号	树种	位置	树龄（年）	树高（米）	胸径（厘米）
29	A2-0035	丁香	十六里河镇义和村	300	5.8	40
30	A2-0502	厚壳	七贤街道九曲庄	300	—	—
31	B2-0001	国槐	十六里河镇涝坡郑家村	200	11.15	100
32	B2-0002	小叶朴	十六里河镇小岭村	200	9	—
33	B2-0003	国槐	十六里河镇郑家村	250	8.9	136
34	B2-0004	国槐	十六里河镇贾家庄	200	13.7	134
35	B2-0005	国槐	党家庄镇马家庄	200	12.4	95
36	B2-0006	国槐	十六里河镇南康村 49 号	200	11.2	290
37	B2-0007	国槐	伟东新都一区 14 号楼西南角	250	8	120
38	B2-0008	国槐	舜耕街道土屋村 298 号	250	13.2	80
39	B2-0009	国槐	七贤街道山凹庄	250	2	55
40	B2-0010	侧柏	十六里河镇王家窝坡村	100	9	36.8
41	B2-0012	酸枣	七贤广场	200	8	37
42	B2-0013	国槐	回民小区清真北寺门前	280	13	55
43	B2-0015	国槐	党家庄镇相家村	280	12.6	120
44	B2-0017	国槐	党家庄镇张庄村	120	11	95
45	B2-0018	国槐	党家庄镇刘林村	200	11.3	65
46	B2-0019	国槐	党家庄镇大庙屯村	150	11	80
47	B2-0020	国槐	党家庄镇罗尔庄村	150	10.6	90
48	B2-0021	国槐	党家庄镇罗尔庄村	150	5	45
49	B2-0022	国槐	党家庄镇赵庄村	280	14.6	95
50	B2-0023	刺槐	经四路 299 号	130	15	90
51	B2-0024	侧柏	党家庄镇西渴西村	200	12.6	33
52	B2-0025	侧柏	党家庄镇西渴马村	200	13	43
53	B2-0026	侧柏	党家庄镇西渴马村娘娘庙内	200	11	42
54	B2-0028	侧柏	十六里河镇大涧构西村三观庙前	200	12.6	45
55	B2-0029	侧柏	十六里河镇王家窝坡村	200	11.1	48
56	B2-0030	侧柏	十六里河镇北康而庄村委会西	200	12.3	42
57	B2-0031	刺槐	仁爱街 48 号园内	200	15	120
58	B2-0032	白皮松	上新街考古研究所院内	100	15	80

续表 4-7-2

序号	编号	树种	位置	树龄（年）	树高（米）	胸径（厘米）
59	B2-0033	白皮松	上新街考古研究所院内	100	14	70
60	B2-0034	白皮松	上新街考古研究所院内	100	9.6	45
61	B2-0035	白皮松	上新街考古研究所院内	100	14.75	60
62	B2-0036	皂荚	十六里河镇小岭村	200	14.6	93
63	B2-0037	小叶朴	党家庄镇东渴马村古井旁	300	10	91
64	B2-0038	刺槐	经二路公安厅机关院内	100	14.6	115
65	B2-0039	皂荚	永长街回民小学	290	12.2	65
66	B2-0040	刺槐	经一路济南铁路局对面拆迁区	200	8	80
67	B2-0045	国槐	经九路 19 号省委对面棚户区	200	10.5	100
68	B2-0046	国槐	经九路 19 号省委对面棚户区	200	12	80
69	B2-0120	国槐	十六里河镇	200	12	115

第五章　环境卫生

第一节　机构队伍

1991 年 7 月，市中区环境卫生管理所更名为市中区环境卫生管理局，设环卫科、基建科、政工科、办公室；辖环卫汽车队、八一立交桥保洁队、修建队、市容卫生监察中队 4 个事业单位，有职工 227 人。1993 年 5 月，八一立交桥保洁队与修建队合并组建环卫综合服务队。1996 年 10 月，区环境卫生管理局更名为市中区市容环境卫生管理局。1997 年 4 月，机构改革，设环卫科、废弃物管理科、综合科、市容管理科及办公室，辖环卫汽车队、环卫综合服务队。有工作人员 232 人，其中局机关 27 人，事业单位 205 人。15 个街道办事处有环管员、包路员 39 人及民办保洁员 320 人。1999 年 12 月，设大观园环卫所、经二路环卫所、四里村环卫所、魏家庄环卫所、馆驿街环卫所、泺源环卫所、杆石桥环卫所、岔路街环卫所、二七环卫所、七里山环卫所、六里山环卫所、舜玉路环卫所、玉函路环卫所。2001 年 6 月，调整为大观园环卫所、魏家庄环卫所、四里村环卫所、泺源环卫所、杆石桥环卫所、岔路街环卫所、二七环卫所、七里山环卫所、六里山环卫所、舜玉路环卫所、王官庄环卫所。同年，机构改革，设办公室、环境卫生管理科、计划财务科、废弃物管理科、市容检查科，辖市中环卫汽车队、综合服务队及 12 个环卫所，有职工 288 人，保洁员 970 余人。2004 年 6 月，成立济南市中环卫清洁有限责任公司，实行独立核算、自主经营、自负盈亏的企业化管理，有员工226人。2006年，全局拥有职工227人，保洁员970人。

第二节 环卫设施

1991年，新建水冲式公厕7座，旱厕改水冲公厕11座，年底有钢架垃圾台56座，砖混垃圾台65座，电动垃圾台20座，果皮垃圾箱150个；公厕91座，其中，水冲公厕60座，旱厕31座。公厕实行专人管理收费，全日保洁，有78座公厕进行收费。卫生标准达到无臭味、无蝇蛆、无尿碱、无蜘蛛网、无粪迹。1992年，建设垃圾楼（台）88座。1995—1996年，新建水冲式公厕8座。1995年，新建垃圾台3座。在13个街道31个单位、79幢楼3097户居民中推行垃圾袋装化统一收集试点。1996年，新建垃圾台5座，对环卫设施进行维修和粉饰。环卫四级站计量认证达标通过省、市验收。1997年后，环卫工作由环卫局下属环卫所开始具体负责。环卫局根据保洁员工作区域将保洁人员就近安排在周边的小区、街巷，居住情况大致分为：一是环卫局新建保洁员公寓；二是由环卫设施改造成保洁员公寓；三是租借办事处空房或民房作为保洁员公寓；四是利用公厕、垃圾中转站（台）管理间作为保洁员公寓；五是因环卫所住房过于紧张自己在外租房居住。

王官庄保洁员公寓（2004年摄　区环卫局提供）

1998年，全区41%的公厕达到水冲二类以上标准。2002年，吸收私人资本参与基础设施建设，在铁路玉函小区、二七新村小区新建2座垃圾转运站，逐步拆除、关闭老式砖混垃圾楼和钢架垃圾台，使用新型密闭式垃圾大箱。2004年，按照国家一、二类公厕标准改造公厕16座，维修公厕60余座，拆除关闭钢架垃圾台和砖混垃圾楼120座，投放密闭式垃圾大箱75个，改建9座地下升降式垃圾转运站，总投资800余万元。2005年，对老城区30余座旱厕及13座陈旧的水冲式公厕进行改造，在辖区主要道路设置9座免水冲生态流动公厕。2006年，城区建有公厕119座（含单位自管），其中，水冲式公厕94座（含单位自管），免水冲生态流动公厕12座，旱厕13座，总面积5430平方米。建成垃圾转运站10座（含单位自管），电动提升式垃圾台1座，楼式垃圾台59座（单位自管3座），密闭式垃圾箱38个（大箱24个、小箱9个、压缩箱5个），地下升降式垃圾转运站6座。全区有建设、改建、租用等形式的保洁员住所120处，建筑面积8700平方米，居住保洁人员835人，人均居住面积10平方米。个人在外租房居住的150余人，每人每月补助100元。同年，为410名环卫职工申请公租房208套。

第三节　环卫作业

一、道路保洁

1991年，道路保洁实行属地管理，按区、街、居划分任务片区，承担管理责任，区环卫局检查、监督，街道设环卫管理员。辖区各主干道实行全日保洁，驻区各单位门前卫生实行三包。1992年，经七路两段开通，新增保洁面积9.26万平方米。1994年，乐山小区、舜玉小区北区实行社区环境卫生保洁有偿服务试点。1995年，对南外环路、济微路环境卫生进行全面清理整治。1998年后，各环卫所在作业时间上打破8小时工作制，晨扫时间提前，重点路段和重要部位保洁时间延长至晚22时30分，对有建筑工地的街道实行重点保洁。2003年9月，增加夜间冲刷方式，作业时间为每天夜间23时至凌晨2时，作业方式实行定人员、定车辆、定路线、定时间、包卫生质量标准的“四定一包”岗位责任制，对指定路线实施每天1次冲洗，2次洒水，每天用水量1944立方米。辖区47条主、次道路达到无垃圾、无扬尘污染的要求。

高压清洗清扫车在作业（2004年摄　区环卫局提供）

2004年，道路保洁管理进行公司化改革，成立市中环卫清洁公司。对市区主要道路清扫保洁权实行公开招标，市中环卫清洁公司获7个标段218万平方米的保洁经营权。城区主要道路250万平方米，实行“高压冲洗＋洒水＋机扫＋人工保洁”方式；二级道路72万平方米，实行“高压清洗＋洒水＋人工保洁”方式；支路36万平方米，实行人工保洁；街巷38万平方米，小区（楼间）112万平方米，实行人工保洁。人工保洁实行每日2普扫、全天守岗拣扫。2006年，城乡结合部区域内的道路保洁纳入城区管理，实施16小时保洁制（4—20时）；成立夜间捡拾队伍，作业时间延长至23时，保洁面积达508万平方米。

二、垃圾清运

1991年，市环卫局汽车队有109人，全年清理生活垃圾13.8万吨，日清370余吨；运送至九曲灰山垃圾场填埋处理，覆盖黄土4500余吨，喷洒农药1.5吨，生活垃圾处理率100%。1992年，购置垃圾清运车17辆，安装垃圾筛选机械，实行定时、定点倾倒垃圾制度，指定专人对垃圾容器进行管理和保洁。1993年，垃圾处理不再采取简易

环卫作业车队（2006年摄　区环卫局提供）

填埋方式，实行高温堆肥，筛选处理新工艺。其中50%运往九曲灰山垃圾场，50%运往济阳垃圾处理厂作无害化处理。1995年，全区推行垃圾袋装化试点，3097户居民实行生活垃圾袋装化收集。1993—1997年，购置垃圾清运车9辆。日产垃圾增至430吨。1998年后，日产生活垃圾增至450吨。2001年，辖区九曲灰山垃圾场封闭，全部生活垃圾运往济阳无害化垃圾处理厂进行填埋或焚烧。2002年，全区垃圾袋装率85%。2006年，市中区环卫汽车队有垃圾清运车35辆，垃圾袋装率90%。

第六章 城管执法

第一节 市容综合治理

1991年4月，市中区成立社会治安综合治理委员会，负责城区市容综合管理。1995—1996年，在城建综合巡查中，清除违章马路仓库93处，马路餐馆172处，纠正违章乱摆乱占单位500余家，清理乱贴广告80余家，没收尚未张贴的广告标语6万余份，清理、没收不规范广告牌匾400余块，横幅380余幅，查处违章搭建1200余处。组织联合执法队伍采取统一行动，对全区商摊点进行定点划线，严格审批控制新办商摊点手续，取缔无证商贩2800余人（次）。1997年8月，组建市中区城建监察大队，宣传贯彻城市建设法律、法规和政策，维护城建管理秩序，巡回检查并依法处理妨碍城市建设和影响市容管理秩序的各种违章行为。2001年12月，市中区城建监察大队实行双重管理体制。2003年7月，撤销城建监察大队，组建区城市管理行政执法局。主要在辖区行使市容环境、城市规划管理、绿化管理、市政公用事业管理、房产管理、建筑管理、开发拆迁等方面的全部行政处罚权，同时负责行使环境保护管理、工商行政管理、公安交通管理等方面的部分行政处罚权。依据《济南市城市管理综合执法行政处罚程序暂行规定》，先后制定《执法责任制实施办法》《执法公示制》《过错责任追究制》《执法考核评议制》，建立行政执法岗位责任制。2004年，全区城管执法以整治“八乱”（乱摆、乱放、乱贴、乱画、乱搭、乱建、乱倒垃圾污物、乱占道经营）现象为重点，先后组织开展清理占道经营、整治运输洒漏、严查噪声污染等执法活动，在11条主要道路和7个重点地区开展创建城市管理执法示范路、示范场所活动。经济南市考核验收，大纬二路、经十路、马鞍山路、舜耕路被誉为城管示范路。全年办理一般程序案件178件，简易程序案件2302件。

至2006年12月，办理市容环境卫生管理、环境保护管理、城市绿化、规划、市政公用、建筑管理等11个方面行政处罚案件6726件。其中，一般程序案件529件，简易程序案件6197件；清理占道经营业户46160户，依法清理占道经营摊点群、马路市场80余处；清理规范户外广告、牌匾5800块，清除乱贴乱画15万余处；查处运输洒漏、噪声扰民、施工扬尘等违章违法行为2800余起；依法拆除各类违法违章建筑、乱搭乱建2120处（间）6万平方米。办理各类信访投诉案件

14017件(次)，人大、政协意见及提案47件。

第二节 街巷综合整治

1995—1996年，各街道对800余个临街阳台进行限期整顿，解决杂物乱挂等问题。1997年8月29日，根据济南市统一部署，组织实施小区综合整治“乐园工程”，以“拆违章、造绿地、治脏乱、上配套”为工作目标，加强组织协调和宣传动员工作。印发5万份《致市中区住宅小区居民的一封信》，录制宣传磁带，出动流动宣传车在小区内广泛宣传综合整治的重要意义。年底，辖区所属18个居民住宅小区拆除各类违章设施1200余处，近1万平方米；清除垃圾死角33处，清运垃圾150余车；清理乱贴乱画、非法广告3万余处。投入资金300余万元，新建绿地1.5万平方米，新增花坛32处，维修小区道路6000平方米，铺设人行道板3000平方米，新装路灯30盏，新建居民生活服务设施3000余平方米。

2004年，区建管局筹资1620万元，对107条背街小巷进行综合整治。其中，七里山中路和舜玉武警支路被评为济南市示范街巷。全年整治道路总长3.3万米，道路“盖被”面积16.5万平方米，更换铺设人行道花砖面积6.4万平方米；拆除违章建筑1000余平方米；完成绿化面积5.6万余平方米；改造、整修绿地广场9个，健身广场3个；集中清理卫生死角20余处，清运垃圾300余吨。2005年，全年完成421条街巷综合整治和507盏路灯的安装任务，硬化路面43.9万平方米，通过建造小区楼间街心花园，安装健身器材，增设石桌石凳，绘制公益宣传画等措施，提升小区品位和社区文化氛围，初步实现街巷道路的“平、洁、净、美、亮”。对道路两侧经营业户的商业牌匾进行统一标准，统一材料，

治理“牛皮癣”(王官庄街道办事处提供)

规范设置，全年完成17条道路的整治工作，并进行拍照登记造册。其中，经七路和泺源大街被济南市列为整治样板路。

2006年，以硬化路面、铺设花砖、补植苗木、粉饰墙体、安装路灯、修健身广场为整治内容，以“路平、灯亮、街净”为整治标准，先后对辖区内的201条街巷、对王官庄八区、风林小区、杆南小区等11个居民小区进行综合整治。铺设人行道花砖2.1万平方米，拆除违章建筑3100平方米，粉刷墙壁1.3万平方米，垒砌花池5500余平方米，绿化面积1.15万平方米，栽植苗木10万余株，安装石桌、石凳80套，清运垃圾2.4万余平方米。拆除违章设置的灯箱、广告5万余块。

第七章　房产业

第一节　住房体制改革

一、房产机构改革

1991年，区房地产管理局设房管科、产权产籍科、行政办公室、财务科、三产办公室等17个职能科室，辖共青团路、经二路、经七路、魏家庄、二七新村、舜玉路等7个公房管理所和房屋建设综合开发公司、材料加工站，主管辖区直管公房管理、私房产权产籍管理、住宅建设维修等，有职工928人。1992年1月，增设郎茂山、王官庄2个公房管理所，撤销材料加工站。1994年2月，设住房制度改革办公室。1996年3月，区房地产管理局更名为区房产管理局。1999年4月，成立房泰物业管理有限责任公司。2000年6月，进行体制改革，设物业管理部，组建济南市房业房产经营管理中心，负责辖区直管公房的经营管理和维修。9个公房管理所同时挂物业管理有限责任公司牌子，成为房业房产经营管理中心的二级法人公司，形成以房产经营、物业管理等为主的多种经营经济实体。2003年，房业房产经营管理中心更名为山东广安物业管理有限责任公司。2006年9月，设住房保障科，统管辖区经济适用住房和廉租房工作。年底，区房管局设党委办公室、行政办公室 、财务科 、房改办、产权产籍科、信访科、离退办、招商科、物业科、住房保障科、调研室11个职能科室，有干部职工753人。

二、住房制度改革

1990年前，城区住房政策是以福利分房和单位集资建房为主，公职人员按照一定的职务和级别享受相应的住房标准，住户按时向主管部门缴纳房租。1992年，市中区住房制度改革领导小组成立。1994年2月，区房管局住房制度改革办公室成立。办公地点设在成顶街10号。同年，全区100余个单位500余人次分6期参加济南市出售公有住房相关政策规定培训。1996年2月，房改售房工作启动，职工或居民以户为单位可以购买自己所承租的公有住房。产权单位在具备以下2个条件的情况下可以向职工或居民出售住房：一是建立住房公积金制度，二是所售住房必须是成套住房且已取得房屋所有权证。各类人员享受房改购房的住房面积控制标准为：一般干部和职工65平方米，科级干部75平方米，县、处级干部90平方米，厅、局级干部120平方米；企业干部按已明确行政级别的标准或职代会确定的标准执行；具有技术职称的人员按其不同职称所对应的行政级别执行。

1996年2月，开始一期房改售房，1998年12月基本结束。售房价格按照房屋结构、使用功能、建造质量、配套设施等因素划分7个等级，区分不同情况确定为成本价、标准价、最低限价、市场价4类。居民以成本价购买的公有住房产权归个人所有，可依法进入市场交易，以标准价购买的公有住房拥有75%产权。首批政策性购房工龄折算办法及部分折扣优惠政策：按成本价、标准价购买的住房可享受工龄折扣、现住房折扣、保险维修基金和一次性付款折扣；按市场价购买的超标准部分只能享受保险维修基金和一次性付款折扣。工龄折扣按承租夫妇双方截止1995年的工作年限合并计算，每年3.4元/平方米；单职工每年6.3元/平方米。居民购买已租的公有住房可享受现住房折扣，其折扣额以成本价购买的为26元/平方米，以标准价购买的为17.5元/平方米。为保障所售公有住房的安全，产权单位根据住房的使用年限给购房人留取自用部位的售前维修及购房保险基金，该款项以10元/平方米为起点，按房屋使用年限每增加一年，其金额增加2元，最高不得超过40元/平方米。职工、居民购房一次性付清房价款时给予20%的折扣。同时售房价款还根据住房所在地段、层次、朝向等因素实行区别计价。

1999年1月，开始二期房改售房，2000年6月止。出售公有住房一律实行成本价购房，取消标准价。购房成本价比一期房改平均提高20%，超标准面积全部按照市场价购买，市场价上调标准：一类地区为成本价的2.5倍，二类地区为成本价的2.3倍，三类地区为成本价的2倍。2000年7月，开始三期房改售房，2001年6月结束。各类住房的购房成本价比二期房改平均提高10%左右，超标准面积市场价的计算在执行二期房改售房标准的基础上，房改购房合计面积超20%以上的均按成本价的2.5倍计价，无地段差异。2001年7月，开始四期房改售房。较三期房改政策，购房成本价平均提高20%左右，超标准面积市场价均按成本价的2.5倍计价，无地段差异及20%的浮动。其间，区房改办地址1997年12月迁至信义庄西街1号；2005年12月，迁至郎茂山路37号。

1996年市中区一期住房售房价格表

表4-8

结构分类 / 价格（元/平方米） / 价格分类	钢混结构		砖混结构				
	一等	二等	甲级	乙级	丙级	丁级	丁外级
成本价	1168	1022	845	712	669	632	569
标准价	788	699	570	535	503	475	427
最低限价	296	250	210	170	150	130	120
市场价	职工购买住房面积超过控制标准20%以上的部分执行市场价，各等级、各地段住房的市场价占同等级住房成本价的比例为：每平方米一类地区170%，二类地区160%，三类地区150%，外环路以外独立工矿区140%						
说明	按成本价购房有困难的中低收入居民家庭，在住房控制标准内所购住房面积可选择标准价；为防止特殊情况导致房价过低的问题，规定了售房的最低限价；房改作为政策性购房，居民在购房时还有部分折扣优惠政策						

1996—1998年市中区住房等级分类情况表

表4-9

地区分类	区域划分
一类地区	历山路以西（经十路—花园路口） 菜市南街以南（花园路口—菜市南街西口） 北护城河以南 顺河街以东（北关北路—馆驿街段） 馆驿街以南 经一路以南 纬十二路以东（经一路—经十路段） 经十路以北（纬十二路—八一立交桥段） 英雄山路以东（八一立交桥—经十一路段） 经十一路马鞍山路以北（英雄山路—舜耕路段） 舜耕路以西（马鞍山路—经十路段） 经十路以北（舜耕路—历山路口段）
二类地区	营市街以东 南辛庄西路以东（经十路—铁路交道口段） 铁路线以东以北（南辛庄西路—水泥厂路段） 水泥厂路以东（铁路交道口—刘长山路段） 刘长山路以北（水泥厂路—建设路段） 建设路段以东（刘长山路—二七新村南路） 二七新村南路以北 六里山南路以北 玉函路以东（六里山南路—舜玉路段） 舜玉路以北 舜耕路以西（舜玉路—舜耕山庄路段） 舜耕山庄路以北（舜耕路—千佛山西路） 千佛山西路以西 经十一路以北 科院路以西 七里山南区
三类地区	一、二类地区以外的地区统为三类地区

1996—2006年市中区房改售房发证情况表

表4-10

年份	直管公房发证（册）	单位自管房发证（册）
1996	2560	364
1997	6293	11600
1998	1056	2513

续表 4-10

年份	直管公房发证（册）	单位自管房发证（册）
1999	1175	2926
2000	1883	4685
2001	5626	13578
2002	4778	6202
2003	2010	11984
2004	1267	16272
2005	4000	
2006	304	4035

第二节 房产管理

一、公房管理

公房租赁 1991 年，辖区直管公房共计 25699 户，建筑面积 137.68 万平方米，1995 年达到 186.87 万平方米。1996 年后，受房改及产权调换等政策影响，大部分承租的公房使用权换购成产权，直管公房面积锐减。至 2000 年，辖区直管公房面积 73.80 万平方米。之后，直管公房平均以每年 6 万平方米的速度递减，至 2006 年，直管公房建筑面积仅为 52.33 万平方米。

直管公房以租约或协议形式租赁给单位或市民，逐月或逐年按统一标准收取房租。先后于 1992 年、1995 年、1999 年、2000 年、2001 年 5 次调整公有住房租金标准，并对公有房屋的产权、产籍、租赁、买卖、抵押、修缮等方面进行清理和完善。2001 年前，直管公房收租率 90%，2002 年后，收租率一直保持 100%。2004 年 7 月，辖区直管公房委托给山东广安物业管理有限责任公司经营管理，启用新的直管公房租赁合同文本。

1991—2006 年市中区公房管理情况表

表 4-11

年份	房屋总面积（万平方米）	产权调换面积（万平方米）	租金总额（万元）	收租率（%）
1991	137.68	—	513.19	
1992		—	620.76	
1993		—	755.58	
1994	185.22	—	759.24	96.40
1995	186.87	—	1118.87	96.11
1996		—	1202.91	95.73

续表 4-11

年份	房屋总面积（万平方米）	产权调换面积（万平方米）	租金总额（万元）	收租率（%）
1997	164.38	—	1058.02	94.30
1998	151.67	171494.98	1260.70	88.69
1999	105.63	88090.21	1086.48	98.70
2000	73.80	12526.83	732.16	91.58
2001	73.55	3604.06	1004.88	99.18
2002	87.98	2648.49	1261.91	115.03
2003	64.47	2336.41	1368.26	121.65
2004	59.76	3040.96	1381.62	117.49
2005	55.31	3112.31	1542.81	141.89
2006	52.33	2219.04	1256.86	130.66

公房维修　辖区每年对直管公房进行普查，对危旧房屋，由区房管局进行修缮，修缮资金从收取的房屋租金中提取。1991—1993年，每年修缮10万平方米左右，投入资金约500万元，改造危房2万平方米。1994—1997年，危旧房屋面积逐年增加，公房修缮面积及投入资金也逐年增加。1998年后，公房租金锐减，修缮成本增加，维修资金短缺的矛盾日渐突出。1999年，投入资金923万元，占房屋租金总额的85%；维修房屋15万平方米，抢修危房2.6万平方米。2000—2003年，完成9幢楼房、2827.75平方米平改坡。2004年，对辖区顺河高架桥两侧，经十路至英贤桥119幢楼房14.11万平方米实行平改坡，完成墙体粉刷、屋面防水等综合整治任务。2005年，完成8幢楼房6640平方米平改坡、45幢楼房6.28万平方米墙体粉刷工作。

至2006年，全区投入修缮资金1.04亿元，改造危房面积25.36万平方米。

1991—2006年市中区直管公房修缮情况表

表 4-12

年份	工程量（万平方米）	投入资金（万元）	改造危房面积（万平方米）
1991	10.64	341.00	2.82
1992	11.83	498.00	2.20
1993	10.93	566.00	2.55
1994	12.35	527.00	2.54

续表 4-12

年份	工程量（万平方米）	投入资金（万元）	改造危房面积（万平方米）
1995	14.50	651.00	2.60
1996	13.73	697.00	2.60
1997	13.96	871.00	2.60
1998	15.90	860.00	0.77
1999	15.00	923.00	1.04
2000	10.20	559.85	0.86
2001	4.91	593.43	0.50
2002	3.48	837.13	0.82
2003	5.61	833.97	1.08
2004	4.34	777.02	2.72
2005	6.47	785.06	0.53
2006	5.99	942.60	0.57

二、产权产籍管理

私房权属登记 1991年，区房管局指导七贤镇建委，对全镇房屋集中进行房产登记发证。到1994年，七贤镇共计发证6993户，建筑面积75.73万平方米。1995年8月，辖区内的各类房产，均由济南市房地产管理局按照属地管理原则，对房产登记发证工作实行统一管理。辖区内私有房产、单位自管房产（已购公房上市、军队房产和涉外房产除外），产权人一律到区房地产管理局申请登记，初审后报济南市房管局审批，由市房管局统一制发房屋所有权证。至2006年，办理各类房屋登记50968户，2072.09万平方米。

房产交易 1991—1997年，办理房产交易3143户，181.99万平方米。1998年，成立市中区房产交易市场，设房产交易大厅（地点在市中区信义庄西街1号）。主要负责对辖区内私有房产、单位自管房产，产权人申请房屋初始、交易、抵押、变更、注销登记的受理及初审。市场应运而生各种经营房屋产权交易、租赁的中介服务公司，当年实现交易800余户。2000年，房产交易市场加强基础设施建设。工作人员持证上岗，添置服务器、微机等硬件设备，当年，私房交易1000余户。2003年7月，区房管局与市房管局权属登记中心实现业务联网，实行网络互通，信息共享。2006年，辖区私房交易4481户。

1991—2006 年市中区私有房屋管理情况表

表 4-13

单位：户、万平方米

年份	私房交易		单位交易		私房变更		单位变更		私房验证		单位验证		房屋抵押		房屋租赁		产权调换	
	户数	面积	户数	面积	户数	面积	户数	面积	户数	面积	户数	面积	户数	面积	户数	面积	户数	面积
1991	241	0.88	97	4.16	251	0.89	51	14.47	—	—	—	—	—	—	—	—	—	—
1992	284	1.56	76	5.42	168	0.63	26	2.56	—	—	—	—	—	—	—	—	—	—
1993	164	1.01	36	3.84	616	3.4	61	8.87	—	—	—	—	—	—	196	0.57	—	—
1994	390	2.26	66	5.74	210	1.06	46	11.37	—	—	—	—	—	—	45	0.45	—	—
1995	325	2.29	73	3.63	253	1.85	49	17.15	—	—	—	—	—	—	63	1.22	—	—
1996	405	2.08	92	16.96	181	2.13	86	20.43	—	—	—	—	32	5.78	30	0.59	—	—
1997	221	2.4	87	19.39	202	3.19	96	18.9	—	—	—	—	15	2.06	18	0.05	406	2.15
1998	830	6.04	131	44.05	471	3.7	206	56.79	—	—	—	—	54	6.74	—	—	3614	2.05
1999	965	7.03	74	17.03	559	4.23	185	68.27	84	0.54	26	7.92	58	6.7	54	0.57	2402	12.01
2000	1056	9.13	95	15.59	480	5.58	288	114.88	552	7.48	113	15.72	161	16.68	105	0.47	1120	6.44
2001	1674	16.54	125	10.76	357	3.3	208	102.36	685	6.5	134	22.58	263	14.44	103	4.56	189	1
2002	2069	18.65	145	16.23	815	56.5	616	97.71	1090	9.29	135	14.14	474	22.41	68	2.07	163	0.98
2003	3331	40.61	147	18.06	375	4.64	448	165.21	61	0.48	14	2.77	1447	47.81	286	6.2	113	0.58
2004	4724	141.93	113	23.45	443	6.21	191	123.34	14	0.16	13	114.28	2242	39.82	77	0.89	98	0.45
2005	3813	107.52	233	24.49	283	3.78	181	53.29	10	0.09	5	1	1758	36.99	209	55.55	7	0.39
2006	4481	62.87	564	68.94	508	6.49	548	137.19	—	—	—	—	3250	98.74	1919	81.7	—	—

私房验证换证 1998年1月，房屋产权启用新证，房屋权属证书分为“房屋所有权证”“房屋共有权证”“房屋他项权证”3种。1999年3月，区房管局开始对辖区内私房、单位自管房进行验证换证工作，至2006年，完成私房验证换证2496户，建筑面积24.54万平方米；单位自管房验证换证440户，建筑面积178.41万平方米。

产权调换与房屋测绘 1982年8月至1997年12月，辖区部分私房实施拆迁，1998年，区政府对上述期间拆迁的私房自住户部分实行作价补偿，办理产权调换手续。到2000年，有7000余户办理产权调换。2002年3月，区房管局设立市中房屋勘察测绘中心，对辖区内私有房产、单位自管房产进行房屋测绘和核实，至2006年12月，受托房屋测绘8914宗，完成测绘建筑面积321.23万平方米。

第三节 住房保障

1990年2月，市中区开始开展住房解困工作。1992年，分3批解决人均居住2平方米以下的特困户607户。单位和个人共同集资安置321户，个人出资购买产权的10户，由特困户所在单位安置解决的75户，通过拆迁解决的62户；家庭人口自然减员、个人自行解决、等待拆迁解决和自愿放弃安置的127户；原调查不实的12户。至1993年9月，又完成108户解困任务。1993年5月，开始解决人均居住面积3平方米以下特困户的解困工作。经调查摸底，全区区属单位人均居住面积低于3平方米的住房困难户165户。至1994年底，解困53户。1995年，解决人均居住面积2平方米以下的住房特困户19户。1996年，对人均居住面积4平方米以下的特困户进行调查。解困工作转由市解困办通过安居工作对特困户予以解决安置。至1997年底，共解决住房特困户787户。

2005年5月，市中区开始实行廉租住房补贴制度，由区房管局住房制度改革办公室负责受理区内廉租住房租金补贴和租金核减的申报及补贴的发放工作。全年核发廉租住房补贴190户，补贴金额45.58万元；核减租金40户，658.56元。2006年，发放廉租住房补贴164户，补贴金额41.15万元；核减租金32户，694.80元。

第四节 住宅小区开发

1991年，济南市市中区房地产开发（集团）总公司承建工程43项。新开续建工程量18.72万平方米，竣工面积15.14万平方米，总投资7000万元。商品房屋销售额1320万元，销售面积1100平方米，主要开发建设工程有

山景明珠花园（2005年摄 区房地产开发总公司提供）

五里山小区、八里洼小区、七一小区、梁庄二期、郎茂山小区5个续建小区。1993年2月，市中区城建综合开发公司更名为市中区房地产开发集团总公司。全年新开续建工程量63.17万平方米，竣工面积29.22万平方米，完成投资18125万元。主要有四一小区、三里庄小区、东八小区、回民小区、玉函小区、新世界商城1号楼续建、四里村、仁爱街住宅小区。1997年，加大对玉函南区环境和基础设施建设投入，引进35路公交车，对小区绿化和环境进行综合整治，实行物业管理。完成高架路和中心广场2个重点工程1000余户外迁居民的安置工作。投资近亿元完成经七路、经四路以及八一立交桥等工程的拆迁任务。新开续建工程量71654万平方米，竣工面积54707万平方米，完成投资4466万元。主要项目有回民小区商品住宅续建、玉函小区、刘长山区委四宿舍。1998—2004年，先后完成数十个小区项目建设。

山景园小区（2005年摄　区房地产开发总公司提供）

2005年，调整开发理念和思路，发展节能型、省地型建筑。9月，与北京凯乐科技公司签订山景明珠花园9、10、11号楼的设计合同，在山景园二期规划设计方案中以“健康、舒适、节能”为开发理念进行可行性研究。全年销售25万平方米，销售额8470万元，投资1.2亿元，上缴税收800万元；新开续建工程量85947平方米，竣工2.8万平方米。主要项目有山景园住宅小区、山景明珠花园（原山景绿洲）等。

至2006年，公司共承担济南市21个居住区、2个商业区、17个办公区、学校、少年宫等改造项目开发建设，竣工交付各类房屋280余万平方米，合格率100%，优良品率60%，共计投资20余亿元。

第五节　物业管理

20世纪90年代中期，辖区部分住宅小区、写字楼建设达到一定规模后，由开发商指派临时机构和人员对住区居民、商户的水、电、卫生等事务进行管理，形成最初的物业管理雏形。此后，随着新建小区、写字楼商业开发规模的不断扩大，这些区域的物业管理由开发商选聘专门的物业公司承担。1999年，市中区组建物业管理经营中心，注册资金1000万元，具有中级以上职称管理人员、工程技术人员276人。2000年6月，区房产管理局成立物业管理部。2002年3月，济南市房管局委托市中区房管局负责区内物业行业行政管理工作。对各物业管理企业资质实行初审、指导监督住宅小区首届业主大会成立、调解物业企业与业主大会、业主委员会及业主之间的纠纷等。

2006年1月，济南舜耕国际会展中心被

建设部评为全国物业管理示范大厦。年底，市中区有具备资质的物业管理企业61家，管理面积1092.19万平方米；实行物业管理的住宅小区47个，面积600余万平方米；办公写字楼68处，面积400余万平方米。

第八章　建筑管理

第一节　机　构

1991年，区城市建设管理委员会设办公室、城管科、政工科、规划科、生计科、基建管理科、山岭资源管理科、散装水泥办公室、节水办公室、城建档案馆等科室。辖环卫局、市政养护所、绿化所。1994年5月，增设区质量监督站。1995年7月，增设财审科、综合科、河道管理科、生计科、防汛办公室。1996年，机构改革，更名为区建设委员会。设办公室、城管科、政工科、规划科、生计科、建管科、河道科、财务科、内审科、市容综合科、检查科、散装水泥办公室、节水办公室、防汛办公室、城建档案馆等科室。辖市容环境卫生管理局、养护处、绿化处、质监站、人民防空办公室等。同年7月，办公机关迁至经十一路72号。1997年8月，组建区城建监察大队。同年，机关机构调整为党委办公室、行政办公室、城管科、规划科、建管科、财务内审科、综合科等科室。辖市容环境卫生管理局、养护处、绿化处、绿地广场管理处、人防办公室、质监站、城建监察大队。1999年，党委办公室、行政办公室合并为建委办公室，城管科拆分为城管一科、城管二科。2001年，机构改革，区建设委员会更名为区建设管理局，设办公室、规划管理科（村镇建设管理办公室）、城市管理一科、城市管理二科、建管科、综合管理科、财务内审科等科室。2002年12月，建设管理局机关迁至建设路30号。2003年7月，撤销城建监察大队，组建区城市管理行政执法局。同年，机关机构调整为办公室、旧村改造办公室、城管一科、城管二科、建筑市场管理科、综合管理科、财务内审科7个科室。2006年，区建设管理局办公室设财务科、城管一科、城管二科、建管科、综合科，有干部职工67人。

第二节　建筑质量监督管理

1994年前，辖区建筑工程质量由济南市建筑工程质量监督站负责监督和管理。1994年5月，济南市建筑工程质量监督站市中分站成立，主要负责监督辖区内建筑面积一次性规划3万平方米以内的住宅小区建设项目、8000平方米以内单体村镇建设项目、3000平方米以内的民用建设项目、2000平方米以内的工业建设项目以及工程造价在50万元以内的各类构造物、装饰装修建设项目。

监督方式从建站初始的目测、尺量、锤敲等基本检测方法，逐步过渡到使用高科技监测仪器，提高监督的科学性和准确性。1996—1998年，每年监督工程面积约10.1万平方米。1999年，监督工程67个，面积19.6万平方米，其中鹭鸣苑小区1号工程获“泰山杯”。

2000年，监督工程83个，面积20.8万平方米，其中亚圣园小区4号获“市优十佳”称号。2001年，监督工程79个，面积20.6万平方米；2002年，监督工程65个，面积18.3万平方米；2003年，监督工程107个，面积23.2万平方米；同年5月，市中区质监站被团市委评为青年文明号。至2006年，市中区质监分站共监督工程874个，建筑面积301.1万平方米。

第三节　建筑市场管理

1990年，区建委对在辖区承建的施工单位，办理各类审批手续313份，发放建筑许可证185个。1999年，对辖区17个建筑工地进行整治。针对梁庄地区部分居民突击违法翻建、增建房屋的情况，深入居民户中，宣传国家法律法规和有关政策，违法建房行为得到有效遏制。2000年，受理各种建筑申请手续185件，发放简易建筑规划许可证118个、建筑面积1.3万平方米；处理违法建设案件70余起，报市规划局处理结案63起；解决邻里纠纷37起；查处各种违法建设、责令停工及拆除违法建筑27起。2001年，受理各种建筑申请手续258件，发放简易建筑和临时建筑规划许可证60个、建筑面积1.04万余平方米；处理违法建设案件75起；解决邻里纠纷51起；查处各种违法建设、责令停工及拆除违法建筑36起；答复市长、区长公开电话急办件及信访案件29件，处结率100%。2002年，配合市规划主管部门完成西部地区总体规划以及新城区控制性详细规划情况调查；对驻区单位停车场情况进行全面检查；采取“拉网”方式对辖区内在建工程进行规划检查。

第四节　拆迁管理

1991年，实施经七路东段拓宽改造工程、馆驿街小区改造工程、省党史馆工程、建国小经六路工程、陈庄二期工程，累计搬迁居民1639户、单位92个。拆除各类房屋4917间，拆除总面积5.46万平方米，清运渣土5.8万立方米。1992年，完成经七路西段拓宽、三里庄街坊改造、回民小区改造拆迁3项市区重点工程，实施区房管局开发工程，省能源建筑设计院工程等社会拆迁工程25个，累计搬迁居民5906户、单位78个，拆除总面积16.8万平方米。

1993年，实施区经计委、经二路办事处（新建鲁泉大厦）、四里村开发、市政府办公厅、铁路勘测设计院、大观园商场、仁爱街公建、经六路小学实验楼、区纪委、区法院、铁路分局第二建筑段11项重点工程。1994年，实施市中房地产开发公司、经五路小学、二七街道办事处、梁庄小区、市教委办公楼、泉港房地产公司、省邮电局、山东省建行、经七路公建9项工程。1995年，完成对济南市中级人民法院、复兴大街、经十一路农贸市场、省建委、区医院、望平街、省邮电局、省工商联、区房管局9项重点工程的拆迁任务。1996年，完成对德亨房地产开发有限公司的改造；省计划生育委员会拆除违规建筑面积4331.34平方米；济南市公安局拆迁10户，面积979.32平方米；实施经四路拓宽工程；省社会科学界联合会拆迁7户，面积1119.7平方米；建材一厂拆迁83户、179间，面积3061.12平方米；民族小区南区拆除违规建筑面积303.11平方米；泺源大街拆除违规建筑面积449.56平方米；四里村停车场（信义庄停车场）拆除违规建筑面积879.85平方米。

1997年，实施市重点工程顺河街高架桥及市园林局等4项工程，拆迁户数674户，拆迁总建筑面积4.07万平方米，拆除旧房屋2264间。完成省邮电局、市邮政局、市公安局等6项工程的回迁工作，回迁安置户数491户。全年办理产权调换280户，发放各类费用1103户，共计643.12万元；对经七路拓宽、回民小区、馆驿街等12项工程档案及其业务档案立卷737卷。

1998年7月，区政府成立私房产权调换领导小组，从区直各部门抽调部分人员，与区拆迁办共同进行私房产权调换工作。解决70余个拆迁工程涉及的6000余户私房拆迁自住户的产权调换认证问题，当年认证2230户。2001年，共实施13项拆迁工程，拆迁单位、居民和个体1219户，拆迁总面积31.64万平方米，办理产权认证408户。档案工作达到省档案二级标准。至2004年，先后实施趵突泉公园扩建、建设路拓宽、阳光舜城、伟东新都、经十一路东段拓宽、舜耕山庄、经十路综合整治和配套设施建设等33项拆迁工程，动迁居民、个体及单位3500余户，拆除建筑面积110余万平方米，受理群众信访2000余人次，承办信访案件68件，处结率100%。2005年，实施房屋拆迁工程5个，涉及单位、住户和个体600余户，总建筑面积3.2万余平方米。

2006年，组织320余人次，对5500余户75万平方米房屋进行调查摸底，拆迁房屋800余户，3万平方米；协助迁坟2000余穴。

第五节　重点工程选介

一、容貌工程

1999年，成立工作班子，协调辖区街道开展粉刷、灯亮、环境清洁、道路维护、绿化、拆除残墙断壁等工作。完成墙面清洗1524处、106.5万平方米；粉刷建筑物1418处、66.13万平方米；油漆护栏107处、3.69万平方米；更换门窗488处、4.7万平方米；清理不规范广告牌匾626块，清除较大卫生死角3处。济微路、经七纬五路、经八路成为精品工程组团。在容貌工程进家庭活动中，完成1502幢住宅楼、4329个楼道的粉刷，面积165.3万平方米，清理楼道4538个；清理乱贴乱画3万余处；治理街巷206条，达标家庭7.3万余户。创建样板小区18个、精品工程69处。2002年，实施大纬二路、经七路等10条道路的违章摊点取缔工作。对影响市容市貌的商摊集中点和开门扒窗、乱搭乱建等行为进行集中清理。2003年，以清理整顿“八乱”、路边烧烤和铝铁制品加工点等为重点，先后对建设路、纬二路、英雄山路、经四路、经七路、舜耕路等16条道路，以及省委、市委、市政府驻地和大观园、人民商场等商业繁华地段的市容环境进行清理整治；取缔二七中街马路市场和经十一路早市。2004年，结合“迎亚足赛、创文明城”活动的开展，对人民商场门前场地和二七市场等处的商摊进行集中治理；对民权大街、小纬二路和106医院门前的违章占道、乱搭乱建较为集中的地区进行清理。对省体育中心周边地区实施全方位整治，改善道路两侧的市容市貌。先后在重汽路两侧栽植各类树木3250株，形成隔离绿化带；清运重汽路、济微路、黄河路两侧垃圾7000余吨；协助济南军区在重汽卡车公司附近兴建大型八一园林；对700余米的重汽南路进行修整；在山水集团西侧、重汽路两侧新建围墙315米，并迁移小屯村的131座坟墓。与党家庄镇签订《重汽路沿线常规管理目标责任书》，形成长效管理机制。

二、灯亮工程

1999年，开展“三点四线”灯亮工程建设。三点即八一立交桥、大观园、人民商场；四线即经四路、经七路、经十路和大纬二路。在64幢高层建筑安装射灯，新上霓虹灯295处。2002年，对31家单位原有灯光设施进行维修改造，在18座高层建筑安装灯光设施。2004年，先后在信义庄南街、上新街、徐家花园等50条街巷以及玉函南北区、七里山南北区、舜玉南北区、德胜小区、郎茂山小区和乐山小区9个居民小区设置路灯750余盏。

三、蓝天工程

1998年始，实施市委、市政府提出的蓝天工程，区建委组织860人的专业队伍上山整地，退耕还林、还果560公顷，种植杏树等经济果树36万株。在辖区主要交通干线13座可视山头上，共栽植火炬树、侧柏等树苗116万余株。开展露天烧烤取缔月活动，联合区环保、公安、工商等执法部门，对大观园等38条主要街道、繁华场所的露天烧烤，以及沿街燃煤饮食摊点进行检查取缔。关停国道104、002线、南二环路两侧可视范围内的28个采石场、小石灰窑和石料场等矿山企业，全部收缴采矿证。

四、济南国际会展中心工程

位于舜耕路中段，千佛山西南麓。2002年5月9日动工兴建，9月30日竣工投入使用。建筑面积4.1万平方米（一期工程3.6万平方米），其中展览和会议厅（室）部分2.5万平方米。建筑总高度31米，楼体设计采用欧式建筑风格、钢构架结构，大面积玻璃幕墙采光，突出环保性和高科技特点，气势宏伟、外观典雅。展馆部分有3层，地上2层设有1000个国际标准展位，一个容纳600人的国际报告厅和10个中型会议室；地下一层是可停放140余辆汽车的1万平方米大型停车场。国际标准展位内部设有国内先进的同声传译系统等先进设施，每一个展位实现宽带上网、千兆到位。车库和展区实行计算机管理，配有大屏幕显示系统和远红外线监控设备，实现信息的及时传输。

国际会展中心的设计形态极具现代感，建筑的顶端是略呈“S”状曲形屋顶，流畅的线条从东端迤逦滑落到西端，大气磅礴且富动感，西端离地面最低仅3～4米，掩映于绿树草丛之中，与周围环境自然天成。施工中广泛应用新技术和新工艺，采用大厚度（750毫米）无梁GBF管现浇混凝土楼板技术、超长无缝混凝土构件施工技术、流线型空间钢桁架屋面施工技术、新型点式幕墙及复合铝板、铝塑复合板与干挂石材外饰面技术。

济南国际会展中心成为济南市发展经济的重要载体和展示现代化省会城市风采的重要窗口。被评为“济南五年大变样”十大景观之一，获2002年度济南市“双十佳”工程特别奖。

第六节 城镇建设

1991年，七贤镇修通舜耕山庄至太平庄2000余米的柏油马路，对开关厂小立交桥通道进行改造，南杨庄路全线竣工，对驻地部队至济微路之间的路段进行取直拓宽。全年清运垃圾1万余立方米。在济微路两侧挖穴植树2000余株，砌垒石墙860米，建花坛121个，新增绿地面积1440平方米。拆除违章建筑51处，715平方米。1992年，七贤镇跨入山东省经济发展百强乡镇行列。1991—1993年，王官庄小区一、三、四、七、九、十区相继竣工，建成居民楼260幢。1994年，七贤镇行政村通公路率100%，安全卫生水普及率100%，家庭通电率100%。全镇通过检查验收，达到小康镇标准。1995年，南红庙集贸市场，后魏华村白协华建材展销大厅，井家沟村白马美食歌舞厅，后龙村青龙商厦，七贤村干鲜果品蔬菜市场等建成开业。1996年，七贤镇政府投资360万元兴建镇敬老院，占地面积7000平方米，总建筑面积2523平方米。7月，投资近100万元的教师住宅楼竣工，安置中、小学教师54户。同年镇、村两级投资65万元建成杨庄小学教学楼。相继建成青龙山东路和王官庄东、西、南、北、中街5条主要街道。1997年，在济微路、南外环路和西外环路3条商业街新建一批高档次竞争力较强的批发市场，形成以城南汽车城、钢材批发市场、国际机床城等为龙头的市场群体。至1997年，新建居民楼2万平方米，全镇有20%以上的农民实现居住楼房化。新建绿地2000平方米，整修白马山西路和袁柳河桥涵。1998年1月，市政府决定对千佛山南麓部分区域进行综合开发，将太平庄、土屋村并入三联集团。由三联城建开发总公司组织实施开发，规划建筑面积280万平方米，定名为阳光舜城，并分为南城、中城、北城3个区域。2000年，中城开发初具规模，学校、商业服务机构和道路交通设施建设配套完善，建居住楼60余幢。7月，市政府将开发区域命名为舜湖社区，居民陆续入住。同年，七贤镇政府筹资600万元，新建建筑面积6000平方米的红庙小学教学楼。2001年前，袁柳东、袁柳西、朱家庄、尹家堂、谷庄等村（居）先后组织实施旧村改造和房地产开发。2001年，党家庄镇80%的村硬化村内街道。拓宽、重修镇级公路干线4条，总计24.3千米。

2001年后，十六里河镇投资2亿余元，完成50余千米的农村路网改造工程，先后对省道103线进行4次拓宽改造，16个村实现村村通自来水。累计投资1000余万元，打机井16眼，建拦河坝6座，建蓄水池14个。并对钅广村、小岭、兴隆水库进行加固处理。

2002年，党家庄镇修复乡间公路10千米，建成双向六车道的重汽公路。小庄村、岳而村实施旧村改造，镇城市化开发总体规划获批准。2002年，七贤街道房地产开发总投资3500万元，建筑面积4.5万平方米。其中，文庄开发3幢，建筑面积1.5万平方米；双龙开发2幢，1.0万平方米；后龙开发3幢，1.5万平方米；井家沟开发1幢，5000平方米。新修道路1300米。2003年，文庄、前龙、后龙、井家沟、双龙5个村居继续实施旧村改造和新村建设。完成旧村改造3.0万平方米，开发住宅楼8.3万平方米。同年，党家庄镇投资1560万元，完成35千米水泥混凝土路面铺设工作。小庄、岳而、枣林等村新建房屋面积达3.5万平方米，全镇新修街道12万平方米，新建房屋7.5万平方米，新增电力1800千瓦，电话装机达1.56万部。同年，青牛山庄开发完成。

2004年，党家庄镇小庄、岳而、枣林、陡沟等15个村实施旧村改造工程，竣工商住楼6.8万平方米。同年，七贤街道开发建设村民住宅楼27.5万平方米，新修道路2万平方米。2005年，七贤街道开展卫生村（居）创建活动，改水改厕达95%以上。新建鲁贤家苑、鹭鸣苑、龙馨小区，入住居民676户，人口1728人。陆续修建舜世路、舜德路、俊雅路、历阳大街、庆云街、旅游路6条交通干道，全长11.24千米。

至2006年，辖区相继建成袁柳小区、天业翠苑、欣都小区、白马家园、普照园、明珠西苑、百兴家园、铁路南苑小区、玉龙山庄、兴隆山庄、旺山丽景苑、市法制局培训中心、山东大学继续教育发展中心、外海蝶泉山庄、利源花园、鲁能领秀城等住宅小区，总面积540万平方米。先后整修白马山南路、白马山西路、前魏南路、西门子路、腊山路、建新路延长线等18条道路，总长度18.4千米，整修道路总面积2.5万平方米。

第五篇　环境保护

1991年，区环境保护局设办公室、管理科和监测站，有人员19人。主要开展环境空气、污染源等项目监测。1994年起，每年编制环境保护计划，纳入全区国民经济发展计划。1996年，区环保局迁至二七新村中街29号，并开始对辖区内地表水进行监测；12月，环境监测站通过省级计量认证达标验收。1998年，在济南市率先实行环保110，24小时接听处理群众环境投诉。2000—2002年，实施蓝天工程。2001年，辖区环境空气质量达到国家环境空气质量二级标准。2005年12月，设环保110中队。2006年，辖区环境空气质量保持国家环境空气质量二级标准；声环境质量保持国家城市区域环境噪声1类标准；地表水一直为劣V类水质。

第一章 环境监测

第一节 机 构

1991年，区环境保护局设办公室、管理科和监测站，有人员19人。办公地址位于经十路120号，办公面积70平方米，1996年，迁至二七新村中街29号，办公面积1200余平方米；同年增设信访法规科和环境监理站。2000年5月，设党家庄环境监理所、十六里河环境监理所。2001年10月，设区环境保护监察大队，为正科级事业单位，2004年3月升为副处级。2005年12月，设环保110中队。2006年4月，区环境保护监测站升为副处级；9月，设济南蓝天环境工程设计中心，为正科级事业单位。年底，设办公室、污染控制管理科、规划财务科、自然生态保护科、法规信访科、党家庄环境监理所、十六里河环境监理所、环保110中队8个行政科室，有人员84人；辖环境监理站、环境监察大队和环境监测站3个副处级事业单位。

第二节 监测设备

1991—1995年，区环保局有大气采样器、噪声测量仪等常规监测仪器设备4台。1996年前，环保监测站监测用房约40平方米，有实验室1个，固定资产约6万元。1996年，监测用房增至500平方米，有实验室、仪器室10个，固定资产24万元；有紫外可见分光光度计、单气体分析仪、噪声测量仪等常规监测仪器设备12台（套）。1997年，增加噪声统计分析仪和声级校准器等2台（套）。1998年，增加智能中流量TSP采样器1台（套）。2001年，增加万分之一级电子天平等3台（套）仪器设备。2002年，增加自动烟尘（气）采样仪等3台（套）仪器设备。2003年，投资约10万元，增加手持式烟气分析仪、皮托管平行全自动烟尘采样器、多功能红外测油仪等9台（套）仪器设备。2006年，投资41万元购置气相色谱仪、离子色谱仪、超纯制水机等39台（套）仪器设备。

第三节 监测项目

1991年，区环保监测站开展环境空气、污染源等各类监测项目33项，主要在顺河街老火柴厂（现金都银座）和玉函路干休一所2个监测点位开展大气监测。1996年，开始对辖区内地表水进行监测。同年12月，通过山东省计量监督局计量认证，主要开展环境空气、废气、废水、噪声4大类11个监测项目。1997年起，开展工业企业厂界噪声、建筑施工工地场界噪声、区域环境噪声等监测项目，对辖区37家较大企业和建筑施工工地每月开展一次噪声监测，确保噪声达标排放。同年通过省级计量认证复查验收，监测项目增加为环境空气、废气、水、废水、噪声5大类34个；其中，环境空气监测项目6个、废气监测项目4个、水监测项目9个、废水监测项目9个、噪声监测项目6个，完成监测数据7500个。有二七新村中街大气降水采样点1个、省实验中学和舜玉公园大气总悬浮微粒采样点2个、均匀分布的噪声监测点43个。具体分布在省总工会、市劳动局、西小仓街、传染病医院、海关大楼、省体委、市中五金电器厂、济南第十中学南、白马山水泥厂、蓄电池厂、英雄山纪念碑、省技术出版社、106医院、后魏华庄、济南南站、市皮肤病医院、市王冠冷热设备厂、第十职业中专、市运四队、市热水器厂、省城乡建设干部学院、罗袁寺、省建筑机械厂、井家沟北、后龙山、青龙山、双龙村、郎茂山、市中第一运输公司、张庄中学、山东财政学院、太平庄、西姑山北、军营汽车维修厂、杨家庄、建材学院自动设备厂、锻压研究所、济南枫叶散热器厂、卫生学校、国防科工委干休所、农业机械厂、东八庄、西姑山西南。市环保监测站在省国防科工委干休所设立二氧化硫、氮氧化物、大气总悬浮微粒、硫酸盐化速率采样点；在王官庄小区设功能区噪声监测点；在大纬二路大观园路口设立用于监测道路交通噪声的公益性噪声显示仪，并分别对经十路等9条城区道路设立道路交通噪声监测点。

2002年，购入自动烟尘（气）采样仪后，锅炉烟尘测试方法由皮托管平行测速采样法替代静压平衡采样法。2003年，增加废水中的石油类和动植物油监测项目。2006年，认定并扩充13个监测项目，具备覆盖水、气、声、固体废弃物、放射源5个监测领域、23种产品、29个参数的监测能力。

2006年市中区环保局通过计量认证复审监测项目情况表

表5-1

序号	项目名称	序号	项目名称
1	烟尘	7	工业企业厂界噪声
2	二氧化硫	8	建筑施工场界噪声
3	氮氧化物	9	总悬浮颗粒物
4	烟气黑度	10	可吸入颗粒物
5	饮食业油烟	11	水温
6	区域环境噪声	12	悬浮物

续表 5-1

序号	项目名称	序号	项目名称
13	pH 值	22	磷酸盐
14	溶解氧	23	挥发酚
15	高锰酸盐指数	24	六价铬
16	化学需氧量	25	氰化物
17	生化需氧量	26	石油类和动植物油
18	铵盐	27	氯化物
19	氨氮	28	硫酸盐
20	总氮	29	氟化物
21	总磷		

第四节　环保生态监护

通过对畜禽养殖情况的全面调查，全区畜禽养殖业规模较小，分布于农村地区，距离环境敏感区较远，污染较轻。每年，畜禽粪尿总产量 10.87 万吨，全部用于还田，综合处理利用率为 100%，未对周边环境造成污染。

2001 年，全区小麦、玉米、水稻三大农作物产干秸秆重量约 6.3 万吨，通过秸秆青贮、草编、粉碎还田等方式，加大秸秆综合开发和利用，实现秸秆过腹还田、转化增值、提高效益、优化环境的目标，保持农业生态系统良性循环，全年秸秆有效利用率 80%。2002 年，开展城区生态环境现状调查工作，对全区的自然环境、人居环境、经济状况、污染状况进行全面调查了解，建立完整的生态档案和动态数据库，编写生态环境现状调查报告，提出将生态环境保护纳入城市总体规划的建议。

2005 年开始，按照济南市要求，对秸秆禁烧工作实行网格化管理。确保秸秆禁烧管理全覆盖、无缝隙。加强巡查力度，全面落实定专人、定职责、定岗位、定时间、定要求的“五定”禁烧方案，做到 24 小时不间断巡查。至 2006 年年底，全区建有沼气池 600 个，共 9000 万立方米，改造农厕 600 个，每年消耗畜禽粪便 4.32 万立方米，实现畜禽粪便无害化处置和资源化利用，规模化畜禽养殖粪便处置率 95%。

第二章　环境质量

第一节　大　气

1991 年，辖区内大气环境监测项目有二氧化硫（SO_2）、氮氧化物（NOx）、降尘和总悬浮颗粒物（TSP）。监测结果环境空气质量达到二级标准 。1991—2002 年，大气采样采用人工间断监测。1995 年，大气环境质量有一定好转，二氧化硫浓度有较大的降低，总悬浮颗粒物略有上升。1997 年，大气环境污染得到一定控制，总悬浮颗粒物有显著下降。1998 年，济南市环境监测站成立地面站，在市中区设立环境空气子站，区监测站停止对空气中二氧化硫、氮氧化物的监测。2000 年，环境空气质量接近国家环境空气质量二级标准。2001 年，环境空气质量达到国家环境空气质量二级标准。2004 年，停止对降尘和总悬浮颗粒物的监测。至 2006 年，辖区环境空气质量保持稳定，均为国家环境空气质量二级标准。

1991—2006 年市中区环境空气监测情况表

表 5-2

年份	总悬浮颗粒物	可吸入颗粒物	二氧化硫	氮氧化物	二氧化氮	降尘
1991	0.557	—	0.218	0.099	—	41.10
1992	0.532	—	0.172	0.095	—	33.80
1993	0.360	—	0.204	0.058	—	82.60
1994	0.403	—	0.239	0.053	—	55.60
1995	0.414	—	0.149	0.052	—	19.66
1996	0.420	—	0.133	0.068	—	19.03
1997	0.330	—	0.114	0.072	—	17.93
1998	0.320	—	0.098	—	—	23.63
1999	0.320	—	0.085	—	—	15.76
2000	0.226	—	0.074	—	—	14.81
2001	0.198	0.147	0.063	—	0.020	15.16
2002	0.194	0.133	0.056	—	0.027	13.44
2003	0.193	0.145	0.053	—	0.039	13.26
2004	—	0.154	0.035	—	0.037	14.60
2005	—	0.135	0.064	—	0.021	20.29
2006	—	0.100	0.027	—	0.017	15.38

说明：1. 降尘单位为吨 / 平方千米·月，其他单位为毫克 / 立方米

2. 2001 年起，济南市将 SO_2、NO_2 和可吸入颗粒物（PM10）作为考核各区环境空气质量的特征指标

第二节　水

1991 年后，地表水监测项目根据济南市环保局的年度监测计划确定。环保局每年均按时完成监测任务。1996 年，区环保局独自开展对辖区内地表水进行监测。评价地表水质量的主要指标为化学需氧量（COD）。1998

年，地表水监测点西泺河以有机污染为主，主要污染物为氨氮、化学需氧量和悬浮物，为超Ⅴ类水质。

2004 年，地表水监测点西泺河和广场西沟均以有机污染为主，主要污染物为氨氮、化学需氧量，均为超Ⅴ类水质。至 2006 年，地表水监测点西泺河和广场西沟均以有机污染为主，主要污染物为石油类、氨氮、化学需氧量，总体呈现下降趋势，但仍为劣Ⅴ类水质；氨氮（NH_3-N）始终为劣Ⅴ类水质。

1996—2006 年市中区地表水监测情况表

表 5-3　　　　单位：毫克 / 升

年份	点位名称	pH	化学需氧量	氨氮	悬浮物	挥发性酚	高锰酸盐指数	溶解氧	石油类	六价铬	氰化物
1996	西泺河	7.32	80.9	—	—	—	—	—	—	—	—
1997	西泺河	6.82	93.5	17.20	73	未检出	31.00	—	—	0.007	未检出
1998	西泺河	7.69	125.0	14.50	142	未检出	—	—	—	0.019	未检出
1999	西泺河	7.27	118.0	20.40	46	未检出	—	—	—	未检出	未检出
2000	西泺河	7.49	138.0	21.30	90.5	未检出	—	—	—	未检出	未检出
2001	西泺河	7.53	123.0	17.50	101	未检出	—	—	—	未检出	未检出
2002	西泺河	7.52	117.0	16.60	68	未检出	—	—	—	未检出	未检出
2003	西泺河	7.53	116.0	15.00	60	未检出	—	—	—	未检出	未检出
2004	西泺河	7.35	106.0	12.20	—	未检出	9.32	1.11	0.58	—	—
	广场西沟	7.23	72.7	9.86	—	未检出	7.57	4.28	0.38	—	—
2005	西泺河	7.30	85.2	9.09	—	未检出	9.82	3.17	1.07	—	—
	广场西沟	7.26	69.1	9.75	—	未检出	9.14	4.26	0.92	—	—
2006	西泺河	7.27	65.4	7.84	—	未检出	7.69	3.73	0.43	—	
	广场西沟	7.31	64.6	11.30	—	未检出	7.64	4.12	0.35	—	

第三节　噪　声

1991 年，区域环境噪声来源于交通噪声、工业噪声、施工噪声和社会生活噪声，除 1990 年、1991 年和 1995 年外，其他年度均达到 GB3096-93《城市区域环境噪声标准》Ⅰ类标准。

1991—2006年市中区区域噪声监测情况表

表 5-4　　单位：分贝（dB）

年份	昼间	夜间	标准（昼/夜）	判定
1991	57.1	—	55/45	超标
1992	52.6	—	55/45	达标
1993	52.7	—	55/45	达标
1994	53.1	—	55/45	达标
1995	55.8	—	55/45	超标
1996	52.8	46.9	55/45	达标
1997	52.7	50.2	55/45	达标
1998	54.7	44.5	55/45	达标
1999	54.1	44.8	55/45	达标
2000	53.8	44.1	55/45	达标
2001	53.6	44.2	55/45	达标
2002	54.1	44.4	55/45	达标
2003	54.2	44.5	55/45	达标
2004	54.4	43.9	55/45	达标
2005	50.5	42.3	55/45	达标
2006	54.2	43.9	55/45	达标

第四节　固体废弃物

市中区工业固体废物产生量较大且分布集中，主要集中于辖区热电、水泥、汽车、电力等行业，产生的一般固体废物为粉煤灰、炉渣、脱硫石膏等，产生的危险废物为废矿物油、废漆渣、废乳化液、污水处理污泥等；市中区第三产业较为发达，危险废物产生量较小但产生单位数量众多，以汽车销售、汽车修理、科研机构、教学机构、医疗机构等单位产生的废机油、废弃危险化学品以及医疗废物为主。2002年7月1日，根据市环保局《关于开展全市危险废物污染防治工作调查的紧急通知》，在辖区内开展危险废物污染防治工作情况调查。2006年，在全区开展固体废物申报登记工作，每季度登记一次，均达到零排放。

第三章　污染防治

第一节　大气污染防治

1988年，开始创建烟尘控制区，创建烟尘控制区3.27平方千米。1991—1993年，对全区所有使用燃煤炉具的单位进行调查备案，并对重点污染企业加强监督管理，要求污染严重的单位加装污染防治设施。

1994—1997年，改造各类炉灶730台，取缔花盆炉、火烧芯茶炉等污染严重的炉具632台，对7家污染严重的单位下达限期治理任务。1997年，在济南大厦设立烟尘观察哨，发现问题及时处理；同年8月，开展“烟尘污染防治突击月”活动，对低空排烟设施、烟煤散烧进行查处，对35家违章单位进行处理；同年，开展大气排污申报登记工作，对360家排污单位的环保人员进行业务培训。1997—1998年，关停、取缔小石灰窑和小石料厂36家，处理违章施工工地25个。1999年，对辖区露天烧烤和饮食摊点进行综合整治行动，对辖区153条街道进行拉网式整治，依法取缔烧烤炉具2458套，饮食摊点燃煤炉具2780套。

2000—2002年，实施蓝天工程，成立控煤办公室，淘汰4吨以下燃煤锅炉141台，按照含硫低于0.8%、灰分低于20%的煤炭质量标准，对辖区用煤单位实行统一配送，控煤统配率100%、合格率97.8%；依法取缔38家铝合金加工摊点及省道103、104、二环南路两侧“三小”企业28家；驻区12家单位投资150万元，安装污染处理设施；关停京福高速、绕城高速两侧石料厂10家；对106家矿产企业开展矿业秩序治理整顿，植树1.6万株。2001年起，区环保局对辖区用煤单位每周检查1次，督促使用合格煤炭；对子站周围4吨以上燃煤锅炉的脱硫、收集、煤堆覆盖情况每周至少现场监察一次；对2个子站周围半径1000米范围内建筑工地、拆迁工地和道路施工工地情况每周至少检查2次，落实扬尘污染防治措施，最大限度地降低扬尘污染。同年，查处谎报、拒报和违规进煤单位17家，清运超标煤2100吨。2002年，实施“3655”工程（环境绿化、大气污染及谁污染防治3个重点；6个义务植树基地；5个花园式庭院；5个样板工地）。2003年，整治违规锅炉设施，淘汰4吨燃煤锅炉22台。

2004年，开始创建高污染燃料禁燃区，创建省体育中心禁燃区，面积1.51平方千米。2005年，创建大观园禁燃区，面积1.57平方千米。同年11月，区环保局、区建管委、区环卫局、区城管执法局4部门制定《关于进一步加强文明施工管理防治扬尘污染的通告》，建立防治扬尘污染的联动机制。至2006年，城区烟尘控制区面积40.75平方千米，覆盖率100%。

1988—2005 年市中区烟尘控制区创建情况表

表 5-5

年 份	范 围	面积（平方千米）
1988	魏家庄街道 杆石桥街道 经七路街道 馆驿街街道 大观园街道	3.27
1989	经二路街道 四里村街道 二七街道 共青团街道 舜玉路街道	7.24
1990	西青龙街道 岔路街街道	1.35
1991	六里山街道 七里山街道	3.10
1992	玉函路街道	0.83
1995	王官庄街道	5.20
2002	十六里河镇	5.76
2003	舜耕街道	9.20
2005	济南大学	4.80

第二节 水污染防治

1990—1998 年，对 103 个排污口实施规范化整治，化学需氧量排放达到规定指标。2002 年起，对辖区腊山河、兴济河、玉秀河和玉符河沿线排污的 157 家企业摸底调查，加大现场检查频次，定期开展污染物监测，对超标排放污染物的单位收取超标排污费并责令限期整改，严肃查处水环境违法行为，确保达标排放。2003 年，督促 2 家申领电镀生产排污许可证的企业进行申报登记，加大污水治理投资力度，完善治理措施，规范操作规程，定期监督监测；对已关停的电镀企业定期复查，防止死灰复燃。

2006 年，全区有腊山 1 处饮用水水源地，水井 10 眼（1975 年建成），设计取水量 6.76 万立方米 / 日。同年，开展地下水和地表水饮用水水源地污染源调查，编制市中区饮用水水源地环境保护现状评价。11 月，市中区腊山工业基地与国防教育基地分别安装日处理 150 吨和 50 吨的污水处理设施。腊山污水处理厂位于市中区腊山工业园内，总占地面积 1000 平方米，日处理污水 150 吨，总投资 30 万元，采取生物降解曝气的方法对腊山工业园内的生产、生活污水进行处理并达标排放。

第三节 噪声污染防治

1991 年，辖区有噪声控制区 1 个，面积 1.5 平方千米。同年起，开展噪声环境达标工作，采取摘除商业性喇叭、对汽车禁鸣高音喇叭等措施，降低噪音污染。1997 年 7 月中、高考期间，对辖区 46 个符合条件的建筑工地办理夜间施工手续，对无夜间施工手续的企业进行查处，当年环境噪声达标区覆盖率 67%。1998 年，开始创建环境噪声达标区。1999—2005 年，加强对工业噪声、建筑施工噪声、交通噪声及社会生活噪声的污染防治工作，多次开展专项整治行动。在日常监管中，加大对违规单位的整治力度，要求其按国家规定缴纳超标准排污费。2001 年，区环保局提出以“创建绿色社区”为载体，发动社区居民共同参与环保、支持环保；制定创建方案和标准，建立完善的环境管理体系和公众参与机制。同年，在舜玉小区建成全省首家“绿色社区”。省环保局组织全省 17 个地市环保局局长和济南市各区环保局长在市中区召开全省环保系统绿色社区创建工作现场会，推广区环保局的经验做法。天津市、合肥市、淄博市和泰安市环保局专门组团到市中区学习绿色社区创建经验。2003 年，组织实施气清工程、碧水工程、送宁静工程和生态绿色工程。率先在全省开展创建“安静居住小区”活动，对辖区 40 余条街道的噪声源进行拉网式整治。七里山泉景四季花园和六里山警苑社区，成为全省首批省级安静居住小区。2005 年，开始实施安静工程，以省级首批安静居住小区为样板，完善创建措施，挖掘创建潜力，提高新建安静居住小区的质量。全年创建省级安静居住小区 2 个、市级安静居住小区 19 个。2006 年，全区噪声达标区面积 48.48 平方千米，城市建成区面积为 40.75 平方千米，噪声达标区覆盖率 118.9%，创建市级安静居住小区 13 个。

1991—2006 年市中区噪声达标区创建情况表

表 5-6

<table>
<tr><th>年 份</th><th>范 围</th><th>面积（平方千米）</th><th>建成区覆盖率</th></tr>
<tr><td>1991</td><td>西南混合区（功能区划为 II 类区）</td><td>与槐荫区合创面积不详</td><td rowspan="7">至 2006 年年底，市中区噪声达标区面积 48.48 平方千米，城市建成区面积为 40.75 平方千米，噪声达标区覆盖率 118.9%</td></tr>
<tr><td>1995</td><td>英雄山地区噪声达标区（功能区划为 I 类区）</td><td>7.45</td></tr>
<tr><td>1998</td><td>青年公园（功能区划为 I 类区）</td><td>与槐荫区合创面积不详</td></tr>
<tr><td>2000</td><td>大观园混合噪声达标区（功能区划为 II 类区）</td><td>1.31</td></tr>
<tr><td>2003</td><td>郎茂山地区居民区噪声达标区（功能区划为 I 类区）</td><td>7.84</td></tr>
<tr><td>2004</td><td>金鸡岭地区居民区噪声达标区（功能区划为 I 类区）</td><td>18.22</td></tr>
<tr><td>2006</td><td>西南山区混合区噪声达标区（功能区划为 II 类区）</td><td>13.66</td></tr>
</table>

第四节　固体废弃物污染治理

20世纪90年代，对工业产生的粉煤灰、炉渣等进行综合利用，主要用于修路。进入21世纪，粉煤灰、炉渣等逐渐用于节能建材的生产。2005年开始，区环保局、经计局、卫生局、环卫局、卫生防疫站等部门组成联合执法队对工业固体废物、医疗废物的处置和综合利用集中进行清查，查处违法企业4家，责令其立即关停，确保工业固体废物年排放量控制在200吨以下。按照济南市要求，实现对全区医疗废物的统一收集和集中处置，确保危险废物零排放。在固体废弃物炉渣的处理方面，要求排污单位与砖厂、水泥厂等相关单位签订固体废物处置协议，对可再生利用资源进行回收利用。

第四章　环境管理

第一节　环境目标管理

1991年，开始实行市、区长环境保护目标责任考核，第一期为1991—1992年。1992年，全区以951分的成绩名列全市第三名。第二期1993—1997年，投入治理资金98万元，完成70余个污染源的治理任务。第三期1998—2000年，对市政府下达的21项工作指标层层分解，投入治理资金113万元，完成122个污染源的治理。第四期2001—2002年，对市政府下达的34项工作指标层层分解，投入治理资金2900余万元，用于污染治理及环境基础设施建设。第五期2003—2005年，投资4400万元，用于济南大厦、中华名优小吃城等单位污染治理和环境基础设施建设。2003年起，开展创建国家环保模范城市工作。同年9月，召开全区创建国家环保模范城市动员大会，区长与各相关部门及街道、镇“一把手”签订2003—2007年创建国家环保模范城市责任书，明确目标、时限和奖惩措施。

至2006年，开展蓝天保护工程、碧水工程、安静工程、固废治理工程、绿化建设工程、创模细胞工程和爱国卫生运动，全区良好天数比率83.9%，达到国家环保模范城市80%的要求。2006年，印发《济南市市中区人民政府关于进一步落实科学发展观加强环境保护的意见》，制订《济南市市中区2006—2010年度主要污染物总量削减方案》，区长与相关单位签订“十一五”污染物总量削减目标责任书，向25家废气污染源和44家废水污染源下达总量指标及年度计划。

第二节　建设项目管理

1991年，坚持建设项目中防治污染设施与主体工程同时设计、同时施工、同时投产使用的“三同时”原则，严把新上项目审批关。1995年，区环保局印发《关于对新建项目加强环境管理的通知》，对凡是1994年后新建、扩建、改建项目未办理“三同时”审批手续的，会同区人大开展建设项目大检查活动。至1997年，办理建设项目环境影响报告表41个；环境保护“三同时”审批验收登记表276个；为53个锅炉房及窑炉排烟设施办理《排烟设施建设项目审批验收表》。

1997—1998年，开展新建项目执法检查，处理违章施工工地25个。1998—2002年，办理建设项目环保审批手续187个。2003年9月1日，《中华人民共和国环境影响评价法》颁布实施。2004年，加大对国控点周围半径1000米范围内的建筑工地、拆迁工地、道路施工和烟尘污染的管理力度，审批建设项目26个，验收3个。2003—2006年，审批办理建设项目96个，编制环境影响报告表33个，填报登记表63个。检查未办理环保审批的建设项目73个，行政处罚违法建设项目23个。

第三节 监察执法

1991—1994年，开展创建国家卫生城市活动。日常监管以企业生产锅炉、生产窑炉为主，按月、季征收超标准烟尘排污费，处理人民来信来访，对违反环保法律法规案件立案调查。1995年，对辖区内建筑工地实施监管，征收超标准噪声排污费。取缔低空排烟1吨以下燃散煤锅炉，推广型煤锅炉。1996年，成立环境监理站，负责辖区内烟尘；噪声申报，排污费征收，及日常监理检查工作。1997年，加强排污单位监管，排污收费突破100万元；同年，对辖区内餐饮服务业单位开始计征污水超标排污费。1998—1999年，开展烟尘污染防治突击月活动，对辖区露天烧烤和餐饮单位进行综合整治。

2000—2002年，实施蓝天工程，对锅炉燃煤硫份、灰分超标单位进行立案调查，并监督清运。增设党家庄、十六里河环境监理所及市中区环境保护监察大队，加强环境监理执法队伍。2003年，排污费征收使用“收支两条线”“总量多因子收费”等新规定，排污费征收对象由企、事业单位扩大到直接向环境排放污染物的所有单位和个体工商户。排污费收费标准：将排污收费由超标收费改为排污即收费与超标收费并行，将超标单因子收费改为总量多因子收费。7月1日，根据《排污费征收使用管理条例》及《排污费征收标准管理办法》，开始对污水、废气排放实施总量收费。1991年至2003年6月30日，对污水执行单因子收费，废气执行多因子收费。2004年，开展“清查放射源，让百姓放心”专项行动，组织放射源涉源单位进行放射源申报登记。全区申报单位共6家，申报放射源9枚。2005年，开展以整治违法排污企业保障群众健康为主题的环保专项行动，对辖区29家单位的污水、锅炉除尘、脱硫等污染治理设施运转及废水、废气达标排放情况进一步加强监督检查；检查辖区内“十五”土小企业关闭取缔情况，防止其死灰复燃。

2004—2006年，整治违法排污，实施排污申报制度，进行现场监理和督促企业治理污染。2006年，对辖区20家单位排污口集中整治，进行逐一挂牌，实现排污口的规范管理；对山东中医药大学第二附属医院安装自动在线监测装置，实施在线监测，开始全区环境监测的微机化、数字化管理。

第六篇　交通　邮电　旅游

1991年，辖区大部分属于城区，只有1个乡镇，乡村公路较少；有3个运输公司和1个大件运输公司，年货运量71.9万吨，货物运输周转量2219.7万吨·公里。1992年后，国有运输公司改制，个体运输业户发展迅速。2000年，辖区增加2个乡镇，乡村公路里程增多。2003年后，乡村公路建设速度加快，至2006年，总里程为234.91千米，个体运输业户发展到3013户，主要分布在白马山、七贤街道及党家庄、十六里河镇，运输总收入33308万元，利润9984万元。

1991—2006年，随着经济的发展和人民生活水平的提高，电信业务发展日新月异，固定电话、模拟移动电话、传呼、数字移动电话全面开花，城区、农村网络实现全覆盖。旅游业方兴未艾，旅行社网点遍布辖区各地。

第一章　交通运输

第一节　机　构

1991年，区交通管理委员会辖第一、二、三汽车运输公司和1个大件起重运输公司。1992年7月，撤销区第三运输公司，人员、车辆设备分别并入第一、二运输公司和大件起重公司，房产变卖以偿还债务。1993年12月，区大件起重公司被济南钢铁总厂有偿兼并。同时，撤销区第二运输公司，整建制并入第一运输公司。1995年3月，区交通管理委员会更名为区交通局。1996—1997年，机构改革，局机关机构调整为党委办公室、行政办公室、财务审计科、运输管理科2室2科，定编15人。辖1个运输管理站，事业单位，定编5人；1个运输公司，有职工276人，营运车辆50部，吊铲车4台。2006年，设党委办公室、运管和行政综合科、财务审计科，辖运输管理站，有职工5人。

第二节　乡村公路

2000年前，乡村公路建设尚未开展，只有个别经济富裕的村自发修建村内道路。2003年起，农村公路修建大范围展开。2006年，全区农村道路85条，总里程234.91千米，桥梁2座。

2006年市中区乡村公路情况表

表6-1

道　路	长（千米）	宽（米）	等　级	路面类型	建成时间
党杨路	7.74	7～10	乡道	混凝土	—
党齐路	10.14	6	乡道	混凝土	—
陡大路	2.90	6	乡道	混凝土	—
郑庄—西外环	6.18	6	乡道	混凝土	—

续表 6-1-1

道　路	长（千米）	宽（米）	等　级	路面类型	建成时间
鸡耳屯—G220 杜庙	6.95	6	乡道	混凝土	—
陡沟—丰齐	8.62	7.5	乡道	混凝土	—
大党路	10.38	6	乡道	混凝土	—
党寨路	12.66	6	乡道	混凝土	—
岳邵路	4.71	6	乡道	混凝土	—
党家—蛮子庄	3.02	6	乡道	混凝土	—
罗而—长清界	7.30	6	乡道	混凝土	2005
港兴路	11.20	6～7	乡道	混凝土	2004
仲兴路	4.23	6	乡道	混凝土	2005
涝历路	7.91	4.5～6	乡道	混凝土	2003
涝坡—郑家村	9.44	6	乡道	混凝土	2003
兴隆—小岭村	3.96	6	乡道	混凝土	2003
吴家—赛而头	5.24	5～6	乡道	混凝土	2004
S103 大西—仲宫	5.18	6	乡道	混凝土	2005
S103—复兴	2.41	6	乡道	混凝土	2005
南外环—展西	7.27	6	乡道	混凝土	2004
前魏华庄—大杨庄	5.68	6	乡道	沥青	1998
王西路	3.00	6	乡道	混凝土	2002
任家庄—大庙屯	2.12	5	村道	混凝土	2002
镇政府—黄山	1.51	5	村道	混凝土	2004
鸡耳屯—殷家林	2.39	5	村道	混凝土	2004
小庄—西外环	3.84	6	村道	混凝土	2004
郑庄—红卫	1.18	5	村道	混凝土	2004
郑庄—马家庄	2.22	5	村道	混凝土	2004
王府—仁里	1.32	5	村道	混凝土	2003
董庄—仁里东	2.14	5	村道	混凝土	2004
党齐路—新平	0.53	5	村道	混凝土	2005
陡沟村内路	0.40	5	村道	混凝土	2004—2007
大庙村内路	0.40	5	村道	混凝土	2003—2004
郑庄村内路	0.30	4.5	村道	混凝土	2004—2005
仁里村内路	0.80	6	村道	混凝土	2003

续表 6-1-2

道　路	长（千米）	宽（米）	等　级	路面类型	建成时间
赵庄村内路	0.80	4.5	村道	混凝土	2004
杜庙村内路	0.50	6	村道	混凝土	2004
催马—罗而	4.06	4.5	村道	混凝土	2003
魏家—小屯	1.71	5	村道	混凝土	2006
展东—文庄	2.76	5	村道	混凝土	2004
邵西—蛮子	2.39	6	村道	混凝土	2006
张家庄—土屋	1.40	4.5	村道	混凝土	2005
宅科—寨而头	2.23	4.5	村道	混凝土	2003
西西—西东	2.63	4	村道	砂石路	2006
魏家—山水炸药库	1.30	4	村道	混凝土	2006
展西—G104	1.78	4	村道	砂石路	2006
枣林村路	0.48	4	村道	混凝土	2006
宅科南路	0.83	4.5	村道	混凝土	2003
展村路	0.25	4	村道	混凝土	2006
党东—枣林	0.81	4	村道	砂石路	2006
展西村内路	0.50	4.5	村道	混凝土	2004—2007
展东村内路	0.40	6	村道	混凝土	2004—2006
邵西村内路	0.40	6	村道	混凝土	2003—2005
枣林村内路	0.70	5	村道	混凝土	2004—2005
魏家村内路	0.40	6	村道	混凝土	2003—2005
小屯村内路	0.50	6	村道	混凝土	2004
寨而头村内路	0.60	4.5	村道	混凝土	2005—2007
义和—侯家	0.45	5	村道	混凝土	2004
白土岗—大岭	1.13	4	村道	混凝土	2003
南外环—扳倒井	2.19	4.5	村道	混凝土	2006
港兴路—白土岗	0.61	4	村道	砂石路面	2006
涝坡—泉泸	5.25	6	村道	沥青	1995
涝坡村路	2.45	4	村道	混凝土	1996
搬到井村内路	0.60	4.5	村道	混凝土	2006
钅村村内路	1.10	4.5	村道	混凝土	2006
东河—柏石峪	1.20	4.5	村道	混凝土	2005

续表 6-1-3

道　路	长（千米）	宽（米）	等　级	路面类型	建成时间
分水岭—北康	1.55	5	村道	混凝土	2005
瓦峪—石崮	1.19	4.5	村道	混凝土	2004
吴寨路—石崮	0.22	4	村道	混凝土	2006
S103—大东	1.53	5	村道	混凝土	2006
石崮村路	0.38	4	村道	混凝土	2006
大西—小白山	1.35	4	村道	砂石路面	—
复兴村内路	0.70	4.5	村道	混凝土	2005
分水岭村内路	0.50	4.5	村道	混凝土	2005
北康村内路	5.00	4.5	村道	混凝土	2005
南外环杨庄—文庄	1.56	5	村道	混凝土	2003
井家沟—谷庄	5.83	5	村道	混凝土	2002
大东—兴隆西	1.22	4.5	村道	混凝土	2006
井家沟村内路	1.00	8	村道	混凝土	1985
杨庄村内路	1.00	7	村道	混凝土	2000
七贤庄村内路	0.60	6	村道	混凝土	1989
双龙村内路	0.80	6	村道	混凝土	1983
前龙村内路	1.00	6	村道	混凝土	1990
后龙村内路	1.00	6	村道	混凝土	1994
文庄村内路	0.80	6	村道	混凝土	1982

第三节　运　输

1991年，区交通委4个专业运输公司拥有各型车辆171台，年货运量71.9万吨，货物运输周转量2219.7万吨·公里。1992年，农村运输工具有汽车、拖拉机、三轮轻骑等机动车辆，总动力达1.94万千瓦，年运输总收入1630万元，上缴税金64万元。1997年，农业机械总动力2万千瓦，镇办运输企业2个，村办1个，个体运输企业864个，固定资产原值1650万元，年运输总收入9800万元，上缴税金210万元。

1998—2004年，区交通局对所属运输公司进行整合，逐步淘汰运输车辆，调整资产结构，利用闲置场地招商引资。先后引进倪氏海鲜大酒店、中国石油天然气股份有限公司山东济南销售分公司，年收入租金120万元，每年向区地税局缴纳税金300万元。2004年，交通局全年交通运输收入260万元，利润3万元。交通运输车辆剩余3辆，完成货运量0.4万吨，货物周转量53万吨·公里。个体运输企业发展迅速，仅党家庄镇就有运输专业户1000余户，大型运输车辆1500辆，年总收入7813万元。

2006年，全区交通运输业户主要分布在白马山、七贤街道及党家庄、十六里河镇，有3013家，固定资产净值9723万元，运输总收入33308万元，利润9984万元。

第二章　邮　政

第一节　网络建设

1989年8月14日，市中邮政分局更名为济南市市中邮政局。1990年5月1日，设舜玉路邮政支局。同年，邮政储蓄开始实行单点微机操作，利用微机办理邮政储蓄业务；报刊发行实行微机处理。1991年1月10日，设乐山街邮政所。1992年，开始使用微机管理邮件路单。1993年6月18日，设王官庄邮政支局。1994年4月1日，开始使用微机管理汇票。1995年6月1日，设玉函路邮政所。10月25日，设玉函北区邮政所。1996年3月15日，设建筑新村邮政支局。3月18日，设万竹园邮政所。7月19日，设杆石桥邮政所。11月15日，设按察司街邮政所。1997年10月6日，设邮政商厦邮政支局。同年，邮政储蓄点开始设置自动柜员机。1998年2月9日，设邮电新村邮政支局。2001年7月6日，设十六里河邮政支局。2002年1月26日，设经十纬七邮政所。3月13日，辛庄投递分局迁至济微路66-38号，更名为王官庄投递分局。2003年3月8日，设舜园邮电所。6月26日，设腊山北路邮电所。9月1日，邮政综合办公网应用系统开通。2004年4月22日，设体育中心邮电所。2005年1月15日，增设舜玉路投递分局。4月7日，设阳光邮电所。6月10日，设英雄山路邮电支局。11月30日，设建设路邮电所。11月19日，撤销市中区邮政局，划归济南邮政营业局。2006年1月23日，撤销济南邮政营业局，恢复设立济南市市中区邮政局，设业务发展部和综合办公室。11月9日，设济齐路邮电所。12月8日，设阳光舜城邮电支局。

第二节　邮政业务

1990年，区分局营业室及所属支局办理的主要邮政业务有信函、包裹、汇兑、储蓄、报刊订阅、零售、邮政快件、特快专递等。1月，收储的存款由缴存银行改为转存银行，银行向邮政支付存款利息。6月1日起，分拣平信由人工按邮政编码分拣。7月31日，保价信函保价金额调为每件最多以人民币1万元为限；各类包裹全部改为按保价收寄，取消甲类保价包裹和乙类保价包裹的业务规定。内装物品价值1千元以上的包裹，按贵重包裹收寄。停办用户专用袋业务和代收货价业务。1991年7月1日，收寄挂号信函贴用条码标签。12月1日，开始发售中国邮政贺年（有奖）明信片，次年2月开奖，2月20日至6月20日发奖。此后每年发售一次。同年开办商业信函业务。1992年7月1日，恢复办理国际邮政汇兑业务，开始与美国、日本通汇。与日本开发汇票用日元，每张汇票最高限额为20万日元。日本开发中国兑付的汇票用美元，每张汇票最高限额2000美元。中国与美国开发和兑付汇票，每张汇票最高限额为7000美元。同月，开办国内邮政电子信函业务、电子传输书信、稿件、文件、合同等，可通达北京、上海、天津和各省省会等36个城市；同时开办台湾快件包裹业务。11月，分拣包裹由机器操作，按同一寄达局满3件或不满3件而总重量满30千克或大包裹，大宗包裹，均建立直封关系。1993年9月1日，开始与芬兰通汇，每张汇票最高限额为1000美元。1994年1月1日，开通与意大利、比利时、瑞士、巴西通汇业务，每张汇票最高限额为1000美元；开办与日本互换汇票业务，款额改为使用美元。3月1日，与韩国通汇，11月1日与泰国通汇。同年，安装自动分拣机，按邮政编码分拣平信。同年，配制条码登单设备处理挂号。1995年1月1日，与新加坡通汇。5月，开办中国邮政礼仪（邮资）信函业务。7月10日，开办“高考录取通知书”寄递业务。1996年6月，每笔汇款最高限额由5000元提高为1万元。12月，辖区不再办理商品包裹、纸质品包裹和航空包裹业务。

1997年，开始“绿卡”工程建设，到1998年储蓄网点实现联网，并与全国50多个城市的2300多个邮政储蓄网点，实现邮政储蓄活期存款通存通取。1998年7月1日，停办邮政快递（件）业务。1999年3月，每笔汇款限额提高至5万元。12月28日，开办邮政限时信函业务，利用电子信函机进行传递。2000年1月1日，邮政快件业务恢复在省内办理。4月1日，邮政储蓄按照人民银行要求，开始实行个人存款账户实名制度。8月，与巴基斯坦通汇。9月，开办省内特快专递限时投递业务，信函、文件、资料、物品、商品等，均可作为国内特快专递邮件寄递。2001年3月23日，辖区大宗邮件收寄划入市局统一管理。7月，开办邮政电子汇兑业务，采用计算机网络技术，传输汇款信息。8月，开办国内快递包裹业务；11月，开办邮政混合信函业务。同年，实现全国行业内邮政储蓄活期存款异地通存通取。2002年1月，取消邮政汇款单，改用计算机网络方式传递汇款，实现电子汇兑。2003年6月，开通西联国际汇款业务。8月，邮政储蓄收储的存款，由转存银行改为逐步自主运用资金。11月，开通国际银邮汇款业务，汇款通达世界1.9万余家银行。2004年8月10日，“全夜航”邮路开通，当日收寄的特快专递邮件次日17：00前有效投递，与全国136个城市实现次日投。2005年6月，实现邮政储蓄计算机网和电子汇兑系统2网互通，可跨行交易。7月，启动“次晨达”业务，当日下午收寄的特快邮件，次日上午投递。

附：济南市邮政局

位于经二路162号，占地面积8316平方米，建筑面积5091平方米。建于清光绪二十五年（1899），原称济南副邮界，隶属于烟台总局。1902年称济南副邮界总局，宣统元年（1909）改称济南正邮界总局。1910年10月，济南邮务总局主管全山东邮务，民国3年（1914）改称山东邮务管理局，1933年改称山东邮政管理局。1948年济南解放后，接收旧邮政电信局改称济南特别市邮电局，1949年8月，山东邮政局兼管济南市邮政业务。1950年2月，成立济南市一等邮局，1951年7月与济南电信局合并称邮电部济南邮电局。1959年1月，改称山东省济南市邮电局。1964年8月，邮、电分设后改为济南市邮政局。服务范围遍及济南市10个县（市）区。设有9个职能部室，辖章丘、平阴、济阳、商河、历城、长清县邮政局。全市邮政服务面积8177平方千米，邮政局(所)210处。开办邮政营业、邮政投递、邮政储蓄、报刊发行、邮资票品、邮政速递、函件包裹、邮政广告、代办电信、中邮物流十大专业，百余种业务品种，并依托信息技术提升邮政现代化服务水平，加强数据库营销平台在业务发展和市场开发中的有效支撑力，开通11185客户服务邮政热线和山东邮政在线网站，为济南市经济发展提供全方位、多元化服务。建设邮政储蓄网点184处，实现全国微机联网、通存通兑；电子汇兑联网网点194处，联网率达91%。利用信息技术，先后开发“一站式”身份证、法律文书、高考录取通知书等快速专递，以及代收代扣话费、代发工资、物流仓库管理等应用程序，并完善更新商函账单数据打印转换程序。

第三章 电 信

第一节 通 信

1991年，辖区程控电话交换机取代步进制交换机，模拟移动电话网开始建设。1992年5月3日，济南市中文无线寻呼系统扩容工程竣工开通，设备容量由1.2万户增至6万户。1993年1月11日，开通“127”自动寻呼台。4月26日，“127”自动寻呼号码升至6位。5月8日，开通全省第一家“128”自动寻呼系统。12月12日零时，市内电话号码由6位升至7位。1994年4月16日23时，开通20万户无线寻呼系统，取代1992年的6万户。1995年6月25日零时，济南本地电话网开通，济南市所辖五县（市）的电话号码由6位升至7位，整个济南地区实现本地网，统一使用0531长途区号。12月28日，济南电信局开通数字移动电话（GSM）。同年，济南与30个省市联网和自动漫游，并开通数字移动电话；无线寻呼实现华东三省一市联网，并建成高速无线寻呼系统。1996年，模拟移动电话及数字移动电话（GSM）实现全国联网和自动漫游。1997年10月1日，198、199全国寻呼网BP机在济南放号。1998年9月16日，济南电信局试开通1861移动电话费自动查询系统，辖区模拟移动电话和数字移动电话用户可通过该系统查询话费。10月，无线寻呼业务从济南市电信局剥离出去。

2001年12月31日，模拟移动电话退出市场。2002年2月，无线市话“小灵通”业务开通试用；5月17日，小灵通向社会试放号；7月1日正式放号。2003年，推出通信新业务“一号通”，系济南通信公司为商务人士量身定做的个人虚拟通信号码系列业务。2005年5月21日零时起，电话号码升至8位，济南地区固定电话、小灵通在原7位号码前加“8”。10月，无限寻呼业务停止，退出历史舞台。2006年，济南网通公司推出“亲情1+”新业务，当年发展6284户。年底，全区有3家电话运营商，在多个小区内建成局部网络，电话主线普及率48线/百人。程控电话装机总量达42万线，固定电话用户27.29万户，小灵通用户14.18万户，电话主干线路覆盖全区13个街道、2个镇、77个行政村，形成完整的通信网络。移动电话网络实现全覆盖，城区、农村信号一样迅捷。

第二节 网 络

1997 年 11 月 26 日，市中区信息网络方案通过专家论证。2000 年，济南本地宽带城域网开通。2001 年 1 月 1 日，济南电信分公司向社会推出中国电信宽带网业务，主要提供 ADSL 和 FTTX+LAN 两种接入方式。同年，初步建成以光缆为主的公共传输干线网、光纤用户接入网。2003 年 7 月，区政府电子文件传输系统开通使用，是全区各部门文件上传下达的重要枢纽。2004 年 9 月，区信息产业局成立，正局级全额预算管理事业单位，设信息化推进科、产业发展科和信息中心。编制 11 人，实有 10 人。信息产业局成立后，对全区党政机关自动化办公网路进行扩充。组织施工队伍，为济南大厦 4 ~ 6 层的部门铺设网线、接入自动化办公网络，并为济南大厦楼外尚未接入办公网的单位通过电话拨号连接实现接入，办公信息网络连接区直各部门、各街道、镇，覆盖率 100%。各单位设立专（兼）职网络管理员，进行专门技术培训。区信息产业局与各运营商协商，通过集体入网的方式（5 户以上）降低费用，吸引部分用户接入互联网；在部分小区内建立局域网，通过路由器接入互联网，上网数量大幅提升；对不具备上网条件的地方，通过敷设线路、采用无线上网的方式，解决部分群众上网的需求；各个学校通过建立局域网上网，按流量进行收费。

2005 年 5 月 8 日，区政府门户网站——市中区人民政府公众信息网开通试运行。网站设“认识市中”“政务要闻”“政务公开”“便民指南”“环境建设”“招商引资”等栏目。网站开通后，日均访问人数 200 余人（次），日均浏览量 1000 余次。网站为区政府及各部门公开政务、发布信息提供平台，同时也为群众办事、查询信息、参政议政提供窗口。

至 2006 年，全区有 8.85 万户通过宽带、ADSL、局域网等形式接入互联网，每百人互联网用户数 15.8 户。全区 13 个街道、2 个镇、77 个行政村接入光缆，群众上网需求基本得到满足。

第四章 旅 游

第一节 自然旅游资源

一、名泉

七十二名泉的说法始于大约 700 年前，有人立《名泉碑》，列举济南 72 个名泉。辖区有 7 处名列其中，即东高泉、杜康（北煮糠）泉、登州泉、望水泉、西蜜脂泉、双桃泉、石湾泉。明代晏璧在明永乐二年（1404）任山东按察司佥事时，为济南七十二泉赋诗。

东高泉：金线南泉折向东，犹如江汉远朝宗。方池半亩源流活，难觅玉龙变化踪。

杜康（北煮糠）泉：跨突西隅作石棚，泉名糟粕待煎烹。一掬可清无尘滓，何是当年玷浊名。

登州泉：文登一脉透潭城，澄彻全无蜃气腥。安得雪堂苏学士，朗吟万竹濯清冷。

望水泉：万竹园中景趣幽，双泉一脉望

登州。碧榕百尺栖丹凤，雪浪千堆成百鸥。

西蜜脂泉：西池泉味比东强，何必天寒割蜜房。莫道脂甘能悦口，试将一饮胜天浆。

双桃泉：前度刘郎不再来，泉头再见碧桃开。昨宵忽梦三偷客，满泛瑶池阿母杯。

石湾泉：石湾池接槛泉南，涌出清流味更甘。旋汲井花烹石鼎，碏华秋净暮烟涵。

2004年4月，辖区有斗母泉、林汲泉名列济南市评定的72名泉。

斗母泉水四季不止（2005年摄　十六里河镇提供）

二、自然风景区

玉函山风景区　玉函山又名兴隆山，位于十六里河镇。山上及周边地区有泉池10处，即：蕊珠泉、王母池、鹁鸽泉、灰泉、大泉、沛泉、永清泉、东峪泉、花山峪二泉。传说汉武帝亲临泰山封禅经过此山，得到西王母的玉函，函中寄长生药，下山时不料玉函化为白鸟飞去。汉武帝无福享受，抱恨而终。但装灵药的玉函仍然在山上，被王母的信使“青鸟”守护着，玉函山由此得名。玉函山北侧有西佛峪寺，又名卧佛寺。寺悬崖上雕刻上百尊古朴高大石像。寺西侧是3平方米的蕊珠泉，珠泡涌动，清澈见底。山顶有碧霞元君殿遗址，有“小泰山”之称。每到春季，四面八方香客云集，此风俗至清代以后渐渐衰竭。山顶有一蓄水池，谓之“瑶池”，传说是女神沐浴之处。元君庙址海拔532米，游人远眺，可见济南市长街纵横，高楼林立。南望巍峨泰山，云海中群山若隐若现，十分壮观。

青铜山及周边地区泉池　位于十六里河镇与锦绣川交界处，海拔754米，为周边诸山的最高峰。周边有泉池19处，即南甘露泉、百花泉、灰泉、老泉、道士泉、清泉、老庄泉、杨家泉、白花泉、斗母泉（窦姑泉）、南圈泉、边庄三泉、西坡双泉、南岭泉、寄宝泉、小泉。山阳半腰有唐代大佛寺遗址，尚存大佛寺摩崖造像。

英雄山自然风景区　济南城区南侧、英雄山路东侧马鞍山、四里山、五里山、六里山、七里山连为一体，因山中建有革命烈士陵园，统称为英雄山，占地800公顷。山上山下松柏竞盛，间以五角枫、银杏、黄栌、白杨、法桐等，葱绿清翠嫩黄，环境清幽深秀。初春，山周梨花白皑皑，桃花红艳艳。深秋，万木争荣，泛黄流丹，满山锦绣。五山之中，尤以东北侧的马鞍山视野最为开阔。远可北眺“齐烟九点”，九曲黄河；近可俯瞰泉城市容，丛林如波，房宇若浪。明诗人许邦才有诗赞曰：“山头对酌夕阳斜，下见湖城十万家。”北侧的四里山，清代时盛长黄栌，每到秋天，漫山红透，故称“赤霞山”，亦名“赤霞岭”。清初诗人王苹赞之为“黄叶下时牛背晚，青山缺处酒人行”。1998年3月开始，市政府陆续投资5000万元，对英雄山风景区进行整修建设。规划范围包括5个山头和英雄山烈士陵园、英雄山果园、儿童乐园等面积100万平方米。一期工程赤霞广场花木观赏小区，占地6万平方米，当年9月竣工向社会开放。2000年8月，投资165万元的五里山山顶阁落成，建筑总面积345平方米，分阁、廊、亭3部分，为清代仿古建筑，形制古朴，巍峨壮观，亭柱嵌有济南著名学者徐北文撰写的柱联：赤霞灿烂瑶圃桃花映日前年祝曼寿，青岛殷勤玉函锦字凌云万里报平安。临阁远眺，湖水山色尽收眼底，济洛胜景一览无余。此后，马鞍山脊背亭廊景点相继落成，十分壮观。

第二节　人文旅游资源

2016年，辖区有国家重点文物保护单位1处，省级文物保护单位9处，市级文物保护单位7处，区级文物保护单位54处，登记保护单位19处。

红万字会济南母院　位于上新街51号，全称为世界红万字会济南母院，又称济南道院，是济南近代建筑中规模最大的仿古建筑群，始建于1934年，1942年竣工。南北轴线长215米，东西宽65米，占地面积13975平方米，主要建筑面积4284平方米。采用中国传统的建筑布局手法，前后共有四进院落，沿中轴线依次为照壁、正门、前厅、正殿、辰光阁等主要建筑，两侧东西厢房以廊相连。门前照壁宽36米，基厚2米，通高约10米，底部为石砌须弥座，壁心嵌高浮雕琉璃盆景，盆体篆有“吉祥”字样。主体建筑的斗拱采用清式大木作手法，均为混凝土结构，是一座以宫殿与庙宇混合组成的仿古建筑群。

道院对外高举世界红万字会慈善大旗，在民间得到充分认可。据说日伪期间，善男信女问老祖何时抗战胜利、重见天日，老祖回答：道院全部落成，日本人就会撤离济南。为使这句话免得落空，道院后的“晨光阁”全部落成后，一直没有粉刷。

1937年，韩复榘不战而退，济南道院与历城道院的头目何仲起、张星五、王露洪等联合济南商界绅商郊迎日军入城。不少道院的重要人物都担任伪职，像唐仰杜任伪山东省长，张星五任伪民政厅长，成逸安任伪道尹。抗战胜利后，济南道院与红万字会安然无恙。1948年，该建筑群被山东省古代文物管理委员会接管。1953年2月，世界红万字会在《人民日报》发表声明，宣布自行解散。1956年后，该院成为山东省博物馆陈列室。1995年，山东省文物考古研究所移驻该院。2006年5月25日，被列为全国重点文物保护单位。

清真南大寺　位于永长街47号，元代建造，明代重修，省级文物保护单位。附属文物有“寺大门外影壁记”，清道光十三年（1833）六月上浣穀旦。该寺为全国重点清真寺，典型的中国宫殿式建筑，风格比较突出，以中轴线为主，门楼为“班开楼”，作用是用来召唤穆斯林做礼拜。中为望月楼，后为礼拜大殿，是主体建筑，形成规模为明代，面阔五间，总面积800平方米。进深入间，坐有门窗，时代久远，坐有配殿。附属文物有明碑“济南府历城县礼拜寺重修记”，大明弘

清真南大寺（2003年摄）

治乙卯岁夏五月吉旦明威将军济南卫指挥鞯事法显宗立："大清同治十一年正月初四立"石碑一通，另有清碑数通。南大寺经明嘉靖、万历、清嘉庆、道光、同治至民国初年，多次修缮扩建，逐臻完美。大寺门前为高大的青砖照墙，兴建于1833年，寺前门为唤礼楼（班克楼），高大威严，上书有阿文"平文门"，两旁是南北偏门。进入前院迎面是立于十三层台阶之上的望月楼，上书"望月思真"四个篆体大字，给人以古朴圣洁敬畏之感。全寺面积6000平方米，大殿面积1200平方米。

清真北大寺 位于永长街81号，占地5000平方米，济南市文物保护单位。据修寺碑文记载："清真寺坊于前明宏治。国朝乾隆初年，寺师金君玉连倡修北清真寺。"至嘉庆、道光、光绪及民国初年均有修葺。

清真北大寺建筑规模宏伟，布局完整，风格独具，坐西朝东，由低到高拾级而上，主体建筑大门、二门、礼拜大殿、望月楼、配殿等，排列在一条东西中轴线上。有二进院落，南北讲堂对称，建筑格式为中国宫殿式古典建筑形式，同时还体现阿拉伯建筑艺术特色。大殿为三勾连搭式，经明、清历次修缮接建而形成，寺内留存历次接建大殿的碑石数块。

大门外建有铁制护栏，门前全由平坐雕刻石柱栏杆相围绕，用大方石板铺地，对面矗立着一座高大影壁。大门正上方悬挂一方镌刻金字的漆黑木匾"清真北大寺"，由著名书法家范岗手书，笔力猷劲，庄重大方。门面装置龙凤等吉祥物精美雕刻，形体全用花卉图案组成，素有"似兽非兽，有眼无珠，远看是兽，近看是花"之说。左右置抢喜石狮两尊，两侧为扇面八字墙陪衬，建有南北旁门相称，平时多从北旁门出入，进寺向南月亮圆门通向庭院。逢主麻日（星期五）、节日（宰牲节、开斋节、圣纪）及重大庆典活动时才开启正大门。南旁门右侧巍立枝繁叶茂古槐一棵，为济南市重点保护古树名木。

进大门第一座院落，建有南北讲堂各三间，北讲堂为寺管委会办公室；南讲堂为阿訇室。院内矗立着六通历代修寺石碑。往南通过石板甬路，直通南跨院，是1992年沙特驻华大使馆捐资重修的沐浴室六间，可供近百人洗大、小净。沐浴室西侧是锅炉房及厕所各一间。二门前两侧有一对精工刻制的小石狮。据考古专家鉴定为明代制作，是确证北大寺历史的珍贵实物资料。二门建筑为木制起脊配有彩饰素雕，与大门交相辉映。第二座院落比前院大，建有南北讲堂各五间，配房各二间。北讲堂为教长室，南讲堂是接待室，南北配房为阿訇居室。院内南讲堂旁立有"成达师范"著名创始人之一穆公华庭懿行纪念碑，是1941年由北平、天津、济南、青岛、枣庄、泰安等地的教亲为济南哈吉穆华庭建立的。正西面是雄伟壮观的礼拜大殿，坐落在六台石阶之上，显赫庄严。正面悬挂一块匾额，上书"清真古教"四个大字，是清光绪直隶总督李鸿章手书。在大殿的前抱厦内，朱红明柱上，挂着抱柱大楹联。整个抱厦之内匾额满盈，全都高悬在梁脊之间，其中有原中国伊斯兰教协会会长安士伟大阿訇书写的"显扬正教"、原中国伊斯兰教协会副会长、省伊协会长丁文方书写的"天堂正道"等15方巨匾。全殿分为卷棚、前殿、中殿、后殿四部分。卷棚面宽五间，进深十间，用40根巨大圆木柱支撑梁架，都是清一色橄榄绿。殿内铺设红漆地板，铺满条条拜毡，悬有宫灯22盏，光洒整个殿堂。大殿面积893.23平方米，能同时容纳近千人做礼拜。建筑结构采用大木起脊，重檐歇山式，斗拱屋顶，飞檐翘角，整个建筑为砖木结构，外

清真北大寺（2003年摄）

壁全用青砖砌成。殿顶中心是绘满花纹和藻片图案的天庭，殿中心为亭阁式望月楼，由殿内登梯而上，楼壁面全用木料镶成，上部为网状窗棂，下部呈格门式。据接修寺碑文记载，道光年间，大殿只有两勾连搭式，望月楼建在后窑殿顶。民国20年，好善乐施的乡老教众们集聚资财，群策群力，举意接修大殿。采用“勾连搭”组合，建造第三节大殿，将望月楼立在正中。形式上，礼拜大殿是个立体的“凸”字，突出部位是望月楼。寓意是伊斯兰教真主独一。在望月楼尖顶有一尊宝鼎，宝鼎的顶端有一弯新月，月面上镌刻着“望月思真”。纯白无瑕的西墙正中，拱形“浅窑”米哈拉布上，书写“太思迷”（朝向）。朝向的左右，各有一个饰以周围花纹图案的大园光。园光中用阿拉伯艺术体书写着“你们当全体紧握真主的绳索，不要自己分裂”“你们当服从真主，应当服从使者和我们中的主事人”经文。“浅窑”偏北处，设仿古亭阁式“敏拜尔”楼，是专为阿訇诵经讲演“呼图白”（宣讲教义，亦称讲卧尔兹）用的。大殿的后两侧有“避静室”（亦称还拜处）。

1989年9月，北大寺恢复开放，成立民主管理委员会，聘任阿訇。由各级政府拨款，对整个寺院进行全面维修，虔诚的穆斯林教众纷纷向寺里赠送数十块匾额和音响设备。2002年，市伊协在大殿中轴线正西处，投资兴建二层仿古配殿，内有海里凡学习教室及居室。山东省伊斯兰教协会在此成立培训中心，各地区的伊斯兰教教职人员每年都到此学习、培训。北大寺多次被评为全省文明宗教活动场所、山东省模范清真寺。

殷士儋墓 位于党家庄镇殷家林北500米处，北靠大丘山。墓封土高4.5米，周围用雕刻的莱州石砌成，有13.7米见方的经弥座保护。殷士儋（1522—1582），字正甫，明嘉靖万历年间历城人。10岁能文，14岁为秀才，19岁中举人，26岁中进士。历任礼部尚书、武英殿大学士、光禄大夫等职。为正一品官，世称殷天官、殷阁老。殷士儋为政清廉，光明磊落，主张励精图治，直言敢谏，曾上书皇帝，请求施行德政，宽缓刑罚，节省开支，体察民情疾苦。明万历皇帝夸他存心纯美，操行高洁；隆庆皇帝赞他道德法术醇正精湛，气量胆识宏大光明。后因高拱专政，屡遭排挤，于隆庆四年（1570）辞官退避而归故里，在济南万竹园居住，筑水上精舍蒙斋亭，广植花木，改万竹园为通泺园，潜心研究经史。著有《金舆山房集》《明农轩乐府》《三千字文》等书。万历十年（1582）6月去世，葬历城党家庄凤凰山麓。墓顶有古柏1株，墓南200米处有石牌坊底座，坊为莱州石建造。神道宽4米，两旁原有石人、石羊、石狮、石马、石虎等。墓西南70米处的渠桥上，有明隆庆元年（1567）三月制诰碑1通。2006年12月7日，被列为省级文物保护单位。

山东邮务管理局旧址 又称济南邮政大楼，位于市中区经二路路南，为西洋古典式设计。1918年3月动工兴建，1919年竣工，次年2月对外营业。1922年7月，屋顶曾毁于火灾，次年修复时被改为二层，原有的孟莎式坡屋面被改为平屋面，并采用钢筋混凝土结构，是济南首次使用钢筋混凝土结构的建筑。

1937年年底，济南邮政大楼被日军强占，设为日军司令部。日本投降后，设为王耀武第二绥靖区司令部。1948年9月，济南战役结束后，山东邮政管理局及其本地的支局被中国人民解放军济南前线军事管制委员会邮电部接管。1958年，归济南市邮政局。1995年12月，被列为济南第二批文物保护单位，2006年12月，被列为省级文物保护单位。

该建筑平面为“山”形，最初设计为三层，一层为营业大厅及邮件处理室，二、三层为邮务管理办公室，二层中间凹入的部分为联系各室的外廊。主要采用砖料，墙角处采用石板，外墙红砖加以石料点缀。北立面采用法国古典主义五段式，端庄对称。正中为设在高大石基上的大门廊，左右各立有爱奥尼克石柱，两翼为精致的小门廊。大厦顶部为四柱望楼，采用硕大的四坡红色盝顶，中间各缀以绿色带形琉璃花饰，通高30米，上置旗杆，为当时济南商埠区最高大的建筑物之一。

玉函山石窟造像 位于十六里河镇分水岭村南东玉函山北麓，为西佛峪摩岩造像。玉函山北面山腰中的西北方一巨石上刻“佛峪”二字，东面约150米处即为石窟造像，现存隋95尊造像；西部在“文化大革命”中被破坏，佛身尚存。像侧有隋代题记12则，唐代题记2则，元代题记3则。石窟下有佛峪寺遗址。造像西面山梁上有“灵官阁”1座，已残，康熙十五年（1676）四月八日修。门洞内有“玉函山”“岱翠”字迹。南天门北约300米处有一方形石券顶“三教堂”，为明万历十三年（1585）建。

原山东省邮务管理局大楼（2006年摄）

东佛峪 位于十六里河镇矿村东北约3000米，佛峪尽头处。由“佛峪胜境”牌坊拾阶而上，有长百米高数十米的悬崖，崖上刻有造像20余尊，为隋唐风格。光绪二十九年（1903）冶山居士书云“云殿泉厨”，光绪九年（1883）刻大“佛”字及“别有洞天”“唐金刚念碑”“严阿仙境”“林壑优美”“洞庭少宝”大小题记30余则。春季满山黄花遍地，山青树绿，鸟语花香；夏季林海涛涛，山涧溪水透明，山风清凉，盛夏无暑；秋天满山红叶，果实累累；冬天气温虽低，但阳光直射，无寒气。明代《历乘》载：“佛峪，龙洞山东，逶迤而入，两山夹合，寺最奇峻，亦可藏修。”佛峪泉水四溢，名泉有三：露华泉，在般若寺内，修有泉池蓄水，过去专供僧人居士饮用；林汲泉，在西山坡林深处，泉眼

佛峪（区委办提供）

细如壶嘴，可插管引水，当地群众称为“壶嘴泉”；听泉，在瀑布下面，四面高山，古柏苍松，流水有声，汇集成潭。潭边巨石成方，平滑如床，可坐其上吟诗作画，卧其上闭目听泉，凝神调息。

第三节　旅行社

1991 年，辖区只有 1 家从事旅游服务的旅行社——山东省中国青年旅行社。随着旅游业的快速发展，各大旅行社逐步在辖区设立服务机构。2006 年，有十几家旅行社在辖区开展旅游服务。

附：旅行社选介

山东省中国青年旅行社　1988 年 6 月 16 日，山东省旅游局批准团省委的《关于正式成立中国青年旅行社山东分社的报告》，山东青年旅行社山东分社正式宣告成立。12 月，参加中国青旅集团成立大会，成为中国青旅集团的首批成员单位，对外称中国青旅集团山东公司。

山东青旅创建初期，业务比较单一，主要是接待总社发往山东的入境旅游团队。当时设置的部门有接待部、办公室、财务部。山东省公安厅转发公安部《关于组织我国公民赴东南亚三国旅游的暂行管理办法》，并授予山东青旅代理权。山东青旅及时向青旅集团及省公安厅、省旅游局递交《关于开办赴东南亚三国旅游业务的报告》。中国青年旅行社总社同意山东公司在当地开展中国公民赴东南亚三国探亲旅游的零售代理业务。1993 年 6 月，中国青年旅行社山东分社更名为山东省中国青年旅行社，并增加注册资金 42 万元，总注册资金达 150 万元。1993 年 12 月 1 日，山东省体制改革委员会批复其为中性一类企业。1992 年，出现入境旅游与出境旅游同步发展的新局面。出境组团及办护照人数 526 人，入境游客接待量 1040 人，年利税 35.4 万元。1994 年以后，随着国家外联权的放开和经营出境旅游业务的旅行社数量的不断增多，山东青旅的入出境业务受到较大影响，营业额逐年下滑，企业亏损严重。2002 年，获“省级青年文明号”“山东省旅游消费者信得过单位”称号。2003 年“非典”过后，青旅进入大发展时期。同年，被国家旅游局批准为组团社（国家一级）资质。2004 年，国内组团量达 2.2 万人次，出境组团量 6800 人次，入境接待量 8900 人次，营业额 4200 万元，利税达 240 万元。2006 年，国内组团量 1.6 万人次，出境组团量 6500 人次，入境组团量 9000 人次，营业额 5670 万元。

山东中铁国际旅行社有限公司　成立于 1996 年 5 月 31 日，位于共青团路 10 号，是济南铁路局主办的省级旅游企业。从事入境旅游、境内旅游及出境旅游服务。2000 年重组。公司依托铁路优势，逐步发展成为集国际、国内团体和散客旅游服务、商旅服务、专列旅游服务、铁路客票销售、航空机票销售、商旅会展服务等业务于一体的综合性旅游企业。

第七篇 农 业

1991年，全区只有七贤镇一个农业镇，耕地实行承包责任制。全区粮食总产量2449吨，农业总产值3444万元。同年实施"大环境绿化和保泉工程"，开始进行荒山绿化。1995年10月，划定第一批基本农田保护区155.86公顷，开始推行"村账镇管"。1998年，开展土地二轮延包工作。2000年，实施蓝天工程大环境绿化。2001年，调整农村产业结构，强化园区建设，建成具有农家特色的"民俗村"，规划建设畜牧养殖小区。2003年，开始实施封井保泉，查处非法开采地下水工作。2004年，取消农业税、特产税，开始对种粮农民实施粮食直补。2006年，开始对种粮农民实施农资综合补贴及小麦良种补贴。全年粮食总产40212吨，蔬菜15135吨，干鲜果品8695吨，肉类9779吨，蛋类20071吨，奶类21328吨；农业总产值35736万元。有规模以上龙头企业8家。

第一章 农业概况

第一节 机 构

1991年，市中区农村工作委员会、农业委员会实行一套班子，两块牌子，与七贤镇农业委员会合署办公，有工作人员32人。设农委办公室、农技站、蔬菜办公室、林业站、兽医站、水利站、经营管理站、农机站和凿井队。1996年8月，撤销区农村工作委员会，区农业委员会更名为区农业办公室。1997年，设农业技术推广站、林业站、蔬菜站、兽医站（挂兽医卫生监督检验所和兽药监察所牌子）、水利站、农机站和凿井队；有工作人员40人。2000年，增设农业科技产业园1处，为财政拨款正处级事业单位，有正式职工5人，聘用工作人员18人。2001年10月31日，撤销区农业办公室，成立区农业经济发展局（以下简称区农业局）。设农技站、蔬菜站、林业站、兽医站（挂兽医卫生监督检验所、兽药监察所牌子）、农机站和凿井队。2006年，区农业经济发展局有工作人员32人。

第二节 农村经济体制改革

1991年，全区只有七贤镇1个农业镇，继续实行家庭联产承包责任制。土地经营主要有4种形式。387.87公顷耕地中有212.67公顷采用人口平均承包到户方式，多集中在南部丘陵区域的村；根据实际情况按劳动力进行土地承包的，有9个村，133.6公顷耕地；部分二、三产业发展较快的村，把土地集中起来交给一部分有专业特长的人管理，腾出劳动力从事二、三产业，七贤镇的七贤村，组建农业生产专业队，负责耕种全村的23.3公顷耕地，把农业生产当作一个生产项目，同二、三产业同样对待，参与全村统一核算和分配；部分村的荒地、滞洪区内的水淹地以及集体留出来的机动可耕地，承包给有种植经验的人经营，全区有承包大户9户，承包土地面积18.3公顷。1995年，推行"村账镇管"制度，统一账簿设置、统一记账方法、统一记账科目、统一记账凭证。实行农民负担监督卡制度，农民负担一卡一清，减轻农民负担。1998年，加强中央对土地承包期延长30年政策的宣传落实，开展农村土地延长承包期工作，探索土地合理流转，采取转包、转让、互换、入股、出租、承包返包多种形式，促进土地规模化经营。2002年后，实行税费改革，取消“三提五统”，征收农业税、特产税。2004年，取消农业税、特产税，开启农民种粮没有任何负担且能享受国家补贴的新时代。开始对种粮农民实施粮食直补，补贴标准为195元/公顷标准，共发放96万元。2006年，开始对种粮农民实施农资综合补贴及小麦良种补贴。农资综合补贴以小麦种植核定面积为依据，对种粮农民实施柴油、化肥综合补贴，每公顷补贴213元；小麦良种补贴以小麦良种推广面积为依据，每公顷补贴150元。

第三节　农业产业结构调整

1991年1月，区政府确定开发荒地，建设经济林地333公顷。同年，区委、区政府投资211万元，开发东部山村太平庄，征地6.67公顷，建设大樱桃示范园1处。10月26日，市中区机关干部、驻区部队官兵800余人开展绿色工程大会战。1995年10月，划定第一批基本农田保护区155.86公顷。1996年10月，划定第二批基本农田保护区50.22公顷，并在七贤镇前龙居村西租赁土地1.3公顷，兴建农业科技示范园1处。全区逐步实施农业产业结构调整，退耕还果、还林，林果、畜牧产值在农业产值所占比例有所提高。1998年，七贤镇发展葡萄种植、奶牛养殖、蔬菜花卉种植、生猪养殖和豆制品加工等特色产业，初步形成“一村一品”格局。2001年，调整农村产业结构，强化园区建设。在压缩粮食种植面积和加强葡萄、红杏等6个种植基地建设的同时，完成区农业科技产业园二期工程，建成具有农家特色的“民俗村”。规划建设占地40公顷的畜牧养殖小区。2003年，在农业科技园区内建设7处不同风格的农家小院，1000平方米的养殖示范小区、水上娱乐区及附属设施。

至2006年，园区引进超级无核葡萄、红香椿、菊苣等优良品种180余个；带动周边农村调整产业结构70余公顷。蔬菜、花卉等6大基地新增面积133公顷，总面积2733.33公顷。农业科技示范园发展食用菌大棚9个，示范大棚59个。

第四节　规模效益

1991年，全区粮食总产量2449吨，农业总产值3444万元，农村经济总收入2.52亿元。1992年，粮食总产量2188吨，比上年减产261吨。农村产业结构进一步优化。全区农业总产值4001万元，农村经济总收入4.27亿元。副食、蔬菜、林果三大商品基地形成一定规模，肉、蛋、奶、菜、果等产量有较大幅度增长。1993年，粮食总产量1819吨，蔬菜产量11700吨，果品产量4023吨，肉类产量2219吨，蛋类产量3151吨，奶类产量297吨。农业总产值5255万元，农村经济总收入9.4亿元。1997年，粮食总产量1500吨，蔬菜8100吨、果品6610吨、蛋类1105吨、奶类2599吨。生猪存栏3万头，奶牛1000余头，蛋鸡9.5万只。七贤镇开展“争千创百”活动。建立以五大生产基地为主的农业科技园，种植葡萄100公顷、花卉33.3公顷、棚栽蔬菜和各种果树10.33公顷。全区农村经济总收入25亿元，农业总产值5510万元。

1999年，以发展城郊型高效特色农业为重点，以畜牧、果品、花卉等5大基地为龙头，建立镇、村、居三级科教兴农服务网络。组织实施科技园16个原种提纯试验及奶牛高产技术试验等一系列科技推广项目。粮食总产量1227吨，蔬菜8400吨，果品7700吨。肉类2067吨，蛋类1014吨，奶类4800吨。生猪出栏2.1万头，奶牛存栏1400头。农村经济总收入完成37.7亿元，农业总产值6021万元。畜牧业产值占农业总产值的54.6%。经济总收入过亿元的村有9个。2003年，粮食总产量2.94万吨，肉、蛋、奶总产量4.29万千克。禽畜规模化饲养率95%以上。蔬菜、花卉等6大基地新增面积240公顷，总面积2440公顷，蔬菜总产量14111吨，果品11451吨。新钻深机井29眼，解决9个村1.56万人的吃水问题。十六里河小流域治理项目被列入国家黄河水利委员会工程，治理水土流失面积7.48平方千米。荒山绿化争取国债资金48万元，完成治山整地366公顷，补植348公顷，种植各类树木127.78万株。2005年，粮食总产3.86万吨，果品1.12万吨，蔬菜1.38万吨，肉类总产0.97万吨，奶总产1.78万吨，禽蛋总产1.97万吨。新增蔬菜、花卉种植面积120公顷，总面积达到2600余公顷。退耕还果120公顷。党家庄镇新政村开展沼气池建设示范村活动，建成沼气池60余个。

2006年，粮食总产4.02万吨，蔬菜、水果总产量分别为1.5万吨、0.87万吨。肉类、奶类、禽蛋总产分别为0.98万吨、2.13万吨、2.01万吨。建有养殖小区9处，禽畜规模化饲养率95%，畜牧业占一产增加值的62.2%。蔬菜、花卉等6大基地新增面积133公顷，总面积2733.33公顷。农业科技园发展食用菌大棚9个，示范大棚59个。退耕还果148.67公顷，新增林果面积188.67公顷，种植各种名优果树16.5万株。农业总产值35736万元。

第五节 农业龙头企业

2005年，济南圣都食品有限公司和山东雁领农牧业开发有限公司成为辖区第一批农业龙头企业。2006年，辖区有规模以上龙头企业8家。被评为市级农业龙头企业的分别是济南圣都食品有限公司、济南利蒙制药有限公司、山东雁领农牧业开发有限公司。

一、济南圣都食品有限公司 1999年成立，位于党家庄镇西435号，是济南市最大的专业低温肉食品生产厂家之一，中国低温肉制品行业前20强企业。主要生产宝肚、烤肠、火腿、卷肘、烤肉、鸭胸、鸭卷、酱卤制品等系列肉制品。年产量1万余吨，产品远销省内外。2002年，名牌产品“金帝来”牌皇家宝肚成为全国同行业产销冠军。皇家烤肉、腐肘花、巴西烤肉、烤鸭胸成为同类产品中的优质产品。2006年，企业年产值4500万元，利润70万元。

二、济南利蒙制药有限公司 成立于1993年，位于市中区腊山路18–22号，占地1.5万平方米，固定资产3900万元，员工近200人。2002年，在市中区腊山工业园按GMP标准新建生产厂房。2003年，顺利通过山东省食品药品监督管理局的GMP认证。公司生产胶囊剂、片剂、颗粒剂、丸剂4个剂型近10个品种，有20个新品种上报国家食品药品监督管理局评审。2004年，公司投入800万元，先后在章丘市普集镇和历城区柳埠镇建设山东省特有植物白花丹参种植基地133.3公顷。公司为种植农户提供中药材种苗，定期对农户进行种植技术、病虫害防治等技术培训。2006年，销售额3728万元。

三、山东雁领农牧业开发有限公司 2002年成立，位于济微路144号，是一家集生物添加剂生产、规模经销、产品开发、观光农业、特种养殖等科研、生产、商贸于一体的大型综合性民营农牧业企业，济南市农业产业化经营重点龙头企业，注册资金500万元。公司下设雁领生物添加剂厂、实验养殖基地、山东雁领农牧业生物技术研究所、绿色山东（国际）物流港、山东雁领公司济南博览会分公司、山东雁领绿色产品连锁超市、山东鸣芳食品开发有限公司。

第二章　种植业

第一节　粮食作物

一、作物种植

1991年，实有耕地面积472.87公顷，粮食作物播种面积604.07公顷（含复种）。2006年，实有耕地面积5116公顷，粮食作物播种面积8952公顷。

辖区粮食种植区域多为丘陵山区，水浇条件较差，受降水影响大，粮食产量有一定起伏。随着耕作和水利条件的不断改善，水浇面积逐步扩大，引进高产耐旱作物良种，推广旱作物栽培技术，粮食生产总体水平不断提高。

辖区粮食生产耕作一般为1年2作制，主要为小麦—玉米，小麦—谷子，小麦—小豆等。部分地块1年1作，即秋播时留下麦地，第二年种植春作物地瓜、谷子等。个别地块2年3作，即地瓜—小麦—玉米或其他。

1991—2006年市中区粮食生产情况表

表7-1

年份	总产（吨）			单产（千克/公顷）			蔬菜总产（吨）
	夏粮	秋粮	合计	夏粮	秋粮	平均	
1991	996	1453	2449	3525	4515	4050	10000
1992	988	1200	2188	3567	3727	3653	11700
1993	644	1175	1819	3204	4052	3705	11700
1994	652	1116	1768	3244	4260	3819	11700
1995	622	1160	1782	3380	4411	3987	9330
1996	622	1189	1811	3380	4453	4016	9000
1997	702	832	1534	3510	3116	3285	8100
1998	447	866	1313	3887	3331	3501	8400
1999	443	784	1227	3852	3267	3456	8400
2000	14459	25607	39526	3319	4376	3919	14055

续表 7-1

年份	总产（吨）			单产（千克／公顷）			蔬菜总产（吨）
	夏粮	秋粮	合计	夏粮	秋粮	平均	
2001	13364	22821	36185	3321	4349	3903	15170
2002	10244	14907	25151	2646	2901	2791	15866
2003	11410	18014	29424	3024	3645	3376	14111
2004	13037	19116	32153	3669	3990	3853	14189
2005	15270	23302	38572	3743	4886	4359	13814
2006	16553	23659	40212	3821	5121	4124	15135

二、病虫害防治

辖区粮食作物主要病害有小麦黄锈病、白粉病；玉米叶斑病、青枯病。虫害：麦蚜虫、麦叶蜂、红蜘蛛、玉米螟、黏虫等。地下害虫有：蛴螬、蝼蛄、金针虫等。

防治措施主要有推广抗病良种，加强栽培管理，使用生物高效杀菌剂以防代治，控制危害发生。

第二节　蔬菜作物

一、蔬菜品种

白菜类有：小杂 56，晋菜 3 号，青麻叶，山东 13、16 号，鲁白 13、14 号；甘蓝类有：中甘 11 号，鲁甘蓝 2 号，夏光，京丰 1 号等；叶菜类有：油菜，香菜，花叶生菜，结球生菜，圆粒菠菜，茴香苗，花叶苔菜，毛皮莴苣，黄苗芹菜等；瓜类有：黄瓜津杂 2 号、津春 2 号 4 号、津研 4 号，冬瓜有青皮、白皮 2 种；果类有：西红柿西粉 3 号，新特 2 号等。此外，有平菇生产，一般在菜地搭小拱圆棚生产，中温、低温型较多，如二九、九九等。蔬菜较有名气的品种有后魏华村黄苗芹菜、翠玉芸豆、洛椒 2 号等。

1990 年后，小拱棚、中拱棚、大拱棚和地膜覆盖等多种蔬菜生产技术得到普及和推广，大棚蔬菜和地膜覆盖技术逐步得到广泛应用。

辖区蔬菜生产一般 1 年 2 熟，后来部分品种 2 年 5 收，甚至 1 年 3 收或多收。大棚生产一般是春黄瓜或茄果类，收后种豆角或早熟白菜，定植芹菜或青蒜。秋季定植芹菜后，连续栽两茬油菜后定植黄瓜或茄果类，收后可种豆角或芹菜。2005 年后，部分大棚开始种植草莓等反季节作物。

改进韭菜栽培方法，收割一、二茬后，在韭菜畦栽种甘蓝或油菜，加快韭菜周转。该定植为当年养苗，当年移栽，当年覆盖，或直接覆盖，缩短周期。

二、病虫害防治

1991 年后，由于蔬菜生产种类增多，保护面积大，病虫害越冬几率高，抗药性有所增加，多种病虫害猖獗。主要病害有黄瓜霜霉病，白粉病，枯萎病，白粉病，茄子绵疫病，黄萎病，大白菜软腐病等。虫害有美洲斑潜蝇、棉铃虫、红蜘蛛等。病虫害防治主要采取 3 项措施：选用抗病良种；根据不同的生产季节和蔬菜品种，配肥地力，加强栽培管理；采用生物药品防治及高效低毒化学药品进行防治，使蔬菜中的农药残留量始终控制在规定的范围内。

第三节　农业技术推广

1990年3月，恢复市中区农业技术推广站，并设立农业综合服务站。1991年后，区农技站每年引进几个作物良种进行试验、示范种植，因地制宜推广应用。对小麦种子改良主要是提纯复壮，选出高产稳产的良种进行推广。确定种子专业村，组织专人去杂提纯，麦收时严格把关，通过单打、单收、单贮藏等措施，确保种子质量。1995年，区农委向农民提供良种3.5万千克。1996年，提供良种5万千克，保障粮食作物的稳产高产。至1997年，先后引进更新小麦、玉米、大豆、地瓜等24个新品种，进行试验、示范，使农作物的良种推广更新形成梯次。1998年，在农业生产过程中推广农业科技，倡导统一供种；党家庄镇统一供种120万千克，其中小麦、玉米良种率100%。省、市、区农业部门曾先后三次在党家庄镇召开统一供种工作现场会。全镇共引进小麦、玉米、地瓜等优良品种30个；同时，推广小麦穴播、玉米间作等农业科学新技术。

1999年，推广脱毒地瓜、玉米间作、地膜覆盖、地下管道、喷灌、大棚生产、果品改良等新技术。早熟无核化生食葡萄栽培技术通过省市专家组验收；进行试验推广的“常青藤”被全市容貌工程选为绿化苗木之一；另外还组织实施了科技园16个原种提纯试验。2000年6月，市中区在党家庄镇成立农业科技产业园，举办23项农业科技培训班。2001年，推广保护地栽培、覆膜技术、喷灌、滴灌等实用技术。2003年，向农民发放农业科技宣传资料3万份，指导农户种植葡萄、冬枣、蜜桃、石榴等11万株。党家庄镇新增农业示范园区4处，总面积266.67公顷。2004年，以区农业科技产业园为龙头，新建成蔬菜大棚60个，中、小棚1150个，陡沟村的“六月紫”葡萄、小庄村的莱山蜜桃、寨而头村的“香铃1号”薄皮核桃成为名优产品。

农业专家现场讲解新品种培育（区科协提供）

第四节　农业机械

1991年，全区农业机械总动力为1.97万千瓦，大中小型拖拉机303台。每年均按规定对各类农业机械牌、证进行审核，对农业机械和驾驶操作人员的进行年检、年审；依法开展各类农业机械事故处理，无牌、无证及未检审农业机械和驾驶操作人员的综合治理，纠正各类农业机械违规违章驾驶操作等。1996—1997年，推广玉米联合收获机械化技术、小麦联合收获机械化技术；农业机械由量多向高质求精转化。1998—1999年，推广小麦秸秆还田及玉米播种机械化技术。2005年，开始实施“购机补贴”“作业补贴”等惠农政策，玉米机收和保护性耕作机械化水平得到提高。

第三章 畜牧业

第一节 畜禽品种引进

1991年，畜禽种类主要有猪、牛、马、驴、骡、羊、兔、鸡、鸭、鹅等。2006年，畜禽主要以产肉蛋奶为主，奶牛养殖成为支柱产业，特殊养殖业有狐狸、梅花鹿、獭兔、七彩山鸡、鹌鹑等。

猪 品种主要有杜洛克、约克夏、长白、汉普夏。2006年，商品瘦肉型良种猪覆盖率达98%。

牛 肉牛以鲁西黄牛养殖为主。1994年，从黑龙江引进黑白花奶牛。1995年，从山东省畜禽良种中心引进利木赞牛和西门塔尔肉牛。1996年，从北京引进荷斯坦奶牛。境内养牛业主要分布在党家镇的大庙屯村、袁庄、党东、党西等村。

羊 山羊和本地绵羊为主要品种。1998年后，从菏泽、济宁等地引进小尾寒羊、波尔山羊良种与本地绵羊进行杂交繁育，推广率80%以上。主要分布在党家镇、十六里河镇的南部山区各村。

鸡 良种鸡的品种有蛋鸡“288”“579”、伊莎、海兰、黄金褐，主要分布在十六里河镇；肉鸡有“爱拔益加”“艾维茵”“817”，主要分布在党家庄镇。

鸽子 分布在党家镇和十六里河镇。1999年从北京引进，2006年发展到9000只。

七彩山鸡 分布在十六里河镇分水岭村。1998年从东营、临朐引进。2006年发展到1万只。

狐狸 分布在党家庄镇丰齐村。2001年从河北引进，2006年发展到3000只。

獭兔 分布在十六里河镇大涧沟西村。1992年从南京、河北引进。

鹌鹑 分布在党家镇和七贤镇。2006年发展到2.3万只。

第二节 畜禽生产

1991年前，主要是农户分散饲养，规模小，数量少。1991—1996年，太平庄村和土屋村发展成为2个养猪专业村，生猪存栏量分别达到2000头和1000头。1995—1996年，引进荷斯坦、加拿大三号等优良奶牛品种。1997年，南红庙村奶牛养殖形成规模，达到250头，成为济南市奶牛协会合作社组织的首批会员。1998年，生态型、标准化奶牛饲养场发展到3个，存栏量达4800头，占辖区奶牛养殖总数的78%。区畜牧站按照畜禽饲养标准和各种饲料的营养成分研制成全价饲料的配方，向农户推广。2001年，兴建以奶牛饲养为主的市中区养殖小区。政府投资基础设施，解决养殖户的饲养环境、牛奶销售、防疫、品种改良等问题，建成集饲养、品种改良、科技服务、技术推广为一体的大型养殖小区。同年6月，开始规划设计、征地、选址，与邵东村签订30年的土地承租合同，占地15公顷。8月动工建设，政府投资建设框架式开放型牛舍12座、全自动中置式60头牛位的挤奶厅2座、400米的深水井1眼、500立方蓄水池、200千伏安变电室、3500米的输水管道、办公生活等配套设施。业户自建牛舍11座。2004年，推广秸秆饲料青贮氨化技术，举办培训班4期，青贮玉米秸秆7.2万吨。鸡用配合饲料98%，猪用配合饲料96%。

2006年年底，全区大牲畜存栏10636头，猪45949头，羊39651只，家禽存养量130万只。

1991—2006年市中区畜禽生产情况表

表7-2

年份	牛（头）	猪（头）	家禽（万只）	肉（吨）	蛋（吨）	奶（吨）
1991	186	5000	44	315	3000	182
1992	154	5500	50	616	3000	289
1993	159	5700	39.1	713	3100	297
1994	180	7000	26	810	3000	720
1995	250	8000	16	1092	2000	1125
1996	500	9400	7.39	1247	927	1634
1997	550	10500	10	1402	1105	2599
1998	1250	15000	12	1878.3	900	3600
1999	1440	17000	14	2099.2	950	3770
2000	14200	50500	206.54	9765	12918	10910
2001	14900	56800	210.66	10430	14116	12600
2002	15400	48000	142.15	12352	9900	13230
2003	10300	41000	113.5	16968	9055	14556
2004	6300	33000	100.23	8536	8625	18083
2005	7100	42000	115.35	9733	19686	17782
2006	10636	45949	130	9779	20071	21328

第三节　畜禽防疫

1991年后，区畜牧兽医站定期向辖区养殖户发放疫苗，并监督养殖户进行防疫后配带耳标。落实养殖补贴政策，定期检测疫病等。2004年1月27日，国家公布第一起禽流感疫情后，区委、区政府召集有关部门紧急部署防控禽流感的任务。2月8日，成立区高致病性禽流感防治工作指挥部，下设技术组、督查组、扑杀组、宣传组、后勤组5个工作组。2005年，成立由92名人员组成的村级动物防疫员队伍，实施重大动物疫病防控工作，包括疫苗免疫注射、动物疫情监测、病菌消毒灭源、疫病应急处理等。至2006年，辖区内未发生重大畜禽疫病。

第四节　畜禽执法管理

1986年开始，区兽医站按照《家畜家禽

防疫条例》开展动物检疫工作。1998 年 1 月 1 日起,《中华人民共和国动物防疫法》实施。动监所依法设立执法队，实施动物及其产品生产、加工、屠宰等环节的监督及违法违规行为的查处。检疫方法是申报检疫和市场检疫，开展检疫的市场和单位有自由大街 、二七新村中街、斜马路、民族大街、王官庄、胜利大街、七里山南区、万寿路、袁柳村、海鲜市场、万紫巷市场等市中区的农贸市场和金锣、龙大等 300 个放心肉经营店（点），各乡镇的动物检疫由各乡镇兽医站负责。每季度组织全体人间进行技术交流、技术总结和技术培训一次。2 ~ 3 人为一个检疫组，进行现场检疫检验，对符合标准的，现场签发“检疫合格证明”；对不合格的，遵照《中华人民共和国动物防疫法》和《动物检疫管理办法》从严处理。

第四章　林果业

第一节　林　地

1991 年，全区林地面积 1048.51 公顷，经济林面积 335 公顷。2001 年，全区林业用地面积 7429.2 公顷，非林业用地面积 18640.7 公顷。有林地面积 3766.4 公顷，其中用材林 15.1 公顷、防护林 1881.4 公顷、经济林 1314.5 公顷；疏林地面积 54 公顷；未成林造林地、灌木林地 479.5 公顷；林网的折实覆盖面积 51.6 公顷，间作折实覆盖面积 289.8 公顷，“四旁”树木折实覆盖面积 256.3 公顷。2005 年，规划审批公益林面积 5263.3 公顷，其中，国家级 4489.1 公顷，省级 774.2 公顷。2006 年 3—12 月，对全区林业资源进行全面调查。2007 年，对调查数据进行整理，全区林业用地面积 8400 公顷，其中，林地面积 7066 公顷，疏林地 433 公顷，未成林造林地 1733 公顷，宜林荒山荒地 1400 公顷，林木覆盖率 21%。

第二节　植树造林

1991 年，全区林木总面积 1048.51 公顷，林木覆盖率 10.3%。同年，落实《济南市关于在市区实行义务植树登记制度的规定》，男 18 ~ 60 岁、女 18 ~ 55 岁，每人每年应植树 3 ~ 5 株或以资代劳缴纳代植费。同年，实施济南市统一规划的“大环境绿化和保泉工程”，完成荒山造林 66.67 公顷。防护林主要以补植风景树黄栌为主，并陆续将 200 公顷侧柏松发展成为风景林，到 1995 年，全区完成林业灭荒任务，并通过验收。在荒山绿化工程造林过程中，采用地膜覆盖和化学催根等新技术，达到造一片、活一片的良好效果。2000 年，市委、市政府确定对市中区 11 座山头实施蓝天工程大环境绿化，以马武寨南坡、马武寨（不含西坡）石房峪、龟头山（不含东坡、南坡）为主的大小 7 个山头为主体，实施封山措施，对其中 13.33 公顷荒山进行高标准工程造林，植风景树黄栌 4.4 万株，对 33.3 公顷未成林疏林地进行补植，植风景树黄栌 5 万株。对万灵山 33.3 公顷实施封山育林，对幼林进行补植改造，共植风景树黄栌 5 万株，架设 3000 余米封闭网，修建护林房 5 间。沿卧虎山东南坡造林，面积 30 公顷，栽植侧柏、黄栌 10 万株。在井家沟建设优良品种葡萄园

义务植树（2002年摄　二七新村街道办事处提供）

66.7公顷，将杨庄、前魏、后魏扩展为葡萄专业村。同年，全区19个义务植树单位，组织860余人的专业挖穴队上山整地，在辖区13个山头、480公顷的地域上，挖掘鱼鳞坑51万个，占全年任务的54%。其中，省直机关在十六里河镇植树造林107公顷，省军区在十六里河镇搬倒井村植树造林40公顷，济南军区在十六里河镇兴隆一村植树造林53.3公顷，驻济空军官兵在十六里河镇西河村植树造林35公顷，鲁能集团在十六里河镇涝坡村植树造林30公顷，铁路系统在十六里河镇巩村植树造林63.3公顷，驻济大中专院校在十六里河镇西仙、吴家村植树造林22.7公顷。

2001年，建成义务植树基地3个，分别是三八林、东港爱心林、家庭幸福林，栽植绿化苗木1万株，特色果树1500株。同年起，十六里河镇、党家庄镇，利用国债造林资金（每亩国债投资100元，区级配套25元）实施造林100公顷，栽植黄栌、侧柏45万株。2004年，完成治山整地366公顷，挖鱼鳞坑30.1万个，栽植侧柏、黄栌59.2万株；补植造林348公顷，栽植侧柏、黄栌等绿化树种68.58万株。全年植树127.78万株，采用地膜覆盖和化学催根等技术，成活率达99%。2005年，完成治山整地240公顷，退耕还果120公顷，建设公路林网50.8千米，新植各种名优果树11万株，京福高速公路两侧补植树木12.67万株。

2006年，治山整地314.53公顷，退耕还果148.67公顷，新增林果面积188.67公顷，种植各种名优果树16.5万株。公路林网化建设20.4千米，栽植树木12万株，治理破损山体98.5万平方米。利用国债造林资金累计造林1135.73公顷。全区育苗面积100公顷，年供应苗木600余万株。

第三节　果品生产

1991年，全区果树面积70公顷，干鲜果品品种主要有苹果、葡萄、桃、梨、杏、柿、枣、核桃、山楂等，果品总产量810吨。同年，投资30万元，组织实施军民共建万亩果园活动。共建苹果园156.67公顷，石榴园66.67公顷。1993年冬季，辖区遭受大范围风雪灾害，苹果幼树冻死约85%。农业办公室确定调整果树林品种结构，通过嫁接改造，扩大良种聚丰葡萄栽培面积。2000年，党家庄镇和十六里河镇划入市中区后，果树面积为1350公顷。2004年，在十六里河镇的矿村、大岭、小岭、白土岗；党家庄镇的张庄、东渴马、寨而头、陡沟等村庄，发展果树面积264公顷，树种主要是核桃、桃、杏等。2006年，全区果树面积为1306公顷，干鲜果品品种主要有苹果、梨、葡萄、桃等，总产量8659吨，产值503万元。

1991—2006 年市中区干鲜果品产量情况表

表 7-3　　单位：吨

年份	苹果	葡萄	桃	梨	其他	总产量
1991	240	450	60	30	30	810
1992	1000	1050	50	50	150	2300
1993	1520	2023	135	5	340	4023
1994	1080	1398	95	5	238	2816
1995	2498	2225	300	7	198	5228
1996	3950	2850	390	30	288	7508
1997	2148	4023	–	20	419	6610
1998	2400	4020	300	7	122	6849
1999	2660	4600	300	10	130	7700
2000	4762	4770	656	295	193	10676
2001	4466	5906	717	305	349	11743
2002	4667	6214	941	295	444	12571
2003	3437	5573	1710	82	649	11451
2004	3583	4950	1410	87	663	10693
2005	2608	3892	1414	92	656	8662
2006	5227	2573	622	18	189	8659

第四节　名优果品选介

济丽红杏　原产于义和村，系自然实生，自然受粉结实率 31%，6 月底成熟，单果平均重 85 克，最大单果重 130 克以上，果面光滑，色泽艳丽，果汁中等，有香气，甜仁，离核，是一个鲜食与加工兼用的优良品种。2000 年 6 月 28 日，被省果树专家委员会鉴定为“鲜食加工兼用的优良品种和很有价值的育种资源”。

济丽红杏

六月紫葡萄　1985 年 6 月，陡沟村周建忠在村南葡萄园发现山东早红葡萄芽变，比母树其他枝上结果早熟 7 天。该品种 4 月上旬发芽，5 月中旬开花，6 月中旬果粒开始着色，6 月底至 7 月 5 日前果实完熟。平均粒重 6.4 克，紫红色，色泽艳丽，着色整齐，含糖量 14.2%。平均穗重 510 克，果皮较厚，耐运

六月紫葡萄

输，无裂果现象，成熟后有玫瑰香味。

脆酸枣 主产地为十六里河镇石匣村，是由当地民间选出的酸枣中的优良品种，栽培历史近200余年，现存有经嫁接的150年生以上的大树。19世纪70年代前，石匣、瓦峪2村的三川五坡遍布枣林。济南方言中有“七月十五红白枣”之说，即指脆酸枣的上市时间。脆酸枣是以酸枣为砧木嫁接生长而成，一经嫁接成活，表现出良好的生长性状，易成大树，树体高达10米以上，寿命可达百年以上。丰产性状优良，当年伏天芽接即可见果，早春枝接，当年丰产。脆酸枣结果枝节间长，托刺弱短，多年生枝刺退化，大树膛内无刺，方便采摘。脆酸枣果实近椭圆形，平均纵径2.51厘米，横径2.31厘米，平均单果重5.69克。枣果成熟期早，甘甜多汁，酸甜适口，口感极佳而倍受群众钟爱，成为济南上市最早的时令佳果。2006年12月，被济南市科技局鉴定为优良品种。

脆酸枣

欧李 称为“钙果”，陡沟村周建忠选育，植株根系发达，果实串串，是绿化荒山、保持水土、退耕还林、退耕还果的优良树种。预选工作2000年开始，从近千个群落欧李品系中选出6个品种。其中2个品种果实大、色泽艳丽、香味浓、口感好，宜于生食；2个品种宜于园林、荒山、沙漠绿化；1个品种大核大仁宜于药用（欧李药名郁李仁，有利尿、消除水肿、降压等作用，是一种常用的中药）；1个品种制汁、酿酒，宜于加工（鲁欧李2号）。“欧李选育和基地建设”课题是2006年省内首家由政府立项选育开发的项目。

欧李

第五节　林业管理

1991年后，林业站每年坚持向群众宣传林业法规，依法处理林业纠纷案件。在护林防火戒严期间，组织2～3人灭火巡逻队不间断巡查，及时处置火灾隐患。

2002年，辖区建立区、重点街道（镇）、重点村三级森林防火指挥体系，层层签订护林防火责任状，区森林防火指挥部根据行政区划和防火任务的轻重，将全区划分成12个防火片区，实施“网格化”管理。城郊各镇（办）划分管控区域，实行分片包干责任制，分管领导包片，科室工作人员包村（居），村干部包地块，层层签订护林防火责任状，严格奖惩；利用广播、电视、报纸、宣传车等形式，加大宣传力度，提高全民护林防火意识；对重点林区强化火源管理，各入山口设立护林防火检查站；加大投入搞好防火基础设施建设。2003年，区农业局组立第一支森林15人组成的消防专业队伍，实现森林火警火灾由临时组织群众自发扑救向专业队伍扑救的转变。2005年，按照公益林1000亩配置1名护林员的标准，配备专职护林员92人，每人每月补贴300元，纳入财政预算。2006年，区、镇2级专业扑火队伍80余人，配备风力灭火机80台，封山育林面积4333公顷。

境内主要虫害有红蜘蛛、天牛、杨尺蠖、天蛾、潜叶蛾、吉丁虫、蝉、金龟子、椿象、蚜虫、叶蝉、草履介壳虫、柿粉蚧、食心虫等。2006年，发现美国白蛾。主要病害有叶斑病、锈病、苹果心腐病、腐烂病、干腐病、轮纹病、根瘤等10余种。主要防治方法：及时监测、早期预防，用锌硫酸、乙磷铝、多菌灵、石硫合剂等药物喷洒，防止大面积发生。至2006年，辖区未发生大面积病虫害灾情。

第五章 水 利

第一节 水 库

辖区有兴隆水库、大岭水库、钅广村水库3座小型水库。

兴隆水库 位于十六里河镇兴隆东村，始建于1958年，是一座均质土坝，水域面积7900平方米。总库容120万立方米，兴利库容40万立方米，调洪库容24万立方米。坝长240米，最大坝高20.81米。开敞式溢洪道共7孔，宽35米，最大泄量220立方米/秒。放水洞直径800毫米，闸阀控制。2006年，投资25万元，对水库放水洞进行改造，共动用土石方3万立方米，更换直径800毫米玻璃钢管95米，安装直径800毫米闸阀2个，新建闸室、消力池等建筑物。

兴隆水库（十六里河镇提供）

大岭水库 位于十六里河镇大岭村北，始建于1971年，是一座浆砌石重力坝，流域面积2000平方米，总库容15万立方米，兴利库容8万立方米，防洪库容6万立方米，最大坝高8米，顶宽4米。放水洞直径300毫米，球阀控制。该水库是大岭村人畜吃水等生产生活的水源。2005年，投入资金7万元，对水库坝体抗稳定性进行加固处理，完成土石方1000立方米，耗用水泥60吨。

钅广村水库 位于十六里河镇钅广村村东，流域面积3000平方米，大坝始建于1971年，是一座浆砌石重力溢流坝，总库容24万立方米，兴利库容15万立方米，防洪库容8万立方米，顶宽3米，最大坝高15米，坝顶开敞溢流式溢洪道，放水洞直径800毫米，闸阀控制。

第二节 水利工程建设

1991年，在九曲村进行小流域治理，集中修建拦水坝5处。1992—1995年，在太平庄村新打机井4眼，维修旧井1眼，解决该村500余人口的用水困难，并为村养殖场解决畜禽用水。至1997年，全区打机井10眼，建提水站1处，蓄水池1个，拦水坝5处，综合治理水土保持面积达1.5平方千米。西部外环路两侧老菜区发展节水型灌溉面积100公顷，修建排水沟16条，长4200米，疏通济平干渠朱家庄至尹家堂段总长720米。2000年，农田水利完成投资额1200万元，完成工程量87万立方米，有效灌溉面积4000公顷。2002年，新打机井22眼，修建蓄水池6个，发展高标准节水灌溉工程130余公顷。2003年，新打深机井29眼，解决9个村1.56万人的吃水问题。铺设灌溉管道4500米，发展低压管道灌溉25.3公顷。

2000—2004年，利用中央、省、市专项资金400万元，新打机井15眼，新建水池5座，铺设管道1.5万米，安装恒压变频控制设备3台，累计解决29个村3.1万人的人畜饮水困难。2003—2004年，组织实施十六里河小流域水土保持生态工程，综合治理面积15.5平方千米，治理基本农田80.4公顷，人工造林631公顷，培植果园66.3公顷，封禁治理772公顷，新建塘堤2处、蓄水池280处，沟头防护0.3千米，总投资380万元。2006年，利用中央、省、市专项资金318.94万元，新打机井6眼，新建水池4座，铺设管道2.88万米，安装恒压变频控制设备2台，累计解决全区6个村人畜饮水困难。

第三节 水政管理

1991年1月，区农委印发《关于建立水利执法体系的意见》，开始对辖区企业单位征收水资源费。各单位实现装表计量，计划用水，按用量缴费。1992年5月，印发《市中区基建施工用水管理暂行办法》。2000年4月，区水政监察大队成立，独立开展水政执法工作。

2000—2004年，区水务局每年参加在泉城广场举行的省、市纪念“3·22”世界水日暨中国水周宣传活动。共悬挂横幅42条，制作绶带48条，张贴标语500条，发放宣传材料1万份。广泛宣传《中华人民共和国水法》《中华人民共和国水土保持法》《中华人民共和国防洪法》《中华人民共和国河道管理条例》等法律、法规。2003年，依法征收水资源费、河道工程维护管理费、水土保持设施补偿费、水土流失防治费。征收各项水利规费50万元。同年4月开始，加大对各类水事违法案件的查处力度，查处案件55件。根据市政府“封井保泉”工作精神，查处非法开采地下水行为，至2004年，依法封井12眼。2004年，征收各项水利规费70万元。同年7月，进行为期一个月的执法学习、整顿活动。

2006年，区水政监察大队核定编制8人，核定领导职数2人，其中大队长1名，副大队长1名，实有工作人员6人。同年，查处非法开采地下水案件3起，封闭浅水井3眼。

第八篇　工　业

1991年，全区有工业企业77家，完成工业增加值3.25亿元，实现工业利润1907万元。继续实行企业承包经营责任制。1992年，制定《关于城镇集体所有制企业实行股份合作制的意见〈试行〉》，进行试点。1996年，以建立现代化企业制度为目标，对企业进行改制、改组、改造。1997年10月，规划建设腊山工业科技园。2001年1月，区政府在党家庄镇罗而庄设立济南新城经济开发区。2004年，全区完成国内生产总值180.9亿元，实现销售收入156.84亿元，利税8.17亿元。2005年，市国资委将89家市属国有集体企业交由属地政府管理。2006年，全区有规模以上工业企业79家，实现工业增加值56.88亿元，销售收入227.77亿元，利税16.15亿元，利润9.49亿元；高新技术产值179.08亿元，占工业总产值83.75%。

第一章 工业概况

第一节 管理机构改革

1991年，区经济计划委员会设办公室、生产计划科、技术科、财务科、劳工科、生活服务科、退休职工管理办公室，有干部职工35人。1997年，机构改革，设办公室、生产计划科、技术科、政工科、企管科、财审科、退休职工管理办公室，机关工作人员36人。2001年，区经济计划委员会更名为区经济发展计划局，设办公室、政工科、财务科、发展计划管理科、经济技术协作科5个科室，实有工作人员18人。2006年，区经济发展计划局更名为市中区发展和改革委员会，设办公室、发展计划科、技术协作科、政工科、财务科，工作人员21人。

第二节 产权体制改革

1991年，全区工业企业继续实行企业承包经营责任制，对1990年年底到期的106家租赁承包企业全部签订新一轮承包合同，推行“四公开一必审”制度，推进企业内部配套改革。全区258个区街企业有250个实行租赁承包经营，占区街企业总数的96.8%。1992年，制定《关于城镇集体所有制企业实行股份合作制的意见（试行）》《关于有限责任公司试点的实施意见》，进行企业内部三项制度改革，在6个企业进行试点。1993年，全区有50家工业企业进行三项制度改革，占县以上集体企业的79.6%。股份制试点经验全面推开，有15家小企业实行规范的股份制或股份合作制。1994年，全区分8种改革模式，依据整体推进与重点突破相结合的原则，推动企业转机改制。有450家企业进行产权制度改革，占企业总数的85%。组建股份有限公司1家，企业集团3个，有限责任公司8家，股份合作制企业44家，中外合资企业44家，实行公有民营182家，租赁经营150家，实施兼并15家，拍卖3家。同年，制定《关于进一步推行和完善城镇集体企业股份合作制的意见》《关于城镇集体企业改组为股份合作制的操作规程》《关于集体小型工业企业试行公有民营的暂行规定》。1995年，企业改革进一步深化，全区有474家工商企业进行股份制、合作制、公有民营、租赁经营、兼并、拍卖、破产等形式的改革，占企业总数的87%。

1996年，以建立现代化企业制度为目标，按照“抓点带面，分类指导，整体推进，重点突破”的思路，通过整体改组、部分改组、出售资产、债权变股权等多种形式，先后对42家企业实行改制、改组、改造。对3家长期资不抵债的企业依法实行破产。新组建企业集团6家。选择济南暖通设备厂等一批小型集体企业进行民营化改制试点，对集体资产管理体制特别是街道、村（居）集体资产监管运营体制改革进行探索。1997年，制定《关于鼓励发展民营经济的意见》，推动民营经济加快发展。民营经济所提供的税收在全区财政收入中的比重越来越大，逐渐成为全区经济的重要组成部分。1998年，成立城区乡镇6个工作小组，制定《市中区关于企业产权出售的试行意见》等3个规范性的政策文件和部分配套指导意见。指导25家企业的产权改革；组织第二消防器材厂、福利节能设备厂等12家企业在市产权交易会和产权市场挂牌出售，有5家企业在交易会上签订产权交易合同。1999年，制定《市中区关于进一步深化企业改革的实施意见》《市中区推行和完善城镇集体企业股份合作制的意见》等规范性改制配套文件，指导企业产权改革。提出“明晰资产，出售产权，重塑机制，优化结构”的改革思路，对企业资产进行重组、兼并、破产，彻底剥离企业不良资产。通过整体或部分改组、兼并、参股、渗股、资产置换等形式，先后对30余家企业进行引联挂靠和改组改造，盘活资产2.5亿元。乡镇企业进行二次改革，以产权出售为重点，推行“民进公退”改革方式，重新确立产权归属关系。2001年，党政机关、事业单位的实体、社会中介组织，通过产权制度改革与政府部门彻底脱钩，实现股权多元化。对全区20家实体单位进行清理整顿，理顺与主管部门的关系，其中，注销17家，其他形式3家。2002年，成立以体改办牵头的镇村经济办公室，先后对济南利康酒水、济南远东贸易公司等56家企事业单位进行清算、破产、产权改制和清理整顿等工作。

2003年，对610余家改制企业进行重新排队，组织改制企业“回头看”。即对土地使用权出租登记、贷款专用和房产过户等法定手续办理情况、股份经营企业股本金到位情况、企业转制时资产审计与评估资料以及企业改制档案和财务会计档案的建档、归档情况进行检查。全区改制企业规范比例90%。对部分经营状况差的事业单位进行改制，主要单位有市中区物资总公司（物资局）、山东亚太生产力促进中心、济南生物工程研究院、市中区牙病防治所、市中区机关印刷所等，安置人员300余人，收回资金3.2亿；清理整顿事业单位及所属企业31家。2004年，对王官庄、舜玉路、大观园、魏家庄、二七新村街道的5家区街企业采取现场指导，对条件成熟的企业逐一进行改制。对市中区悉通液压胶管厂等30余家机关实体进行改制，全区完成139家机关实体与原主管单位脱钩改制工作。对市中印刷一厂、山东兴业塑料有限公司等一批长期亏损、扭亏无望、资不抵债的企业进行清理整顿。当年基本完成全区28家企事业单位的整顿改革。2005年，市国资委将89家市属国有集体企业交由属地政府管理，全区接收下放企业22家，根据职责分工，区委、区政府将企业资产管理纳入区国资委监管，日常经营管理及改制工作纳入区经计局管理。区经计局专门成立企业管理办公室，处理下放企业改革改制事宜。通过摸底调查和审计评估，确定济南燃料集团总公司等12

家企业为改制企业，济南印刷研究所等10家企业为准备破产企业。当年，22家市属移交企业有3家改制为民营企业，3家企业进入改制程序，4家企业列为第一批破产企业。

2006年，区发改委企业管理办公室、信访科等相关科室划归区国资委管理，进一步理顺企业改制管理体系。国资委实行“包企助岗”领导负责制，采取“因企制宜，一厂一策”的方法，加快企业改制进程。至年底，完成或基本完成10家原市属移交企业改革改制工作，剩余12家进入改制程序。

第三节　企业管理体制改革

1991年，区属大部分企业实行承包经营，企业用人权、生产经营权、工资分配权基本下放到企业，政府实行总量控制监督。区街工业全面开展“质量、品种、效益年”活动，在提高产品质量，优化产业结构、降低消耗、节约费用等方面取得明显效果。当年，完成工业总产值1.89亿元，利润1107万元。区街工业继续深化企业改革，工业企业签订新一轮企业承包经营合同。1992年，政府依据国务院《全民所有制工业企业转换经营机制条例》，转变职能、加强服务。企业逐步实行竞争上岗、优化组合、定岗定责、工效挂钩的自主管理方式，裁减富余人员，开始出现职工下岗现象。1993年，全区企业推进三项制度改革，有50个工业企业进行改革，占区级以上集体企业的79.6%，经济效益有不同程度的提高。各企业推行全面质量管理，实行质量否决制，加强企业管理。同时开展“村办企业年”活动。1995年，全区企业全面实行全员劳动合同制，打破固定工终身制，建立奖优劣汰的企业管理制度。1996年，学习山东水泥厂人本、成本管理经验，推广“两本”管理。1997年，开展以“两本”管理为重点的“管理效益年”活动。同年，允许企业招录农业户口人员。

2001年，企业用工全面放开，由企业自主录用，政府负责合同鉴证。全区企业改制基本完成，政府职能转变为按照国家产业政策，指导企业发展、技术改造和创新等工作，对各种经济成分的企业实施宏观管理和指导。2004年，全区工业企业加强质量体系认证工作，有21家工业企业通过ISO 9000系列认证。

第四节　规模效益

1991年，辖区区属工业有区街工业61家，区直属工业企业5家，乡镇企业9家，劳动服务工业公司企业1家，校办企业1家，共计77家。当年完成工业增加值3.25亿元，实现工业利润1907万元。1993年，区委、区政府对郎茂山工业小区进行扩建，成立工业小区指挥部，区街企业“退二进三”、腾笼换业，济南市市中衡器厂、济南市印刷二厂、济南市无纺布厂、济南市散热器厂等企业先后搬入工业小区内。区属企业共有72家，完成工业总产值7.26亿元，比上年同期增长70.3%，工业利润完成3911万元。

1994年，区委、区政府以膨胀骨干企业为重点，不断扩大工业经济规模，先后成立企业膨胀办公室和破产领导小组，在政策、人才、信息、服务等方面重点扶持，20家骨干企业的工业产值、利润和销售收入占全区总量的比重分别41.9%、41.5%和43.3%，压力容器、新力集团、齐鲁给排水等企业的一批重点技改上新项目相继投产见效。1997年，制定《关于鼓励发展民营经济的意见》，重点扶持的20家骨干企业工业总产值7.4亿元。青龙集团产值过亿元，王官集团和奋发集团产值过5000万元。开发的腊山工业园，有3家企业进园建厂。企业集团增至17家，注册的私营经济业户、从业人员和注册资金分别14520户、98484人和9.04亿元。1999年，全年新发展私营企业514家，为3家私营企业大户和1项重点工程实行挂牌保护。全年个体私营经济完成税收2700万元，注册资金、从业人员分别为5.68亿元，47931人。

2004年，开始实施在地统计，当年全区完成国内生产总值180.9亿元，实现销售收入156.84亿元，利税8.17亿元。全区新增有自营进出口权的企业23家、出口创汇实绩企业10家。全年完成出口创汇1.21亿美元，实际利用外资2302万美元。经济效益综合指数125.99%，资产保值增值率127.31%，资产贡献率5.08%，全员劳动生产率90360元／人，流动资产周转率1.36次。非公有制经济实现增加值25.7亿元，占全区GDP的68.8%，上缴税金2.63亿元。西门子变压器扩产增资项目，首次实现与世界500强企业的成功合作。2006年，全区有规模以上工业企业71家，实现工业增加值36880万元，销售收入229.43亿元。

1991—2006年市中区工业主要经济指标完成情况表

表8-1　　单位：万元

年份	工业总产值	工业增加值	销售收入	利税	利润
1991	32536	—	25522	2998	1907
1992	42632	—	36507	4052	2347
1993	72591	—	57281	6012	3911
1994	88204	—	80141	7755	4063
1995	113618	—	82430	6836	4485
1996	155398	—	107697	8703	5054
1997	176995	—	138655	10651	6184
1998	222505	—	160541	—	6855
1999	251105	—	205055	—	7286
2000	—	59400	257114	—	9777
2001	—	66200	263607	—	9399
2002	—	70586	285603	—	9775
2003	—	76298	—	—	—
2004	—	38200	—	—	—
2005	—	43000	—	—	—
2006	—	36880	—	16440	96000

第二章 工业企业

第一节 工业企业布局

1991年，全区企业布局分散，有区属、街镇、校办、私营企业77家。1993年，区委、区政府决定对郎茂山工业小区进行扩建，成立工业小区指挥部，对区街企业实行“退二进三”、腾笼换业，市中衡器厂、印刷二厂、无纺布厂、散热器厂等企业先后搬入工业小区内。年底朗茂山工业小区内企业有31家。

1997年10月，规划建设腊山工业科技园，占地133公顷。当年平整土地40公顷，完成园区一期工程总体规划设计，5家企业进园建厂。1999年，区委、区政府提出对区街工业实行战略转移的要求，本着“能转则转、能迁则迁、土地置换、连片开发”的原则，通过承包、合并、租赁、划转、兼并、破产等方式，对郎茂山工业小区和经十路以北市区20余家企业进行“腾笼换业”，加快辖区工业布局调整。腊山工业园引进10家企业落户。2001年，腊山工业园一期工程初具规模，完成会展中心等基础设施工程及科技孵化器立项工作，进园企业41家。2002年，腊山科技产业园内落户企业有50家，占地4.3万平方米的王冠工业小区引进中小企业50余家。

第二节 区属企业

1991年，区经计委直接管理的工业企业有5家，分别是济南市康利食品厂、济南鲁中绝缘材料厂、山东省冶金研究院合金铸造厂、市中人防建筑材料厂、济南第一机床厂第二部件厂。1992年，济南酒水公司成立。同年，济南鲁中绝缘材料厂更名为济南市鲁中无纺布厂。1993年，济南市鲁中无纺布厂与山东省冶金研究院合金铸造厂合并，同属济南劳得事业发展总公司。同年，济南第一机床厂第二部件厂更名为济南机床部件厂。1994年，济南机床部件厂被志宏集团托管，为小鸭集团配套生产洗衣机拨叉件；康力食品厂因产品滞销，生产困难，被济南酒水公司兼并。同年，市中人防建材厂宣布破产。1995年，济南市康利食品厂更名为济南市康利饮料食品厂。1997年，济南机床部件厂脱离志宏集团托管，独自经营，生产拨叉件2000万余套，完成工业产值397万元。2001年，济南劳得事业发展总公司被中国济南电工设备总公司兼并，济南劳得事业发展总公司及其所属的济南市鲁中无纺布厂、济南市合金铸造厂被注销。同年，济南机床部件厂迁址腊山产业园，与大部分职工依法解除劳动关系。2002年1月，济南酒水集团康利饮料食品厂由集体企业改制成为由自然人出资持股的民营企业。2006年5月，济南机床部件厂因亏损严重停产，厂房出租。

第三节 乡镇企业

1991年，辖区只有七贤镇1个镇，当年全镇乡镇工业企业有215家，完成工业总产值1.37亿元，利润849万元。1993年，完成工业总产值4.54亿元，利润2400万元，为建镇后经济指标增长最快的一年，首次超过城区工业，完成产值是城区产值的2倍多。重点培植济南压力容器厂、济南电磁线厂、新光工具厂、济南齐鲁给水设备厂、济南华鲁肉食鸡有限公司、济南黄河金属制品厂、济南液压件厂等龙头企业，开发投产二氧化碳气体保护焊丝、微阻缓闭上回阀、铜杆、电解铜、大吨位压力容器等一系列高新技术产品。1997年，乡镇工业企业（含私营企业）623家，其中镇办工业企业13家。全区乡镇工业实现总产值12.1亿元，利润4150万元，上缴税金3574万元。主要有建材、食品、机械、电子、化工、医药、金属制品、塑料、纸制品等22个行业。主要产品有系列换热器、变压器、钢制门窗、灯头、阀门、焊丝、电磁线、树脂、静电粉末、水泥、预制构件、菱镁土材料等120种。列入区重点企业的有9家，分别是济南新力集团、济南青龙集团、济南王冠集团、济南利蒙制药厂、济南七贤集团、济南西郊低压锅炉厂、济南齐鲁给水设备、济南志宏集团、济南市中变压器厂。1998年，乡镇工业企业基本完成改制任务，当年全区乡镇工业总产值15.6亿元，销售收入11.5亿元，利润总额4650万元。1999年12月29日，十六里河镇、党家庄镇划入市中区，增加乡镇企业641家（其中大部分是民营企业）。2003年，实现销售收入29.61亿元，利润总额9687万元。之后，乡镇企业数据不再统计，只统计规模以上工业企业指标。

第四节　企业选介

中国重型汽车集团股份有限公司　1956年中国重汽集团有限公司的前身济南汽车制造总厂成立。总部位于英雄山路165号。2001年1月，中国重型汽车集团有限公司在济南正式成立。2002年8月，中国重汽集团建成全国最大的重型汽车桥箱生产基地。2003年6月，商务部批准中国重汽集团与沃尔沃卡车公司重型汽车合资合作合同，济南华沃卡车有限公司成立。2004年2月，中国重汽集团借壳“小鸭电器”（变更为“中国重汽”）进入资本市场。3月31日，济南华沃卡车有限公司开业，年内第一辆沃尔沃重型卡车下线。8月6日，中国重汽（香港）国际资本有限公司在香港注册成立。10月，代表国内重型汽车最先进水平的HOWO7系列重卡下线，标志着中国重型汽车整车技术开始与国际重型汽车先进技术接轨。2005年12月12日，中国重汽集团自主开发、拥有自主知识产权的HOWO重型卡车投放市场，当年产销突破万辆，在中国重卡史上尚属首次。2006年4月，HOWO重卡8种车型列交通部首批推荐的道路货运汽车及列车车型之首。同年中国重汽集团济南动力有限公司在济南成立，具有国际先进水平的重型汽车发动机生产线正式投入运行。集团（市中部分）全年实现主营业务收入159.28亿元，利税12.95亿元。

山东水泥厂有限公司　原名山东水泥试验厂，是山东山水水泥集团有限公司的骨干企业，始建于1972年，位于党家庄镇党东村东。厂内建有新型干法水泥生产线3条，年生产能力300万吨。该厂努力建设资源节约型、环境友好型企业，余热发电等一批先进节能减排技术得到广泛应用，实现经济效益、环境效益和社会效益的“三统一”，各项工艺技术指标居于国内领先水平、国际先进水平。已通过国家质量体系、环保体系、计量体系和职业健康安全管理体系认证，“山水东岳”牌系列水泥被评为山东省著名商标、国家免检产品。2006年，公司投资5000万元新上装机容量7.5兆瓦的纯低温余热发电站，减排温室气体二氧化碳4万余吨，当年实现主营业务收入5.56亿元，上缴税金3350万元。

山东电力设备厂 成立于1958年，位于机床一厂西路3号，是隶属于国家电网公司山东电力集团公司全资大型国有企业。主要设计生产110～750千伏等级的各种类型电力变压器，产品遍布全国20余个省、市、自治区，并逐步进入印度、尼日利亚、印度尼西亚、巴基斯坦、蒙古等国际市场。1993年2月，企业确立“以造为主，确保抢修，以造求发展，以修保电网”的企业方针。1997年11月29日，通过ISO 9000质量管理体系认证。2001年，首台500千伏变压器顺利投产，填补全省500千伏变压器制造的空白。2005年10月成功入围国家电网500千伏变压器供货厂家目录，成为首批国内十大供应商之一，使企业成功走上规模化发展之路。2006年3月31日，被中国产品质量协会评为质量信誉AAA等级企业。全年实现主营业务收入7.02亿元，利税2955.5万元。

山东电力设备厂（区外经贸局提供）

西门子变压器有限公司 成立于1994年，位于魏华西路，是一家中外合资企业，中外出资方分别为德国西门子和济南志友集团。其中，西门子占总股份的90%，志友集团占10%。公司主要生产10兆伏安至720兆伏安/110千伏，220千伏和500千伏的油浸式电力变压器，年生产能力为20000兆伏安。2006年，位列中国电气工业百强企业第78位，全年实现销售收入8.24亿元，利税6715万元。

济南志友集团股份有限公司 前身为济南变压器厂，创建于1952年，位于西外环路259号，是原机械工业部规划山东省生产220千伏及以下电力变压器的唯一重点企业、国家火炬项目实施企业、山东省高新技术企业，国家经贸委首批推荐城乡电网建设与改造所需变压器生产企业，中国机械工业500强企业、中国电气工业100强企业、济南市工业50强企业。1993年，实行股份制改制，成立济南志友股份有限公司。1996年，实行集团化运营，更名为济南志友集团股份有限公司。公司主导产品为220千伏及以下电力变压器、干式变压器、箱式变电站、特种变压器、非晶合金变压器和大型变压器油箱组部件。2006年，集团实现主营业务收入5.64亿元，利税4972.3万元。

济南一机床集团有限公司 始建于1944年，位于机床一厂西厂路4号，是国家“一五”期间在机床行业建立的“十八罗汉”厂之一。公司有员工2300余人，固定资产8.26亿，总资产13.4亿。企业多次承担国家级“863”科技攻关项目，是国家重点支持的数控机床产业化基地之一。2001年起，连续三年获全国数控产值十佳企业称号。数控车床系列产品于2004年获“中国名牌产品”及“产品质量国家免检”称号，标志着企业产品的质量、技术、管理水平迈上一个新台阶。

2006年，集团实现主营业务收入4.52亿元，利税1610万元。

济南长城炼油厂 原名为中国人民解放军第九七三一工厂，始建于1972年，位于七贤街道杨庄路10号，是以石油加工为主的军办中型企业。1998年年底，移交给山东省济南市化工局管理，2002年年底划归中国蓝星（集团）总公司。企业占地面积24万平方米，资产总计2.56亿元。主要装置有加工能力为30万吨／年的常减压装置，18万吨／年的催化裂化装置及5万吨／年的氧化沥青装置，300万平方米/年SBS改性沥青防水材料生产线，并有液化气脱硫、汽油脱臭、动力锅炉、配变电室、污水处理场及化验室等生产辅助设施，油品罐区总储能力约7万立方米，水、电、汽、风供应保障设施完备。主要产品有“建华”牌90号汽油、+5号柴油、0号柴油、-10号柴油、液化气、10号建筑沥青、道路沥青、电缆沥青、1—2号燃料油、SBS改性沥青防水材料及“君恋”牌太阳能等。2006年，公司实现主营业务收入8.68亿元，利税5407.5万元。

济南金钟电子衡器股份有限公司 始创于1918年，位于英雄山路147号，是1992年省体改委确定的首批股份制试点企业，济南市第一批由国有工业企业改组的股份制企业。主导产品为“金钟”牌称重传感器、电子衡器、电阻式应变计、电子仪表和各类专用衡器五大系列30余个品种，产品在全国及海外享有很高声誉，称重传感器获国家同类产品唯一银奖，其中大型工业专用衡器是冶金、化工、煤炭、电力、粮食加工等基础产业的重要装备。1986年起，公司先后进行6期技术改造，引进具有国际先进水平的电子衡器及传感器制造技术和关键设备，在全国同行业厂家中居领先地位。1995年，通过ISO 9001质量体系认证、ISO 14001环境体系认证及ISO 10012计量体系确认；1996年建立省级技术中心；2002年4月金钟ERP系统正式启动。2006年，公司实现主营业务收入1.82亿元，利税1420万元。公司先后获中国轻工业质量效益先进企业、山东省高新技术企业、山东省运用高新技术改造传统产业试点先进企业、中国（山东）专利明星企业、山东省技术改造先进企业、济南市技术创新先进企业等称号。

山东建设机械股份有限公司 是由原山东省建筑机械厂改制而成的股份制企业，创建于1956年，位于段店南路268号，是国内最早生产混凝土搅拌与输送机械的大型骨干厂家之一。公司拥有总资产2.2亿元，占地面积20万平方米，注册资本3402.72万元，职工1400人。主导产品为混凝土成套设备，有13类25个系列100余种产品，全部产品技术性能均达到国内先进水平，部分产品技术性能达到国内领先或国际先进水平，并通过ISO9001质量管理体系认证、3C认证、CCS认证和计量认证。先后承担并完成国家重大科技攻关项目2个、国家级新产品开发项目4个、国家火炬计划项目1个、省部级科研项目10余项。在国内率先推出环保型混凝土搅拌设备、节能型混凝土搅拌设备、船载式混凝土搅拌设备等一大批技术含量高、拥有自主知识产权、符合国家产业政策的新产品，其中有20余项科研成果荣获科技进步奖，取得良好的经济效益和社会效益。2006年，公司实现主营业务收入1.8亿元，利税1198万元。

山东美捷家用纺织品有限公司 始建于1993年4月，位于腊山路18号。拥有济南捷利装饰制品有限公司、济南捷惠家用纺织品有限公司、济南捷阳家用纺织品有限公司3

山东美捷家用纺织品有限公司的产品（2006年摄　区外经贸局提供）

海外分支机构，产品涉足检测仪器、试验机、焊接设备、智能型变频器、配电自动化五大领域的高科技产业型经济实体。2002年11月，时代集团收购上市公司民族集团，更名为时代科技。2003年8月28日，时代集团与试金集团重组，成立时代试金集团。集团由济南试金集团有限公司、济南时代试金仪器有限公司、济南德馨斋食品有限公司、济南试金物业有限公司4部分组成。济南时代试金仪器有限公司，注册资本800万元，资本公积2730万元。主要生产全部金属、非金属、零部件等动、静力学性能试验机，主导产品有弹簧试验机、动静万能试验机、绕线机、绕线模、滚轮架、焊接变位机、自动焊操作机、电子万能试验机、扭转试验机、冲击试验机、硬度计、人造板试验机等十大系列。各系列主要产品的技术水平和市场占有率在业界始终处于领先地位，并先后多次获国家、省部级奖励。2006年，被山东省科技厅认定为高新技术企业。

家直属企业和一个专业质量检测中心，占地面积13.8万平方米，总建筑面积2.4万平方米，员工2000余人。公司有专业化产品开发队伍，年设计开发出400余个新产品，包括拼布、刺绣、钩针、补花和毛线绣等纷繁不同的工艺风格。产品在美国和欧洲市场享有盛誉。2006年，公司实现主营业务收入1.33亿元，利税1180.5万元。

济南时代试金仪器有限公司　成立于1984年，位于济微路136-8号。已发展成为一个拥有15亿元资产，40余家分公司及2家

第三章　工业园区

第一节　园区建设

一、济南腊山工业基地

1997年9月，经济南市政府批准，设立济南市市中区腊山工业园。位于西外环路济南军区106医院西侧，占地50.6公顷。同年，进行基础设施建设。先后投资560万元，清运土方270余万立方米，完成山腰平台以东44公顷土地平整，修建长2.1千米的纵横主干道，埋设1万伏高压专供线路和2000门程控通讯电缆，铺设自来水管网，日供水能力4万立方米。按照一级道路标准对基地和西外环之间宽12米、长1000米的主干道进

行重修，改善投资环境。1999年10月，投资1600万元，建造功能齐全、设施完备的5000平方米综合办公楼。建有一级标准档案库房、图书室。11月，更名为济南腊山民营科技工业园。2001年10月，更名为济南腊山科技产业园。2002年，投资1100万元，建设总面积6200平方米的科研楼（高科技孵化器），共7层（其中含地下一层小型仓储区和停车场）。一层大厅为产品展示厅，二至六层均有独立空间，可设置为设计室、实验室、操作间等，可根据企业的特殊要求自由间隔。孵化器可为大专院校、科研机构、初创期中小型企业提供全方位的支持和服务。2003年，投资70万元，回填土2000立方米，建设3个高标准塑胶网球场及1个网球训练场，总面积2100平方米。在网球场南部建设480平方米的综合服务楼，设台球、乒乓球等健身设施。投资150万元，在腊山山腰平台北侧建设680平方米的住宿、休闲综合性招待所。

2004年9月，更名为济南市腊山工业基地，成立济南腊山工业基地管理委员会，为正处级全额拨款的事业单位，内设办公室、政工科、企业服务科、财务科、综合科、保卫科等，编制12人。同年，对山腰平台及山体东侧进行绿化，栽种法国梧桐树1000余棵，种植草坪7000平方米，山体东侧山坡挖掘鱼鳞坑6000余个，种植各类花木6000余株，包括樱花、火炬树、百日红、碧桃、红叶梨、毛竹等20余个品种。投资100万元，对上山路、大型挡土墙及山腰平台主道路进行规划、建设，铺设花砖副道。投资120万元，在纵横主干道两侧设置150盏欧式路灯。2005年，投资4万元，改造长500米，高低落差30米的引水管道，解决部分企业生产、生活用水问题。2006年，投资47万元，建设占地面积130平方米的污水处理站，污水处理能力150吨/日；引入网通公司百兆宽带。年底，园区有企业32家，年产值3.5亿元，实现利税2400万元，出口创汇500万美元。

二、济南新城工业基地

2001年1月，区政府在党家庄镇罗而庄设立济南新城经济开发区。2月，成立济南新城经济开发区管理委员会，为全额预算管理事业单位，设党、政负责人各1人（副区级），副主任1～2人。内设办公室、政工科、财务科、综合科、企业服务科、保卫科，属区政府派出机构。基地北依国道104，南与济南绕城高速公路、津浦铁路相邻，西靠京福高速公路。占地面积32.96公顷。2003年6月，首期工程动工。2004年9月，济南新城经济开发区更名为济南新城工业基地。同年，基本实现“五通一平”（五通是指水、电、道路、通讯、排污五项通，一平是指场地平整）。修建长530米、宽11米的南北主干道1条，长300米、宽7米的东西支路2条，铺设地下排水管网2260米、过路管网1320米、透视围墙500米、配套办公楼建筑面积2000平方米、硬化环楼道路200米、建设广场绿化带3000平方米，建成配电室及供水系统，架设临时通讯网，完成投资近5000万元。2006年，基地基础设施有长530米、宽11米的南北主干道1条；长300米、宽7米的东西支路2条；设有地下排水管、过路管网、高标准透视围墙；建筑面积2000平方米的办公楼1幢，有完善的办公配套设施；主次干道植有法桐、芙蓉树及广场绿化带；设有配电室、深水井及供电、供水系统。全年有30余家单位到基地进行实地考察洽谈。

第二节　招商引资

一、招商政策

1992年，区政府印发《市中区引荐外商投资奖励规定》，对引荐人的奖励标准和办法做出明确规定，鼓励社会各界开展招商引资，为市中区经济发展做贡献。2001年6月6日，区招商局成立，为全额拨款的正处级事业单位，主管、协调全区招商引资工作。2002年3月，成立以区长为组长的招商引资工作领导小组，将招商引资指标下达到街道（镇）、区直各部门；招商引资绩效列入领导班子全方位目标考核。2004年3月，制定《济南市市中区招商引资考核奖励办法（试行）》《济南市市中区招商引资项目（资金）认定实施细则》。2005年，建立区招商信息网站，设置区情概况、土地资源、旧城改造等栏目。信息及时发布，专人管理。

2006年1月12日，成立区行政服务中心，实行工商注册、组织代码、税务登记办理"一条龙"服务，对投资50万元以下的项目，即可予以办理；50万元以上的项目受理后，安排专人跟踪办理，最长不超过13个工作日。

二、重大招商活动

2002年10月25日，区招商局、区外经贸局、区农业局、十六里河镇政府等部门，参加由国家经贸委与北京安融投资顾问公司组织的2002国际投资控股与中小城镇发展项目合资合作洽谈会，会上签订合作意向2项，达成进一步考察合作意愿的项目8项。10月27日，组织七贤街道到天津就"家世界"合作开发项目进行考察、洽谈。2003年4月19－25日，由副区长荣光带队赴韩国汉城、仁川、富川进行经贸考察，先后访问富川市政府、仁川发展研究院，考察南洞工业基地。23日，在仁川商工会议所举办济南市市中区投资说明会。区外经贸局、绿宝塑胶、王冠集团等分别与R & C株式会社、仁川发展研究院、瑰嘟啦咪锅炉公司达成合作意向。

2004年3月26日，区政府与德国西门子股份公司变压器集团在德国纽伦堡签署合作谅解备忘录，标志着市中区与世界500强企业的合作实现突破。7月29日，济南西门子变压器有限公司500千伏变压器生产车间奠基，区委书记齐建中、区长于界平等出席奠基仪式。11月23日，济南市市长鲍志强到济南西门子变压器有限公司进行调研，对谅解备忘录的落实及济南西门子十周年庆典活动的筹备情况提出具体的指导意见。11月30日，济南西门子变压器有限公司举行成立十周年庆典活动。中共山东省委书记张高丽接见德国西门子股份公司副总裁沙立夫博士一行，济南市市长鲍志强、市委副书记雷建国、副市长王天义及市中区区委书记齐建中、市中区政府区长于界平等与沙立夫进行工作会谈，就推动西门子在济南及市中区的投资，加快济南西门子变压器有限公司的发展达成共识。

2004年7月19日，区政府与韩国富川市市政发展研究所在济南舜耕山庄重华堂联合举办中国·济南"韩国周"市中区项目合作推介会。区委书记齐建中、区长于界平及韩国风险投资协会副会长吴亨根等中韩嘉宾出席推介会，30余家韩国企业、40余家驻区企业100余人参加对口交流洽谈。会上达成合作意向20项，签署4项合作协议，协议金额700余万美元。7月25日，区政府与韩国富川文化研究院在济南舜耕山庄联合举办中韩经贸文化交流洽谈会。会前，韩国客商考察腊山工业基地、新城工业基地及部分企业，参观百年商埠图片展。

2004年4月12—20日，区招商代表团随济南市招商局到广东省东莞、深圳、广州等地，推介项目，参观考察。向当地企业界介绍市中区区情及腊山科技产业园、新城经济开发区、馆驿街小区改造、万紫巷、九曲社区等15个重点招商项目，与香港佳意集团服装市场项目、香港佳意集团房地产项目、东莞倍特贸易有限公司房地产项目、广东省企业家联谊会物流中心项目达成投资意向。

2005年6月4日，区委、区人大组团赴杭州参加浙商论坛峰会，走访杭州外海集团有限公司、杭州信雅达系统工程股份有限公司、杭州天元文化传播有限公司等10余家企业。

2006年3月，区政府与德国纽伦堡工商联合会共同在德国纽伦堡举办中国济南市中区—德国纽伦堡中小企业经贸洽谈会，区委书记齐建中、副书记王铁志参加。

三、项目引进

1989年12月26日，辖区第一家中外合资企业——济南鲁澳纸业有限公司成立，注册资金20万美元。1994年，德国西门子集团与济南变压器厂合资成立西门子变压器有限公司，是辖区当时最大合资项目。至1997年，全区外商独资、中外合资企业78家，外资投入总资本约1000万美元。

2000年，原山水集团下属建材厂动迁，区政府成立协调服务综合机构，协助山水集团在原厂址建成山水大润发超市。2001年，引进项目85个，合同引进内资18.3亿元。2002年，通过与会招商、以商招商、网络招商等多种形式，引进韩国汉拿混凝土株式会社、济南天齐混凝土有限公司等11个投资1000万元以上的工业项目和东方家园济南建材超市、银座商城八一店等29个投资1000万元以上的三产项目。全年引进项目201个，合同引进资金28.3亿元，实际到位资金12.4亿元。2003年，进一步完善招商引资机制，制定招商引资考核奖励办法及项目认定实施细则，全年引进内资项目292个，合同引进资金28.1亿元。引进投资500万元以上的项目83个，投资1000万元以上的项目57个。2005年，引进1000万元以上的项目93个，引进外海蝶泉山庄、浙商投资担保有限公司、浙江大酒店等一批项目。2006年，引进项目637个，其中投资1000万元以上的项目115个。

2002—2006年市中区各街（镇）、区直部门招商引资情况表

表8-2　　单位：万元

单位	2002年		2003年		2004年		2005年		2006年	
	计划数	完成数	计划数	完成数	计划数	完成数	计划数	完成数	计划数	完成数
舜玉路街道	3500	5100	3800	4580	4500	8772	6400	12492	12600	41240
六里山街道	3500	7691.75	3800	16280	4500	14145.8	6400	15400	12600	31045
七里山街道	3500	3540	3800	6050	4500	6345	6400	10041.3	12600	18226
王官庄街道	3500	6080	3800	4505	4500	6733.1	6400	13470	12600	25572

续表 8-2

单 位	2002 年		2003 年		2004 年		2005 年		2006 年	
	计划数	完成数	计划数	完成数	计划数	完成数	计划数	完成数	计划数	完成数
大观园街道	2600	10081	3000	10959	3510	14696	5000	18180.6	9900	31901
杆石桥街道	3000	4271	3300	15719	4500	19298.8	6400	17394	12600	31161
魏家庄街道	2600	2610	3000	3120	3510	4200	5000	7464	9900	63670
泺源街道	3000	3790	3300	4640	3870	7329.2	5400	10710	10800	48103
舜耕街道	300	350	1000	1051	1800	2140	2700	6388	5400	25328
四里村街道	3500	4001.8	3800	3880	4500	6555	6400	7957	12600	20056
二七街道	3500	3960	3800	3830	4500	9273	6400	17478	12600	37166
白马山街道	3500	4867.19	3800	4380	5400	15610	7200	18409	14400	24229
七贤街道	8000	8110	8500	8657	8100	13070	9000	22856	18000	79081
十六里河镇	8000	15300	8500	10550	8550	22207.6	10000	23817	20700	111215
党家庄镇	8000	10980	8500	9170	8550	15242	10000	14023	20700	24501
区直部门	48580	33618.6	54130	119542.5	58540	216887	76580	690221.7	255370	444766

第九篇　商贸服务业

1991 年，辖区商贸服务业由国有商业企业、区属商业企业及个体商户构成，具有明显的计划经济向市场经济过渡阶段的特征。1991—1995 年，先后投资成立 4 家商贸公司。1994 年，新世界商城建成开业，是同期辖区内经营面积最大的商城，与英雄山文化市场、百旺文化市场、济南美食街、英雄山地下人防商城、国美八一店、银座八一店、苏宁电器八一店等共同形成英雄山区域商业中心。同年，市中区首次实现外贸出口 6 万美元。1997 年，济南第一百货商店因经营不善而倒闭，是济南市倒闭的第一家国有商业企业。1999 年，经四路地下人防商城建成，东连济南人民商场，西接济南大观园商场，形成大观园、人民商场区域商业中心。2000 年后，内外资大规模投入商贸流通业，建筑面积 8000 平方米以上的超市有 6 家，3500 平方米以上的有 4 家；新建、扩建市场 34 处，共 361057 平方米。辖区企事业单位投资建设的 1 万平方米以上的酒店宾馆 35 家；国家战略储备库改建和大型企业新建的物流园区有 6 家；文化娱乐、美容保健等新兴服务业新增 120 余家。

至 2006 年，辖区有商业网点 7100 个，辖区商贸服务业经营面积增加 20 余倍。商贸业税收占地方财政税收的 33%。形成以骨干企业为框架，以集贸市场、商业网点等中小型企业为补充的商业布局。

第一章　商贸概况

第一节　机　构

1991 年，区商业局设政工科、企管科、财务科、审计科、劳动工资科、办公室。1993 年 12 月，成立区第三产业办公室，设在商业局。1994 年，区商业局被评为全省商业先进单位。1995 年，市中区被评为全省商业 20 强县（区）之一。1996 年 8 月，撤销区商业局和第三产业办公室，合并成立区商业委员会，设政工科、企管科、财审科、办公室。辖 15 个企业，157 个网点，有职工 1780 人，固定资产 832 万元，经营面积 27560 平方米。1997 年 4 月，设立商业网点办公室，为副局级事业单位。1998 年，成立市中区市场建设办公室，为正处级事业单位，编制 5 人。2001 年 10 月 31 日，区商业委员会更名为区商业贸易局，设政工科、财务科、企业科、办公室、商业网点办公室等 5 个科室，辖 4 个大型经营性公司，即济南全益有限责任公司、济南恒益有限责任公司、济南宝益商贸有限责任公司、济南炊事集团有限责任公司。2002 年 1 月 8 日，区市场建设办公室划归区商贸局，成立市场建设科。

第二节　商贸体制改革

1991 年，区属商业探索商业发展新模式，10 月，成立亚洲饮料供应站。1992 年，商业系统继续坚持和完善承包租赁经营责任制。7 月起，商业、粮食、供销、物资、旅游等部门所属流通企业全部推行经营、价格、用工、分配“四放开”；9 月起，国有小型合作企业在企业性质不变、职工身份不变、国家对企业的信贷、税收政策不变、隶属关系不变、服务宗旨不变的前提下，实行国有民营，将小型门店承包给个人，对公有资产有偿使用，实行全员合同、全额退库、经营权和商品所有权合一的承包模式。推进企业三项制度改革，实行联销计酬责任制，探索股份制和股份合作制改组。区服务公司在旅馆业推行企业内部股份责任制，实行职工竞争上岗。同年，七一商场建成开业；中日合资亚得利食品有限公司建成开业，填补了商业局外向型经济空白。1993年2月，以人民商场信托贸易中心为核心层，组建济南炊事机械冷冻设备集团公司，当年实现销售额2179万元，利润47万元。同年，继续实行经济承包、租赁经营和“公有民营”制，有65个商业网点实行“公有民营”，经济效益增长显著。1994年6月，炊事冷冻机械公司划归区政协；7月，机电公司划归天龙公司；12月，成立济南华信达家具有限公司。1995年，市中区副食配送中心改为济南亚得利集团公司，从事熟肉制品生产。同年，大观园、人民商场等现代企业制度改革试点单位正式投入运营。在健全管理机制、明晰产权关系、优化企业组织结构等难点问题上取得进展。1996年12月15日，远东贸易公司由于经营不善破产；11月，亚洲饮料供应中心并入七一商场。

1998年7月，华信达家具有限公司破产。8月，对饮食、副食、服务、糖业烟酒、土产、百货6个行政性管理公司进行公司制改革，区饮食公司与副食品公司合并，建成济南全益有限责任公司；区服务公司与糖业烟酒公司合并，建成济南恒益有限责任公司；区百货公司与土产公司合并，建成济南宝益商贸有限责任公司；济南炊事机械冷冻设备公司改制为济南炊事机械冷冻设备集团公司。10月18日，3个有限责任公司召开创立大会，这是自1956年公私合营后最大的一次改革。企业内部进行用工制度、干部使用、劳动保障和生活医疗等方面的一系列改革。12月，七一商场破产。1999年1月26日，投资3400万元、面积7000平方米的中华名优小吃城建成开业，是全省首家中华名优小吃城。集餐饮、商业、娱乐、健身于一体，汇集川、鲁、淮、粤四大菜点及名优特色小吃上百种。同年，亚得利食品有限公司、济南华信达家具有限公司破产。2000年，区副食品供应站破产。2006年，全区有区属改制经营性公司4个。

第三节　规模效益

1991年，全区有商贸企业14家，网点148个，职工2040人，经营面积18694平方米，固定资产547万元。全区社会商品零售总额5.65亿元，商业、饮食服务行业营业额3.88亿元，其中商业系统完成营业额1.05亿元。1993年，副食、烟酒、土产等公司的专业经营项目，分别采取展销、洽谈等不同形式，组织推销，吸引客商，增加收入。全区完成商业营业额8.52亿元，实现商业利润2557万元。城乡市场繁荣活跃，全区农贸市场成交额4.27亿元，成交量1161万吨。1994年，第三产业总收入31.3亿元，利润7536万元。其中商业饮食服务业营业额13.95亿元，利润3326万元。新增个体、私营业户分别为1708户和57户。农贸市场年成交额8.01亿元，“一会一节”期间，组织10大类60个系列180余个品种的商品展览，签订合同、协议、意向352项，总投资4266万美元，合同协议利用外资2370万美元，签订外贸出口合同11项。区商业局被评为全省商业先进单位。1995年，第三产业总收入43.2亿元，利润11715.4万元，其中饮食服务业营业额23.8亿元，利税4812.2万元。全区中、小型商业网点达12800个，总面积26万平方米，个体、私营业户发展到12160户。农贸市场成交额10.2亿元。市中区被评为全省商业20强县（区）之一。

1997年，各公司改进管理方法，拓宽进货渠道，成立资金回收小组，向管理要效益，实现商品销售收入总额1.2亿元，利润230.5万元。1998年，辖区商业网点、商贸经济实施政府指导、企业自负盈亏的经营方式，鼓励私有、股份制公司等多种经济成分共同发展，全区商业饮食服务业完成销售收入36.7亿元，利润6720万元，社会消费品零售总额25.96亿元。1999年，全区第三产业总收入99.9亿元，其中饮食服务业收入45.95亿元，实现利润7830.6万元。2004年，辖区在建、已建成市场及大型商业网点项目共计39处，总投资24.8亿元，总建筑面积99万平方米。其中，山水商城、世纪联华、东方家园、银座八一店、山水物流港、王官庄综合市场等28家先后投入运营。年底，实现三产增加值135.56亿元，社会消费品零售总额91.71亿元。初步形成以大型专业市场为龙头，大型超市为骨干，以社区商业网点为补充的商业流通体系。辖区第三产业初具规模，成为推动全区经济发展的主要力量。

2005年，经十一路地下商城、明珠国际商务港等10个项目投入使用。社会消费品零售总额124.63亿元，城乡商品交易市场34处，成交额16亿元。全年完工、在建重点项目18个，总投资25.46亿元，建筑面积67.1万平方米。社区服务业实现收入2000万元，利润550万元。2006年，全区有区属经营性公司4个，市级区域性商业中心2处，有一定规模的专业批发市场3个，主要大型连锁企业超市9家，1万平方米以上的商务宾馆和大酒店35家，区属餐饮酒店3家，特色经营一条街6条，现代化物流园6处。全年社会消费品零售总额135.33亿元；城乡商品交易市场33处，成交额16.76亿元；社区服务业实现收入2500万元，利润580万元；三产增加值占生产总值的74.59%。

第二章　商　业

第一节　商业片区

一、大观园、人民商场片区

大观园、人民商场区域商业中心是1999年伴随着经四路地下商城的开业逐步形成的。中心位于经七路以北、经二路以南、经四路以东、顺河街以西。大观园位于经四纬二路，是济南市传统商业区，集美食、杂艺、百货于一身，民族风味浓厚，是老济南商埠区的重要标志之一。人民商场建成于1980年，是全国大型百货零售企业。1999年，总面积扩建至7.2万平方米。同年，连接大观园商场、人民商场的地下商业街—经四路地下商城投入运营，建筑面积2万平方米。三大商业连为一体，形成大观园—人民商场商业片区。2003年12月，大观园商场再次进行装修改造，逐步恢复一批“老字号”和大观园的历史传统风貌。2006年，沉寂40余年的晨光茶社、共和厅说书场、曲艺厅恢复营业。

二、英雄山商业片区

位于马鞍山路以北、经十路以南、建设路以东、玉函路以西，总面积45万平方米。1991年前，英雄山北侧绿荫广场是一处由流动商贩自发形成的露天早市，占地2.5万平方米，设有百货、饮食、花卉、古玩字画、书刊、鸟市等7类市场，有摊位1200个。1992年，市政府要求市中区政府在早市附近尽快建一处室内市场取代英雄山早市。当年6月，建筑面积3.2万平方米的新世界商城动工。1994年1月8日，建成开业。此后，以商城为中心的英雄山商业区逐步形成。1992—1998年，相继建成英雄山文化市场、英雄山百旺文化市场、中华名优小吃城等规模较大的商场。2002—2005年，国美电器八一店（英雄山路10号）、银座八一店（英雄山路15号）、易初莲花超市省体育中心店、苏宁电器八一店（英雄山路14号）、英雄山地下商城一期工程先后建成开业。2006年，贵和购物中心省体育中心店、英雄山地下商城工程二期竣工开业。马鞍山文化（茶社）一条街和经十一路小吃街逐步形成。英雄山区域称为济南市新型区域商业中心。

第二节　商贸市场

1991年，全区有市场11处，其中，农贸市场9处，工业品市场2处。成交额1.6亿元。1992年，建成济南市第一家专营图书商品市场——济南文化市场，面积2.5万平方米。同年，建成八里洼家具装饰材料批发市场、王官庄市场。1993年2月，七里山农贸市场开业；7月，白马山综合市场开业。同时，回民小区建设过程中逐步形成小区市场。全年市场成交额4.2亿元。市场基础设施主要由工商部门投资建设，多以棚顶市场和简易商品房为主。1994年，根据市政府大力发展第三产业的指示精神，加快市场建设和市场改造步伐。1月8日，投资8000万元、建筑面积3.2万平方米的新世界商城建成开业，英雄山早市随之关闭。7月，杆石桥贸易市场建立。12月，在济微路开办齐鲁闲置设备物资调剂市场。同年，济南市最早的连锁超市“万隆超市”在大观园开业。1995年7月，成立杆石桥海鲜市场，自由大街水产品市场全部迁入该市场。市场占地6600平方米，海产品种达千余种，日上市量近百吨。同年10月，万紫巷综合市场建立。

英雄山文化市场（四里村街道办事处提供）

1997年5月，建成济南市永达百货市场；10月，建成人民商场综合集贸市场，增加市场面积45367平方米。同年，建成济南海鲜市场、山东保健品批发市场、济南大观园邮币卡市场、齐鲁花卉批发市场、新世界商城三楼文化市场等专业批发市场。1998年，发展市场4处，改扩建市场4处，增加市场面积2.9万平方米，年成交额30亿元，培育成交额过亿元的市场5处。其中，过10亿元的市场1处，过5亿元的市场1处。省级文明市场2处。新世界商城、自由大街市场、保健品批发市场成为全面达标的样板市场。同年，民间投资800万元，建成济南市第一家家庭装饰市场——济南贵恒家装市场，经营面积3200平方米；七贤镇在二环南路建成以租赁经营为特色的济南市第一家汽车维修市场，当年吸收中小维修企业30多家。1999年，对经四路地下商城进行改造，建筑面积1.8万平方米。同年，建成济微路副食品市场、七贤中心市场、汽车修配市场、舜玉农贸市场。市中工商分局投资400万元，对自由大街、二七、民族大街、济南海鲜、万紫巷、王官庄、七里山、八里洼家具市场进行改造，完成扩建面积11078平方米。2000年，七贤村民集资建成济南畜牧饲料市场，建筑面积1万余平方米，实行租赁式经营。同年，省内外大型连锁超市开始入驻辖区。2001年5月，台商投资的山水大润发超市在二七新村南路建成开业，经营面积1.5万平方米。11月，上海世纪联华和济南蔬菜副食品公司（集团）有限公司共同投资设立的山东世纪联华万隆超市有限公司“世纪联华中心店”在英雄山路建成开业，经营面积3.20万平方米。同年，建成济南山水商城、济南七贤配货市场，建筑面积6万余平方米。2002年12月，位于济微路92号的东方家园济南七贤店建成开业，经营面积2.40万平方米，是一家专营建材的连锁超市。2004年6月，位于舜耕路28号的济南华联舜耕山庄超市建成开业，经营面积8000平方米。同年，创建规范化文明市场7处，其中省级2处（新世界商城、贵恒家庭装饰市场）。2006年，济南海鲜市场由中外3家企业共同投资6亿元，实施升级改造，一期建筑面积2.60万平方米，年成交额30多亿元。同年，英雄山地下商城一、二期改造完工，建筑面积3.80万平方米。

至2006年，辖区专业市场形成文化、畜牧、机床设备、汽车维修、保健品、家庭装饰、花卉、家具建材、古玩、茶叶11类。新建、扩建、改建综合批发市场34处，总面积36.11万平方米，其中1万平方米以上的14处。建成大型超市10处，总经营面积14.21万平方米。

1992—2006年市中区市场建设情况表

表9-1

市场名称	建筑面积（平方米）	投资（万元）	开业时间（年月）
王官庄斜马路市场	5000	50	1992
英雄山文化市场	25000	2000	1992
白马山综合市场	11000	200	1993
新世界商城	34000	9600	1994.1
白马山闲置设备市场	10000	50	1994
南红庙农贸市场	2000	50	1995

续表 9-1

市场名称	建筑面积（平方米）	投资（万元）	开业时间（年月）
英雄山农贸市场	10000	1000	1996
山东保健品批发市场	8737	1280	1997.2
王冠文体市场	5000	300	1997.8
济南市海鲜市场	25000	1300	1997.12
百旺文化市场	8000	1000	1997
济南贵恒家庭装饰市场	2120	800	1998.8
二七斜马路市场	4000	65	1998
经七斜马路市场	3000	130	1998
经四路地下商城	18000	8000	1999.1
七贤汽车维修市场	6000	350	1999.5
王官庄副食品市场	8000	222	1999.8
舜玉农贸市场	2000	80	1999.10
东八综合市场	27000	1300	2000.5
七贤畜牧饲料市场	10000	600	2000.12
众兴机电设备调剂市场	10000	135	2000.12
山水商城红太阳家具城	30000	4500	2001.5
二七副食品综合市场	1700	180	2001.12
东方家园建材超市	24000	7000	2002.12
王官庄综合市场	8000	300	2003.5
马鞍山黄金古玩城	5000	1000	2004.9
柏宁花卉市场	3000	483	2005.8
英雄山地下商城一期工程	25000	10000	2005.10
鑫振海装饰材料市场	2000	1000	2006.7
王官庄建材市场	5000	60	2006.7
济南舜和茶城	3500	800	2006.10
英雄山地下商城工程二期	13000	6000	2006.12
怡文轩古玩市场	3000	120	2006
十六里河建材市场	4000	50	2006

2006 年市中区连锁超市情况表

表 9-2

超市名称	地址	建筑面积（平方米）	开业时间（年月）
山水大润发超市	二七新村南路 9 号	15000	2001.5
世纪联华万隆超市	英雄山路 161 号	32000	2001.11
国美八一店	英雄山路 10 号	3500	2002.1
济南银座八一店	英雄山路 15 号	23000	2002.9
东方家园七贤店	济微路 92 号	7000	2002.12
济南华联舜耕山庄店	舜耕路 28 号	8000	2004.6
易初莲花省体育中心店	经十一路 124 号	25000	2005.1
苏宁电器八一店	英雄山路 14 号	4600	2005.3
济南华联七贤店	济微路 92 号	4000	2005.12
贵和购物中心省体育中心店	经十路 124 号	20000	2006.10

第三节　商业网点

1991 年，辖区商业主要有大观园商场、人民商场、济南第一百货商店、万紫巷商场等国有商业和区属商业及个体商业组成，有商业网点 2292 个。其中，集体所有制网点 342 个，个体有证商业网点 1825 个，分布在辖区各街道，为辖区城镇居民生活服务。主要从事商品的批发、零售和服务。1994 年，区设立第三产业办公室，重点抓“一个中心三条线”“南厂北店”建设，构筑三产大格局的发展框架。年底，辖区有商业网点 3780 个，营业面积 13 万平方米。1993—1997 年，全区商业网点建设总投资 2.01 亿元，竣工项目 12 个，建筑面积 9.8 万平方米，市场总数达 24 处，商业网点累计 13200 个。1997 年，济南第一百货商店由于经营困难关门歇业。

1998 年，辖区第三产业初具规模，成为推动全区经济发展的主要力量，三产总收入 80 亿元，利润 1.78 亿元，实现增加值 10.64 亿元。2000 年，由于辖区道路拓宽和棚户区改造，商业网点开始减少。2001—2003 年，阳光舜城等新兴社区形成建设网点 195 个，总建筑面积 4.8 万平方米。2006 年，辖区各类商业网点达 7100 余个，其中区属商业网点 114 个。

第四节　商场选介

一、济南大观园商场

位于济南市经四纬二路商业中心，始建于 1931 年，占地面积 3 公顷，济南商埠区的重要标志之一。1990 年和 1997 年 2 次改建，主体营业楼总面积 5.4 万平方米。1995 年，大观园商场被国内贸易部授予“中华老字号”称号，载入“中华老字号”名录。同年，在国家工商总局商标局注册“大观园”服务类商标。1996 年，被国务院确定为全国百户现代化企业制度试点单位，并取得商品进出口自主权。

随着市场竞争的日益激烈和全市商业网点的不断增加，作为百年老字号的大观园商场重新进行定位，制定大观园短期、中期和长期“三步走”战略，通过改革、改制特别是改造北区，拓宽大观园的经营领域，恢复一些“老字号”等名吃名铺，以及济南市民喜闻乐见的“晨光茶社”“共和厅说书场”“曲艺厅”等传统娱乐场所。

二、济南人民商场

位于济南市繁华的中央商务区——济南市经四路3号，是集购物、休闲、餐饮、娱乐于一体的购物中心，是山东省大型企业和重点连锁企业，全国大型百货零售企业贸易联合会成员单位，在全省开设多处分店。

人民商场建成于1949年，是全国大型百货零售企业。1999年，总面积扩建至7.2万平方米。经营35个大类，10余万种商品。先后被评为中国商业名牌企业、全国文明经营先进单位、全国商业信誉企业、全国百城万店无假货示范店、山东省文明单位。

三、济南市经四路地下商城

位于济南市经四路，西起大观园北门，东至经四路东首人民商场地段地下，全长800米，面积1.8万平方米。1999年1月8日开业。有经营业户1100户。商城内部装修豪华，设备功能齐全，设有烟雾报警、自助喷淋消防系统、中央空调系统、闭路电视监控系统、字幕机系统、无线通讯系统。主要经营服装鞋帽、工艺百货、精品间、特色店、婚纱广场、电脑成像、冷饮、美容美甲、茶座、小吃园、电玩大世界、永兴网吧等，为顾客提供集购物、餐饮、休闲于一体的全方位服务。2003年12月，被中国城市信誉体系建设组委会评为中国城市代表品牌；2004年11月，被山东省商会评为山东省品牌企业、齐鲁第一街品牌。

四、英雄山地下商城

分2期建设，分别于2005年10月和2006年12月投入运营。位于经十一路，东起体育中心，西止银座八一超市，全长1400米，总建筑面积3.5万平方米，有摊位800个，从业人员1200余人，主要经营服装、古玩、字画、小百货、饰品等。与周边的易初莲花超市、新世界商城、英雄山文化市场、经十一路美食街、银座八一超市连为一体。2006年，被国家工商总局认定为“齐鲁第一街”商标。

五、济南山水大润发超市

位于市中区二七新村南路9号，2001年5月1日开业，卖场经营面积1万平方米，是省城南部最大的流通营业场所之一。经营2万余个品种。为方便广大会员出行和购物方便，设9辆免费购物专车，遍布泉城南部、西部居民区。

六、东方家园济南七贤店

2002年12月7日开业，位于市中区济微

东方家园外景（2004年摄）

路92号，投资7000余万元，占地2.8公顷，经营面积2万余平方米，是东方家园全国连锁店中的第10家门店。南邻济南大学和二环南路，北靠青龙山长途客运站，西面是济南市西部开发区。一层为建材超市，二层为家具市场。该店经营10大类5万余种建材商品，有木材、瓷砖、地板、油漆涂料、洁具、橱柜、电器、管件、灯具、五金、开关、饰品、布艺等，以质量优、价格低、绿色环保为特色。

第三章　服务业

第一节　住宿餐饮业

1991年，区属老字号商业餐饮业主要有草包包子铺、便宜坊等。高档宾馆有舜耕山庄、山东宾馆、南郊宾馆及驻军招待所等；中等规模的有商埠宾馆、东岳宾馆、市中宾馆等，实行独立或半独立经营。

草包包子铺位于市中区普利街15号，是济南市最有名的老字号之一。1992年，省劳动厅投资建成东方大厦，位于经七路263号。酒店拥有200余套客房、写字间。1994年5月，金鼎大酒店开业，是全国特有二级酒店，位于文化西路119号。以经营鲁菜闻名，兼营海鲜风味特色菜。1996年，贵友大酒店建成开业，位于英雄山路中段（英雄山路101号）。酒店中西餐厅、宴会厅、咖啡厅和风味餐厅可供450人同时用餐，能为宾客提供鲁、粤、川、京、淮扬等各式菜系和名吃佳肴，同时可为各种会议和活动举办冷餐宴会和各种酒会。1997年，山东丽天大酒店、润华世纪酒店、黄河大厦先后开业。同年，济南净雅大酒店有限公司在辖区注册，位于英雄山南路207号，从事餐饮、娱乐服务及烟（零售）、酒水、饮料、酒店配套用品批发、零售。1998年，投资3400万元，建成中华名优小吃城，位于经十一路34号，经营面积7000平方米，对外租赁经营，小吃城吸纳川、鲁、淮、粤四大菜系，上千余种特色小吃。以中华名优小吃城为主的小吃一条街逐步扩张，形成经十一路美食街。1999年，金都大酒店开业，位于英雄山路155号，是一座集餐饮、住宿、娱乐、休闲于一体的四星级旅游涉外饭店。同年入驻的“老转村”四川美食城是第一家进入辖区的餐饮名店。2001—2004年，汇宝大酒店、浙江大酒店、丽山大厦、西北假日大酒店、万家灯火酒店等一批高档商务酒店开业。2002年，草包包子铺在中国首届鲁菜饮食文化节上，获“中国鲁菜名店”美誉。便宜坊饭店，位于经三纬四路93号，品牌锅贴制作讲究，皮薄馅多。

2004年，对经十一路进行扩宽、改造，实施灯光工程，美化周边环境；引进来自陕西、重庆、四川、江苏、浙江、广东、台湾等26个省市3000余种特色菜品。6月，举行“济南美食街”开街庆典；7月被济南市政府命名为“济南美食街”。美食街汇聚省内外特色餐饮店46个，部分店实行24小时营业。2005年，市中区第一家五星级宾馆——山东明珠怡合国际商务港建成开业，位于经一路88号，楼高188米，53层，是集商务、写字楼、星级宾馆于一体的商务楼宇。2006年，辖区有住宿餐饮企业1260家。其中限额以上70家，实现营业收入80973万元，利润1549万元。

附：酒店、宾馆选介

山东东方大厦 1992年开业，位于济南市商务中心区经七路223号，大厦主体25层，有客房200余套，是具有国际水准的新型三星级涉外旅游饭店。

一楼锦绣江南食府引进“锦绣江南”品牌，经营风味浓郁的江南特色菜品。食府致力于继承中国烹饪精神，弘扬江南餐饮文化，菜品以精品淮菜为中心，博采精选江、浙、沪、皖南等菜系中传统名菜，地方特色与时尚新品为主要内容，在山东省独家经营著名品牌——天目湖砂锅鱼头。

“威哥鲍鱼”位于酒店二层，主推粤鲁风情菜系，有正宗鲍鱼、鱼翅、燕窝、海参系列及精品港式粤菜、时尚胶东菜。拥有风格迥异的多功能小宴会厅16间。

大厦另有设备齐全的会议厅、购物中心、商务中心、休闲娱乐中心及地下停车场。

燕喜堂 中华老字号“燕喜堂”始建于1932年3月，位于金菊巷。时值南燕北飞时节，故取此雅号。著名诗人臧克家曾来店就餐后挥毫赞誉“鲁味天下重，各师调梅盐”，并为该店题名。著名书画家武中奇也为其题名。1952年，迁至泉城路北。1956年，公私合营，经理由创始人赵子俊的儿子赵鑫荣担任。1958年，迁至泉城路南卫巷口，后曾改名“红星”饭店。1980年后，又改为“燕喜堂”。20世纪90年代停业。

2006年，“燕喜堂”的名字招牌转让给北京半江渔火餐饮有限公司。公司投资3000万元，对“燕喜堂”进行重新开发、改造，并升格为国家特级酒店。4月18日，享誉近百年的老字号“燕喜堂”在市中区六里山南路20号重新开业。燕喜堂以鲁菜为主，同时经营川、粤、苏、浙等菜系的部分中国名菜及几十种具有特色的面点风味小吃。

聚丰德饭店 位于济南市经五路纬二路以东路北，1947年由数十家股东创办。

聚丰德饭店是一家以经营正宗鲁菜、精细面点而著称的老字号酒店，历经60余年的风雨历程，现有营业面积2000平方米，12个豪华包间，零点大厅可容纳200余人同时就餐。聚丰德推出的蟹黄鱼翅、葱烧海参、油瀑双脆、九转大肠、干烧鱼以及烤鸭等菜肴，均被收录在《中国名菜谱》内。聚丰德的面点油旋、佛手酥、五仁包、豆沙包等，精工细作，均属上乘。2006年，聚丰德饭店获商务部认定的全国首批“中华老字号”称号。

润华世纪酒店 1997年开业，是济南唯一聘请国际酒店管理集团管理、具有四星级标准的豪华酒店，位于济南市大纬二路138号，距火车站2千米，临近趵突泉等风景名胜。酒店高23层，有豪华客房和套房142套；零点餐厅、风味餐厅及风格迥异的贵宾包间达10余个。

山东明珠怡和国际酒店 位于经一路88号，2005年开业，是由山东建设建工集团按国际五星级标准投资兴建的全电脑智能化豪华商务型酒店。主楼高188米，共53层，是享有山东第一高楼美誉的地标性建筑，山东省济南市对外经贸发展的形象窗口。有600余间国际甲A高档写字楼，10余家驰名餐饮、娱乐、康体场所及五星级标准豪华商务型酒店组成。

酒店拥有种类豪华商务客房近200间（套），拥有数字化同声翻译系统，卫星网络影视会议系统，大型多功能会展中心。各类功能会议中心、芭蕉叶东南亚餐厅、行政餐厅、中餐厅、西餐厅、国际宴会厅、贵宾私房菜会餐厅、大堂咖啡厅、迎宾吧、大堂吧、爵士酒吧、池畔V吧等各式餐饮场所10余间，同时设有功能齐全的游泳池、网球场、健身康体会所、桑拿中心、娱乐中心等休闲娱乐场所。

贵友大酒店　位于济南英雄山路中段（英雄山路101号），1996年开业，是济南南部唯一的旅游涉外四星级酒店。酒店依山环翠，空气清新，设施完备，交通便利，融传统风格与现代艺术于一体。建筑面积2.3万余平方米，有中高档客房153间（套）。中西餐厅、风味餐厅、宴会厅提供粤、川、京、鲁、淮、扬等各式菜系和名吃佳肴，可供450人同时就餐，亦可为各种会议和活动举办冷餐宴会和各种酒会。

酒店会议中心包括可容纳400人的国际会议厅和8个不同类别的会议室，可承办大、中、小型会议。

第二节　居民服务业

1991年，辖区有理发门店132个，从业人员459人。中国理发厅、奇美理发店是济南市理发业规模最大、技术最好的国有理发店。集体性质的理发店有白云理发店、新时代理发店、正大理发店等。个体理发店是理发业的主体，占理发业的90%以上。个体理发店以温州发廊为代表，以其特有的经营风格和广受社会喜欢的新潮发式成为发展潮流。洗染店主要有美利洗染店、大众洗染店、利群印染店等5家，从事洗衣、染衣、烫熨。洗浴业仅有铭新池1家公共浴池；机关、企事业单位大多内设澡堂为职工服务。

1993年，除部分集体理发店拆迁外，集体理发店全部实行租赁经营。个体理发店行业占有率进一步扩大。个体澡堂数量增加，部分机关、企事业单位的澡堂对外营业。随着社会生活消费的多元化，歌舞厅、电子游戏厅、台球室等特色服务项目相继兴起，并由零星门店逐步发展成以文化娱乐消费为特点的新兴服务业。同年，济南市允许开办个体劳务职业介绍所。1994年后，婚纱摄影业逐步兴盛；家政服务业兴起。1998年，新疆、黑龙江、浙江等省的服务人员大多选择理发行业，温州发廊不再独树一帜。发型设计、美容美发等高档服务渐为时尚潮流。洗染店被干洗店替代；百年老店铭新池因城市建设被拆除。2000年前后，随着互联网的发展及电脑的普及，个体网吧开始出现；洗浴业逐渐向服务多元化、特色化方面发展，出现综合性洗浴中心，专业足疗中心；月嫂服务逐渐进入市民家庭；房屋中介开始出现并迅速发展。

2001年，佰金翰商务会馆建成开业，以商务洽谈、餐饮、娱乐、洗浴为服务特色。2005年10月8日，建筑面积8000平方米的东方罗马洗浴城在建设路80号开业，是一个集洗浴、餐饮、休闲、健身于一体的豪华洗浴中心。2006年，辖区理发店从小型向中等规模发展，数量达400余家；专业足疗店发展到50余家；文化娱乐、商务会馆、美容保健、网吧、大型健身房等发展到120余家。

第四章 物资流通

第一节 机 构

1991—1995年，市中区物资局负责全区物资系统的管理。辖物资公司、金属材料公司、机电化轻公司、物资建材公司、有色金属材料公司、物资协作公司等24家公司、经营部，有职工94人，固定资产111万元。另有六里山、舜玉路、经十路、二七、七贤镇等物资经营部。1996年8月，撤销市中区物资局，组建市中区物资总公司，由政府职能部门转为区属经济实体。总公司设办公室、业务部、财务审计部，有干部职工17人。辖市中物资协作公司、市中宏业物资销售公司、市中物资开发中心、市中物资建材公司、市中物资综合服务中心、市中钢材销售公司、市中黑色金属材料公司、市中水青物资销售中心8家公有民营单位和济南市斯帝尔物资有限责任公司、济南市浩明物资有限责任公司、济南市金达来物资有限责任公司、济南市华海峰物资有限责任公司4家有限责任公司，保留市中物资公司、市中金属材料公司、市中有色金属材料公司。办公地址由经五路小纬二路35—37号迁至经四路小纬二路25号。

第二节 物资经营

1991年，完成物资销售额3637万元，利润23万元。1993年，物资流通打破单一经营模式，增设网点扩大规模。局直属公司由2个发展为物资公司、金属公司、有色金属公司、物资配送有限公司、生产资料服务公司、物资建材公司、汽车销售公司等10个公司，经营部由3个发展成物资公司三、四部、金属公司一部、物资经销处、生资市场经营部、青年服务部等8个。通过横向联合、行业管理等方式，与2个有色型材厂建立联营代销关系，组建3个联办物资销售点，与区政府各街道联办29个经营网点。全年完成物资销售额1.25亿元，利润67万元。1995年，由于市场竞争激烈，物资系统效益下滑，全年完成物资销售额6210万元。1996年9月，物资总公司成立后，公司分三步进行内部体制改革。一是运用撤销、合并、优化组合等方式，改制20多个效益低下的小公司，撤销3个名存实亡的联办经营网点，保留市中物资公司、市中金属材料公司等，使326万元投资不到位的资金基本上得到解决。二是通过资产调整，盘活用好固定资产，有偿转让物资仓库，偿还群众集资款和部分银行贷款。三是在保证集体所有制性质不变、隶属关系不变、个人身份不变的前提下，鼓励干部、职工个人经营或以股份合作制形式，把小而散的24个公司改成8个公有民营实体和4个有限责任公司。1997年，完成物资销售额5327万元，利润10万元。1998年后，对物资企业单一公有制结构、传统营销方式等限制和阻碍企业发展的计划经济时代的组织形式进行改革，探索和试行与市场经济相适应、多种经济成分共存的混合所有制经济形式。2000年后，根据实际情况，采取租赁、置换、开发的办法，实施腾笼换业，逐步推向市场。2004年，全部实行市场化经营。

第三节　粮油供应

辖区粮油经营管理由济南市粮食局直管。1991年前，粮油供应实行计划体制，按人定量，凭票购买粮油。1991年起，粮油供应逐渐放开，实行计划供应和市场调节并存的供应体制。1992年，市场粮油供应价格与国有粮油店供应价差缩小，国有粮店经销额大幅萎缩，经营困难。各经营门店纷纷转变思路，由粮油供应向粮油副食品加工转轨。1993年，全国取消延续40年的粮油及副食品供应票证制度，粮油作为一般消费品放开经营。1994年，辖区粮油供应批发市场以市面粉厂、市粮库为主渠道，粮油零售渠道以集市贸易为主，国有粮店为辅。1995—1997年，辖区农贸市场发展到20处，粮油加工企业、农民、个体商贩成为粮油供应市场的主角。1998—1999年，国有粮店部分改制为快餐连锁店和副食品加工点，如济南粮食局下属的经销店改制为金德利快餐连锁店。2001—2006年，随着辖区内大型超市的兴起和发展，粮油供应的主渠道变为大型超市和农贸市场。

第五章　对外贸易

第一节　外贸体制改革

1988年3月，区对外经济贸易委员会成立，有干部职工8人。1992年9月18日，市中区进出口公司成立。1991—1993年，辖区外贸企业无自营进出口权，依托省市外贸公司出口。1994年1月1日起，区属外贸企业开始由委托省市外贸公司出口转为自营进出口。1995年2月，成立市中区国际经济技术合作中心；同年5月，成立市中区外商投资企业管理局；9月，区外经委设立办公室，外资科、外贸科、外企科。1996年12月，撤销区外商投资企业管理局。1997年，外资外贸科合并。1998年，市外经贸局将投资30万美元以上的外商投资企业审批权下放到区县。市中区当年审批50家外商投资企业。2001年10月，撤销区对外经济贸易委员会，设立对外经济贸易合作局（以下简称区外经贸局），同时，撤销外经贸科、外商投资企业管理科、办公室，组建外资管理科、贸易发展科、综合科。2004年7月，设立市外事办公室。2006年，区外经贸局设综合科、外资管理科、贸易发展科、外事办公室，有干部职工27人。

第二节　外贸出口

1991—1993年，辖区外贸企业无自营进出口权，依托省市外贸公司出口，主要外贸企业有济南华美塑料制品有限公司、济南新力积水设备有限公司等，当年出口供货值1649万元。出口产品主要是塑料系列制品、五金工具、轻工抽纱、冶金机械等。1994年1月1日起，区属外贸企业开始由委托省市外贸公司出口转为自营进出口。当年全区实现一般贸易出口6万美元。1995年，全区一般贸易出口190万美元，占年计划的315%。1996年，全区一般贸易出口323万美元，被市政府授予“出口创汇先进区”称号。2000年，完成出口832万美元。有7家企业实现产品出口，分别是济南新大陆玩具公司、济南德丰玩具有限公司、山东可莱依泊绣品有限公司、济南南苑抽纱制品有限公司、山东美捷家用纺织品公司、山东兴业塑料有限公司、济南邦华进出口有限公司。出口产品有玩具、床上用品、绣品、抽纱制品等。2001年，新增出口企业济南德东工艺品有限公司，全区出口额1648万美元。2003年，济南压力容器厂实现产品出口。同年，有31家企业申报进出口经营权。其中，综合类企业23家，生产型企业8家。全区实现出口3640万美元。

2004年7月，商务部开始实施《对外贸易经营者备案登记办法》，进出口经营权由审批制改为备案登记制。当年，全区新增对外贸易经营者备案登记企业24家，取得对外贸易经营资格的企业发展到95家。区属有出口实绩的企业达到14家。同年，实际利用外资统计口径发生变化，只统计外商直接投资额度。全区出口额4405万美元，机电产品、高新技术产品出口占比明显提高。2005年，辖区内12家省、市属外贸企业实行属地管理，有山东省电力基本建设总公司、中国电子进出口山东公司、济南市服装进出口公司、济南市冶金科学研究所等。全区出口企业增至46家，出口额首次突破1亿美元，完成11422万美元。其中，山东电力基本建设总公司出口3837万美元，中国电子进出口山东公司出口5061万美元。

2006年，全区出口总额3.09亿美元。取得对外贸易经营资格的企业169家，有进出口业务的企业49家。其中，山东电力基本建设总公司出口额12786万美元，是辖区内第一家出口超过1亿美元的企业。出口超过5000万美元的企业有中国电子进出口公司山东公司，出口9320万美元；出口超过1000万美元的企业有山东美捷家用纺织品有限公司、济南华辰国际有限公司；出口超过500万美元的企业有济南市服装进出口公司、济南市冶金科学研究所、山东汇润丝绸有限公司。出口企业与100余个国家和地区建立贸易关系。出口商品主要为机电设备、轻工产品等。

第三节 利用外资

1990年前，辖区内外商投资企业仅有2家，总投资40万美元，合同利用外资13万美元。1991年，增加外商投资企业4家，总投资130万美元，合同利用外资68万美元。1992年，增加“三资”企业16家，总投资额1468万美元，合同利用外资420.6万美。1997年，全区有“三资”企业79家，总投资3900.86万美元，实际利用外资500万美元。1998年，市外经贸局将总投资在30万美元以上的外商独资企业下放到区县，由区县进行统计。下放到市中区的企业有47家，合同利用外资119万美元。1999年，全区新批外商投资企业4家，合同利用外资282万美元，实际利用外资282万美元。2001年4月，济南伟东置业有限公司成立，是由青岛伟东置业有限公司、青岛泛华置业发展有限公司、青岛山贺实业有限公司与香港巨华国际有限公司共同投资举办的有限公司，公司投资总额1506万美元。主要从事房地产开发经营，开发项目济南伟东新都，是济南市最大的旧城改造项目。

2003年7月，中国重汽集团与世界500强企业——瑞典沃尔沃卡车公司合资成立济南华沃卡车有限公司。项目总投资7229万美元，主要生产泵车、搅拌车、重型货车等，合资期限为30年。2004年3月，第一辆FM12沃尔沃重型卡车在济南下线。同年，根据商务部规定，实际利用外资只统计外商直接投资。全区增加外商投资企业13家，完成合同利用外资4825.4万美元，占年计划的146.2 %；实际利用外资2301.7万美元，占年计划的109.6%。2005年，引进世界500强企业之一泰国正大集团，独资设立济南易初莲花连锁超市有限公司，合同利用外资800万美元，是全市首家外商独资商业零售企业；中国重型汽车集团有限公司和英国合资成立济南复强动力有限公司；香港怡和国际酒店投资管理集团有限公司独资设立山东明珠怡和国际酒店有限公司。全年增加外商投资企业9家，合同利用外资3356.8万美元，占年计划的74.6%；实际利用外资3120万美元，占年计划的104%。

2006年，增加外商投资企业12家，全区外商投资企业达到52家。合同利用外资4297.4万美元；实际利用外资4095万美元。

1991—2006年市中区利用外资及出口情况表

表9-3 单位：万美元

年份	合同利用外资	实际利用外资	出口创汇
1991	68	—	—
1992	420.6	—	—
1993	1213.8	140.3	—
1994	1718	81	6
1995	202	147.8	310
1996	60	338	5541
1997	1000	500	800
1998	119	1078.1	658
1999	282	282	712
2000	2624	240	832
2001	2865	518.28	1648
2002	1826	1402.3	2862
2003	2481.7	3120	3640
2004	4825.4	2301.7	4405
2005	3356.8	3120	15259
2006	4297.4	4095	3023.5

第十篇 财税 金融

1991年，市中区执行“总额分成加增长分成”的财政管理体制，全年财政收入3520万元。1994年，实行分税制财政管理体制，确定税收返还基数为1697万元，上缴基数为992万元，每年递增7.5%。1998年，新增行政事业单位离退休经费及社会保障支出。2000年，将教育（含农村教育）等部门工资纳入统发范围。2002年，企业所得税由全部为区级财政收入改为中央、省、区共同分享；个人所得税由全部为区级财政收入改为中央、区共享；营业税由全部为区级财政收入改为省、区共享。2004年，实行税收属地管理的财政体制，税收总额大幅度提高。取消农业税、农业特产税，农民实现零负担。至2006年，辖区金融业发展迅速，拥有银行、保险、证券、担保公司等60余家，成为济南市名副其实的金融中心。

第一章 财 政

第一节 财政体制

一、机构

1991年，区财政局设预算科、预算外科、企财科、办公室；辖会计事务所、控制社会集团购买力办公室。1992年10月，成立区经济开发投资公司。1994年5月，成立区国有资产管理局。1996年12月，成立预算外资金结算中心。1997年3月，成立农财农税科；8月，成立社会保障事业管理中心；10月，成立会计事务管理中心。1999年6月，会计事务所与区财政局脱钩改制；8月，撤销控制社会集团购买力办公室，成立政府采购办公室；12月，预算外资金结算中心更名为预算外资金管理办公室。2000年4月，成立工资管理办公室。同年8月，办公地址由乐山小区（经八路23号）迁至市中区体育训练活动中心。2002年6月，成立农业税收征收管理局。2004年12月，撤销预算外资金管理办公室、会计事务管理中心，成立财政集中支付管理中心。2005年8月，经济开发投资公司更名为政府投融资管理中心。2006年3月，撤销农业税收征收管理局，国有资产管理局更名为国有资产管理委员会；7月，投融资管理中心与财政局脱钩。2006年年底，区财政局设预算行财科、综合计划科、农财农税科、办公室；辖社会保障事业管理中心、政府采购办公室、工资管理办公室、财政集中支付管理中心。编制42人，实有49人。

二、财政体制改革

1991年，市中区执行“总额分成加增长分成”的财政管理体制，财政分成比例确定为64.2%。1992年，市中公安分局经费由区财政局管理，区财政承担71.8%。1994年，实行分税制财政管理体制，确定税收返还基数为1697万元，上缴基数为992万元。之后，每年递增7.5%包干上缴。2002年，企业所得税由全部为区级财政收入改为中央、省、区共同分享，分别为50%、10%、40%；个人所得税由全部为区级财政收入改为中央、区共享，各为50%；营业税由全部为区级财政收入改为省、区共享，分别为20%、80%。2003年，再次调整企业所得税、个人所得税共享比例。中央、省、区分享企业所得税比例分别为60%、8%、32%；中央、区分享个人所得税比例分别为60%、40%。2004年，实行“税收属地管理，主体税种两级分享”的财政体制。市级以下主体税种，市、区分别分享40%、60%。同年，实行出口退税机制改革，以2003年中央出口退税为基数，超基数部分，由中央、区按75%、25%分担。推进部门预算改革，实行国库集中支付，全面落实“收支两条线”和“票款分离”制度。2005年，中央再次调整出口退税办法，取消各县区基数返还收入，地方负担超基数7.5%部分，年底再体制上解。同年，山东省地税局直属分局管理的部分纳税户调整到济南市地税局市中分局管理，增加的区级财政收入以2004年为基数，通过体制结算上解市财政。同时，再次调整个人所得税共享比例，将归区级的40%部分进行分享，省、市、区分别分享15%、10%、15%。

三、农村税费改革

2002年6月，制订《市中区农村税费改革实施方案》，取消乡统筹、农村教育集资等专门向农民征收的行政事业性收费和政府性基金、集资；取消屠宰税；取消统一规定的劳动积累工和义务工；改革村提留征收使用方法。2004年，取消农业税、农业特产税，实现农民零负担。

2002年6月，举办市中区农税干部培训班（区财政局提供）

第二节 财政收入

1991年，地方财政收入完成3520万元，占预算的101.9%。分项目完成情况为：工商税收完成3452万元；农业“四税”（农业税、农业特产税、耕地占用税、契税）完成57万元；其他收入完成11万元。财力实现3548万元。1994年，地方财政收入完成4054万元，较上年下降20.1%，主要原因是分税制改革后部分区级收入上划。1998年，地方财政收入完成10032万元，首次突破亿元大关。2003年，地方财政收入完成28010万元，较上年下降3.7%，主要是税制改革后部分区级收入上划。2004年，税制改革后，实行税收属地管理，收入增加，地方财政收入完成60359万元。

2006年，地方财政收入完成92023万元，占预算的103.32%。分项目完成情况是：工商税收完成80015万元；耕地占用税和契税完成7628万元；其他收入完成4380万元。财力实现66798万元。

第三节 财政支出

1991年，财政支出3548万元，占预算的127.3%。主要支出为：教育事业费支出1195万元；行政管理费支出795万元；城市维护建设支出566万元；支援农村生产支出76万元；科技支出45万元；抚恤和社会福利救济事业费支出197万元；公检法支出117万元。1998年，财政支出13823万元，新增行政事业单位离退休经费及社会保障支出271万元。1999年，教育事业费支出3916万元，公检法支出2232万元。2000年10月开始，对区属党政机关、公检法实施财政统一发放工资，后又逐步将教育（含农村教育）等部门纳入统发范围，确保工资按时足额发放。当年，教育事业费支出6913万元，公检法支出3290万元。2003年，印发《关于贯彻济财行〔2003〕10号文件制定农村中小学公用经费标准的通知》《关于两镇教职工工资等全额上划区管理的通知》，保证农村中、小学公用经费投入和教师工资按时足额发放。落实农民粮食直补政策，减轻农民负担，增加农民收入。

2006年，财政支出66798万元，占预算的120.6%。主要支出为：教育事业费支出13520万元；行政管理费支出9850万元；城市维护建设支出2505万元；支援农业生产支出1559万元；科技支出1200万元；抚恤和社会福利救济事业费支出2769万元；公检法支出6682万元；行政事业单位离退休经费及社会保障支出9031万元。

第四节　财政管理

一、预算外资金管理

1991年，区直行政事业单位预算外资金纳入预算管理，实行统收统支集中代储，有代管单位11家，代储资金900万元。1992年，预算外资金代储单位扩大到24家，全年代储资金总额为998万元。1993年，有代管单位38家，代储资金总额1372万元。1995年，区政府制定《济南市市中区预算外资金管理办法》《济南市市中区预算外资金管理实施意见》，全区56家行政事业单位在资金所有权和使用权不变的情况下，按照“财政专户储存，计划管理，财政审批，银行监督，收支两条线”的管理模式，全部纳入预算外资金管理。1996年，区政府制定《关于实施〈济南市市中区预算外资金管理办法〉的规定》，建立政府统筹金，对不同收费性质确定统筹比例。全区46家行政事业单位代储管理资金4924万元，支出3610万元，间歇资金1314万元。1997年，成立区预算外资金管理结算中心，加强和规范全区各行政事业单位预算外资金收、支账户的统一管理，纳入管理的单位48家。1998年，对预算外资金财政专户的设置、各单位预算外资金账户的审批以及各类账户的档案管理和年审工作提出具体要求。对各单位的收入账户标准进行划分，将经费支出和预算外资金支出账户进行合并。全区确认预算外资金账户约280个，扣除医疗费用、幼儿园和社会力量办学收费等经批准可以单位留用的资金外，其余预算外资金纳入结算中心的财政专户统一管理。对区属所有存在预算外资金往来的单位进行清理检查，共查处各类违纪金额64.4万元，全部追缴入库。全区各行政事业单位累计上缴预算外资金11240.1万元，其中预算外资金收入3852.1万元；往来款项7388万元，累计拨款8561.1万元，间歇可利用资金3000万元。全年实现政府统筹金557.8万元，行政性收费收入136.3万元，土地出让金100万元。

1999年1月，制定《市中区预算外资金收支预算管理办法》及《市中区街道（镇）预算外资金管理办法》。2001年，实现预算外资金收入6620万元，支出完成5248万元；国有土地出让金完成130万元，归集政府调剂资金792万元，实现预算内调入资金550万元。2002年实现预算外资金收入8128万元，支出完成6404万元；国有土地出让金完成150万元，归集政府调剂资金649万元，实现预算内调入资金980万元。2004年，预算外资金完成10611万元，支出9133万元。

二、政府阳光采购

1991年，政府采用控制社会集团购买力的办法，控制消费基金过快增长，抑制通货膨胀。全区县以上单位社会集团购买力支出487万元，占市下达分配指标的93.65%。1993年，专控商品支出较多，全区县以上单位社会集团购买力支出889万元，占市控办分配指标的97.90%。1995年，对全区各集团单位尤其是行政事业单位购买小汽车的情况进行清查。对排气量超过2.2升以上的小汽车全部进行清理及调换，处理4辆超标或违控车辆。县以上单位购买力支出1290万元，占全年控制指标的92%。

2003年9月，区政府下发《关于进一步规范政府采购行为的通知》，对政府采购行为作出统一规范。全区采购预算862万元，支出776万元，节约资金86万元。2004年，实现“管采”分离，将具体采购工作全部委托给具有招、投标资质的社会中介机构。全区政府采购预算2340万元，支出2055万元，节约资金285万元。2005年，执行重大事项报告制度，凡采购物品达到一定数额的，须经重大事项审批小组审批后进行采购。2006年，采购预算资金7151万元，签订合同金额6164万元，节约资金987万元，并将本级支出安排的环保资金和支农资金等大宗支出纳入政府采购范围。

三、财政监督管理

1991年，全区开展税收财务大检查，各行政企事业单位自查1140家（税务1015家，财务125家）。税务、财政部门抽调88人组成38个小组对356家（税务305家，财务51家）行政企、事业单位进行检查。累计查出违纪金额145万元，应补交金额89万元，入库金额77万元。1992年，对区属3772个行政事业、集体企业及个体工商户组织自查、互查工作，查处违纪金额77.7万元。抽调145人组成60个专业检查组，对1137个行政、企事业和个体工商户、单位进行检查。查处违纪金额78万元，其中，应入库74万元，已入库59万元。1996年，对全区行政事业单位国有资产进行产权登记，并对非经营性资产转经营性资产进行全面清理；开展税收财务物价大检查，共检查3070家，查出违纪金额378万元，已入库378万元。1998年，改革区级文教行政单位经费分配管理办法，实行“零基预算”，核定单位经费预算指标，规范和净化支出内容；实施预算会计制度，开展新会计制度培训。2003年，开展财政收入质量检查、财政投资评审，以及会计信息质量和社会中介机构质量的抽查等工作，查处违反财经法纪行为。2004年，开展依法行政和治理“五乱”专项检查，包括行政许可事项、行政事业性收费、涉企罚款、涉企摊派、涉企检查、涉企评比等。

2005年，建立“零余额账户”管理制度，对区属各行政事业单位的银行账户进行清理整顿，取消非预算单位的银行账户，由区财政局支付中心为各预算单位统一开设“零余额账户”。检查89个单位，撤销非预算单位银行账户41个，归并各预算单位银行账户367个。对全区2004年第四季度公费医疗报销单据以及在区医院开具的处方进行检查。2006年，开展会计信息质量检查工作。对全区5731万元（其中，中央级专款566万元，省级专款2568万元，市级专款2598万元）专项资金支出项目开展检查。

第五节　国有资产管理

一、企业国有资产管理

1994年5月12日，成立市中区国有资产管理局。同年，对区商委下属15家国有企业进行清产核资，清查资产总额1023万元，负债总额877万元，所有者权益146万元，资产损失98万元。1995年，对17家国有企业进行产权登记，登记资本金总额209万元。1996年，统计国家投资企业17家，并进行年度检查。资产总额1407万元，负债总额1102万元，所有者权益305万元，登记国有资本金288万元。核定17家国有企业资产保值增值情况，保值增值率104.7%。1997年，对全区130家集体企业进行清产核资。清查资产总额26551万元，负债总额13294万元，所有者权益13257万元，资产损失1053万元，固定资产价值重估增值2101万元。2001年，组织全区16家国有企业参加年检，正常营业的5家，办理注销产权登记11家。2002年，国有独资企业18家，正常营业的7家，资产总额63251万元，国有净资产8580万元。

二、行政事业单位国有资产管理

1996年，以1995年12月31日为基准日，对全区112家行政事业单位进行国有资产产权登记。登记资产总额42944万元，其中，国有资产总额23499万元，固定资产总额18947万元。清理检查98个行政事业单位非经营性资产转经营性资产，累计总额634万元。1997年，统计行政事业单位103家，资产总额33713万元，国有资产总额23265万元，负债10448万元。完成111家行政事业单位国有资产产权登记年度检查，资产总额37032万元，国有资产总额24998万元，负债总额12034万元。2001年，对全区行政事业单位资金进行全面核实，有133家上报资金核实申请表，其中14家单位申报固定资产盘亏717.34万元。2002年，参加国有资产产权登记的行政事业单位132家，资产总额87776万元，负债总额22930万元，国有净资产总额为64846万元，其中固定基金50307万元。

三、会计事务管理

1988年，成立区会计事务所，负责会计人员教育培训，办理会计从业资格证换发、年检，承办全区各集体、企事业单位验资、查账业务。1991年，对739名财会人员进行上岗专业培训，为978名财会人员签发会计证。对2个乡镇企业和11个行政事业单位进行会计达标考核。组织全区会计人员参加全国首届珠算知识大赛。1992年，全年举办会计培训班4次，培训会计人员201人。1993年，举办2期新会计制度专业上岗培训班，培训326人。进行中初级职称评审工作，评出初级人员94人，中级人员48人，会计员120人。2004年12月，撤销会计事务管理中心，由国有资产管理局行使会计事务管理职责。采取分散与集中相结合，培训与自学相结合，加强会计人员继续教育和职业道德建设。办理会计从业资格证的换发、年检、调转手续。至2006年12月，共办理会计从业资格证7855册。

2001年7月，举行庆祝新《会计法》颁布实施一周年宣传活动（区财政局提供）

第二章 税 务

第一节 机 构

一、济南市市中区税务局

1991年4月，济南市税务局市中分局改称济南市市中区税务局，办公驻地位于英雄山路77号。设税政科、征管科、计会科、税收一科、税收二科、税收三科、法制科、政工科、老干部科、办公室10个科室；辖税务稽查队、七贤征收分局及二七新村、大观园、魏家庄、自由大街、舜玉路5个税务所；有172人。1994年8月，税务体制改革，撤销济南市市中区税务局，组建济南市市中区国家税务局和济南市地方税务局市中分局。

二、济南市市中国家税务局

1994年8月，成立济南市市中区国家税务局，内设设办公室、行政科、人事科、监察室、综合业务科、计会科、税收一科、税收二科、税收三科、税收四科、税务稽查局、七贤征收分局及二七新村、大观园、魏家庄、自由大街、舜玉路5个税务所，有138人。负责辖区内的税收征收管理工作。机关驻地位于经三路83号。1996年3月，机构调整，设办公室、政工科、人事科（监察室）、税收管理科、发票科、征收计财科、个体管理科、税务稽查局，共150人。2000年2月，历城区国税局十六里河分局划归市中国税局，名称为济南市市中区国家税务局十六里河分局（副处级）。同年4月，市中区国家税务局更名为济南市市中国家税务局，设办公室、人事教育监察科、综合业务科、税收管理一科、税收管理二科、税收管理三科，信息中心、个体税收管理分局（副处级）、十六里河分局（副处级）。2003年4月，机构调整，设办公室、税政法规科、征收管理科、人事教育科、监察室、税源管理一科、税源管理二科、税源管理三科、税源管理四科、税源管理五科、发票所、信息中心、二七新村分局、十六里河分局。2004年5月，机构调整，设办公室、人事教育科、监察室、综合科、管理监控科、纳税服务中心、信息中心、税源管理一科、税源管理二科、税源管理三科、税源管理四科、税源管理五科、二七新村分局、十六里河分局。

三、济南市地方税务局市中分局

1994年8月，成立济南市地方税务局市中分局，内设办公室、政工科、计划会计科、业务综合科、稽查队、征收一科、征收二科、征收三科、征收四科、征收五科、工会、团支部、纪检办等13个科室，人员共计55人。主要负责辖区内除增值税、消费税以外所有税种的征收、管理、稽查、组织税款入库等主要业务工作。机关驻地位于英雄山路77号。1996年4月，增设英雄山、林祥街、三里庄、泺山、涉外5个税务所，管理个体业户和涉外企业税收征管；同时组建济南市地方税务局税务咨询事务所市中分所。1998年，撤销济南市地方税务局市中分局，成立济南市地方税务局第二征收分局。设办公室、政工科、计财科、综合科、征收科、管理一科、管理二科、管理三科、涉外所、新建税务所、七贤所、林祥所、三里庄所、泺山所、英雄山所15个科所，有83人。1999年，办公地址由英雄山路77号迁至英雄山路84-6号。2000年1月，历城区十六里河税务所、党家税务所移交第二征收分局。2001年，机构调整为办公室、政工科、稽核一科、稽核二科、稽核三科、稽核四科、户籍管理科、发票管理科、征收管理科、个体管理科10个科室，辖全职能所、个体一所、个体二所、临商所4个基层所。2003年1月，第二征收分局更名为济南市地方税务局市中分局。设办公室、政工科、综合一科、综合二科、户籍发票科、管理一科、管理二科、管理三科、管理四科、执行科、监察室和4个中心税务所。2004年4月，机构调整，设办公室、政工科，综合一科、综合二科，管理一科、管理二科、管理三科、管理四科、管理五科、管理六科，涉外科，管理一所、管理二所、管理三所、管理四所，监察室和办税服务厅；共有141人。2006年12月，设办公室、综合业务一科、综合业务二科、政工科、监察室、纳税服务中心、管理一科、管理二科、管理三科、管理四科、管理五科、管理六科、涉外科、管理一所、管理二所、管理三所、管理四所17个科所，有139人。

市中区纳税服务中心（2006年摄 济南市地方税务局市中分局提供）

第二节 税收征管

1991—1993年，开征的税种有产品税、增值税、营业税、工商统一税、专项调节税、集体企业所得税、中外合资企业所得税、外国企业所得税、城市维护建设税、车船使用税、房产税、城镇土地使用税、屠宰税、牲畜交易税、集市交易税、资源税、国营企业奖金税、国营企业工资调节税、事业单位奖金税、集体企业奖金税、印花税、筵席税、特别消费税、建筑税、烧油特别税、盐税等26种。

1991年，有纳税单位和个人4516家，其中集体工商企事业单位1440家，私营业主57家，个体商业户3019户。8月，对全区私营及个体户进行税收专项检查，共计查补税款122万元，检查户数2722户。其中自查补报34.5万元，重点检查832家，补税罚款87.5万元。到11月底，税收收入完成3120万元，清理欠缴税款95万元（其中扣缴税款37万元），查补税款361.3万元。1992年，对所辖工商业户进行税收专项检查。共检查补缴税款65.2万元，入库55.5万元。1993年，开展税法宣传活动，共设立税法宣传站、咨询站16个，参加400余人次，播放录音带24盘，张贴宣传标语340份，散发宣传材料5000余张，接受群众咨询620人次。同时开展税收检查，在人民商场一、三、四楼查出与商场联营的假集体47

家，其中偷漏税户 16 家，查补税款 7.8 万元，并纳入正常管理。开展财税大检查，查补各项税款 71.82 万元。

一、国税征管

1994 年，区国税局将纳税人按征管规模划分为一般纳税人、小规模纳税人、个体纳税人进行管理。税种有增值税、消费税、企业所得税、车辆购置税等。

1996 年，筹集资金购买 15 台微机，建立初步局域网络，对征收信息进行处理。1997 年，撤销税务所，成立个体科，取消专管员管户制度，实现由“管户”向“管事”的转变。同年，初步建立区局与各科室、分局局域办公网络，完成税收管理、会计管理、会计核算、税务稽查、人事管理办公自动化，基本实现信息共享。12 月，实施金税工程。2001 年，对办税窗口进行整合，实行报税、认证、申报“一窗式”管理模式，CTAIS（即中国税收征收管理系统）上线运行，全区推行电子申报纳税和金融单位代征税款征收方式。2004 年，运行“一窗式”管理系统。2006 年，完成综合征管软件 V2.0、“增值纳税申报‘一窗式’票表（税）比对系统”“一机多票”开票管理系统、税收执法管理系统 2.0 等软件的上线和成功运行。

1994—2006 年市中区国税征收情况表

表 10-1　　　　单位：万元

年份	增值税	企业所得税	外商投资和外国企业所得税	个人利息所得税	消费税	合计
1994		80.1				3838.7
1995	3416.1	59.7				4468.8
1996		238.9				4621.5
1997		211.5	107		26	5568.9
1998						5921
1999					13	9144
2000	12440				20	12460
2001	89737	123800	134862	3694	1012	361011
2002	86977	43671	199802	4144	1151	339701
2003	98259	127985	171124	4286	2100	404617
2004	115477	68898	212277	5669	1446	403767
2005	119266	69880	202185	6481	2064	399876
2006	192946	121878	308069	8057	2606	633556

二、地税征管

1994年，全区有地税纳税户2548家，全年税收2493万元。市中分局制定稽查工作流程等一系列规章制度，赋予稽查队单独查账、单独立案、单独组织入库等新的职能。1995年，稽查队检查各类企业106家，查补税款182.6万元。1996年，查补个人所得税545万元，检查投资项目260余个，查补税款360万元。1997年，改进执法手段，以济南地税系统更新新版发票为契机，对餐饮业发票的销售管理制度进行改革，实行验旧换新、查验封存制度。在纳税检查中，采取调账检查，检查300余家（次），查补税款1580万元。1998年，制定《重点税源调研制度》，对重点税源采取“分类监控、分层管理”的管理方式，对市级年纳税额50万元以上和区级年纳税额30万元以上的企业，以及电力、通信等8个重点行业，进行重点监控管理。对年纳税额在100万元以上的企业，定期进行相关数据资料的收集录入工作，完善对重点税源的数据化管理。

2000年，制定税收执法责任制度和税务检查工作程序，对日常执法工作进行规范管理和过错追究，建立税务文书传递制度，对所有办理税收减免、弥补亏损、注销的企业，实行办税服务厅受理、管理科所落实、综合科监督的三级控管制度。2003年，推行执法责任制和执法过错责任追究制，实行重大税务案件集体审理制度和税务行政处罚听证制度。设立举报电话，聘请26名社会监督员，建立以行政管理权和税收执法权监督为核心的执法监督制约机制，对分局工作人员的税收执法行为进行全面监督。2004年4月，实行片区管理责任制，将15个街（镇）划分成10个二级片区，由10个征管科所分别承担税收征管任务。每个二级片区按照规模兼顾级次的标准划分成5个三级片区，即A1区、A2区，B1区、B2区及C区（个体片区）。全局分50个三级片区。当年，地税收入增加到116541万元。2006年，全区地税纳税户达26759户，地税收入173295万元，主要来源为营业税、企业所得税、个人所得税、城建税、房产税等。

1994—2006年市中区地税征收情况表

表 10-2　　　　单位：万元

税　种	1994 年	1995 年	1996 年	1997 年	1998 年	1999 年	2000 年	2001 年	2002 年	2003 年	2004 年	2005 年	2006 年
总计	2543	2945	4239	5164	13121	18038	20792	74025	83700	95780	116540	144975	181311
一、税收收入合计	2492	2920	4147	4996	12636	17451	19893	70981	80298	91793	112219	145069	173295
营业税	1138	1492	1919	2427	6130	8176	11380	25835	29332	37591	45551	71310	84611
屠宰税	0	0	0	0	0	0	2	1	1	0	0	0	0
资源税	7	19	16	17	15	15	70	317	683	225	439	175	225
企业所得税	348	293	438	312	1009	1767	1634	9149	6376	6960	8833	11922	11645
个人所得税	100	268	546	873	1972	1296	1764	18672	23987	22134	33610	33913	44212
投资方向调节税	378	316	456	738	1318	3259	659	680	1350	0	0	100	0
城建税	211	216	301	292	960	1206	1701	6338	7460	8706	9236	10411	13280
房产税	198	210	315	181	700	973	1412	5020	6023	9040	8038	9482	10672
印花税	17	23	19	22	114	230	344	1924	1941	1843	2051	2765	3390
土地使用税	78	64	63	60	235	357	462	1986	2074	2684	1970	2171	2143
土地增值税	0	0	0	0	69	72	217	686	666	2076	1922	2403	2896
车船税	17	19	75	73	115	101	248	374	403	534	569	417	221
二、其他收入合计	51	26	92	168	485	586	899	3044	3401	3987	4321	4906	8016
教育费附加	39	25	88	105	432	478	710	2816	3109	3681	3930	4412	5645
罚没收入	12	1	4	63	0	0	8	18	21	30	94	68	58
文化事业建设费	0	0	0	0	53	108	181	209	271	276	297	426	432
地方教育费附加													1881

第三章　金　融

第一节　监管机构

一、中国人民银行济南分行营业管理部

位于市中区经七路382号。1949年11月1日，北海银行济南分行改为中国人民银行山东省分行营业部；1955年9月，改为中国人民银行济南市支行。1984年11月1日，中国人民银行济南市支行更名为中国人民银行济南市分行，行使中央银行职能。1988年末，设历城、长清、章丘、平阴4个区（县）支行。1990年1月1日，济阳、商河2县的金融业务划归中国人民银行济南市分行管理。1998年12月15日，中国人民银行济南市分行更名为中国人民银行济南分行营业管理部，内设办公室、货币信贷统计处、金融机构监管处、合作金融机构监管处、会计国库处、支付科技处、人事教育处、货币金银处、保卫处、营业室、纪委、宣传部、群工部、后勤服务分中心；有人员237人。下辖历城区、长清县、章丘市、平阴县、济阳县、商河县6个支行。2001年2月，撤销历城区支行，人员并入中国人民银行济南分行营业管理部。2003年3月，撤销长清区支行，人员并入中国人民银行济南分行营业管理部。至2006年年底，中国人民银行济南分行营业管理部设办公室（党委办公室）、货币信贷统计处、会计国库处、科技处、货币金银处、人事处（党委组织部）、保卫处、纪检监察办公室、宣传群工部、营业室、后勤服务中心11个处室，有直属事业单位济南银行电子结算中心，代管单位济南钞票处理中心。

二、中国银行业监督管理委员会山东监管局

位于市中区经二路146号。2003年7月8日，中国银行业监督管理委员会下发《关于成立银监局筹备组的通知》。此后，中国银行业监督管理委员会山东监管局（简称山东银监局）筹备组成立。9月30日，山东银监局筹备组与中国人民银行济南分行签订人员划转与财务划分协议。10月11日，山东银监局挂牌成立。履行对山东省境内（不含青岛）有关银行业金融机构的统一监管职责。山东银监局从中国人民银行济南分行划转187人。12月26—30日，全省15个地市银监分局陆续成立。各县（市）派出机构建成92个县（市）监管办事处。2005年，山东银监局设16个部门，分别是办公室（党委办公室）、政策法规处、国有银行监管一处、国有银行监管二处、股份制银行监管处、城市商业银行监管处、政策性银行监管处、邮政储蓄及金融资产管理公司监管处、非银行金融机构监管处、合作金融机构监管处、统计信息处、财务会计处、监察室（纪委）、人事处（党委组织部）、机关党委（党委宣传部）、后勤服务中心（行政管理处）。

三、中国证券监督管理委员会山东监管局

1996年10月，山东省证券管理办公室（简称省证管办）成立，位于市中区经七路86号证券大厦13楼。1998年8月，地方证券监管部门实行由中国证监会垂直领导的管理体

制。1999年6月18日，中国证监会设立济南证券监管办公室（简称济南证管办），下辖合肥、郑州、青岛证券监管特派员办事处；7月，济南证管办正式运行。2000年9月，中国证监会济南稽查局（简称济南稽查局）成立，与济南证管办为一套机构、两块牌子，人事、行政、财务等与济南证管办一体，局长由济南证管办主任兼任。2002年12月，济南证管办调整内设机构及职责。设党委（纪检监察、行政）办公室、上市公司监管处、机构监管处、期货监管处、案件调查处、案件审理执行处、综合处。2003年2月，济南证管办调整济南稽查局内设机构及职责。案件调查处改为案件调查一处，案件审理执行处改为案件调查二处。2004年2月，济南证管办更名为中国证券监督管理委员会山东监管局（简称山东证监局），济南稽查局名称不变。山东证监局3月1日正式运行。4月，增设上市公司监管二处；综合处更名为办公室；案件调查一处、案件调查二处分别更名为稽查一处、稽查二处。内设机构为办公室、上市公司监管一处、上市公司监管二处、机构监管处、期货监管处、稽查一处、稽查二处、党委办公室。

四、国家外汇管理局山东省分局（国家外汇管理局济南分局）

1979年，国家外汇管理局山东省分局成立，位于市中区经七路382号。与中国银行青岛分行一个机构，两块牌子，行使国家外汇管理和外汇经营职能。1984年12月，国家外汇管理局山东省分局与中国银行青岛支行分设，在人行山东省分行领导下行使外汇管理职能。1993—1995年，随着对外开放的扩大，全省县级支局不断增加，大部分县（市）都设有外汇管理支局。1999年，外汇管理机构改革，在人行跨省设立的分行所在地城市设立国家外汇管理分局，直接管理所在省、市外汇管理工作（含分行营业管理部的外汇业务），同时负责对辖区内外汇管理工作的协调与督办。国家外汇管理局山东省分局改为国家外汇管理局济南分局，负责山东省境内外汇管理工作，同时负责河南省境内外汇管理工作的协调和督办，接办原国家外汇管理局济南市分局的外汇管理业务，中国人民银行济南分行营业部不再设外汇管理部门。山东省境内设市地支局16个，县级支局95个。2001年，外汇管理机构调整，在各省、直辖市、副省级城市设立国家外汇管理分局，国家外汇管理局济南分局改为山东省分局。山东省分局不再承担协调和督办河南省境内的外汇管理工作。

第二节 银行业

1991年，直接服务于辖区经济建设的银行有工商银行济南市市中区办事处、建设银行济南市分行市中区办事处、中国农业银行济南市市中区支行、中国银行济南分行经二路办事处、城市信用社。1995年4月，中国农业发展银行山东省分行落户辖区。1996年6月，齐鲁银行成立；10月，中国农业发展银行山东省分行营业部落户辖区；1996年11月30日，华夏银行济南分行开业。1999年3月16日，国家开发银行济南分行落户辖区，4月1日正式挂牌；3月18日，中国光大银行整体接收中国投资银行后，成立中国光大银行济南管理部。2001年7月，兴业银行正式开业。11月15日，民生银行济南分行落户辖区。2005年3月19日，山东济南润丰农村合作银行成立。至2006年，辖区有一级金融机构27家。主要银行有中国农业发展银行山东省分行、中国工商银行山东省分行、中国农业银行山东省分行、交通银行山东省分行、中国光大银行济南分行、华夏银行济南分行、民生银行济南分行、齐鲁银行等。辖区金融业实现增加值44.34亿元，纳税8.7亿元，其中区级税收3.17亿元，占全区当年财政收入的32%。

附：银行选介

国家开发银行山东省分行 1999年3月16日，经中国人民银行批准，国家开发银行济南分行成立，4月1日正式挂牌，位于市中区经七路85号。2002年12月，经中国人民银行济南分行批准，迁至马鞍山路2-1号山东大厦。2003年3月19日，经中国人民银行批准，国家开发银行济南分行更名为国家开发银行山东省分行，4月28日举行更名揭牌仪式，业务范围、管辖范围以及债权债务与原国家开发银行济南分行一致。2006年10月15日，隶属于山东分行的青岛代表处升格为国家开发银行青岛市分行，国家开发银行山东省分行管辖范围变更为除青岛市之外的山东省16个地市，原国家开发银行山东省分行在青岛的有关资产负债及损益划转至国家开发银行青岛市分行。

中国农业发展银行山东省分行营业部 1996年10月成立，属于二级分行，位于湖山路32号，隶属于农发行山东省分行，负责济南市的农业政策性金融业务。其中，部机关是经营管理机构，承担济南市区的业务经营拓展职能和对下管理职能，设6个部室，即办公室、计划信贷科、财务会计科、人事教育处、稽核监察科、营业室；下辖6个县级支行。1997年10月，机构调整为办公室、计划信息处、信贷处、财务会计处、稽核处、人事教育处、监察室、保卫处、营业室9个职能部门。2005年，机构改革。成立客户处作为业务发展前台部门，营业室由支行建制改为营业前台和服务窗口；成立信贷与风险管理处、资金计划处；信息电脑处与财务会计处合并，组建财务信息处；稽核处改为审计处，业务工作由省行统一调配，集中管理，人员日常由农发行山东省分行营业部负责；保卫处并入办公室。改革后机构为办公室、资金计划处、客户处、信贷与风险管理处、财务信息处、人力资源处、内部审核处、监察室、营业室。2006年，财务信息处分为财务会计部、信息科技部2个部，名称由“处”改为“部”。即办公室、资金计划部、客户部、信贷与风险管理部、财务会计部、人力资源部、信息科技部、内部审核部、监察室、营业室。

中国农业银行济南市市中区支行 成立于1987年5月，位于纬二路186号。由农业银行济南市分行第三营业部与原济南市郊区农行的一部分人员、机构合并组建而成，隶属市中区政府。主要办理储蓄存款、企业存款、各种贷款以及汇兑、结算、保险等项业务，是功能齐全的综合性专业银行。1988年年底，全区服务网点由建行初期的6处发展为22处，职工人数由65人发展为174人。1998年后，先后开办代发工资、代收话费、电费、行政罚没款业务，分别与中国人寿保险公司、平安保险公司、太平洋保险公司、泰康保险公司、新华保险公司签订代收保险费业务。1999年，开办小额质押贷款、保单质押贷款、个人定期存单、国债存单业务，保险保单质押后可贷款消费。2000年，依据国家政策规定，与济南大学签订助学贷款协议，发放助学贷款1160万元，为1446名生活困难大学生提供资金保障。同年，开办个人消费贷款业务，包括一手房贷款、二手房贷款、汽车消费贷款、综合消费贷款、生产经营贷款、公积金贷款、集资建房业务。2002年，被山东省分行授予年度创利能力20强、信贷资产20优支行。2004年，下设机构调整为办公室、安全保障部、信贷管理部、个人业务部、计划财务部、公司业务部5部1室；下辖2个二级支行、10个综合营业机构、5个储蓄所。网点覆盖辖区各街（镇）。

中国工商银行济南市市中区支行 位于经十路198号。1991年前为中国工商银行济南市分行市中区办事处。1994年1月，改称中国工商银行济南市分行市中区支行。开办存款、贷款、结算、外币、现金收付、牡丹卡、国际业务、代发工资、代理收付费、代保管、票据承兑、贴现及委托、代理、咨询等40余种业务；设立多台ATM自动取款机和全省首家昼夜营业的自助银行。先后获全国金融系统先进单位、山东省文明单位、山东省思想政治工作优秀企业、山东省精神文明建设文明窗口单位等称号，涌现出大观园储蓄所、经十纬二路储蓄所2个全国“青年文明号”、经八路储蓄所全国“巾帼文明示范岗”以及全国金融劳动模范、中共十五大代表、山东省十大杰出青年马春芳和“富民兴鲁”劳动奖章获得者、济南市“十大文明市民”标兵郑群英等一大批先进集体和个人。1995年10月31日，支行代表受到中共中央政治局常委、国务院副总理朱镕基和中宣部领导的亲切接见。

中国建设银行济南市市中区支行 位于经八路128号济南大厦内，原名为中国人民建设银行济南市市中区办事处，主要业务范围是对辖区内中央级基建投资，省、市区单位自筹资金基本建设的管理划拨、信贷工程项目的评估，发行债券等。1994年9月22日，改为中国人民建设银行济南市市中区支行。1996年3月26日，改称为中国建设银行济南市市中区支行。辖营业网点26个，其中办事处2个，分理处4个，储蓄所17个，信用卡业务部、国际业务部、房地产信贷部各1个。2004年9月15日，改制为中国建设银行股份有限公司济南市中支行，简称建行市中支行。下设综合部、计划财务部、风险管理部、会计结算部、公司业务部、个人银行业务部、机构业务部、房地产金融业务部8个部室，拥有2个单点支行，15个分理处，2个储蓄所及营业室、理财中心，共21个对外营业网点，总人数344人。10月28日，迁至市中区经四路76号，是隶属于中国建设银行山东省分行的直属支行。开办存款、贷款、结算、外币、现金收付、龙卡、国际业务、房地产公积金存、贷款、商业住房贷款、代理收付费、代保管、票据承兑、贴现及委托、代理、咨询等业务。

第三节 保险业

1984年2月，中国人民保险公司济南市市中区办事处成立。1994年6月，改称中国人民保险公司济南市市中区支公司。1996年10月，实行产、寿险分业经营，名称分别为中保财产保险有限公司济南市市中区支公司和中保人寿保险有限公司济南市市中区支公司。2001年3月26日，泰康人寿济南营销本部与泰康人寿山东分公司同期成立。同月，平安保险济南办事处更名为平安保险济南分公司，2003年1月，更名为平安人寿济南分公司。2004年，引进中国大地财产保险股份有限公司济南分公司。至2006年，辖区保险业发展到25家。

附：保险公司选介

中国人民财产保险股份有限公司济南市市中支公司 1996年4月，中国人民保险公司济南市市中区支公司实行产、寿险分业经营，成立中国人民财产保险股份有限公司济南市市中支公司。1998年，主要经营企业财产保险、机动车辆保险、货物运输保险、家庭财产保险等二十余个险种，其中企业财产保险和机动车辆保险是支公司骨干险种，约占支公司年保费收入的98%。1999年5月，更名为中国人民保险公司济南市市中区支公司。同年11月，由济南市经八路23号迁至济南市经五路6号。2000年10月，实行下岗分流，减员增效，调整机构和人员。2000—2002年，陆续开办责任保险（主要包括雇主责任保险、公众责任保险、供电责任保险、停车场责任保险等）、保证保险（主要是汽车消费贷款保证保险）、工程保险（主要包括建筑工程保险和安装工程保险）、计算机保险、现金保险等险种，同时对部分险种进行改造，开办"金锁"自助型（组合型）家庭财产保险和"金牛"投资理财连结型保险。2003年，经中国保监委批准，开办人身意外伤害保险、短期健康险等险种。2003年7月，迁至济南市共青团路4号；8月，更名为中国人民财产保险股份有限公司济南市市中支公司，成为在中国人民财产保险股份有限公司统一法人授权下，经营济南市市中区行政区域内以及跨区域的非寿险保险业务的国有商业化保险公司。2004年，支公司经营的保险产品达200余个。

中国平安人寿保险股份有限公司济南分公司 1993年6月30日，平安保险山东代理处成立，1993年12月正式对外营业，位于经七纬二路。1994—1998年，公司依托团险业务，开办产品主要用于扩大市场规模。开办以少儿终身平安保险、平安长寿保险等为代表的37个个险主险和以平安附加意外伤害为代表的7个个险附加险产品；团险产品开办以养老金保险及平安福寿等为代表的94个产品，陆续停售个、团险产品24个、71个。1998年起，开设25个个险主险、6个附加险产品、24个团险产品和2个银行代理产品，停售17个个险主、附险和14个团险产品。1999年5月1日，济南办事处（寿险）升格为总公司直属二级机构。1999—2000年，公司业务进行转型，个险业务规模开始提升，济南地区机构网点铺设基本完毕，并开设银行代理保险。

2001年3月，中国平安保险公司济南办事处更名为中国平安保险股份有限公司济南分公司。2003年1月18日，分公司更名为中国平安人寿保险股份有限公司济南分公司。2月18日，中国保监会发文批准分公司筹建德州、聊城、菏泽中心支公司。2004年7月1日，"智富人生"万能寿险上市。9月，平安"三鸿保险"直通车面世济南。11月，分公司迁至经三路8号。至2005年，先后开设投资连结等42个个险主险及15个附加个险、22个团险产品及18个银行代理产品，陆续停售29个个险主、附加附产品、23个团险产品和2个银行代理产品。2006年3月3日，公司被济南市政府金融办公室、济南市文明委评为济南市金融系统"文明诚信单位"。

第四节 证券及担保投资业

1991年，辖区有山东省证券公司、中国工商银行山东省信托投资公司、中国农业银行山东省信托投资公司3家投资公司。伴随国家改革开放步伐加快，全国经济快速增长；特别是邓小平南方谈话后，中国开始探索有中国特色的社会主义市场经济的实现形式，证券、期货、担保、典当等行业逐步兴起并快速发展壮大。至2006年，辖区有湘财证券、民生证券、广发证券、齐鲁证券、第一证券、银泰证券、鲁证期货、中信建投证券、众成证券、渤海证券、中创证券、天园证券等十几家证券公司及山东盛世华投资发展有限公司、山东日升投资有限公司、山东鸿发汽车信贷担保投资有限公司、山东浙商投资担保有限公司、济南市置业担保有限责任公司、山东佰泰投资担保有限公司等10余家担保公司。

第十一篇　经济综合管理

1991年后，区发改委编制第八、第九、第十、第十一个市中区国民经济和社会发展五年规划；区统计局履行统计职能，全面开展国民经济统计，为地方政府决策提供服务。审计范围由国家审计、内部审计扩大到社会审计，项目拓展到财政、金融、基建、离任审计等领域。放开食糖、卷烟等120多种商品价格，扩大企业定价自主权，逐步由政府定价改为政府指导价。放开煤炭销售价格，取消财政对燃料经营政策性补贴，逐步放开粮食销售价格。1994年，统计调查方法由以全面调查为主改为以周期性普查为基础、以经常性抽样调查为主。区政府制定《鼓励发展个体私营经济的二十二条意见》，促进个体私营经济发展。2005年开始，“区属统计”改为“在地统计”，接管原市以上管理的6个专业、528个单位的统计事权。其间，全区经济综合管理部门，履行职责，依法行政，科学编制规划，创新工作方法，不断完善服务管理体系，为保障和促进市中区经济及社会事业健康发展发挥了重要作用。

第一章　计　划

第一节　计划编制

一、市中区国民经济和社会发展第八个五年规划（1991—1995）

1991年3月21日，区十二届人大二次会议审议通过。

发展思路　继续进行治理整顿和深化改革，发展教育事业，推进科技进步，加快对外开放步伐，加强城乡建设和管理，巩固提高第一产业，调整优化第二产业，大力发展第三产业，努力提高经济素质和经济效益，不断改善人民生活，把市中区建成产业结构合理，经济发展协调，科技文化发达，流通领域活跃，信息渠道畅通，城乡经济一体，文明整洁、方便生活、开放型、多功能的新城区。

具体目标　坚持经济长期稳定协调发展的方针，遵循实事求是、量力而行的原则，综合平衡，稳步前进；发扬自力更生、艰苦奋斗的精神，不断开拓新的工作局面；把提高产品质量和经济效益放在首位，坚持内涵挖潜和外延发展相结合，努力实现低消耗、高效益；坚持工商并举、城乡一体化发展，不断调整优化产业结构，逐步理顺经济关系；面向国内外两个市场，积极扩大对外开放，加强对外交流，加快外向型经济的发展；贯彻“科教兴区”的方针，努力发展科技教育事业，促进经济和各项事业的健康发展；大力加强城镇基础设施建设，搞好综合开发，提高服务功能；坚持党的领导，加强社会主义精神文明建设，努力发展社会事业，巩固发展安定团结的政治局面，不断提高人民的物质和文化生活水平。

主要发展指标　社会总产值、国民收入、工农业总产值、社会商品零售总额、财政收入分别平均每年递增10%、6%、12.7%、12%、6%，1995年社会总产值、国民收入、工农业总产值、社会商品零售总额、财政收入分别达到6.36亿元、2.05亿元、5.51亿元、5.43亿元、4285万元；人口自然增长率控制在6‰以内。

二、市中区国民经济和社会发展第九个五年规划（1996—2000）

1996年3月15日，区十三届人大四次会议审议通过。

发展思路　努力增加投入，加快经济发展，积极实现经济运行机制和经济增长方式的转变；全面实施改革推动、外向带动、科教兴区三大战略；突出抓好振兴区街工业、发展优化镇村（居）企业、壮大个体私营经济、加快发展第三产业四个重点，促进国民经济持续、快速、健康发展；坚持物质文明和精神文明共同进步，经济和社会协调发展，尽力而为，量力而行，积极发展各项社会事业，为建设现代化省会城市提供优质服务，促进人民生活水平不断提高，社会事业全面进步。

主要发展指标　国内生产总值、农村经济总收入、工业总产值、第三产业总收入、外贸出口供货值、财政收入分别平均每年增长19.8%、25%、23%、28%、38%、22.7%；到2000年，国内生产总值、农村经济总收入、工业总产值、第三产业总收入、外贸出口供货值、财政收入分别达到22.6亿元、59亿元、31亿元、140亿元、10亿元、1.3亿元；人口自然增长率控制在5‰以内；到2010年，国内生产总值达到85亿元，年均增长14%，人口素质明显提高，基本实现城乡一体化，人民生活水平达到中等收入国家水平。

三、市中区国民经济和社会发展第十个五年规划（2001—2005）

2001年3月5日，区十四届人大四次会议审议通过。

发展思路　以加快发展为主题，以实施南部生态保护性开发为主线，以改革创新为动力，坚持科教兴区、可持续发展和经济国际化战略，积极调整优化经济结构和城市空间布局结构，加快经济载体建设和城市化进程，大力发展各项社会事业，增强综合服务功能，提高人民生活水平，力争在“十五”末基本建成现代化的新城区，实现由经济弱区向经济强区的跨越，形成新的经济社会发展格局。

具体目标　综合经济实力有明显提高，区域优势得到体现；产业结构趋于合理，主导产业地位更加突出；城乡差距缩小，人民生活改善；大力实施“科教兴区”，科技带动作用日益突出；利用外资取得突破，出口创汇迅猛增长；城市环境大为改善，各项社会事业协调发展。

主要发展指标　国内生产总值、全社会固定资产投资、社会消费品零售总额、地方财政收入分别平均每年增长13%、10%、9%、16%，到2005年，国内生产总值、全社会固定资产投资、社会消费品零售总额、地方财政收入分别达到42.21亿元、12亿元、49.5亿元、3.7亿元；人口自然增长率控制在年均3‰以内。

四、市中区国民经济和社会发展第十一个五年规划纲要（2006—2010）

2006年1月20日，区十五届人大四次会议审议通过。

发展思路　坚持以经济建设为中心，以推进城市化进程为主线，以构建和谐社会为目标，按照经济发展“一一四四五五”（围绕加快城市化进程一条主线，强化招商引资一个抓手，抓好城市经济、镇村经济、产业基地、社区建设四个重点，搞好外经外贸、民营经济、高新技术、特色农业四个领域，营造浓厚的政治环境、规范的经济环境、良好的法制环境、健康的文化环境、优质的生活环境五个环境，完善北部商务区、中部服务区、城郊生态区、白马新城区、党家片区五个布局）和社会发展“一二三四五”（围绕“强化服务功能，构建和谐市中”这一主题，抓住经济建设与社会进步协调发展、社会管理和服务群众兼容并重两个关键，强化为民服务、社区共建、群众参与三项机制，突出社会稳定、环境建设、工作创新、群众利益四个重点，增强党员干部的战略思维、科学决策、开拓创新、综合协调和解决问题五种能力）的工作思路，积极调整优化经济结构和城市空间布局，大力实施工作创新，全面提高经济整体素质和综合竞争能力，推动经济社会更快更好发展。

具体目标　综合经济实力显著增强；产业结构进一步优化；改革开放程度进一步提高；城市化进程不断加快，老城改造和新区开发取得阶段性成果；科技教育事业全面发展；各项社会事业协调发展。

主要发展指标　生产总值、全社会固定资产投资、社会消费品零售总额、地方财政收入分别年均增长13%、15%、14%、16%，到2010年，生产总值、社会消费品零售总额、地方财政收入达到374亿元、240亿元、16.4亿元；全社会固定资产投资五年累计完成595亿元；人口自然增长率控制在5‰以内，出生婴儿性别比控制在107以内。

第二节　计划实施

一、“八五”计划实施

全区加快改革开放步伐，集中力量进行经济建设。通过实施“北厂南移”“腾笼换业”工程，南工、北商格局形成雏形，经济布局更加完善，产业结构趋向优化，一、二、三产业占国内生产总值的比例由1990年的8.2∶36.9∶54.9调整为3.5∶35.1∶61.4。城市建设和管理水平进一步提高，科技、教育、文化、卫生、体育、计划生育等社会事业全面发展，社会主义精神文明建设和民主法治建设取得新成绩。1995年，实现国内生产总值9.12亿元，地方财政收入5991万元，固定资产投资完成15亿元，社会消费品零售总额16.59亿元；农民人均纯收入2300元；人口自然增长率为1.35‰。

二、“九五”计划实施

全区以加快发展为主题，以调整经济结构为中心，抢抓发展机遇，经济总量明显提高，经济体制改革进一步深化，经济结构趋于优化，三次产业比例由1995年的3.5∶35.1∶61.4调整到2000年的6.9∶31.1∶62，外向型经济有了新的发展；固定资产投资稳步增长，城市建设步伐加快；科技教育事业成效显著，社会事业全面发展。2000年，实现国内生产总值22.91亿元，地方财政收入1.77亿元，固定资产投资完成7.46亿元，社会消费品零售总额32.15亿元；农民人均纯收入3448元；人口自然增长率为1.9‰。

三、“十五”计划实施

全区国民经济持续快速发展，经济总量迅速增加，综合实力显著增强；城市建设管理进一步加强，人居环境得到改善，城乡面貌明显改观；科技工作稳步推进，教育事业不断发展，社会事业全面进步，人民生活水平不断提高。初步形成以外拉内、以内促外、内外并举的发展格局。2005年，实现地区生产总值208亿元，地方财政收入7.81亿元，全社会固定资产投资66亿元，社会消费品零售总额123.7亿元；农民人均纯收入达到5522元；人口自然增长率为2.52‰。

四、“十一五”计划实施

2006年，是“十一五”计划的开局之年，全年，完成地区生产总值265.8亿元，实现地方财政收入9.2亿元。

第二章　统　计

第一节　统计改革

1991年，农业年报开始实施一套表制度，对需上报的各种统计年报，由乡镇统计站统一审核；开展统计工作规范化达标活动，统计报表实行全国统一标准计量单位。1992年，工业统计由以生产速度指标为主转为以经营效益指标为主；建立第三产业统计报表制度，实行以增加值为主的核算模式。1993年，开始实行新的国家统计报表制度。1999年，对工业统计制度进行改革，统计范围调整为具有独立法人资格的国有及年销售收入500万元以上的非国有工业企业。2000年起，逐步建立有代表性的、多主题抽样调查网络，对农民收入、粮食产量、畜牧业产品产量、蔬菜产量、农村固定资产投资实行抽样调查，一般5年轮换一次。

2001年1月，在全区限额以上工业范围内试行工业企业“一套表”统计制度改革，分定期报表和年报两部分。2003年6月，调整农村固定资产投资月度统计起点，将农村固定资产投资月度统计起点由500万元改为50万元。2004年1月6日，地区人均GDP由“户籍人口”改为按“常住人口”计算。4月，对现代服务业分类进行调整，与市现代服务业统计口径实现统一。12月，将第三产业普查、工业普查和基本单位普查等合并为经济普查，每5年一次。2005年，区属统计改为在地统计，接管市以上管理的6个专业、528个单位的统计事权，实现国家、省、市、区、街（镇）统计联网。

第二节　专业统计

一、农林牧渔业综合统计

1991年，年报表有26种，主要包括农村基本情况及农业生产条件、主要农产品生产情况、茶叶和水果生产情况、农林牧渔业总产值、农林牧渔业中间物质消耗、农林牧渔业增加值、农村非农行业总产值、特色农业种植情况、蔬菜分品种生产情况（含塑料大棚）、耕地面积情况、县（市）社会经济基本情况、县级市社会经济基本情况补充资料、乡镇基本情况、村基本情况等。季度报表有28种，包括主要农作物春播、农作物秋冬播种面积、农作物全年播种面积、夏收农作物预（实）产产量表、全年农作物产量预计、秋收粮食预（实）产产量表等。

1998年，开始对粮食、畜牧业进行抽样推算。抽取6个粮食调查点（村），开展夏、秋两季粮食作物的预（实）产抽样调查工作，根据放样地块小样本粮食的称重数据来推算小麦、玉米作物亩产水平，与全面报表中的小麦、玉米单产数据进行衔接。开展畜牧业生产情况统计工作，分全社会、非农户、规模户、散养户抽样推算4部分。1999年起，每个季度开展蔬菜分品种情况统计。2001年，每个季度进行不变价、现价农林牧渔业总产值和增加值计算。2003年，开展经济强（弱）县统计监测工作，搜集、整理28个统计指标，每年底报送一次。2005年年底开始，农业单位的劳动工资由区县负责统计。

二、工业统计

1991年，实行乡及乡以上独立核算口径的全面报表制度。1999年，国家统计局对工业统计方法进行改革，以年产品销售收入500万元为标准，划分为规模以上工业和规模以下工业统计。规模以上工业企业实行全面统计报表，规模以下工业采用抽样调查统计。2005年7月，实行在地统计，接收市以上工业企业47家。至2006年，全区有规模以上工业企业79家。

三、三产统计

1991—1997年，除按行业和经济类型、商品用途和经济对象、消费品的性质等3大类9小类的分组，对全区社会商品零售总额进行统计汇总上报，同时对全区商业机构及其人员构成情况以及饮食业、服务业机构及其人员构成情况进行统计上报。1998年，对贸易专业统计报表制度进行改革，社会商品零售总额改为社会消费品零售总额，改为按销售地区、经济类型及行业分组进行统计，同时对报表单位确定限额标准，批发业企业年营业收入2000万元以上、零售业企业年营业收入500万元以上、餐饮业企业年营业收入200万元以上的均为限额以上企业，限额以上企业逐月上报企业经营情况。限额以下批发和零售业、住宿和餐饮业实行抽样调查制度。2005年7月，实行在地统计，全区限额以上统计单位个数增加到87家，增加劳动情况和能源购进、消费与库存季报等统计报表，实现限额以上批发、零售业、星级住宿业和限额以上餐饮业企业“一套表”统计。制订《市中区第三产业统计调查制度实施方案》，对全区从事第三产业的法人单位、产业活动单位和个体经营业户分别进行全面调查、抽样调查、典型调查或重点调查。

四、固定资产投资统计

2003年，固定资产投资统计改为按项目统计。2005年7月，实行在地统计，实现全社会固定资产投资指标口径统一，计划总投资50万元以上（含50万元）的建设项目均纳入统计范围，每月报送固定资产投资项目数据。2006年，建立新开工项目统计核准制度，对新开工计划总投资千万元以上的投资项目执行准入制度，要求填写固定资产投资新开工项目统计登记核准表，保证数据的真实性。

第三节 大型普查

一、第三产业普查

1993年，开展全国第三产业普查，普查1991年和1992年度所有第三产业，包括各种经济类型的企业、事业、行政单位和社会团体。普查内容包括反映第三产业机构和人员方面的指标及第三产业生产经营活动情况的指标。普查结果为：1992年，全区第三产业总产出29.13亿元，比上年增长24.8%。其中城镇个体1.36亿元，比上年增长69.5%。全区第三产业增加值19.96亿元，比上年增长24.5%。其中城镇个体0.91亿元，增长74.8%。

二、工业普查

1995年，开展第三次全国工业普查，1997年5月结束。普查对象为辖区的全部工业企业，重点是乡及乡以上独立核算工业企业，年销售收入百万元以上的村（居）办、私营个体企业和外商投资企业。普查主要内容为：1995年工业生产经营基本情况（包括生产、销售、库存和成本、费用、价格，盈利等），资产负债状况及其构成，生产能力利用及技术状况等。普查结果为：1995年，全区有乡及乡以上工业企业和生产单位135个，年产品销售收入在100万元以上村办工业40个，年产品销售收入在100万元以下的村办工业114个，年产品销售收入100万元以下的合作经营、私营、个体工业企业和生产单位445个。

三、基本单位普查

第一次基本单位普查　普查标准时间为1996年12月31日。1996年11月1日，开展全国第一次基本单位普查，抽调普查员500多人，对辖区1229个单位的单位地址、法人代表、行业属性、资产情况等22项指标进行调查。其中，填写法人单位基本情况表的单位860个，填写产业活动单位基本情况表的369个。区统计局被国家统计局评为先进集体。

第二次基本单位普查　普查标准时间为2001年12月31日。2001年10月24日，由区统计局、区经计委、区财政局、区民政局等12个部门组成第二次基本单位普查办公室，普查全区15个街道（镇）。选调普查员和指导员200多人。全区登记法人单位、产业活动单位和个体工商户11242个。其中，法人单位1415个，产业活动单位326个，个体工商户9501个。区统计局被国家统计局评为先进集体。

四、农业普查

第一次全国农业普查　普查标准时间为1996年1月1日—12月31日。普查对象是全国范围内各类农业生产经营单位、农村住户、乡镇企业、行政村和乡镇。全国农业普查表分为农村住户调查表、非农村住户类农业生产经营单位调查表、行政村调查表、乡镇调查表、非农乡镇企业基本情况卡片、农业用地卡片。普查表调查项目为38个。1996年，开始前期的准备工作，成立市中区第一次农业普查领导小组及其办公室。普查结果为：全区有农村住户7778户，28281人。

第二次全国农业普查　普查标准时间为2006年1月1日—12月31日。普查结果为：全区有农村住户33203户，122816人（含外来人口2771人）；其中农业生产经营户25214户，56759人。实际耕地面积5034公顷；通电、通电话、通道路、通有线电视的自然村有104个；农业生产经营单位28个。

五、经济普查

第一次经济普查标准时间为2004年12月31日。2005年1月1日，入户登记工作开始，成立区经济普查领导小组，选调普查指导员及普查员500余人。2006年，全国第一次经济普查结束，全区登记法人及产业单位4501个，个体工商户11487户。区统计局被国家统计局评为先进集体。

六、全国人口普查

第五次普查时点为2000年11月1日零时。1998年12月25日，成立市中区第五次人口普查领导小组，选调普查指导员及普查员2750多人。通过人口普查，查清了全区人口数、分布状况、性别、年龄、文化程度、婚姻、家庭规模和生育状况、人口流动状况；各民族人口数量、地区分布、性别、年龄、文化程度、行业、职业分布及婚姻、家庭、生育等状况等。区统计局被国家统计局评为先进集体。

第四节　抽样调查

一、农村住户调查

1991年，由省统计局核定抽取3个调查点（村）及30户开展记账工作，代表全区农民收入水平，每隔5年轮换一次样本。2006年，调整为6个点及60个调查户。每月将每户登记的农村居民家庭现金收支日记账实物收支台账等资料汇总上报。每年按照上级的统一工作部署安排年报。调查内容涉及农村住户所在村的基本情况；农村居民家庭基本情况、居住情况；农村住户人口与就业情况；农业生产结构及技术应用情况；农村家庭总收入与总支出；农村居民家庭现金收入与支出；农村居民家庭生活消费支出；农村居民主要农产品出售情况；农村居民食品消费情况；农村居民家庭基本情况。

二、城镇劳动力调查

2002—2004 年，按照市统计局统一部署，先后 3 次开展城镇劳动力失、就业调查工作，涉及全区 5 个街道、10 个居委会。

三、群众安全感调查

2003—2004 年，按照全市统一部署，先后 2 次开展群众安全感调查工作，涉及全区 5 个街道、5 个居委会。

四、全国 1% 人口抽样调查

2005 年，开展全国 1% 人口抽样调查工作。涉及 4 个街（镇）、21 个村居，1700 余户、5000 余人。

五、规模以下工业抽样调查

1999 年起，每年对年产品销售收入 500 万元以下的非国有工业企业和个体经营工业单位进行抽样调查。调查内容包括：500 万元以下的非国有工业企业的详细名称、地址、企业法人代码、登记注册类型、人员及生产经营状况等基本情况，个体经营工业单位人员及生产经营状况等基本情况。

六、限额以下批发和零售业、住宿和餐饮业抽样调查

2005 年，开展限额以下（批发业年营业收入 2000 万元以下、零售业年营业收入 500 万元以下、住宿餐饮业年营业收入 200 万元以下）贸易业抽样调查。按批发、零售、住宿和餐饮业 4 大行业的 8 个小域，固定 60 家样本单位进行月度监测，每月以此推算全区限额以下批发、零售业、星级以外住宿业和限额以下餐饮业的社会消费品零售总额。社会消费品零售总额的统计也相应更改分组形式。此后，每年进行 2 次。

第五节　统计执法

1991 年后，区统计局依法实行统计监督，每年开展一次统计执法大检查，及时查处违反统计法的案件。采取印发宣传材料、举办学习班、印制标语等形式，对街道（镇）、企业开展《中华人民共和国统计法》《中华人民共和国统计法实施细则》及《山东省统计管理条例》等法律法规的宣传。

2001—2005 年，全区统计执法检查共发现统计违法行为 130 宗，立案查处 93 宗。其中，虚报统计资料 8 宗，瞒报 71 宗，伪造、篡改统计资料 2 宗，拒报统计资料 8 宗，屡次迟报统计资料 4 宗；警告 85 宗、通报批评 8 宗。

第三章　审　计

第一节　国家审计

一、财政审计

1990 年 8—11 月，区审计局对七贤镇 1989 年度财政决算情况进行审计。1996 年，开始对区本级财政预算执行和其他财政收支情况进行审计，包括财政、地税、国库及其他预算单位和部门。向区政府提交审计结果报告，并代表区政府向区人大常委会作审计

工作报告。对1995年度区本级预算执行情况及14个预算执行单位进行首次预算执行审计，主要发现预算编制不细化、滞留预算收入、超预算范围拨款以及固定资产不入账、往来款清理不及时等问题。按规定向区政府提交审计结果报告，并代表区政府向区人大常委会提交审计工作报告。2000—2002年，分别对七贤镇、党家庄镇、十六里河镇开展乡镇财政决算审计，审计82个单位，查处违规金额3432万元，管理不规范金额31987万元，上缴财政2381万元。查清总预算资金、预算外资金以及其他专项资金的收支及管理情况，发现乡镇财政体制不够完善，预算外资金未按规定实行统一管理等问题，并提出审计意见和建议。至2006年，共审计147个单位（次），查处违规金额7051万元，纠正管理不规范金额31987万元。

二、行政事业单位审计

1991年，对经济管理部门、行政执法部门及收费项目较多、问题较多的单位进行审计。1993年3月，对某司法机关进行财务收支审计，发现该单位应缴未缴罚没款3万余元。1996年4月，对某卫生单位进行财务收支审计，发现该单位私设“小金库”、滥发奖金实物等问题。至2006年，共审计单位238个，查处各类违规金额1657万元，上缴财政1299万元，增收节支2455万元，建议给予行政处分6人。

三、工商企业审计

1990年4月，对某校办工厂进行财务收支审计，发现该厂厂长贪污公款7000元及挪用工厂资产1.2万元犯罪线索。1995年，对某汽车出租公司进行财务收支审计，发现公司主管会计通过做假账贪污公款8000元犯罪线索。在企业转换经营机制过程中，审计重点转向企业资产负债及损益的真实性、合法性。1997年，对6家企业进行审计，查出国有（集体）资产流失385万元，资产不实526万元，负债不实293万元，损益不实440万元。提出审计建议被采纳后，促进企业增收节支1008万元。2004年，对中华名优小吃城总经理任期经济责任情况进行审计。

四、建设项目投资审计

1999年前，主要依托区审计师事务所进行，共完成基建项目审计25项，审计项目计划投资总额5238万元，审计时已完成投资额2853万元，查处应缴未缴各项税款52万元。2001年12月，区审计局增设固定资产投资审计科，配备专业人员。2004年，对某住宅楼工程决算进行审计，发现施工单位因工程量计算过高、定额套用不当、材料差价未按规定进行找补等问题，虚增工程价款166万元。至2006年年底，共审计固定资产投资项目272项，原报工程决算总额36326万元，审减工程造价5793万元，平均审减率16%。

五、经济责任审计

1996年9月，区委、区政府下发《关于实行领导干部离任审计制度的决定》。1997年4月，开始对离任领导干部实施审计，当年审计6名离任领导干部。1999年7月，区审计局增设经济责任审计科。2000年1月，区委、区政府下发《关于对领导干部实行任期经济责任审计的意见》；11月，建立市中区领导干部任期经济责任审计联席会议制度。2003年5月，区委、区政府下发《关于加强领导干部任期经济责任审计的实施意见》。至2006年年底，共审计领导干部任期经济责任146人（次）；处理处罚各类违规行为金额918万元，其中上缴财政金额723万元；纠正不规范行为金额7301万元。

六、专项审计

1993—1994年，连续2年对市中区1992

年、1993 年度教育捐资助学资金的征收、管理及使用情况进行专项审计。1994 年 4 月，对市中区 1993 年度职工养老基金和待业保险基金进行专项审计调查。2001 年 6 月，对 1999—2000 年度救灾扶贫资金的收拨、管理及使用情况进行专项审计调查。2005 年年初，区审计局组成 7 个审计小组，对全区 62 个单位 2004 年度福利、补助、津贴及 2005 年春节福利发放情况进行审计调查，向区委、区政府写出专题审计调查报告。至 2006 年年底，共完成专项审计及审计调查项目 30 个，先后对社会保险基金、失业保险基金、城市教育费附加及教育资金、防治“非典”专项资金及乡镇村居财务管理状况等政府和群众关心的热点问题，进行专项审计和审计调查，提交审计调查报告 30 篇。

第二节　内部审计

1991—2006 年，全区内审机构共完成各类审计项目 2088 个，查出损失浪费金额 908 万元，促进增收节支 1067 万元，提出建议意见被采纳 614 条，纠正违规金额 436 万元。其间主要开展下列业务：（1）承包离任审计。完成承包离任审计项目共 477 项。（2）经济合同审计。审计经济合同 93 份，终止合同 39 份，避免经济损失 29 万元。（3）财务收支审计。完成财务收支审计 423 项，纠正违纪金额 105 万元。（4）经济效益审计。共完成经济效益审计 139 项，促进增收节支 114 万元。

第三节　社会审计

1988 年 7 月，成立区审计事务所，为自收自支事业单位，隶属于区审计局。1996 年 12 月，更名为区审计师事务所。1997 年年底，有工作人员 5 人，其中中级以上职称 3 人。1999 年 12 月，区审计事务所因政策变更撤销。其间，开展验资、评估、财务收支、基建预决算、咨询服务以及经济案件鉴定 6 项主要业务，完成各类委托事项 1698 项，查证总金额 15.4 亿元，查出各类违纪金额 2314 万元，核减基建预决算金额 1840 万元。

第四章　物　价

第一节　市场物价与调整

1991 年，全区健全价格调控体系，完善价格形成机制，有计划地放宽价格管理权限，理顺提高能源石油、煤炭等基础产业的价格，放开食糖、卷烟等 120 多种商品价格，扩大企业定价自主权，由政府定价改为政府指导价。放开煤炭销售价格，取消财政对燃料经营政策性补贴，放开粮食销售价格，由平价供应改为议价供应，酿造、糕点行业用粮全部放开，饮食行业用粮部分放开，全区物价指数连年上涨，出现“抢购风”“涨价风”。1992 年，物价创改革开放后价格涨幅最高点。八大类商品零售价格中，燃料比上年上涨 66.1%。

1995 年，济南市相继出台《济南市制止餐饮及娱乐业牟取暴利和价格欺诈行为实施办法》《济南市制止餐饮及娱乐业牟取暴利和价格欺诈行为和最高毛利率、加价幅度及收费规定》等价格管理规章。建立重要商品和服务价格提价申报和调节备案制度，清理整顿行政事业性收费，开始对辖区内餐饮娱乐业征收副食品价格调节基金。1997 年，建立健全全市肉、蛋、菜最高限价和价格调节基金制度。1998 年，国内原油和成品油价格与国际接轨，省物价局调整幼儿园、托儿所学前班收费标准，规范教育收费。

2001—2002 年，规范药品价格，加强涉农价格和收费管理，对学生校服、中小学教材、学具以及落实贫困地区农村义务教育阶段试行“一费制”收费制度，并进行公示。2003 年，制定与“非典”防治相关的饮片、中草药、口罩、消毒用品、防疫服务最高限价。2004 年，辖区义务教育阶段实行“一费制”收费；执行《济南市物业服务收费管理实施办法（试行）》，制定社区物业收费标准；调整化肥等农资价格。2005 年，调整电煤价格和城市供水、食盐、民爆器材、货物运输价格标准；继续降低计划免疫药品、头孢等药品价格。2006 年，调整车用乙醇汽油、成品油、天然气销售价格；实行城乡用电同网同价，即每千瓦时电 0.5469 元，多种药品设立最高零售价格。

第二节　收费管理

1991 年，全区执行《山东省收费许可证管理办法》《山东省行政事业性收费票据管理办法》《山东省行政事业性收费年度审验办法》等有关文件规定。1992 年，停止全区省管目录之外的 76 项收费。1993 年，开展收费许可证年度审验工作，审验 229 个单位和个人。废止 23 个收费许可证中 66 项自立收费项目。

1997 年，更换全部收费许可证，共换发 298 个；培训物价员 789 人，颁发“收费员证”“物价员上岗证”，实行收费项目、收费标准公开化。1999 年，清查取缔乱收费项目、超标准收费项目，实行违者处罚制度。清查 305 个单位，审验收费额 3000 余万元，经济处罚 5 万余元。2001 年，清理涉及农民负担的多项收费；对行政事业单位收费进行年度审验，审验 1130 项，收费额 5200 余万元，取消收费项目 12 项。

2002 年，开展涉企收费清理工作，取消 27 项收费。同年，取消涉农收费项目 20 项，减轻农民负担 192 万元；制作 200 份“涉农价格和收费明白卡”、100 份“涉农价格和收费项目公示册”，发放到乡镇有关部门和农民手中；制作 96 块收费公示牌，安装在各镇村醒目位置。2004 年，《中华人民共和国行政许可法》实施后，对辖区内 30 个系统，101 个有关单位、184 项收费项目进行清理，取消 7 项，调整部分收费标准；调整 60 余所中小学及 2 个镇的教育收费标准。

2005—2006 年，取消 7 个收费项目。至 2006 年，全区只有收费许可证 350 余个。

第三节　价格监督检查

1991 年，部分企业实行经营、价格、用工和分配“四放开”试点。区物价局对国营企业、集体企业、企业集团及教育、医疗、公安、交通、工商、土管、城建、劳动等部门收费项目开展检查。1992 年，对未进入省政府收费项目管理目录、国家管理的生产资料和生活资料、人民生活必需品，如煤炭、粮食及粮食制品价格的执行情况进行检查。检查 2450 个单位（次），查出违价金额 6.47 万元。1994 年 3 月，辖区在英雄山早市设立价格咨询服务站，开展粮、油、肉、蛋等价格大检查，落实明码标价制度。旅店、招待所服务价格实行申报，各餐饮业推行饮食价目薄。1995 年，征收宾馆、招待所、个体工商户调节基金 1.9 万元。落实反暴利条例，对餐饮、娱乐业价格进行检查。1997 年 4 月，开展餐饮、娱乐业价格分等级管理试点工作。依据内部设施、技术力量、菜点质量、安全卫生等划分为特一级、特二级、一级、二级、三级 5 个级别。全区有二级店 116 个，三级店 72 个。

1998 年 5 月，《中华人民共和国价格法》颁布实施。全年检查 2200 余个单位，处罚价格违法单位 729 个，收缴罚没款 10.4 万元。摄影企业开始按等级收费，批复 4 批摄影企业收费标准。全面检查社会力量办学收费，没收超标准收费，将多收价款退还给消费者。对辖区夜总会进行检查，酒水暴利高达 500%，依法对相关单位进行处理。2001 年，区物价检查所被国家发改委授予全国规范化基层物价检查所称号。11 月，全国价格举报电话“12358”开通。2002 年，取消 2 个镇自立收费项目 20 项，检查学校 47 所，对收费项目进行公示；受理价格举报案件 150 起，依法实施经济处罚 13 万元，退还消费者 14 万元。

2003 年，区物价局派工作组赴槐荫区对 12 个涉农相关单位进行检查，查出违纪金额 180 多万元。“非典”期间，检查商店和药店 300 余家，处罚价格违规企业 110 家，罚金 10.65 万元。检查 55 所中小学，发现证内收费均按规定执行，证外收费不规范，如红十字会费、基地生活费、查体费、计算机费、继续教育费等。2004 年 4 月，对小区物业管理、民用爆破、租用电力、加油站等行业收费进行检查，查出违规收费金额近 100 万元。6 月，区物价检查所赴天桥区对医疗卫生、计生、民政、房地产等 6 部门收费进行交叉专项检查，查出违规收费金额 240 余万元。8 月，对 15 个街道（镇）、28 个管委会和居委会 2003 年至 2004 年 6 月收费情况进行全面检查，发现个别单位存在填写票据不规范、不使用规定票据和个别单位自立项目收费等问题。10 月，对辖区 30 余所中小学校及 2 个镇“一费制”收费制度的落实情况进行检查，未发现乱收费现象。全年受理举报投诉案件 51 起，市局转接案件 26 起。2005 年，区物价检查所赴长清区，对环卫、土地、环保等部门 2004 年的收费情况进行专项检查。10 月，对辖区 86 家宾馆饭店的最高限价进行检查，对住房、养老、教育、医疗、电信、物业服务及水、电、煤气、采暖等价格和收费标准予以公示。全年受理举报投诉案件 86 起。

2006 年，区物价检查所升格为副处级。检查所对全区 19 个派出所进行专项检查。发现存在自立项目、超越权限、不使用规定票据等乱收费行为。涉农专项检查发现十六里河镇、党家庄镇有涉及土地登记、办证等乱收费行为。同年，推行明码实价工作，明码标价普及率 85%，规范率 90% 以上；全年受理价格举报案件 50 多起。

第四节　价格认证

1997 年 10 月，市中区价格事务所成立。主要接受公、检、法、海关、仲裁、行政执法机关或机构委托，办理刑事、民事和经济案件及经济纠纷中涉及标的物的价格鉴证认定业务，受理社会经济活动中的价格鉴证工作。1998 年，在市中交警大队事故科成立车损鉴定室，负责辖区道路交通事故车辆损失价值认定工作。

2001年6月，区价格事务所更名为市中区价格认证中心，取得国家计委颁发的“价格鉴证机构资质证”。2000—2004年，车损评估金额累计619.8万元。2005年，认证民事和经济案件涉案物品价格鉴定64件，标的额512万元；2000年至2006年，办理刑事案件价格认证2090件，鉴定标的额3302万元。

第五节　价格监测

1996年起，指定专人每月4次对农贸市场价格进行监测、分析，为上级政府宏观调控、掌握市场动态提供可靠数字资料。9月，组织各群监站分片包干，完成91960元餐饮、娱乐业调节基金收缴任务。

价格检测中心每年对辖区内定点农贸市场的粮食、肉、水产、蔬菜、水果等200余种农副产品价格进行不间断检测，为市政府进行宏观调控提供基础资料。

2006上半年，油粮、肉蛋、水产品、蔬菜等农副产品价格相对平稳；下半年，粮油、肉蛋价格都有不同程度上涨，蔬菜、水果价格随着天气、季节的变化而上下浮动。如小麦、特一粉、特二粉、玉米价格比上半年相比分别上涨10%、7.6%、16%、14%。

第五章　工商行政管理

第一节　市场管理

1991年，工商部门对各类市场上倒卖国库券、外汇券等有价证券和贩卖走私照相机、录放机、卷烟的违法行为进行重点打击。1992年4月，在各市场开展“人人参与，个个动手”的创建卫生城活动。1994年，推行商品“三净”上市，摊位门前实行“三包”，开展市场卫生达标工作。严打哄抬物价、坑骗消费者等违法行为。在4个经营生肉的市场设立“注水肉”检测仪，使居民吃上放心肉。1996年4月，对市场管理模式进行改革，推行市场巡查制。首先在新世界商城、自由大街、民族大街、二七新村、七里山、杆石桥海鲜批发市场6处市场试行。8月，全区推广市场巡查制。

1997年，对进入市场的商品实行“三证准入”（营业执照、卫生许可证、从业人员健康证）制度。2001年，规范生猪肉市场秩序，取缔非定点业户30多户，没收“黑肉”5000余千克。整顿小纬二路、通惠街、人民商场门前、二七市场等占道经营业户，取缔常年占道经营无照商贩100余户。2001—2003年，组织消防知识培训班91期，参加培训人员2350人次；举行消防演习22次，参加人员4176人次。设立及更换灭火器386个，更新电源线734米，清理不符合安全规定的“三合一”（吃、住、销）业户26户。新世界商城、贵恒家装市场、保健品市场、自由大街市场、民族大街市场5处市场被评为省、市级规范化市场，其中新世界商城被评为山东省三十强市场。

2004年8月，区工商分局建立商品质量检测室，投资10余万元，购置商品检测车及设备，每周2次对农贸市场、零售和批发市场及超市20余种农副产品进行抽样检测。对5处农贸市场进行整治，拆除市场乱建商亭13处，修复破损大棚、柜台2000平方米。对辖区活鸡屠宰销售点、鸡产品加工厂、冷库及农贸市场进行集中检查，责令42家不具备条件的活鸡屠宰点停业。

2005年4月14日，党家工商所查获辖区内某企业冒用北京、河南产地兜售假种子1600千克，全部没收并处以罚款1.2万元。同年10月，对133家宾馆、酒店进行全面调查摸底，发放、张贴《通告》3000余份，悬挂横幅60余条，召开辖区接待服务单位负责人会议8次，与133家单位签订“承诺书”。160名监管人员进驻辖区74家大小宾馆，为外地客商调解合同纠纷和争议，查获2起涉嫌侵犯“张裕”注册商标专用权案件。

2006年，工商部门在春耕期间对化肥、农药进行专项治理，夏收期间对农村种子市场进行拉网式检查，先后检查农资商品8类43个品种，查处违反案件1起。全年检测超市、商场120处，抽查各类蔬菜、食品1133批次，总合格率95%；退市处理7批次、603千克，销毁处理200批次，2000余千克。

第二节 企业登记管理

一、内资企业

1991年7月，区工商局对全区企业名称进行清理规范，取消企业第二名称。1993年，企业注册登记表由22种减少到11种。同年7月，国家工商局发布《商品市场登记管理暂行办法》，区工商分局对各类市场进行清查整顿。1994年，试行一册一审一核制度。7月，《中华人民共和国公司法》实施后，区工商分局按照有关规定吊销不具备主体资格的企业113家。1995年，对不参加年检和年检不合格的119家企业吊销营业执照。1996—1997年，对关、停、并、转的企业及时办理变更、撤销手续，清理假企业11家。1998—2000年，区属264家企业完成改制工作。其中，改为有限责任公司的46家，股份合作制的40家，其他改为个体或私营企业。2001年，依法吊销193家未按规定参加年检企业的营业执照。至2006年，辖区有内资企业473家，注册资金94054万元。

1991—2006年市中区内资注册企业情况表

表11-1

年　份	国有企业（家）	集体企业（家）	股份合作制企业（家）	公　司（家）	注册资金（万元）
1991	37	1363	—	—	22157
1993	77	1984	7	—	109715
1995	110	1858	13	—	121323
1997	111	1445	14	—	75798
1998	118	1270	25	236	124571
1999	107	1005	33	35	117418
2000	114	934	36	70	131289

续表 11-1

年　份	国有企业（家）	集体企业（家）	股份合作制企业（家）	公　司（家）	注册资金（万元）
2001	99	839	42	92	93370
2002	69	635	40	117	96413
2003	55	471	35	145	91719
2004	48	316	28	152	86717
2005	46	309	28	156	97510
2006	43	268	22	138	94054

2006 年市中区内资企业行业分类情况表

表 11-2

行业代码	行　业	户　数	企业法人	注册资本（万元）
A	农、林、牧、渔业	4	4	633
B	采矿业	3	3	347
C	制造业	138	103	12024
D	电力、燃气及水的生产和供应业	3	—	—
E	建筑业	28	22	9210
F	交通运输、仓储和邮政业	4	3	360
G	信息传输、计算机服务和软件业	3	2	70
H	批发和零售业	174	119	35522
I	住宿和餐饮业	29	14	1464
J	金融业	1	1	1500
K	房地产业	24	22	13220
L	租赁和商务服务业	19	19	5674
M	科研、技术服务和地质勘查业	6	5	854
N	水利、环境和公共设施管理业	5	4	2113
O	居民服务业和其他服务业	27	13	950
P	教育	1	—	—
Q	卫生、社会保障和社会福利业	2	1	10000
R	文化、体育和娱乐业	2	2	113

二、外商投资企业

1994年6月，区工商分局开始对外商投资企业进行登记初审和监督管理。1995年，吊销外资企业营业执照36家，检查外资企业出资情况。1997年，区工商分局建立外商投资企业登记管理系统数据库，完成外商投资企业各类登记档案的建档工作。1999年，对外商投资企业资金到位率调查摸底，责令资金不到位的企业限期整改。2000年，检查外商投资企业86家，其中有37家企业存在不同程度的违法行为，占检查户数的43%。同年，市工商局收回外商投资企业登记初审权，区工商分局不再参与辖区内外商投资企业的审查登记及日常监管业务。

第三节 经济合同管理

1991年，监督检查企业204家、合同1998份，查处无效经济合同9份；鉴证各类经济合同138份，鉴证金额2362万元。评选“重合同、守信用”企业88家。立案调解、仲裁各类经济合同纠纷83起，金额2030万元，争议金额512万元；合同仲裁工作获省级仲裁工作一等奖。1992年起，对10万元以上的经济合同实行强制鉴证，全年鉴证经济合同416份，鉴证金额27702万元；检查企业78家、合同1185份；立案处理无效经济合同案件2起，评选“重合同、守信用”企业78家。仲裁经济合同纠纷案件121起，合同金额802万元，争议金额599万元；合同仲裁工作获省级仲裁工作一等奖。

1995年，《中华人民共和国仲裁法》颁布实施，经济仲裁工作由济南仲裁委员会负责。区工商分局全年举办8期经济合同法律、法规培训班，培训人员1000余人次；监督检查合同5251份，鉴证合同3569份，鉴证金额22993万元。1996年4月，区经济合同管理协会成立，创始单位有省属单位17个，市属单位37个，区属单位43个。同年，开展抵押合同登记工作，全年办理抵押登记12件，主债权额1350万元，抵押物价值2140万元。合同监管模式由以处罚为主，转变为以教育限期整改为主，该办法在全省工商系统予以推广。

1998年，查处利用合同进行违法活动案件5起，检查企业156家、合同4100份，办理企业财产抵押登记17件，调解经济合同纠纷7件。2001年，开展房地产交易市场专项治理，对房地产开发企业、商品房出租、中介、代理、物业管理等企业进行检查，检查企业213家，立案处理违规企业42家。2002年，经济合同管理科与市场管理科合并为市场合同管理科。同年7月，省政府下发《关于对企业房产建筑物抵押登记主管机关进行调整的通知》，规定工商行政管理机关不再办理企业房产等建筑物抵押登记。

2005—2006年，建立完善企业信用管理体系，开展“诚信经营、放心消费”活动，培育诚信业户300家。

第四节 商标广告管理

1991年，对全区商标广告行业进行指导规范，宣传法律、政策。有12家企业办理注册商标。对89家商标印制单位进行检查，合格的74家，不合格的15家，有6个商标印制单位取得商标印制资格。全年清理整顿户外广告商605家，对符合标准的370家发放广告许可证。1992年，对商标侵权行为进行查处，全年查处商标侵权案件16件，违法金额19.9万元，没收假冒商标标识31012件。1996年，实行市场巡查制后，创建市中区大纬二路户外广告样板街。同年，商标广告管理科被省工商局评为先进办案单位。

1998年，对大型商场、药店户外广告和店堂广告进行登记。全年登记户外、店堂广告近2000条（块）。2000年，对辖区74家广告经营单位进行年检、换照，检查验收率100%；对15户商标印刷单位的60名商标管理人员进行资格培训。依法查处商标违法案件6起，查处广告违法案件85起。2003年，引导企业树立商标品牌、争创著名商标意识。济南好日子科技开发有限公司的“暖倍儿”和山东天地健生物工程有限公司的“四世同堂”2家企业商标被认定为中国著名品牌。同年，查处济南绿兴商贸有限责任公司、济南天鼎惠食品有限公司、广源兴商贸有限公司等单位假冒“绿色食品”标志侵权案件。2004年，组织广告经营单位参加广告作品评选活动，报送作品31件参加市级评选。其中，济南金钟电子衡器有限公司的“金钟”商标、济南好日子科技开发有限公司的“暖倍儿”商标和山东天地健生物工程有限公司的“四世同堂”商标，被认定为山东省著名商标。开展保护注册商标专用权活动，查处微山湖鱼馆、山东移动通讯公司等11起侵犯亚足联特殊标志专用权案件。

至2006年年底，辖区内企业单位注册商标826件，其中，中国驰名商标1件。山东省著名商标6件，累计查处商标侵权假冒案件256起，违法广告683起。

第五节　消费者权益保护

1990年6月，区消费者协会成立。1991年，分别在自由大街市场、二七市场、人民商场市场、英雄山早市市场、英雄山路批发市场和七贤工商所建立消费者协会联络站。全年受理消费者投诉297件，处结率100%，为消费者挽回经济损失29380元。被投诉商品大多集中在日用百货和家电类，分别占受投诉案件总数的61%和20%。之后，消费者协会每年对群众反映突出的问题进行集中检查，开展“3·15”主题活动，采取多种方式维护消费者利益。1998年，市中区消费者协会被评为山东省消费者协会先进单位。

2002年8月，区工商分局设立消费者权益保护科，立成“12315”申诉举报中心。全年受理消费者申诉举报128件，其中，商品消费案件78件，服务消费案件50件，没收各类假冒伪劣商品货值21万元。消费者申诉热点集中在家用电器、日用百货和烟酒饮料食品等商品。服务申诉集中在餐饮服务、修理服务、装饰装修服务及中介服务。2004年，区工商分局开展“12315”进社区、进商场工作，设立“12315”申诉举报联络站10个。在大中型流通企业中，建立“四制三查”（商品进货查验制度、重要商品报告制度、食品

咨询服务（2005年摄　市中工商分局提供）

质量监测制度、不合格商品退市制度和日常巡查、专项检查、查办大要案）制度；在城乡小型食品经营单位，建立“三制一档”（经营须知告知制度、商品进货登记制度、商品质量承诺制度、食品安全专项巡查档案）制度。全区60%以上的食品经营单位，悬挂张贴商品质量承诺书。同年，市中区消费者协会被中国消费者协会评为先进单位。

1991—2006年，市中工商分局开展大型专项消费咨询服务活动18次，累计发放各类法律知识书籍、手册、宣传材料22.3万份，接待来访8.76万人次，受理投诉1.19万件，处结1.19万件，为消费者挽回经济损失253.5万元；公示消费安全信息238次，支持消费者向司法机关起诉19件，协助公安机关处理诈骗案件137件。

第六节　个体私营经济管理

1991年7月，区私营企业协会成立。在个体户中开展学雷锋讲奉献活动，组织个体户上街开展便民服务，发放法律法规宣传材料近4万份；举办《中华人民共和国行政诉讼法》学习班2次，参加人数1000余人。1993年，简化办证手续，登记办证时间比过去减少20天。同年，市中区个体工商户于晓玉被山东省政府授予模范个体户称号。1994年，召开市中区第一届鼓励发展个体私营经济动员大会，出台《鼓励发展个体私营经济的二十二条意见》。个体劳动者协会帮助18户41名个体工商户及其家属办理“农转非”手续，建立奖金互助会。个体工商户发展到10935户，营业额9126万元；私营企业1383家，营业额6489万元。1996年，对个体私营经济管理进行改革，实行办证柜台式“一条龙”服务，定费、收费、管理三权分离，收费管理统一使用微机。1997年，新发展个体工商户6057户，私营企业292家。设立下岗职工办证窗口，对下岗职工实行“优先受理、优先审批、优先办照”政策，全年安置下岗职工4300人。

2000年，实施“抓大扶优”工程，对10个私营企业大户进行指导，对7家私营企业实行挂牌保护。2001年，规范个体私营档案管理，对近5000户个体私营档案进行集中复查，对存在问题的110家个体私营企业进行处理。开展“民营经济宣传月”活动，宣传党和国家的方针政策和登记管理法律法规；全年新发展个体工商户4790户，私营企业426家。2002年，对个体私营企业登记手续齐全的，实现当天审核，当天发照。2003年，成立民营经济维权投诉服务中心和15个维权投诉服务站，全年为个体私营企业解答各种业务咨询1200件。2004年，推行登记注册“一审一核制”，将个体工商户的登记权限

业务咨询（2003年摄　市中工商分局提供）

下放到工商所。对个体工商户实行滚动验照。协调卫生部门，为在市场内经营的个体工商户现场办理卫生许可证600件。全面落实再就业优惠政策，与每位从事个体私营的下岗职工签订帮扶协议书，落实帮扶措施，全年对1015户下岗再就业职工减免各项费用121万元。2005年，出动检查人员4916人（次），车辆1955台（次），检查14695户，取缔无照经营234户，查获案值10万元以上或罚没款1万元以上的无照经营案件30件。

2006年，组织个体私营企业负责人学习《中华人民共和国合同法》《户外广告管理规定》，提高法制观念，守法经营。

2006年市中区个体工商业基本情况表

表11-3

行业代码	行 业	户 数	资金数额（万元）
A	农、林、牧、渔业	10	32
B	采矿业	24	965
C	制造业	296	5967
D	建筑业	76	1165
E	交通运输、仓储、邮政业	29	152
F	信息计算机软件业	8	17
G	批发零售业	12513	73787
H	住宿和餐饮业	793	2764
I	房地产业	35	67
K	租赁和商务服务业	183	703
O	居民服务和其他服务业	5123	34049
Q	卫生、社会保障、社会福利业	18	56

2006年市中区私营企业基本情况表

表11-4

代码	行 业	独资企业		合伙企业		有限责任公司	
		户数	注册资金（万元）	户数	注册资金（万元）	户数	注册资金（万元）
A	农、林、牧、渔业	1	1	—	—	12	910
C	制造业	217	3230	3	22	356	26928
D	电、气、水的生产供应业	—	—	—	—	4	275
E	建筑业	12	223	—	—	194	29086
F	交通运输、仓储业	11	125	—	—	27	1882

续表 11-4

代码	行业	独资企业		合伙企业		有限责任公司	
		户数	注册资金（万元）	户数	注册资金（万元）	户数	注册资金（万元）
G	信息、计算机软件业	110	1824	1	10	96	5585
H	批发零售业	181	1973	2	12	3032	252859
I	住宿和餐饮业	56	497	—	—	37	2177
K	房地产业	1	1	—	—	106	28105
L	租赁和商务服务业	36	204	3	41	754	51990
O	居民服务和其他服务业	52	670	1	50	81	3674
R	文化体育和娱乐业	7	139	—	—	5	171
	其他行业	24	144	—	—	—	—

第七节 经济监督检查

1991年，查处倒卖国库券、外汇券等有价证券和贩卖走私照相机、录放机、卷烟等违法案件，处结案件59起；查获粮票1500千克，济南市粮食副券10273千克；国库券25.02万元；美元600元，外汇券6900元；走私卷烟1927条，走私录像带600盘。1992年，打击倒卖重要生产资料、票证等违法活动。查处违法违章案件49起，查获倒卖国家计划供应物资钢材885.7吨、电解铜73.2吨，木材348立方米；粮票12540千克，粮食副券19459千克；煤票25740千克。1993年，打击制售假冒伪劣商品、走私贩私及扰乱市场经济秩序的违法行为。查处各类案件348起，捣毁制售假冒伪劣商品的黑窝点4处。查获走私汽车6辆；走私卷烟305条，假烟1100条；劣质低压电器3500件及进口服装200套。1996年，打击制售假冒伪劣商品，查处各类案件454起。查获劣质防落素374箱，假酒9069瓶，假“红塔山”卷烟1278条，过期饮料6658听，假“红豆”牌衬衣1522件，劣质“必清神”保健鞋207.71万双，劣质低压电器441件。1997年，成立市中区经济检查指挥协调中心，公开举报电话，专人全日值班受理群众举报。全年查处案件752起，比上年增加65.6%。同年，开展“无假冒、无欺诈”承诺活动。

2002年，区工商分局公平交易局成立，查处中国平安保险公司商业贿赂案、北京脑康生物科技有限公司虚假宣传案、济南泺源房地产有限公司不正当有奖销售案等。2004年，查处山东绿盟连锁超市有限公司、济南绿色之盟文化发展中心、济南市中信城咨询服务部以“消费储值”名义进行非法集资，坑骗消费者案件。2005年，查处中美上海施贵宝制药有限公司商业贿赂案、北京诺华制药有限公司商业贿赂案、深圳健安医药有限公司商业贿赂案等涉及医药行业商业贿赂案13起。

2006年，查处商业贿赂案件14起，罚没额33万元。其中南京建江科技有限公司奖励手机案被省工商局列为全省十大商业贿赂案典型案例之一。

1991—2006年市中工商分局查处违法违章案件情况表

表11-5

年　份	查处案件（件）	立　案（件）	案件总值（万元）
1991	59	59	
1992	49	49	
1993	26	26	
1994	504	504	
1995	132	132	17
1996	454	454	799
1997	752	156	379
1998	575	144	119
1999	754	133	449
2000	801	189	380
2001	1724	344	1784
2002	522	178	1328
2003	771	302	1064
2004	43	43	472.74
2005	77	77	876.65
2006	422	414	460

第六章　质量技术监督

第一节　标准化管理

1991年，辖区有13家企业取得三级标准化水平验收合格证书。1994年，推广国际标准工作，有2家企业的产品取得国际标准标志。建立技术标准资料库，当年为企业提供检索标准信息235个。1997年，建立企业产品执行标准登记制度，对67家企业127种产品进行登记，帮助企业制定并备案企业产品标准128个。同年，区技术监督局划归区经济计划委员会。1999年，为辖区机关、社会团体、企（事）业单位办理组织机构代码。2001年4月17日，区政府办公室转发市中区技术监督局《关于开展消灭无标生产试点区活动的实施意见》的通知，对工业企业产品执行标准情况进行二次登记，登记企业167家，登记产品执行标准238个。2002年

6月，区技术监督局划归济南市质量技术监督局，更名为济南市质量技术监督局市中分局。2003年，组织机构代码管理工作移交济南市质量技术监督局统一管理。同年，市中区消灭无标生产工作通过山东省质量技术监督局验收。

2005年，备案企业标准352项，检索标准和技术资料1500份，采用国际标准和国外先进标准372项。2006年，完成企业标准备案332项，产品标准登记117项，审查食品标签49个。

第二节　计量监督管理

1990年起，区标准计量所对辖区工商业台案秤和木杆秤进行检定，至1993年检定工业企业台案秤1000余台，商业企业台案秤2000余台，集贸市场台案秤3000余台，木杆秤9000余件。1994年，实施法定计量单位推广和使用，检查报社、出版单位、企事业单位30余家。1995年，办理强制检定计量器具登记证书250个，计量器具销售许可证86个，计量确认企业11家。1997年，淘汰集贸市场固定摊位木杆秤，更换角度盘秤、电子计价秤1400余台。同年10月，评选“双信”(价格计量信得过)单位45家。1998年，对食品、化肥、水泥等11类定量包装商品净含量进行抽查，检查单位121家，批次374个，查处不合格产品44个批次。2006年，全区建立计量器具使用企业档案261家，拥有检测计量器具249台，5吨以上电子地衡167台，10家企业获得“制造、修理计量器具许可证”。

第三节　质量监督管理

1991年，质监部门对烧结普通砖、蜂窝煤等产品抽样检查，抽检34个批次，合格率65%，产品质量不达标的企业经整改复查后合格。1992—1997年，组织产品质量监督抽查547个批次，抽查产品由烧结普通砖、蜂窝煤扩大到花生油、低压电器、电线电缆、暖气片、卫生巾、印刷品等7大类19种产品，监督抽查合格率稳定在75%左右。1998年，生产许可证由区经济计划委员会、区劳动局和各行业主管局多头管理改为技术监督局统一管理。2000年，开展无证产品生产和销售专项检查，没收无证产品价值20余万元。2001年，实行生产许可产品登记申报制度。2004年，检查整顿食品企业59家，关停3家小作坊，查处3起食品质量案件，15家食品生产企业获得“食品生产许可证”。2004年年底，实行生产企业质量、计量、标准化、特种设备安全“四位一体”式综合监管。2005年，为317家企业建立企业质量档案，实行动态管理。

2006年，按照企业规模及产品种类，划分为ABCD四种类型，实行定期巡查，对107家重点企业的重点产品和520家特种设备使用单位实施监管，纳入定检计划的企业323家，抽样585个批次，抽检产品合格率94.5%。

第四节　特种设备安全监察

2000年年底，特种设备安全监察职能由区劳动和社会保障局划归区技术监督局。2002年，对辖区锅炉、压力容器、压力管道、电梯、起重机械使用单位及各类气体钢瓶产权单位进行全面普查。将269家特种设备使用单位划分为20个片区，每个片区聘有安全监督协管员和特种设备安全联络员1名，形成动态监管体系。2003年6月，《特种设备安全监察条例》实施。2004—2006年，辖区有制造、安装、维修改造单位25家，特种设备使用单位520家，设备13577台（只）。其中，锅炉263台，压力容器566台，液化气气瓶11000只，电梯1150台，起重机械441台，场内机动车辆157辆，均建立电子数据档案，纳入山东省金质网实行动态监管。

第七章　安全监督

第一节　危险化学品安全监管

2002年，开展危险化学品安全专项整治，对全区危险化学品的生产、经营、储存、运输、使用和处置废弃危险化学品等环节进行全面检查整顿，全年无重大安全生产事故。2003年，制订《市中区危险化学品重、特大事故应急救援预案》，对辖区内的危险化学品的生产、储存、运输、销售、使用单位、生产经营地点、规模、从业人员等情况进行调查摸底，建立档案。辖区有各类危险化学品企业75家，其中，加油站51家、生产单位3家、经营单位21家。2004年，建立危险化学品安全监督管理信息系统。2006年，全区危险化学品企业增至91家，其中生产企业7家、经营单位36家、存储单位1家、加油站47家。

第二节　烟花爆竹安全监督

1994年9月1日，全区开始实施《济南市禁止燃放烟花爆竹的规定》。2001年，区安监局成立之前，烟花爆竹销售经营活动由公安机关监管。2004年12月，济南市发布《济南市限制燃放烟花爆竹的管理规定》。具体限制为：在农历腊月二十三至正月十五期间可以燃放烟花爆竹，其他时间不得燃放。除农历腊月二十三、除夕、正月初五、正月十五外，在23时至次日5时不得燃放。12月下旬，根据济安监发《关于2005年烟花爆竹销售许可工作的意见》相关规定，为烟花爆竹经营业户办理经营许可证。审核工作由经营场所审核以及销售人员安全培训2部分组成，对每位业户申请的销售地点进行现场查看，对业主经营场所的消防设备情况，地理位置，房屋结构等进行审核；组织烟花爆竹销售人员进行安全知识学习培训，考试合格后，方可办理经营许可证。

2004—2006年，区安监局组织烟花爆竹销售人员学习培训1024人次，审批发证617家。联合公安、工商和城管组成检查组，对辖区内烟花爆竹销售情况进行安全检查。至2006年春节，区安监局监察大队检查烟花爆竹销售摊点1685家（次），查出问题隐患300余处，其中烟花爆竹的储藏、进货渠道不正规等隐患严重。接到群众举报36次，取缔烟花爆竹非法销售网点23家。

第三节　非煤矿山安全监管

2001年9月，开展非煤矿山安全生产专项整治活动，成立全区非煤矿山专项整治小组，对七贤镇、十六里河镇、党家庄镇所属104家矿山开采企业进行整治，下发《关于深入开展安全生产专项整治确保全区安全生产形势平稳的通知》，明确治理整顿的重点、标准和方法步骤；制定《爆破器材保管发放制度》《矿山爆破管理制度》《矿山爆破检查制度》。98家矿山企业通过检查验，获得“安全生产合格证”。2003年，区国土资源局吊销6家采石场（九曲石料一厂、九曲石料三厂、九曲石灰二厂、南杨采石厂、杨庄石料二厂、展东石料二厂）“采矿许可证”，全区非煤矿山企业减少为84家。有80家参加安全评估，评估率95%。其他4家未参加评估的企业均为新开企业或更换法人，未开始营业。2004年，区国土资源局吊销8家采石场的“采矿许可证”，有76家参加安全评估，评估率100%。进行机械化开采的矿山企业有69家，占全区非煤矿山总数的91%。2005年，全区正常生产的非煤矿山企业50家，年生产规模200万吨；机械拥有量150台（其中挖掘机23台、潜孔钻机30台、装载机33台、其他机械64台）。2006年，全区42家非煤矿山企业取得“安全生产许可证”。非煤矿山从业人员从5年前的近2000人下降到400人左右，机械化覆盖率96%。同年，区安监局制定《市中区非煤矿山企业安全生产暂行规定》。

第八章　国土资源管理

第一节　土地使用制度改革

1992年12月，区土地局在四里村街道进行清理整顿土地隐形市场试点工作，摸索土地使用制度改革的新路子；加强对擅自出租、转让、抵押划拨土地使用权行为的查处工作，推动全区土地使用制度的深化改革。1995年后，辖区企业改制、改组、合资、合作中不规范使用土地现象增多，区土地局对206家企业单位进行评估，依法处置16宗违法用地案件。1991—1997年，通过申报登记、现场排查、处理收费等工作，累计收取土地出让金和级差地租700多万元。辖区收取级差地租的做法被济南市土地局作为典型经验，在全市推广。2001年，撤销市中区土地管理局，与市中区矿产资源局合并组建市中区国土资源局。2006年，实行国土资源垂直管理，成立济南市国土资源局市中分局，乡镇国土资源管理所全部划归国土资源部门。

第二节　地籍管理

1991年，对全区土地资源全面调查，绘制区、镇土地利用现状图。同年12月，开展土地登记发证工作，对单位和个人用地情况进行核发土地证书。全区共组织16个工作小组，100余人到各街道（镇）分别作业，按照“权属合法、界址清楚、面积准确”的要求，发放国有土地使用证1.3万余册，集体土地所有证17册，集体土地使用证6000余册。1993年，开展土地权属确权登记发证工作，发放国有土地使用证12310册，集体土地使用证5544册。1994年，申报登记国有土地使用权转移1270宗，面积19.98万平方米，协议交易额12247.33万元，收取罚款和补交出让金近300万元。1995年，成立土地估价所，开展土地评估业务。同年，完成全区土地资源详查汇总工作。国有土地登记发证18427册。1998年，投资40万元，对城区面积10.8平方千米和七贤镇2平方千米范围内的地籍情况进行测量标绘，绘制地籍图300多幅。2001年，开展城镇居民住房和房改房登记发证工作，当年发放土地使用证4815册，城区土地登记发证率95%以上。2002年，办理省直、市直单位城镇居民住房和房改房土地登记，为省直83家单位发放土地使用证子证7507册；为市直56家单位发放土地使用证子证7892册。2004年，建立市中区土地利用数据库，通过国土资源部及省国土资源厅的3次预检。

2006年，开展市属行政事业单位土地资产确权、划转工作，办理各类土地证书1360册。其中，国有土地使用证290册，集体使用证118册，集体所有权证17册，商品房土地证707册；转让58宗地，抵押土地170宗。

第三节　土地征用

1992年，开展南外环路拓宽改造工作，征用南外环西段建设用地10公顷，涉及5个村（居），拆迁安置村民14户，安置拆迁户新批宅基地0.5公顷。同年，为6个国有建设单位征划土地13.48公顷。2000年，完成南线绕城高速公路和南苑小区建设工程中确权定界、地类划分、拆迁补偿工作，涉及十六里河镇和党家庄镇10余个村。2003年，开展国有土地有偿使用收入征收管理专项检查和土地专项资金财务检查，加强和规范各项土地费用的征收。开展济南大学建设二期工程及新城开发区征地工作。2004年，实施《济南市市中区土地开发整理规划2001—2010》专项规划。2005年，启动柏石峪地区综合改造工程，对东河、西河、石青崖、柏石峪、分水岭、南康、花山峪7个村进行摸底调查，其中石青崖、柏石峪、花山峪3个村属于整村搬迁。配合济微路、经十一路、纬五路、舜耕路、阳光新路综合改造，实施非住宅土地收回和集体土地征收。

2006年，对石青崖村、西河村等村庄闭合圈外地上物清理及迁坟，迁坟872座。完成魏家庄片区、九曲片区摸底测量工作。

1996—2010年市中区土地利用规划情况表

表11-6　　　　单位：公顷

土地类别	现状数		规划数		增减面积
	面积	占总面积（%）	面积	占总面积（%）	
耕地	682	11.7	469	8.1	-213
园林	175	3.0	186	3.2	11
林地	596	10.2	616	10.6	20
牧草地	0	0	0	0	0
居民点及工矿用地	3475	59.7	3675	63.1	200
交通用地	151	2.6	221	3.8	70
水域	30	0.5	30	0.5	0
未利用土地	714	12.3	626	10.7	-88

第四节　耕地保护

1991年，贯彻落实《中华人民共和国土地管理法》，执行“十分珍惜和合理利用每寸土地，切实保护耕地”的基本国策。1995年，开展保护耕地大检查和划定基本农田保护区工作，逐村进行清理登记，对1992年后的建设项目违章占地行为进行查处，清理违章占地163.41公顷。其中，国家建设用地48.80公顷，镇村企业用地94.67公顷，外环路征地19.94公顷。划定16片农田为第一批基本农田保护区，实施保护面积155.86公顷。1997年，根据市政府下达的基本农田保护区调整计划指标，分4个调查小组，逐村进行核实，落实保护区的范围、面积，签订保护责任合同。1998年，在七贤镇井家沟进行土地开发复垦，复垦耕地1公顷。

2000年区划调整后，重新核实党家庄镇、十六里河镇基本农田底数。党家庄镇基本农田为3709.6公顷，十六里河镇1995.5公顷。同年，制定《市中区基本农田保护办法》。2001—2004年，复垦土地84.2公顷，整理土地29.78公顷，新增耕地113.98公顷。其间，印发《市中区农村宅基地管理办法》，审批10批次、1820宗宅基地。落实建设项目预审制度，摸清辖区可利用建设用地情况。

2005年，党家庄镇丰齐村利用废弃砖瓦窑厂开发复垦，投资44.6万元，复垦土地面积6.07公顷，净增耕地6.07公顷。在玉符河流域实施土地整理266.67公顷。

第五节　土地执法监察

1991年，对济微公路和西外环路两侧临时建设用地进行清理，清理违法占地违章建筑97户。其中，西外环路58户，占地1400平方米；济微路39户，占地600平方米。1996年，对七贤镇各村（居）的建设用地情况进行检查摸底，查处违法用地2.67公顷，协助补办用地手续10公顷，协调解决纠纷5起。1997年，开展市中区非农业建设用地清查工作，清查各类非农业建设用地1162宗，用地面积296公顷，其中违法用地案件430宗。1998年，在经二路、大观园2个街道进行拉网式检查，核实清查单位260余家，查出违法用地18家，违法出租16家。2000年，对全区17个砖瓦窑场核发“一证一书”（采矿许可证、复耕协议书），对土地开发复垦工作进行验收。同年，第一次利用卫星遥感监测技术开展土地违法执法检查工作，测出变化图斑点位10宗，查出违法用地2宗。

2001年，处理土地违法案件31宗，全部按规定补全用地手续。同年，市中区被评为山东省国土资源执法模范区。2002年，完成第三次利用卫星遥感监测技术开展土地执法检查工作，对26个变化图斑点位进行核查统计，清查出违法用地4宗。开展房地产开发建设用地拉网式检查，清查建设用地168宗，占地面积1504.77公顷，查处违法用地230宗。2003年，开展“双查”（既要查违建，又要查违规）工作，查清登记用地7955宗，占地面积4597.33公顷。其中，合法用地5991宗，面积3146.8公顷；违法用地1964宗，面积1450.53公顷。2005年，对十六里河镇南康村借“旧村改造”名义，占地10公顷，开发建设对外销售的违法行为进行查处，退出用地责令复耕。

2006年，对省道103、国道104、九曲片区改造工程进行11次联合拆除行动，拆除大西村、南康村、吴家村、九曲村等28户违法占地行为，拆除面积6000余平方米，退地2公顷。开展查处旧村改造和以租代征违法用地专项整治行动，查处5起旧村改造违法用地行为和6起以租代征违法行为。

第六节　矿产资源管理

1990年12月，区矿产资源管理局成立，区建委矿产资源办公室管理职能移交矿管局，区经委所辖区建筑材料工业管理站同时移交矿管局。每年5月，定为“矿法”宣传月，调动全局所有工作人员和宣传工具，深入企业和乡镇的大街小巷，进行宣传和普法教育。举办矿山企业主要领导人和有关人员的法制培训班，强化法制教育，提高守法意识。1992年，进行资源普查和地形地界编图工作。1993年1月，印制济南市市中区1∶10000矿产资源分布图说明书。同年，制定《市中区矿产资源管理实施办法》，开展“矿产品经营许可证”“准运证”登记发放工作。1995年，对少数欠缴资源补偿费的矿山企业进行追缴。1996年，进行矿业秩序整顿，杜绝无证开采、越界开采、违反安全规定开采、私购炸药开采、私自加工、买卖矿产品等现象。1997年，市中区政府与济南市政府签订矿产资源管理目标责任书，同时与各矿山企业签订维护矿业秩序目标责任书。区矿管局每月对各矿山企业进行抽查、整顿。年底，全区有矿山企业和矿产品加工企业48家，从业人员3000余人，固定资产1373万元，年总产值26650万元，上缴税金592万元，实现利润569万元。

1998年，开展对矿山企业的地质环境调查、检测工作。1999年，实施城区及主要交通沿线地质地貌景观保护工作。2000年，关停21家矿山企业，恢复和绿化城区及主要交通沿线两侧的矿区和破损山体，综合治理和绿化济微路、国道104、省道103两侧矿区。2001年，划定党家庄镇蛮子村西山和十六里河镇瓦峪村东山集中开采区，推行矿山企业防尘治污改造工作。投资12万元，植树1.8万余株。2002年，将二环南路以北划为禁采区，二环南路以南、高速外环以北划为限采区；在党家庄镇催马庄南山—南张北山—东渴马山—寨尔头北山一线、蛮子村的西南山峪，及十六里河镇的瓦峪村东北山矿区（绕城高速外环路可视范围内除外），实施有偿出让采矿权试点工作。2003年，关停国道104、省道103等道路两侧可视范围内的矿山企业13家。2004年，关停矿山企业49家。2005年，落实《济南市矿产资源总体规划》，辖区禁采区范围内的山场全部关停。同年，对辖区山脉及矿山企业进行调查测绘，摸清全区所有山脉的名称、位置和区域，编制市中区山脉分布图和市中区矿山开采企业分布图。

2006年，成立区整顿和规范矿产资源开发秩序领导小组，对辖区所有矿山企业的有关证照使用、现场开采、国家规费缴纳情况等问题逐一排查。

第九章　食品药品监督管理

第一节　食品卫生监督管理

1991年，区卫生防疫站在英雄山早市设立集中餐具消毒站，对营业摊点餐具进行集中消毒。同年，对二七农贸市场熟肉摊点进行整顿。1995年10月，《中华人民共和国食品卫生法》颁布实施，防疫站组织驻区食品生产经营单位对食品卫生法进行学习宣传培训。

1996年，成立3个综合监督执法组，将监督员按区域划片分组，责任到人综合执法。同年，对七贤镇馒头批发业户进行治理。1997年，开展大纬二路食品卫生放心一条街活动，治理整顿六里山饮食摊点群、通惠小吃一条街，在全市率先实行街头食品摊点从业人员胸佩健康证制度。1999年，对全区“小饭桌”进行检查，制定统一卫生标准。2002年，省、市推广市中区“小饭桌”管理经验，制定标准，纳入检查考核范围。2004年，对餐饮单位实行量化分级管理，有22家餐饮单位申报A级，其中10家通过省级评审验收。在全区餐饮单位开展最佳营养餐厅、食堂评审检查工作，有9家单位被评为营养餐厅和食堂。

每年上半年组织食品从业人员进行健康查体，对查出的“五病”患者及时调离。先后开展卫生监督执法新世纪行动、迎“亚足杯”餐饮单位集中专项整治和“浙江小家伙果奶”查处活动，查处“毒糖”及比利时等4国“二恶英”污染可疑食品、“竹香米”“灵达生命口服液”“阳光茶”“紫竹瓜子”等伪劣食品，查处安徽阜阳劣质奶粉、“毒粉丝”“金一多维元素片21”和“金一多维元素片28”伪劣保健食品。

2006年12月13日，济南市食品安全示范街揭牌暨食品安全示范店授牌仪式，在马鞍山路英雄山脚下隆重举行。（区卫生监督所提供）

2006年，对全区餐饮行业进一步深化分级量化管理，有卫生管理A级餐饮业22个、B级237个、C级1242个。全年发放卫生许可证1701个，监督检测4311份，行政处罚16户。9月，在全市率先开展食品安全示范街、示范店创新活动。对济南美食街和马鞍山路部分路段和中华名优小吃城等30家餐饮单位进行综合整治，由市食品安全协调委员会达标验

市中区卫生监督所检查月饼市场（2006年摄　区卫生监督所提供）

收。区卫生监督所制定区食品放心工程综合指标评价实施方案，按照细则逐一落实。全年，对节日食品生产加工经营单位以及学校、幼儿园、工地食堂、超市、旅游景点、景点周围食品摊点及餐饮业、宾馆等进行突击检查，出动监督人员519人，监督车辆出动283次。检查超市，商店32家，餐饮单位139家，食品加工厂21家，学校、幼儿园、工地食堂35家。开展食品添加剂和保健食品的专项检查，检查109家，出动监督人员208次，监督车辆56次，未发现违规现象。

第二节　药品监督管理

1991年，辖区加强《中华人民共和国药品管理法》的贯彻落实，发放药品使用许可证120个，组织全区药品质量大检查105家，查处假冒伪劣药品20余种。1992年6月，组织110家医疗卫生单位参加《中华人民共和国药品管理法》学习。9月，开展药品打假工作，抽查50家单位，对7家医疗卫生单位进行处罚。1993年，检查药品市场15次，查处假药劣药38种，取缔游医药贩13人。1995年6月，组织药品从业人员722人进行《中华人民共和国药品管理法》考试。1996年，辖区卫生、工商等部门组织联合行动，开展药品回扣专项治理，查处药品购销过程中让利折扣单位2人，金额95.01万元。1998年起，卫生局在强化药品质量检查的同时加强药品来源的监督管理和药品使用的检查指导工作，配合药监部门及时发布关于药品质量和使用中发生的不良反应的紧急通知。

2006年起，加强对医疗机构麻醉药品、一类精神药品使用管理。集中检查医疗机构21家，其中7家医疗机构针对麻醉药品、一类精神药品的管理人员、存放设施、规章制度和流程等方面存在的问题进行整改。9月，开始实行季度报表制度，持麻醉药品、一类精神药品印鉴卡的单位，安排专人负责麻醉药品、一类精神药品管理，一季一报。

第十二篇　中共地方组织

1991年，全区有基层党委28个、党总支13个、党支部353个、党员4688人。2006年，全区有基层党（工）委29个、党总支110个、党支部846个、党员23137人。

1990—2006年，全区共召开5次党员代表大会，选举产生5届区委委员会。中共济南市市中区委员会坚持邓小平理论和“三个代表”重要思想，认真贯彻执行党的路线、方针、政策，以经济建设为中心，创造性地开展工作，根据形势变化，及时制定一系列符合区情的重要决策和部署。着力加强党员队伍思想、组织、作风建设和党风廉政建设，开展“全区机关、学校、企事业、街道社会主义思想教育”“星期六读书活动”“三讲”教育活动、基层党组织建设“三级联创”活动、“三个代表”重要思想为主要内容的保持共产党员先进性教育活动等。全区政治、经济、文化、社会建设不断推进，城乡面貌发生巨大变化，人民生活不断改善，社会文明程度明显提升。

第一章　组织设置

第一节　党员代表大会

1990年3月至2006年12月，中共济南市市中区委员会先后召开第六、七、八、九、十次党员代表大会，相应产生中共济南市市中区委员会。

中共济南市市中区第六次—第十次代表大会代表构成情况表

表12-1　　单位：人

届　次	领导干部代表	各行业代表	合　计	其　中	
				妇　女	少数民族
第六次	135	111	246	78	8
第七次	191	68	259	80	11
第八次	191	67	258	83	10
第九次	204	66	270	88	14
第十次	176	123	299	112	17

一、中共济南市市中区第六次党员代表大会

1990年3月26—29日，在济南大厦礼堂召开。出席代表236人，分25个代表团。大会审议通过王丕俊代表区委作的《认清形势，振奋精神，坚持稳定，乘胜前进》的工作报告，苏乐芬代表区纪律检查委员会作的工作报告。大会研究确定市中区今后三年改革建设的主要任务。大会采取差额选举办法，选举区委委员29名、候补委员4名、区纪委委员15名。六届区委一次全会选举区委书记1人、副书记3人，区委常委11人。六届区纪委一次全会选举区纪委书记1人、副书记2人，纪委常委7人。

中共济南市市中区第六届区委常委任职情况表

表 12-2

职　务	姓　名	任职时间
书　记	王丕俊	1990.3—1991.7
	董承铭	1991.7—1995.4
副书记	吴乃田	1990.3—1993.1
	王翰科	1990.3—1993.1
	王善桐	1990.3—1990.12
	邹世平	1991.10—1995.4
	齐建民	1991.10—1995.2
	陈亚建	1992.11—1995.2
	王兆永	1995.2—1995.4
	张志远	1995.2—1995.4
常　委	王丕俊	1990.3—1991.7
	吴乃田	1990.3—1993.1
	王翰科	1990.3—1993.1
	王善桐	1990.3—1990.12
	苏乐芬	1990.3—1995.4
	米兆升	1990.3—1990.12
	刘书笙	1990.3—1993.1
	李聚春（女）	1990.3—1995.4
	李东明	1990.3—1995.4
	马延枢	1990.3—1995.4
	董承铭	1991.7—1995.4
	邹世平	1991.10—1995.4
	齐建民	1991.10—1995.2
	陈亚建	1992.11—1995.2
	仲伟新	1993.1—1995.2
	苏维泉	1993.1—1995.4
	王兆永	1995.2—1995.4
	张志远	1995.2—1995.4
	于界平	1995.2—1995.4
	孙建民	1995.2—1995.4

二、中共济南市市中区第七次党员代表大会

1995年4月3—6日，在济南大厦礼堂召开。出席代表259人，分29个代表团。大会主席团由40人组成，邹世平任秘书长。大会审议通过董承铭代表区委作的《再接再厉，乘胜前进，夺取全面改革和各项建设事业的新胜利》的工作报告，苏乐芬代表区纪律检查委员会作的工作报告。大会总结区第六次党代会后市中区两个文明建设及在各项工作中取得的成就和经验教训，确定后五年改革开放和经济建设的主要任务。大会按照《中国共产党章程》规定，采取差额选举办法，选举区委委员29名、候补委员4名、区纪委委员17名。七届区委一次全会选举区委书记1人、副书记3人，区委常委11人。七届区纪委一次全会选举区纪委书记1人、副书记1人，纪委常委7人。

中共济南市市中区第七届区委常委任职情况表

表12-3

职务	姓名	任职时间
书记	董承铭	1995.4—1998.3
副书记	王兆永	1995.4—1996.12
	邹世平	1995.4—1998.3
	张志远	1995.4—1998.2
	于界平	1997.3—1998.3
	丁　宁（挂职）	1997.9—1998.3
	赵文朝	1997.12—1998.3
	孙建民	1998.1—1998.3
常委	董承铭	1995.4—1998.3
	王兆永	1995.4—1996.12
	邹世平	1995.4—1998.3
	张志远	1995.4—1998.2
	李东明	1995.4—1998.2
	于界平	1995.4—1998.3
	李聚春（女）	1995.4—1998.3
	孙建民	1995.4—1998.3
	苏维泉	1995.4—1998.3
	马延枢	1995.4—1998.3
	王长和	1995.4—1996.7
	于忠建	1996.7—1998.3
	丁　宁（挂职）	1997.9—1998.3
	赵文朝	1997.12—1998.3

续表 12-3

职　务	姓　名	任职时间
常委	张苏华（女）	1998.1—1998.3
	王铁志	1998.1—1998.3
	张成铭	1998.1—1998.3
	王　军	1998.1—1998.3

三、中共济南市市中区第八次党员代表大会

1998 年 3 月 29—31 日，在济南大厦礼堂召开。出席代表 258 人，分 28 个代表团。大会主席团由 37 人组成，孙建民任秘书长。大会审议通过邹世平代表区委作的《抓住机遇，加快发展，夺取全区两个文明建设的新胜利，阔步迈进 21 世纪》的工作报告，李聚春代表区纪律检查委员会作的工作报告。大会总结了区第七次党代会后，全区广大党员干部取得的工作成就。明确提出后五年全区经济和社会发展的主要目标。大会按照《中国共产党章程》规定，采取差额选举的办法，选举区委委员 29 名、候补委员 4 名、区纪委委员 15 名。八届区委一次全会选举区委书记 1 人、副书记 3 人，区委常委 11 人。八届区纪委一次全会选举区纪委书记 1 人、副书记 2 人，纪委常委 7 人。

中共济南市市中区第八届区委常委任职情况表

表 12-4

职　务	姓　名	任职时间
书　记	邹世平	1998.3—2000.9
	齐建中	2001.1—2003.3
副书记	赵文朝	1998.3—2000.1
	于界平	1998.3—2003.3
	孙建民	1998.3—2002.12
	丁　宁（挂职）	1998.4—2000.1
	苏维泉	1999.1—2003.3
	齐建中	2000.1—2001.1
	郑志友（挂职）	2000.3—2002.3
	姜　涛（挂职）	2000.7—2002.12
	李聚春（女）	2001.1—2003.3
	国承彦（女）	2002.12—2003.3

续表 12-4

职　务	姓　名	任职时间
常　委	邹世平	1998.3—2000.9
	赵文朝	1998.3—2000.1
	于界平	1998.3—2003.3
	孙建民	1998.3—2002.12
	于忠建	1998.3—1999.4
	张苏华（女）	1998.3—1999.4
	王铁志	1998.3—2003.3
	张成铭	1998.3—2001.1
	王　军	1998.3—2002.9
	丁　宁（挂职）	1998.4—2000.1
	苏维泉	1999.1—2003.3
	刘仁发	1999.1—2002.2
	王继贵	1999.4—2002.12
	王彦明	1999.4—2003.3
	齐建中	2000.1—2003.3
	郑志友（挂职）	2000.3—2002.3
	姜　涛（挂职）	2000.7—2002.12
	李聚春（女）	2001.1—2003.3
	高金同	2001.1—2003.3
	梁英为	2001.1—2003.3
	国承彦（女）	2002.12—2003.3
	丛培军	2002.12—2003.3

四、中共济南市市中区第九次党员代表大会

2003年3月6—8日，在济南大厦礼堂召开。出席代表270名。大会主席团由37人组成，苏维泉任秘书长。大会审议通过齐建中代表八届区委作的《为建设“富强文明、环境优美”的新市中而努力奋斗》的工作报告，审议通过区纪律检查委员会工作报告。大会提出后五年经济和社会发展的总的目标任务是：深入贯彻党的十六大精神，认真实践“三个代表”重要思想，围绕全面建设小康社会，以富民强区为主题，以加快发展为主线，以改革创新和科技进步为动力，求实务实，真抓实干，推动国民经济持续健康发展，综合经济实力位居全市前列，各项社会事业全面进步，人民生活明显改善，努力把市中区建设成为“富强文明，环境优美”的新市中。大会按照《中国共产党章程》规定，采取差

额选举的办法，选举区委委员29名、候补委员4名。选举产生出席中共济南市第八次代表大会的代表。九届区委一次全会选举区委书记1人、副书记4人，区委常委11人。九届区纪委一次全会选举纪委书记1人、副书记2人，纪委常委7人。

中共济南市市中区第九届区委常委任职情况表

表12-5

职　务	姓　名	任职时间
书　记	齐建中	2003.3—2006.12
副书记	于界平	2003.3—2006.12
	苏维泉	2003.3—2006.12
	王铁志	2003.3—2006.12
	国承彦（女）	2003.3—2006.12
	哈　莹（挂职）	2004.4—2004.9
	朱福俊（挂职）	2004.11—2005.1
	张普选（挂职）	2005.7—2005.9
	曾益民（挂职）	2006.4—2006.9
常　委	齐建中	2003.3—2006.12
	于界平	2003.3—2006.9
	苏维泉	2003.3—2006.12
	王铁志	2003.3—2006.12
	国承彦（女）	2003.3—2006.12
	王彦明	2003.3—2006.12
	张忠泉	2003.3—2006.10
	梁英为	2003.3—2006.12
	丛培军	2003.3—2006.10
	姚怀祥	2003.3—2006.12
	孙　斌	2003.3—2004.6
	哈　莹（挂职）	2004.4—2004.9
	朱福俊（挂职）	2004.11—2005.1
	张普选（挂职）	2005.7—2005.9
	项进军	2005.6—2006.12
	吕建新	2005.9—2006.12
	曾益民（挂职）	2006.4—2006.9

五、中共济南市市中区第十次党员代表大会

2006年12月20—22日，在济南大厦礼堂召开。出席代表299名，分12个代表团。大会主席团由37人组成。大会审议通过齐建中代表九届区委作的《以科学发展观统领全局，为建设“富强文明、和谐优美”的新市中而努力奋斗》的工作报告，审议通过区纪律检查委员会工作报告。大会选举区委委员35人、候补委员7人、纪委委员27人。十届区委一次全会选举区委书记1人、副书记2人，区委常委11人。十届区纪委一次全会选举纪委书记1人、副书记2人，纪委常委7人。

中共济南市市中区第十届区委常委任职情况表

表12-6

职　务	姓　名	任职时间
书　记	齐建中	2006. 12—
副书记	于界平	2006. 12—
	苏维泉	2006. 12—
	王铁志	2006. 12—
	国承彦（女）	2006. 12—
常　委	齐建中	2006. 12—
	于界平	2006. 12—
	苏维泉	2006. 12—
	王铁志	2006. 12—
	国承彦（女）	2006. 12—
	梁英为	2006. 12—
	姚怀祥	2006. 12—
	孙　斌	2006. 12—
	吕建新	2006. 12—
	钟安石	2006. 12—

第二节　工作机构

一、区委工作部门

1991年，中共市中区委下设区委办公室、区委组织部、区委宣传部、区委统战部、区委政法委员会、区委农村工作委员会6个部门。1996年8月，撤销区委农村工作委员会。2001年10月，机构调整，工作机构设区委办公室、区纪委、区委组织部、区委宣传部、区委统战部、区委政法委、区委区直机关工作委员会7个部门。至2006年年底，机构未变。

二、基层工作机构

1991年，区委派出机构有15个街道党工委，辖七贤镇党委；有12个直属部门党委。

1992年，市中公安分局党委划归市中区委管理。1994年，成立区房地产开发公司党委。1995年，撤销共青团路和西青龙2个街道党工委，合并建立泺源街道党工委；新建王官庄街道党工委。同年，区税务局党委划归济南市税务局党委管理。1996年8月，区工商局党委划归济南市工商局党委，区人武部党委划归济南军分区党委。1999年12月29日，历城区党家庄、十六里河2个镇党委划归市中区区委。2001年，撤销七贤镇党委，设立七贤街道党工委、白马山街道党工委。同年，撤销玉函路、经二路、经七路、岔路街、馆驿街街道党工委，设立舜耕街道党工委。2002年，建立腊山科技产业园和新型经济组织党工委5个。至2006年年底，全区有13个街道党工委、2个镇党委及区委党校、区教育局、区建管局、区统计局、区商贸局、区卫生局、区房管局、区交通委、区公安分局、区房地产开发公司、区腊山科技产业园、区新型组织、区执法局、区直属机关工委14个系统党委。

第二章　重要决策部署

第一节　中共济南市市中区六届委员会决策部署

1991年2月22日，区委六届五次全委会分析国际国内形势，提出要下大气力加强党的建设，千方百计抓好稳定工作，不断巩固和发展安定团结的政治局面，防止和平演变；集中精力加强经济建设，不断提高综合国力和人民群众生活水平。4月9日，印发《中共济南市市中区委关于在全区机关、学校、企事业、街道开展社会主义思想教育的实施意见》。7月12日，区委六届六次全委会决定，从7月至10月，利用4个月时间，集中开展打击拐卖妇女儿童犯罪，查禁取缔卖淫嫖娼活动专项斗争，同时对各类刑事和经济犯罪进行严厉打击；开展创建双拥模范区活动。10月5日，区委印发《关于进一步加强区委常委会工作的若干规定》。

1992年1月8日，区委六届七次全委会决定，实施“四三二一”工程，即：组建4个企业集团，形成3个较大规模的创汇企业，建立2个股份合作制重点企业，建设1个工业群体；重点抓好英雄山新世界商场、泺源商场、环翠宫、土屋大厦等10个较大项目建设；选择一部分企业进行转换经营机制改革试点，积极推行股份合作制；积极推进社会主义民主与法制建设。3月26日，印发《中共济南市市中区委、济南市市中区人民政府关于深化改革转换企业经营机制的意见》。3月25日，印发《中共济南市市中区委、济南市市中区人民政府关于继续开展争创精神文明建设工作先进区活动的实施意见》。5月20日，印发《中共济南市市中区委、济南市市中区人民政府关于开展“解放思想、扩大开放”大讨论的实施意见》。7月11日，区委六届八次全委会决定，在郎茂山工业小区以西、济微路以东、青龙山与石房峪之间，划出2平方千米的区域兴建出口工业开发区；要求有关部门抓紧制订、完善各种投资、引进等优惠及配套政策。7月25日，成立市中区出口工业开发区建设领导小组。12月5日，区委六届九次全委会决定，集中力量培育建立八大市场，完善两大体系。以新世界市场等为骨干，各街居中小型商业网点为烘托，形成星罗棋布、辐射全区城乡的商品流通市场；以英雄山南路和济微路2条主干道为依托，形成服装、家具、建材批发市场；以现有集市和拟建中的王官庄、玉函小区集市为基础，形成活跃城乡经济的农贸市场；以区城建开发公司和房管局为主，建成房地产开发和房产交易市场；以生物工程院和科技街为主，形成科技市场；以区人才交流中心和劳务介绍所、职业介绍所为主，发展人才劳务市场；以区、街、居三级信息网络和司法、审计等单位为主，组成信息、咨询服务市场；以区物资公司、各街道办事处物资站为主，形成物资交流市场。建立便民、利民服务体系和社会保障体系。决定对处于北部商埠地区的企业实施北厂南移。对较小的商业店铺实行"公有自营"。建立奖励、激励机制，对做出突出贡献的科技人员和厂长（经理）进行奖励。作为济南市机关机构改革的试点单位，加快政府机构改革。12月10日，制定《关于开展纪念双拥运动五十周年和"双拥月"活动的意见》。

1993年2月18日，印发《中共济南市市中区委、济南市市中区人民政府关于在全区农村开展"村办企业年"活动的意见》。7月2日，印发《中共济南市市中区委、济南市市中区人民政府关于对党政领导干部加强监督的意见》，加强市中区党风廉政建设，保证机关廉洁、勤政、高效。7月13日，区委六届十次全委会决定，集中力量，利用2年时间，对28家骨干企业进行全面系统的技术改造，使其主要工艺、装备、技术达到国内同行业先进水平；要把第三产业放在优先发展的位置上。7月20日，印发《中共济南市市中区委、济南市市中区人民政府关于加快经济发展的若干意见》。10月4日，六界十一次全委会通报市中区出席济南市第六次党代会代表名单，审议通过关于召开区党代表会议的决议。11月22日，印发《中共济南市市中区委关于加强农村、企业、机关党建工作的实施意见》。

1994年1月14日，区委六届十二次全委会决定，成立专门机构，负责对腾笼换业工作的统一领导和协调；在全区工业企业中开展"管理效益年"活动；扶持鼓励私营、个体第三产业服务网点的发展，形成具有多种经济成分、多种特色、多层服务、多业配套的服务网络；开展"村办企业年"活动；支持鼓励一批具备一定条件的中青年干部到世界各地建办事处，开经贸公司，搜集信息，招商引资，第一批派出20人；组织机关40岁以下的干部学外语、学微机、学驾驶；决定成立中共济南市市中区对外开放工作委员会，统一领导、组织协调全区的对外开放工作；以争创国家级卫生城市为主线，抓好市容市貌的综合整治和管理。5月10日，印发《中共济南市市中区委、济南市市中区人民政府关于进一步加强居民委员会建设大力发展居办经济的意见》，对居办经济发展的原则、目标、类型、重点等提出意见。6月5日，印发《市中区关于实施对外开放一号工程的意见》。6月6日，印发《中共济南市市中区委、济南市市中区人民政府关于加快发展个体私营经济的意见》，要求全区进一步统一思想，转变观念，正确认识发展个体、私营经济的重要性，切实加强对发展个体、私营经济的组织领导，积极鼓励，正确引导，促进个体、私营经济健康发展，为发展个体、私营经济营造公平竞争的环境。6月21日，印发《中共济南市市中区委关于实施依法治区第二个五年规划的意见》。7月16日，六届十三次全委会提出，制定完善骨干企业扶持政策，组建锅炉企业集团；集中力量抓好济微路商业街建设改造项目，完成9个“北厂南移”工业企业搬迁；抓紧客商、项目、产品等各方面准备工作，迎接金秋经贸洽谈会；推进全区县以上集体工商企业和具有一定规模的村居企业年底以前完成机制转换；在全区机关干部中进行一次思想作风和组织纪律整顿。12月5日，印发《关于选派机关干部包村驻点和到基层单位帮助工作的实施意见》，开展干部下派帮扶工作。

1995年1月9日，区委六届十四次全委会决定，实施拉长十大优势行业、膨胀十大骨干企业、组建十大企业集团、抓好十大技改上新项目、完成十大基础建设的“五个十工程”；决定在全区企业及负责人中开展评比十佳“明星企业”和“优秀企业家”活动；深入开展以“发展经济强区，建设文明市中”为主题的精神文明建设活动，积极建设文明小区和文明村（居）样板；做好区委换届选举工作。3月17日，印发《关于进一步加强和改进中小学德育工作的意见》。

第二节　中共济南市市中区七届委员会决策部署

1995年4月3—6日，中共济南市市中区第七次代表大会确定五年经济和社会发展的主要目标为：全区国内生产总值达到21.2亿元，年递增24.2%；财政收入超过1亿元，年递增15%；工业总产值和利润分别达到35.4亿元和1.01亿元，年递增分别为25%和20%；第三产业总收入达到139.5亿元，实现增加值13.2亿元，年分别递增35%和26.6%。商业、饮食、服务业营业额达到89.4亿元，实现利润1.23亿元，年分别递增45%和30%；农村经济总收入达到47亿元，年递增25%；自营出口创汇达到368万美元，实际利用外资达到1713万美元。5月2日，印发《关于1995年反腐败工作的实施意见》。5月10日，印发《中共济南市市中区委、济南市市中区人民政府关于高度重视和认真加强维护稳定工作的意见》，对加强维护稳定工作提出具体要求。7月5日，印发《中共济南市市中区委关于在全区深入开展“学先模、创一流、做贡献”活动的决定》。

1996年1月1日，印发《中共济南市市中区委关于在全区领导干部中实行诫勉制度的暂行规定》。3月29日，印发《中共济南市市中区委、济南市市中区人民政府关于开展创立社会治安综合治理模范区活动的实施意见》。4月3日，转发区文明委《争创省级精神文明建设工作先进区实施方案》。7月30日，印发区委组织部、宣传部、党校《关于在全区机关干部中开展“星期六读书日”活动的实施意见》。8月8日，区委七届四次全委会决定，创建省级精神文明建设工作先进区和社会治安综合治理模范区、全国科技工作先进区；积极稳妥地搞好机构改革和推行国家公务员制度，并印发《济南市市中区机构改革实施意见》《济南市市中区国家公务员制度实施方案》。9月9日，印发《中共济南市市中区委、济南市市中区人民政府关于实行领导干部离任审计制度的决定》。9月10日，印发《中共济南市市中区委关于加强学习的决定》。9月16日，转发区委宣传部、区司法局《关于在全区公民中开展法制宣传教育的第三个五年规划》。

1997年1月3日，印发《中共济南市市

中区委关于在全区党政机关进行思想、工作、作风整顿的意见》。1月15日，区委七届五次全委会号召全区广大干部都要下功夫学习经济、科技、法律知识；确定在农村深入实施“三民”（知民情、解民忧、办民事）工程，开展创建“五好支部”“五好支部书记”活动，在机关开展“争当好公仆”活动；以引进人才、技术、项目、资金、管理的“五引进”为主要内容，在全区开展“我为市中发展做贡献”大讨论；在全区企业中开展“两本”管理年活动，大力加强企业整顿、管理；以争创省级精神文明建设工作先进区为目标，广泛深入地开展群众性精神文明创建活动；会议通过《中共济南市市中区委关于学习贯彻〈中共中央关于加强社会主义精神文明建设若干重要问题的决议〉的实施意见》《济南市市中区“九五”期间社会主义精神文明建设规划》。1月23日，印发《济南市市中区中国共产党机关参照试行〈国家公务员暂行条例〉实施意见》。4月15日，转发区精神文明建设委员会《一九九七年全区精神文明建设工作意见》，就全区精神文明建设工作作出具体规定。7月14日，印发《中共济南市市中区委、济南市市中区人民政府关于开展“百日爱民奉献”活动的意见》。8月14日，区委七届六次全委会确定在经济工作上，围绕扩大经济总量、增强城区综合服务功能这一目标，推进经济体制和经济增长方式两个转变，实施改革推动、外向带动、科技兴区三个战略，突出发展规模经济、建设经济强镇村、加快市场建设、发展壮大民营经济四个重点，苦干三年，到2000年实现经济全面振兴，跨入强区行列，促进社会全面进步；要进一步深化企业改革，尽快形成企业优胜劣汰的竞争机制、国有和集体资产保值增值机制、经营者择优录用的选拔机制、职工能进能出和双向选择的就业机制、覆盖全社会的社会保障机制；集中力量打好“造绿护绿、美化净化”攻坚战。10月10日，印发《中共济南市市中区委、济南市市中区人民政府关于加强城市居民区基层组织建设的意见》。同年，成立区民营经济领导小组，指导民营经济加快发展。

第三节 中共济南市市中区八届委员会决策部署

1998年3月29—31日，中共济南市市中区第八次代表大会确定五年经济和社会发展的主要目标为：国内生产总值年均增长20%，2000年达到22.9亿元，2002年达到33亿元，其中一、二、三产业增加值分别增长5.3%、12.5%、24%，2000年达到0.42亿元、6.12亿元、16.36亿元，2002年达到0.47亿元、7.75亿元、25.16亿元；地方财政收入年均增长16%，2000年达到1.16亿元，2002年达到1.56亿元；科技进步对经济增长的贡献率达到55%以上；外贸出口年均增长15%，2000年达到2131万美元，2002年达到2818万美元；实际利用外资年均增长20%，2000年达到186万美元，2002年达到268万美元。7月，印发《中共济南市市中区委、济南市市中区人民政府关于在全区深入开展创建文明社区工作的实施意见》。

1999年1月13日，区委八届三次全委会确定“强三、优二、稳一”的经济布局，决定开展“对外开放年”活动。3月，印发《中共济南市市中区委、济南市市中区人民政府关于贯彻中共中央、国务院〈关于实行党风廉政建设责任制的规定〉的实施意见》。6月9日，印发《关于进一步做好下岗职工再就业工作的意见》和《关于进一步加强社区服务工作的意见》。7月15日，区委八届四次全委会决定认真贯彻落实济南市委、市政府部署的创建文明城市工作，突出抓好“下岗职工进社区”活动，深入开展基层“创安”和争创人民满意政法单位（个人）活动。12月30日，区委八届五次全委会提出，拓展“五个空间”（加快产业机构调整，拓展产业升级空间；发展个体私营经济，拓展所有制结构调整空间；深化改革开放，拓展企业生存空间；实施镇村经济“二次创业”，拓展城郊结合部发展空间），推进区属经济向区域经济转变及量的扩张向质的提高转变，实现财政实力明显增强；提出以生物院为主体，与其他院所合作建立生物工程研究中心；配合全市统一规划，搞好东八里洼地区的旧村改造；积极兴办房产、家政等新型服务项目；把个体私营企业业户纳入“文明单位”的评选；以冠名权的转让扩建济南机床厂路；全面推行厂务公开、村务公开、校务公开、司法公开、政务公开，切实加强基层民主政治建设；扎实开展“三讲”教育；推行干部交流、轮岗和公示制度。

2000年5月10日，印发《中共济南市市中区委、济南市市中区人民政府关于加强经济建设的意见》《中共济南市市中区委关于加强干部队伍建设和党的基层组织建设的意见》。6月13日，印发《中共济南市市中区委、济南市市中区人民政府关于实施“四三一”科技创新工程的意见》。8月25日，印发《济南市市中区2000年至2005年社区建设发展规划》。9月6日，印发《中共济南市市中区委、济南市市中区人民政府关于进一步加强人民调解工作构筑调解大格局的实施意见》。11月28日，印发《中共市中区委、市中区人民政府关于贯彻〈中共中央、国务院关于深化教育改革全面推进素质教育的决定〉的意见》《中共济南市市中区委、济南市市中区人民政府关于进一步深化学校人事制度改革的意见》。12月15日，区委八届六次全委会通过《区委、区政府关于实施南部生态保护性开发、加快城市化进程的意见》，提出按照“两个区域、三条干线、四个园区、五个领域”的思路，做好南部地区发展空间的科学安排和整体布局；要求今冬明春在农村集中开展社会主义民主法制教育活动。

2001年4月4日，印发《济南市市中区“三五”依法治区规划》。7月27日，区委八届七次全委会通过《中共济南市市中区委关于按照“三个代表”要求加强和改进党的基层组织建设的意见》；确定全年工作以招商引资为抓手，以房地产开发为主线，坚持新区开发与旧城区改造并举，加快城市化进程；抓好南部市场和园区建设、北部社区服务和区街经济；在高新技术、外经外贸、民营经济和城郊型特色农业四个领域取得更大突破；运作九曲社区、朗茂山公园及周边区域保护性开发的控制性规划；结合全市“一城四团”规划，聘请有关方面对党家庄组团进行合理定位。8月15日，转发《区委宣传部、区司法局关于在全区公民中开展法制宣传教育的第四个五年规划》。10月12日，印发《中共济南市市中区委、济南市市中区人民政府关于贯彻〈中共中央、国务院关于进一步加强社会治安综合治理的意见〉的意见》。11月6日，区委八届八次全委会提出加强和改进党的作风建设，突出解决好下岗职工基本生活保障和再就业、企业离退休人员养老金按时足额发放、城市居民最低生活保障、减轻农民负担等问题；加大干部选拔任用的透明度、公开度及监督管理力度；要求区级领导干部每年调研时间不少于一个月，并要承担一至两个重点调研课题，写出调研报告，提出工作建议；决定在104国道党家庄镇附近规划建设一处多种模式的大型高科技工业园区。同月，印发《中共济南市市中区委关于在居民区党支部、社区居委会班子和党员干部中开展“三个代表”重要思想学习教育活动的实施意见》。

2002年1月24日，印发《中共济南市市中区委、济南市市中区人民政府关于2002—2003年争创全国文明城市的实施意见》。4月2日，印发《中共济南市市中区委、济南市市中区人民政府关于加强老龄工作的意见》，要求建立完善养老保障体系，确保老年人生活需求，加快建设老年社会福利服务设施，进一步丰富老年人精神文化生活。4日，印发《济南市市中区老龄事业“十五”发展规划》。28日，印发《中共济南市市中区委、济南市市中区人民政府关于推进教育初步现代化建设的实施意见》《中共济南市市中区委、济南市市中区人民政府关于推进乡镇教育初步现代化建设高水平高质量普及九年义务教育的实施意见》。5月28日，批转济南市市中区成人教育局《关于深入开展社区教育的实施意见》。12月9日，印发《中共济南市市中区委、济南市市中区人民政府关于进一步促进就业再就业工作的意见》。

第四节　中共济南市市中区九届委员会决策部署

2003年3月6—8日，中共济南市市中区第九次代表大会明确提出，要加大招商引资力度，改进招商方式，推行网上招商、中介招商、以商招商和媒体招商；科学规划布局，推进城市化进程；发展现代物流业和专业批发市场。4月14日，印发《中共济南市市中区委、济南市市中区人民政府关于进一步贯彻落实党风廉政建设责任制的意见》。5月20日，印发《市中区基层党（工）委工作制度（暂行）》。6月20日，印发《中共济南市市中区委关于进一步加强环境建设的实施意见》，着力创造浓厚的政治环境、规范的经济环境、良好的法治环境、健康的文化环境和优质的生活环境。

2004年2月20日，印发《中共济南市市中区委、济南市市中区人民政府关于建设“平安市中”的决定》，全面强化社会治安综合治理，预防化解各种社会矛盾，建立和完善工作重心下移制度和机制。5月21日，印发《中共济南市市中区委、济南市市中区人民政府关于深化社区教育创建全国社区教育示范区的实施意见》。6月8日，印发《中共济南市市中区委关于认真贯彻落实科学发展观的意见》。7月6日，印发《中共济南市市中区委、济南市市中区人民政府关于实施人才强区战略进一步加强人才工作的实施意见》。10月25日，印发《中共济南市市中区委、济南市市中区人民政府关于建立健全惩治和预防腐败体系的实施意见（试行）》。

2005年1月31日，印发《中共济南市市中区委、济南市市中区人民政府关于深入推进“平安市中”建设的实施意见》。5月27日，制定《中共济南市市中区委、济南市市中区人民政府关于构建和谐市中的意见》，提出坚持以经济建设为中心，围绕“强化服务功能，构建和谐市中”这一主题，抓住经济建设与社会进步协调发展、社会管理与群众服务兼容并重两个关键，实现思维方式、领导方式、运行机制三个转变，突出社会稳定、环境建设、工作创新、群众利益四个重点，增强党员干部的战略思维、科学决策、开拓创新、综合协调和解决问题五种能力，努力建设民主法制、公平正义、诚信友爱、充满活力、安定有序、人与自然和谐相处的社会主义新城区。同日，印发《中共济南市市中区委、济南市市中区人民政府关于建立完善城乡社会保障体系的意见》《中共济南市市中区委、济南市市中区人民政府关于建立完善城乡社会求助体系的意见》《中共济南市市中区委、济南市市中区人民政府关于建立完善社区服务体系的意见》《中共济南市市中区委、济南市市中区人民政府城乡社会保障和救助实施意见》。7月，区委决定实施固本强基工程，深入开展“三级联创”工作，全面推进党的基层组织建设，进一步加强党员队伍建设。同月，印发《中共济南市市中区委、济南市市中区人民政府关于建立新型农村合作医疗制度的实施意见》。9月，区委九届四次全会提出，完善以“三个体系”为核心的为民服务机制，建立社区共建机制和群众参与机制，有效整合社会资源，广泛汇聚社会力量，形成共建和谐社区、共享和谐成果的生动局面。印发《中共济南市市中区委、济南市市中区人民政府关于建立完善和谐社会社区共建的实施意见》《中共济南市市中区委、济南市市中区人民政府关于建立完善和谐社会群众参与的实施意见》，确定社区共建和群众参与的指导思想、工作任务、组织体系和运行机制，为社区建设和基层民主治理的发展指明主体、方向和途径。10月11日，印发《中共济南市市中区委、济南市市中区人民政府加强社区服务工作的实施意见（试行）》，归纳梳理出便民家政、医疗卫生、文体娱乐、劳动保障、社会治安、社区环境、社区志愿者和社区党建等13大类社区服务，规范服务对象、服务内容与标准、服务载体、服务程序、服务经费保障、责任单位或管理部门等事项。

第三章　纪检监察

第一节　区纪委换届选举

1990年3月至2006年12月，中共济南市市中区委员会先后召开第六、七、八、九、十次党员代表大会，相应产生中共济南市市中区纪律检查委员会。

中共济南市市中区第六至十届纪律检查委员会任职情况表

表12-7

届　别	职　务	姓　名	任职时间
第六届（1990.3—1995.4）	书　记	苏乐芬	1990.3—1995.3
	副书记	盛殿运	1990.3—1993.1
		张秀云（女）	1991.12—1995.4
		闫生吉	1993.7—1995.4

续表 12-7

届　别	职　务	姓　名	任职时间
第七届（1995.4—1998.3）	书　记	李东明	1995.4—1998.1
		李聚春（女）	1998.1—1998.3
	副书记	张秀云（女）	1995.4—1998.3
		赵孟海	1995.8—1998.2
第八届（1998.3—2003.3）	书　记	李聚春（女）	1998.3—2002.12
		国承彦（女）	2002.12—2003.3
	副书记	张秀云（女）	1998.3—2001.4
		贺绍清	1998.3—2003.3
		周建刚	2001.4—2003.3
第九届（2003.3—2006.12）	书　记	国承彦（女）	2003.3—2006.12
	副书记	周建刚	2003.3—2006.12
		贺绍清	2003.3—2006.12
第十届（2006.12—）	书　记	于　红（女）	2006.12—
	副书记	周建刚	2006.12—
		郭俊华	2006.12—

第二节　区纪委工作机构

1990年3月，区纪委机关设办公室、案件检查室、案件审理室、信访室4个部门，在职人员13人。辖基层纪委30个，专职纪检干部35人。1993年4月，设立党风廉政宣传教育室，区纪委、监察局合署办公，设办公室、案件检查室、案件审理室、信访室、执法监察室、党风廉政宣传教育室6个部门，在职人员19人。2001年12月，增设纠风室。2003年7月，成立市中区环境建设督察局，隶属于区纪委。2004年12月，设立监察综合室，隶属于区纪委（监察局）。至2006年，区纪委、区监察局、区环境建设督察局合署办公，设办公室、党风廉政宣传教育室、信访室、案件检查室、案件审理室、执法监察室、纠风室、环境建设办公室、行政效能投诉中心9个部门，在职人员24人。基层专职纪检干部63人。

第三节　主要工作

一、党风廉政教育

1991年，在全区党员领导干部中开展“清廉为民”主题教育活动，宣传廉洁勤政的先进典型事迹。1992—1995年，通过发放教育资料、播放教育录像片、举办领导干部廉政教育培训班、上廉政专题党课、举办先模报告会、开展主题活动等方式，加强对党员领导干部的廉政教育。1996年，开展“党纪政纪教育年”主题教育活动，发放学习材

全区党风廉政建设工作会议（2005 年摄　区纪委提供）

料 1800 余册，举办副处级以上领导干部培训班 2 次。对公车使用、干部住房、婚丧嫁娶、公款吃喝等问题作出具体规定，开展领导干部收受礼品情况调查，推行礼品登记和收入申报制度。1997 年，聘请 8 位离退休老干部担任党风廉政建设监督员。1999 年起，全区机关干部每年逐级签订《机关工作人员廉洁勤政自律协议》。同年，为全区 640 余名副处级以上领导干部建立廉政档案，制定《关于加强党员领导干部八小时以外活动监督的意见》。开展公物移交专项工作，清理出各类违规公物折款 30 余万元。2001 年，组织“学纪守纪、警钟长鸣”演讲比赛，60 名党员干部参加比赛。对领导干部通信工具使用、干部多占住房情况进行集中清理。2002 年，开展“权力观、利益观、政绩观”主题教育和征文活动，征集文章 96 篇。在离退休老干部中聘任第二批党风廉政建设监督员 8 人。清理机关工作人员借用公款。2003 年，开通面向全区的“泉城廉政网”，制定《村干部廉洁勤政行为规范》，举办村干部廉政教育培训班，71 名村干部参加培训。对党政机关、事业单位违反规定用公款为个人购买商业保险进行集中清理和整改。建立领导干部述职述廉制度。制定领导干部个人重大事项报告制度。

2004 年，开展“为民、务实、清廉”主题教育活动和廉政文化“六进”（进机关、进社区、进家庭、进学校、进农村、进企业）活动。在全区领导干部中开展“廉政箴言”征集活动并择优在网上进行发布。2005 年，为各单位主要负责人开通电子廉政信箱，举办领导干部学习党章廉政报告会。清理领导干部拖欠公款 7800 元。2006 年，开展“廉洁勤政、科学发展”和“学党章，守纪律，树形象，做表率”主题教育活动及“知荣辱，扬正气，倡廉洁，促勤政”主题宣传活动，组织“廉政歌曲大家唱”活动，制作 90 余种廉政公益广告，新建 20 多面廉政文化墙，向社区赠送 1000 余册廉政书刊，组织群众自编自演廉政文艺节目 30 余场。

二、违纪违法案件查办

1991 年，对违反政治纪律和领导干部贪污受贿案件进行查处，实行信访工作统一机构职责、统一受理范围、统一内部工作制度和统一办理信访问题。受理信访举报 231 起，立案 20 起，结案 20 起，处分党员干部 27 人。1992 年，重点查处党员干部在经济领域的违纪违法案件，处分党员干部 23 人。1993 年，对党政机关、执法执纪、经济管理部门及其工作人员以权谋私、贪污受贿行为进行查处，处分党员干部 24 人。1994 年，与公安、检察院、法院建立联合办案制度，实行领导包案件责任制，处分党员干部 22 人。1995 年，以查处党政领导机关、行政执法机关、司法机关、经济管理部门和副处级以上领导干部违纪违法案件为重点，处分党员干部 21 人。

1996年，重点查处领导干部贪污、贿赂、挪用公款、失职渎职等方面的案件，处分党员干部22人。1997年，加大对发案率较高、大要案较多的领域和部门案件的查处力度，处分党员干部25人。1999年，重点查办党政机关、行政执法机关、司法机关和经济管理部门违纪违法案件，处分党员干部18人。在违纪人员中进行回访教育，先后对26人进行28次回访。2000年，重点查办违反组织人事纪律以及农村基层党员干部违纪违法案件，处分党员干部26人。

2001年，实行案情定期通报制度，与财政、审计、公安、检察院、法院等部门建立联席会议制度，每季度召开联席会议，通报案情信息，处分党员干部20人。2002年，重点查处违反政治纪律和领导干部贪污受贿、挪用公款、失职渎职案件。处分党员干部18人。2003年，重点查处破坏经济发展环境案件，开展信访监督和信访责任制检查工作，处分党员干部20人。2004年，重点查办副处级以上领导干部、区直部门和村（居）班子违纪违法案件，特别是贪污、受贿、挪用公款的案件和破坏经济发展环境的案件，处分党员干部18人。2006年，完善拓宽案源五项制度、案件检查联席会议制度和申诉复查工作制度。实行违纪违法线索登记制度和行政处罚情况汇总登记制度，处分党员干部13人。

三、纠正部门和行业不正之风

1991年，纠正少数党员干部在“三招一转”（招工、招干、招生、农转非）工作中以权谋私的问题，纠正农用生产资料供应与兑现、宅基地划分等工作中不正之风问题。1992年，组织开展百名代表评行风活动，开展执法监察11项，检查单位31家。1993年，在区卫生、教育系统进行职业道德建设试点，对区直行政事业单位预算外资金管理情况进行检查。1994年，对42所中、小学收费情况进行执法监察，取消违规收费项目3项。1995年，废止涉农负担文件11份，开展涉及企业收费项目专项检查，走访企业50余家。1998年，对建筑工程项目、预算外资金管理和使用情况开展执法监察，完成执法监察项目21项，提出监察建议35条。1999年，对7家私营企业实行挂牌保护，新建50家中小企业联系点，发放“交纳税费登记簿”“收费明白卡”，对企业进行定期回访和跟踪服务。查处乱收费行为，涉及金额12万元。对区属47家单位预算外资金收支两条线情况进行清理检查，查处违纪资金449万元，无证收费109.4万元，撤销自立账户7个。对全区20项工程项目实行公开招投标监督，节约资金23万元。2000年，开展“行风民主评议”、“企业评政府”和“窗口达标”活动，有1个行业、52个窗口单位达“示范窗口”标准。2001年，制定《关于优化经济发展环境工作的意见》，对医疗部门进行民主评议，开展减轻农民负担工作专项检查。2002年，对农民反映强烈的乱收费问题进行专项治理。

2003年，成立区环境建设领导小组，下设经济、法制、文化、生活和督导5个工作小组；成立市中区环境建设督察局，建立巡访督察制度，在30家企业试行《一卡制收费管理办法》。开展优化经济发展环境监督检查年活动，实行优化经济发展环境责任制，对执收执罚部门进行民主评议和专项检查，建立环境建设监测评价体系。制定《关于进一步做好行政效能监察的意见》《行政效能投诉办法》《行政效能投诉指南》，建立行政效能电子举报信箱、投诉电话和200个环境监测点，聘请20名环境监督员。2004年，对区属重点部门单位依法行政和“五乱”（垃圾乱扔、广告乱贴、摊位乱摆、车辆乱停、工地乱象）

治理情况进行专项检查，对问题突出的14个单位下达整改通知书。制定行政执法部门涉企行政罚款工作联席会议制度，实行罚款报批制、收费下限制和办班备案制。2005年，对街道、镇的基层站所收费和预算外资金管理情况开展专项检查，46个部门的158项行政审批和服务事项进入服务大厅，实现审批内容、审批依据、申报材料、办事程序、承诺时限、收费标准"六公开"的管理运行机制。制定机关工作人员职业道德、业务行为、廉洁自律、仪表举止4个行为规范，明确服务承诺、限时办结、首问负责3项制度。查处3起公路"三乱"（乱设站卡、乱罚款、乱收费）事件，对2起性质严重的事件进行通报批评。联合市物价局、区教育局对全区4所学校收费情况进行抽查，监督落实"两免一补"（免教科书费、免杂费、补助生活费）政策，减轻学生家长经济负担397.1万元。2006年，对2004年后任职的45名领导干部进行任期经济责任审计，其中任中审计29名，离任审计16名，对发现的违规问题进行纠正。制定《环境建设问责暂行办法》和《环境建设责任追究暂行办法》，对794名持证执法人员实行档案管理。2003—2006年，查处7起影响环境建设和行政不作为案件，有2名处级干部、6名科级干部、1名工作人员受到责任追究。

第四章　组织工作

第一节　党组织建设

一、党员队伍建设

1991年，全区有党员4688人，其中发展新党员154人。1992年，组织党员学习邓小平南方谈话和中共十四大精神，开展学习讨论活动。此后，按照"坚持标准、保证质量、改善结构、慎重发展"的方针，规范和完善发展党员工作。1999年，吸收有文化、有本领的专业技术人员入党，全年发展党员170人，其中各类专业技术人员56人，占32.9%。同年，开展以"讲学习、讲政治、讲正气"为主要内容的党性党风教育。2000年，发展党员259人。其中,35岁以下优秀青年143人，占55.2%；优秀妇女97人，占37.5%。2002年，组织党员开展学习中共十六大精神教育活动，坚定全面建设小康社会的理想信念。2003年，把带头致富、带领群众致富能力强、具备一定科技经济素质的先进分子作为党员发展重点。在农村党员中开展争创"带头致富先锋""领办实业先锋"等10项党员先锋工程。2004年，在社区党员中开展优秀社区党员志愿者、十佳党员先锋等十佳评比表彰活动。2005年，发展党员366人，其中生产、工作第一线257人，占70.2%。在机关党员中开展争创"五好"党员活动。

2006年年底，全区有党员23137人。其中，女党员8291人，占35.8%；预备党员501人，占2.17%；35岁以下党员4026人，占17.4%；高中以上学历党员15658人，占67.6%（大专以上学历的8728人，占37.2%）；在岗职工党员7208人，占31.5%（机关干部1898人，占8.2%）；农牧渔民党员3549人，占14.9%；离退休（退职）党员8790人，占38%。

1991—2006 年市中区党员情况表

表 12-8　　单位：人

年份	党员总数	当年发展党员	年份	党员总数	当年发展党员
1991	4688	154	1999	6505	170
1992	5207	152	2000	10420	259
1993	5376	171	2001	10854	269
1994	5617	216	2002	11246	279
1995	5731	186	2003	13159	401
1996	5959	251	2004	17654	349
1997	6202	234	2005	21317	366
1998	6212	165	2006	23137	376

二、基层组织建设

1991 年，中共济南市市中区委有 28 个基层党委，353 个党支部。建立健全党建工作任期目标责任制、三会一课制度、民主生活会制度、民主评议制度、积极分子培训制度 5 项制度。1992 年，建立健全党务工作目标责任制。开展一居一支部建设，全区 156 个居委会建立党支部 122 个。1993 年 11 月，成立市中区党建工作领导小组，负责全区党建工作。1995 年起，区委组织部、区经计委、区人事局、区工会等部门联合对全区 65 家企业领导班子和 198 名厂级领导干部进行考核，同时全面调查企业党建工作状况，对 15 家组织不健全、工作不得力的企业领导班子进行充实调整，配强企业党务干部。

1997 年 10 月，区委组织部制定《关于加强城市居民区基层组织建设意见》。按照一居一支部要求增设部分居民区党支部，调整选配党支部书记。开展创建"四好居党支部"活动。按照"抓基层，打基础，抓两头，带中间"的思路，在七贤镇集中进行后进村党支部整顿转换工作，调整部分村党支部书记，加强村支部班子建设，开展创建"五好村党支部"活动。

1999 年，贯彻落实《关于加强城市居民区基层组织建设的意见》，开展"五好街道党委""系统先进党委""四好居党支部""先进党支部"创建活动。2000 年，102 个居委会调整合并为 84 个社区居委会，全部建立党支部。2003 年，制定基层党（工）委工作制度，建立健全议事制度、例会制度、党（工）委中心组学习制度、党建目标管理制度。开展争创"红旗村党支部"活动，对农村党支部实行动态考评。在全区农村、社区安装 181 个远程教育接收站点，配齐"两簿一志"（学习记录簿、学习反馈记录簿、工作日志）。同年，七里山街道七东社区党总支书记田宝明被授予全国优秀社区工作者称号。2004 年，推行社区党建"网格化"管理工作。新型经济组织党建合理设置组织，建立"属地化"管理的新型经济组织党建工作网络。与区工商、税务、公安以及统计等部门协调，对非公有制经济组织党员情况进行登记造册，分别成立新型经济组织党工委和区腊山科技产业园党工委。制定《关于加强非公有制经济组织党的建设工作的意见》，向部分非公企业党支部派出党建工作联络员。在区政务大厅设立党员关系接转窗口。2005 年，村“两委”换届选举，产生新一届村党支部成员 344 人，村委会成员 327 人。其中村“两委”交叉任职 288 人，村党支部书记和村主任“一人兼”78 人。

2006 年，开展亮身份、树形象、起作用、促和谐的党员义工服务进社区活动，建立党员义工队伍 360 余支，9200 余名党员参加。

1991—2006 年市中区党的基层组织情况表

表 12-9 单位：个

年份	党（工）委	党组	党总支	党支部	年份	党（工）委	党组	党总支	党支部
1991	28	6	13	353	1999	29	8	22	425
1992	29	7	13	408	2000	30	9	43	577
1993	29	7	16	415	2001	12	8	43	539
1994	30	7	15	424	2002	13	8	44	546
1995	29	7	13	423	2003	14	8	43	534
1996	29	7	14	413	2004	16	4	92	720
1997	29	7	15	410	2005	24	7	115	775
1998	29	7	20	420	2006	29	12	110	846

第二节 领导班子与干部队伍建设

一、领导班子建设

1991 年，对 12 个党委班子进行考察，调整充实部分单位、部门领导班子。1992 年，召开全区领导班子思想作风建设会议，组织开展向华兰强学习活动，华兰强是济南市市中印刷三厂党支部书记、厂长，懂经济，善管理，在全市区街企业创立了第一家股份制企业——济南溢丰企业（集团）有限公司。他带领职工进行产品开发，引进 2 条铜版纸生产线，开发市场占有率高、技术含量大的“压敏纸”等产品，使一个固定资产不足万元的街道生产组发展为拥有固定资产 1860 万元的集团公司，经济效益连续以年均 20% 的速度递增。同年，完成区、镇两级人大、政府、政协换届组织工作。通过开展“一推双考”，选拔 10 名 40 岁以下中青年干部任副处级领导职务。1994 年，对结构不合理、工作长期打不开局面的领导班子进行调整，从企业选拔一批懂经营会管理的干部，进入街道和经济管理部门领导班子，组织指导各街道完成街道党工委换届工作。

1998 年，完成区委、人大、政府、政协换届选举的各项组织工作，对 59 个单位领导班子进行调整充实。从改善领导班子的年龄结构出发，提拔 40 岁以下年轻干部 27 名，其中 35 岁以下 11 名。实行领导助理制度，在 16 个单位各选拔 1 名优秀年轻干部担任上一级领导助理职务，参与班子分工，提高工作能力。1999 年，选拔 5 名公安分局副分局级派出所所长（教导员）兼任街道办事处副主任或镇党委副书记，12 名科级派出所所长兼任街道办事处主任助理。配齐16个街道（镇）的武装部部长。组织开展“一推双考”，选拔20名年轻领导干部，充实到基层领导班子。2000年，对群众意见较多的领导干部进行组织调整，选拔部分优秀中青年干部走上中层领导岗位。经民主推荐、组织考察和集体研究，向市委推荐区级领导班子后备干部16名。2001年，对新成立的七贤和白马山2个街道党政领导班子进行配备；对十六里河镇、党家庄镇党委、人大、政府班子进行调整；对部分合并、调整、更名的部门领导班子进行调整。全年交流干部147名，提拔干部118名，其中35岁以下的24名，30岁以下的8名。2003年，对街道（镇）、区直部门领导班子进行3次调整，提拔干部195名，交流或兼职136名，重新任命政府序列部门行政负责人17名，安置团职军转干部5名。召开全区领导班子思想政治建设工作会议，制定《关于加强领导班子思想政治建设的实施意见》及《市中区基层党工委工作制度》，规范各党（工）委办事程序、议事规则和工作规范。2004年，先后对街道（镇）、区直部门领导班子进行4次调整，涉及领导干部292名。其中，提拔任职108名，交流或兼职105名，安排团职军转干部7名。2005年，调整领导班子6次，安排8名派出所所长兼任街道、镇党政副职。公开选拔优秀年轻干部，从全区300多名符合条件的干部中选拔20名副处级和20名正科级干部。2006年，选拔一批优秀年轻干部，充实进街道、镇领导班子。组织十六里河镇、党家庄镇完成镇党委换届工作。完成区第十次党代会代表选举和大会组织工作，选举区委新一届领导集体以及出席市第九次党代会的代表。

二、干部队伍建设

1991年，区委组织部制订《1991—1993年后备干部工作规划》，修订完善《关于加强培养选拔少数民族、妇女、非党干部工作的意见》，对全区妇女、少数民族、非党干部进行调查摸底，提拔一批条件成熟的妇女和少数民族干部。1994年，以培养党政“一把手”后备人选为重点，采取上挂、下派、轮岗和承担急难险重任务等措施，强化对后备干部的培养锻炼。2001年，选派58名优秀年轻干部进行挂职锻炼，择优推荐9名选调生到市、区直机关工作，接受安置13名选调生到基层工作。2004年，组织开展“选调生在基层”演讲比赛、选调生工作汇报会、读书笔记评比等系列活动。2005年，分批选拔10余名优秀年轻干部到信访局挂职锻炼，组织开展“市中区十佳选调生”和“优秀选调生”评选活动，对34名优秀选调生进行表彰。2006年，选派12名优秀年轻干部赴南京玄武区和杭州下城区挂职锻炼，5名优秀年轻干部到上级信访部门挂职锻炼。1991—2006年，派出12批487人次，分别到区属企业、基层农村和城市社区开展下派帮扶工作，其中女干部113人；党员344人；具有大专以上学历的430人，平均年龄28.3岁。

三、干部监督管理

1991年，区委及各级党委分别建立有关制度和规定，把民主集中制的执行情况作为各级领导班子民主生活会的重要内容进行监督。

1992年，坚持民主生活会制度和完善党委班子议事规则，检查和落实党内各项制度。1993年，对全区干部人事档案管理工作进行全面检查。1994—1997年，贯彻落实《国家公务员暂行条例》和《中国共产党机关工作人员条例》，推行干部考核、聘用、试用等制度。宣传贯彻《党政领导干部选拔任用工作暂行条例》，组织全区组织人事干部通过会议传达、专题讲座、个人自学等方式学习。1998年，健全离任审计、谈话打招呼、奖优罚劣3项制度，加强对领导干部的日常监督管理。组织实施年度全方位目标管理考核，拟定《关于领导班子和领导干部考核的实施意见》，综合运用个人述职、民主测评、个别谈话、理论测试等方法，对领导干部的德、能、勤、绩、学实行量化考核。1999年，对上年度工作成绩突出的领导班子和领导干部给予物质奖励和通报表扬，对年度考核为基本称职的12名干部进行谈话，对5名不宜继续在原单位工作的干部进行组织调整。面向全区，公开竞选区物资总公司2个副局级领导职位。对上年提拔任职试用期满的干部进行考察。其中，51人按期转正，2人延长试用期半年。2000年，探索实行领导干部任期经济责任审计联席会议制度，委托审计部门审计离职离任干部7人。2001年，对连续6年考核优秀和工作成绩突出的干部给予记功奖励，对群众满意率低、考核被评为基本称职等次的4名干部给予诫勉。试行干部任前公示制，对拟提拔任职或推荐提名的118名领导干部人选进行公示，除2名干部延期任职外，其他干部公示期满后按时办理任职手续。完善领导干部试用期制度，对上年度任职试用期满的54名干部进行组织考察，考察结果全部合格。实行干部考察预告制，考察前在被考察干部所在单位公布考察对象基本信息和监督电话，接受建议和监督。改进干部考察方式，在考察内容上，除了解干部的德才表现、主要优缺点外，把干部8小时外生活圈、社交圈情况纳入考察内容。

2003年，制定《干部选拔任用及管理工作规范》，对干部选拔任用过程中的有关程序进行明确具体的规范。重新修订完善《对领导干部实行任期经济责任审计的意见》，对21名部门（单位）“一把手”进行任期经济责任审计。制定《关于实行领导干部辞职制度的暂行办法》。2005年，组织部长与处级领导干部进行各类谈话200余次，完成8名领导干部离任经济责任审计和14名任中领导干部经济责任审计。受理群众来信和市委组织部督查批办件15件。2006年，实行廉政鉴定制度，进一步拓宽监督渠道。

第三节　干部教育培训与远程教育

一、干部教育培训

1991年，区委组织部制订《市中区1991—1995年干部培训工作规划》《市中区1991年干部培训工作计划》，开展干部培训工作。1992年，与外经委联合举办2期外经贸知识讲座，600多人参加。1994年，举办副局级以上领导干部理论培训班、党校函授大专班和农村干部大专函授班，培训干部1207人。1998年，每月聘请专家、学者为局级干部上一次大课，专题讲授传统文化、领导科学、知识经济等内容。建立副局级以上领导干部培训、学习、考核档案及领导干部读书学习制度。6月初，对拟提拔为副局级的36名考察对象进行政治理论闭卷考试。年底结合全方位目标管理考核，对领导干部个人学习情况进行考核和测试。

1999年，选调符合条件的领导干部35人次，参加13个班次的省、市委党校、行政院校举办的各级各类政治理论和专业业务培训班。2000年，组织各级领导干部学习中央规定的必读书目及有关文件。选派干部参加市级以上的各类班次8个23人次。2001年，举办“七一”讲话学习辅导员培训1期，培训干部48人；六中全会精神辅导讲座1次，培训干部500多人。2003年，会同区委宣传部、区委统战部、区人事局和区委党校举办2期处级领导干部“三个代表”重要思想专题轮训班，1期党外培训班，1期科级干部培训班，全区330多名处级领导干部、60多名科级理论骨干、40多名党外干部参加培训。派出6名学员到清华大学、同济大学和山东大学深造，选派1人赴国外学习，选调3人赴上海、南京市玄武区跟班考察学习。2004年10月22—24日，尝试分专题培训办法，举办党政“一把手”培训班、环境建设理论研讨班、政法干部培训班、社区建设理论研讨班、城市管理研讨班、组工干部培训班、纪检监察干部培训班、学习贯彻中共十六届四中全会精神领导干部专题培训班等处级领导干部培训班9期，参训领导干部500余人。制定《干部教育培训学分制管理办法》，建立学分审验登记制度及培训档案。选拔推荐10名“双高人才”分别到清华大学、同济大学、山东大学等高校进行学习。2005年，对经过公开选拔产生的40名副处级、正科级领导干部和部分年轻后备干部进行集中培训。11月，组织全区近3年提拔任职的领导干部，举办中共十六届五中全会精神专题培训班。根据《干部教育培训学分制度管理办法》，会同区人事局对全区干部学分完成情况进行集中审验。

2006年，开展“三个代表”重要思想和中共十六大系列精神学习培训工作，举办党政“一把手”、中青年干部、新任处级领导干部培训班等30余个，培训处级干部200多人次，其他干部1500多人次。选派12名优秀年轻干部作为济南市“双高”人才赴国内高校进行研究生课程培训，12名优秀年轻干部到南京玄武区和杭州下城区挂职锻炼。

二、远程教育

2003年7月，市中区党员干部远程教育中心成立，为正处级事业单位，编制6人。下设远程教育接收站点181个。建成“市中党建”网站，设立远程教育专栏。制作播放《巾帼所长建新功》《大山深处领路人》《靠养殖富家园、依科技奔小康》等课件及党建新闻18条，受教育党员8000多人次。2004年，农村站点建成，统一印制制度牌匾、设备操作流程示意图近200套，印发《远程教育站点日志》《远程教育培训记录》2000余册。制定完善区党员干部现代远程教育工作实施、教学管理、人员岗位职责、设备管理等规章制度，规范远程教育站点管理。2005年，建成社区站点，组建专家教辅、技术服务、管理指导3支队伍，举办各类培训活动68次，受教育党员7300余人次。制作播放《让党放心，让群众满意——济南市市中区首批先进性教育活动纪实》《架起金桥奔小康》《十年风雨支书路》《咱们村的牛大嫂》等课件，时长累计超过4个小时，在省、市平台播出。通过教育，85%的党员掌握1－2门实用技术。

2006年，整合新资源，创新推行AB角责任制。拍摄制作《在变革中走出困境济南市市中区社区“A”型管理体制改革纪实》《活力在创新中迸发——济南市市中区社区党建“网格化”管理工作纪实》《新农村建设注意的四个问题》等课件，受教育党员8200多人次。

第四节　人才队伍建设

1992年，对全区知识分子的总体情况进行调查摸底，向市委组织部推荐市人才库人选名单，开展区管农村科技实用人才评选工作。1993年上半年，对全区知识分子工作进行检查。建立以拔尖人才为骨干，以优秀中青年科技人员为主体的人才库。1999年，推荐省级第六批科技拔尖人才，修改、完善、充实《济南市市中区1998—2010年科技人才发展规划》。2000年，制订《市中区2001—2005年企业经营者队伍建设规划》，帮助2家企业与山东工业大学的2名教授签订济南市客座专业技术拔尖人才技术合作协议书。参与市管专业技术拔尖人才及市管农村优秀科技人才选拔推荐工作，有2人分别被评为济南市专业技术拔尖人才和济南市乡村优秀科技人才。

2003年，区委组织部制定《关于加强专业技术人才队伍建设的实施意见》《专业技术拔尖人才管理办法》《镇村优秀科技人才选拔管理办法》和《关于选聘招商引资人才和加强招商引资工作的意见》。选聘招商引资副区长1名、外经贸副区长1名，续聘科技副区长1名；选拔专业技术拔尖人才13名、镇村优秀科技人才6名，区委、区政府进行命名表彰。2004年，制定《实施人才强区战略，进一步加强人才工作的意见》。成立市中区人才工作（知识分子工作）领导小组，在区委组织部设立人才工作科，建立人才工作责任制。区委、区政府决定，每年投入50万元作为区级优秀人才政府津贴及人才工作专项经费。2005年，研究制定《关于落实〈实施人才强区战略，加强人才工作的实施意见〉的部门分工意见》。组织开展"十一五"人才规划的编制工作，成立区人才规划编制领导小组。开展市级第八批专业技术拔尖人才选拔推荐及市第三批"双高人才"推选工作，有7人被确定为市管第八批专业技术拔尖人才人选，4人被确定为市管第三批青年学术技术带头人人选，3人被确定为市管优秀农村实用人才人选。举办各类专业技术人员教育培训班100多期，培训人员6000余人。为驻区企事业单位引进各类高层次人才9名、应届毕业生147名，聘请4名专家院士作为企业发展顾问；协助驻区单位申报2项智力项目和一项出国培训。

2006年，实施"新世纪555人才工程"，开展第二批区管专业技术拔尖人才及镇村优秀科技人才选拔工作，评选专业技术拔尖人才30名，镇村优秀科技人才10名，区委、区政府进行命名表彰。

第五节　下派干部包村工作

1994年12月，区委确定从区机关选派干部下派到七贤镇包村驻点。下派干部的主要任务是加强基层党组织建设；发展经济，增加农民收入；加强两个文明建设。1995年1月，成立济南市市中区下派干部工作领导小组，下设办公室，隶属于区委组织部。1995年，下派干部实施"聚民心，正民风，促民富"的"三民工程"。协助各村（居）解决热点难点问题。1998年7月，形成《驻七贤镇各村（居）工作组调研报告汇编》，在后龙村召开依法治村工作现场会，推广下派工作组实施依法治村工作经验，在各村实行"村务公开，民主管理"制度。1999年12月，党家庄镇、十六里河镇划归市中区后，区委、区政府派出包村干部2批，59人次，包村10个。2002年7月，成立区委下派干部管理办公室，正处级，编制3人。2005年2月，开展以副区级以上领导干部、区直部门主要负责人、下派干部为主体的"三级帮扶"活动，按照"抽强人、强抽人"的原则，由区委组织部从区直各部门、事业单位和街道选派53名优秀处级干部和年轻后备干部，开展第十四批下派干部工作。10月，干部下派工作由农村逐步向城市社区拓展，派出58名机关大学生到社区开展挂职锻炼工作。2006年10月，增加50名机关大学生到社区挂职锻炼，总人数达到 108 名，挂职社区扩大到 62 个。

1994—2006 年，全区下派干部包村 9 批 439 人次。其中，处级领导干部 154 人次，大专以上学历 334 人；包村 207 个，支援资金 383 万余元，引进项目 31 个，引进资金 658 万元。

第五章 宣传工作

第一节 理论教育

1991 年，中共市中区委提出《关于加强全区在职干部政治理论学习的意见》，以《马克思主义哲学纲要》《关于社会主义若干问题学习纲要》等著作为理论学习主要内容，分 5 批对全区 380 名副局级以上领导干部进行培训。1994—1995 年，组织编写《邓小平同志建设有中国特色社会主义理论学习纲要》80 题，供全区学习参考。有 36 篇理论研讨文章在市级以上报刊杂志、论文集发表。1996 年 7 月 30 日，中共市中区委印发《关于在全区机关干部中开展“星期六读书日”活动的意见》，号召和倡导机关干部利用休闲日读书，增长知识，对活动的组织领导、计划安排提出具体要求。9 月，区委印发《关于加强学习的决定》，对理论学习提出明确要求；拨款 20 余万元，用于购置学习资料、录像带，聘请教授授课等。1997—1998 年，开展中国近代史、香港问题研究与探讨，在市级以上刊物发表理论研讨文章 20 余篇。1998 年，区委宣传部印发《党委中心组理论学习制度》，实施建立单位书架、家庭书架、个人书架的“书架工程”，对读书活动的硬件建设提出目标和要求。2000 年，制定《关于加强和改进理论学习的意见》。2002 年，组织中共十六大精神专题报告会 9 场，参会党员领导干部 3000 余人次。2003 年，制定《区委理论学习中心组学习制度细则》和《党（工）委中心组学习制度细则》。创办《市中区委理论学习中心组学习园地》。开展“城乡中共十六大精神集中教育活动”和“解放思想谋发展，与时俱进建小康”主题教育活动。2004 年，大观园街道党工委理论学习中心组等 5 个中心组被评为市级先进基层党委理论学习中心组。2005—2006 年，重点学习坚持科学发展观、发展市场经济、法律法规等理论文献。

1996 年、1998 年、2000 年、2002 年、2004 年，区委理论学习中心组连续被评为全省县级党委理论学习中心组先进单位。

第二节 社会宣传

1991 年，区委宣传部设立社会宣传工作和新闻科，宣传报道全区理论学习、经济建设和各项社会事业的发展成就。1994 年，举办学文明礼貌用语，学文明涉外常识骨干培训班，培训骨干 40 余名。开展学习华兰强、刘明萍等先模典型人物活动。组织 10 人组成的精神文明事迹报告团在全区巡回报告，受教育人数万人以上。“七一”前夕，邀请全国劳动模范、胜利油田采矿工人王为民到市中区作报告，受教育人数 2000 余人。1995 年 11 月，召开“学交警、创一流”活动经验交流会。贯彻《爱国主义教育实施纲要》，在纪念抗日战争暨世界反法西斯战争胜利50周年之际，组织青少年观看爱国主义影视片，参观革命烈士事迹展览，举办“观百部爱国片，抒我爱国情”演唱会。1997年，以迎接香港回归和庆祝中共十五大召开为契机，深入进行国情、市情、区情教育。举办展览30次，联欢会28场，专题报告会36次，组织全体党员和入党积极分子6000余人参加知识竞赛。1998年，举办庆“八一”暨纪念济南解放50周年大型文艺汇演，分别在英雄山广场和济南大厦礼堂演出9场次，观众近3万人次。制作反映全区改革开放20周年成就展板。组织全区干部群众参观济南解放50周年和济南改革开放20周年成果展，受教育群众2万人次。

1999年，在全区群众中开展“祖国颂、社会主义颂、改革开放颂”和“回顾百年史、展望新世纪”等活动。组织“光辉全民读书”活动，举办“做人民好公仆”事迹报告会。在全区企业中集中开展“奋战九九年，迎接新世纪”主题教育活动，推广宣传深化改革、减员增效、优化结构、广开就业门路的成功经验。2001年，举办歌舞晚会、戏曲晚会、书画图片展和社区篮球比赛等文体活动200余场次；组织“党在我心中”纪念建党80周年大型歌咏比赛，22支代表队近2000人参加比赛。2002年，开展丰富多彩的群众性文化娱乐活动和“科学、卫生、文体、法律”进社区活动。2003年，开展“讲文明，讲卫生，讲科学、树新风”宣传教育活动，组织发放防治非典宣传小册子5万余册，各类宣传品10万余份，悬挂宣传横幅560幅，设置防非宣传点40多处。向全区农村赠送防非书籍2.3万册。2004年，与区文化局共同举办“迎亚足杯·创文明城”《泉韵之声》激情广场演唱会、消夏系列晚会、国庆55周年文艺演出和群众广场文化展演等文化活动60余场。在马鞍山路、经十一路和英雄山路沿街经营单位、业户中组织开展创建“文明诚信街”活动，评出首批“百佳”文明诚信业户。

2006年，开展建党85周年、长征胜利70周年、国庆57周年等重大主题纪念活动；举办全区首届社区文化艺术节，组织开展居民健身比赛、家庭才艺展示、戏曲书画联谊等活动，组织评选社区“五家”（文化之家、藏书之家、书画之家、健康之家、文明之家）和“十佳社区文化服务先进单位和个人”。

第三节　新闻宣传

1992年，在《济南日报》头版先后发表《市中区确定“一线三片”经济发展战略》《大城市气派，大市场战略——市中区投资建设十大商业服务项目》《济南市压力容器厂将价格机制引入企业内部分配》《在改革大潮中崛起——七贤镇经济发展纪事》等报道。宣传在经济社会发展中涌现的先进典型，以《奉献在前的共产党人》为题在《济南日报》、济南电视台突出宣传济南新光工具厂党支部书记兼厂长张志新、市中福利节能设备厂厂长、党支部书记郭泗家的先进事迹。1994年，在新华社山东分社主办的《外国经济导报》上，刊登突出反映全区三产基础设施建设、房地产开发以及七贤镇变化的相关宣传图片。1995年，辖区典型人物张绍祖的事迹在中央电视台、中央人民广播电台、《人民日报》《大众日报》等媒体相继报道；中央电视台、《中国青年报》等对济南西藏中学进行报道；相继报道子弟兵的好母亲张秀红、居委会优秀干部周长荣等11个先进人物事迹。1996年，在《济南日报》一、二版发表头条16篇，《大众日报》发稿30篇，在省级电视台发表新闻片35条，制作电视专题片12部。

1997年，在中央电台、电视台和报刊发表稿件51篇，省级媒体刊发741篇，制作电视专题片14部。重点报道小清河治理、造绿工程、再就业工程中的感人事迹和成功经验。在多家新闻媒体相继推出刘明萍、田宝明、于锡志、吴天国、华兰强等先进个人和舜玉路街道、大观园派出所等先进集体的典型报道。同年，宣传全区开展的“星期六读书日活动”“讲文明、树新风，全民奉献大行动”“楼道革命”等创建文明城区活动。1998年，在《人民日报》、中央人民广播电台、《大众日报》、山东卫视等多家媒体报道“察民情、解难题、办实事”社情民意大调查主题行动。2000年，宣传带领群众致富奔小康的共产党员典型周亮、周树林和王宝东及舜玉路街道党工委等单位先进典型事迹，《为民营经济发展保驾护航》《闪光的足迹》《为扮美省城大门》等12篇稿件在《济南日报》头版头条刊发。2001年，先后在《大众日报》、山东电视台《山东新闻联播》和济南电视台《济南新闻》中连续报道十六里河镇青桐山村党支部的先进事迹。2002年，对党家庄镇大庙屯村党支部、舜玉路街道舜园社区居委会、市中区双拥办等先进单位和优秀共产党员王海霞、孙善福进行宣传报道；先后推出《营造温馨家园》《风景这边独好》等报道。2003年，先后刊发《万众一心筑防线——市中区防治非典工作纪事》等宣传稿件200余篇，报道市中区招商引资、经济发展载体和经济发展环境情况。在《济南日报》头版头条刊发《创新思维打造商业新区》《市中区一园聚集规模效应》等，在生活日报专版刊登《新市中抢滩环境高地》报道。

2004年，市中区七里山街道七东社区居委会主任田宝明，为居民群众办实事、办好事，做居民群众“贴心人”的事迹被省委宣传部定为“民心工程在山东”重大典型之一，《大众日报》《齐鲁晚报》和山东卫视等多家省级媒体进行系列报道。全年在《大众日报》《济南日报》刊发头版头条10个。同年，宣传策划“济南开商埠100周年”纪念活动系列报道，人民网山东视窗、《光明日报》《大众日报》分别刊发《专家畅谈济南百年商埠》《济南，百年商埠新路何在》《济南开埠：一个近代史上的神话》;《济南日报》陆续刊发《济南“自开商埠”百年回眸》6个整版报道，集中出版专版特刊8个;《山东商报》《济南时报》分别推出《百年商埠特刊》收藏版（共40个版面）;《济南时报》先后刊发17个通版及一系列动态报道；与济南电视台《泉城夜话》栏目联合举办百年商埠专题节目；与济南电视台合作拍摄6集大型专题片《古城开埠》，分别在中央电视台、山东卫视、济南电视台新闻频道和都市频道以及凤凰卫视等媒体黄金时段播出。2005年，在《大众日报》刊发《开篇就是“重头戏”》，《济南日报》刊发《党员，社区闪亮的明星——市中区舜玉路街道党工委开展先进性教育试点活动纪实》《源头活水——市中区实施创新战略纪事》等头版头条；对社区“A”型管理体制的推广，作大篇幅探索式报道。同年，在《大众日报》头版刊发《诚信联运迎新春》，在《济南日报》头版刊发《市中区启动创建活动主题行动》；在《人民日报》刊登题为《济南市中区推出“解困套餐”》的重点报道，在《大众日报》刊发《济南市中区推出“解困套餐”——13项救助办法涵盖困难群众日常生活方方面面》，《济南日报》头版头条刊登《“三大体系”奏响和谐旋律》。在省、市主要媒体报道刘宪、王素璞等人和区民政局、区房管局等单位先进事迹。其中，《济南日报》头版头条刊发《天容海色本澄清》《王奶奶和她的邻居们》，《济南日报》用整版刊登因王奶奶事迹而掀起的济南首届邻里关系论坛。重点稿件有《人民日报》重点报道1篇；《大众日报》头版头条2篇、专版1.5个；《济南日报》刊发头版头条11篇、专版3.5个；中央人民广播电台专题1个；山东人民广播电台头条新闻1个；中央电视台《新闻联播》重点报道2个；山东电视台专题报道10个。

2006年，先后在《济南日报》推出《建设一个新城区、一个生态旅游区——市中区策划郊区农村："进城"》《商务经济隆起带形成　辐射带动作用凸显：纬二路——英雄山路形成"金街"》《十九路棋盘上的"奕"之道——市中区探索社区党建"网格化"管理新模式》等11篇头版头条，并在中央电视台《新闻联播》作重点报道2个，在山东电视台作专题报道8个。对市中区"廉情预报"密织反腐网及环卫工作在全省率先使用地下升降式垃圾转运站等先进做法，在《济南日报》头版头条刊发。

第六章　统战工作

第一节　参政议政

1991—2006年，全区召开由各民主党派和无党派代表人士参加的民主协商会、情况通报会67次。由区委主要领导就全区政治、经济、文化和社会各方面建设情况、重要人事安排向各民主党派和无党派代表人士通报并征求意见。1993年、1998年、2003年，圆满完成四届、五届、六届区政协委员人事安排，推荐、考察党外政协委员358人。各民主党派、各人民团体通过政协提交提案和合理化建议514件，80%的提案、建议被区委、区政府及政府有关部门采纳。区委、区政府聘请30余名民主党派、无党派代表人士担任各级特约监察员、检察员、审计员、教育督导员、党风监督员等特约人员，实施对政府工作的民主监督。

第二节　民主党派工作

1991年后，区委统战部坚持向民主党派、无党派人士传达区委各项重要决策决议；组织各民主党派学习邓小平理论及中共十四大等一系列会议精神，统一思想认识；支持、帮助各民主党派加强自身建设。1994年，协助民盟市中工委调整领导班子。1995年，结合庆祝抗日战争暨世界反法西斯战争胜利50周年，进行爱国主义传统教育。同年，协助致公党市委会成立致公党市中支部。1996年，开展学习优秀党外干部马绪涛活动，组织党派成员参观山东省党史馆、"五三"惨案纪念碑和孔繁森纪念馆。1997年，协助各民主党派完成换届工作。1998年后，结合形势任务，组织各民主党派成员开展形式多样的爱国主义教育，先后组织各民主党派负责人和党派骨干赴井冈山、沂蒙山、济南战役纪念馆等地参观学习。2000年12月，协助民革市中工委进行领导班子调整。2001 年 1 月，协助致公党市中支部完成换届。8 月，协助民建市中总支进行换届。2002 年 6 月，协助成立民进市中总支委员会。12 月，协助民革市中工委完成领导班子换届。自 1993 年开始，区委、区政府为各民主党派提供活动经费，并纳入区财政年度计划。2005 年，设立民主党派活动室。

第三节　党外干部工作

1991 年后，对全区党外干部情况进行全面调查，建立健全党外干部档案卡片，充实党外干部队伍。1994 年，根据济南市委要求，党外干部培养任用目标化，每年在机关或厂矿企业选拔任用 1 ~ 2 名副科级以上党外干部。1995 年，举荐 1 名区长助理，选拔 4 名重点培养的党外干部人选，推荐 5 名党外干部到市社会主义学院学习。1996 年，举办党外干部培训班，并对教育、城建、房管等 11 个党委的 28 名党外干部进行重点考察。1997 年，增补党外副区长 1 名。1998 年后，区委统战部、组织部先后 3 次联合提出《关于进一步做好党外干部工作的意见》，并于 1998 年、2003 年、2004 年，举办 3 期党外干部培训班，系统学习党的统战理论、“三个代表”重要思想、科学发展观、中共十六大及十六届三中、四中全会精神，提高党外干部对多党合作重要意义的认识。每年组织各民主党派主委、副主委、骨干成员、部分党外干部到沂蒙山、井冈山等革命老区接受革命传统教育，增强对中共党史的了解，增进对党的感情，自觉接受中国共产党的领导。积极推荐有培养发展前途的党外干部担任各级人大代表、政协委员。至 2006 年年底，全区有处级以上党外领导干部 19 人，其中，副区级 5 人，副处长 14 人，科级党外后备干部 30 人。

第四节　对台工作

1991 年，市中区接待台胞 89 人次。在接待过程中，实事求是地向台胞介绍 40 多年特别是改革开放后市中区的变化和进步。1992 年 3 月 28 日，市中区第一家台资企业——济南米力乃餐饮有限公司在大观园兴办，注册资本 7 万美元。1993 年 3 月 18 日，兴办济南花旗食品有限公司，注册资本 23 万美元；8 月 14 日，成立济南飞达食品有限公司，总投资 130 万美元。台胞到大陆参观考察、文化交流等活动日益增多。2001 年 6 月，市中区组织教育交流团赴台参观考察，开展交流。2004 年 4 月，民族经济、社区文化交流团赴台进行参访考察，加强与台湾民间团体的联系，宣传《中华人民共和国台湾同胞投资保护法》。区台办建立健全“市中区台属登记表”“特困台属统计表”“台资企业基本情况登记表”等，完善台商恳谈会制度、重点台资企业联系制度，帮助台资企业解决实际困难。每逢仲秋、新春，走访慰问定居市中区的台胞和台商。

至 2006 年，先后有济南格兰特食品有限公司、济南山水大润发商业有限公司、绍邦电子有限公司、济南荣昌木业有限公司、深圳立上车料有限公司、上岛咖啡西餐厅、济南学源经贸有限公司、山东磐石安候保险代理公司、济南财富人生投资顾问有限公司、山东若尘酒业有限公司（合作）、山东贵雄科技开发有限公司（独资）、山东贺翔建筑工程有限公司、济南阿克力斯房地产咨询有限公司、统一银座等 10 多家台资企业落户市中区，注册资本 8000 余万元。累计接待台胞 2191 人次，邀请、接待台湾各类团组 149 批 986 人次。全区有台属 646 户、1800 人。

第七章　区直机关党建

第一节　思想政治建设

1991年，组织区直机关党员干部开展机关思想作风、纪律整顿，社会主义思想教育活动及党规党纪学习活动；组织学习江泽民“七一”讲话、中共十三届八中全会精神，传达贯彻省、市机关党建工作会议内容，参加市委工委组织的经验交流会。举办机关庆祝“三八”妇女节、田径运动会、“七一”演唱会、国庆联欢会等活动，组织举办各类培训、辅导、座谈会、答卷、文艺演唱会、参观成就展览、党建馆等。1992年，采取短期轮训、集中辅导形式，组织区直机关党员干部开展解放思想大讨论，坚持学习制度，以及岗位轮训等制度，学习马克思主义基本理论、邓小平南方谈话、中央政治局全体会议精神及江泽民在中央党校的重要讲话精神，组织党员干部通读《中国共产党七十年》和《马克思主义党的建设理论学习纲要》，举办中共十四大文件学习班，组织党员学习中共十四大政治报告和新党章，各总支、支部上半年开展党课教育50次。

1995—1998年，学习邓小平建设有中国特色社会主义理论、《邓小平文选》，坚持开展“星期六”读书日活动，贯彻落实中共十五大精神，加强机关精神文明建设，认真组织“我为市中发展做贡献”大讨论。根据中共十五届三中、四中全会精神和区委（扩大）会议精神，及时召开支部书记会，研究制定学习计划，促进广大党员干部对中共十五大文件和邓小平理论的学习，提高广大党员干部对邓小平理论的历史地位和重要意义的认识，增强解决实际问题的能力、驾驭市场经济的能力和改造主观世界的自觉性。通过开展“讲学习、讲政治、讲正气”为主题的党性党风教育、全心全意为人民服务的宗旨教育、党规和法律法规教育、“二讲三比”教育活动、图片展、黑板报比赛、科普知识展览等形式的集中教育，以及开展“创一流成绩、建文明机关”“争当人民好公仆”活动，进一步提高区直机关党员干部干事创业的激情。1999年，组织党员干部集中学习中共十五大文件，开展“三讲”主题教育；结合新中国成立五十周年、迎接澳门回归、以实际行动迈向二十一世纪等庆祝活动，组织开展创建全国卫生城市等活动，不断增强区直机关党员干部的积极性、主动性。2000年，组织区直机关党员干部学习中共十五届四中、五中全会文件精神，邓小平理论以及“三个代表”重要思想，组织开展党的基本路线、基本纲领教育，结合北约轰炸中国驻南斯拉夫联盟大使馆及中国举办奥运会，从一反一正两个方面进行爱国主义教育，继续深入开展“致富思源、富而思进”“严格执法、热情服务”“创一流成绩、建一流机关”“争当人民好公仆”等活动，提高机关服务质量和服务水平。3月开始，在机关63个总支、支部中开展“学理论、守纪律、做模范”主题教育活动，与组织、宣传、纪检等9部门联合组织“奔向二十一世纪”大型系列文艺活动。

2001—2002年，组织党员干部开展对中共十六大文件、邓小平理论、“三个代表”重要思想的学习，深入开展争先创优和“学党章、守纪律、正党风”及向优秀党员干部汪洋湖学习活动。2003年，开展中共十六大精神党课教育活动，把学习中共十六大精神与区第九次党代会精神结合起来，集中开展“解放思想谋发展、与时俱进建小康”主题教育活动，组织学习胡锦涛“七一”讲话精神，邀请市委党校教授刘晓钟进行题为“兴起学习‘三个代表’重要思想新高潮，立党为公、执政为民”的辅导，组织观看《为民书记郑培民》电教片。2004年，重点放在学习、宣传、贯彻中共十六大及十六届三中、四中全会精神，特别是“三个代表”重要思想，开展“坚持科学发展观教育”“争当党员先锋、永葆先进本色”主题教育活动，真正让学习教育的精神深入到党员干部日常工作中。2005—2006年，组织区直机关49个党总支、支部，1021名党员开展保持共产党员先进性教育活动，组织开展“党员奉献日”及包居联户活动，不断增强党员的奉献精神。

第二节 机关党组织建设

1991年，区直机关党委辖党支部37个，有党员577人。新组建机关工会委员会。1992年，建立党支部（总支）11个。1993年，区直机关党委辖党支部（总支）50个，共有党员661名。1999年，进行换届选举，建立健全新一届党委领导班子。2001年10月，中共济南市市中区委机关委员会更名为中共济南市市中区委区直机关工作委员会。2004年，编印下发《中共济南市市中区区直机关工委党建工作制度汇编》，把机关党建工作制度连同中央、省、市、区各级党建工作规范性文件编辑成册，指导各总支、支部党建工作。2005年，党工委新增党委成员3人，制定《关于深化区直机关“包居联户”工作的实施意见》《关于加强区直机关党工委自身建设的意见》。2006年，召开区直机关党员代表会议，选举产生出席区第十次党代会的代表65名。制定《关于进一步改进作风，服务基层的意见》。2000—2006年，共举办党总支（支部）书记培训班5期，建立机关党委、总支、支部20个，总支、支部换届选举236个，增加和调整总支、支部委员189名。1991—2006年，共发展党员342人。

至2006年年底，区直机关工委下属机关党委2个，党总支6个，党支部76个（直属党支部44个），党员1538人。

第三节 党风廉政建设

1991年，组织区直机关各部门开展机关思想作风、纪律整顿活动。1992年，传达贯彻中央17号文件精神，围绕严禁用公款吃喝送礼的有关规定，在原规定基础上，重新修改补充完善廉政制度50余条。1998年，对机关党员干部的住房情况进行调查摸底；协助区纪委对领导干部使用通讯工具情况进行调查登记；协助区纪委、区委组织部、区人社局与机关工作部门签订廉洁自律协议书。各总支、支部都建立健全廉政档案，区直机关工委对建档情况进行检查。2000年，开展“学理论、守纪律、做模范”主题教育活动；完成机关党员干部的住房清理工作，清退住房68套，执行加价购买程序。2003年，组织广大机关干部学习“三个代表”重要思想和《江泽民论党风廉政建设和反腐败斗争》，开展“艰苦奋斗、廉洁从政”主题教育活动，制定《党员干部廉洁自律教育管理制度》《党员干部党内纪律监督制度》。在机关和干部队伍中开展“廉洁勤政双十模范”评选活动。2004年，开展“五个一”活动及“为民、务实、清廉”主题教育活动。与区纪委、组织部联合组织各部门负责人、纪检委员到济南监狱开展“预防职务犯罪警示教育”活动。2005年，举办“区直机关预防职务犯罪警示教育报告会”。

第八章　政研 保密 信访

第一节　政策研究

1991—2006年，区委政研室先后高质量完成党代会报告、全委会材料和区委主要领导讲话稿、主持词、汇报稿等重要文稿1000余篇，170余万字；审核《关于考核领导干部的意见》《关于加强农村、企业、机关党建工作的实施意见》等区委重要文件900余篇；编辑印发《市中通讯》《市中工作》《参考信息》等200余期。

围绕重点项目拆迁、楼宇经济、特色园（街）区建设、工作推进体系、违法违章防控等重点工作、重要事项和重点环节，开展综合调研。结合各阶段重大工作部署，对牵动全局的关键点、区委领导的关注点和社会矛盾的突出点进行调查研究。先后组织专项调研70余次，撰写调研报告170余篇，一批有情况、有分析、有措施的高质量调研报告被《山东通讯》、市委《决策参考》全篇刊发。同时，广泛搜集整理杭州、南京、广州等先进城区在重点领域改革、产业园区、楼宇经济、城中村改造、招商引资、城市管理、社会管理等方面的先进经验，外出学习考察借鉴，开阔视野、拓宽思维，结合市中区实际，将其转化为推动全区发展的工作举措。

第二节　保密工作

1991年，建立健全保密工作责任制，将保密工作列入党委议事日程，纳入全区全方位目标考核内容。1992年，制订《二五普法期间保密法制宣传教育规划》，对党政领导干部、重点部门进行保密宣传教育。对区五大班子、机关定密工作情况进行调查摸底，全区有定密单位20个。1993年，对驻区90个印刷、复印行业进行保密注册登记，颁发“注册备案证”。1994—1996年，对25名副区级以上领导干部进行保密自查，对党政机关通信和办公自动化设备使用情况进行保密检查，对市中区国家秘密载体定点复制单位进行复查，取得合格证书。1997年，组织全区200余人参加全区保密知识竞赛。制订《三五普法期间保密法制宣传教育规划》，印发《出国人员100问》《保密工作三项制度》300余份。在济南市内部刊物发表文章3篇，举办涉密人员学习班3期，播放保密宣传录像20场次。

1998—1999年，制定全区保密工作任务，先后修改制定《区级领导干部保密制度》《市中区保密工作若干规定》《办公室保密守则》等3项规章制度，依照国家秘密范围规定，对重点要害部门进行定密工作。2001—2003年，参与开展计算机信息、保密要害部位、国家秘密载体管理、领导重要活动、重要会议、国际国内政治敏感期、节假日、中考、高考、商业秘密保护、涉密人员教育管理等项保密监督检查，对监督检查中发现的问题及时解决。2004年，推广应用计算机信息保密技术和防范设备，强化对计算机信息的保密管理。下发《党政干部保密工作责任制实施办法》，进一步规范定点复制、定密制度、涉密检查等各项保密制度。编印《保密法律法规文件汇编》《保密工作手册》。组织涉密单位进行培训，加大对定密职责、检查、管理等方面的培训力度。组织参与全省保密知识竞赛和《纪念〈保密法〉实施15周年——信息化网络化时代的保密工作》宣传展览活动。全区共收到有效答卷近3000份。2005年，强化对涉密网络、涉密计算机的保密管理，对各类涉密载体的使用、复制、保存、销毁等环节，制定并执行登记、清点、签收、移交等管理制度。开展“四五”保密法制宣传教育活动。做好新录用国家公务员上岗前的保密教育工作。

2006年，加强涉密文件管理和检查，全年清退文件2万余份，全部由市公文监销站统一销毁。保密要害部门全部配备碎纸机，对于废旧公文一律使用碎纸机粉碎。重点对法院、检察院、政法委等10个保密要害部门进行检查。对区属单位的16个政府网站中涉及政治、军事、国家安全等方面内容进行上网检查，检查信息2630余条。举办全区保密人员培训班，培训全区各党工委和重点涉密单位的领导干部和保密人员70余名。发放《市中区保密工作手册》500余册。

第三节　信访工作

1991年，市中区信访办公室属区委、区政府合设机构。全年受理来信、来访2281起，处结2269起。1993年7月，开通区长公开电话。1994年，回民小区部分居民多次到省、市上访，反映回迁问题，区领导及时出面解决，给群众以满意答复。1993—1995年，七贤镇所属文庄、七贤庄、土屋群众多次越级上访，区委书记董承铭及分管领导多次接访，进行劝阻疏导。对群众集中反映的基层干部作风、政务不公开等问题，进行研究和处理，并在七贤镇组织实施“聚民心、正民风、促民富”工程。

1995年8月，区信访办公室更名为区信访局。1996年，信访局划归区委办公室主管。1999年，区信访局在阅信、报批的前提下，将转办、督办、回复等办信过程逐步探索形成办信“三见面”做法：同承办单位领导见面，落实办理责任；同承办人见面，掌握案件处理的进展过程；同写信人见面，落实答复回访，树立诚信形象。2001年，山东省在市中区召开全省办信工作现场会，并在全国第五

2001年4月27日，全省办信工作现场经验交流会在市中区召开（区信访办提供）

次信访工作会议上将办信“三见面”的经验作书面交流。2004年，办信“三见面”做法被山东省确定为信访工作的一项制度，区委、区政府被评为全省信访工作先进单位。同年，市中区建立处理信访突出问题及群众性事件联席会议制度。2005年，增设信访督查科。认真宣传《信访条例》。3月，全区召开学习宣传新条例动员大会，印发《信访条例》学习资料1000册，并统一购置和印制各类宣传材料1万余份，分发给基层单位、向群众散发或进行张贴。5月，区信访局在互联网上开通市中区信访网站，设立便民信箱，通过网络受理群众诉求，拓宽信访渠道。2006年，建立信访一案一袋管理制度，8月，济南市信访工作会议向全市推广该制度。

1991—2006年市中区群众来信来访情况表

表12-10

年份	全区信访总数（件）	处结数（件）	区信访局受理（件）	处结数（件）	受理人民来信（件）	群众来访				受理公开电话投诉（起）
						批	人	集体访		
								批	人	
1991	2281	2269	494	487	352	142	252	6	76	—
1992	2798	2788	433	431	306	127	476	19	302	—
1993	3037	3026	406	398	290	116	561	27	1271	—
1994	2807	2743	321	313	145	176	1556	24	1392	116
1995	2961	2930	269	264	119	150	1286	37	1156	115
1996	1301	1291	257	249	136	132	661	19	515	153
1997	1840	1827	243	243	126	117	682	20	766	600
1998	2274	2232	422	416	201	221	1000	43	491	340
1999	1533	1527	301	294	165	136	917	28	667	310
2000	907	901	301	300	185	116	1423	42	983	101
2001	2149	2125	305	302	210	95	683	29	564	121
2002	927	915	337	334	235	102	1662	59	1586	119
2003	1341	1339	287	285	234	53	1297	28	1242	108
2004	1488	1470	362	349	264	98	1123	39	982	104
2005	1546	1528	339	333	302	37	291	16	234	93
2006	1417	1395	341	335	263	78	727	26	802	86

第九章　党史工作与党校教育

第一节　党史工作

1989年，区委党史办通过查阅档案，摘抄资料，搜集各类文件依据等，出版发行《中国共产党山东省济南市市中区组织史资料（1948.10—1987.11）》。该书收录了1948年10月中共市中区党组织建立至1987年11月1日中共第十三次全国代表大会闭幕期间（含1948年10月至1950年12月的济南市第四、五、六、九区和1951年1月至1955年9月的济南市第三、五区及1955年9月至1956年7月的济南市泺源区），中共市中区党组织、政权、地方武装、政协、群众团体等系统的组织机构沿革和领导人名录。1991年，征集、整理中共市中党史大事记资料，1992年完成《中共市中党史大事记（1948.9—1989.12）》初稿。经多次会审、修改，于1997年6月出版发行。该书收录自1948年9月济南解放至1989年12月中共市中党史大事702条。全书含序言、凡例、概述及全国解放战争时期、基本完成社会主义改造时期、开始全面建设社会主义时期、“文化大革命”时期、社会主义现代化建设新时期的5个阶段的记述。2003年，通过查阅档案、文件资料等完成《中国共产党山东省济南市市中区组织史资料（第二卷）》（1987.11—2003.12）初稿。该资料记述1987年11月至2003年12月期间，中共市中区党组织及政权、政协、军事、群众团体、驻区有关单位的组织机构沿革和领导人名录。2006年，按照上级部署，组织开展“市中区抗战时期人口伤亡和财产损失”课题研究，完成内部资料《山东省济南市市中区抗战时期人口伤亡和财产损失课题调研资料汇编》。

至2006年，区委党史办多次利用重大节日、纪念日，举办各类图片展、书画展和党史征文等，并以多种形式推动党史宣传教育进社区、进机关、进学校，多层次、广角度营造学习党史、宣传党史的社会氛围。

第二节　党校教育

一、党员干部培训

区委党校贯彻党的路线、方针、政策，适应经济体制和政治体制改革形势的发展要求，发挥党校“轮训和培训党员领导干部，培训党的理论队伍，学习研究马克思主义、毛泽东思想、邓小平理论的重要阵地”作用，区委党校每年开展对领导干部的培训工作。轮训局级党员领导干部和基层党支部书记，学制1个月；中青年党员干部培训班，学制一般不少于3个；根据工作实际，不定期举办研讨班、入党积极分子培训班等。主要开展对党员干部邓小平理论教育；人生观、价值观、世界观的教育；社会主义市场经济理论教育；党纪、政纪的教育；法律知识教育。

1991年，在全区党员中开展“学党章、正党风”活动，结合机关“思想、作风、纪律”三整顿，对党员进行廉洁勤政教育。1991—1995年，开展对邓小平理论、市场经济理论、江泽民等中央领导一系列重要讲话培训学习。1995年7月，区委党校兼办市中区行政干部学校。根据推行国家公务员制度的需要，完成4期1800名公务员过渡培训工作。针对公务员不同的职责岗位和工作性质，组织5个班次11期国家公务员岗位培训，参训546人次。

2001—2003年，先后举办中青年干部培训班，村居党支部书记（主任）培训班，培训党员基层干部2500余人。在集中党课教育中，引导模范人物、教师骨干撰写教材，精选青桐山村党支部等5个典型单位事迹编入党课教材，用基层党员生动鲜活的事迹教育党员干部。2004年，全区党员教育开展以树立和落实科学发展观为核心内容的形势任务主题教育活动。按照中央关于党校教学改革的要求，确立教研立校战略。坚持用“三个代表”重要思想及胡锦涛提出的一系列思想、观点教育干部。建立和完善以“三基本”（马列主义基本问题、毛泽东思想基本问题、邓小平理论基本问题）、“五当代”（当代世界经济、当代世界科技、当代世界法制、当代世界军事和中国国防、当代世界思潮）为主要内容的教学新布局，贯彻落实“大规模培训干部，大幅度提高干部队伍素质”的要求，坚持“精、深、实、新”的教学原则和“加强理论武装、开阔世界眼光、培养战略思维、增强党性修养”的总体要求，推行研究式教学，提高教学质量。2005年，举办全区党政“一把手”培训班、市中区第六期中青年干部培训班、中共十六届五中全会精神专题培训班。2006年，开展“三个代表”重要思想和中共十六大之后党中央提出的一系列重大战略思想学习培训工作。

二、学历教育

1994年，区委党校开设省委、市委党校举办的以党员干部为主要对象，与党校职能相适应的业余学历班教育，开设经济管理、法律、行政管理、文秘、农业经济管理5个专业。1995年6月，经中共山东省委组织部批准，区委党校定为中专体制。1999年8月，区委党校与济南科技成人中专合并。2000年8月，建立与中央党校远程教学联网的C级站。2001年，实现宽带网连接。2003年，完成校园网建设，实现远程教学网和校园局域网2种信息资源共享，实行多媒体课件教学。至2006年，有4300余名学员取得党校学历。

三、理论研究

1991—2006年，党校教师撰写理论文章200篇。其中，在国家级刊物发表39篇，省级刊物发表62篇，在市级研讨会获奖34篇。其中，《关于东泺马村综合情况的调研报告》《关于市中区街企业改制后的思考》《关于对市中区发展高新技术产业的调查及对策建议的报告》等13篇调研报告，引起区委、区政府的高度重视。

第十三篇　地方人民代表大会

1989 年，区十二届人大代表换届，选举代表 209 人；第一次会议选举人大常委会主任、副主任、委员，并进行区人民政府、区法院及区检察院换届选举。至 2006 年，共进行 4 次换届选举工作。每届人大常委会通过听取审议“一府两院”工作汇报和开展视察、调查、执法检查等方式，对“一府两院”实施工作监督。加强对财政、依法治区和经济社会各项事业的监督，每年听取审议区政府关于财政预算执行和其他收支情况的审计报告，审查批准财政预决算，先后作出决议决定 135 项，任免干部 903 人。组织人大代表开展视察、调查、检查，提出建议、批评、意见 4000 余件。

第一章　人大代表

第一节　代表选举

一、区十二届人大代表换届选举

1989 年，举行区十二届人大代表换届选举。全区划分 138 个选区，总人口 200385 人，登记选民 192790 人，投票选民 187006 人，参选率 97%。选出区人大代表 209 名。代表结构：工人代表 69 名，占 33%；农民代表 6 名，占 2.9%；干部代表 48 名，占 23%；知识分子代表 32 名，占 15.3%；解放军代表 13 名，占 6.2%；其他代表 41 名占 19.6%。代表中中共党员代表 117 名，占 56%；妇女代表 63 名，占 30%；少数民族代表 17 名，占 8%。

二、区十三届人大代表换届选举

1992 年，举行区十三届人大代表换届选举。全区划分 138 个选区，总人口 329320 人，登记选民 205445 人，投票选民 202127 人，参选率 98.4%。选出区人大代表 210 名。代表结构：工人代表 79 名，占 37.6%；农民代表 8 名，占 3.8%；干部代表 44 名，占 21%；知识分子代表 38 名，占 18.1%；解放军代表 12 名，占 5.7%；其他代表 29 名，占 13.8%。代表中中共党员代表 127 名，占 60.5%；妇女代表 64 名，占 30.5%；少数民族代表 13 名，占 6.2%。

三、区十四届人大代表换届选举

1997 年，举行区十四届人大代表换届选举。全区划分 126 个选区，总人口 365790 人，18 周岁以上的 222184 人，剥夺权利、暂停行使权利和无法行使权利 273 人，登记选民 221860 人，投票选民 218686 人，参选率 98.5%。选出区人大代表 194 名。政治状况：中共党员 141 名，占 72.7%；民主党派 5 名，占 2.6%；非党群众 48 名，占 24.7%。年龄结构：35 岁以下 15 名，占 7.7%；36 ~ 55 岁 153 名，占 78.9%；56 ~ 60 岁 21 名，占 10.8%；61 岁以上 5 名，占 2.6%。文化结构：大专以上文化程度 121 名，占 62.4%；中专及高中 51 名，占 26.3%；初中 17 名，占 8.8%；小学 5 名，占 2.5%。性别结构：男性 133 名，占 68.6%；女性 61 名，占 31.4%。民族结构：汉族 183 名，占 94.3%；少数民族 11 名，占 5.7%。代表结构：工人代表 42 名，占 21.6%；农民代表 17 名，占 8.9%；干部代表 49 名，占 25.3%；知识分子代表 29 名，占 14.9%；解放军代表 3 名，占 1.5%；其他代表 54 名，占 27.8%。上届代表保留 57 名，占

29.4%。

四、区十五届人大代表换届选举

2002年，举行区十五届人大代表换届选举。全区划分127个选区，总人口51万人，剥夺权利、暂停行使权利和无法行使权利1121人，登记选民324843人，投票选民319705人，参选率98.4%。提名推荐初步候选人794人，正式候选人346人，差额率58%。选出区人大代表219名。政治状况：中共党员166名，占75.8%；共青团员2名，占0.9%；民主党派4名，占1.8%；非党群众47名，占21.5%。年龄结构：35岁以下21名，占9.6%；36～55岁180名，占82.2%；56～60岁14名，占6.4%；61岁以上4名，占1.8%。文化结构：大专以上文化程度172名，占78.5%；中专及高中37名，占16.9%；初中10名，占4.6%。性别结构：男性163名，占74.4%；女性56名，占25.6%。民族结构：汉族208名，占95%；少数民族11名，占5%。代表结构：工农115名，占52.5%；干部50名，占22.8%；知识分子34名，占15.5%；解放军3名，占1.4%；其他17名，占7.8%。上届代表保留54名，占24.7%。

第二节　代表活动

每届区人大常委会组织代表认真学习《中华人民共和国宪法》《中华人民共和国地方各级人民代表大会和地方各级人民政府组织法》《中华人民共和国全国人民代表大会和地方各级人民代表大会代表法》等法律法规和代表工作的有关知识。组织代表参加视察、调查和检查活动，推荐代表参与环境建设、行风评议、庭审观摩、立法听证等活动。

1990年起，区十二届人大常委会在代表中开展以“法制学习宣传好、联系选民好、坚持活动制度好、参政议政好”为主题的代表“四好”活动，组织代表视察、检查及调查12次，视察、检查、调查单位485个。3年共开展视察、调查、检查75次，涉及1200多个单位。1993年起，区十三届人大常委会开展“四好”活动、为振兴市中献计献策活动和为民办实事活动；组织代表开展视察、调查、检查500余次。1999年起，区十四届人大常委会开展以“法制学习宣传好，联系选民办事好，坚持制度活动好，履行职务效果好”为主要内容的“争先创优”活动，评选出先进代表组5个，优秀代表39名。2001年起，组织开展代表向选民述职活动，密切代表与选民的联系。2003年起，区十五届人大常委会在代表中开展以“实践三个代表，人大代表当模范”为主题的、为建设“富强文明、环境优美”的新市中献良策办实事活动，共提出意见建议200余条，为群众办实事办好事300余件；开展“构建和谐社会，人大代表进社区调研”活动，形成调查报告

人民公仆表彰大会（1998年摄　区人大提供）

19篇，提出意见建议35条；继续开展代表向选民述职活动，共有210名人大代表向选民进行述职，1万余名选民参加对人大代表的评议，选民对代表的满意率达97%。同时，根据上级人大部署，组织驻区省、市人大代表开展“双联系”活动和人代会会前视察活动，为省、市人大代表活动提供服务和保障。1991—2006年，全区共开展代表学习培训活动8次，工作评议7次，表彰优秀人大代表291人次。

第二章　历届代表大会

第一节　区十二届人民代表大会

一、第二次会议

1991年3月19—23日，在济南大厦礼堂召开。应到代表208名，出席代表189名，缺席19名。会议听取审议区长王翰科作的政府工作报告、区经计委主任刘云明作的1991年市中区国民经济和社会发展计划（草案）的报告、区财政局局长李玉生作的1990年市中区财政预算执行情况和1991年财政预算（草案）的报告、区人大常委会主任吴乃田作的区人大常委会工作报告、区法院院长徐式洪作的区人民法院工作报告、区检察院检察长赵正湖作的区人民检察院工作报告。会议通过上述报告，并分别作出相应决议。会议审议并原则批准市中区“八五”计划纲要。会议听取区公安分局局长杨智臣关于社会治安情况的汇报。会议收到代表提出的议案8件，经议案审查委员会审查，均作为代表的重要建议、意见处理；收到代表书面提出的建议、批评和意见121件。

二、第三次会议

1992年4月1—4日，在济南大厦礼堂召开。应到代表206名，出席代表192名，缺席14名。会议选举王长和等44人组成大会主席团，王国辉为秘书长。会议听取审议区长王翰科作的政府工作报告、区经计委主任刘云明作的区1992年国民经济和社会发展计划（草案）的报告、区财政局局长李玉生作的区1991年财政预算执行情况和1992年财政预算（草案）的报告、区人大常委会主任吴乃田作的区人大常委会工作报告、区法院院长徐式洪作的区人民法院工作报告、区检察院检察长赵正湖作的区人民检察院工作报告。会议通过上述报告，并分别作出相应决议。会议听取区公安分局局长杨智臣关于社会治安情况的汇报。会议收到代表提出的议案5件，经议案审查委员会审查，均作为代表的重要建议、意见处理；收到代表书面提出的建议、批评和意见76件。

第二节　区十三届人民代表大会

一、第一次会议

1993年1月10—14日，在济南大厦礼堂召开。会议应到代表210名，出席代表203名，缺席7名。会议选举于振江等44人组成大会主席团，鲍延伸为秘书长。会议听取审议代区长陈亚建作的政府工作报告、区经计委主任刘云明作的区1992年国民经济和社会发展计划（草案）的报告、区财政局局长李玉生作的区1991年财政预算执行情况和1992年财政预算（草案）的报告、区人大常委会主任吴乃田作的区人大常委会工作报告、区法院院长徐式洪作的区人民法院工作报告、区检察院检察长赵正湖作的区人民检察院工作报告。会议通过上述报告，并分别作出相应的决议。会议听取区公安分局局长刘文逵关于当前社会治安情况的汇报。会议收到代表所提出的议案12件，经议案审查委员会审查，均作为代表的重要建议、意见处理；收到代表书面提出的建议、批评和意见70件。

会议选举产生由19人组成的区十三届人大常委会，选举人大常委会主任、副主任，政府区长、副区长，法院院长，检察院检察长；选举出席济南市十一届人民代表大会代表64人。

二、第二次会议

1994年3月16—19日，在济南大厦礼堂召开。应到代表209名，出席代表198名，缺席11名。会议听取审议区长陈亚建作的政府工作报告、区经计委主任荣光作的区1993年国民经济和社会发展计划执行情况及1994年安排意见（草案）的报告、区财政局局长王学恩作的区1993年财政预算执行情况和1994年财政预算（草案）的报告、区人大常委会主任王翰科作的区人大常委会工作报告、区法院院长袁敬海作的区人民法院工作报告、区检察院检察长张福荣作的区人民检察院工作报告。会议通过上述报告，并分别作出相应决议。会议听取区公安分局局长刘文逵关于当前社会治安情况的汇报。补选刘云明为区十三届人大常委会委员。会议收到代表提出的议案3件，经议案审查委员会审查，均作为代表的重要建议、意见处理；收到代表书面提出的建议、批评和意见46件。

三、第三次会议

1995年3月8—11日，在济南大厦礼堂召开。应到代表207名，出席代表195名，缺席12名。会议选举于振江等43人组成大会主席团，鲍延伸为秘书长。会议听取审议代区长王兆永作的政府工作报告、区经计委主任荣光作的区1994年国民经济和社会发展计划执行情况及1995年安排意见（草案）的报告、区财政局局长王学恩作的区1994年财政决算及1995年财政预算（草案）的报告、区人大常委会主任王翰科作的区人大常委会工作报告、区法院院长袁敬海作的区人民法院工作报告、区检察院检察长张福荣作的区人民检察院工作报告。会议通过上述报告，并分别作出相应决议。会议听取区公安分局局长刘文逵关于当前社会治安情况的汇报。选举王兆永为区政府区长。会议收到代表提出的议案8件，其中“进一步加强居民小区管理”和“推行垃圾袋装化”2件，经议案审查委员会审查，作为大会议案列入大会议程，其余均作为代表的重要建议、意见处理；收到代表书面提出的建议、批评和意见60件。

四、第四次会议

1996年3月12—15日，在济南大厦礼堂召开。应到代表209名，出席代表203名，缺席6名。会议选举产生41人组成的大会主席团。会议听取审议区长王兆永作的关于市中区国民经济和社会发展第九个五年计划及2010年远景目标纲要的报告、区经计委主任荣光作的区1995年国民经济和社会发展计划执行情况及1996年安排意见（草案）的报告、区财政局局长杨杰作的区1995年财政决算执行情况及1996年财政预算（草案）的报告、区人大常委会主任王翰科作的区人大常委会工作报告、区法院院长袁敬海作的区人民法院院工作报告、区检察院检察长张福荣作的区人民检察院工作报告。会议通过上述报告，并分别作出相应的决议。补选王长和、汪人鹏、刘同毅为区人大常委会副主任，刘西安为区政府副区长。大会收到代表提出的议案5件，经议案审查委员会审查，均作为代表重要建议意见处理；收到代表书面提出的建议、批评和意见40件。

五、第五次会议

1997年4月8—11日，在济南大厦礼堂召开。会议应到代表207名，出席代表191名，缺席16名。会议选举产生39人组成的大会主席团。会议听取审议代区长邹世平作的政府工作报告、区经计委主任荣光作的区1996年国民经济和社会发展计划执行情况及1997年国民经济和社会发展计划（草案）的报告、区财政局局长杨杰作的区1996年财政决算执行情况及1997年财政预算（草案）的报告、区人大常委会主任王翰科作的区人大常委会工作报告、区法院院长袁敬海作的区人民法院工作报告、区检察院代检察长王建作的区人民检察院工作报告。会议通过上述报告，并分别作出相应决议。选举邹世平为区政府区长，王建为区检察院检察长。大会收到代表提出的议案3件，经议案审查委员会审查，均作为代表重要建议意见处理；收到代表书面提出的建议、批评和意见35件。

第三节　区十四届人民代表大会

一、第一次会议

1998年1月13—18日，在济南大厦礼堂召开。会议应到代表194名，出席代表192名，缺席2名。会议选举产生由于界平等46人组成的大会主席团，选举王长和为秘书长。会议听取审议代区长赵文朝作的政府工作报告、区经计委主任宋汝海作的区1997年国民经济和社会发展计划执行情况及1998年国民经济和社会发展计划（草案）的报告、区财政局局长杨杰作的区1997年财政决算执行情况及1998年财政预算（草案）的报告、区人大常委会主任王翰科作的区人大常委会工作报告、区法院代院长胡庆德作的区人民法院工作报告、区检察院检察长王建作的区人民检察院工作报告。会议通过上述报告，并分别作出相应决议。大会收到代表提出的议案5件，经议案审查委员会审查，均作为代表重要建议和意见处理；收到代表书面提出的建议、批评和意见14件。

会议选举产生由19人组成的区十四届人大常委会，选举人大常委会主任、副主任，政府区长、副区长，法院院长、检察院检察长；选举出席济南市十二届人民代表大会代表55人。

二、第二次会议

1999年3月9—13日，在济南大厦礼堂召开。应到代表193名，出席代表181名，缺席12名。会议选举丁援朝等46人组成大会主席团，王长和为秘书长。会议听取审议区长赵文朝所作的政府工作报告、区经计委主任宋汝海作的区1998年国民经济和社会发展计划执行情况及1999年安排意见（草案）的报告、区财政局局长杨杰作的区1998年财政预算执行情况及1999年财政预算（草案）的报告、区人大常委会主任张志远作的区人大常委会工作报告、区法院院长胡庆德作的区人民法院工作报告、区检察院检察长王建作的区人民检察院工作报告。会议通过上述报告，并分别作出相应决议。选举孙玉林为区人大常委会副主任，潘训元为区人大常委会委员。

三、第三次会议

2000年3月14—18日，在济南大厦礼堂召开。应到代表215名，出席代表199名，缺席代表16名。会议选举丁援朝等42人组成大会主席团，王长和为秘书长。会议听取审议代区长齐建中作的政府工作报告、区经计委主任宋汝海作的区1999年国民经济和社会发展计划执行情况及2000年计划（草案）的报告、区财政局局长杨杰作的区1999年财政预算执行情况及2000年财政预算（草案）的报告、区人大常委会主任张志远作的区人大常委会工作报告、区法院院长胡庆德作的区人民法院工作报告、区检察院检察长王建作的区人民检察院工作报告。会议通过上述报告，并分别作出相应决议。选举齐建中为区人民政府区长，金正君为区人大常委会委员。

四、第四次会议

2001年3月1—5日，在济南大厦礼堂召开。应到代表215名，出席代表195名，缺席代表20名。会议选举丁援朝等38人组成大会主席团，王长和为秘书长。会议听取审议代区长于界平作的区国民经济和社会发展第十个五年计划纲要的报告、区经计委主任宋汝海作的区2000年国民经济和社会发展计划执行情况及2001年计划（草案）的报告、区财政局局长杨杰作的区2000年财政预算执行情况及2001年财政预算（草案）的报告、区人大常委会主任张志远作的区人大常委会工作报告、区法院代院长解雅洁作的区人民法院工作报告、区检察院检察长王建作的区人民检察院工作报告。会议通过上述报告，并分别作出相应决议。选举张成铭、崔学莉为区人大常委会副主任，于界平为区人民政府区长，解雅洁为区人民法院院长。

五、第五次会议

2002年3月12—16日，在济南大厦礼堂召开。应到代表217名，出席代表192名，缺席代表25名。会议选举丁援朝等33人组成大会主席团，王长和为秘书长。会议听取审议区长于界平作的政府工作报告、区经计局局长宋汝海作的区2001年国民经济和社会发展计划执行情况及2002年计划（草案）的报告、区财政局局长杨杰作的区2001年财政预算执行情况及2002年财政预算（草案）的报告、区人大常委会副主任王长和作的区人大常委会工作报告、区法院院长解雅洁作的区人民法院工作报告、区检察院代检察长于联军作的区人民检察院工作报告。会议通过上述报告，并分别作出相应决议。选举于联军为区人民检察院检察长。

第四节　区十五届人民代表大会

一、第一次会议

2003年1月16—20日，在济南大厦礼堂召开。应到代表219名，出席代表210名，缺席代表9名。会议选举由丁援朝等47人组成大会主席团，张成铭为秘书长。会议听取审议区长于界平作的政府工作报告、区经计局局长宋汝海作的区2002年国民经济和社会发展计划执行情况及2003年计划（草案）的报告、区财政局局长杨杰作的区2002年财政决算执行情况及2003年财政预算（草案）的报告、区人大常委会副主任王长和作的区人大常委会工作报告、区法院院长解雅洁作的区人民法院工作报告、区检察院检察长于联军作的区人民检察院工作报告。会议通过上述报告，并分别作出相应决议。

会议选举产生由18人组成的区十五届人大常委会，选举人大常委会主任、副主任，政府区长、副区长，法院院长、检察院检察长；选举出席济南市十三届人民代表大会代表 57 人。

二、第二次会议

2004 年 1 月 10—12 日，在济南大厦礼堂召开。应到代表 219 名，出席代表 208 名，缺席 11 名。会议选举丁援朝等 44 人组成大会主席团，张成铭为秘书长。会议听取审议区长于界平作的政府工作报告、区经计局局长董德海作的区 2003 年国民经济和社会发展计划执行情况及 2004 年计划（草案）的报告、区财政局局长杨杰作的区 2003 年财政预算执行情况及 2004 年财政预算（草案）的报告、区人大常委会主任李聚春作的区人大常委会工作报告、区法院院长解雅洁作的区人民法院工作报告、区检察院检察长于联军作的区人民检察院工作报告。会议通过上述报告，并分别作出相应决议。

三、第三次会议

2005 年 1 月 12—14 日，在济南大厦礼堂召开。应到代表 217 名，出席代表 198 名，缺席 19 名。会议选举丁援朝等 44 人组成大会主席团，张成铭为秘书长。会议听取审议区长于界平作的政府工作报告、区经计局局长董德海作的区 2004 年国民经济和社会发展计划执行情况及 2005 年计划（草案）的报告、区财政局局长杨杰作的区 2004 年财政预算执行情况及 2005 年财政预算（草案）的报告、区人大常委会主任李聚春作的区人大常委会工作报告、区法院院长解雅洁作的区人民法院工作报告、区检察院检察长于联军作的区人民检察院工作报告。会议通过上述报告，并分别作出相应决议。

四、第四次会议

2006 年 1 月 18—20 日，在济南大厦礼堂召开。应到代表 215 名，出席代表 190 名，缺席 25 名。会议选举丁援朝等 45 人组成大会主席团，张成铭为秘书长。会议听取审议区长于界平作的区国民经济和社会发展第十一个五年规划纲要的报告、审议区经计局关于区 2005 年国民经济和社会发展计划执行情况及 2006 年计划（草案）的报告、区财政局关于区 2005 年财政预算执行情况及 2006 年财政预算（草案）的报告、区人大常委会主任李聚春作的区人大常委会工作报告、区法院院长解雅洁作的区人民法院工作报告、区检察院检察长于联军作的区人民检察院工作报告。会议通过上述报告，并分别作出相应决议。

市中区出席济南市第十一至十三届人民代表大会代表情况表

表 13-1　　　　单位：人

界　别	代表人数	代表构成				其　中			
		知识分子	工农	干部	其他	中共党员	妇女	少数民族	大专以上
第十一届	64	23	14	20	7	45	12	4	33
第十二届	55	12	10	21	12	46	10	3	38
第十三届	57	11	18	24	4	48	12	2	53

第三章 人大常委会

第一节 区十二届人大常委会

第十二届人大常委会于1990年1月选举产生，1993年1月任期届满。有主任1人，副主任5人，委员13人。区人大十二届常委会召开主任会议83次、常委会会议23次，听取"一府两院"汇报70项，其中听取审议经济工作42项，占全部审议工作的60%。主要是经济、财政、城建、环保、教育、科技、文化、卫生、民族宗教、住房保障、廉政建设等方面工作，以及《中华人民共和国土地管理法》《中华人民共和国档案法》《中华人民共和国经济合同法》《中华人民共和国矿产资源法》等法律法规的贯彻实施情况。作出决议、决定30余项。依法任免区政府、法院、检察院工作人员229人。

第二节 区十三届人大常委会

第十三届人大常委会于1993年1月选举产生，1998年1月任期届满。有主任1人，副主任6人，委员12人。区人大十三届常委会主任举行会议168次、常委会会议43次，听取"一府两院"汇报51项，其中对58部重要法律法规执行情况进行审议。听取和审议区政府、法院、检察院的专项工作报告58项。主要是经济、财政、税收、审计、城建、环保、教育、计划生育、民族宗教、廉政建设等方面工作，以及《中华人民共和国环境保护法》《中华人民共和国教师法》《中华人民共和国审计法》《中华人民共和国残疾人保障法》《中华人民共和国法官法》《中华人民共和国检察官法》《中华人民共和国警察法》等法律法规的贯彻实施情况。作出决议、决定30项。依法任免区政府、法院、检察院工作人员229人。

第三节 区十四届人大常委会

第十四届人大常委会于1998年1月选举产生，2003年1月任期届满。有主任1人，副主任10人，委员13人。区人大十四届常委会召开主任会议215次、常委会会议42次，听取"一府两院"汇报120余项。主要是经济、财政、城建、外经外贸、计划生育、行政审判、社会治安等方面工作，以及《中华人民共和国人民防空法》《中华人民共和国食品卫生法》《中华人民共和国律师法》《中华人民共和国促进科技成果转化法》等法律法规的贯彻实施情况。作出决议、决定58项。依法任免区政府、法院、检察院工作人员283人。

第四节 区十五届人大常委会

第十五届人大常委会于2003年1月选举产生，有主任1人，副主任6人，委员11人。至2006年年底，区人大十五届常委会召开主任会议116次、常委会会议30次，听取和审议区政府、法院、检察院的专项工作报告80项。主要是经济、财政、环卫绿化、城管执法、计划生育、民族宗教、社会治安、环境建设等方面工作，以及《中华人民共和国行政许可法》《中华人民共和国工会法》《中华人民共和国政府采购法》《山东省宗教事务管理条例》等法律法规的贯彻实施情况。作出决议、决定27项。依法任免区政府、法院、检察院工作人员162人。

市中区第十二至十五届人大常委会领导任职情况表

表13-2

届　次	职　务	姓　名	任　期
第十二届	主　任	吴乃田	1990.3—1993.1
	副主任	鲍延伸	1990.3—1993.1
	副主任	王国辉	1990.3—1993.1
	副主任	徐莉蕾（女）	1990.3—1993.1
	副主任	李玉泉	1990.3—1993.1
	副主任	宫成早	1990.3—1993.1
第十三届	主　任	王翰科	1993.1—1998.1
	副主任	鲍延伸	1993.1—1998.1
	副主任	徐莉蕾（女）	1993.1—1998.1
	副主任	赵静懿（女）	1993.1—1998.1
	副主任	徐式洪	1993.1—1998.1
	副主任	于振江	1993.1—1998.1
	副主任	刘昌新	1993.1—1998.1
	副主任	王长和	1996.3—1998.1
	副主任	汪人鹏	1996.3—1998.1
	副主任	刘同毅	1996.3—1998.1
第十四届	主　任	张志远	1998.1—2003.1
	副主任	王长和	1998.1—2003.1
	副主任	徐莉蕾（女）	1998.1—2003.1
	副主任	赵静懿（女）	1998.1—2003.1
	副主任	汪人鹏	1998.1—2003.1
	副主任	刘同毅	1998.1—2001.1
	副主任	张　忠	1998.1—2003.1
	副主任	王子秀	1998.1—1998.4
	副主任	孙玉林	1999.3—2003.1

续表 13-2

届 次	职 务	姓 名	任 期
第十四届	副主任	张成铭	2001.3—2003.1
	副主任	崔学莉（女）	2001.3—2003.1
第十五届	主 任	李聚春（女）	2003.1—
	副主任	张成铭	2003.1—
	副主任	崔学莉（女）	2003.1—
	副主任	陶连月	2003.1—
	副主任	左玉田	2003.1—
	副主任	佘洪深	2003.1—
	副主任	李 莹（女）	2003.1—

第五节 工作机构

1991 年，区十二届人大常委会下设办公室、人事代表工作处、法制工作处、教科文卫工作处、财政经济工作处、城镇建设工作处和信访工作处 7 个专门办事机构。至 2006 年，专门办事机构未变。

1995 年，各街道相继设立人大工作室，配备正处级人大工作室主任。2006 年，全区有街道人大工作室 13 个，镇人大工作室 2 个。

第四章 人大主要工作

第一节 审议决定重大事项

1991 年，区人大审议批准《济南市市中区“八五”科学技术发展计划纲要》，并作出相应决议；审议批准《济南市市中区第二个五年法制宣传教育规划》《济南市市中区 1991 年普法安排计划》，作出在全区公民中开展第二个五年法制宣传教育的决议。1993 年，作出《关于深入开展反腐败斗争加强廉政建设》的决议。

1994 年，区人大作出《关于对国家机关及其有关部门实行执法责任制的决定》。根据市人大统一部署，常委会作出《关于组织区人大代表评议政府部分职能部门工作的实施意见》的决议。1996 年，听取审议“三五”普法规划并作出相应的决议。审议批准《科教兴区实施方案》《“九五”科技发展计划纲要》，作出相应决议。

1998 年，区人大作出《继续深化和完善执法责任制的决定》，制定《关于实行个案监督的暂行办法》《部分案件备案制度的规定》

2项配套制度，促进各部门推行公示承诺制、错案和行政过错责任追究制及各种执法奖惩制度的建立和落实。2001年，作出《关于开展第四个五年法制宣传教育的决议》，要求“一府两院”认真抓好“三五”依法治区规划及“四五”普法规划的落实，组织和引导广大干部群众学法、用法、守法、护法。

2003年，作出《关于创新经济发展环境的决定》，动员全区各方面力量，关心环境建设，参与环境建设，为环境建设做贡献，推动环境创新工作深入开展。

2006年，区人大作出《在全区公民中开展第五个法制宣传教育的决议》《关于贯彻实施〈济南市市中区“四五”依法治区规划〉的决定》。

第二节　人事任免

1990年3月至1993年1月，任命区人大常委会机关工作人员5人，免职1人；决定任命区政府组成人员39人，免职14人；任命区法院审判人员27人，免职3人；任命区检察院检察人员7人，免职3人。

1993年1月至1998年1月，任命区人大常委会机关工作人员15人，免职9人；决定任命区政府组成人员62人，免职17人；任命区法院审判人员76人，免职18人；任命区检察院检察人员24人，免职1人。

1998年1月至2003年1月，任命区人大常委会机关工作人员15人，免职16人；决定任命区政府组成人员62人，免职17人；任命区法院审判人员89人，免职53人；任命区检察院检察人员33人，免职5人。

2003年1月至2006年年底，任命区人大常委会机关工作人员9人，免职10人；决定任命区政府组成人员46人，免职8人；任命区法院审判人员30人，免职19人；任命区检察院检察人员14人，免职2人。

1991—2006年区人大常委会议任命“一府两院”主要领导情况表

表13-3

届次	时间（年）	会议	姓名	职务
第十二届	1991	第10次	赵厚民 王　毅	副区长 副区长
	1992	第17次 第21次	陈亚建 陈亚建	副区长 代区长
第十三届	1995	第15次 第17次	王兆永 于界平 程运莲	副区长、代区长 副区长 副区长
	1996	第31次	李大伟	副区长
	1997	第33次	王　建 邹世平	代理检察长 副区长、代区长
	1998	第43次	胡庆德	副院长、代院长

续表 13-3

届次	时间（年）	会议	姓名	职务
第十四届	1999	第 11 次	蒋培育	副区长
	2000	第 17 次	齐建中 张忠泉	副区长、代区长 副区长
	2001	第 25 次	于界平 解雅洁 荣　光 韩宏伟	代区长 代院长 副区长 副区长
		第 28 次	王晓生	副区长
		第 29 次	于联军	代理检察长
		第 30 次	李储林	科技副区长
	2002	第 35 次	刘仁发	副区长
第十五届	2003	第 4 次	张　娟	副区长
		第 5 次	靳忠伟 李储林	外经贸副区长 科技副区长
	2004	第 12 次	史向民 王建璋	副区长 副区长
		第 14 次	吉　源	副区长
	2005	第 20 次	赵生山	副区长
		第 21 次	钱　城	副区长
	2006	第 29 次	苏维泉	副区长、代区长
		第 30 次	国承彦 梁英为	副区长 副区长

第三节　监督工作

一、工作监督

1991 年，对“质量、品种、效益年”活动、实施科教兴区等工作情况进行检查，加强对科技、教育等工作的监督。1992 年，重点加强经济、科技教育、城镇建设、社会服务、城市卫生等工作的监督和检查。1993 年，推进改革开放，加强对外向型企业的支持，听取房产管理、计划生育、税务及农村经济等工作情况汇报。1994 年，以经济建设为中心，听取审议经济工作 18 项，突出对企业改革、发展外向型经济和济微路商业街建设等热点难点的监督。1995 年，重点听取关于农村经济工作、第三产业发展、外经贸工作、体制改革等工作情况的汇报，并对教育改革、创建国家级卫生城、回民小区建设等工作进行审议。1996 年，加强对经济工作的动态监督，对深化经济和政治体制改革、推进“科教兴区”、物价、城市管理等42项议题进行审议。1997年，加强对宏观经济决策的监督，重点对推进各项改革的重要环节、社会普遍关注的热点难点问题进行监督。

1998年，围绕经济建设监督检查，提出抓好财源建设、加强对预算外资金管理、加快招商引资工作等建议，听取下岗职工再就业、文化市场监管等工作的汇报。1999年，对个体私营经济发展、外经外贸、农村经济、教育及社会养老保险专项经费使用情况、三产建设、城建管理、精神文明建设等工作进行视察检查，听取汇报，提出建议、意见90余条。2000年，把企业改革、市场建设、科教文化卫生、计划生育、社会保障、行政检查等工作作为重点，深入调研、听取汇报。2001年，听取审议专题工作汇报21项，围绕解放生产力、推动先进文化发展、维护和实现群众的根本利益，加强对经济及社会热点难点问题的监督。2002年，针对农业产业化调整、工业经济结构优化、招商引资、科教兴区、廉政建设等工作，强化对经济、财政、精神文明建设等监督，提出建议、意见160余条。

2003年，对重点经济工作、镇村经济、工业基地和市场建设、招商引资、社会稳定、防治“非典”等工作，开展视察、调查、检查，提出建议意见20余条。2004年，听取工业和农业发展、街巷整治、危房改造、防治禽流感、劳动就业、工商管理等工作汇报，提出相关建议意见。2005年，听取经济、财政及“十一五”规划纲要编制情况的汇报，对城乡社会保障等为民服务机制、城市建设及综合整治、支农惠农政策落实等工作实施监督。2006年，加强对三次产业发展、财源建设、税收征管等工作的监督，听取审议关于新农村示范村建设、新型农村合作医疗、创建国家环保模范城市、城市防汛、教育均衡发展等工作汇报。

二、法律监督

1991年，听取审议关于依法行政、经济审判工作情况的汇报和开展反贪污、贿赂斗争情况的汇报，对《中华人民共和国档案法》《中华人民共和国婚姻法》《中华人民共和国残疾人保障法》实施情况进行视察检查。1992年，加强对《中华人民共和国土地管理法》等法律法规贯彻执行情况的监督检查。1993年，听取审议“二五”普法第四年工作情况的汇报，听取审议《中华人民共和国土地管理法》《中华人民共和国残疾人保障法》《中华人民共和国环境保护法》等法律法规贯彻执行情况的汇报。1994年，以实行执法责任制为主线，强化法律监督，听取审议20个执法部门和法院、检察院落实执法责任制情况的汇报。听取审议关于《中华人民共和国教师法》《中华人民共和国矿产资源法》《文化市场管理条例》等实施情况的汇报，对《中华人民共和国工会法》《中华人民共和国环境保护法》等法律法规的实施情况进行视察检查。1995年，作出关于认真学习贯彻《中华人民共和国国家赔偿法》的决定。监督执法责任制的落实，听取汇报，表彰优秀执法工作者。对《中华人民共和国审计法》《济南市城市环境卫生管理办法》《人民防空条例》等法律法规的实施情况进行审议，对《中华人民共和国专利法》《中华人民共和国义务教育法》《中华人民共和国劳动法》等法律的执行情况进行视察调查。1996年，听取《中华人民共和国警察法》《中华人民共和国法官法》等6部法律法规贯彻执行情况的汇报，配合上级人大对《中华人民共和国教育法》《中华人民共和国未成年人权益保障法》等法律法规进行视察、检查，督促33个执法部门建立司法“错案”和行政执法“过错”责任追究制度。1997年，听取审议《中华人民共和国土地法》《中华人民共和国刑事诉讼法》等法律法规贯彻实施情况的汇报。加强法制宣传教育，深化和完善执法责任制，推行"错案"和"行政执法过错"责任追究制，对50名执法人员授予优秀执法工作者称号，对20余名出现过错和错案的执法人员进行处罚。

1998年，加强对"三五"普法工作的检查和监督。听取《中华人民共和国行政处罚法》《中华人民共和国食品卫生法》《中华人民共和国人民防空法》等7部法律法规贯彻实施情况的汇报，提出26条改进的意见和建议。对区政府43个执法部门和"两院"落实执法责任制情况进行监督检查。1999年，听取《中华人民共和国居委会组织法》《中华人民共和国环境保护法》《中华人民共和国促进成果转化法》《中华人民共和国统计法》等法律法规贯彻执行情况的汇报，配合上级有关部门对《中华人民共和国归侨侨眷权益保护法》《中华人民共和国农业法》等法律法规进行执法检查，提出加大普法学习宣传力度等20余条建议意见。2000年，加强对《济南市城市市容管理条例》《中华人民共和国教师法》《中华人民共和国村民委员会组织法》等6部法律法规贯彻执行情况的审议和检查，针对学习宣传、规范执法、队伍建设等提出建议意见20余条。推行执法责任制，作出关于认真组织学习和实施《济南市执法责任制条例》和《济南市执法违法责任追究办法》的决定，重新修订《执法责任制适用法律法规目录》。2001年，加强对执法责任制落实情况的监督检查，听取《中华人民共和国传染病防治法》《中华人民共和国体育法》《中华人民共和国行政复议法》等法律法规贯彻执情况的汇报，以及区法院关于刑事审判工作情况的汇报，提出建议意见30余条。2002年，听取区法院关于《中华人民共和国法官法》贯彻实施情况的汇报，对法制宣传教育、落实执法责任制进行监督检查，促进依法行政与公正司法。

2003年，听取关于"四五"普法和"三五"依法治区工作情况的汇报，加强对《中华人民共和国促进科技成果转化法》《中华人民共和国土地管理法》《中华人民共和国教育法》等7部法律法规贯彻执行情况的审议监督。2004年，听取关于《中华人民共和国传染病防治法》《中华人民共和国残疾人保障法》《中华人民共和国行政许可法》等6部法律法规贯彻实施情况的汇报，提出严格依法行政、规范执法、文明执法、公正执法等20多条建议意见。2005年，依法履行监督职能，加强对《中华人民共和国民办教育促进法》《中华人民共和国归侨侨眷权益保护法》《中华人民共和国红十字会法》等法律法规贯彻执行情况的监督检查，对工商管理、技术监督工作进行执法检查，提出改进执法建议和意见30余条。2006年，围绕经济和社会事业发展的关键问题，对《中华人民共和国台湾同胞投资保护法》《中华人民共和国工会法》《中华人民共和国政府采购法》等有关法律法规贯彻执行情况进行监督检查。加强对司法工作的监督，听取区法院关于执行工作、区检察院关于人民监督员实行工作情况的汇报。配合市人大进行《中华人民共和国义务教育法》《济南市养犬管理规定》等法律法规的立法调研，以及《山东省全民体育健身条例》的执法检查工作。

第四节　调研视察及建议

每年人代会后，常委会与区政府都联合召开代表建议交办会，提出办理要求，规定办结时间，落实承办单位。每年10月，听取审议区政府关于办理代表建议情况的汇报。人代会会议和闭会期间代表提出的议案以及建议、批评和意见，常委会都认真进行转办、督办和反馈，十二届二次会议、三次会议期间共办理代表建议、批评和意见369件；十三届人大共办理代表建议、批评和意见310件，议案2件，十四届人大共办理代表建议、批评和意见263件；十五届人大共办理代表建议、批评和意见187件，均在法定期限内办理完毕并答复代表。

1990年3月至1993年1月，区十二届人大常委会组织代表视察、调研和执法检查75次，涉及单位1200多个，参加代表8000余人次，提出建议、批评、意见1050条。其中，对经济工作调查、视察44次，占全部视察、调研的63%。对企业改革视察、调查、检查18次，完成调查报告12份，提出意见、建议460条，为企业解决实际问题400多个。处结人民来信来访270件，处结率100%。

1993年1月至1998年1月，区十三届人大常委会组织代表视察、调研和执法检查500余次，涉及单位57个，参加代表126人次，提出建议、批评、意见240条。处结人民来信来访289件，处结率100%。

1998年1月至2003年1月，区十四届人大常委会及其办事机构组织代表视察、调研和执法检查230次，涉及单位46个，参加代表156人次，提出建议、批评和意见300余条。处结人民来信来访486件，处结率100%。

2003年1月至2006年年底，区十五届人大常委会及其办事机构组织代表视察、调查100余次，检查单位27个，参加代表160余人次，完成调查报告19份，提出建议、批评、意见200余条，为群众办实事办好事300余件。处结人民来信来访249件，处结率100%。

第十四篇　地方人民政府

1990—2006 年，市中区人民政府历经 4 届，每届区长、副区长由区人民代表大会选举产生。每届任期，1993 年前为 3 年，1993 年起改为 5 年。1991 年，区政府设工作部门 40 个，街道办事处 15 个，镇政府 1 个。经过三次党政机关机构改革和多次区划调整，至 2006 年，设工作部门 38 个，街道办事处 13 个，镇政府 2 个。

区政府按照国家各项改革、发展政策，贯彻落实区委决策，依法治区、科学施政，坚持以经济建设为中心，全面深化各项改革，把招商引资与开放兴区、科技兴区相结合，使全区综合经济实力和可持续发展能力不断增强，促进了全区社会各项事业的发展，城乡建设、社会保障、人民生活发生巨大变化，人民安居乐业，社会和谐稳定。

市中区 1991 年被评为山东省双拥模范区；1992 年被评为全国城市计划生育工作先进集体；1995 年被评为全国首批普及九年义务教育的县（区）；1997 年被评为全国“两基”教育工作先进区、全国科技工作先进区；1999 年被评为全国科技工作先进城区；2000 年被评为山东省社会治安综合治理模范区；2002 年被评为全国社区示范区、全国创建文明城市工作先进城市（城区）；2003 年被评为全国幼儿教育先进区、全国社区残疾人工作示范区、全国科技进步先进城区、全国社区教育实验区；2005 年被评为军民共建社会主义精神文明先进单位、山东省文明城市（区、县）；2006 年被评为全国计划生育优质服务先进县（区）。

第一章　行政机构

第一节　区政府领导成员

第十二届济南市市中区人民政府任期为 1990—1993 年，第十三届为 1993—1998 年、第十四届为 1998—2003 年、第十五届为 2003—2008 年。1990—2006 年，市中区人民政府历经四届领导班子。

1990—2006 年市中区人民政府领导任职情况表

表 14-1

届　别	职　务	姓　名	任　期
第十二届	区长	王翰科	1990. 1—1992. 11
	代区长	陈亚建	1992. 11—1993. 1
	副区长	吴　捷	1989. 4—1990. 11
		米兆升	1990. 1—1990. 12
		仲伟新	1990. 1—1993. 1
		王祯祥	1990. 1—1993. 1
		党新明	1990. 1—1993. 1

续表 14-1-1

届别	职务	姓名	任期
第十二届	副区长	赵静懿（女）	1990.1—1993.1
		贾显玉	1990.8—1992.8
		李法明	1990.10—1992.4
		赵厚民	1991.6—1993.1
		王　毅	1991.6—1992.8
		陈亚建	1992.4—1993.1
第十三届	区长	陈亚建	1993.1—1995.2
		王兆永	1995.2—1996.12
		邹世平	1997.3—1998.1
	副区长	仲伟新	1993.1—1998.1
		王祯祥	1993.1—1998.1
		赵厚民	1993.1—1998.1
		刘书笙	1993.1—1998.1
		高金同	1993.1—1998.1
		崔学莉（女）	1993.1—1998.1
		于界平	1995.2—1998.1
		程运莲	1995.5—1998.1
		刘西安	1996.2—1998.1
		李大伟	1996.12—1998.1
第十四届	区长	赵文朝	1998.1—2000.2
		齐建中	2000.2—2001.1
		于界平	2001.1—2003.1
	副区长	于界平	1998.1—2001.1
		高金同	1998.1—2003.1
		崔学莉（女）	1998.1—2001.1
		刘西安	1998.1—1999.10
		李大伟	1998.1—2003.1
		米俊伟（回）	1998.1—2003.1
		蒋培育	1999.5—1999.12
		张忠泉	2000.2—2003.1
		荣　光	2001.1—2003.1

续表 14-1-2

届别	职务	姓名	任期
第十四届	副区长	韩宏伟	2001.1—2003.1
		王晓生	2001.6—2003.1
		李储林	2001.8—2003.1
		刘仁发	2002.2—2003.1
第十五届	区长	于界平	2003.1—2006.10
	代区长	苏维泉	2006.10—
	副区长	张忠泉	2003.1—2006.12
		米俊伟	2003.1—
		荣　光	2003.1—
		韩宏伟	2003.1—
		吕建新	2003.1—2005.10
		刘梦海	2003.1—
		张　娟（女）	2003.8—
		靳忠伟	2003.10—
		李储林	2003.10—
		史向民	2004.9—
		王建璋	2004.9—
		吉　源	2004.12—
		赵生山	2005.8—
		钱　城	2005.10—
		国承彦（女）	2006.12—
		梁英为	2006.12—

第二节　工作机构

1991年，区政府设政府办公室、经济计划委员会、职工教育办公室、城市建设委员会、人民防空办公室、爱国卫生运动委员会办公室、区志办公室、科学技术委员会、民族宗教办公室、侨务办公室、体育运动委员会、民政局、人事局、劳动局、财政局、审计局、物价局、统计局、计划生育委员会、环境保护局、工商局、教育委员会、文化局、卫生局、商业局、物资局、农业委员会、司法局、档案局、环境卫生管理所、房管局、体制改革办公室、监察局、对外经济贸易委员会、土地管理局、交通管理委员会、法制办公室、行政事务管理局、矿产资源管理局、保密局40个部门、单位。下设经二路、馆驿街、大观园、魏家庄、共青团路、经七路、岔路街、杆石桥、西青龙街、四里村、二七新村、六里山、七里山、玉函路、舜玉路15个街道办事处。同年7月，区环境卫生管理所更名为市中区环境卫生管理局，增设区经济技术协作办公室。11月，撤销体制改革办公室，设立区经济体制改革委员会。1992年4月，公安管理体制改革，济南市公安局市中分局实行市局和区政府双重管理。1994年2月，济南市升格为副省级城市，区政府随之升格为副厅级，区机关部门为正处级。5月，设国有资产管理局。同年，区工商局划归济南市工商局。1995年3月，区交通管理委员会更名为区交通局。5月，撤销西青龙街、共青团路2个街道办事处，合并成立泺源街道办事处，增设王官庄街道办事处。以标准计量所为基础，组建市中区技术监督局。

1996年8月，撤销市中区商业局，成立市中区商业委员会；撤销区经济技术协作办公室；农业委员会改为市中区农业办公室；撤销区物资局，组建市中区物资总公司；侨务办公室划归区委直属机构。1997年，保密局划归区委办公室；职工教育办公室改为区成人教育办公室。1998年5月，成立市中区市场建设办公室。8月，成立市中区旅游局。1999年4月，区劳动局更名为市中区劳动和社会保障局。2000年，组建市中区水务局。同年10月，成立市中区民营经济服务局。2001年4月，撤销经二路、经七路、岔路街、馆驿街、玉函路5个街道办事处，成立济南新城经济开发区管理委员会。8月，撤销区经济体制改革委员会，组建市中区经济发展计划局，区建设委员会更名为市中区建设管理局；中共市中区委、区政府信访局为区委办公室和区政府办公室共同管理。文化局与体育运动委员会合并组建文化体育局；土地管理局与矿产资源管理局合并组建国土资源局；组建安全生产监督管理局，由经济发展计划局管理；将房产管理局、商业委员会、人民防空委员会办公室整建制改为事业单位；对外经济贸易委员会更名为区对外贸易经济合作局；教育委员会更名为区教育局；科学技术委员会更名为区科学技术局，计划生育委员会更名为区计划生育局；区农业办公室更名为区农业经济发展局，区成人教育办公室更名为区成人教育局。9月，组建市中区招商局。11月，撤销七贤镇，设立舜耕、白马山、七贤3个街道办事处。2003年7月，组建市中区城市管理行政执法局。2004年5月，成立市中区政府政务中心，撤销济南新城经济开发区管理委员会。9月，成立市中区信息产业局，成立新城、腊山2个工业基地管理委员会。

2006年3月，区安全生产监督管理局列入区政府工作部门，体育局改为区政府直属办事机构，国土资源局划归济南市国土资源局直管。年底，区政府设政府办公室、经济发展计划局、教育局、科学技术局、民政局、司法局、财政局、人事局、劳动和社会保障局、建设管理局、城市管理行政执法局、环境保护局、房产管理局、商业委员会、人民防空办公室、农业经济发展局、对外贸易经济合作局、文化局、卫生局、人口和计划生育局、审计局、物价局、统计局、安全生产监督管理局、民族宗教办公室、监察局、国有资产管理局、交通局、法制办公室、机关行政事务管理局、招商局、信息产业局、爱国卫生运动委员会办公室、史志办公室、旅游局、市场建设办公室、新城工业基地管理委员会、腊山工业基地管理委员会38个部门（单位）。下设大观园、泺源、杆石桥、魏家庄、王官庄、四里村、六里山、七里山、二七新村、舜玉路、舜耕、七贤、白马山13个街道办事处；辖党家庄、十六里河2个镇人民政府。

第二章 施政辑要

第一节 区十二届人民政府施政纪要

1991年2月26日，区政府印发《关于开展“质量、品种、效益年”活动的实施意见》。3月5日，印发《关于成立市中区第三产业网点建设领导小组的决定》，明确其具体任务为负责指导全区商业企业改革及网点建设工作。10月28日，印发《关于成立市中区商业企业“四放开”改革领导小组的通知》，确定在全区商业企业中，推行经营、用工、工资、价格“四放开”改革。12月20日，印发《济南市市中区建设城市社会化服务体系发展第三产业的实施意见》。12月24日，印发《济南市市中区科学技术进步奖励暂行办法》。同年，印发《市中区一九九一年企业新一轮承包工作实施意见》，推进企业第二轮承包工作，深化企业内部改革，推行“四公开一必审”制度；印发《关于加快我区九年制义务教育实施步伐的意见》，提出“两基两全”标准，推进全区教育事业更快发展；制定第一个依法行政五年规划；印发《关于建立水利执法体系的意见》。

1992年4月，《政府工作报告》提出，要打破“铁交椅、铁饭碗、铁工资”，深化企业干部人事制度、劳动用工制度、工资分配制度改革；制定建设城市社会化服务体系，加快第三产业发展实施意见，加快发展商业、服务业。5月25日，印发《济南市市中区关于加强人口生育计划管理的意见》。10月，转发区体制改革委员会《关于城镇集体所有制企业实行股份合作制的意见（试行）的通知》《关于有限责任公司试点的实施意见》，开始对工业企业实施改革。同年，印发《市中区引荐外商投资奖励规定》，对引荐人的奖励标准和办法作出明确规定。

第二节 区十三届人民政府施政纪要

1993年1月，《政府工作报告》提出，按照“精简、统一、效能”的原则，实施机关机构改革。2月，制定《市中区公费医疗制度改革试行办法》。同年，印发《关于加强社会劳动力管理，开展劳动监察工作意见的报告》，规范对农民进城务工、职业介绍机构的管理和检查工作；制定《流动人口管理办法》。1994年3月，《政府工作报告》提出，加快转换企业经营机制，理顺产权关系，增强企业活力；推进财税体制改革，实施住房制度改革，推行住房公积金制度；提出争创全国义务教育先进区目标。4月7日，制定《关于在全区开展“管理效益年”活动的实施意见》。4月19日，印发《市中区推行企业租赁经营的实施办法》《市中区集体小型工业企业实行公有民营的暂行规定》《关于进一步推行和完善城镇集体企业股份合作制的意见》。8月25日，印发《关于深入开展增产节约增收节支活动的意见》。同年，制定《鼓励发展个体私营经济的二十二条意见》《市中区流动人口计划生育管理办法》。

1995年3月8日，《政府工作报告》提出，推行村级企业化管理，加快小康村建设；全面实施“产学研工程”和“金桥工程”；做好城镇社会养老保险和农村养老保险工作。3月17日，印发《关于提高九年义务教育实施水平进一步扫除青壮年文盲的工作意见》。4月10日，转发区卫生局、区公费医疗办公室、区财政局联合制定的《济南市市中区公费医疗改革实行办法》，开始对全区公费医疗制度进行改革。12月，制定《济南市市中区行政赔偿工作试行办法》，对赔偿案件的确认、赔偿方式、过错责任等都作出具体规定。同年，制定《济南市市中区行政复议过错责任追究办法》。1996年3月，制定第二个依法行政五年规划。4月1日，印发《市中区创建全国科技工作先进区实施方案》；下半年，印发《关于贯彻实施行政处罚法做好“两清理”工作的意见》，对全区行政执法机构、执法人员和规范性文件进行清理。7月，制定《济南市市中区推行国家公务员制度实施方案》《关于区机关、街道办事处（镇）在机构改革暨推行国家公务员制度中人员分流若干问题的规定》，制定相应的政策和措施。同年，印发《济南市市中区少年儿童事业发展规划（1996—2000）》《市中区妇女发展纲要（1996—2000）》。

1997年3月，印发《市中区造绿工程实施意见》，对公园建设、绿地改造、垂直绿化等方面提出明确目标；4月4日，印发《关于加强环境保护工作的通知》，明确要求加强新上建设项目的环境评价，严格执行主体工程与污染治理设施同时设计、同时施工、同时投产使用的“三同时”制度，加快老污染源的治理改造。8月6日，转发再就业领导小组《关于进一步加快实施再就业工程的意见》。8月22日，印发《市中区保障残疾人合法权益的规定》。9月5日，印发《市中区老年事业“九五”规划》。同年，制定《关于鼓励发展民营经济的意见》，推动民营经济加快发展。

第三节　区十四届人民政府施政纪要

1998年9月，区政府制定《关于大力发展民营科技企业，进一步促进科技进步的决定》。12月，印发《济南市市中区行政执法投诉工作管理办法》，加强对行政执法机关和行政执法人员执法活动的监督。同年，制定《关于加强“三个一”工程建设发展的实施意见》，决定发展大市场、大流通、大贸易，实现全区经济发展目标；印发《市中区关于企业产权出售的试行意见》。1999年，印发《市中区关于进一步深化企业改革的实施意见》《市中区推行和完善城镇集体企业股份合作制的意见》。7月，印发《关于成立城镇居民最低生活保障制度的实施意见》，确定工作中应掌握的原则界限和审批程序，切实做到该保的一个不漏、不该保的一个不保。8月，印发《关于加强和改进企业管理工作的实施意见》，明确建立科学完善的现代企业管理体制，坚持“三改一加强”工作方针，实现管理创新与技术创新的有机结合，促进全区经济持续、快速、健康发展。

2000年6月，区政府印发《济南市市中区人民政府关于加强技术创新、加快发展高新技术产业的若关规定》，出台对高新技术产品和高新技术转化项目的一系列优惠政策。同年，印发《关于加强乡镇教育工作巩固提高“普九”实施水平的意见》。2001年3月，制定《济南市市中区国民经济和社会发展第十个五年计划纲要》；确定开展“WTO培训年”

活动，制定《关于扶持民营经济发展的优惠政策》《关于实施环境创新、加快民营经济发展的意见》。6月，印发《关于创建全省教育示范区的意见》，全面部署创建工作并提出具体要求。2002年3月，制定《济南市市中区招商引资奖励实施细则》。5月，制定《济南市市中区专利申请补助经费及奖励管理暂行办法》。6月，印发《市中区农村税费改革实施方案》，取消乡统筹、农村教育集资等专门向农民征收的行政事业性收费和政府性基金、集资；取消屠宰税；取消统一规定的劳动积累工和义务工；改革村提留征收使用方法。12月，印发《济南市市中区退休人员转入社区管理的实施方案》。同年，印发《关于推进乡镇教育初步现代化，建设高水平高质量普及九年义务教育的实施意见》。

第四节　区十五届人民政府施政纪要

2003年，区政府印发《关于深化村务公开依法治村工作的实施意见》和《加强农村财务规范管理工作的实施意见》，制定市中区村务规范化管理工作责任分工及考核办法。5月，制订《关于城市环境综合整治的实施方案》，确定到2005年，全区城区主次道路达到“五净”和“五无”标准，完好率达到95%以上的目标。6月，印发《济南市市中区突发公共卫生事件应急处理预案》，对突发事件的预防和控制提出指导性意见；印发《济南市市中区人民政府关于加强专利工作的实施意见》，提出进一步建立健全专利工作体系，提高全社会的专利意识，抓好企业专利工作，把专利工作作为推进全区“科技兴区”战略的重要内容。2004年1月，《政府工作报告》提出，开展商埠区开埠100周年系列活动，提升市中区文化品位；整顿和规范医疗市场秩序，争创全国社区卫生服务示范区。3月，制定《济南市市中区招商引资考核奖励办法（试行）》《济南市市中区招商引资项目（资金）认定实施细则》。同年，开展平安建设活动，印发《关于建设平安市中的决定》《关于加快建设平安市中的实施意见》，制定办镇、村居、单位创建平安市中标准和考核办法。同年，印发《市中区关爱女孩行动实施意见》。

2005年1月，《政府工作报告》提出，建立农村低保制度，保障特困群众基本生活；综合设置街道社区服务中心机构，构建集劳动保障、就业服务、低保管理、家政服务等功能于一体的社区服务平台；推进“学习型”机关建设，努力提高各级领导干部和公务员队伍素质。7月，制定《关于建立新型农村合作医疗制度的实施意见》。2006年1月，《政府工作报告》提出，搞好商埠区规划布局，重点打造中央商务圈；合理整合旧村资源，实施规范化的旧村改造，加速推进城市化进程；研究建立以失地农民为主的农民养老保障制度，探索农村养老保险形式；严格落实人口目标责任制，争创全国计划生育优质服务先进区。全面启动“五五”普法工作，提高公民的法律素质和社会法制化管理水平。2月，印发《关于开展“质量兴区”活动鼓励中小企业创名牌的实施意见》，确定未来5年的奋斗目标。5月，印发《关于进一步加强就业再就业工作的通知》，进一步明确目标任务，千方百计扩大就业，努力推动城乡就业全面协调发展，形成促进就业的长效机制。6月，印发《市中区农村税费改革实施方案》，明确实现“三取消、两调整、一改革”的改革内容，出台全区农村税费改革的相关配套工作措施。12月，印发

《关于加快现代生态观光农业建设发展的意见》，遵循“服务城市、致富农民”的指导方针，加快提升市中区都市农业整体水平。同年，印发《济南市市中区人民政府关于进一步落实科学发展观加强环境保护的意见》；制定《关于新型农村合作医疗运转管理有关问题的补充意见》，提高新型农村合作医疗财政补助标准。

第三章　综合政务

第一节　政务调研

1998年开始，区政府围绕经济建设、小康社会、税费改革、农村发展等一系列重大课题，组织撰写各类综合调查报告材料100余篇。其中，《关于实施城区膨胀战略加快城市化进程的调查报告》《关于市中区观光旅游业发展及旅游资源开发的调查报告》《关于市中区民营经济发展现状的调查与思考》等被省、市政府调研室予以肯定。《关于农村扶贫开发情况的调查报告》提出的一些观点和建议，为相关部门决策提供可靠的资料。从领导、基层和群众关注的热点、难点问题入手，编印《市中政务信息》专刊，促进上下左右情况了解和工作交流。至2006年，编发《市中政务信息》近500期，采集信息6000余条，被省、市采用566条。

第二节　政务督查

20世纪90年代，区政府主要通过区长信箱、区长公开电话及群众上门反映情况等方式，了解掌握政务落实不力的问题。对所反映的重大问题，及时召开区长办公会议解决。紧急事项，由区长亲自批办；较为复杂、涉及几个部门的问题，由区政府办公室牵头召集有关部门协调处理。对于区级无权办理或不属于辖区内的事项，向来电话反映问题的人说明理由，取得谅解。对于符合政策可以办理而有关人员不予办理的事项，由政府办公室组织人员进行督查督办。2002年11月，成立市中区政府督查室，专门负责区政府决策事项、各级领导批示事项、区政府工作部署和办理人大代表建议、政协委员提案的督查落实。主要对上级来文、领导批示件等工作事项按办理要求、批示意见及时向有关部门转办催办，按期反馈办理结果；对事关全区发展的重大决策分解立项，落实责任，进行专题督办；对区委、区政府重大会议和区长办公会、政府专题会议确定的各项工作执行情况和落实情况进行督查，并承办上级领导机关交办的督查事项。

每年“两会”后，区政府都及时召开区长办公会，对“两会”议案、建议、提案进行专题研究，确定分管领导和办理原则，落实办理单位，明确工作责任。各承办单位把办理工作纳入年度任期目标责任制。办理任务较重的部门成立由部门主要领导任组长的办理小组。为提高人大代表、政协委员满意率，做好建议提案办理工作，区政府办公室每年都对办理工作进行督查和复查，对复查出的问题，限期整改，在建议和提案办理结束后，区政府办公室对人大代表和政协委员进行回访，当面答复有关问题。2002—2006年，共督查办理各级人大代表建议、政协委员提案625件，办结率、满意率均为100%。

第三节　行政审批

2000年后，区政府政务中心成立，实行集中办理审批和收费事项。同时，区政府制定《关于行政审批责任及其追究制度》《各类事项审批暂行办法》等一系列制度。2004年，政务中心对进入行政审批大厅的行政审批事项、审批主体、收费项目进行全面清理。对国家明令取消审批事项坚决予以取消；对确需保留审批事项，能简化程序的尽量简化；对由审批事项改为登记备案的尽快加以落实，形成新的、更加高效的工作流程。并根据清理结果编印《审批事项办理服务指南》，免费向申办者发放。同年，区政务中心安装行政审批网络管理系统，与市政务中心联网。

2005年，落实市纪委《关于严格规范党政机关及其工作人员涉企行为的通知》，对行政许可项目清理落实情况、行政许可实施主体清理情况、设计行政许可规范性文件清理情况、行政许可配套制度建立和执行情况、违反《中华人民共和国行政许可法》行为纠正和处理情况、行政许可实施后监管及清理款项工作、《中华人民共和国行政许可法》实施后执法人员管理情况、行政事业收费等进行自查清理。2006年，区审批中心聘请社会监督员，加大对为民服务代理制工作的监督力度。

第四节　政务公开

20世纪90年代，只有部分政务信息对外公开。1996年1月1日，区政府公布《济南市市中区行政赔偿工作办法（试行）》；10月，公布《济南市市中区行政处罚监督（检查）管理暂行规定》；12月，公布《济南市市中区行政执法投诉工作管理办法》。同年，转发《济南市出售公有住房实施细则》。1998年10月1日，公布《济南市市中区行政执法证件管理办法》。1999年，转发《济南市直管公房置换管理暂行办法》。2000年，区政府成立乡镇政务公开领导小组，印发《关于全区乡镇实行政务公开的意见》，要求各乡镇设立公开栏，及时公开政务、村务。区政府政务中心成立后，行政审批事项办理程序、收费标准等在政务中心全面公开。2001年，在区政府机关实行政务公开，要求各部门依法依规进行公开。2003年7月，区政府电子文件传输系统开通使用。2004年9月，区信息产业局成立，对全区党政机关自动化办公网络进行扩充。2005年5月，开通市中区人民政府公众信息网，网站设《认识市中》《政务要闻》《政务公开》《便民指南》《环境建设》《招商引资》等栏目，区政府政务信息依法全面公开。

第四章　政府法制建设

第一节　规范文件制定与清理

1991年，区政府制定第一个依法行政五年规划。以深入开展法制宣传教育、抓好规范性文件制定、强化行政执法及监督检查、加强政府法制机构建设为主要内容。制定《关于规范性文件制定的暂行规定》《市中区规范性文件制定及备案审查办法》《市中区规范性文件管理办法》《规范性文件送审、备案格式》等。区法制办公室编制规范性文件年度计划，实行备案审查制度；组织进行文件清理。1996年，制定第二个依法行政五年规划。以实行依法行政岗位目标责任制，改善行政执法及自我约束机制，做好行政复议、行政应诉与行政赔偿工作为主要任务。各行政执法机构每年都结合实际，制定各自的依法行政年度计划。区政府下发《关于贯彻实施行政处罚法做好“两清理”工作的意见》，成立“两清理”领导小组，对全区行政执法机构、执法人员和规范性文件进行清理，共清理规范性文件21件，其中废止2件。对涉及扩权、收费、罚款等内容，缺乏法律依据的，一律删除。

2000年，区政府先后3次召开各执法单位领导和法制工作人员会议，专门部署行政审批清理工作。全区58个行政执法单位有行政审批项目147项（其中区级审批101项，省、市级审批36项）。除符合国家和省、市政府相关法律法规的137项予以保留外，区直单位自行设定的3项行政审批予以废止。2001—2002年，开展清理地方性法规、政府规章和其他政策性措施等工作，查阅文件3000余件，废止不适应形势发展文件8件（其中区委2件、区纪委2件、区政府4件）。2004年3月，区政府对各街道（镇）各部门实行行政许可规定、许可实施主体、许可收费3项清理，对全区58个行政执法单位的59项行政审批、42项行政审核、11次备案、64项许可收费重新进行规范。

2006年，审查各类规范性文件（草案）144件，废止不适应形势发展的67件。7月，对12个具有行政审批权的执法机关30余个审批事项进行检查，发现并帮助执法机关解决问题10余个。

第二节　行政执法监督

1991年起，区政府开始建立健全各项行政执法规章制度。1993年，区人大常委会作出《关于在国家机关中实行执法责任制的决定》，由区法制办公室将全区国家机关执行的416个法律法规条目编制成册，下发各执行单位。区政府制订实施执法责任制的具体方案，各行政执法部门制定实施细则，层层分解，落实到人。同年，建立行政案件报告和督查、行政执法投诉制度。1993年后，区政府组织行政执法部门每年向区人大常委会汇报执法情况，对人大常委会提出的意见和建议，及时组织行政执法部门进行整改和落实。1995年，制定《济南市市中区行政赔偿工作试行办法》，对赔偿案件的确认、赔偿方式、过错责任的认定等作出具体规定。

1996年，制定《市中区行政处罚监督（检查）管理暂行规定》。对执法机构和人员、行政处罚的实施、复议与应诉等作出具体规定。同年，建立行政执法人员登记和证件审验制度和行政执法单位执法档案管理制度、行政执法人员登记备案制度。对无证件的行政执法人员一律不准上岗；对调离执法岗位的，及时回收证件。区政府督促指导行政执法机构开展承诺服务。区建委推出处理清运污泥不过夜，较大道路刨掘一周内恢复、中小道路刨掘3日内恢复，以及接到群众的投诉电话立即到现场处理等承诺制度，并聘请16名义务监督员，设立监督电话。区房管局设立全天候服务等12项承诺制度，向社会公开，并制定违反承诺的责任措施。

1997年，舜玉路小区管委会擅自批准在居民小区建设商业用房，引发邻居之间的纠纷，并出现居民上访问题。区政府及时授权区法制办公室监督查处。区法制办公室责令小区管委会自动纠正越权行政行为，并及时向有行政处罚权的区建委下达督查通知书，区建委对小区管委会作出责令限期拆除违章建筑的决定，使问题很快得到纠正和解决。1998年，推行《济南市市中区行政执法证件管理办法》。2001年9月，区政府开展行政执法证件审验，对1998年10月由省政府统一印制的“山东省行政执法证”全部进行审验，审验执法证件824个，更换证件80个，收缴证件51个。2003年，为全区600余名在岗持有执法证件人员统一换发新版防伪执法证件。2005年，制定《济南市市中区人民政府行政执法工作评议考核实施办法》。

2006年，全区在岗持有执法证件人员794名。开展行政执法依据梳理工作，共58个单位报送行政执法事项890项，行政执法依据487个，最终认定行政执法机关51个，行政执法事项813项，行政执法依据410个。

第三节　行政复议

1991年，成立市中区行政复议办公室，完善复议程序。1996年，组织11名行政复议人员参加省市行政复议人员资格证书培训，取得复议资格；市中区政府被省、市政府评为依法行政先进单位。至1997年，区行政复议办公室共受理复议案件7件，作出行政复议3件。同年，市中区政府法制工作办公室被省政府评为全省政府法制系统先进集体。1998年后，区政府每年召开全区性行政复议应诉会议，部署行政复议工作。建立行政复议立案和行政复议决定书区长签字制度、重点案件区长办公会研究决定制度、行政复议案件错案责任追究制度、行政复议案件统计制度，以及行政复议案件办案程序暂行规定、行政复议档案管理规定等，规范立案、办案、转送等24种行政复议法律文书。

2003年12月，区政府受理济南新力集团有限公司对区水务局作出《关于缴纳河道工程维护管理费的决定书》不服提出的行政复议，依法审查后，作出撤销“决定书”的行政复议决定。2004年12月，区政府作出责令区安监局对张某受伤事故重新作出具体行政行为的行政复议决定。至2006年，共办理行政复议事项100余件，立案并作出行政复议决定24件，决定撤销行政机关具体行政行为6件。

第四节　仲　裁

1997年9月，济南仲裁委员会驻市中区办事处成立，具体负责仲裁宣传、仲裁案件受理、规范合同文本等事宜。1998 年后，区政府先后 4 次召开全区性仲裁工作会议。各街道（镇）和较大企业共成立仲裁联络站 30 多个，发展仲裁联络员 61 名。编写全区《仲裁联络员手册》，共举办培训班 5 期，参训人员 200 余人次。以各街道办事处社区服务中心为依托，建立仲裁宣传站、联系点。每年 8 月底、9 月初进行一次大规模的宣传活动。2003 年，全区仲裁工作会议期间，向各联络站印发《仲裁业务统计表》，要求对其管辖范围内经济实体的规范合同数、标的额、纠纷数、纠纷标的额等情况，每 2 个月上报区仲裁办事处，并实行零报告制度。

至 2006 年，全区成立仲裁联络站 30 个，发展仲裁联络员 61 人，规范合同 138 件，合同标的额 26473.85 万元；仲裁合同纠纷 3 件，标的额 712.10 万元。

第十五篇　政协地方组织

1990—2006年，中国人民政治协商会议济南市市中区委员会共历经4届。区政协常务委员会由区政协全体会议选举产生，1993年前每届任期为3年，1993年起为5年。立案委员提案1050件，开展调研视察活动350余次，以政协济南市市中区委员会或常务委员会名义多次向中共市中区委、区人大常委会、区人民政府提出有重要参考价值的建议案。

1991年10月，编辑出版《市中文史资料》第一辑，选编文史资料17篇，约6万字。1996年11月，编辑出版《市中文史资料》第二辑，选编文史资料16篇，约9万字。2000年11月，编辑出版《市中文史揽萃》，收录文史资料32篇，约10万字。2006年，区政协有委员218人，设学习提案委员会、经济科技委员会、文教文史委员会、三胞联谊委员会4个专门委员会。

第一章　政协委员

第一节　政协委员产生

每届政协委员产生，均根据上级要求和区委批准的委员安排方案，由区委召开专门会议进行部署。各街道（镇）、区直各有关部门在本街办、本部门进行酝酿协商，广泛征求意见，集体研究决定，提出建议人选。区委组织部对中共党员委员建议人选进行考察，区委统战部对非中共党员委员建议人选进行考察，并征求纪委、监察、计划生育等部门意见。根据考察情况，分别审定后由区委统战部同意提交区政协常委会协商通过。1993年前，区政协委员每届任期3年；1993年起，每届任期为5年。

委员以界别代表身份参加政协。由中国共产党、民主党派、无党派人士、人民团体、少数民族、侨胞、台胞、经济、科技、教育、医药卫生等各界别代表以及特邀人士组成。根据每届实际情况，其界别设置有所不同，政协委员中中共党员所占比例一般不超过40%。

1990—2006年市中区政协委员界别构成表

表15-1　　　　单位：人

届次	委员总数	界别																										
		中共	民革	民盟	民建	无党派	民进	农工	致公	九三	共青团	工会	妇联	工商联	侨联	台联	科协	文艺	科技	农业	经济	教育	体育	医药卫生	少数民族	宗教	社会福利和社会保障	特邀
第三届	190	13	5	4	5	4	4	3	0	3	5	8	7	6	7	3	0	7	15	3	0	12	4	7	5	3	0	57
第四届	190	12	5	5	6	4	4	4	0	4	4	7	7	5	5	4	3	8	10	3	15	9	3	6	4	4	0	49
第五届	188	16	6	5	6	4	4	4	1	4	4	6	7	7	5	4	3	7	8	3	16	5	3	6	4	5	0	45
第六届	218	15	6	6	6	7	4	5	2	5	4	6	8	10	5	5	3	9	10	7	23	7	3	8	7	7	4	36

说明：1. 委员人数依据每届一次会议

2. 第三届增加“台联”界；第四届增加“科协”“经济”界；第五届增加致公党，将“农林界”改为“农业界”；第六届增加“社会福利和社会保障”界

第二节 委员活动

1991年10月，区政协组织有市、区经济、科技界专家参加的调查组，对部分企业进行调查，及时向区委写出调查报告，围绕提高经济效益提出意见和建议23条。

1993年11月，组织经济、科技界委员，对全区骨干企业中2家产值过亿元，2家过5000万元，5家过1000万元的企业，进行历时半个月的调查研究，写出《抓好骨干企业、带动市中区第二产业发展》的建议案，为区委、区政府制订1994年经济计划提供参考依据。1994年9月，区政协党组向区委写出《关于加快发展市中区外向型经济的几点建议》的建议案。12月，区政协会同有关部门，组织部分委员重点调查三资企业13家，向区委写出《关于对市中区三资企业的调查报告》，提出6个方面16条建议。1995年，区政协及各委、组开展专题调查12次，写出调查报告或建议案5份，提出有价值的意见建议315条。6月，组织部分委员对15家私营企业的发展状况进行专题调查，并以政协党组的名义向区委写出《关于加快发展市中区个体私营经济的调查报告》。10月，向区委写出《关于对市中区部分工业企业“科技兴厂”情况的调查报告》。1996年5月，组织20余名专家、委员，对重点发展的20家骨干企业的膨胀情况，逐个进行调查。以政协党组的名义向区委写出《关于对二十家骨干企业膨胀情况的调查报告》，提出如何促进骨干企业膨胀发展的意见建议24条。第四届区政协制定《关于贯彻执行〈政协全国委员会关于政治协商、民主监督、参政议政的规定〉的实施意见》，进一步明确参政议政的主要内容和形式。通过委员提案、视察、专题调查和反映社情民意等形式，就“三五”普法、加强区城道路综合整治及环境污染治理，围绕区委、区政府计划办理的重要事项等提出意见、建议。1997年，区政协就20家骨干企业的膨胀发展这一写入《市中区“九五”计划及2010年远景目标纲要》的重要题目，再次进行专题调查，在集体讨论、综合分析论证的基础上，向区委写出《建议案》，得到区委“写出了很有份量的调查报告，提出了许多高质量的建议”的高度评价。

1998年，组织区政协委员对全区个体私营经济发展情况进行全面调查，形成《关于我区个体私营经济发展情况的调查报告》。1999年，再次组织市、区政协委员，选择全区10家私营企业大户，进行专题调查，提出15条建议，受到区委主要领导高度重视，并作出重要批示，以区委文件形式转发区属各党委和有关部门。2000年，组织区政协委员深入南部村居，就加快农业结构调整、增加农民收入等问题进行深入调研，提出建议23条，形成《关于影响我区农业结构调整的因素及建议》的调查报告，区委以正式文件转发。11月，区政协会同有关部门对市中区民营企业党建、工会工作进行专题调查，写出调查报告。2001年，深入城区街道办事处和部分社区居委会，与街居干部和居民代表广泛座谈讨论，察看社区服务中心及设施，写出《区政协对我区社区建设情况的调查报告》。6月，在区文化局协助下，对辖区文化阵地建设和管理情况进行调查，形成《区政协关于我区文化阵地建设情况的调查报告》。2002年，区政协组织村级经济发展情况的专题调查。

2003年，组织政协委员就市中区投资环境等问题进行专题调研，向区委写出《关于驻区企业对我区环境建设感受的调查报告》。先后组织政协委员对腊山工业园、农业科技产业园建设及教育系统“五个一”优化升级工程进行视察，提出意见和建议。2004年，区政协在听取汇报、专题座谈、实地察看基础上，形成《关于对我区民营经济环境建设的调查报告》和《南部山区劳动力现状的调查》，受到区委、区政府及市政协的高度重视和好评。

第六届区政协开展各类专题调研90余次，形成调查报告16份，先后就社会主义新农村建设、加快工业化进程、提高城市整体服务功能、城市规划建设与管理等，组织委员开展系列调研，形成建议案和调查报告，受到区委、区政府高度重视，许多建议被纳入区委决策范围。《关于对我区环境建设情况的调查报告》，区委书记齐建中作出批示，并转发区直各部门学习参考。

第二章　政协会议

第一节　区政协三届委员会会议

一、第二次全体会议

1991年3月18—22日，在济南大厦礼堂召开。出席委员184人，列席28人。会议听取并审议区政协主席赵绪信代表常务委员会所作的工作报告、区政协副主席冯绍君所作的关于提案征集办理情况的报告。全体委员列席区人大十二届二次会议，听取并讨论区政府工作报告及其他报告。大会通过区政协三届二次会议决议。

二、第三次全体会议

1992年3月31日—4月4日，在济南大厦礼堂召开。出席委员186人，列席44人。区委书记董承铭参加会议并讲话。会议听取并审议区政协主席赵绪信代表常务委员会所作的工作报告、区政协副主席冯绍君代表提案委员会所作的提案工作报告。全体委员列席区人大十二届三次会议，听取并讨论区政府工作报告及其他报告。大会通过区政协三届三次会议决议。

第二节　区政协四届委员会会议

一、第一次全体会议

1993年1月9—14日，在济南大厦礼堂召开。出席委员190人，列席62人。区委书记董承铭参加会议并讲话。会议听取并审议区政协主席赵绪信代表第三届常委会所作的工作报告、第三届区政协提案委员会提案工作报告。全体委员列席区人大十三届一次会议，听取并讨论区政府工作报告及其他报告。选举赵绪信为第四届委员会主席，周海清、李浔之、亓葆中、盛殿运、党新明、崔明礼为副主席，郭延兰为秘书长，常务委员24人。大会通过区政协四届一次会议决议。

二、第二次全体会议

1994年3月15—19日，在济南大厦礼堂召开。出席委员188人，列席47人。区委书记董承铭参加会议并讲话。会议听取并审议区政协主席赵绪信代表常务委员会所作的工作报告、区政协副主席盛殿运所作的关于提案征集办理情况的报告。全体委员列席区人大十三届二次会议，听取并讨论区政府工作报告及其他报告。大会通过区政协四届二次会议决议。

三、第三次全体会议

1995年3月7—11日，在济南大厦礼堂召开。出席委员186人，列席57人。区委书记董承铭参加会议并讲话。会议听取并审议区政协副主席李浔之代表常务委员会所作的工作报告、区政协副主席盛殿运所作的关于提案征集办理情况的报告。全体委员列席区人大十三届三次会议，听取并讨论区政府工作报告及其他报告。选举苏乐芬为区政协四届委员会副主席，陶文庸、孙雪峰、刘雅丽、米云为常委。大会通过区政协四届三次会议决议。

四、第四次全体会议

1996年3月11—15日，在济南大厦礼堂召开。出席委员192人，列席54人。区委书记董承铭参加会议并讲话。会议听取并审议区政协副主席周海清代表常务委员会所作的工作报告、区政协副主席盛殿运所作的提案工作报告。全体委员列席区人大十三届四次会议，听取并讨论区政府工作报告及其他报告。选举苏乐芬为区政协四届委员会主席，李学孟、张武臣、陶文庸为副主席，增补王学恩、王希新为常务委员。大会通过区政协四届四次会议决议。

五、第五次全体会议

1997年4月7—11日，在济南大厦礼堂召开。出席委员186人，列席47人。区委书记董承铭参加会议并讲话。会议听取并审议区政协副主席党新明代表常务委员会所作的工作报告、区政协副主席盛殿运所作的提案工作报告。全体委员列席区人大十三届五次会议，听取并讨论区政府工作报告及其他报告；大会通过区政协四届五次会议决议。

第三节 区政协五届委员会会议

一、第一次全体会议

1998年1月12—17日，在济南大厦礼堂召开。出席委员181人，列席37人。区委书记邹世平参加会议并讲话。会议听取并审议区政协主席苏乐芬代表第四届常委会所作的工作报告、区政协副主席盛殿运代表第四届常委会所作的提案工作报告。全体委员列席区人大十四届一次会议，听取并讨论区政府工作报告及其他报告。选举李东明为区政协五届委员会主席，亓葆中、张武臣、陶文庸、张廷和、胡灼金、宋群、潘华为副主席，常务委员22人。大会通过区政协五届一次会议决议。

二、第二次全体会议

1999年3月8—12日，在济南大厦礼堂召开。出席委员188人，列席39人。会议听取并审议区政协副主席亓葆中代表常务委员会所作的工作报告、区政协副主席张武臣所作的关于提案征集办理情况的报告。全体委员列席区人大十四届二次会议，听取并讨论区政府工作报告及其他报告。大会通过区政协五届二次会议决议。

三、第三次全体会议

2000年3月13—17日，在济南大厦礼堂召开。出席委员199人，列席57人。会议听取并审议区政协副主席张武臣代表常务委员会所作的工作报告、区政协副主席张廷和所作的提案工作报告。全体委员列席区人大十四届三次会议，听取并讨论区政府工作报告及其他报告。选举寻广起为区政协五届委员会副主席，王金良为常务委员。大会通过区政协五届三次会议决议。

四、第四次全体会议

2001年2月28日至3月4日，在济南大厦礼堂召开。出席委员199人，列席54人。会议听取并审议区政协副主席张廷和代表常务委员会所作的工作报告、区政协副主席胡灼金所作的提案工作报告。全体委员列席区人大十四届四次会议，听取并讨论区政府工作报告及其他报告。选举邓光柱为五届区政协副主席，增补刘梦海为常务委员。大会通过区政协五届四次会议决议。

五、第五次全体会议

2002年3月11—15日，在济南大厦礼堂召开。出席委员193人，列席47人。会议听取并审议区政协副主席胡灼金代表常务委员会所作的工作报告、区政协副主席邓光柱所作的提案工作报告；表彰58名优秀政协委员。全体委员列席区人大十四届五次会议，听取并讨论区政府工作报告及其他报告。大会通过区政协五届五次会议决议。

第四节　区政协六届委员会会议

一、第一次全体会议

2003年1月15—20日，在济南大厦礼堂召开。出席委员204人，列席39人。会议听取并审议区政协主席李东明代表第五届常委会所作的工作报告、区政协副主席寻广起所作的五届区政协提案工作报告。全体委员列席区人大十五届一次会议，听取并讨论区政府工作报告及其他报告。选举高金同为区政协六届委员会主席，寻广起、李大伟、张廷和、潘华、贺文萍、薛效贤为副主席，常务委员27人。大会通过区政协六届一次会议决议。

二、第二次全体会议

2004年1月9—11日，在济南大厦礼堂召开。出席委员210人，列席37人。会议听取并审议区政协主席高金同代表常务委员会所作的工作报告、区政协副主席寻广起所作的提案工作报告。全体委员列席区人大十五届二次会议，听取并讨论区政府工作报告及其他报告。大会通过区政协六届二次会议决议。

三、第三次全体会议

2005年1月11—14日，在济南大厦礼堂召开。出席委员201人，列席57人。会议听取并审议区政协主席高金同代表常务委员会所作的工作报告、区政协副主席寻广起所作的提案工作报告。全体委员列席区人大十五届二次会议，听取并讨论区政府工作报告及其他报告。选举钊凤利为六届区政协秘书长。大会通过区政协六届三次会议决议。

四、第四次全体会议

2006年1月17—20日，在济南大厦礼堂召开。出席委员204人，列席35人。会议听取并审议区政协主席高金同代表常务委员会所作的工作报告、区政协副主席寻广起所作的提案工作报告。全体委员列席区人大十五届四次会议，听取并讨论区政府工作报告及其他报告。大会通过区政协六届四次会议决议。

第三章 区政协常务委员会

第一节 历届区政协常务委员会

区政协第三届常务委员会于1990年3月选举产生，1993年1月任期届满。有主席1人，副主席5人，常务委员22人。区政协三届常委会举行常委会议26次，主席会议27次，开展各项协商活动180余项，提出提案252件。

区政协第四届常务委员会于1993年1月选举产生，1998年1月任期届满。区政协四届常委会举行常委会议41次，主席会议38次，专题研讨会58次，提出提案309件。

区政协第五届常务委员会于1998年1月选举产生，2003年1月任期届满。区政协五届常委会举行常委会议27次，主席会议22次，专题研讨会58次，提出提案323件。

区政协第六届常务委员会于2003年1月选举产生。至2006年年底，区政协六届常委会举行常委会议16次，主席会议30次，提出提案166件。

1990—2006年市中区政协主席、副主席、秘书长任职情况表

表15-2

届 次	职 务	姓 名	任 期
第三届	主 席	赵绪信	1990.3—1993.1
	副主席	周海清	1990.3—1993.1
		李浔之	1990.3—1993.1
		亓葆中	1990.3—1993.1
		冯绍君	1990.3—1993.1
		韩乐堂	1990.3—1993.1
第四届	主 席	赵绪信	1993.1—1996.2
		苏乐芬	1996.3—1998.1
	副主席	周海清	1993.1—1996.2
		李浔之	1993.1—1996.2
		亓葆中	1993.1—1998.1
		盛殿运	1993.1—1998.1
		党新明	1993.1—1998.1
		崔明礼	1993.1—1998.1

续表 15-2

届 次	职 务	姓 名	任 期
第四届	副主席	苏乐芬	1995.3—1996.3
		李学孟	1996.3—1998.1
		张武臣	1996.3—1998.1
		陶文庸	1996.3—1998.1
第五届	主 席	李东明	1998.1—2003.1
	副主席	亓葆中	1998.1—2003.1
		张武臣	1998.1—2003.1
		陶文庸	1998.1—2003.1
		张廷和	1998.1—2003.1
		胡灼金	1998.1—2003.1
		宋 群	1998.1—2003.1
		潘 华	1998.1—2003.1
		寻广起	2000.3—2003.1
		邓光柱	2001.2—2003.1
第六届	主 席	高金同	2003.1—
	副主席	寻广起	2003.1—
		李大伟	2003.1—
		张廷和	2003.1—
		潘 华	2003.1—
		贺文萍（女）	2003.1—
		薛效贤	2003.1—
	秘书长	钊凤利	2005.1—

第二节 工作机构

1990年，区政协三届委员会设学习委员会、经济科技委员会、社会文教委员会、文史资料委员会、三胞联谊委员会、提案工作委员会6个专门委员会。机关设办公室、提案处、经科处3个处室，有工作人员15人。1993年，区政协四届委员会设学习委员会、经济科技委员会、社会文教委员会、文史资料委员会、祖国统一联谊委员会、提案工作委员会6个专门委员会。1998年，区政协五届委员会设宣传提案委员会、经济科技委员会、文教文史委员会、三胞联谊委员会4个专门委员会。2003年，区政协六届委员会设学习提案委员会、经济科技委员会、文教文史委员会、三胞联谊委员会4个专门委员会。机关设办公室、宣传提案处、经济科技处、社会文教处4个处室，有工作人员23人。

2006年，区政协机关设办公室、宣传提案处、经济科技处、社会文教处4个处室，有工作人员40余人。

第四章 政协主要工作

第一节 政治协商

政治协商主要形式有每年一次的政协全委会议、每季度一次的政协常委会议和每月一次的政协主席会议等。

政协全委会议主要就区政协常委会工作报告和提案工作报告进行审议讨论，并列席区人大会议，对政府工作报告、国民经济和社会发展计划、财政预决算及群众关心的重点问题等进行协商讨论，并提出意见建议。

政协常务委员会会议主要协商讨论区委、区政府的重要决策、政策和社会生活中的重大问题，听取区委、区政府以及有关部门负责人对有关重要问题的报告或说明，提出建议和意见。第三届区政协开展各项协商活动180余项。第四届区政协开展各项协商活动200余项。第五届区政协开展各项协商活动300余项。第六届区政协开展各项协商活动320余项。

第二节 民主监督

1990年3月至1993年1月，第三届区政协围绕九年制义务教育、法制建设、党风廉政建设、维护儿童妇女合法权益等问题加强民主监督，提出意见、建议10余件。

1993年1月至1998年1月，第四届区政协先后制定《常委会工作规则》《主席会议制度》《各主委会工作细则》等规章制度，以及《关于贯彻执行〈政协全国委员会关于政治协商、民主监督、参政议政的规定〉的实施意见》，进一步明确民主监督的主要内容和形式。委员通过提案、视察、专题调查和反映社情民意等形式，就“三五”普法、加强城区道路综合整治、环境污染治理及区委、区政府的重要工作实施监督，提出意见、建议。

1998年1月至2003年1月，第五届区政协先后修订和完善10余项制度规定。2001年，区委制定《关于区政协履行政治协商、民主监督、参政议政职能的意见》，进一步提高民主监督工作的效能，使政协工作逐步趋于制度化、规范化。委员通过提案、视察、专题调查和反映社情民意等形式提出意见、建议。

2003年1月至2006年年底，第六届区政协实施民主监督，围绕区委、区政府重大决策的贯彻落实和法律、法规的贯彻执行及党风廉政建设等工作，组织开展调研、视察活动。参与区直执法部门、经济管理部门和窗口服务单位的行风评议活动，行使民主监督职能。同时，推荐30余名政协委员担任政府有关部门的特邀监督员，民主监督工作水平进一步提高。

第三节 参政议政

每届政协委员发挥自身优势，精心选择

题目，深入基层，深入实际，开展调研视察，撰写调研视察报告，通过提出意见建议参政议政。

1990年，区政协组织专题调查27次，参加人数108人次，形成《关于市中区服务行业的调查情况》《关于视察创建卫生城市工作的意见》等11份调查、考察报告。提出意见、建议220条，受到党政领导和有关部门的重视。至1993年1月，第三届区政协收到委员提案331件，经审查立案252件；对不予立案的79件，作为意见建议处理。其中，有关经济建设方面33件，政治思想、党的廉政建设方面9件，科教文卫方面69件，城市建设和管理方面53件，劳动人事、群众生活方面24件，交通、工商管理方面35件，统战、政协方面9件，其他方面20件。

1993年1月至1998年1月，第四届区政协收到委员提案421件，经审查立案309件；对不予立案的112件，作为意见建议处理。其中，有关经济建设方面59件，科教文卫方面68件，城市建设、环境保护方面134件，其他方面48件。

1998年1月至2003年1月，第五届区政协收到委员提案442件，经审查立案323件；对不予立案的119件，作为意见建议处理。其中，有关经济建设方面57件，科教文卫方面73件，城市建设方面135件，其他方面58件。提案经过承办单位认真办理，已得到解决和列入计划解决的315件，占全部提案的97.5%。

2003年1月至2006年年底，第六届区政协主要围绕新农村建设、城市建设及党风廉政建设等方面，组织开展调研、视察活动，提出建议报告，供区委区政府决策。区政协共收到委员提案196件，经审查立案166件；均作为意见建议处理；不予立案的27件。

第四节　文史资料征集研究

1991年10月，编辑出版《市中文史资料》第一辑，选编文史资料17篇，约6万字。其中，辛亥革命时期史料2篇，抗日战争时期史料2篇，介绍市中区老企业管理经验、商界人士介绍经商之道史料10篇，其他史料3篇。1993年，先后征集到《梁漱溟办乡村教育》《济南建联中药店发展史》等史稿10篇。1994年，征集到《蔡公时与济南惨案》《济南教育学院40年回顾》等史料7篇，2万余字。修改、整理《郭隆真》等民族方面史料6篇，为省政协准备出版的《山东阵亡将士录》提供市中区抗日战争期间48名阵亡将士名单。

1996年11月，编辑出版《市中文史资料》第二辑，选编文史资料16篇，约9万字。其中，介绍百年商场经历、市中老字号企业经营发展的史料8篇，介绍济南名校沿革及教学管理史料5篇，揭露日本特务侵华罪行史料1篇，其他史料2篇。2000年11月，编辑出版《市中文史揽萃》，收录文史资料32篇，约10万字。其中，收录教育发展史料6篇，介绍人物作品11篇，介绍市中老字号、特色名店作品5篇，介绍创业先进事迹作品5篇，介绍济南穆斯林文化作品4篇，介绍解放前事件作品1篇。

第十六篇 民主党派 工商联 群众团体

1991年，全区有6个民主党派、5个群众团体及工商联组织。各民主党派及工商联广泛开展调查研究，针对经济社会管理中存在的问题，提出合理化建议，根据政策形势变化，制订调研课题，撰写调研报告，提出建议议案，供区委、区政府决策，发挥参政议政的作用。各群众团体认真履行职能，广泛联系群众，加强组织管理，发挥桥梁和纽带作用，参与社会管理，为经济社会发展作出贡献，促进劳动关系和谐、社会和谐。2006年，全区有民革、民盟、民建、民主促进会、农工民主党、致公党、九三学社7个民主党派，工会、共青团、妇联、科协、文联、残联、红十字会7个群众团体和工商联组织。

第一章　民主党派

第一节　中国国民党革命委员会济南市市中区工作委员会

一、工作机构

简称民革，1955年建立市中区支部，直属省民革领导。1966—1977年，停止活动。1978年重建。1980年12月，划归济南市民革领导。1992年，扩建为中国国民党革命委员会济南市市中区工作委员会，下设市中医支部、综合支部、实验支部、文教支部。2006年，下设综合一支部、综合二支部、市中医支部、市中文教支部、省实验中学支部、市中老年支部6个支部。历任主委刘恒珊、梁安民、王琳。

二、参政议政

1984—2006年，民革济南市市中区总支（支部）在区政协会议上提交党派团体提案100余件，作大会发言2次，各级人大代表、政协委员提交建议、提案50余件，被有关部门采纳20余件。其中，《制止商业名称、商品发布的不良文化现象》《加强重阳节千佛山山会文化市场和卫生管理》《加强社会办医的药品质量管理》《消除白色污染 变废为宝》《我市医疗垃圾应实行集中处置的建议》《继续加强关于济南“五三”惨案的纪念教育工作的提案》《 关于开展爱国主义教育建立“五三”惨案纪念物的建议》等，较好地发挥参政议政作用。

三、社会服务

1991年后，市中医医院支部坚持每个周末及各种节日都组织医务届党员到长清、商河、济阳、平阴、沂蒙山区以及农村、社区、托儿所等开展捐款及义诊服务，事迹被《济南日报》以《把爱心撒向农村》的标题刊登；省实验中学支部党员多年来牺牲很多休息时间和节假日，到沂蒙山区等偏远地区支教服务；文教支部排练文艺节目，到植物园、大明湖、趵突泉等公园和旅游景点为游人演出，进社区、劳改农场进行宣传，义务为山东黄河河务系统多场比赛组织专家提供服务，积极参加抗击“非典”防御和义务宣传演出等百余场，为抗洪救灾、抗击“非典”捐款捐物；综合支部义务为收藏爱好者提供文物鉴赏几千件。1994年和2004年，市中医支部被评为全国先进基层组织；2005年，获全国社会服务先进集体称号。

第二节 中国民主同盟济南市市中区基层委员会

一、工作机构

简称民盟，成立于1980年4月，成员28人，多为文化教育界知识分子。1989年10月，改为中国民主同盟济南市市中区工作委员会。2006年9月，更名为民盟市中区基层委员会，下设市中区机关支部、市中区支部、十四中支部、二十七中支部、六十八中小组、省实验中学支部、回民中学支部、济南中学支部、信息工程学校小组、济南教研室小组10个支部，成员187人。历任主委沈景炎、程显庆、田立英。

二、参政议政

1991—2006年，共发表《济南市防灾减灾与健全应急预警体系》《关于公路建设统筹管理的几点建议》《关于建立健全区域信用体系的几点建议》《关于我市社区建设工作的两点建议》《关于落实青少年心理健康的几点措施》等十几篇调研报告。其中，《济南市防灾减灾与健全应急预警体系》等5篇调研报告，民盟市委作为市政协大会发言材料。

三、社会服务

2005年8月，首先在全区实施用知识救助贫困家庭学生的计划。依据《市中区社会保障救助服务指南》的相关内容界定救助范围，对全区贫困生现状进行调查摸底，确定对家庭困难、好学上进但学习和心理有一定障碍和困难的学生开展学习和心理方面的救助活动，为贫困生的学习进步和健康成长开辟一条绿色通道。2006年，民盟市中区主委卢广庆与社区联手，连续3年坚持用寒暑假时间在社区举办“未成年人思想道德教育”专题教育讲座。民盟机关支部高谦为山区孩子捐赠上万元的图书和光盘。区工委完成招商引资300万元。

第三节 中国民主建国会济南市市中区总支部委员会

一、工作机构

简称民建，市中区总支成立于1986年4月，多为原工商业者和工商经济界人士。2006年，下设机关支部、文体支部、商业综合支部、低压锅炉厂支部、大观园支部、经二路支部、二七支部、魏家庄支部、共青团支部、杆石桥支部、东八里洼支部11个支部。历任主委李浔之、徐长远。

二、参政议政

2001—2006年，区总支组织部分会员，在民建济南市委指导下开展多次综合调研，向民建市委以及各级政协会议提交提案（建议）30余件。其中，2001年10月《关于“一环九射”道路两侧实施统一规划的建议》、2003年1月《尽快采取措施治理八一立交桥周围环境》、2003年10月《关于整治绿化破损山体的建议》、2004年1月《关于解决农村产业结构调整中制约发展的瓶颈问题的建议》、2004年10月《从源头上解决垃圾围城，污水穿城的局面》、2004年11月《关于加强我市近郊农村环境综合整治工作的建议》、2005年10月《关于沼气综合利用的建议》、2005年10月《关于加强农村两委选举工作的建议》、2005年10月《关于实行村级财务公开的建议》和2006年10月《关于采取措施加快济南市城郊结合部环境建设的建议》等10件提案（建议）被有关部门采纳。

三、社会服务

1998年，区总支会员在抗洪救灾中捐献款物25万余元。2003年，区总支会员在抗击

“非典”中捐款3万余元；在体育下乡活动中，部分会员捐款4500元，为党家庄镇立新村购置体育器材。2004年9月，区总支会员积极参与民建市委“一对一”救助贫困学生的行动，出资3万余元救助章丘贫困山区黄露泉村失学儿童，会员王浦新为章丘贫困山区学校出资修复破损的教室门窗。

1999—2006年，区总支共救助贫困孩子30余人。其中，会员杜宪华救助济阳失学儿童3名和章丘及市中区小岭村各1名中学生；会员刘志敏救助章丘2名儿童。至2006年，区总支会员参加公益性活动捐款、捐物80余万元。会员中的民营企业家合法经营，积极纳税，招商引资8000余万元，安置就业人员3000余人。

第四节　中国民主促进会济南市市中区总支委员会

一、工作机构

1985年6月，中国民主促进会市中区小学联合支部成立，有会员14人。2002年7月，改为中国民主促进会济南市市中区总支委员会，有会员29人，设主委1名，副主委2人，委员2人。下设市中区市中综合支部、市中文化教育支部、第六十八中学支部。至2006年，有会员35人。历任主委王玉春、刘友文。

二、参政议政

2003年，崔援提案《关于扶持馒头市场向绿色食品发展的建议》；金元平提案《关于对鳌子山进行绿化的建议》。2004年，罗金美、市委会集体提案《关于加强我市老年教育设施建设的建议》；崔援提案《再谈扶持馒头市场的绿色食品发展》；市中总支集体提案《市中区辖区内应建设平行立交桥》《置放好繁华路段的果皮箱》。2005年，市委会集体提案《市中区应成立劳务培训基地》；金元平提案《关于加强新一届村干部进行学习培训，财产审计的建议》；赵晓红提案《关于加强中小学安全问题的几个建议》；孔祥顺提案《搞好小门头商业经济，扇燎原之风；拉动三产经济，夯实市中区经济中心地位》。2006年，孔祥顺提案《加强教育投资，中小学合理布局；加强背街小巷的环卫设施建设》，金元平提案《关于在英雄山路架设过街天桥和地下隧道的提案》。同年，由冯国华撰写的《关于对商埠区古建筑进行保护开发利用的建议》获济南市民进优秀提案奖。《关于对公共交通司机进行职业道德和业务培训的建议》在《济南时报》刊登。

三、社会服务

2004年起，民进市中区总支与十六里河镇矿村和历城区西营镇先后结成帮扶对子，开展智力帮扶和扶贫助残等一系列活动。先后开展“教育、卫生、法律、文化下乡”“手拉手献爱心”“一帮一扶贫助贫”等活动。为矿村幼儿园和小学捐献手风琴和幼儿玩具一批，图书近千册。为残疾人、贫困户和烈军属、老党员等送去食用油、面粉、儿童学习用具一宗，价值数千元。带领法律工作者和医卫界专家为村民开展义务咨询诊疗，为育龄妇女和女教职工查体和宣传优生优育知识等。2006年底，市中区文化局与文化教育支部“电影下乡活动月”启动，6个月放映革命优秀传统故事片和科普纪录片400余场次，观众10多万人次。

第五节　中国农工民主党济南市市中区总支委员会

一、工作机构

1984年12月，成立中国农工党市中区支部，有党员16名，多为医药卫生界的医务工作者。1992年3月，市中区总支委员会成立，党员46名。1995年，有党员100名。2000年，有党员156名，下设市直机关、机床一厂、铁路医院、市中医医院、市口腔医院、市妇幼保健院、市传染病医院、市中区医院、前进诊所9个支部。2005年，区总支下设市直机关、市口腔医院、市妇幼保健院、市传染病医院、市中医医院、市中区医院、机床一厂、铁路医院共8个支部，党员171人。党员70%来自医药卫生届，另有部分科学技术、文化教育、环境保护、公务员、律师等中、高级知识分子。历任主委宫兰芳、王淑华、张连森、李莉。

二、参政议政

总支每年在政协大会上都有集体提案和个人提案，许多提案被区政府采纳。如《关于公费医疗改革的建议》《关于建立少儿住院医疗互助基金》《健全动物防疫体系，保障人民生命健康》《关于在中小学生中开展“零距离”性教育》4项提案得到媒体的关注，《济南时报》《都市女报》及齐鲁电视台分别进行采访，并呼吁提案的落实。《关于整顿济南市医疗广告的建议》《关于在大中专院校开展创业指导课程的建议》得到有关部门的重视和肯定。《加强村级卫生室规范化、制度化管理》《社区卫生工作亟待加强提高》《加强力度拆除我区老式旧垃圾台的建议》《加快阳光新路的修整拓宽》《二七中路路面的修整》《关于治理改善胜利大街周边环境》《建设现代化仓储物流基地，打造我区新的经济增长点》《增加教育投入，实现我区文化传承创新，推动文化大发展大繁荣》《关于市中区医院提高医疗管理服务水平，尽快提升为市级医院序列的建议》等提案，受到区委、区政府好评。

三、社会服务

总支成员多为医务工作者，充分利用自身优势开展义诊咨询服务。每年大的节假日期间，各支部成员开展不同范围、规模的组织活动。连续多年在“中秋节”“老人节”来临之际，组织专家到多家老年公寓进行走访慰问、义诊体检服务。参与统战部为边远山区送医送药义诊活动。多次组织党员围绕环境保护这一主题进行社会实践活动，每年在历城区仲宫镇南部山区开展植树造林活动，种植各类果树100余棵。在黄河沿岸开展义务清扫垃圾活动。

第六节　中国致公党济南市市中区支部

一、工作机构

1995年5月4日，致公党市中支部成立，党员9人。1998年2月，支部换届改选，聂鸿立任支部第二届主任委员，党员16人。2001年1月，换届改选。2006年10月，换届改选，党员31人。历任主委王希新、聂鸿立、张元玺。

二、参政议政

各届主委、委员积极参政议政，尤其担任省、市、区的政协委员，针对社会生活和本职工作中关注的热点难点问题，每年写出多篇提案建议。王希新担任省政协六、七届委员会委员期间，于20世纪90年代初提出的《关于对发展社会保障事业的几点建议》，1996年省政协会议上关于“债务链”的建议，1997年《建议在我区建立一所旧货市场》等，均得到有关部门的积极响应；作为省政协委员视察期间，帮助潍坊联桥毛纺有限公司解决3500平方米的场外道路建设。

三、社会服务

各届主委重视到基层调研工作。每届主委带领党员对医院、民政、老年公寓等单位进行实地调研；与贫困家庭结对子，经常进行慰问、走访老年公寓。下乡扶贫助学、送去书画、春联。党员聂鸿立自创办民办大学——山东艺术设计职业学院，坚持捐资助学，先后为社会培养人才4万多名，为300多名贫困生减免学费200多万元。面向社区举办公益性大讲堂20多场，免费技能培训。任主委期间，发起举办多项大型国内外画展活动。1996年，在“重走长征路”活动中，创作80米画卷《长征》，捐赠给国家军委，受到张万年、迟浩田接见。

第七节　九三学社济南市委员会市中区基层委员会

一、工作机构

1984年9月，成立九三学社市中区支部，社员多为科技界中高级知识分子。1996年10月18日，成立九三学社市中区基层委员会。2006年，下设一支社、二支社、建设支社、老年支社、五支社、六支社，社员87人。历任主委党新明 、韩克胜、刘梦海、侯建国。

二、参政议政

1996年，李文林提出的《建立民用煤储备基金，稳定居民生活用煤供应》的建议被政府部门采纳。至2006年，高夙胜被市直机关工委聘为党风廉政监督员，李文林、刘小兰被省、市委统战部聘为党外知识分子联络员。

三、社会服务

1998年3月，九三学社市中区基层委员会组织动员社员参加抗洪赈灾捐助活动。2000年，响应社中央关于支援西部贫困地区的号召，组织社员参加捐助活动。2003年，贯彻国务院关于防治“非典”的一系列部署和要求，致电慰问社员中一线医务人员，组织社员参加各类捐助，与市中区政协共同举办书画捐赠扶贫活动，向十六里河镇斗母泉村捐赠3万元；招商引资1.2亿元。2004年，组织服务社会公益活动，到农村道路建设第一线送去矿泉水等物品；招商引资2300万元。同年，九三学社市中区基层委员会被九三学社中央评为全国先进基层组织，被中共山东省委评为全省民主党派为经济建设服务先进集体。2006年，多次到南部贫困山区捐款捐物，全年累计捐款5000多元；与辖区内舜玉路社区“结对子”建立社区服务基地，举办法律、计划生育、医疗、财税等知识咨询服务活动，接待服务群众600多人次。同年，被中共山东省委评为全省民主党派基层经验交流先进集体。

第二章　市中区工商业联合会

第一节　代表大会

1993年2月26日，召开市中区工商联第六次会员代表大会。李浔之代表工商联作工作报告，选举产生31名工商联执委，选举会长1人，副会长6人，秘书长1人。

1997年4月25日，召开市中区工商联第七次会员代表大会。高英俊代表工商联作工作报告，选举产生39名工商联执委，选举名誉会长1人，会长1人，副会长9人，秘书长1人。

2001年12月12日，召开市中区工商联第八次会员代表大会。李大伟代表工商联作工作报告，选举产生工商联执委45人，选举会长1人，副会长10人，秘书长1人。

第二节　组织建设

1992年5月，市中区工商联党组成立，在区委统战部领导下开展工作。1994年9月，市中区工商联并称市中区民间商会，工商联主席、副主席改称为会长、副会长。1997年5月，市中区个体私营经济工作领导小组成立，办公室设在区工商联，工商联会长任办公室主任。区工商联除具有《全联章程》所赋予的13项主要职能和任务外，增加区委、区政府赋予的制定个体私营经济发展规划、检查监督政策落实情况、协调各职能部门之间关系、督促各部门在职责范围内办理相关事宜、指导个体私营经济发展情况以及提供相关材料和数据6项职责。8月，中共市中区工商业联合会总支委员会成立。2000年10月，市中区民营经济服务局成立，设在工商联的个体私营经济工作领导小组办公室移交民营局。

2006年，区工商联下设3个行业商会（协会）和15个街道（镇）商会。3个行业商会（协会）分别为市中区餐饮业公会、齐鲁古今艺术品行业商会、市中区林果协会；有会员801户（人）。

第三节　商务活动

1991—1997年，区工商联先后组织会员企业21户38人参加全国工商联和华东六省一市工商联在南昌、福州、南京举办的商品交易会。1998年，参加中国环渤海科技博览会，协助济南新达电器厂引进一项国家级火炬计划项目；赴波兰驻华大使馆与波兰企业进行经贸洽谈。2001年，参加北京第二届国际投资与高新技术产业洽谈会、南京首届世界华商大会。2002年，参加首届民营企业产学研洽谈会暨民营企业发展与技术创新专家论坛、中德合作项目研讨会；组织召开“兴民企、共发展”银（行）企（业）洽谈会，帮助45家企业协调贷款8000多万元。2003年，参加中韩经贸洽谈会、赴胶东进行项目投资考察。2004年，赴沈阳参加全国民营企业参与老工业基地振兴合作交流会，参加济南创业与投资国际合作周。开展第六次全国私营企业和私营企业主抽样调查。

2006年，区工商联与温州市鹿城区工商联、南京市江宁县工商联、南京市六合县工商联、四川省双流县工商联、内蒙古莫力达瓦达斡尔族自治旗工商联、青岛市四方区工商联、青州市工商联、济南市历城区工商联建立友好商会。

1991—2006年市中区工商联商务活动情况表

表16-1

年份	活动内容及成果
1991	参加华东六省一市工商联第五届商品交易会，成交金额180万元
1994	组织7家企业参加香港与内地经贸合作研讨会、4家企业参加福州商交会，组织参加济南市首届民营企业科研成果洽谈会

续表 16-1

年份	活动内容及成果
1997	组织 10 家企业参加宁波商品交易会，参加济南市金秋经贸洽谈会，邀请马来西亚客商到市中区考察
1998	参加中国环渤海科技博览会，协助济南新达电器厂引进一项国家级火炬计划项目，到波兰驻华大使馆与波兰企业进行经贸洽谈
1999	参加澳大利亚青年华人企业家访问团举办的项目发布会、大黑河岛国际商务城开业暨对俄进出口商品展销洽谈会、海南生态文化游招商活动
2000	参加西安西部经贸考察和项目洽谈会、南京全国民营企业高新技术产品展销会、中国民营企业家管理论坛，赴俄罗斯圣彼得堡参加餐饮业投资项目发布会
2001	参加北京第二届国际投资与高新技术产业洽谈会、南京首届世界华商大会
2002	参加首届民营企业产学研洽谈会暨民营企业发展与技术创新专家论坛、中德合作项目研讨会
2003	参加中韩经贸洽谈会，赴胶东进行项目投资考察
2004	参加沈阳全国民营企业参与老工业基地振兴合作交流会，参加济南创业与投资国际合作周活动，开展第六次全国私营企业和私营企业主抽样调查，组织参加济南市民营企业招聘会、济南市退伍士兵及家属与民营企业双向选择洽谈会
2005	参与组织山东省暨济南市下岗失业人员进民营企业活动周启动仪式，参加市工商联组织的民企招聘周活动及海外华商、博士创业与投资洽谈会、济南市民营企业泉城论坛

第四节　参政议政

1991 年后，工商联第五届执行委员会委员中有 5 人担任市、区人大代表，20 人担任市、区政协委员，其中 1 人担任市政协常委，1 人被聘为特邀监察员。先后提出建议 22 条，组织 15 人对新建八里洼、王官庄、农贸、家具和服装市场以及新世界商城等进行考察调研 3 次，提出合理化建议 20 条。针对饮食、服务行业进行调查，配合区委统战部对全区非公有制经济状况进行摸底。通过人大、政协提出提案 30 件，大部分被有关部门采纳。

1993 年后，工商联第六届执行委员会委员中有市政协常委 1 人，市、区政协委员 15 人，省、市、区有关部门特邀监督员 5 人。参加区政协组织的市场物价、三资企业的调查活动，参观考察腊山民营工业开发区、济微路商业街，提出合理化意见建议 50 余条，20 条被采纳。先后提出提案 80 余件，15 件被列为重点提案、5 件被列为现场办案提案；《建立法规，限制养犬》被济南市公安局、法制局采纳；《加强对党的干部廉洁勤政、艰苦奋斗，为人民服务根本宗旨的教育》《让群众看到市委抓廉政建设的决心和行动》被市纪委、市委宣传部、市监察局等部门采纳。

1997 年后，工商联第七届执行委员会委员中有省政协委员 1 人，市人大代表 2 人，市政协委员 5 人，区政协委员 16 人，市、区有关部门特邀监察员 2 人。先后提出提案或建议 30 余件，其中会员于晓玉在市人大提出的《加大措施，优化非公有制经济的软硬件环境》的建议，深受市政府好评。

2001 年后，工商联第八届执行委员会委员中有市人大常委 1 人，市政协委员 5 人，区人大常委 1 人，区政协委员 22 人（其中常委4人）。有6人担任区环境建设督察员，2人担任市工商局市中分局特邀监察员。本届执委中的人大代表和政协委员，撰写各类提案40余件，其中《关于在市中区文化市场成立行业商会的议案》《关于解决民营企业融资难问题》《关于整治街道乱搭棚、乱摆摊现象的建议》及《关于沼气综合开发利用的建议》等提案被各级政府采纳。

第五节　会员服务

1991年3月28—31日，区工商联委派郑学之参加由世界生产率科联中国分会世界经济研究信息中心等单位在杭州浙江展览馆举办的全国实用新技术、新产品展览交易会。带回信息20余项，一致推荐红旗开关厂开发“电子针灸保健仪”项目。10月5日，配合市科技培训学校在南上山街小学举办一期制冷、机电、无线电专业培训班。100名参加学员学习，由聘请的大学教授、讲师按全国统一教材讲授的各种冰箱、空调、中小型冷库、电动机、变压器、洗衣机、手电钻、鼓风机、小型汽油柴油发电机、潜水泵、电风扇、收录机、黑白电视机的原理及维修技术。期满考试合格，颁发全国统一结业证书。

1995年8月，区工商联协助王宝泉、牛虎兵、刘洪云、王前等人集资成立民营经济互助基金会，制定章程，选举产生董事会、监事会，为会员企业提供资金支持。1997年，与区法律服务中心联合成立非公有制经济法律服务部（2002年更名为市中区民营经济维权岗）。2002年，区工商联与济南商业银行合作，多次召开兴民企，共发展，银企洽谈会，通过授信贷款、担保贷款、抵押贷款等多种形式，先后为企业解决贷款8000多万元。2004年，与济南市诚信人律师事务所合作成立市中区工商联法律维权服务中心，专门为会员企业提供法律咨询、知识讲座、诉讼代理、合同签订、法律顾问等方面的帮助。2005年，与市中区档案局合作，为会员企业规范档案管理，并进行省级鉴定。2006年，出资建立市中区工商联网站，帮助宣传企业，畅通交流渠道，提供学习平台，提高工作效率。

第三章　群众团体

第一节　工　会

一、代表大会

1989年11月，召开市中区第一次工会会员代表大会，参加会议代表147人，选举产生第一届委员会委员19人，常务委员7人。王德让任区总工会主席。1995年1月，召开市中区第二次工会会员代表大会，参加会议代表216人，选举产生第二届委员会委员21人，常务委员9人。李家训任区总工会主席。2000年1月，召开市中区第三次工会会员代表大会，参加会议代表171人，特邀代表20人，列席代表30人，选举产生第三届委员会委员21人，常务委员9人。崔全德任区总工会主席。2002年11月，区委提名刘凤宝任区总工会主席，并按工会章程办理；12月，召开三届七次委员会全体会议，全委会应到委员21人，实到20人。一致通过刘凤宝任区总工会主席并上报市总工会。

二、组织建设

1991年，全区有基层工会69个，工会会员12214人。1995年，为加快全区新经济组织工会组建步伐，成立新经济组织工会建设领导小组。1997年，基层工会116个，工会会员13139人。2001年12月，全区15个街道（镇）设立工会工作委员会，作为区总工会的派出机构。2003年，成立建会工作领导小组，把新建企业工会组建工作纳入工会的重要议事日程，按照“哪里有职工，哪里就要建工会”的要求，重点做好非公有制单位的工会组建工作。

2005年4月，全区15个街道（镇）工会工作委员会更名为街道（镇）总工会（升格为副处级单位），人员编制3～5人，设工会主席1人。区总工会投资14万元为15个街道（镇）总工会统一制作工会匾牌、配备专用微机，实现办公规范化。同年，新建工会组织388个，新增会员29564人。创建社区工会和社区工会联合会，依托社区居委会工会吸纳进城务工人员入会，社区会员达8946人。2006年年底，全区建立基层工会795个，工会会员92478人，其中农民工13059人；女职工组织778个，专、兼职工会干部235人。

三、主要工作

民主管理民主监督机制建设　1991—1994年，全区有工会组织的15个党委全部建立公开监督委员会，46家基层单位建立群众工作委员会，培训职工代表1448人。1995—1996年，各级工会组织参与企业产权制度改革，提出加强股份制企业民主管理意见，18家股份制改革企业经过民主选举，工会主席、职工代表进入董事会或监事会，监事会主任由工会主席担任。有89家企事业单位建立职代会制度，召开职代会213次。1997—1998年，加强和完善职工民主管理，建立健全职代会和其他民主管理制度。全区98家单位建立职代会制度，召开职代会246次，征集提案、建议1348件，采纳809件，采纳率61%。

1999—2000年，区委组织部、区总工会、区经计委、区体改委、区监察局、区审计局联合下发《关于在区属企业中实行“厂务公开、民主管理和监督”制度的实施意见》，在46家单位进行试点。2001年9月，区纪委、区委组织部、区总工会、区经计委联合下发《关于开展“厂务公开、民主管理和监督”工作检查的安排意见》。全区46家企业、事业单位列入考核范围，经检查合格单位42家，不合格单位4家，职工满意率92%。2003年11月，调整推行厂务公开、事务公开工作领导小组机构，区委副书记、纪委书记任组长。2006年5月，在全区企业中开展创建劳动关系和谐企业活动，评选出劳动关系和谐企业30家。

维护职工权益　1991—1993年，新建职工食堂8个、洗澡堂18个、休息室45平方米，改善职工生活条件。1995年5月，区总工会根据山东省总工会、济南市总工会要求，制定《关于企业建立平等协商签订集体合同制度的意见》，区委、区政府予以转发。7月初，在市中印刷三厂、济南二七商场推行集体协商签订集体合同制度试点工作。1995—1997年，区女职工委员会在企业建立平等协商委员会、草拟集体合同文本工作中，对违反女职工劳动保护法律法规的条款予以及时更正；济南二七商场、市中散热器厂等单位对漏写有关条款给予补充，使女职工的合法权益在集体合同条款中体现。全区有济南鲁澳纸业有限公司、济南红旗电器开关厂等33家企业签订集体合同。先后参加山东思味特食品有限公司、济南大观园商场、济南药检所等单位职工劳动争议案件工作，维护企业和职工的合法权益。1997—1998年，建立平等协商和签订集体合同的单位47家，占建立工会企业数的94%。

2004年7月，建立区政府与总工会联席会议制度，针对改善困难企业职工的基本生活，依法协调企业改制中的劳动关系，保障非公有制企业中职工的合法权益，动员和组织职工为改革发展建功立业等问题，研究制定相关解决办法。2005年，有38家企业签订集体合同，建立企业劳动争议调解委员会393个，占建立工会组织企业总数的97%；建立工会法律监督委员会389个，占建立工会组织企业总数的96%。

困难职工帮扶　1991—1993年，走访慰问困难职工2672户，发放救助金13.89万元。1993年，区总工会组织成立职工互助互济会，组织开展职工互助工作，帮助困难职工解决生活困难。1995年，筹集送温暖资金11.88万元，对家庭人均月生活费在90元以下的439户特困职工进行救助。1996年，筹集送温暖资金34.71万元，对432名困难职工、62名患重病职工进行救济补助。至1997年，区总工会为516名困难职工建立档案，为136名特困职工办理特困职工证，使特困职工在就业、经营、子女上学、入托方面享受政府优惠政策。

2002年11月15日，市中区总工会困难职工帮扶中心成立，区总工会主席担任主任。2003年4月，市总工会为困难职工帮扶中心颁发资格证书。帮扶中心形成区、街道（社区）帮扶二级网络16个，涵盖送温暖、再就业、困难帮扶3个方面，建立困难职工档案950个，对困难职工实行动态管理。2005年5月，实施7项保障救助措施。一是为人均月收入达不到230元的在职职工家庭办理“特困职工优待证”，为持“特困职工优待证”和特殊岗位上的一线职工办理补充保险；对所有持“特困职工优待证”家庭办理水费补贴（每户每月5元），并按时发放。二是开展重大节日送温暖活动，为持有“特困职工优待证”的职工实施救助，救助标准每户300元。特殊情况实行一次性救助，标准500～1000元。三是对持有“特困职工优待证”的职工子女，考上大学本科的，当年度一次性救助1000元。四是为持有“特困职工优待证”职工免费提供法律援助。五是对持有“特困职工优待证”“下岗证”“再就业优惠证”职工免费提供职业介绍和就业培训。六是职工患重大疾病，住院治疗医药费在1.5万元以上的，当年度一次性救助1000元；如加入职工互助互济的先申请市总救助，市总工会救助不足1000元的由区工会补到1000元；一般情况的住院治疗医疗费在1.5万元（不含1.5万元）以下的，当年度一次性救助500元。七是每年为市以上困难劳动模范一次性救助1000元，办理定点医院查体一次。当年，7项保障救助措施救助各类困难职工1531人，发放各类救助金15.93万元（重大疾病救助29人、4.84万元，教育救助36人、1.89万元）；与10名特困职工签订《法律援助顾问协议书》，提供法律援助；为145名市级以上劳模办理医疗证，享受每年免费查体一次等。2006年，筹集送温暖资金35.43万元，走访慰问职工共计1195人（其中全国劳模2人，省劳模12人，市劳模40人）。7项保障救助措施救助职工3926人，发放各类救助金18.36万元（教育救助47人、2.32万元，大病救助17人、1.61万元；困难救助11人、7500元）；为1708名持“特困职工优待证”的职工发放水费补贴，累计9.42

万元；出资4.25万元，帮助2129名职工加入市总工会互助互济会，为14家小企业办理小额无息贷款52万元；为在职职工审验办理“特困职工优待证”978个，并继续免费为持证职工提供法律援助。

2002—2006年，共接待来信来访236件次，处结率100%；帮扶困难职工5596人，职业介绍6025人（次），安置下岗职工8201人（次）。

开展劳动竞赛 1991年，开展“质量、品种、效益年”劳动竞赛200多场次，提合理化建议3458条，采纳1400余条，劳动竞赛、合理化建议创经济效益160余万元。1992年，围绕“争先、创佳”劳动竞赛活动，技术革新34项，争创效益90余万元。1993—1997年，开展“学先进、比贡献、创一流”劳动竞赛和“双增双节”（增产节约、增收节支）活动，有147家企业、784个班组、12350余名职工参加979场（次）劳动竞赛、技术比武活动。提合理化建议4301条，采纳实施1178条，创造经济价值1830余万元。1998年，开展“为建设现代化省会城市建功立业”系列活动。有42家基层单位3800余名职工参加技术比武和岗位练兵活动164场（次），创经济效益87万余元。1999年，开展提合理化建议和爱岗敬业活动。提出建议983件，采纳率30%，节约和创造经济效益82万元。2000年，开展“岗位多奉献、巾帼立新功”等多种形式劳动竞赛和合理化建议活动。提出合理化建议3328条，采纳1136条，创造经济效益195万余元。

2001—2006年，全区有116家企、事业单位开展“建功立业”劳动竞赛活动，评出职工创新示范岗3个、职工创新能手30名，获全国“五一劳动奖章”1名、省劳模2名。

职工教育和文体活动 1991—1992年，组织广大职工开展“讲道德、树新风、塑形象、多贡献”等系列活动，举办各类业务技术学习班148期，参加职工4420人次。组织职工开展“党在我心中、社会主义好”读书演讲活动168场（次），936名职工登台演讲。1993—1994年，在深入开展学习职业道德教育和孔繁森事迹的同时，广泛开展建立社会主义市场经济体制的宣传教育，把济南市总工会选编的《建设有中国特色的社会主义理论》（职工读本）作为基层班组学习辅导材料，并进行理论考试，组织450个班组职工进行答卷，优秀率98%。1995年，学习宣传《中华人民共和国劳动法》，出黑板报331期、宣传栏252期，举办《中华人民共和国劳动法》知识竞赛105场（次）。

1996—1997年，组织全区78家基层单位9500余名职工参加省、市举办的职业道德知识竞赛答卷活动。在济南市总工会组织的“迎回归，颂泉城，济南人话（画）济南”的书画展览中，市中区选送的10幅作品全部入展。1998年，组织6000余名职工参加“学习党的十五大报告竞赛”活动。1999年6月，组织1110名职工参加全国班组知识竞赛试题答卷活动。围绕澳门回归和跨越新世纪为主题，组织各基层工会以“学理论、忆光辉历程，话改革、迎世纪钟声”为主线，开展爱国主义主题系列教育活动。2000年4月，举办职工庆“五一”卡拉OK比赛，30家基层单位82名职工参加比赛。2001年12月，组织各街道（镇）、局（公司）基层工会在英雄山文化广场举行《中华人民共和国工会法》宣传咨询活动，发放《中华人民共和国工会法》宣传材料2000份，区委、区人大、区政府、区政协的领导参加宣传活动。2002年，组织36家基层单位200名职工参加“山东建工杯”济南五年大变样征文活动，荣获济南市总工会优秀组织奖。

2003—2004年，组织职工参加济南市总工会组织的职工书法、绘画、摄影展览。有51幅作品参展，获摄影一等奖1名、绘画二等奖1名。2005年，组织“四五”普法考试，为基层工会下发《山东省工会干部和职工“四五”普法基础知识汇编》500多本，印刷“四五”普法考核验收试卷1.3万多份，全区干部职工参赛率达95%以上。区总工会被评为山东省“四五”普法先进单位。2006年2月，号召全区各镇、街道及政府各部门深入学习贯彻《济南市工会条例》。4月，联合区普法办举办专题讲座，组织全区500多名机关干部认真学习。印制宣传材料1000余份、横幅20余条、《济南市工会条例》500本，发放到各街道（镇）总工会、局（工会）。

第二节　共产主义青年团

一、代表大会

1991年5月3—4日，共青团市中区第九次代表大会在济南大厦召开，出席代表211人，占全区团员总数的5%。会议听取审议并通过王军代表共青团济南市市中区第八届委员会所作的《高举团旗跟党走，八五奋进建新功》的工作报告，选举产生由23名委员组成的共青团济南市市中区第九届委员会。九届一次全会选举产生由11人组成的共青团济南市市中区委员会，王军当选为书记。

1995年4月19—20日，共青团市中区第十次代表大会在济南大厦礼堂召开，出席代表169人。会议听取审议并通过于显坤代表共青团市中区第九届委员会所作的《面向二十一世纪，强化共青团建设，为培育和造就跨世纪一代“四有”新人而奋斗》的工作报告，选举产生由23名委员组成的共青团济南市市中区第十届委员会。十届一次全会选举产生由11人组成的共青团济南市市中区委员会，于显坤当选为书记。

2001年5月9—10日，共青团济南市市中区第十一次代表大会在济南大厦召开，出席代表202人。会议听取审议并通过王晓峰代表共青团济南市市中区第十届委员会所作的《振奋精神，求真务实，努力开创市中区共青团工作新局面》的工作报告，选举产生由25名委员组成的共青团济南市市中区第十一届委员会。十一届一次全会选举产生由11人组成的共青团济南市市中区委员会，王晓峰当选为书记。

二、组织建设

1991年，共青团济南市市中区委员会（以下简称团区委）有委员23名，常务委员11名，全区设基层团委30个，团总支15个，团支部305个，专职团干部34人。同年，在全区基层团组织中推行党团双向目标责任制。7月，成立市中区业余团校，对广大团干部进行培训。1996年4月上旬，召开各党委分管领导和团委书记参加的推荐优秀团员作党的发展对象和推荐优秀青年人才进入更重要的工作岗位工作会议，对全区的“双推”工作做进行动员和部署。加强新型经济组织（私营、民营企业）建团工作，吸引新型经济企业中青年参与到团的活动中来。至1997年年底，全区新型经济企业建团率达60%。1999年，区委组织部和团区委联合提出关于加强团干部队伍建设的意见，对团干部的选拔、管理、培养、输送及团的组织建设提出明确要求与目标。9月，举办团干部理论研讨班，邀请共青团济南市委有关部门领导对全区基层团干部进行团的业务知识培训，提高团干部的整体素质。2000年，改革旧的街道团组织设置模式，提出加强街道团工委建设意见，在全市率先撤销街道团委，建立街道团工委，对团员青年进行属地化管理，团员教育、团的活动、团员发展及团费收缴等工作全部纳入所属街道团工委整体工作中。2001年，将15个街道团工委调整为13个，调整9个街道及系统团（工）委，80%的基层团工委书记解决科级待遇。

2003年6月，召开全区共青团工作会议，区委组织部和团区委联合提出关于进一步加强和改进党建带团建工作意见。要求各系统及街道、镇团（工）委、一般配备1～2名专职团干部。新任系统、街道、镇团（工）委书记，年龄不超过30岁，副书记不超过28岁，任职最高年龄不超过33岁，班子中25岁以下的至少1人。各级团委专职正副书记，应享有同级党组织（行政）职能部门和下一级党组织正、副职干部的政治经济待遇。2004年，对系统、街道、镇的团干部情况进行摸底调查。针对团干部待遇以及缺职团干部的情况，与各系统、街道、镇党委进行沟通，对党（工）委提名的年轻团干部进行考察，选拔任用一批新的团干部。在新成立的区执法局及时组建团工委，配备团工委书记。通过调整充实，13个街道团工委、2个镇团委以及10个系统团委人员得到补充，15个街道（镇）、12个系统团（工）委正副书记解决副科以上待遇的达80%。2006年，全区设基层团组织30个，团总支22个，团支部576个，专职团干部38人，有共青团员5万余人。

三、主要工作

青少年思想教育 1991年，组织全区40余所中小学开展热爱祖国、热爱社会主义制度、热爱党有奖征文活动和“跟党走”青年歌手演唱比赛。1992年，围绕“学史育人、反演变”主题，开展学习中国近代史、党史、社会主义建设史、团史及青年运动史活动。1994—1996年，在全区青年中实施跨世纪育人工程和跨世纪文明工程，先后举办邓小平理论读书班、培训班52期，成立由各基层团委书记参加的邓小平特色理论研讨小组；开展跨世纪青年形象大讨论及星期六读书日活动。1997年，结合共青团建团75周年和庆香港回归纪念活动，开展“我为团徽添光彩”“迎接香港回归”等知识竞赛和征文比赛。1999年，成立市中区青年读书俱乐部。2000年，在英雄山下举行“抒报国之志，做四有新人”文艺演出暨18岁成人宣誓仪式，各级团组织利用各种爱国主义教育基地开展入团、入队宣誓活动和雏鹰假日小队、红领巾星期六升旗活动。

2001—2002年，在全区青少年中开展“精品活动”创意大赛、党建理论知识竞赛、一推双考模拟比赛及调研文章评比等活动，举办青少年革命传统教育夏令营。2003年，开展书香满社区青年家庭读书活动，构筑社区青少年网络阵地，建立杆石桥、四里村社区红领巾网吧。2004年，举办“我爱济南，我要平安”青年儿童平安行动和“同在一片蓝天下，手拉手共同成长”互助活动。2005—2006年，组织开展“我与祖国共奋进，我与市中同发展”主题教育活动、“社区德育大讲堂”暑期社会实践、“我身边的榜样”征文、“绿色环保、共建和谐、知我社区、爱我家园”等贴近青少年身心特点的主题实践活动。2006年4月，开展以“弘扬五四精神，展现青春风采，构建和谐市中”为主题的青春风采活动。

青年工作 1991年，开展以“强素质、保质量、促效益、青年当先”为主题的竞赛活动，组织企业青工技术比武和劳动竞赛。1992年，开展以“学华兰强精神，做企业主人，建青春功业”为主题的劳动竞赛。有

3455名青工参加。1993—1994年，开展“青春立功，争创青年全优岗”活动，开展技术比武和优质服务竞赛，37支青年突击队开展生产突击412次，参加人员2814人次。回收废旧物资20余吨，清理厂区脏乱场地800平方米，义务奉献工时17200小时。开展“科技兴农，青年当先”活动，建立完善以青年农民为主体的科技服务和蔬菜协会等青年科技兴农组织，扶植因技术原因濒临破产的农民企业18家，建立科技示范户28个，培训青年农科人员810人，绝大多数受训青年农民掌握1～2门以上实用技术。1994年，培训青年星火带头人40人次。1995年，开展争当青年岗位能手、争创青年全优岗活动，评出92个青年全优岗；37支青年突击队开展生产突击300余次，参加人员2928人次。在农业战线，各村成立科技服务队，先后举办农业科技培训班30余期，培训人员800人。1996—1997年，企业85%以上的青工参加争创岗位能手活动，区职教办、区科技中专、居民学校、职工夜校等培训机构对青工进行技能培训达70%。七贤镇举办各类农业技术培训班200期，培训青年农民4000人次，在前龙村建立青年农业科技园。

2000年4月，召开全区农村团的工作座谈会，在山东省十大青年科技示范基地——党家庄镇陡沟村葡萄园召开“科技兴农、青年当先”活动现场会。2001—2003年，以舜玉路社区青少年服务中心为青年创业计划工作试点，引导城镇下岗青工从事家政等服务行业；农村以七贤镇科技园为基地，组织青年星火带头人进行新技术示范和推广，先后进行育苗盘育苗试验、冬暖棚露地遮际试验，均获成功。党家镇陡沟村葡萄园与省青少年活动中心共同举办深入农家院活动，推动辖区观光农业发展。2006年，全区村镇推进青春建功新农村计划。党家庄镇组织机关青年干部及两委35岁以下干部60人听取全国双学双比女能手李成燕等8位杰出青年代表的创业历程。十六里河镇团员青年参观花卉大棚，增强青年创业致富的信心与激情。

青年志愿者服务　1994年，团区委成立青年志愿者服务协会，成员300余名。下属5个志愿者服务队。围绕城市美化、净化、助孤助残、拥军优属等开展活动上百次，参加人数逾千人。1995年，青年志愿者形成“志愿者服务协会—服务队—服务基地”的纵向格局和“服务队—服务队”联合，“学校—学校”联合的横向格局。同年8月，团区委与市中交警大队签订共建精神文明协议，组织260名青年志愿者到26个交通岗亭进行慰问。1996年，全区建立10处青年志愿者服务站。1997年，在辖区大学中开展校企联姻志愿帮扶活动，组织大学生到居委会挂职，参与社会管理。同年，开展与“绿色相伴，与文明同行”红领巾爱绿护绿活动，建立39支红领巾护绿大队，设立12块总面积达11.43万平方米的护绿基地。1998年，全区有青年志愿者服务站15处，志愿服务队近百支，注册志愿者3000名。

1999年，市中区青年志愿者协会在党家庄镇橛山、十六里河镇红山尖、七贤镇万灵山建立占地6.77公顷的青少年希望林、双拥林、五四青年林，组建10余支青年志愿者护绿服务队，建立市中绿荫休闲广场、七贤广场、玉函小区等40个青少年爱绿护绿活动基地。2000年，创建青年志愿者爱心辅导站10处，开展助残家教。2001年，创办《情满人间》青年志愿者专题栏目，利用济南人民广播电台隔周日发布全区志愿者活动信息。2004年，建立亚洲杯足球赛志愿者服务站。5月，在英雄山赤霞广场组织“迎亚足赛、创文明城、我做志愿者”签名仪式，联络山东师范大学、济南大学的大学生志愿者和济南市第十四中学的中小学生用外文进行交流。2005—2006年，组织大学生志愿者、街道社区团员青年开展“保持先进性，我做志愿者”主题实践活动、铁路容貌工程志愿者活动及“让青春染绿泉城”等志愿服务，组织和聘请老军人、老干部、老科技工作者、老校长、老专家组成五老“宣讲团”“关爱团”“讲师团”等志愿者工作组织，在构建社区和谐建设和精神文明建设领域开展志愿者服务。2006年8月，团中央书记处书记卢雍政到舜玉路街道视察，对市中区青年志愿者服务工作给予高度评价。

爱心助学活动　1993年，全区团员青年先后筹资3.78万元，缴纳特别团费1.1万元救助贫困地区失学儿童。1994年，团区委组织开展包乡助学和捐资助学活动，全区24所中小学与济阳县贫困小学结对子。为希望工程捐款3.2万元，学习用品10.47万件，图书1.2万册，衣物7114件，教具、办公用品若干，总价折合13万元。1995年，团区委与乡镇企业办公室、区外贸投资管理局等部门联合，开展希望工程爱心助学活动，筹集捐款11135.4元，救助失、辍学儿童28名，24所中小学为对口捐助学校捐物总价值达4万元。1997年，开展“爱心储蓄”“捐建希望书库”活动。筹集“爱心储蓄”资金5万元，救助失学儿童10名。捐物折合19万元。2003年，济南大学机械学院志愿者为泺源爱心辅导站募集图书近千册，济南大学师生捐资为泺源学校购买10台电脑。该校青年志愿者为残疾少年王一平义务家教5年。至2006年，团区委通过希望工程结对救助特困学生265名，捐款捐物达10万元。

帮扶失足青少年　1995年10月，市中区成立关心下一代工作委员会，办公室设在团区委。在街道（镇）普遍建立缓刑、管制、免于刑事处罚失足青少年帮扶网络，先后同100余名失足青少年及其家庭签订帮教协议。2005年4月，召开全区关心下一代工作会议，制定《市中区关心下一代工作委员会章程》，全区17个街道（镇）和教育系统成立关心下一代工作协会。2005—2006年，开展“学校、家庭、社区三位一体”教育帮扶失足青年系列活动，整合力量，先后在市中区素质教育基地和舜玉公园建立市中区关心下一代教育基地，设立托管学校、放心吧、假日营、爱心辅导站、老校长课外咨询站、七色光法制宣传站、太阳花花季呵护中心、娃娃学堂、德育读书班、快乐成长园、五味居爱心驿站等一系列青少年教育活动品牌。2005年11月，济南市关心下一代工作委员会在市中区召开现场会，推广市中区在失足青少年帮扶工作中构建的“三位一体”教育机制典型做法。至2006年，全区共帮教失足青少年300多人。

附：中国少年先锋队市中区工作委员会

1985年11月，市中区召开首届少年先锋队代表大会，选举产生中国少年先锋队市中区工作委员会，在共青团市中区委领导下开展工作。1991年，全区少先队工作以深化学习赖宁为主线，开展“学赖宁、爱泉城、做主人”主题活动，开展主题队会160场，组织上街清扫路面、花坛、擦岗亭8000余人次。在少先队员中开展赈灾捐款活动，捐款39435.26元、粮票2000余千克、学习用品78521件、衣物3000件。1992年，召开少先队市中区第二次代表大会，选举产生少先队市中区第二届工作委员会和市中区第二届红领巾理事会。表彰优秀少先队辅导员52人、热心少先队工作者11人、优秀少先队员184

人。同年，区少工委被共青团济南市委授予济南市少先队工作红旗单位。1993年，开展少先队争戴劳动奖章活动。区少工委被共青团山东省委、省少工委授予山东省少先队工作红旗单位，有3人被评为全国好少年，8人被评为山东好少年，1人被评为齐鲁十佳少先队员，1人被评为山东省功勋辅导员。1994—1996年，少先队工作以“面向二十一世纪，学做泉城小主人”为主题，落实“中国少年雏鹰行动——生存与发展世纪行动计划”，强化少先队员的跨世纪意识和历史责任感。1996年，全面推行少先队雏鹰奖章争章活动，组织开展不同层次、形式的技能达标竞赛。全区7所城区中小学与农村中小学结成联谊对子，开展手拉手互助活动。

1997年，召开少先队市中区第三次代表大会，选举产生少先队市中区第三届工作委员会和市中区第三届红领巾理事会。会议表彰优秀少先队辅导员62人、热心少先队工作者10人、优秀少先队员126人。1998年，以“迎接新世纪，做文明好少年”为主题，开展“向革命先烈说句心里话”、争创“国旗中队”、举行少年军校检阅式等系列活动。1999年，开展以“爱祖国、向未来、做新世纪主人”为主题的系列爱国主义教育活动。表彰市中区首届自立自强十佳少年、手拉手十佳少年。2000年，开展以“迎接新世纪挑战，争做文明青少年”为主题的系列主题教育活动及“读好书、长才干、做主人”的读书活动。2001年，加强体验教育，深化“中国少年雏鹰行动”和城乡“手拉手”活动，开展“启明星”科技创新教育。创办团队工作网站“朝阳时代”。2002年，以网络教育、少先队阵地建设为重点，开展主题教育活动，出版《朝阳时代》少先队版杂志。2003年，以“做合格小公民，在体验中成长”为主题，加强红领巾网吧建设。2005年，辖区少先队开展“爱我生态环境，构筑和谐生活家园——人人捐出一张旧报纸，挽救一棵小树苗”活动，2天时间捐出旧报纸近40万张。2006年，全区中小学组织开展评选“我身边的十美十丑”活动和“感恩、诚信、崇俭”主题教育以及“民族精神代代传”等活动，使学生从小明确“八荣八耻”的内涵和意义。至2006年，市中区少工委先后14次被共青团山东省委、省少工委评为山东省少先队工作红旗单位。

第三节　妇女联合会

一、代表大会

1995年2月28日—3月2日，市中区妇女第九次代表大会在济南大厦召开。出席大会代表220人、特邀代表15人、列席代表29人。大会听取并通过王雪滨代表市中区妇联第八届执行委员会所作的工作报告；选举产生市中区妇女联合会第九届执行委员会，委员31人，其中常务委员9人，王雪滨当选为区妇联主席。

2003年7月9日，市中区妇女第十次代表大会在济南大厦召开。出席大会代表210人，特邀代表14人。大会听取并通过王雪滨代表市中区妇联第九届执行委员会所做的工作报告；选举产生市中区妇女联合会第十届执行委员会，委员39人，其中常务委员7人，王雪滨当选为区妇联主席。

二、组织建设

1991年，区妇联辖各街道（镇）妇联15个，居（村）妇代会192个，区机关、区直系统妇委会7个。1994年8月，成立市中区妇女儿童工作委员会，办公室设在区妇联。1999年4月，在中华女子学院山东分院设立济南市市中区教学实习基地。2001年3

热心大嫂活动（2005 年摄　十六里河镇提供）

月，创办市中区妇联“热心大嫂”服务中心。2005 年 11 月，成立市中区妇女儿童活动中心。至 2006 年，全区有街道（镇）妇联 15 个、系统妇委会 10 个、社区妇联 67 个、村（居）妇委会 92 个，均配备妇联干部 1 人；女厂长（经理）联谊会会员 18 名。

三、主要工作

巾帼建功竞赛活动　1991 年，全国妇联作出部署，在城市职业妇女中开展以岗位练兵为目标，以行业竞赛为突破口，提高妇女整体素质的巾帼建功系列活动。3 月 8 日，组织召开全区女厂长、女经理、女先进模范人物座谈会，31 名妇女代表参加。6 月，举办全区巾帼工艺作品展览，展出作品 300 件。1992 年，开展“为八五建功立业，为党旗添光彩”活动。12 月，组织举办市中巾帼建功技能技巧汇报表演，有 15 个项目 48 名技术能手献技。1996 年，开展“行业竞赛、岗位建功、争创巾帼建功示范岗、示范单位”活动。10 月，召开全区巾帼建功、爱岗、敬业、奉献事迹报告会。年底评选出示范单位 5 个，示范班组 11 个，示范岗位 15 个。1997 年，开展以“爱岗敬业、诚实守信、办事公道、服务群众、奉献社会”自我规范及“我为市中发展做贡献”“提合理化建议，做企业主人”活动。区妇联在山东省巾帼建功活动经验交流会上获活动组织先进奖，许尚琴被评为省巾帼建功活动女能手，高林香被评为省、市巾帼创新带头人。

2000 年 8 月，区妇联与舜玉路街道办事处联合开设市中区巾帼培训指导中心，重点培训家庭保姆、家政服务（含家电维修、清洁工、钟点工、病人护理）人员。2002 年，全区妇女开展岗位读书、建功成才活动，倡导广大妇女立足岗位、服务社区，有 9 个系统妇委会成立巾帼建功服务队。在“巾帼建功”活动中，市中交警大队女子中队和市中区工商分局英雄山女子工商所先后被评为全国巾帼文明示范岗。2003 年 5 月 27 日，开展“巾帼科技行活动”，组织全区各街道及系统和社区巾帼文明队参加在英雄山广场组织的科普宣传日活动，宣传防治“非典”科普知识，进行现场答疑。配合区科协、区爱卫办、区防疫站在全区 16 个农村集贸市场开展防治“非典”知识宣传巡回展。充分发挥街（镇）妇联、社区妇联、村（居）妇代会的作用，开展科普宣传进村、入户、进社区、到学校活动。2005 年，开展“提高岗位技能、提高服务水平、提高综合能力”为主题的“三提高”活动，举办“展巾帼风采，话和谐发展”演讲比赛，在窗口行业和新领域培养选树一批先进岗组和优秀妇女典型。组织文明示范岗结对服务社区，开展“岗社联手，奉献社区，服务群众”主题活动。2006 年，制定新的巾帼文明示范岗管理制度，其中对“岗社”联手活动的开展、考核、表彰等作出具体规定，“岗社”联手为期一年，一年后在自愿申报的基础上实行“轮岗制”，交换结对社区，使工作保持常干常新。

“双学双比”竞赛活动　1991年，区妇联在七贤镇农村妇女中组织开展“双学双比”（学文化、学技术、比成绩、比贡献）竞赛活动，将“双学”纳入科技兴农战略，“双比”纳入实施农业发展规划总体工程。1992年，培养家庭经济示范户10户和种植养殖加工专业村3个。9月，召开庭院经济综合开发现场会，表彰“双学双比”女能手10名。1995—1997年，开展“手拉手、一帮一、巾帼扶贫奔小康”活动，发展扶贫项目9个，结扶贫对子146对，57名贫困妇女脱贫。1996年8月，成立市中区妇女科技培训中心，聘请教师10名。同年，有98名妇女获绿色证书，15名妇女获“农民技术员”称号；有5名“双学双比”女能手，12名“科技女状元”，3名“巾帼扶贫先进个人”受到表彰。

2002—2004年，成立巾帼科技致富工程领导小组。七贤街道、白马山街道、党家庄镇、十六里河镇及各行政村相继成立巾帼科技致富工程指导组和工作队，开设农村妇女科技培训学校，建立种植、养殖、加工等各方面专业技术协会8家，结成帮扶对子200多对，举办种植、养殖、加工培训班80多期，培训农村妇女劳动力3700人次。党家庄镇陡沟村科技致富能手、葡萄种植大户周金玲试种成功新品种“美人香脂”，在辖区南部山区推广种植，仅党家庄镇葡萄种植面积就达133公顷；果树种植大户王吉华在3.33公顷绿色基地内培养名优果树品种40多个，无偿为农村妇女提供树苗及栽培技术，带动果农致富。2006年，在农村妇女群众中深入开展“双学双比”活动的同时，成立种植、养殖、加工等各方面专业技术协会16个，参与妇女1000余人。

文明家庭创建活动　1992年，在全区家庭中进行“四有”（有理想、有道德、有纪律、有文化）“四自”（自尊、自信、自立、自强）“五爱”（爱祖国、爱人民、爱共产党、爱社会主义、爱集体）教育，开展家家学、家家新、家家美、家家乐、家家富等“五家”活动。4月，组织全区4万户家庭参加省妇联首届思想道德知识大赛，区妇联获组织奖。1993年，开展“五育”（思想道德教育、科技知识教育、活动知识教育、尊老爱幼知识教育、三优知识教育）进家、家家美特色活动，10月举行文明家庭展示。同年，区妇联被山东省教委、省妇联授予家庭教育工作先进单位称号。1994年为国际家庭年，5月15日为国际家庭日，区妇联在全区提出“爱在千万家，家家充满爱”的口号，要求对孩子有爱心，对老人有爱意，夫妻之间有爱情，并举办“我爱我家”征文比赛。5月20日，举办市中区第二届家庭同乐运动会。“六一”前夕，召开全区“庆六一、百佳新苗、百佳父母”表彰大会。1996年，全国“巾帼文明行动年”，区妇联提出“家庭文明树新风，人人参与见行动”的口号，将文明家庭创建活动扩大延伸到区直系统和驻区部队。春节期间，有6户家庭参加济南市妇联、济南电视台组织的“人间共天伦”节目。8月，组织10户文明家庭标兵户慰问济南交警。年底，全区为21300户文明家庭挂牌，有10人被评为济南市百名优秀家庭成员，有8户家庭的文明事迹被电台、电视台和报刊广泛宣传。1997年，市中区成立文明家庭创建活动协调组织，提出“精神文明进万家，家家争当文明户”口号，开展读书活动。5月14日，召开市中区百户书香家庭表彰大会，倡议各家庭“多读好书，营造文明社会环境”。6月30日，区妇联、区体委在济南大厦院内联合举办百户文明书香家庭喜迎香港回归信鸽放飞仪式。220只信鸽带着写好寄语的五颜六色的彩带飞往即将回归的香港。至1997年，全区树立“为国教子”全国先进朱爱华一家、山东省“五好文明家庭”刘福生一家等一批先进典型。

1999年，开展争创“全国文明城市、实施容貌工程”，全区60%的家庭卫生达标。同年，开展“母亲难忘”征文活动和尊老敬老善老助老活动，收集征文600篇、表彰好儿媳50名。2000年，开展绿化阳台、美化庭院和环保家庭评选活动。2002年，区妇联组织“拒绝邪教，崇尚科学”图片巡回展5次。2004年5月15日国际家庭日，区妇联与区科协联合表彰洁净型、学习型、科普型典型文明家庭146户。2005年，开展以“美化生活环境、创造富裕生活、弘扬家庭美德、建设家庭文化”为主要内容的“美在家庭”活动和爱国卫生、全民健身、科普宣传教育“三项活动进家庭”活动及“温馨大家园”创建活动。开展“零家庭暴力社区（村庄）”创建活动。联合区文明办开展市中区“十星级文明家庭”评选活动，评选出忠诚爱国、遵纪守法、明礼诚信、弘扬正气、家庭和睦、邻里友爱、热心公益、崇尚科学、勤劳致富和计划生育十项文明标准的“十星级文明家庭”315户，区委对“十星级文明家庭”进行命名表彰并给予每户500元的物质奖励，同时建立起长效动态管理机制。5月15日国际家庭日，在六里山办事处玉函南区举行庆祝国际家庭日暨“文明家庭文明行、共创全国文明城”社区巡讲活动启动仪式，在各社区陆续开展社区巡讲、家庭文化艺术节文艺演出等一系列较为普遍的家庭文化活动，评选表彰一批学习型家庭、“温馨大家园”。同时，开展“绿色家庭”宣传教育活动，城区参与率80%，农村参与率70%。2006年，开展针对贫困家庭的“送技能，送岗位”的“双送”活动，对社区贫困家庭成员进行免费求职登记、择业指导、技能培训、信息交流、法律援助等全方位服务。暑假临近时，开展“家教超市进社区，平安和谐连家庭”活动，组织市中区社区家庭教育指导中心的专家到社区开展家庭教育义务咨询，组织家教超市的优秀大学生教师为孩子送家教辅导。

维护妇女儿童合法权益　1991年，建立市中区儿童少年协调委员会，成员由区直18个部门领导组成。拟订《市中区1991—1995年儿童少年事业发展规划》。1992年，《中华人民共和国妇女权益保护法》颁布。11月，举办由各街道（镇）妇联、各系统妇委会和部分居（妇）代会干部参加的学习宣传月，并纳入“三五”普法规划。1994年8月，撤销市中区儿童少年工作协调委员会，成立市中区妇女儿童工作委员会。1996年，制订《市中区1996—2000年儿童少年事业发展规划》。1997年，制定《市中区妇女发展纲要》，对维护妇女合法权益提出阶段性工作目标。至1997年，区妇联接待信访148起，各街道（镇）妇联接待信访279起，处结率98%。2000年，组织开展“爱心献西部，母爱献儿童，大地之爱，母亲水窖”捐建活动，共收捐款11万元。组织开展“市中新苗”评选活动，评选出“市中新苗”50人，其中19人被评为“泉城百佳新苗”。同年，全区机关干部捐款3万元，救助农村儿童62人。2001年，《中华人民共和国婚姻法》颁布。区妇联邀请中华女子学院山东分院和市妇联专家教授为基层妇女干部举办法律知识讲座。2002年，在“热心大嫂”服务中心设立信访窗口。4月，与区司法局法律援助中心配合，实行维护妇女儿童权益法律援助申请制。制定《市中区2001—2010年妇女儿童发展纲要》。

2003年，针对部分企业存在重经济、轻女工保健的问题，区妇联、区卫生局联合制定《关于加强妇女保健工作的意见》。2004年，妇联救助贫困儿童151人，人均受助300元。“热心大嫂”服务中心培训下岗失业女工4800余人，安置3600人，为近5000个家庭和单位解决用工问题。2005年，“热心大嫂”维权网络集普法、信访、服务、援助为一体，上下联动，互为补充，进一步完善拓展“热心大嫂”的服务，加强基层维权工作的力度。2006年5月，区妇联在全区家庭中开展调研，对社区贫困家庭的求职人员进行现场免费技能培训和派工安置。“热心大嫂”服务中心全年培训下岗失业女工5200余人，安置4000人，为近5400个家庭和单位解决用工问题。

第二课堂成立（2006年摄　区科协提供）

第四节　科学技术协会

一、组织建设

1991年3月，区科协与区科委分设，办公机构位于济南大厦。之后，全区16个街道（镇）分别成立基层科协，286个居（村）、厂企建立科普小组。1992年1月，成立市中区科技进步与经济发展专家咨询委员会。先后成立青少年科技辅导员协会、医药卫生学会、珠算协会、城建协会、蔬菜技术研究会。1997年9月11日，区科协召开第三次代表大会，选举产生区科协第三届委员会，委员32人，其中常务委员17人，吴德超当选为区科协主席。2000年11月，市中区被评为山东省科普示范区。2004年9月，举办杆石桥街道社区科普大学开学典礼，开启辖区科普大学试点工作。至年底，建立社区科普大学分校11所，有学员500人；设置医学保健、科学养生、环境与健康、日常饮食等课程。2005年5月，成立市中区十六里河镇果品协会；11月，成立市中区畜牧兽医协会；12月，在七里山街道七东社区成立青少年科学工作室、心理咨询室。2006年1月，成立市中区机关科普大学；6月，成立6所社区科普大学及第二课堂讲师团，其中济南市劳教所科普大学是全省劳教系统成立的第一所科普大学。

至2006年，全区有科普基层组织15个、非公有制企业科协6个、协会10个、学会2个。建立社区科普大学19所，在册学员1000多人。有心理咨询室4个，青少年活动室4个，科普志愿者队伍16支，农业科普工作站6个，农业科普讲师团6支，农业科普工作人员92人。

二、主要工作

科普宣传教育　1991年后，区科协每年举办科技宣传周活动。组织全区机关干部、企业职工、街道居民、学校学生听科技报告、看科技录像、参观科普展览等，开展多形式、多层次、内容丰富的科普宣传活动，高举科学旗帜，宣扬科教兴国、科教兴区战略。发动各级科协组织及学会、协会、研究会等向居民、村民宣传科普知识。开展科普知识进万家活动，举办科普知识问卷、科普知识竞赛、科普知识演讲、科普美在家庭制作展示等活动。编购《身边科学》和科技图书、科技录像，发至机关各部门、各街镇、村居，倡导科学、文明、健康的生活方式。区属各学校普遍建立科技活动领导小组，创建市中区首批4所科普示范学校：育英中学、实验初中、育新小学、纬二路小学，命名表彰一批优秀科技辅导员。1998年后，每年坚持送科技下乡，发放水产养殖、栽培技术、果树嫁接等科普宣传资料，科普书籍，“村村通”科普挂图，培训农村专业技术人员；利用科普画廊、专家进社区等形式向社区居民、村民宣传科普知识。开展创建科普特色家庭、科普示范社区活动，评选出科普特色家庭158个；七里山街道第三社区等2个社区被省科协评为山东省科普示范社区。

2000年，建立科普画廊67处，印发《身边科学》6期、1000余份，《科普之窗》4期、800余份，《科协工作简讯》8期、200余份。在舜玉路、大观园等街道举办消夏晚会7场。联合市反对邪教协会，对邪教练习者进行集中教育转化，展出展牌88块。2003年，在英雄山广场举办“依靠科学，战胜非典”宣传活动，展出科普挂图、展板30余块，发放预防“非典”手册6000册，其他预防“非典”资料和传染病防治办法4000余份；在十六里河、党家庄镇开展“科普宣传大赶集”活动，在全区16个农村集贸市场巡回展出和宣传咨询，发放300多套挂图和3.51万份《农民预防非典》专刊；在全区40所学校进行预防“非典”科普知识巡回展出，4万余人参加；全年发放预防“非典”挂图1480套、材料1.3万册、专刊6.01万份。2006年2月，邀请台湾屏东科技大学农企业管理系教授、博士段兆麟到市中区为4个街道（镇）所属村党支部书记、村委会主任进行培训，促进两岸农业交流与发展。

科技推广　1991年后，全区各级科技服务组织通过试验、示范、培训、发放技术资料、开展技术承包等形式，围绕农业生产的各个环节提供产前、产中、产后系列化、社会化服务，促进农业生产。全区建立葡萄、苹果、小麦、玉米、蔬菜试验示范基地5个，推广节水灌溉、配方施肥，立体种植、保护栽培等先进技术28项，进行粮、菜、果、畜品种对比试验等科研、示范项目88个，引进动植物新品种110个。林果、畜牧、蔬菜协会开展“面向农村搞科普，助农致富奔小康”活动，推广成功致富技术和经验，形成“一户带十户，十户带一村，一村带一片”

市中区科普宣传栏（区科协提供）

聘请专家为十六里河农民进行农业专业技术培训（区科协提供）

产2～3倍，向全国推广10万多亩，创造社会效益过亿元。2000年，引进山西农业大学教授杜俊杰培育的“欧李”。2003年，帮助十六里河镇开发济丽红杏优质高效产品。2004年，区林果协会培育出的早熟葡萄被市科协推荐到山东省农作物品种审定委员会，省林业局知名果树专家经过8年的观察、测产、验收鉴定，认为该品种变异性状稳定，评定为“极早熟葡萄红双星”。早熟葡萄研究项目获省科技进步三等奖。2006年，区科协支持区林果协会赴北京、辽宁及多家科研院所，建立葡萄互助网络，投资几十万元，引进10多个高档品种试种植，选出3个独具特色、品质优良的葡萄品种在本地区推广。

的农业科技发展格局。全区农业先进技术覆盖面95%，农作物优良品种覆盖率100%。实施金桥工程，架起学术活动与社会实践、科技成果与现实生产、科技人员与经济建设之间的金桥。1996年，七贤镇引进蔬菜栽培、畜禽养殖、林果种植、副食品加工等实用技术。为企业引进专业技术人才4名，转让技术2项。1997年，亚太生产力促进中心引进科技方面大学生4名。开发的ZCT系列自动冷镦机，年生产200台，年增产值1600万元，创利税400余万元。引进新产品、新技术4项，承接省、市科技计划项目7项，并将成熟的技术向外延伸到商河、平阴、淄博、泰安。帮助泰安市螺丝制品厂开发建筑用小规格螺旋钢筋。至1997年，区科协架起金桥14座，引进资金180万元，引进项目4个，引进人才5名，组织专家论证、研讨12次。

1998年，区科协投资4000余元，帮助区林果协会从蒙阴县购进适应干旱山区栽植的大雪枣苗双茬脆枣进行栽培，每年能2次开花2次结果。该栽培成果被推广到2个省25个市58个地区。1999年，协助党家庄镇陡沟村葡萄协会建立6月紫葡萄培育基地，增

青少年科普活动　1991年，辖区有青少年科技辅导员协会，在计算机、航模、车模等青少年喜爱的科技活动中开展辅导，普及科学知识。1997年，市中区青少年代表队在济南市青少年“奥迪杯”四驱车冠军赛中，中学组有10人获奖，济南市第六十八中学获团体总分第一名；小学组有13人获奖，育新小学获团体总分第一名，纬二路小学获第二名。同年，参加全国青少年“飞向北京”航模比赛，市中区少年宫、济南市第六十八中学获组织奖；育新小学等7个单位获基层组织奖；区科协被省科协作为优秀协会推荐至中国科协。1998年，市中区青少年代表队在济南市第九届青少年计算机比赛中，10人获一等奖，9人获二等奖。1999年，市中区青少年代表队在全国青少年航模比赛中获“强5”单项冠军；在全国首届青少年科技创新大赛中获一等奖2个，二等奖2个，三等奖5个；在山东省“农行杯少儿珠心算”比赛中，获2

个奖项的团体二等奖；在济南市“农行杯少儿珠心算”比赛中，获团体一等奖；在山东省“希望杯”航模比赛中，获各个奖项的前六名，济南市第六十八中学获中学组团体第一名，育新小学获小学组团体第一名。经九路小学、南上山街小学分获济南市“希望杯”航模比赛一、二名。同年，区科协与济南军区举办市中区青少年国防科技教育宣传周活动，13所学校近万名学生参观坦克模型、图片展览、军事表演。2000年，市中区青少年代表队在全国“三模一电”比赛中，获航模单项第一名，车模单项第二、三名；其中经九路小学、经四路小学4人获得全能第一名。同年，参加市科协、市教育局组织的中小学生发明创造活动，获一等奖2个，二等奖2个，三等奖3个；在全省“三模一电”比赛中，20人夺得单项第一；区少年宫、济南市第六十八中学被评为山东省“三模一电”活动先进集体；育新小学连续5年获山东省航模比赛团体第一名。

2001年，在山东省首届青少年科普工作会议上，济南市育英中学、六十八中学、育新小学、经四路小学被评为山东省科普示范学校。同年，在山东省车模比赛中，获个人全能前6名；在山东省科技论文竞赛中，获一等奖3个，二等奖2个，三等奖6个。在山东省青少年科技辅导员论文竞赛中，市中区获一、二、三等奖各1个；在济南市“三模一电”活动中，获航模15个第一名，海模4个第一名，车模22个第一名。与市中区教育局建立素质教育基地1处；建立海洋、生物、植物科普教育基地各1处。2002年，在山东省航模比赛中，济南市六十八中学连续16年获得团体第一名；全国十七届科技创新大赛，舜玉路小学获全国科技创新一等奖；十四中学获二等奖；经九路小学获三等奖；经九路小学、十四中学获科幻画三等奖，22人被评为优秀科技辅导员。同年，承办全国青少年无线电测向济南赛区比赛，320人参加。2003年，参加“全国第十八届青少年科技创新大赛”，获科幻画一等奖。2006年4月，参加省科协举办的“山东省第三届青少年机器人大赛”，获6个中、小学组单项第一名。同年，辖区育文中学、党家庄中学、民生小学代表山东省赴云南昆明参加中国科协举办的“全国第三届青少年机器人大赛”；白马山小学代表队参加中国青少年科技协会在南京举行的全国小学生“国际数棋”比赛，获团体一等奖。经五路小学杨溢的创新作品“防掉螺丝刀”参加全国青少年科技创新大赛、第五届“宋庆龄少年儿童发明奖”大赛，获银奖；经五路小学被授予“宋庆龄少年儿童科技发明示范基地”荣誉称号。在第八届国际机器人奥林匹克竞赛中，育文中学小学组分获亚军和季军及二等奖5个、三等奖7个。

2006年9月17日，在英雄山健身广场举办科普活动日活动。图为参加活动日的学生正在进行电脑机器人表演。（区科协提供）

第五节　文学艺术界联合会

一、组织建设

济南市市中区文学艺术界联合会（以下简称区文联）成立于2001年4月，设主席1人。2003年10月22日，成立市中区民间书画美术协会，有会员100余人。2004年，增设副主席1人。2006年，区文联在职5人，其中主席1人，副主席1人。

二、主要活动

2001年，区文联按照区委提出的“营造良好文化环境”的要求，在辖区组织开展慰问部队、送文化下乡、助残帮教、赈灾扶贫、展览出版、文艺汇演等艺术创作与交流等工作。2003年3月5日，与市文联、市残联、市志愿者协会、区残联等单位联合组织“同在蓝天下”泉城百名书画家助残家教大型书画义卖活动，有168名书画家参加，创作书画作品300余幅，义卖所得款项与剩余作品全部捐助残疾青年。2004年八一建军节期间，与四里村街道办事处联合组织书画家到济南军区警卫营慰问部队官兵，现场创作书画作品赠送战士；与区政协联合组织书画家到一〇六医院举办拥军笔会；与区残联共同组织书画家慰问济空雷达部队，当场创作书画作品赠予部队。教师节期间，组织书画家20余人到市泺源学校开展书画笔会活动，创作赠送书画作品60余幅，并指导残疾学生的书画学习与创作。9月21日，与区委宣传部、区文化局联合举办“纪念邓小平同志诞辰100周年暨庆祝中华人民共和国成立55周年”大型书画展，展出书画作品110余幅。11月，区文联专业人员协助指导市残联文艺演出比赛。12月29日，与市文联、市美术家协会、市书法家协会组织书画家30余人，到历城区王舍人镇开展送文化下乡活动，为村民送去慰问物资、图书和春联，现场创作百余幅书画作品赠予村民。

2005年9月，举办“纪念中国抗日战争暨世界反法西斯战争胜利60周年书画展”，展出省、市、区书画名家作品120余幅。11月，编辑出版《济南市市中区民间书画美术协会作品集》，选编驻区书画家书画作品入册，向艺术爱好者免费赠阅。12月，与济南荣宝斋联合编辑《齐鲁中国书画现代名家精品选》，收入市中区书画家的多幅作品。2006年6月28日至7月1日，与区委宣传部联合在济南荣宝斋举办“庆祝中国共产党成立85周年书画展”，甄选书画精品230余幅参展。

2001—2006年，区文联共计举办大型书画作品展4次；出版书画作品集1部，印刷2000册；为残疾人、侨眷和贫困学生募捐书画作品5次；慰问部队11次；组织书画家到市中辖区的农村送文化下乡15次；举荐协会会员作品参加省、市、区级各类书画展览和赛事14次。

第六节　残疾人联合会

一、代表大会

1990年11月14日，市中区残疾人联合会第一次代表大会在济南大厦二楼礼堂举行，出席会议代表121人。会议宣读区政府办公室《关于组建济南市市中区残疾人联合会通知》，审议通过题为《团结奋斗、开拓进取，努力把我区残疾人事业推向新阶段》的工作报告，讨论通过区残联实施《中国残疾人联合会章程》细则，选举产生区残联第一届主席团。区残联一届一次主席团会议选举主席团主席1人、副主席5人；聘请主席团名誉主席、名誉委员；选举产生主席团执行理事会，选举理事长1人、副理事长1人。

1994年12月30日，市中区残疾人联合会第二次代表大会在济南大厦二楼礼堂举行，出席会议代表135人。会议审议通过区残联第二届主席团题为《同心协力、奋发向上，努力为我区残疾人事业做出新贡献》的工作报告，选举产生区残联第二届主席团。区残联二届一次主席团会议选举出主席团主席1人、副主席5人；聘请主席团名誉主席1人、名誉副主席2人，名誉委员19人；选举产生主席团执行理事会，选举理事长1人、副理事长2人。

1998年4月28日，市中区残疾人联合会第三次代表大会在济南大厦二楼礼堂举行，出席会议代表135人。会议审议通过区残联第三届主席团题为《开拓进取、创新务实，在发展残疾人事业中争创一流》的工作报告，选举产生区残联第三届主席团。区残联三届一次主席团会议选举出主席团主席1人、副主席2人；聘请主席团名誉主席1人、名誉副主席6人；选举产生主席团执行理事会，选举理事长1人、副理事长1人。

2003年4月29日，区残联第四次代表大会在在经十一路39号济南军区第五招待所举行，出席会议代表149人。大会审议通过区残联第四届主席团题为《与时俱进、开拓创新，努力开创我区残疾人事业的新局面》的工作报告，选举产生区残联第四届主席团。区残联四届一次主席团会议选举出主席团主席1人、副主席6人；聘请名誉主席1人，名誉副主席2人；选举主席团执行理事会理事长1人，副理事长2人。

二、组织建设

1990年11月，市中区残疾人联合会成立，成为残疾人事业管理的主管机构，由区民政局代管。办公机构位于胜利大街51号。1991年，相继成立聋哑人协会、盲人协会、智障残疾人亲友协会、精神残疾人亲友协会。1994年，建立区、街2级残疾人工作协调委员会。1997年11月，区残联由副局级升格为正局级单位。2001年11月，区残联由民政局代管改为区政府直接管理，设办公室、康复科2个科室。2002年，15个街道（镇），167个居（村）相继建立残疾人组织。区、街道（镇）、村（居）分别建立助残志愿者联络站、分站和联络点，形成三级志愿者服务网络。2003年5月，区残联迁址至经四路359号。2004年，区、街道（镇）、村（居）分别成立残疾人工作协调委员会，选聘专职理事长、专职干事和就业服务员，设立专职委员，形成三级指导、协调、服务网络；在区、街道（镇）、村（居）分别建立残疾人志愿者工作总站、分站和联系点，形成三级志愿服务网络；成立盲人、聋人、肢体残疾人协会和智障残疾、精神残疾亲友会等专门协调机构，形成沟通互助网络。全区所有街道（镇）、村（居）均建立残疾人协会，选任专职理事长15人，招聘残疾人专职干事17人、就业服务员15人、康复服务员4人、专职委员167人。

2006年8月，市中区被国家残联评为全国残疾人工作先进区。

三、主要工作

康复医疗　1991年11月，市中区成立3项康复领导小组，在市中区医院建立白内障手术复明和小儿麻痹后遗症矫治中心。1991—1994年，送医院康复治疗的聋儿8人次，儿童麻风病患者16人次。先后投资3万元，在泺源小学建立市中区残疾人康复中心。2003年，开展入户下乡康复年、康复进社区家庭活动；4月，市中区残疾人医疗康复中心成立，形成以区医院康复机构为核心，以社区卫生站为基础的康复工作体系。全区建立残疾人社区康复站182个，社区服务站115个。

同年，市中区被评为全国社区残疾人工作示范区。2004—2006年，全区为贫困残疾人免费开展白内障复明手术120例，安装假肢20例，重大疾病救助50人，佩戴助听器20台，发放轮椅20辆，小型辅助器具200件，智障儿童康复训练15人，肢体康复训练2500人。2006年，先后成立区康复训练与服务工作领导小组和区智力残疾人康复技术指导中心、市中区精神残疾人康复技术指导中心、市中区肢体残疾人康复技术指导中心。

扶残救助　1991年，为共建山东省康复职业中等专业学校开展募捐活动，募集捐款39万余元。1993年5月，区委、区政府召开扶残助残表彰大会，表彰助残先进集体39个，助残先进个人44人、残疾人自强模范17名。逢年过节，各级领导都带着慰问品、救济款走访看望残疾人，民政部门每年拨出上万元专款用于解决残疾人家庭生活困难。1991—1994年，全区有社会福利企业16家，安置有劳动能力的残疾人375人，占生产人数的53%，有劳动能力的残疾人就业率始终保持在99%以上。1994年10月，成立残疾人劳动就业服务所，动员社会各行各业安置残疾人劳动就业。1999年，完善残疾人就业保障金征收机制，规范就业保障金管理、使用程序。2003年，开展“百户安居”工程，投资147.2万元对92户贫困残疾人住宅进行改造、修缮，面积4500平方米。在党家庄镇、十六里河镇建立扶贫基地，发展种养、加工、服务业。在十六里河镇投资30万元，建立培训基地，建成一处260平方米的电气化教室，培训160人次，带动60户贫困残疾人脱贫。同年，开展无障碍示范城创建活动，全区主要街道铺设盲道、坡道，96%的大型公共场所设立残疾人警示牌。2003—2006年，区政府为全区贫困残疾人修缮危房，总投入130万元，其中为城区残疾人修缮20户，为乡镇残疾人修缮104户。开展手工编织、微机操作、服装制作、工艺刺绣等各类岗前培训36期，培训残疾人4166人，安置残疾人就业3030人，其中购买公益性岗位52人，转岗就业893人，企业安置1470人，自谋职业390人，社区安置225人。

2004年4月，在全区机关党员干部中，开展“情系我的兄弟姐妹，帮扶贫困残疾人”脱贫致富奔小康活动，全区93个机关部门与1543名贫困残疾人结对帮扶，累计投入资金90多万元。区政府表彰扶残助残先进集体18个，残疾人之家7个，扶残助残先进工作者19人，残疾人自强模范9人。5月，区残联与济南市七彩云责任有限公司、济南市商业技工学校合作，建立市中区残疾人培训中心，对残疾人进行培训，指导社区残疾人就业。同年，开展“一助一”救助残疾学生活动，区残联及各街道（镇）残联与残疾学生结成帮扶对子16个，举办爱心救助活动8次，救助残疾小学生240人，计18.9万元。2005—2006年，全区开展大、中专、中小学残疾人学生及残疾人家庭子女救助，为778名学生发放助学金64万元。

普法维权　1991年5月5日，《中华人民共和国残疾人保障法》颁布实施。市中区残联利用宣传月、全国助残日等进行宣传，将《中华人民共和国残疾人保障法》列入普法教育内容。区残联和各街道（镇）残联先后制定保障残疾人合法权益的优惠政策。1998—2004年，举办法律咨询活动200次，发放宣传资料3万多份，现场法律咨询1万余人次，代理诉讼5起。2001—2006年，区残联与区司法局联合开展残疾人法律援助活动，为残疾人解决法律纠纷93起。

文体活动　1991—1994年，先后组织2届全区性残疾人运动会和2届文艺汇演，组织残疾人参加全市举办的各种文体比赛。1996年，泺源小学田径队在亚太地区举办的特奥运动会及香港举办的第二十一届城市邀请赛上，获金牌9枚、银牌4枚、铜牌6枚。2003年，组建市中区“我的兄弟姐妹”残疾人艺术团。2006年3月，在泺源特教学校建立残疾人体育训练基地。7月，在全国第四届特殊奥林匹克运动会上，获金牌9枚、银牌12枚、铜牌7枚，并被全国第四届特殊奥林匹克运动组委会授予道德风尚奖。

办证工作　1991年，全区残疾人、疑似残疾人合计1.40万人。1994年，通过全区入户摸查，全区实有残疾人8655人。1997年，为2133名残疾人换发“中国残疾人证”。2006年，全区持证残疾人6179人，其中视力残疾542人、肢体残疾3196人、听力残疾572人、言语残疾77人、智力残疾1018人、精神残疾649人、多重残疾63人。

第七节　红十字会

一、组织建设

2005年前，市中区红十字会为卫生局下设办公室，全部工作由卫生局安排部署。2005年4月14日，市中区红十字会成立，为正局级全额预算管理的事业单位，人员编制5人，领导职数1正2副。

2005年9月6日，召开第一次会员代表大会，选举产生理事会和常务理事会，选举理事62人，常务理事13人，会长1人（副区长兼），常务副会长1人，副会长10人；聘请区委书记、区长为名誉会长，10位知名人士为名誉副会长。15个街道（镇）全部成立基层红十字会，由街道办事处主任、镇长兼任红十字会会长。2006年，区红十字会有专职工作人员11人，红十字基层组织16个，团体会员单位147个，红十字会员、志愿者11751人；成立红十字学校51所，红十字青少年会员95485人。

二、主要活动

区红十字会成立后，举办初级卫生救护知识培训班8期，参训人数511人。其中，举办红十字急救员培训班4期，253人获急救员证书。各街道（镇）红十字会组织红十字志愿者为辖区弱势群体提供生活、家政、心理等公益性无偿服务，定期举办健康知识讲座，有2万余人参加。

2005年9月，区红十字会开展单亲（无亲）特困学生助学和妇女儿童大病救助活动，募集捐款18万余元，为188名特困学生发放救助金49800元，救助大病妇女儿童32人。2006年5月，开展“新农合”募捐活动，筹集善款23万元，为特困农民发放救助金63794元。8月，组织“百场演出进社区”活动，用相声、小品等文艺形式宣扬红十字精神，向居民发放《红十字会基本知识》等宣传资料5万余份。同年，市中区获全国红十字服务示范区称号，区红十字会被评为省红十字会信息宣传工作先进集体。

第十七篇 政法 军事

1991年起，全区实施第二个全民五年普法教育。公安、检察、审判机关按照上级部署，开展各类打击违法犯罪活动，维护社会稳定，保障经济发展，依法从重、从快处理一大批违法犯罪分子，涌现出一批先进集体。市中区交警大队成为济南交警的典型代表。驻区军队拥政爱民，在急、难、险、重面前，勇挑重担，为地方社会经济发展作出重要贡献。1999年，江泽民视察全国青年文明号——济南交警支队市中区大队经七纬二女子岗；胡锦涛慰问区内执勤民警，称赞他们“不愧是全国公安交警战线的一面旗帜”。市中区人民法院多次被最高人民法院、省高级人民法院评为先进集体和记功表彰。2004年，全区开展创建“平安市中”工作。至2006年，全区普法教育进展顺利，社会治安秩序良好，经济发展健康稳定，人民安居乐业。

第一章 政法委及综治

第一节 社会治安综合治理

1991年4月5日，市中区社会治安综合治理委员会成立，下设办公室，与区委政法委合署办公。各街道（镇）社会治安综合治理领导小组于4月底前相继成立。区综治委确定杆石桥街道乐山小区等4个工作联系点，以点带面，推动全区社会治安综合治理工作的开展。9月，为济南市社会治安综合治理宣传月，9名区级领导分别到11个单位宣讲社会治安综合治理。10月，济南市综治办在杆石桥街道召开居民小区安全防范现场经验交流会，推广反盗防盗安全防范措施。制定《居民小区管理规定》《楼群自管员规则》《传达门卫制度》。1992年，制定《市中区八五期间社会治安综合治理规划》。区委、区政府与各街道（镇）签订社会治安综合治理目标管理责任书。全区建立群众性联防队伍2178个、6550余人，居民住宅区设传达室450个。1993年7月，全区推广杆石桥派出所技防系统网络化、南郊派出所暂住人口管理和王官庄派出所人口综合信息管理工作经验。编印《社会治安综合治理文件选编》。10月，区综治办下发《市中区社会治安综合治理目标管理考核办法》，把社会治安综合治理工作列入各级领导任期目标责任制。1994年6月、11月，对济南南站进行集中治理整顿，对14名不法业户进行劳动教养、治安处罚、吊销执照、关门停业等处罚。清退附近村庄的收费管理人员，由保安队员上岗值勤；成立区整治农村治安工作领导小组，对七贤镇26个村（居）排查摸底。协调公安、劳动、矿管等部门，对七贤镇10个炸药库进行安全检查，收缴各类危险爆炸物品3548件。

1996年，区委、区政府把社会治安综合治理工作纳入全方位目标管理。4月，区综治委、区纪委、区委组织部、区人事局、区监察局联合制定《市中区关于实行社会治安综合治理领导责任制的实施细则》，建立联席会议制度，定期通报情况。8月，济南市综合治理基层基础规范化建设现场会在市中区召开。4个单位被评为省级安全文明先进单位。1997年，完善三级综治办建设。举办两期各街道（镇）分管领导和政法办主任学习班。在街镇建立社会治安综合治理报表制度。1998年8

月18日和9月11日，区综治办、杆石桥地区综治委先后召开驻区40多个省直机关工委、部委、部门负责人座谈会，介绍安全防范经验。在山东省安全文明乡镇、街道、村居、单位评选活动中，市中区泺源、大观园街道及玉函街道第五居等10个单位获表彰。成立市中区青少年法制教育协调小组，对青少年和失足犯罪青少年建立司法帮教、社会教育帮教网络。1999年，对小纬二路、顺河街、斜马路市场、济微路西侧等10条路段乱停乱放机动车、摊贩占道、路边集市等不良现象进行突击治理，取缔违章摊贩800余人次，收容乞讨人员110余人，清理违章广告750余处。成立市中"讲案学法"宣讲团，到七贤镇红庙、白马山片宣讲3次，230余人听课。9月10日，区委政法委组织公安、文化、工商等部门，对全区48家夜总会、356家"三房一厅"等公共娱乐场所进行执法检查。

2000年，成立区信访工作领导小组，坚持区领导批阅人民来信、接待人民来访制度，受理群众来信200余件，来访260余人次。区委政法委督办案件18件。在《济南日报》发布执行公告，对153个案件的被执行人曝光，召开被执行人大会3次。8月，在济南第十四中学成立预防青少年违法犯罪教育基地。在全省率先实行暂住人口持证上岗制度，发放暂住人口普法教材11万册；对11475名暂住人口办理和换发暂住证，清理"三无"人员1773名，挖出犯罪嫌疑人326人。2001年，开展创建"安全文明铁道线"活动，从区直机关和部门抽调87人组成5个工作组，分别由5名区领导带队，对11个铁路沿线村居进行整治，依法取缔2.5千米内收购废品的不法业户11家，对铁路爆炸物品集散地定期组织检查。2003年，探索建立"网格化"治安防控新格局。全区划分15个大网格、218个中网格、1294个小网格，构筑公安防控全局、街镇控面、村居控片、驻区单位和居民楼院控点的4道治安防线。10月23日，山东省社会治安综合治理工作现场会推广市中区"网格化"治安防控经验做法。11月28日，济南市社会治安综合治理暨创建"平安济南"动员大会在市中区召开，市中区制作的《长治久安的新市中—济南市市中区"网格化"治安防范机制侧记》专题片获一致好评。

2004年，区委、区政府作出《关于建设平安市中的决定》，提出平安街镇、村居、单位创建标准和考核办法。15个街道（镇）、197个村居、2000多个辖区单位全部成立创建平安工作领导小组。全区100%的街道（镇）、95%的村居、单位达到平安创建标准，涌现出13888个基层"零案"单位，达到省市标准要求。十六里河镇加强司法所建设，化解矛盾纠纷，筑牢维护稳定第一道防线的做法，得到中共中央政治局常委、政法委书记罗干的好评。2005年，制定《关于在全区加强技防设施建设的实施意见》，开展安装电视监控设施"技防建设年"活动，在主要干道、学校、居民区、企业、公共复杂场所等部位安装红外线周边防护、防盗报警电视监控、电磁感应系统等技防设施。建立监控中心269个、监控点2668个。社区安装电视监控率40%，新建居民小区技防覆盖率100%，辖区内大中型企事业单位85%以上，金融机构、学校、医院技防设施安装率100%，农村技防覆盖率25%，监控中心全部与公安110报警系统联网。2006年，对3个辖区单位、2个村居给予黄牌警告，有5名社区巡防队员被调离岗位。全区专职巡防队、义务巡逻队等群防群治力量13209人，其中专职巡防队员2186人。推出一批以民警名字命名的社区警务室，实行错时工作制，24小时值班备勤。

第二节 案件协调督办

1993年，区委政法委协调处理南阳村少数人煽动群众破坏生产设施，造成企业停产和后龙村少数村民打架致人轻伤案件。6—9月，协调处理在押犯38案75人。1994年，对2起汽车被盗案件进行查究，每季度对各单位内盗案件进行通报，协调疑难案件9案15人。1995年，先后派出2个工作组到土屋村和七贤村，解决群众上访问题。对5起重大盗窃案件进行查究，对发案单位和责任人给予处理。1996年严打期间，先后破获“5·25”重大贩毒、重大贩枪团伙、特大盗车团伙等刑事案件。1997年，坚持重大案件防范责任查纠制度和一票否决，对9个单位实行一票否决。对5起重大案件进行查究，1人受到行政处分，7人受到经济处罚。1999年，建立专门案件、信访督导记录簿，将有关部门落实情况作为年终考评的重要依据。2000年，区委、区政府成立全区信访工作领导小组，受理群众来信200余件，来访260余人次。开展百案评查活动，制定评查范围及数量、方法和步骤，组织人员进行抽查、评议、整改。

2001年，制定《加强矛盾纠纷排查调处工作的意见》，加大涉法上访案件的督查、督办工作。妥善解决上访案件20起，接待上访30人次。各街镇普遍成立矛盾纠纷排查调处工作机构，建立三级调解网络。全年开展大规模矛盾纠纷排查和专项治理活动5次，调处矛盾纠纷420余件，调成率97%。防止“民转刑”17件47人，防止群体性上访24起1100人。2003年，全区建立矛盾纠纷排查调处中心15个，工作站225个。在市政工程、经济开发项目建设、旧城（村）改造、拆迁安置等方面，及时化解矛盾纠纷；对带头聚众闹事者，坚决予以打击和惩处。依法强制拆除东八里洼村“钉子户”4户，逮捕韩家庄村、党东村暴力抗法者6人。2005年，开展“走访千家企业，服务省会经济”活动，走访企业268家，召开座谈会50余次，征求意见200余条，并逐条进行整改落实。5月，开展“规范执法行为，促进执法公正”专项整改活动，对政法部门督导9次，专项检查12次，对涉及多个部门的6个问题，由政法委出面协调解决。2006年，建设矛盾纠纷信息网络中心，对各街道（镇）联合调处中心办公设备进行更换和升级，15个街道（镇）全部与区信息中心实行专网互联，达到信息传报及时、领导决策快捷的要求。加大对涉军、企业改制、城市拆迁安置、劳资纠纷等问题的排查调处工作力度。开展“无到市重复上访、无到省集体上访、无进京上访”的信访工作“三无”单位创建活动。全区15个街道（镇）和42个区直部门，均达到“三无”目标。对全区58个行政执法机关的487项执法依据、890项执法职权进行梳理，明确行政执法主体，确保执法依据合法。

第二章 公 安

第一节 机 构

1991年，市中区公安分局内设秘书科、政工科、户籍科、法制科、预审科、政保科、经文保科、治安科、消防科、刑警队，辖派出所17个，共有干警462人。1992年3月，增设王官庄派出所。5月，济南市公安局防暴支队市中区大队成立，有干警46人。12月31日，分局在济南大厦礼堂举行公安机关首次授衔仪式，对459名干警授衔。其中，警监1人，警督252人，警司201人，警员5人。1993年2月，济南市公安局保安公司市中区分公司成立，有干部、保安队员145人。5月，分局增设外事科。7月，刑警队改称刑警大队。10月，成立工会。1994年3月，增设指挥室。5月，济南市公安局巡警支队市中区大队成立，有干警73人。1995年6月，分局增设老干部管理科、信访科、行政科。1997年12月，撤销预审科。

1998年10月，组建督察队。2000年1月，历城区十六里河、党家庄2个派出所划归市中区公安分局。10月，外事科、政保科分别更名为出入境管理科和国内安全保卫大队。2002年4月，机构改革，指挥室、秘书科改为办公室，政工科改为政治处，经保科改为经济犯罪侦查大队，治安科改为治安警察大队，督察队改为警务督察大队；保安分公司改为保安管理大队，机构升格为副处级。增设团委、妇委会（正科级建制）。行政科更名为财务装备科，户籍科更名为户政管理科。2002年5月，国内安全保卫大队由正科级建制升格为副处级建制。5月15日，撤销馆驿街派出所，并入魏家庄派出所。2003年8月20日，组建城市管理警察大队，副处级。2004年，成立禁毒中队，为正科级单位。至2006年，机构保持不变。

第二节 打击犯罪

1991年7—10月，开展“打击拐卖儿童妇女犯罪、查禁卖淫嫖娼活动”专项斗争。抓获各类违法犯罪分子373人，破获刑事案件88起，摧毁犯罪团伙48个。1992年，全区共打击处理各种刑事犯罪分子393人，依法逮捕77人，劳动教养42人，刑事拘留34人，收容审查240人；摧毁各类犯罪团伙46个，涉及犯罪成员145人；缴获赃款赃物价值57.65万元，查获淫秽录像带205盘。破获“5·11”杀人焚尸案、“8·22”特大麻醉抢劫出租车案、“6·6”省人大工地杀人案、“5·28”抢劫出租车案以及系列抢劫建筑工地案等重大疑难案件。1994年2月，开展“打团伙、抓逃犯、破大案”专项斗争。11月，开展“扫黄打非”集中统一行动。全年破获刑事案件260起，破案率59.9%，追缴赃款赃物折款500万元，处理违法犯罪嫌疑人276人。其中，逮捕218人，劳动教养55人，直诉3人。1995年3—6月，先后侦破杨某、曹某特大盗窃摩托车团伙案、“3·12”和“3·17”2起重大伤害致死人命案、“5·13”国税局撬盗案以及“8·9”和“9·10”2起特大提包案等重特大刑事案件。

1996年，开展严打整治“冬季行动”，先后破获六里山地区“3·20”重大杀人毁尸隐案，舜玉路地区“4·25”重大伤害致死人命案，大观园地区“5·13”重大抢劫、强奸、拐卖人口案，六里山地区“5·15”侯某特大系列盗车犯罪团伙案，岔路街地区“5·13”重大非法贩卖枪支团伙案，杆石桥地区冯某特大提包盗窃团伙案，南郊地区“5·25”特大贩卖毒品案，大观园地区“6·10”特大盗窃隐形眼镜案，白马山地区“7·29”重大奸淫幼女案，二七地区“8·25”、馆驿街地区“11·29”特大抢劫杀人案，四里村地区“10·16”、杆石桥地区“11·13”重大抢劫团伙案，白马山地区“11·24”重大诈骗案，杆石桥地区“12·3”重大系列盗窃自行车团伙案等一批影响大、危害大的重特大刑事案件。全年共打击处理犯罪分子457人，其中逮捕294人，劳教139人，直诉24人。全年受理报警案件2687起，立刑事案件1343起。破获各类刑事案件1083起，其中破获重特大案件502起，为外区、外地破获278起（其中重特大206起）。打掉犯罪团伙51个，抓获成员198人，破获案件414起。追回各类逃犯114人，为外区、外地（市）抓获22人。查获收缴各类赃款赃物折价共计4048.3万元，其中赃款1729.5万元，汽车21辆，摩托车52辆，毒品194克，移动电话23部，走私物品总价值1470.6万元。

1997年，受理报警案件2180起，立刑事案件118起。破获各类刑事案件931起，为外区、外地破获307起，破积案隐案110起，破本地区案件514起。全年打击处理各类违法犯罪嫌疑人289人，其中逮捕180人，劳动教养89人，直诉20人。摧毁各类违法犯罪团伙42个、171人。抓获各类逃犯42人，其中，公安部通缉1人，市局通缉15人，分局通缉15人，为外地市抓获11人。查获各类赃款赃物折价总计1317.13万元，其中赃款120.63万元，赃物折价1196.5万元。2000年，破获特大系列扎轮胎盗窃汽车内财物案、“9·28”特大杀人焚尸案。2001年，组织18次集中清查行动，集中打掉一批村霸、街霸、市霸以及带有黑恶性质的流氓恶势力。破获曹某特大系列入室盗窃案、于某系列贩卖枪支案、以李某为首的特大诈骗、以肖某为首的黑社会性质犯罪团伙。

2002年，先后开展“春季攻势”“百日破案会战”“追逃专项行动”、打击“两抢”犯罪专项斗争及23次专项打击、治安清查和重点治理行动。破获“5·24”特大伤害致死人命案、“5·29”特大强奸抢劫杀人案。2004年，破获“4·15”特大绑架人质案、“5·19”杀人碎尸案、“9·1”抢劫绑架杀人案、张某特大系列诈骗案。抓获各类逃犯770人，其中，公安部督捕逃犯3人，省公安厅督捕逃犯6人，市公安局督捕逃犯761人。抓获公安部督捕重大伤害致死逃犯王某、省公安厅督捕重大伤害致死逃犯王某、重大杀人逃犯马某、特大诈骗逃犯赵某、特大诈骗逃犯付某及济南市十大逃犯之首张某。2006年，开展“百日严打”“打击两抢一盗”“打击盗抢机动车”、追逃专项行动等一系列专项斗争及有重点、有针对性地集中打击清查行动，实行目标量化和“排行榜”制度，确保行动实效。

第三节　治安行政管理

一、公共场所管理

1991年，开展“打击车匪路霸”“整顿路边店、打击卖淫嫖娼和赌博犯罪”等专项行动。全年全区共受理治安案件1593起，处罚763人，其中行政拘留63人；罚款6.72万元，收缴黄色录像带66盘、书刊16本，摧毁地下非法复制音像制品窝点2个和制假窝点1个，缴获赃款15万元。1992年，实施《山东省公共场所治安管理办法》，举办公共场所负责人学习班，核发公共场所安全许可证。1993年，开展集中打击、治安清查行动9次、专项斗争6次，抓捕各类违法分子628人。1997年，对部分秩序混乱、发生刑事治安案件的旅店、饭店、三房一座、夜总会和废品收购店进行治理整顿。整顿公共场所400余家，对列管的单位、业户开展调查登记换证，查处卖淫嫖娼案件88起163人，其中卖淫妇女23人，嫖娼人员140人，收缴非法出版物4300件，查处赌博团伙25个88人；查处吸毒、贩毒、制毒人员9人，其中吸毒5人，铲除2处种植罂粟地，计85棵61果。1998年11月，对全区1100余家公共娱乐服务场所进行清理整顿，查处卖淫嫖娼案件12起，传播淫秽物品案件9起，关闭取缔无证经营或有违法行为的业户119家，取缔封闭式包间（厢）946间，收缴按摩床457张，清除色情广告285个。2000年7—9月，专项治理整顿娱乐场所暨电子游戏经营场所，查处案件1860起、各类违法分子2887人，其中妇教43人，治安拘留875人，罚款1152人，治安警告475人。2001年，查处各类治安案件1238起，治安拘留1152人。2003年，查处各类治安案件3476起、各类违法分子4613人，其中妇教39人，治安拘留779人，罚款913人，治安警告807人。2005年，查处各类治安案件3016起，各类违法分子4361人，治安拘留529人，妇教29人，罚款637人，治安警告679人。

二、特种行业管理

1991年，轮训特种行业单位负责人和职工2844人次。1993年，在特种行业治安管理中推行承包责任制，与全区413家特种行业负责人签订承包责任书。2004年，开展为期一个半月的打击非法盗卖收购井盖等城市公用设施的专项整治活动。2005年，整治旅馆业微机登记系统使用率下降问题，微机使用率从70%提高到95%以上。利用微机登记系统抓获公安部网上逃犯13人。2006年，建立和推行场所、行业治安民警专管制度，推广“以点管人，登记备查，破案有奖，违规重罚”的收购和机修业管理的经验做法，及“以专管民警为龙头，以社区民警为基础，不断完善分级、分类管理”的旅馆业管理的做法。

三、枪支弹药、爆炸物品管理

1991年，严格枪支管理，清理社会散存枪支812支。1993年，对全区930支民用枪支进行验证，验证率93%。同时，加强对非法持有枪支、弹药、管制刀具的收缴，收缴刀具9件；对11个弹药库进行不间断检查。1996年，收缴各类非法枪支257支，查获涉枪犯罪嫌疑人8人。10月1日《中华人民共和国枪支管理法》实施后，回收枪支1029支，回收率96%。1997年，收缴各类非法枪支52支，收缴炸药234千克、雷管190枚，导火索100米，自动步枪子弹21发，教练手榴弹15枚，签订安全责任书180份，治安处罚8人。1998年，收缴非法枪支1支，子弹195发，炸药155千克。1999年，收缴非法枪支6支，子弹144发，炸药170千克，雷管330枚，导火索170米，手榴弹1枚。2000年，查缴猎枪1支，气枪1支，迫击炮2架，子弹（五六式）8000发，炸药4900千克，导火索1450米，雷管100枚；查获涉暴嫌疑人15人，逮捕1人，刑事拘留1人，治安拘留1人，治安罚款12人，责令15家单位停产停业。2001年4—6月，开展治爆缉枪专项行动。

相继侦破以李某为首的贩枪团伙案、以肖某为首的涉枪黑恶势力团伙案以及以耿某为首的私藏枪支案等一批重特大案件。缴获枪支2101支，子弹30.68万发，其中铅弹30万发；炸药2870.5千克，导火索150米，雷管37枚；查获涉枪涉暴案件35起，涉暴嫌疑人44人，刑事拘留4人，治安拘留23人，治安罚款17人。2001—2005年，共查处违反爆炸物品管理的案件67起，处罚89人，取缔不符合安全储存条件的民爆物品仓库11家。收缴各类枪支3支，子弹1417发，各类管制刀具41件；剧毒物品氰化钠（10000克）、氰化钾（1250克）、三氧化二砷（砒霜）（500克）；收到群众举报涉枪涉爆案件线索2条，核查破案1起，抓获犯罪嫌疑人3人，刑事拘留2人，治安拘留7人，治安罚款2人。

检查可疑车辆（市中公安分局提供）

四、社会治安

1991年，建立各类群防群治组织653个、3790人；17条线路联户联防单位（业户）达到1109个、68个编组1107人，抓获各类现行违法犯罪嫌疑人员47人，破获各类刑事案件77起。1992年，对全区425处财物部门和重要物资仓库安装技防设施，在居民住宅区修建围墙925处，设传达室450处，建看车棚259个，安装防盗门22284个。受理各类治安案件1593起，处罚763人，其中行政拘留63人，罚款256人，罚款金额6.72万元，警告及其他处罚415人。1993年，杆石桥地区始建无线快速报警网络。1996年，受理各类治安案件992起，查处897起。共查处各类违法人员1311人，其中移交预审15人，劳教30人，妇教24人，治安拘留186人，警告107人，罚款550人，其他处理399人。查获卖淫嫖娼案件167起，端掉卖淫窝点5个，抓获卖淫嫖娼人员272人，收缴淫秽物品345件。查获赌博团伙21个，成员89人。辖区居民防盗门安装率达93%，社区自行车停车棚462处，机动车停车场36处。重点单位技防95家。

1997年，全年共受理各类治安案件884起，查处855起。共抓获各类违法犯罪分子1149人，其中移交预审5人，行政拘留374人，罚款395人，治安警告243人，妇教13人，其他处理119人，罚款总计35.61万元。

1998年，在全区繁华路段、公共复杂场所和易发案部位，按照“一所一亭”要求，建成治安岗亭17个，建立110出警点3个。全年组织23次治安集中清查行动、安全防范大检查14次。全年共查处各类治安案件1187起，抓获各类违法犯罪分子1653人，其中治安拘留593人，移交预审12人，转劳动教养7人，妇教32人，罚款499人，治安警告224人，其他处理286人；打掉组织收看传播淫秽录像放映点4个，涉及观看人员180余人；查处赌博团伙32个，成员129人；查获收缴各类非法书刊和音像制品5900余件，其中淫秽出版物和音像制品243件。

1999年，先后组织开展打击盗窃“三车”犯罪专项斗争、涉枪涉暴、禁娼禁毒、打击拐卖妇女儿童等专项行动19次。处置治安案件和纠纷2395起，抓获违法犯罪嫌疑人1899人，治安拘留855人；收缴各类非法音像制品3.38万件，非法书刊3.10万册。2003年，试行“网格化”治安防范新机制，在辖区主要交通路口、易发案部位设立昼夜盘查堵截点23处，电子巡更点425个；有18家单位和村居安装电子监控系统；社区巡防，重点巡逻交通干线和繁华路段；专职巡防队和义务巡防队队员共2300余人。2004年，在全区506处电子巡更点实行24小时全天候巡逻，在易发案部位设置盘查堵截点31个；在机关、学校、单位、村居安装监控设备，将金融网点报警系统全部与分局110联网。2005年，组建700余人的专职巡防队伍，义务巡防员1.4万余人，主要交通干线技防设施安装率100%。

2006年，辖区17个派出所安装主监控室，分局指挥中心设立总监控室。城区技防覆盖率达85%，城郊地区技防设施安装率达46%。驻区机关、金融系统、中小学校、网吧以及大中型企事业单位，技防设施安装率均达100%。通过巡逻防控、技防监控和堵截盘查等防范措施，抓获各类违法犯罪嫌疑人3838人。

第四节　户政管理

一、常住人口管理

1992年，全区实有人口315204人，共办理“农转非”10669人。1993年，在王官庄派出所管区实施常住人口微机化管理试点。1994年，集中清理人户分离，实施楼（院）户次号牌安装工作。全区办理有人无户口人员入户5284户、15549人，动员有户口无人的空挂户口移出5114户、15996人。统计安装户次号牌90263块。1996年，开展“开门评警”活动，先后向辖区单位群众发放征求意见信和评议票8万余份，走访群众4万余户。1998年，换发户口簿12.30万余户。开展“万民落户工程”，为707户、1327人解决“农转非”户口。2000年，南郊派出所管区农业户口全部转为非农业户口，就地“农转非”2722人。2000年1月，历城区十六里河、党家庄两个派出所划归市中区公安分局。辖区农业人口增加至93149人（十六里河41522人，党家庄51627人）。2002年7—10月，为1.60万余名新生办理落户手续；为出入境人员服务1005人（次）。同年，农转非113075人（白马山19401人，十六里河41868人，党家庄51806人），至此辖区内农业户口全部变更为城市居民户口。馆驿街派出所撤销，11058人户籍划归魏家庄派出所。2003年，户籍管理工作实行“一站式”办理，对特殊人员实行“绿色通道”和预约服务。2004年，户籍内勤民警在全市练兵比武中获团体第一名；办理专业人才落户10人。2006年6月，市区两级推广党家庄派出所工作对象管理工作试点经验及六里山派出所实有人口管理经验。

二、暂住人口管理

1991年初，辖区有暂住人口26934人。1992年，对全区暂住人口、租赁私房户、重点人口集中区进行清理整顿，为暂住人口办证21387人，办证率98%。1994年，辖区43个暂住人口管理站整合为9个，设管理人员95人。为全区289个外地劳务团体、24377人办理暂住人口证，持证率、验证率分别达95%和98%。1996年，全区有暂住人口39553人，办证率95%，持证率90%，验证率98%。劳务团体249个，18581人，“三证率”分别达96%、92%、98%。在流动暂住人口中抓获刑事犯罪分子164人，破获各类刑事案件144起，摧毁违法犯罪团伙25个，成员96人。1997年，全区有暂住人口40369人，登记办证38956人，出租房屋户4148户，办理租赁房屋治安管理许可证4074户。通过对暂住人口和租赁房屋户进行清理整顿，破获刑事案件123起，查处治安案件148起，查获暂住人口中违法犯罪嫌疑人192人，其中逮捕26人，劳动教养3人，治安处罚53人，其他处理10人。3月起，各派出所对暂住人口原籍发函调查，共发函40887件，通过回函查获逃犯8人，有犯罪嫌疑和劣迹人员6人，有犯罪前科的13人。8月，对治安秩序比较混乱的张安、东八、西八3个居委会进行暂住流动人口综合治理试点，实行微机化管理，人口信息微机管理三级联网成功。1998年，全区有暂住人口4.5万余人，登记办证4.1万余人；出租房屋户3950户，办理治安许可证3540户；共发函4万余件。成立暂住人口稽查大队，在大型劳务团体或暂住人口聚集地建立自管自治组织。结合严打整治和集中清查行动，共抓获隐藏在暂住人口中的违法犯罪嫌疑人238人，破获各类刑事案件108起，抓获各类逃犯23人，提供破案线索53条，破获案件38起。暂住人口微机化管理全部推向前台办公。1999年，办理暂住证9670个，房屋租赁许可证2720份，签订安全责任书3861份，通过函查，抓获外地逃犯16人，清理“三无”人员1224人。2004年，为建筑工地、学校、企事业单位等办理暂住证5000余个。2006年，办理暂住证98656个，抓获逃犯15人；至年底，辖区有暂住人口111917人。

三、居民身份证管理

1993年，在经二路派出所进行居民身份证管理试点工作。实行居民持身份证住宿制度。1994年，开展居民身份证使用、核查工作业务培训，参训人员672人。1996年，开始换发有效期满十年的居民身份证，换发47599个，占应换证人数的99.3%。1997年，全年完成身份证制证15271人，其中1981年出生的4421人，已完成制发身份证的4387人，完成99.2%。当年十年有效期满应换证4255人，已换证4042人，换证率95%。1998年，开展居民身份证编号清理纠错工作，纠错1778个。全年完成身份证制证21594人，办理快证2448人。2005年，第二代居民身份证换发205150人。2006年，第二代居民身份证换发230616人。

第五节　出入境管理

1993年，区公安分局设立外事科。全区有“三资”企业27家，入境人员户口申报率90%；境外暂住人口277人。同年，对出入境人员三级户口管理进行整顿，查处涉外案件4起。1999年，办理公民因私出境381人次，查处涉外案件8起12人次。2000年，办理公民因私出境806人次，查处涉外案件22、起25人（次）。2003年，填报入境人员临时住宿登记2548人（次），办理公民因私出境1461人（次）。当年，有外侨7人，寄养儿童20人。全年报备法定不准出境人员1111人，查处非法入境外国人1人。2004年，辖区有境外人员2128人，常住外国人235人，外侨7人，寄养儿童30人。受理公民异地出境和户口迁出政审82人，接受录入法定不准出境人员450人，及时阻止法定不准出境人员6人；受理涉外案件6起，查处5起。新增外国人住所点26处。4月，开展清理整顿非法出入境中介专项行动。9月30日，对沐天风洗浴场进行治安检查，查获容留俄罗斯人从事色情服务案1起，抓获违法人员10余人。2005年，辖区有临时入境人员1952人，常住外国人279人；驻外机构40家。受理公民异地出境和户口迁出政审115人，报备法定不准出境人员445人，及时阻止法定不准出境人员7人；受理涉外案件15起，设立外国人住所点211处。2006年，辖区临时入境人员2776人，常住外国人279人，报备法定不准出境人员488人，及时阻止法定不准出境人员5人；查处涉外案件14起14人，其中法定不准出境5起，漏报临时住宿登记案件8起，未按规定随身携带证件1起。有外资企业、分支机构、办事机构100余家，聘有外教、招收留学生的学校10余家。

第六节 安全保卫

1991年后，完成党和国家领导人以及外国元首、首脑及友好人士到济安全警卫任务；每年度的“三级两会”、国庆周年庆典、重大国内事件、重大庆典、重大事件、全国性商业会展等安全保卫工作。1992年，加强厂企保卫组织的规范化建设，全年搜集各类信息43条，查处侵害企业领导人、扰乱生产、经营秩序案件3起；105个区管单位实现“三无”标准；出动大量警力维护回民小区、经四路东端改造工程、省八大工程之一的四·一小区的动迁秩序；侦破内盗和重大诈骗案件12起，为企业挽回经济损失11.8万元。为25家“三资”企业提供治安服务，有11家建立保卫机构或配有专兼职保卫干部。完成32次重大节日、经贸、文体活动和内外宾警卫任务，出动警力8000余人次。1993年2月，济南市公安局保安公司市中区分公司成立，有干部、保安队员145人。1996年，完成各类警务任务214次，其中一二级警卫17次，完成三级人大、政协会议、全国足球联赛、篮球联赛等24次中央、省、市重要会议、大型文体娱乐活动和传统节日的安全保卫工作。1997年上半年，对保安队伍进行全面整顿，制定《关于加强保安队伍管理的暂行办法》，实行队建制管理，在派出所建立保安中队，把保安队伍纳入规范化管理轨道，保安队员613人，分布在46家省级单位，25家市属单位，26家区管单位，16家私营企业。全年保安队员共抓获盗窃犯罪嫌疑分子48人，调解民事纠纷230起，发现和协助单位解决安全隐患278起，抢救火灾9起，为民办好事324起，为单位挽回经济损失70余万元。完成内外宾、大型活动等各类警卫任务338次，出动警力2.70万人（次），主要有全国篮球甲级联赛济南赛区、足球甲A联赛等大型活动和中央首长回济期间外围警卫任务。1998年，全年保安队员共抓获各类违法犯罪嫌疑人94人，调解民事纠纷775起，发现和协助单位解决安全隐患503起，抢救火灾37起，为民办好事348起，为单位挽回经济损失183余万元。完成内外宾、大型活动、重要会议等各类警卫任务480余次，出动警力2.5万余人次。1999年，有保安服务客户91家，保安队员540人。2002年4月，保安管理分公司更名为保安管理大队。9月，全面推行等级化管理考核工作，将竞争激励机制引入队伍管理中。2003年，保安管理大队由4个大队扩编为6个大队。11月中旬，分批对在岗协管保安队员进行学习培训和考试，统一办理上岗证。2004年4月14日，组织近700余名队员参加由市总公司组织的保安从业资格年审理论考试，并颁发“保安从业资格证书”。5月19日，成立技防部，投入30万元购置设备，使全区76家单位与110报警系统实现联网。2005年，54

所幼儿园、中小学全部实现报警联网。“亚冠足球联赛”山东鲁能队与日本横滨水手队比赛正值中日关系处在“低潮”时期，赛场外围设5道防线，分局出动800余名警力，保证大赛安全进行。

2006年，辖区党政机关、17家省市金融单位、220个金融储蓄网点、5个金库、92个山场、3个炸药库、12家大型超市和商场等重点要害部位均安装技防监控设备，并与分局联网，辖区安全保卫工作运转正常。

第七节　110报警服务

1994年，市中公安分局成立“110”报警服务指挥室。1996年10月15日，建立110报警服务台和巡警110中队。至12月底，接处警295起，出动警力2286人（次），车辆538次，抓获违法犯罪人员120人，制止违法犯罪行为152起，提供救助服务89起，救助群众52人。全年“110”报警服务接处警4041起，抓获各类违法犯罪嫌疑人117人（含逃犯5人），破获各类刑事案件56件，查处治安案件1198起。1997年，110报警服务处共接处警4041起。通过“110”接处警破获各类刑事案件56起，查处治安案件1198起，抓获各类违法犯罪嫌疑人112人、逃犯5人。

1998年，“110”报警服务指挥室与供水、供电、供热等社会公益部门建立相应联动机制。城郊3个派出所建立“小110指挥室”，在主要公路沿线和村庄设立20个报警点，市区110延伸到治安联防队、保安队、企业保卫组织。按照“一所一亭”要求，在繁华路段、公共场所和易发案部位建立17个治安岗亭，3个“110”出警点，缩短群众报警求助和“110”接警时间。年内，全区110共接处群众报警求助7419次，通过及时出警，共查破各类刑事案件193起（其中重大案件67起），处置治安案件和纠纷2395起，抓获各类违法犯罪人员1899人。

1999年，筹资20万元安装光缆终端和程控电话总机，投资20余万元建立350兆无线对讲集群通信网。2001年，辖区巡警勤务划分为4个巡逻区域，“110”勤务中队由1个发展到4个，警员131人。配置4辆新式“110”接处警汽车、8辆摩托车及相应装备；投资200万元改建分局指挥中心，安装大型监控、接处警网络光缆等设施。2003年，探索“网格化”治安防范机制，添置“110”巡逻车4辆，原4个巡区细化为8个巡区，二环路以内18个派出所辖区全部纳入巡警巡逻范围，实行24小时巡逻防控。2004年，巡警巡逻车增至8辆，巡逻范围由市区主干线延伸到相邻的次干线，与派出所“网格化”巡逻形成衔接。辖区部分条件较好的机关、学校、企事业单位和村居安装电视监控设备，有76家

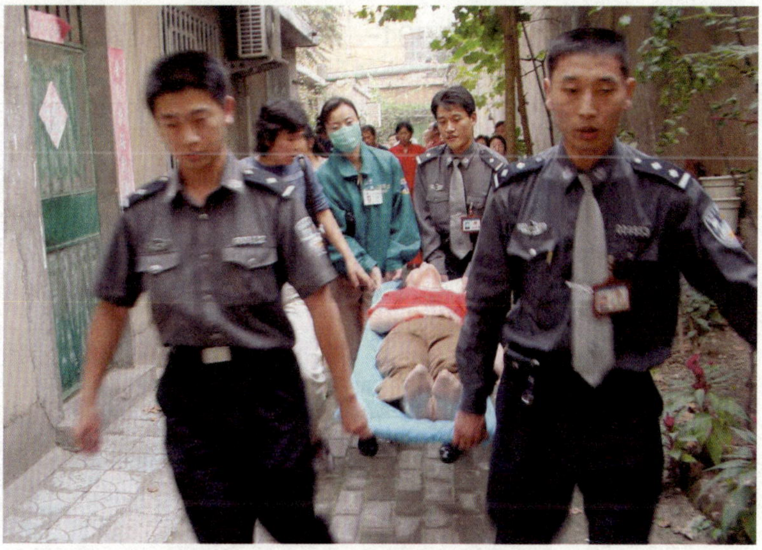

救助群众（2004年摄　市中公安分局提供）

单位及驻区金融网点的报警系统与“110”报警系统联网。

1999—2006年，通过“110”报警系统接处群众求助9.02万人（次），出动警力22.54万人（次），查破刑事案件8796起、治安案件4922起、调处纠纷2.29万起、公民求助服务1.78万起、抓获各类犯罪嫌疑人员5116人。

第八节 交通安全管理

1991年，市中区交警大队通过撤站（道路检查站）建队（乡镇交警中队），提出“流动巡逻，以动制动，有违则纠，无违则巡”的城区勤务管理十六字工作法，实现道路交通静态管理向动态管理的转变。1995年，开展“内强素质、外树形象”的大练兵。市中区交警大队成为济南交警的典型代表，大队提出“全国看济南，济南看市中”的口号。全队干警在荣誉面前找不足，成绩面前找差距，以改革求发展，以发展促巩固，全面推进队伍管理正规化、交通管理现代化、法制化、社会化建设。1999年1月12日，中共中央政治局常委、国家副主席胡锦涛亲切看望慰问大队执勤民警，称赞他们“不愧是全国公安交警战线的一面旗帜”。1999年6月23日，中共中央总书记、国家主席、中央军委主席江泽民在中共中央政治局委员、书记处书记、国务院副总理温家宝等陪同下，视察全国青年文明号——济南交警支队市中区大队经七纬二女子岗，亲切看望慰问执勤民警，勉励他们继续努力，坚持不懈地做到严格执法，热情服务。

2001年，大队大胆创新，勇于突破，创立新型的交通管理勤务模式，推行“高峰站点，低峰巡线，动静结合，区域管理”的十六字工作法，革除民警站死岗的弊端，扩大管理覆盖面，实现交通管理由体能型向智能型、由经验型向科技型的转变，形成“站—走—巡”“点—线—面”交警勤务管理工作方式。2005年，基本建成以机动车/驾驶人信息资源库为核心的交通管理基础数据库，运行进口车核查、机动车登记、驾驶证管理、机动车/驾驶人信息查询、交通事故统计分析、交通违法处理等业务应用系统，道路交通管理工作的科技含量显著提高。

1991—2006年市中区驾驶员、车辆情况表

表17-1　　单位：人、辆

年份	大客		大货		小型		三轮		二轮		轻便		特种
	驾驶员	车辆	驾驶员	车辆	驾驶员	车辆	驾驶员	车辆	驾驶员	车辆	驾驶员	车辆	车辆
1991	2816	805	7685	616	776	7613	1645	531	842	6503	4250	5986	81
1992	2965	913	7856	675	790	7796	1812	558	986	6742	4558	6458	97
1993	3098	1013	7934	718	813	7884	1997	576	1126	6998	4721	7325	113
1994	3215	1134	8057	747	867	7996	2168	693	1553	7115	4991	9448	162
1995	3467	1276	8158	798	885	8227	2360	714	1945	7353	5031	9647	192
1996	3976	1457	8325	852	926	8465	2596	736	2365	7569	5369	9932	214
1997	4208	1613	8513	886	1248	8698	2749	759	2788	7760	5572	10123	243

续表 17-1

年份	大客		大货		小型		三轮		二轮		轻便		特种
	驾驶员	车辆	驾驶员	车辆	驾驶员	车辆	驾驶员	车辆	驾驶员	车辆	驾驶员	车辆	车辆
1998	4512	1755	8755	920	1410	8907	2897	791	3105	7966	5763	10956	259
1999	4786	1896	8869	958	1569	9155	3002	825	3547	8206	6048	11421	284
2000	4892	1924	9046	1063	1778	9367	3178	849	3874	8474	6288	11698	330
2001	5120	2160	9208	1121	1932	9612	3323	882	4180	8712	6593	11972	346
2002	5298	2304	9456	1186	2180	9897	3512	913	4568	8935	6874	12465	412
2003	5422	2439	9578	1235	2404	10163	3688	936	4766	9142	7126	12997	456
2004	5710	2576	9721	1288	2598	10374	3904	957	5135	9356	7342	13085	498
2005	5963	2628	9936	1347	2752	10578	4113	984	5714	9601	7569	13264	532
2006	6127	2791	10247	1408	2897	10868	4283	1055	6028	9879	7824	13465	554

1991—2006 年市中区道路交通事故情况表

表 17-2

年份	事故（起）	死亡（人）	受伤（人）	经济损失（万元）
1991	62	20	62	175600
1992	138	33	54	274835
1993	55	25	25	192000
1994	147	30	110	212600
1995	940	45	41	220000
1996	1025	40	56	189600
1997	1736	36	60	265000
1998	2675	35	23	159000
1999	3576	39	65	120000
2000	3480	31	142	250000
2001	3390	32	98	350000
2002	3656	33	132	397000
2003	3867	44	106	525700
2004	7400	31	68	155000
2005	12110	32	137	224600
2006	10413	29	127	234900

第九节 消防安全管理

1994年5月，济南市公安局市中区分局消防股更名为济南市公安局市中区分局消防科。依照《中华人民共和国消防条例》进行监督检查。1998年4月，更名为济南市公安局市中区分局消防大队。同年，实行防火设计审核制度。2000年起，各公安派出所设消防监督室，消防监督工作逐步实现法制化。2002年，对公众聚集场所实行开业申报消防安全检查制度。2004年4月，消防大队由区公安分局迁至经七路公立街1号。2005年12月，迁至经六路小纬六路44号楼3楼。2006年2月，全区有现役消防官兵97人，公安消防民警7人，合同制消防员10人，企业专职消防队2个、队员50人。

消防官兵救火（济南市公安局市中区分局消防大队提供）

1991—2006年市中区消防救援情况表

表17-3

年份	接警（起）	出动人员（人）	车辆（辆）	救助（人）	火灾（起）	死亡（人）	受伤（人）
1991	397	6352	742	16	305	0	3
1992	409	6544	785	19	297	1	1
1993	411	6560	807	13	285	1	1
1994	435	6960	903	18	299	0	2
1995	410	7055	824	20	314	0	4
1996	420	6720	849	24	291	1	1
1997	451	7216	893	17	311	0	1
1998	432	6912	882	11	308	0	3
1999	463	7408	910	14	276	1	2
2000	510	8160	1042	9	288	1	2
2001	462	7392	936	13	308	1	2
2002	509	8144	1023	19	274	0	1
2003	470	7520	956	24	263	0	1
2004	500	8000	1000	15	282	1	2
2005	465	7496	937	20	299	0	1
2006	472	9120	1640	104	173	0	3

第三章　检　察

第一节　机　构

1991年年初，济南市市中区人民检察院设刑事检察一科、二科、经济检察科、法纪检察科、控告申诉检察科、技术科、政工科、办公室、研究室9个科室，共51人。1992年1月，设立民事行政检察科。1995年12月5日，设立市中区检察院驻七贤镇检察室。1994年，区检察院被省检察院记集体二等功。1995年12月28日，撤销经济检察科，设反贪污贿赂工作局。2000年，撤销七贤检察室，增设监察室和法警大队，法纪科更名为渎职犯罪侦查局。2001年，渎职犯罪侦查局更名为渎职侵权检察局。12月，机构改革，设办公室、政治处、侦查监督科、公诉科、反贪污贿赂局、渎职侵权检察局、民事行政检察科、控告申诉检察科（举报中心、刑事赔偿、监所检察与其合署）办公、检察技术科、法律政策研究室（检察委员会秘书科与其合署办公）、法警大队、职务犯罪预防科等；监察室与区纪委派出纪检组合署办公。2005年5月21日，设立网络信息管理中心;6月27日，渎职侵权检察局更名为反渎职侵权局。2006年年底，区检察院设办公室、政治处、侦查监督科、公诉科、反贪污贿赂局、反渎职侵权局、民事行政检察科、控告申诉检察科、检察技术科、法律政策研究室、法警大队、职务犯罪预防科、网络信息管理中心13个科室，101人。

第二节　贪污贿赂犯罪检察

1991年，区检察院开展反贪污贿赂斗争，集中力量查办发生在党政领导机关、行政执法机关、司法机关、经济管理部门（简称“三机关一部门”）的犯罪案件，把查处贪污贿赂犯罪案件列为经济检察工作的重点，立案84件。其中，贪污34件，受贿34件，挪用公款10件，行贿4件，偷税2件。1997年开始，反贪局集中力量查办大要案，突出查办贪污贿赂案件，特别是发生在党政机关、司法机关、行政执法机关、经济管理部门的犯罪案件，受理各类经济犯罪案件线索98件，立案50件52人。发生在“三机关一部门”的重点案件20件，大案20件，要案3件，厅级要案1件，为国家和集体挽回经济损失300多万元。2001年，反贪局将办案重点放在查办有影响、有震动的大要案上。受理各类经济犯罪案件线索89件，立案42件。其中，要案9件，大案14件，特大案件17件，为国家和集体挽回经济损失360多万元。2006年，立案14件18人，要案6件6人，大案6案8人。其中，贪污6件8人，受贿4件4人，挪用公款2件4人，行贿2件2人，为国家和集体挽回经济损失300多万元。

第三节　渎职侵权检察

1991年后，重点查办徇私舞弊、刑讯

逼供、非法拘禁、玩忽职守、重大责任事故5类重点案件。1996年，立案查处的济南市看守所副所长牟某徇私舞弊案，是济南市检察系统恢复重建后的首起司法工作人员徇私舞弊案件。1999年，立案查处济南海关工作人员谭某放纵走私案。2000年，立案查处山东省人民检察院工作人员孟某故意泄露国家秘密案。2002年，立案查处济南市公安局历下分局刑警四中队中队长颜某玩忽职守案。2004年，立案查处济南市国家税务局历下分局马某、李某徇私舞弊、不征少征税款案。2006年，全年立案查处渎职侵权案件4件6人，大、要案3起。其中，滥用职权案3件5人，玩忽职守案1件1人。

第四节　刑事检察

1991—1997年，区检察院受理公安机关提请批捕刑事案件1440人，经审查，批准逮捕1366人，不捕33人。其中重、特大案犯934人，占批捕总数68%。受理移送起诉1253人，提起公诉1154人，不起诉11人，追捕2人，追诉4人。1996年，开展严打集中统一行动，区检察院与公安、法院、司法行政部门密切配合，突出打击恶性暴力犯罪、流窜犯罪、涉枪犯罪、毒品犯罪、带黑社会性质的犯罪集团和流氓恶势力，依法批准逮捕347人，提起公诉246人。区检察院公诉部门在办理刑事案件的同时，探索检察改革，制定《公诉人出庭支持公诉规范用语》，被《检察日报》宣传报道。2000年，实行主诉检察官制度，"责、权、制"相结合，受理各类刑事案件308案415人。其中，起诉289案390人，撤案15案20人，不起诉4案5人。2003年，区检察院公诉部门转变过去"重打击、轻保护"的做法，树立适应时代发展的司法理念，探索"轻罪轻缓"检察改革，建立对符合条件的轻伤害案件调解处理机制，调解处理轻伤害案件50余起。2006年，受理各类刑事案件412案459人。其中，起诉380案420人，撤案29案35人，不起诉3案4人。

第五节　民事行政检察

1991—1997年，区检察院受理民事、经济、行政申诉案件86件，立案审查62件，对明显不公的民事、经济、行政案件的判决、裁定，提请抗诉19件，提出检察建议纠正错误6件，对判决、裁定正确的主动做好息诉工作。1996年，设立民行科，依据《中华人民共和国民事诉讼法》《中华人民共和国行政诉讼法》，对民事审判活动和行政诉讼活动实行法律监督。2002年，民行科制定《市中民行规范手册》，创办电子刊物《民行在线》。2005年，区检察院创新民行工作息诉八法（法律解释法、案例展示法、圆桌求证法、换位思考法、引援借力法、指道明途法、检察和解法、整合资源法），化解社会矛盾67件，息诉八法在全省进行推广。

第六节　控告申诉检察

1991—1997年，坚持检察长接访制度，受理举报661件，查处经济犯罪案件191件，奖励举报有功人员9人。

2003年，区检察院接待来访约200人次，信访案件6件。2004年年初，完善检察长接访制度，对来访群众做到件件有答复。同年，先后进驻4家企业单位开展举报宣传活动，与单位领导举行座谈，在2家单位开设演讲法制课，以案说法。全年初查案件20件，其中移送立案的14件。2006年，区检察院与区

15个街道（镇）建立涉法诉求工作站，建立制度和联系方式。每逢“三级两会”、节假日期间，对可能存在的上访隐患，进行逐一摸底排查，不留死角，并实行24小时值班制度，每天向有关上级部门报送信访工作情况，确保区检察院在“三级两会”、节假日等期间无越级访、进京访情形的发生。至年底，检察长接待日136天，接访6件7人；控申接访111件299人，其中集体访20件186人，对来访群众件件有答复，没有一件缠访或越级上访事件。

2001—2006年，全院受理控告、申诉、举报线索642件，均按工作流程处理；初查案件20件，其中移送自侦部门立案的14件；办理刑事申诉案3件，刑事赔偿案2件；处理涉检、涉法信访案件15件。

第七节 监所检察

区检察院每年负责对监外罪犯执行情况进行考察，协助公安机关落实帮教措施，预防和减少重新犯罪，督促公安、法院、反贪、起诉等部门加快办案速度。1991—1997年，区检察院负责对378名监外执行人员进行考察，协助公安机关落实帮教措施，预防和减少重新犯罪。对超期羁押犯人问题，提出口头纠正违法意见50余次，督促公安、法院、等部门加快办理。1998—2002年，共对368名监外执行人员进行考察。

2003年，区检察院监所部门拉网式清理19个公安派出所监外执行罪犯，摸清监外执行罪犯底数；首次查办自侦案件，以帮助罪犯逃避处罚罪，立案侦查4起。2004年，开展监外执行罪犯联合检查2次；开展高检院、公安部、司法部“减刑、假释、保外就医”专项检查1次；监督公安机关提请收监3人；以虐待被监管人立案侦查1起。2006年，开展监外执行罪犯联合检查2次；监督公安机关提请收监2人。

第八节 预防职务犯罪

2001年12月，区检察院职务犯罪预防科成立后，围绕法律监督职责、预防职务犯罪开展工作，开展个案预防、专项预防、系统预防和预防职务犯罪法制宣传，结合查办的各类职务犯罪案件进行多种形式的警示教育。先后到辖区国家机关、国有企业、事业单位、学校、社区居委会等单位，宣讲法制教育课60余次，听讲人数超过2万人。撰写宣传稿件120余份。对23起案件开展个案预防工作，向11家发案单位送达检察建议书，帮助发案单位制定整改措施100余项，挽回经济损失500余万元。介入9项重大工程，开展预防工作，签订廉政责任书20余份，帮助建设单位建立各类规章制度90余项；深入工商、税务部门及金融等8个职务犯罪高发行业，开展系统预防。2006年，开展案例分析3份，预防咨询10余次，与2家单位签订预防共建协议，进行法制教育宣讲10余次；介入6项重大工程进行同步预防。

第九节 司法警务

2000年，区检察院成立法警大队。2001年3月，抓获涉嫌贪污公款130万元的在逃嫌疑人王某，首开全市检察机关司法警察追逃工作先河。2002年4月，在市院法警大队的配合下，成功将在逃犯罪嫌疑人柳某劝说归案；7月，抓获在逃犯罪嫌疑人魏某。2003年6月30日，涉嫌挪用公款30余万元的孙某，在外潜逃2年后，迫于压力投案自首。2005

年，对贪污犯郭某实行网上追逃，郭某在北京落网。

附：典型案例

张某受贿案 张某在担任济南高新技术产业开发区管理委员会财政局局长兼国有资产管理局局长、建设工程财务审查管理中心主任期间，利用负责单位全面工作的职务便利，于2001年4月至2002年9月，分4次收受挂靠在山东亚泰装饰公司承揽工程的陈某共计人民币13万元、美金1000元。2002年4月，收受桓台建设工程公司项目部经理荆某招商银行一卡通一张，内存现金1万元。被告人张某共计收受他人贿赂5次，人民币14万元、美金1000元。2002年9月15日，区检察院对张某立案侦查；10月22日，侦查终结。2003年1月28日，经法院审理，作出一审判决，以犯受贿罪，判处被告人张某有期徒刑10年。

刘某故意杀人案 1999年4月20日凌晨约1时许，在市中区土屋路23-12号新感觉音像店内，刘某酒后与被害人杨某在店内里间发生争吵，刘某一气之下将屋内的煤气罐拧开威胁杨某，并言称要烧死杨某。过了约十分钟，刘某用打火机点燃屋内弥漫的煤气，致屋内起火，刘某只身逃出店外，杨某头部、面部、躯干及四肢被严重烧伤，左小指缺失，烧伤面积达42%，经法医鉴定构成重伤。此后，杨某及其母亲便开始四处上访。2001年3月，被害人杨某到区检察院侦查监督科，要求检察机关介入此案。区检察院侦查监督部门详细询问被害人有关情况，并到市中公安分局法制科及六里山派出所调阅相关卷宗材料，进行实地查验、走访有关知情人员。在初步调查之后，一致认为刘某的行为已经涉嫌构成犯罪，理应追究其刑事责任，公安机关应对此立案侦查。经研究决定并提交检委会通过，于2001年3月30日向公安机关发出《说明不立案理由通知书》，督促公安机关立案侦查。公安机关于2001年4月6日立案侦查。经过充分调查，认定刘某的行为已经涉嫌故意杀人罪，市中公安分局于2001年7月21日将刘某刑事拘留，并移送区检察院提请批捕。区检察院遂于2001年7月27日以犯罪嫌疑人刘某涉嫌故意杀人罪将其批捕。2002年2月8日，被告人刘某被济南市人民检察院提起公诉。3月28日，济南市中级人民法院做出一审判决，以故意杀人罪判处刘某无期徒刑，并赔偿被害人经济损失25.7万元。

张某贪污受贿案 该案是中华人民共和国成立后济南市查处的级别最高、影响最大的案件，也是2006年6月初被最高人民检察院列为挂牌督办的全国十大案件之一。市中区检察院反贪局查办、济南市检察院立案。张某在担任济南市粮食局局长期间，利用职务之便，涉嫌受贿2623412元，贪污公款151803.2元。2006年5月16日，济南市人民检察院对张某立案侦查，同日对其刑事拘留；5月29日，决定对其采取逮捕措施。2007年6月26日，济南市中级人民法院以贪污罪、受贿罪，判处张某无期徒刑，并没收个人财产10万元，剥夺政治权利终身。

第四章　法　院

第一节　机　构

1991年，区法院设办公室、研究室、纪检组、政工科、刑事审判庭、民事审判庭、经济审判庭、行政审判庭、告诉申诉庭和执行庭等部门。有七贤、七里山、大观园、杆石桥、舜玉路、岔路街、共青团路、魏家庄8个派出人民法庭。全院在职人员73人。1993年5月，院址迁至小纬二路53号。1996年3月，增设监察室。同年，增设法警大队，有法警6人；增设法医室，设专职法医1人。1998年2月，告诉申诉庭改为审判监督庭；4月，成立立案庭，负责全院各类案件的集中统一立案和审判流程管理工作；10月，共青团路人民法庭、七里山人民法庭分别更名为泺源人民法庭和二七人民法庭。1999年，相继撤销魏家庄、泺源、舜玉路3个人民法庭，改组杆石桥人民法庭为执行二庭。2000年1月19日，接收济南市历城区人民法院十六里河人民法庭。2000年3月12日，撤销二七、岔路街、大观园人民法庭，改民事审判庭为民事审判一庭，改经济审判庭为经济审判一庭，增设民事审判二庭和经济审判二庭；3月27日，撤销执行庭，设立执行局，内设执行一庭、执行二庭。2001年12月，撤销政工科，设立政治处。2002年12月8日，区法院由小纬二路53号迁至英雄山路197号。启用的综合审判大楼建筑面积10000平方米，有大小审判法庭21个，办公用房56间，大小会议室5个。2003年3月，成立信息技术科。2004年6月30日，中共中央政治局常委、中央政法委书记罗干在最高人民法院院长肖扬及中共山东省委书记、山东省人大常委会主任张高丽等陪同下考察区法院，对区法院的信息化、制度化、规范化建设给予充分肯定。2006年年底，全院设12个业务庭室队，2个派出人民法庭和4个党务、行政部门，在职人员162人。其中，法官60人，其他工作人员102人。在职人员中，研究生学历10人，大学以上学历135人，占83.33%。同年，区法院被推荐为全国优秀法院。

区人民法院获“全国优秀法院”称号（区法院提供）

1991—2006年市中区人民法院获省级以上荣誉情况表

表17-4

荣誉名称	单 位	时 间	批准机关
全省法院先进集体	区法院	1991.3	山东省高级人民法院
集体三等功	区法院	1992.3	山东省高级人民法院
集体三等功	区法院	1992.10	山东省高级人民法院
集体三等功	区法院	1993.3	山东省高级人民法院
集体二等功	区法院	1994.2	山东省高级人民法院
集体三等功	区法院	1995.12	山东省高级人民法院
集体三等功	区法院	1996.2	山东省高级人民法院
全省执行工作先进单位	区法院	1997	山东省高级人民法院
集体三等功	区法院	1998.1	山东省高级人民法院
全国法院集中清理委托执行案件先进单位	区法院	1998.5	最高人民法院
集体二等功	区法院	2002.12	山东省高级人民法院
集体二等功	区法院	2003.2	山东省高级人民法院
人民满意的好法院	区法院	2003.12	山东省高级人民法院
集体一等功	区法院	2004.2	山东省高级人民法院
全省法院纪检监察工作先进集体	区法院纪检组、监察室	2005.2	山东省高级人民法院
全省法院选调工作先进单位	区法院	2005.10	山东省高级人民法院
全省优秀法院	区法院	2005.12	山东省高级人民法院
维护国防利益和军人军属合法权益先进单位	区法院	2006.11	济南军区政治部、山东省高级人民法院
全国优秀法院	区法院	2006.12	最高人民法院

1991—2006 年市中区人民法院收结案件情况表

表 17-5　　单位：件

年份	刑事		民事		经济		行政		执行		告申审监	
	收	结	收	结	收	结	收	结	收	结	收	结
1991	117	102	887	853	728	709	19	18	332	321	34	32
1992	98	110	1064	1003	1064	936	6	7	289	363	36	36
1993	103	103	1078	1130	1546	1556	14	14	306	313	29	32
1994	140	140	1242	1158	2371	2221	15	15	432	436	17	14
1995	180	180	1252	1291	2242	2204	44	18	499	499	23	27
1996	243	243	1617	1601	2721	2752	41	69	515	507	8	9
1997	180	180	1951	1965	2844	2831	34	27	538	546	20	15
1998	178	178	1683	1687	2277	2396	40	45	1588	1967	82	55
1999	210	210	1757	1757	2180	2202	61	47	1557	1997	77	91
2000	260	263	2233	2207	1766	1791	86	94	1703	1820	50	56
2001	239	225	2681	2517	2195	2180	86	76	1670	1779	25	30
2002	310	327	5015	4977	—	—	71	72	2446	2450	27	26
2003	323	323	4949	5015	—	—	307	305	2822	2825	22	20
2004	295	295	4913	4910	—	—	113	113	2094	2100	22	22
2005	340	340	4188	4188	—	—	165	180	1847	1848	22	26
2006	305	305	5058	5058	—	—	118	120	1669	1665	23	23

第二节　刑事审判

1991 年后，区法院坚持开展严打斗争，依法从重、从快、从严审结抢劫、强奸等严重侵犯公民人身、财产安全、危害社会治安的犯罪案件，对严重暴力犯罪、多发性侵财犯罪、涉众性经济犯罪、毒品犯罪始终保持高压态势，维护人民群众的安全感、稳定感。配合反腐败斗争，加大对贪污、贿赂、挪用公款等破坏社会经济秩序和职务犯罪的打击力度，相继审结原济南市粮食局副局长裴某受贿、挪用公款，原济南市公安局行动技术支队支队长冯某挪用公款等一批大案要案。审结一大批在省市范围内有重大影响的案件，如山东国际经济技术合作工作进出口公司出纳员王某侵占、挪用资金案，犯罪数额高达 1347 万元，为国家挽回损失 588 万元。在快审、快结、严厉打击的同时，确保办案质量，曾连续结案 176 案 230 犯无一上诉。

1996 年，新《中华人民共和国刑事诉讼法》施行，刑事审判改革审判方式，强化庭审作用，改变过去先定后审的做法。庭审由法官纠问式转变为控辩双方控辩，法官居中裁决。1997年，确定疑罪从无、法无明文不为罪原则。当年，按照疑罪从无原则，以证据不足宣告无罪1人。1998年后，区法院坚持宽严相济的刑事司法政策，将“严打”与保障被告人合法权益有机结合，强化当庭质证、认证功能，提高当庭宣判率。2004年，区法院刑事案件结案数295件，结案率100%，当庭宣判114件。2005年，区法院针对盗窃、抢劫、故意伤害等8种多发性刑事案件，制定一整套量刑规则，在全市法院首先形成规范法官自由裁量的实体处理标准。当年审结340件，判决犯罪分子508人。2006年，审结案件305件，判决犯罪分子531人；在39件刑事附带民事案件中，调解撤诉率达98%。

第三节　民事审判

1991年，区法院创办离婚前教育学校。1992年，离婚案件中夫妻和好及自愿撤诉的占37%，文明离婚、不争财产、积极抚育子女的占45%，没有出现矛盾激化现象。同年，离婚案件3日内结案率40%，15天内结案率85%。1992年3月，市法院在区法院召开现场会，推广开办离婚前教育学校的做法；12月8日，省法院在区法院召开现场会，在全省法院推广区法院离婚前教育学校的经验。1995年后，实行案件全程跟踪管理，以公正审判为中心，强化庭审功能，强化当事人举证责任，强化合议庭和独任审判员职责，在全部民事审判干警中开展集中庭审观摩评比活动。1996年，在全市民事审判庭审观摩中，区法院荣获4个项目中的3项第一名，顾林获全省“十佳审判长”称号。

2002—2003年，审结642起下岗职工状告渤海集团股份有限公司、山东物美商场追索生活费补偿金纠纷案和183起济南万紫巷商场与劳动者追索经济补偿金纠纷案。2003年11月，成立民事纠纷调解中心，促进调解结案率。2003—2004年，区法院民事案件调解、撤诉率达56%。2005—2006年，审结民事案件3404件，经济案件5645件，总计9049件。围绕规范市场经济秩序，审结买卖、借款、租赁、房地产开发经营等合同案件4024件，依法制裁不守诚信等违法行为，维护社会信用，加快经济流转。围绕建设社会主义新农村，审结农村承包合同、农民工劳务合同等案件197件，依法保护农民的合法权益，促进农村经济健康发展。2006年，七贤法庭被评为全省法庭工作先进集体。

第四节　经济审判

1993年，经济审判改变依附民事审判的状况，走向独立和规范，收、结案数均跃居各项审判首位。1995年，审结济南市市中人防建筑材料厂破产案，为市中区区属企业首例破产案件。1997年，审结涉及国有企业经济纠纷案件900余件，约占经济审判结案总数的30%，标的额约占50%。同年，审结涉及个体、私营、“三资”等非公有制经济及混合所有制经济的经济纠纷案件数，约占结案总数的35%。1998—2001年，审结经济案件8569件。2002年，根据上级法院要求，民事和经济审判案件在案由、案号上不再区分，由此经济审判并入民事审判，经济审判庭更名为民事审判第二庭。

第五节　行政审判

1991年，区法院受理行政案件19件，审结18件。至1997年，区法院受理和审结的行政案件数，均居全市法院首位。1998—

2004年，累计受理行政诉讼案件769件，审结758件，审查非诉执行案件234件。2005—2006年，区法院依法审理涉及土地、城建、公安、工商、劳动、技术监督、物价、教育、民政、司法行政等行政诉讼案件268件，判决撤销具体行政行为、判决履行法定职责、确认违法或无效以及被告改变原具体行政行为原告撤诉的68件，占审结案件总数的22.67%。

第六节 审判监督

1991年，告诉申诉庭负责对区法院发现的或者上级法院指令审理的已经发生法律效力而确有错误的判决、裁定的案件进行再审。至1997年，受理各类再审案件167件，审结165件，结案率99%；处理接待人民来信来访22490人（件）次，调处简易纠纷824件。1998年2月，撤销告诉申诉庭，设立审判监督庭。对于所有再审案件的处理意见，均由区法院审判委员会讨论通过后做出。当年，审判监督庭受理再审案件82件，结案55件。为保证全院的案件质量，审判监督庭内设卷宗评查办公室，负责对全院各业务庭当月报结的所有案件卷宗进行评查，对发现问题的卷宗及时退回相关庭室予以补正。由监察室牵头，设立二审改判案件审查小组，负责对二审改判案件进行审查，向审判委员会提出原审案件承办人是否应当承担责任的意见。2005年5月，制定《二审改判案件审查规则》《二审改判案件责任认定和追究标准》，全院案件质量监督评价体系基本建立。2006年，全院受理的各类再审案件降至23件，当年全部审结。

第七节 案件执行

1991年，区法院收到各类执行案件332件，执结321件。1992年起，与工作中相互协作的省内外兄弟法院执行庭互结友好庭。1995—1997年，执结受托案件65件，执结率100%，标的额561万元。1997年，执行庭被省法院评为全省法院执行工作先进单位。同年，区法院在全国法院委托执行工作座谈会上作典型发言。1998年，执行庭被最高法院评为全国法院集中清理委托执行案件先进单位，被省法院记集体二等功。

2001—2006年，区法院深入开展集中清理执行积案活动，努力解决“执行难”问题，执结各类案件12667件，标的额38亿元。至2006年，执行工作连续7年无超期执行案件。

第八节 立案信访

1991—2006年，区法院共接待当事人来信来访13442人次。实行“包案人”制度，对信访案件逐件进行案件质量审查、信访致因分析和跟踪息访清理。在审判大厅设立“院长值班亲情提示牌”，写明值班领导的姓名、联系电话，随时解决群众反映的问题和困难，使当事人和群众随时都能约见值班领导，实现严格司法与热情服务的统一。加强立案调解和复查听证调解，减轻当事人诉累，节省司法资源。探索对信访确无道理的上访户实行信访终结制度，被省法院推广。将传统的行政式接访转变为诉讼式接访，把信访调解引入再审复查程序，从根本上化解上访老户问题。2005年，成功调处隗某对李某故意伤害赔偿案件。

附：典型案例

李某名誉权案 1994年3月6日下午，某单位工程师李某到山东省图书公司工具书柜台购书。李某在翻看图书时，被营业人员疑有窃书行为。营业人员将李某拦住盘问，并迫使其拉开上衣前胸拉链接受检查。在李某未窃书得到证实后，双方发生口角，引来众人围观。李某以名誉权受到侵害为由向区法院起诉该图书公司，要求其赔礼道歉，恢复名誉，消除影响，赔偿损失。法院审理认为，原告李某作为顾客到该图书公司购书，无不法行为，并无过错。被告方人员在证据不足的情况下，仅凭他人提示，对原告进行盘问，迫使原告拉开上衣拉链进行检查，主观上有过错。虽然原告所诉被告方人员语言粗暴无礼及动手摸其上衣口袋无法证实，但引来众人围观，客观上给原告造成名誉权损害的事实，已构成对原告的精神损害，应当赔偿对原告造成的精神损害及因此带来的诉讼等实际支出费用。根据《中华人民共和国民法通则》有关规定，判决被告山东省图书公司赔偿原告李某精神损害费800元，实际经济支出费300元。此案为济南市首例法院判决赔偿精神损失的纠纷案件。

大观园公厕化粪池自燃爆炸伤人案 1994年10月4日9时40分，姜某、蒋某、左某、张某在济南市大观园商场西侧收费女公厕内等候如厕，突然从该公厕化粪池内窜出一个大火球，随即发生爆炸。姜某等4人衣服被引燃，身体被不同程度烧伤，当即被商场工作人员和群众送往医院治疗。后4人多次向有关部门索赔未果，遂向市中区法院起诉，要求该公厕管理部门济南市市中区环卫局赔偿其精神、人身和财产损失。此案引起省内媒体和群众广泛关注。案件审理中，原告诉称，被告没有安排专人管理此公厕，对事前群众反映公厕有刺激性异味的情况，没有检查原因、采取措施，属管理不善，应承担过错责任，赔偿原告一切损失。被告辩称，该公厕化粪池上有两盖，盖上有气孔，符合城市厕所建设的有关标准。事件发生后，被告已经请有关专业人员进行调查，不能确认爆炸原因。因此，不能确认被告有过错，被告不应承担过错责任。被告愿按公平原则对原告予以适当赔偿。法院经过调查审查，在爆炸原因无法查实的情况下，依照公平原则对原、被告双方进行多次调解，使双方在互谅互让的基础上达成赔偿协议，由被告一次性赔偿4原告各种损失计2.46万元。

山东省食品公司信托合同纠纷案 2001年8月，原告山东省食品公司因信托合同纠纷向区法院起诉，要求被告济南英大国际信托投资有限责任公司返还存款本金40万元，支付存款期内利息13500元以及逾期还款的违约金。被告英大公司则以其与原告之间建立的是委托放款合同关系，请求法院驳回原告的诉讼请求。此时，《中华人民共和国信托法》已经公布，但尚未生效不能作为处理本案的依据，本案是一个审理过程跨越《中华人民共和国信托法》实施前后的典型案件，对以后此类案件的审理具有较大的参考价值。承办法官刘大为在本案中较好地区分信托与委托的概念、差异，结合案件具体情况予以分析运用，最终判决支持原告的诉讼请求。裁判结果在二审中得到上级法院的肯定。该案例先后被国家法官学院与中国人民大学法学院合编的《中国审判案例要览》（2002年民事卷）、最高人民法院中国应用法学研究所编纂的《人民法院案例选》（2003年第4辑）采用，成为区法院首篇被最高法院采用公布的案例。

章丘市双力机械有限公司诉济南市市中区安全生产监督管理局行政处罚案 2002年

11月6日，被告济南市市中区安全生产监督管理局因原告章丘市双力机械有限公司生产的塔式起重机存在严重质量问题、在济南市西郊低压锅炉厂工地造成1死3伤的安全事故，对原告经济处罚15000元。原告认为，锅炉等特种设备的安全监察监督管理职能由质量技术监督部门行使，被告不具备该职能，无权对产品质量状况作出认定，于2002年11月21日向区法院提起行政诉讼，请求判令撤销被告的行政处罚通知书、被告返还事故鉴定费1万元。

区法院由王红旗、叶慧东、史英杰3位法官依法组成合议庭，公开开庭审理此案。区法院认为，行政机关的职权来源于法律、行政法规和国务院的明确授权，未经依法授权，行政机关不得行使自己职权范围以外的行政职权。根据1998年国务院机构改革方案，国务院已将劳动部承担的锅炉压力容器等特种设备的安全监察职能交给国家质量技术监督局（后改为国家质量监督检验检疫总局），而特种设备的安全监察职责并未授权安全生产监督管理部门实施，故被告无权对原告实施行政处罚，其作出的行政处罚超越职权，应予撤销。原告要求返还事故鉴定费的诉讼请求，不属于行政案件受理范围，故不予处理。2003年5月8日，区法院作出一审判决，撤销被告作出的行政处罚通知书，驳回原告要求被告返还事故鉴定费的诉讼请求。被告不服，提起上诉，济南市中级人民法院于2003年8月14日作出终审判决，维持一审判决。

该案因涉及不同行政部门之间的职权划分，在社会上产生相当大的影响，新华网、《齐鲁晚报》《生活日报》等多家媒体相继进行报道。

亚圣园小区物业维修基金案　2004年1月，原告亚圣园业主委员会因物业维修基金缴存一事将被告济南亚圣佳华物业管理有限公司、济南亚圣置业有限公司诉至法院，要求2被告缴存亚圣园物业维修基金168.88万元，并承担逾期缴存的违约金。2003年9月1日《物业管理条例》的实施，揭开济南市商品住宅维修基金维权序幕第一案的亚圣园小区案，进入众多媒体和广大市民的视野，引起广泛关注。区法院由吕铸荣、潘钦、周波3名法官组成合议庭，对物业维修基金缴存行为的性质、业主委员会的诉讼主体资格、相关规定的衔接等问题进行了深入研究，最终根据双方当事人提供的证据，确认原告诉讼请求的合理性，判决2被告将代收代存的亚圣园小区业主住宅维修基金159.88万元及其利息缴存至原告开办的维修基金账户中。该案被济南市中级人民法院评选为2004年济南法院最有影响的十大案件之一。

菜墩坠落致人死亡亲属索赔案　2001年6月20日中午12时许，市民孟某站在济南市林祥南街76号楼二单元一楼楼道入口处前与邻居谈话，突然被从二单元楼上落下的一块木墩砸中头部，当场昏倒在地，后经医院抢救无效死亡。由于不知道该菜墩是楼上谁家的，孟某的子女李某等5人将该楼二单元住户共15人诉至法院，要求诸被告支付其医疗费、交通费、护理费、误工费、丧葬费、死亡补偿费、精神损害赔偿金、律师代理费、材料复印费等共计17.43万元。区法院由顾林、刘大为、吕铸荣3位法官组成合议庭审理此案，于2001年12月14日作出一审裁定，认为原告在起诉中无法确认谁是致其母亲死亡的加害人，不能具体指明是谁侵害其民事权益或与谁发生民事权益争执，其将二单元住户15人作为被告，缺乏具体明确的被告，不符合《中华人民共和国民事诉讼法》规定的提起民事诉讼的条件，遂驳回原告的起诉。原告不服提起上诉，济南市中级人民法院2002年3月21日裁定驳回上诉，维持一审裁定。原告不服，申请再审，被济南市中级人民法院驳回。原告又向山东省高级人民法院申请再审，山东省高级人民法院于2004年5月24日裁定对该案进行提审，并于2004年6月4日裁定撤销一、二审民事裁定和驳回申请再审通知，将该案发回区法院重审。区法院由徐新民、李鹏飞、马福林3位法官另行组成合议庭，于2005年3月22日作出再审一审判决，认为原告不能举证证明造成其母孟某死亡的菜墩的具体所有人或管理人，即证明侵权主体的证据不足，驳回原告的诉讼请求。原告不服再行上诉，济南市中级人民法院于2005年7月11日作出终审判决，驳回上诉，维持区法院的再审判决。

此案虽历经三级法院4次裁定2次判决，耗时日久，但却在人身损害赔偿领域产生重大影响。区法院在此案中对民事案件起诉的基本条件、举证责任的分配等关键问题的分析鞭辟入里，对权属不明的高楼坠物致人伤害案件的处理作出有益的探索。中央电视台、《山东法制报》《生活日报》等多家媒体对此案进行报道。

第五章　司法行政

第一节　机　构

1991年，区司法局设办公室、宣传科、基层工作科、公证处、法律顾问处5个科室。1992年1月，法律顾问处更名为济南市市中区律师事务所。1995年，区普法办公室升格为正局级。1996年，区普法办公室并入司法局。同年11月，增设公证律师管理科。1998年12月，增设济南市市中区法律援助中心，2000年9月，增设济南市市中区“148”法律协调指挥中心。2001年3月，律师事务所改制，更名为济南市泺中律师事务所。2005年11月，增设社区矫正工作科。2006年年底，区司法局设办公室、宣传科、基层工作科、公证律师管理科、法律援助中心、“148”法律协调指挥中心、社区矫正工作科、济南市市中区公证处8个科室，人员72人。

第二节　普法宣传

1991年，全区第二个全民五年普法教育启动。4月下旬，开展宪法宣传月活动，设立26个宣传站，1700余人参加街头宣传。1992年9月，开展《中华人民共和国全国人民代表大会和地方各级人民代表大会选举法》宣传活动。12月，开展宪法颁布10周年纪念活动，组织100人参加济南市千人百题宪法知识竞赛。1993年11月，对全区财务系统1000余名财会人员进行预防贪污、贿赂、挪用公款普法教育。1994年6月，区公安分局、检察院、法院分别与13所中学签订青少年法制教育协议书，先后进行19场法制教育报告，受教育学生万余名。1995年4月，举办21个系统、街道（镇）参加的《中华人民共和国劳动法》知识竞赛。5月，举办《中华人民共和国国家赔偿法》知识讲座，区主要领导及70

余名街道（镇）领导参加。9月，市中区律师为泰山足球队40余名队员及教练进行相关法律知识宣传。1996年，全区第三个全民五年普法教育启动。9月，召开全区第九次法制宣传教育依法治理工作会议，调整充实普法领导小组及工作人员149名，设普法联络员83名。11月，实施“法律进万家”工程，全区发放普法资料3.80万册。1997年，开展《中华人民共和国环境保护法》和《中华人民共和国香港特别行政区基本法》学习宣传活动。1998年1月，全区有1155名科级以上干部进行法律知识考试。9月，经二路街道办事处建立暂住人口普法学校。1999年5月，开展“宪法宣传月”活动，解答法律咨询1166人次。6月，区直各部门、各街道（镇）经济管理人员、财务人员、协税人员及所属企事业单位、个体工商户等800人参加税法知识抽查考试，优秀率53%。9月，在经二路街道办事处组织召开全区暂住人口法制教育现场会，部署全区暂住人口法制教育工作。2000年5月，全区各中学设立法制副校长、法制辅导员。10月，举办第二学历法律大专培训班，培训学员68人。2001年5月，召开全区“三五”普法总结和“四五”普法动员大会，表彰奖励53个集体、120人和32个全民学法用法模范家庭，发放“四五”普法教材8611套。同月，召开暂住人口法制教育工作会议，提出《市中区关于加强暂住人口法制教育工作的意见》，发放《暂住人口法律常识读本》3万册。11月，济南市普法办在市中区召开暂住人口普法教育依法管理现场会。2002年，组织律师先后对全区12所中小学8000余名师生进行法制讲座。6月，制定《关于进一步加强领导干部学法用法工作的意见》，开展“法律进社区”活动。2003年9月，对企业开展《中华人民共和国合同法》《中华人民共和国劳动法》普法宣传。2004年4月，配合济南市集中整治行动，开展“平安市中”法制教育宣传月活动，发放张贴《中华人民共和国道路交通安全法》宣传画500余份。5月，举办全区执法人员《中华人民共和国行政许可法》专题讲座。6月，全区3139名中小学教师参加相关法律知识考试。

深入农村检查指导各村创建省市“民主法治示范村”。全区有1个村被评为省级“民主法治示范村”，15个村被评为市级“民主法治示范村”。9月12日，按照关于开展“平安济南”集中法制宣传日活动的要求，组织公证、法律援助、“148”等部门的10余名司法干警在英雄山北门开展现场法律咨询活动。共悬挂横幅1条，设置展板2块，现场解答法律咨询30余人次，涉及婚姻家庭、经济、房产、继承、劳动争议等方面。

2005年2月26日，区司法局配合区直机关工委深入舜玉路街道舜园社区开展“法律、科普、计生、文体”知识进社区宣传活动。制作展板3块，悬挂横幅1条，组织法律援助、148等部门的党员干部开展以暂住人口法制教育为重点的法制宣传教育活动，发放法律常识读本200余册，现场接受群众法律咨询10余人次。3月25日，区普法办派出专业人员为六里山街道办事处联合的辖区酒店、宾馆、娱乐服务等特种行业单位的40多位负责人举办法制讲座，重点讲解暂住人口管理的相关规定及《中华人民共和国安全生产法》《中华人民共和国消防法》等法律法规。组织全区行政村“两委”成员进行法制教育培训，并组织民主法制建设知识考试。全区共499名行政村“两委”成员参加考试，参考率98.8%，及格率100%。7—9月，组织全区中小学生开展法制教育漫画展活动，用中小学生的画笔诠释法制教育内容，并制作成展板在法制宣传一条街展出后，在全区中小学校进行巡展。10月27日，全省“四五”普法依法治理工作检查验收组抽查六里山小学和区法院，并给予高度评价。

2006年8月24日，召开全区普法依法治理工作会议，全面启动“五五”普法和“四五”依法治区工作。区委书记齐建中讲话，明确“五五”普法依法治理工作的重要意义，提出“一二三四”的“五五”普法和“四五”依法治区工作总体要求。共计400余人参加会议。11月17日，在济南市六里山小学召开全区“法律六进”活动现场会。区人大常委会副主任张成铭、副区长米俊伟等出席会议。全区各街道（镇）分管领导、司法所长，区直各系统普法工作负责人，各中小学法制副校长等100余人参加会议。12月17—18日，在七贤街道办事处、白马山街道办事处、十六里河镇和党家庄镇设四个考场，组织辖区524名农村“两委”成员参加年度普法考试。

第三节　基层司法行政

1991—1997年，市中区基层调解委员会组织发展到274个，建立帮教小组16个，有调解人员637名。驻区厂企有调解委员会216个，调解人员174名。街道（镇）有调解委员会216个，调解员463人。居民中有纠纷信息员2466人。受理各类民间纠纷3427起，调解成功率97.6%，防止矛盾激化19起，避免非正常死亡13人，各街道（镇）均实现无凶杀、无自杀、无群众械斗、无集体上访目标。2000年9月，建立区司法调解指导中心，各街道（镇）相继建立以司法所为依托的司法调解中心。2003年8月，成立区人民调解指导委员会，对人民调解委员会的标牌、印章、调解用纸及调解人员的工作证、胸牌等实行“六统一”。2004年，各司法所参与调解疑难、复杂民间纠纷107起，协助处理解决社会纠纷21起，开展矛盾纠纷大排查140起，防止群众集体上访64起，制止群体性械斗5起，参与专项整治活动121起。同年6月30日，中共中央政治局常委、中央政法委书记罗干，视察十六里河镇司法所，对辖区基层调解工作在维护基层稳定中发挥的作用给予充分肯定。2006年，全区有调解委员会186个，调解员621人。

第四节　社区矫正工作

2005年前，社区矫正由辖区内派出所负责。2005年11月，市中区司法局设社区矫正工作科。2006年10月18日，在济南第一机床技工学校成立济南市首家社区矫正对象技能培训基地。同年，在济南技术学院商贸分院成立第二家社区矫正对象技能培训基地，为社区矫正对象提供顺利回归社会的平台。在矫正试点建立“一检查、二回访、三调研”的制度。各基层单位建立健全安置帮教三级组织网络，对刑释解教人员回归社会签订《帮教协议书》，成立专门的帮教小组，防止重新犯罪发生。至2006年年底，共接收社区矫正对象21名，组建15名高素质的志愿者队伍，7名矫正对象在社区服完刑期，顺利回归社会，无一人重新犯罪。

第五节　公　证

1991年，区公证处办理乡镇果园承包、企业承包、安全生产责任制合同公证900件。1992年，配合经七路拓宽工程，为回民小区450户居民办理房屋继承、析产等财产流转公证。1993年，办理抵押贷款公证137件，涉及金额6亿元。1995年，为济南市节水办公室与1100家用水单位签订的《计划用水合同》进行公证，首开依法进行水资源管理公证之先河。同年，区公证处获山东省司法系统集体三等功。1996年，为区文化局与辖区文化经营业户签订的《守法经营协议书》进行公证。之后，陆续开辟婚前财产协议公证和社会治安综合治理目标责任制协议公证，办理136件。1996—1997年，办理房地产出让、转让合同、土地使用权转让合同公证35件，涉及金额1.6亿元。1997年，公证处常年工作点发展到17个。

1999年，区公证处获山东省公证质量先进集体称号。2000年，获山东省级文明公证处称号。2001年，区公证处在全国司法系统质量检查活动中获第三名。同年，被山东省司法厅记集体二等功。2001—2002年，区公证处在互联网设立网名，承办山东电脑体育彩票开奖公证。2003—2004年，经十路拆迁改造，区公证处通过办理证据保全、房产继承等公证业务，为拆迁工作顺利完成提供法律支持。2004—2005年，区公证处被省司法厅授予山东省县域十强公证处称号。2006年3月，《中华人民共和国公证法》颁布实施。公证处对市中区房地产开发项目中的回民坟墓迁移实施公证，对部分无主坟墓迁移办理声明书公证。同年，办理政府采购招投标公证和高速公路投标公证。年底，辖区常年公证工作点发展到30家。服务面涉及民营企业、乡镇企业、区街企业、省市大中型企业、外资企业和机关事业单位等。

第六节　律师事务

1991—1997年，各律师事务所办理刑事辩护案件597件，民事、经济诉讼代理1075件，非诉讼法律事务156件，代写各类法律文书1633件，解答法律咨询8008人（次），担任常年法律顾问50家，为当事人避免和挽回经济损失1419万元，追回拖欠款1460万元。

1998—2006年，各律师事务所办理刑事辩护案件1125件，民事、经济诉讼代理3996件，行政案件187件，仲裁类案件25件，非诉讼法律事务919件，代写各类法律文书7168件，解答法律咨询8405人（次），担任常年法律顾问256家，为当事人避免和挽回经济损失9.16亿元。2006年，辖区有律师事务所6家。

第七节　法律援助

1991年，各街道（镇）法律服务站更名为法律服务所，隶属于街道（镇）司法所。1993年，各法律服务所工作人员由山东省司法厅统一配发“法律服务工作者”执照。1991—1997年，法律服务所共代理各类民事诉讼案件1181起，非诉讼代理257起，解答法律咨询4814人（次），代写法律文书2198份，担任常年法律顾问129家，避免和挽回经济损失1613.61万元。1997年，二七新村法律服务所被评为省级文明法律服务所。1998年12月，市中区法律援助中心成立，为符合法定条件的家庭生活困难公民提供法律援助。

2001年6月，法律援助中心与区妇联、残联、老龄委3部门联合建立市中区“老年人、妇女、残疾人法律援助联络室”。2003年，济南市中东华法律服务所被全国残联、司法部命名为“全国残疾人维权示范岗”；9月，全区14个街道（镇）设立法律援助工作站。2005年8月，14个街道（镇）的（村）

居设法律援助联络员174人。2006年，实行农民法律援助接待优先、条件优待、服务优质“三优”制度，坚持首问责任制和一次性告知制。多次开展“法律援助进村居”现场咨询及案件受理活动，维护农民群众的合法权益。至2006年年底，法律援助中心共受理法律援助案件417起，其中，指派律师事务所办理240起，中心承办171起。上述案件中刑事案件252起、民事案件114起、行政案件5起。代写法律文书352份，解答法律咨询1922人次。

第六章　军　事

第一节　人民武装部

1991年，区人民武装部设办公室、军事科、政工科、后勤科4个科室，均为区属正局级，编制25人，位于济南市建国小经五路74号。同年10月，被山东省政府和山东省军区评为国防坑道管理先进单位。1996年3月，由地方建制收归军队建制，为正团级，设军事科、政工科、后勤科，科室为正营级，领导制度不变。区武装部下辖42个基层武装部。其中，街道武装部15个，厂企武装部25个，镇和院校武装部各1个，有专职武装干部51人。1997年，区武装部被山东省政府、省军区表彰为征兵工作先进单位。2000年12月，被中共山东省委宣传部、山东省军区政治部和山东省文明办授予民兵带头参加精神文明建设示范点。

2004年8月18日，部队编制体制改革，武装部编制调整，设部长、政委和副部长各1人，军事科科长由副部长兼任，配参谋2人；政工科配科长1人，干事1人，后勤科配科长1人，管理员（士官）1人。

第二节　征　兵

1989年起，实行部队到地方接兵制度。1999年，修改后的《中华人民共和国兵役法》规定，对当年12月31日以前，年满18岁的男性公民征集服现役；当年未被征集的，在22岁前仍可以被征集服现役。根据部队需要和本人志愿的原则，可以征集当年12月31日以前满17岁未满18岁的男女公民服现役。2001年，根据修改后的《征兵工作条例》，对缓征的全日制大学生，根据本人自愿并且符合条件的开展征集工作。2003年9月1日，根据国防部颁发《应征公民体格检查标准》和国防部征兵办公室重新印发的《应征公民体格检查办法》及有关规定，对身体条件作出明确要求，当年兵员征集工作，按照新的标准进行组织体检。2004年，身体检查条件增加艾滋病和吗啡检测，只作为参考，不记入体检表。2005年，艾滋病和吗啡检测正式作为体检条件进行检测，同时增加心理检测项目，只作为参考，不记入体检表。

第三节 民 兵

一、组织建设

1991—1997年，市中区民兵组织建设以《民兵工作条例》和《民兵整顿实施办法》为依据，在民兵组织整顿中，突出抓民兵连大会、基干民兵的出入转队、民兵干部选配和充实调整、民兵应急分队建设和基干民兵集合点验5项重点工作。基干民兵点验程序规范，内容齐全，普通民兵到会率95%以上，基干民兵到点率100%。1998年，认真贯彻落实〔1997〕参联字2号文件、中办发〔1998〕19号、山东省《民兵工作条例》和《民兵组织整顿实施办法》，夯实民兵基层组织基础，保证党中央、中央军委对民兵、预备役工作的方针、政策在基层的落实。1999年，结合省军区对基层武装部机构设置、"六个一"和民兵连活动阵地的检查，对基层武装部机构设置进行统一规范。区委、区政府筹集资金20余万元，对民兵应急、机动分队配齐服装、头盔、警棍和盾牌等装备。全区民兵连长中，党员占95%，复退军人占85%，经人武部集中轮训的占95%。2002年，加强基干民兵队伍、民兵活动阵地和基层武装部的组织建设，逐步形成以企事业单位为基础，以大中型企业为骨干，以街道（镇）为依托的城市民兵组织格局。2004年，民兵组织建设在保持全区原有基干民兵规模基本不变的基础上，对步兵分队、应急分队、专业技术分队、对口专业分队的构成比例进行调整。

二、政治教育

1991—1997年，区武装部适应改革开放的形势，加强民兵思想政治工作。在专武干部、民兵干部和广大民兵中，进行革命人生观教育，开展学习"三篇著作一本书"、树立"四个形象"、争做"四有"新人的活动。区武装部采取部领导、政工部门下去授课和民兵单位领导讲课相结合的方法，狠抓基干民兵"四课"和普通民兵"两课"教育及国防教育内容的落实，基干民兵受教育面100%，普通民兵达95%。1995年10月，区武装部组织7个民兵单位的优秀基干民兵和驻区各民兵单位基干民兵550人，在济南大厦礼堂举行"学交警、赶工行、爱武装"演讲大会，市委常委、济南军分区政委张肇一到会讲话。

1999年，开展艰苦奋斗、"一学三破"、马克思主义唯物论、无神论及革命气节教育。狠抓"读书育人"活动的开展，开设"读书育人"示范点。4月，济南市民兵"读书育人"活动经验交流在辖区召开，省军区政委何法祥、市委副书记沈建国给予高度评价。

2000年，结合民兵训练、整组、岗前训练、学生军训和征兵工作等时机，组织民兵预备役人员深入学习邓小平理论、党的路线方针政策、民兵性质任务、形势战备教育，强化国防观念。2002年，围绕贯彻落实"三个代表"重要思想，学习《中华人民共和国国防法》《中华人民共和国兵役法》《山东省国防教育条例》，按照《参训民兵政治教育纲要》，着眼"打得赢、不变质"，牢固树立"练为战"的思想。

2003年，贯彻落实中共十六大、十六届三中全会和上级党委的指示精神，坚持以"三个代表"重要思想为指导，结合民兵预备役人员的思想实际，开展无神论及革命气节教育。2004年，学习贯彻"三个代表"重要思想，开展投身中国军事变革及形势、国防、社会发展等教育，引导民兵、预备役人员充分认清中国特色军事变革的重大意义和肩负的责任。

2005年，开展学习贯彻中共十六届四中

全会和军委扩大会议精神，积极投身中国特色军事变革等一系列活动。

三、民兵训练

1991年，民兵军事训练工作，围绕民兵工作要适应建立社会主义市场经济的新形势，适应新时期军事战略方针的要求，适应省会城市地位，以《民兵工作条例》和民兵《军事训练大纲》为依据，按照减少数量、增加批次的训练原则和“四化”要求，采取基地集训和与部队挂勾训练相结合的方法，重点抓好企业新职工岗前军事训练，突出干部训练、教练员培训、示范分队训练及应急分队的复训，着重进行队列、射击、单兵战术、动员集结、战斗勤务训练和军事地形学、军兵种知识、防暴知识学习，提高民兵应急分队应付突发事件的能力。1992年5月，区民兵爆破分队为全国民兵预备役基层建设工作会议做爆破表演，受到解放军三总部、济南军区、山东省委、省政府、省军区的一致好评，并获表演奖杯。1993年11月，全区完成市委、市政府交办的对市直机关25岁以下250名青年干部为期23天的岗前军训任务。济南军区副政委蔡仁山、副参谋长赵景田、山东省军区政委刘国福、副司令员郑广臣、济南市委副书记、市长谢玉堂等在济南军分区司令员胡志明、政委张肇一的陪同下，在济南市民兵训练中心检阅市直机关青年干部及五区参加的阅兵式、分列式，并观摩各项军事科目的汇报表演。区武装部结合市中区防汛、防凌等任务，重点进行通信分队硅两瓦电台和野战电话站训练。另外，针对企业中女民兵较多的特点，突出女子无线话务、无线报务通信等技术分队的训练。

1998—2000年，坚持分期、集中训练的方法，突出民兵干部、民兵应急分队和专业技术分队成建制训练。2002年，采取规范化集中驻训的形式，完成以爆破和应急通信为主要内容的训练。2003年，贯彻落实《军事训练与考核大纲》，突出岗位科技练兵，狠抓应急分队、专业技术分队的训练，年度训练工作被济南军分区评为军事训练先进单位。2004年，民兵预备役训练，广泛开展“岗位大练兵，全面强素质”的重点组织应付突发事件和应急通信的训练。2005年，突出科技练兵，严格按纲施训，采取集中驻训和分专业分期组训，提高训练层次和质量。3、4月，完成省委、省政府组织召开的“军地共建平安山东构建和谐社会工作会议”课目演练任务；5月，应急分队执行“5·11”亚冠足球联赛的维稳任务。

附：市中区国防教育暨民兵训练基地

2003年6月施工建设，2005年5月建成，8月投入使用。占地面积33.33公顷。一期工程建设面积12.04公顷，投入4000多万元，完成战术训练观摩台、战术训练场、综合服务楼、驻训楼、多功能射击馆建设，是省内乃至全国县（区）中，标准高、设施先进、功能齐全的训练基地之一。

基地建设集军事训练、干部培训、军事教学、体育健身、住宿餐饮、会议于一体，是党政机关、企事业单位、学校接受国防教育和民兵预备役部队进行战术训练的良好平台。

基地配置歼6教练机、T-34式坦克、130毫米加农炮、63式130毫米19管火箭炮等武器装备供驻训人员参观学习。至2006年年底，有3600余人次到训练基地接受国防教育和军事技能培训，其中训练专武干部、民兵干部、基干民兵720人，组织180名基干民兵进行战术进攻和防暴模拟训练。

第四节 拥政爱民

1991年5月，济南军区从驻济工兵等单位抽调兵力2500人，机械10台，各种车辆195辆，支援济青高速公路工程建设。5月23日，在济南市东北郊零点立交桥工地召开援建济青高速公路工程誓师大会。军区司令员张万年、政治委员宋清渭等出席大会。至7月11日，援建部队提前、超额完成第一期施工任务。累计出勤1.3万个人工日，行车24万多千米，运卸土方7万多立方米。7月12日，军区援建部队撤回。同年，武警济南支队围绕维护政治、经济和社会稳定，全年执行临时性勤务870次，出动兵力15760人次，武警巡逻3867组次，押解罪犯177人，抓获犯罪分子23人。在全国农村工作会议、全国马拉松赛、“国际旅游日暨首届中国旅游书画艺术节”及重要内、外宾来访的警卫工作中，严密组织，确保安全。根据地方需要，每年组织兵力开展各种临时性勤务，押解罪犯、配合有关部门对重要领导、外宾到济视察访问、全国、省、市人大、政协会议、节日及其他重大群体活动等进行警卫。2003年，驻区部队先后派出官兵5000余人次，动用车辆320余台次，参加市中区重点工程施工、“八一林”植树绿化活动和清理垃圾工作，通过各种形式的便民服务，加深军民之间的感情。

2004年，参加“平安济南”建设，协助公安机关开展严打整治斗争，先后成功处置冲击电视台、盗窃市政府财物、交通肇事、地方青年跳河自杀、抢救落水儿童等突发事件13起，抓获犯罪嫌疑人5人，处置集体上访事件38起。2005年，增设哨位17个、犬位15个，提高目标安全系数。成功处置兴隆山山林火灾等突发事件。完善反恐预案，与市公安局防暴支队建立横向联动机制，提高反恐协同能力。

第六章 人民防空

第一节 人防工程建设与开发利用

1991年，完成岔路街地区治水工程的扫尾工序和结算工作，打通干道150米，埋设排水管450米，投入工业使用。1992年，辖区内开始收取企事业单位人防建设费，标准为在职职工每人每年缴纳人防工程建设费10元；实行企业化管理的事业单位，按在职职工每人每年缴纳10元；个体工商户每户每年50元。收取后全部上缴财政，统筹40%，其余用于人防工程的建设与维护。12月，济南市中人防宾馆更名为泺洞天宾馆。1993年，济南市钢木家具厂地下人防工程改建为丰鲁酒店，使用面积870平方米。10月，济南市电信局电信枢纽工程，占用八一立交桥西侧泺洞天宾馆地下人防工程1000余平方米，使整个2000多平方米的地下人防工程基本报废。

1995年，由省、市人防办公室对经四路人防工程进行商业改造，投资7000余万元。改建后的地下商城全长730余米，建筑面积1.8万平方米。同年12月，光明街4000平方米的地下人防工程对外出租。1998年，因经七路高架桥建设，林祥桥人防干道入口迁移。在林祥桥补建人防管理房81平方米。收回济南市房屋开发公司补建的商业房21平方米、省农业银行在岔路街补建的门头房20平方米。1999年1月8日，人防永兴商城开业。同年，望平街地下人防工程改建为正大旅社，使用面积800平方米。2002年，对全区人防工程重点进行维护，对岔路街干道进行清洁。2003年11月，济南市人防办公室投资800余万元，对经十一路地下人防工程进行商业改造，建成省体育中心至八一立交桥段地下商城，2004年12月竣工。2004年4月，撤销济南市泺洞天宾馆。

2006年，市中区对地下人防工程开发利用，获得经济效益238.4万元。

第二节 人防干道水资源开发利用

1997年7月，济南市修建顺河街高架桥，林祥桥水泵房报废，对济南造纸东厂、济南造纸科研所停止供应工业用水。2000年8月，新建林祥桥水泵房开始向济南鲁丰纸业有限公司供水。2001—2003年，共供水200万立方米。2003年12月，因公司停产，停止供水。2001年，投入资金15万元，为山东民政大厦、山东剧院建人防地下干道供水工程，当年投入使用，年供水量5万立方米。2005年，为光明街海鲜市场改建人防干道供水工程，投资约50万元。同年，利用渤海银座商务中心及济南商业银行开建机遇，建地下干道水源输送渠道。2006年，济南海鲜大市场人防干道供水工程完工，日供水量约700立方米。同年8月，银座地产供水工程开始实施供水，日供水量约300立方米。

第三节 人民防空教育与演习

1991年后，组织辖区内防空专业人员进行演练，每年举办三防（防核武器、防化学武器、防生物武器）骨干学习班3次，进行防空疏散战术演习。1998年起，济南市人民政府下发150号市长令，确定每年的5月3日为济南“五三”惨案纪念日，全市组织警报器试鸣，勿忘国耻，警钟长鸣。辖区把抓好防空知识教育和防空专业人员演练作为加强国防教育的重要内容，认真抓好落实。2004年，与区武装部共同拟订市中区防空袭预案及13个街道办事处防空袭预案。至2006年，共安装防空警报器23台，建立健全区街2级防空袭工作预案。

第十八篇 民 政

1991 年后，每年春节、“八一”建军节期间，各级领导都走访慰问驻地部队、烈军属、现役军人家属等优抚对象，落实优抚政策。随全区经济发展和人民群众生活水平的不断提高，抚恤标准逐年上调。1991 年、1995 年、1998 年、2002 年，市中区 4 次被评为省级双拥模范区。2005 年，被省委、省政府评为“和平使命—2005”中俄联合军事演习拥军支前先进单位。

1990—2006 年，全区共举行 6 次村（居）民委员会换届选举。1994 年，开始实行强制婚前健康查体。1996 年 7 月、1997 年 7 月，分别开始建立城镇居民和农村居民最低生活保障制度。1999 年 12 月，成立市中区社区服务中心，建立区、街、居三级社区服务网络。2003 年 10 月后，取消强制婚检，实行自愿婚前健康查体。2006 年，全区“三级”社区服务网络健全，社会救助体系更加完善。

第一章　基层政权建设

第一节　换届选举

一、村民委员会换届

村民委员会每届任期 3 年。1990—1996 年，按照《中华人民共和国村民委员会组织法》，共举行 3 次换届。1999 年 3—9 月，按照《中华人民共和国村民委员会组织法》《山东省村民委员会选举办法》，举行第六届村民委员会换届选举。选举村委会成员 81 人，平均年龄 43 岁。其中，主任 24 人，副主任 7 人（书记兼主任 5 人），委员 50 人；党员 42 人，占 52%。2002 年 3—9 月，第七届村委会换届，选举村委会成员 302 人，平均年龄 42 岁。其中，主任 93 人（书记兼主任 12 人），副主任 24 人，委员 185 人（村两委交叉任职 79 人）；党员 178 人，占 58%。2004 年 11 月至 2005 年 4 月，第八届村委会换届，选举出村委会成员 480 人，平均年龄 46 岁。其中主任 87 人（书记兼主任 70 人），副主任 87 人，委员 306 人；党员 261 人，占 54.4%。

二、社区居民委员会换届

1991 年，全区所辖 195 个居委会中，通过民主选举和调整充实 170 个居委会。居委会成员 867 人，其中党员 288 人，占 33%；正、副主任 392 人，其中党员 177 人，占 45%。平均年龄由 1990 年的 57.3 岁降至 55.1 岁。1998 年 8 月至 1999 年 2 月，举行第四届居委会换届，城区 108 个社区居委会选举 205 名居委会主任和副主任，平均年龄由 56.5 岁下降为 42.5 岁，40 岁以下的成员占 64%；高中以上文化程度 161 人，占 79%；大专以上文化程度 41 人，占 20%。书记兼主任 51 人，占 25%。2002 年 6—12 月，第五届社区居委会换届，主任连选连任 69 人，占主任总数的 82%；副主任连选连任 95 人，占副主任总数的 57%；大专以上文化程度 85 人，占 34%；党员人数 80 人，占 32%；妇女干部 221 人，占 88%；平均年龄 39 岁；书记兼主任占 53%。

第二节 政权建设

1991年后，每次换届选举结束后，组织新当选的村（居）委会干部进行岗前培训，学习《中华人民共和国村民委员会组织法》《中华人民共和国城市居民委员会组织法》及全国、省、市基层组织建设工作会议精神，提高领导干部素质，指导各村（居）建立各项制度。

1997年，全区村（居）各项制度健全，实现组织、制度、职责、场所四落实，达到一、二类村（居）标准，村（居）民建档率100%。1999年，第六届村民委员会换届后，按照《中华人民共和国村民委员会组织法》，设立人民调解、治安保卫、公共卫生与计划生育、财务监督等委员会，制定村民自治章程、村规民约、村民会议、村民代表会议等相关制度，保障民主决策、民主管理、民主监督工作的顺利开展。2003年，区委、区政府下发《关于深化村务公开依法治村工作的实施意见》和《加强农村财务规范管理工作的实施意见》，制定市中区村务规范化管理工作责任分工及考核办法、“三级联创”活动及“三会一栏”（村民会议、村民代表会议、党员会议、公开栏）制度。2004年3月，成立市中区村务公开协调领导小组，制订《市中区村务公开协调领导小组工作规则》，督促各村对村民自治的各项规章制度进行整改和完善，组织基层民政干部及社区居委会主任参加济南市社区直选骨干培训班。2006年，加强社区党建、社区基础设施、社区文化教育、社会保障体系、社区服务、社区卫生、社区民主政治和平安建设工作，构建城郊结合部农村社区、集镇中心区社区、传统农村社区等不同类型社区新模式。

第三节 社区服务

1996年，全区15个街道建成社区服务中心8个，7%的居委会建立社区服务工作站，有服务网点258个、服务项目1555项。1998年，全区有社区服务网点550个、服务项目2300项，各种便民服务设施总面积8300平方米。90%的居委会建立社区服务站，成立便民互助协会41个、3240人，安置下岗职工1121人。

1999年12月，市中区社区服务中心成立，主要职能是指导、协调市中区有关部门、街道和居委会的社区服务工作。2001年10月，区人事局等14个区直部门进驻社区服务大厅开展政务、劳动就业、社区服务等各项服务。2002年1月，全区10个街道社区服务中心、84个社区服务站、14家有行政服务职能部门的129部热线电话全部连接，并发放“一线通”网络图6万余份至居民手中。同年，开展多项家政服务。2001—2002年，区社区服务中心推出周日求职者——用工单位现场招聘服务，举办招聘会34场，到会单位1470家，应聘人员6.3万人。2002年，进一步加强区、街、居三级社区服务中心、站点等服务载体建设，形成了“一线通”电话网络，物业管理网络、劳动力信息供求网络等。注册成立了中房物业公司、大战服务公司等9个社区服务实体。全年共安排下岗职工再就业9000多人次，社区服务从业人员2万人。2003年，制订《关于加强街道社区服务中心（劳动保障服务中心）规范管理的实施意见》，以杆石桥街道、舜玉路街道、二七新村街道社区服务中心为试点，先后投入10余万元，对街道社会事务受理中心、劳动保障中心和社区服务中心进行整合规范。10月，杆石桥街道社区服务中心作为先进典型在全市街道社区服务中心建设工作会议上发言。

2004年，区社区服务中心与山东现代佛尔斯特商亭经营连锁有限公司联手推出“扶贫济困”岗位捐赠活动，将10座“扶贫济困亭”经营权提供给20位下岗及特困职工。同年5月，建立济南市市中区社区服务网，网址http：//www.jnszsq.com。6月，对各街道社区服务中心及劳动保障中心实施规范化管理，明确机构设置、人员配备及职责，在杆石桥、二七新村、舜玉路3个街道社区服务中心进行试点。积极创建安全型、文化型、志愿型、生态型、服务型等特色社区，全区创建安静社区25个，绿色社区45个，平安社区36个。2005年，在杆石桥街道进行社区管理体制改革试点工作后，在全区城市社区全面建立起“A”型社区管理体制新模式。同年8月，区政务中心设立社区服务窗口。全区建成区级社区服务中心1处，街道社区服务中心12处，所有社区居委会建立社区服务工作站。社区服务项目由单一、分散，向多层次、全方位发展，设有家政服务、便民利民服务、物业管理、医疗卫生、老年人服务、中小学生服务、残疾人服务、优抚对象服务、文体教育服务、就业指导服务10类近千个项目，从业人员2万余人。服务内容涵盖居民的衣食住行、医乐安康等。塑造“热心大嫂”“中房物业”“称心家政”“爱心天使”等多个社区服务知名品牌。

2001—2006年，济南市福彩和各街道办事处投资1700万元，兴建28处星光老年之家，建筑总面积15900平方米。根据所在社区的不同情况，因地制宜地分别内设棋牌室、乒乓球室、学习阅览室、康复理疗室、日托室、健身活动室等服务项目，全部向社会开放，成为社区集健身、娱乐、学习、理疗于一体的为老年人提供服务的专门场所。2004年9月，驻山东大学的美国、新加坡专家及台湾地区学者一行15人专程到舜玉路街道、七里山第三社区居委会的“星光老年之家”参观，对社区“星光计划”项目的管理模式和运行情况给予高度评价。2006年，市中区被评为全国社区服务示范区。

第二章 优抚 安置

第一节 优待 抚恤

一、军属优待

1990年10月，全区执行济南市《关于城镇非农业人口义务兵家属优待金问题的通知》规定，城镇非农业人口义务兵家属优待金实行社会统筹，机关、事业、企业、个体工商户按单位工资总额的千分之一交纳优待金。优待金标准为500元/年。

1996年，根据《济南市义务兵优待和退伍安置办法》规定，农村义务兵家属优待金提高到1500元/年，城镇义务兵家属优待金900元/年。2005年，市政府《关于义务兵家庭优待金发放有关问题的通知》规定，城镇义务兵家属优待金全部纳入财政预算，优待金标准全市统一为2000元/年。市中区农村义务兵家属优待金标准为3100元/年，七贤镇、白马山街道5000元/年。

二、“三属”及退伍军人抚恤

1991年，全区有“三属”128人。农村人均发放36元/月，城镇57元/月，全年共发放抚恤金6.3万元。1993年，针对在乡复员军人生活、住房、看病难的问题，制定《关于解决在乡复员军人“三难”问题的暂行办法》，“三属”定期抚恤金标准每月增加10元。1994年，“三属”抚恤标准比上年提高15%，月人均65.13元。同年2月，在七贤镇建立医疗基金会和优抚病房，对在乡复员军人实行优先查体、优先住院、优先治病的“三优先”政策，按照其参加革命时间的长短给予每人每月8～12元的医疗补助，对二等以上的在乡伤残军人实行医疗费减免，对符合条件的伤残军人门诊就医免70%，住院治疗免90%医疗费。1996年，帮助“三属”解决生产生活等方面困难，在全区推广“四个一”建设。1997年，对“三属”提高抚恤标准，烈属农业户抚恤标准每户每月73元，市区104元，居全省领先水平。1998年，对“三属”的定期抚恤金，在1996年标准的基础上每人每月提高8元。1999年，制定《关于建立优抚对象抚恤补助标准自然增长机制的意见》，根据辖区上年度城乡人均收入水平，提高优抚对象抚恤补助标准。全区农村烈属抚恤标准由每月110元提高到142元。2001年、2002年，继续完善抚恤补助标准自然增长机制，区财政每年拿出40余万元用于提高优抚对象的抚恤补助标准，全区享受国家抚恤补助的优抚对象，优待面90%以上。2003年，为115名“三属”人员办理抚恤金银行卡，直接把抚恤金转到银行卡，不再发放现金。抚恤补助标准继续提高，每年“三属”农村户均3024元，城镇户均5680元。2004年10月1日，施行新《军人抚恤优待条例》，将烈士、因公牺牲和病故一次性抚恤金标准调整为死亡时80个月、40个月和20个月工资计发。同年，“三属”抚恤金平均增长12%。区人民医院定为优抚医院，在大型医疗检查、大病重病及药费等方面对“三属”及退伍伤残军人给予优惠。

三、残疾抚恤

1991年，全区有残疾军人605人（含残疾人民警察、残疾民兵），发放残疾抚恤金8.71万元。之后，随全区经济发展和人民群众生活水平的不断提高，抚恤标准逐年上调。1994年，加强在乡二等乙级以上伤残军人的医疗保障，完善有关规定，财政拨出专款为享受减免的优抚对象报销医疗费。1995年，为优抚对象报销医疗费13万元。

2004年，全区重点优抚对象享受门诊医疗减免平均64%，住院医疗减免平均75%，医疗减免6.5万元，医疗补助15.4万元，住院报销33.3万元，大病救助6.7万元。10月1日发布的《军人抚恤优待条例》规定：因战、因公致残，残疾等级被评定为一级至十级的，享受抚恤；因病致残，残疾等级被评定为一级至六级的，享受抚恤。保障其生活不低于当地的平均生活水平。退出现役的因战、因公、因病致残的残疾军人因病死亡的，对其遗属增发12个月的残疾抚恤金，作为丧葬补助费。

2006年，全区有残疾军人861人（含残疾人民警察、残疾民兵），全年发放残疾抚恤金3759126元。

1991—2006 年市中区残疾抚恤金发放情况表

表 18-1

年份	户数（户）	人数（人）	年人均金额（元）	金额（元）
1991	601	605	144	87120
1992	603	612	144	88128
1993	605	605	144	87120
1994	597	597	187	111639
1995	590	590	187	110330
1996	583	583	299	174317
1997	575	575	299	171925
1998	571	571	328	187288
1999	560	560	380	212800
2000	747	747	430	321210
2001	763	763	490	373870
2002	789	789	580	457620
2003	801	801	690	552690
2004	810	810	2365	1915650
2005	850	850	3081	2618850
2006	830	861	4366	3759126

第二节 安 置

一、退伍军人安置

1991 年，全区接收退伍军人 233 人，安置到机关、事业单位 47 人，企业 135 人，铁路 40 人，学校 5 人，医院 4 人，经商 2 人。1992—1996 年，共接收退伍军人 901 人，安置 862 人。1997—2006 年，退伍军人由济南市民政局安置办公室统一负责安置，区安置办公室负责农村退伍兵的接收和落户工作，共接收 447 人。举办两用人才培训班 33 期，推荐 243 名农村退伍兵到机关、企事业单位从事保安、炊事员、汽车司机、汽车修理等工作。2006 年，在全区 92 个行政村、两委会班子中有退役军人 173 人，占总人数的 33%，有 17 名农村退伍兵成立公司。

二、军队离休退休干部安置

2000 年 1 月 31 日，成立济南市市中区军队离休退休干部休养所，位于建设路 76 号，当年安置 14 人。至 2006 年，建设路 76 号和刘长山路 14 号 2 个干休点安置 46 人，分散安置 49 人。

三、无军籍退休职工安置

2000 年 1 月，开始接收安置无军籍退休职工。至 2006 年年底，共接收军队无军籍职工 279 人，平均年龄 67.3 岁，占全市接收安置无军籍职工总额的半数以上；市中区实际供养244人。

第三节　双拥共建

1991年4月，区委、区政府制定《市中区争创省双拥模范区实施意见》，成立创建双拥模范区领导小组，由济南军区、济南空军机关、驻区武警部队、区委、区政府领导和区直有关部门负责人组成。6月，成立区双拥办公室，军地双方开始开展各种形式的创建活动。7月26日，在济南大厦举行优抚对象电影招待会。7月27日，邀请驻区团以上部队干部在济南大厦举行军地领导干部座谈会。7月30日，在八一礼堂举行庆八一军民大联欢。同年，聘请中将徐春阳和少将何善福、杨希振、黄学禄、单既林、王传武、葛鲰、李惠礼为市中区荣誉居民。老红军、老英雄、老将军组成“三老”革命报告团，巡回报告16场，受教育人数达14万余人。全年向部队和优抚对象赠送慰问品3247件，价值3.41万元，发慰问信1.36万封。赠送部队洗衣机11台，为部队和优抚对象送鱼、肉、蛋200余千克，送煤20余吨，粮1500多千克；修理烈军属危房1250平方米。同年，市中区被命名为省级双拥模范区。

1992年，全区近3000个拥军优属服务队和学雷锋小组，为部队和优抚对象做好事1万余件，为部队和优抚对象送煤1.2万余吨，运粮5500千克，送副食品800余千克，为127户优抚对象整修住房498间，赠送部队或优抚对象慰问品2万余件，价值6.3万元。1994年7月22日，在济南大厦礼堂举行国防教育报告会。7月28日，召开拥军优属红旗站和拥政爱民红旗连命名表彰大会，授予市中区四里村街道拥军优属服务站等16个单位为拥军优属红旗站称号，授予部队18个单位为拥政爱民红旗连称号。7月29日，全区军民在大纬二路开展宣传服务一条街活动。

1995年，区委、区政府组成慰问团对驻区41个团以上单位进行走访慰问，赠送慰问品价值20万元。召开军政座谈会50次，为部队解决问题19件，发慰问信5350封。举办联欢会17场，参加人数2200人；张贴宣传标语4750幅，举办专栏210期。举行各种报告会12场，参加人数3000人。7月25日，为驻区8对抗日战争时期结婚的老战士夫妇举行金婚纪念庆典，中央电视台《新闻联播》节目进行报道。7月28日，举办“庆八一心连心”军民演唱会；举办纪念抗日战争胜利50周年军地书画展。同年，市中区再次被命名为省级双拥模范区。1996年7月24日，召开双拥共建表彰大会。7月26日，邀请老将军与著名书画家开展书画联谊活动。1997年6月，区双拥办在全市率先成立退伍军人服务中心。举办“庆回归、迎八一”军地万人香港知识答卷活动；7月

送书到军营（2006年摄　四里村街道办事处提供）

28 日至 8 月 3 日定为市中区双拥活动周；对“三属”、在乡复员军人进行一次普查登记。

1998 年，救济党家庄镇、十六里河镇 120 余户特困优抚对象 2 万余元；为 2 名优抚对象资助 1600 元进行房屋维修。1999 年，组织“三老”报告团，到机关、学校、工厂、农村、军营进行革命传统巡回报告 10 余场次，受教育人数 1 万余人；为济南部队官兵赠送 5000 余元的慰问品和价值 4000 余元的书籍。同年，市中区被省委、省政府和省军区授予“双拥模范区”称号。2000 年，组织广大军民到南部山区植树，共建“双拥林”；举行“荣誉市民”聘请仪式，为济南军区副政委赵太忠少将和济空原副司令员李惠礼少将颁发荣誉居民证书。2001 年，邀请驻区 10 位将军参观腊山工业园和农业科技园；为 7 位特困在乡特一等伤残军人每人发放救济款 500 元；赠送区武装部微机价值 3 万元；为 120 户优抚对象送抚恤金和伤残金 1.6 万元；走访慰问济南军区通信总站、济南军区警卫营、武警济南市支队。

志愿者官兵为居民维修家电（2006 年摄　王官庄街道办事处提供）

2002 年，筹资 30 余万元，赠送驻区部队团以上单位成套音响、彩电、慰问品等。四里村街道走访慰问辖区 200 余户军（烈）属、伤残军人，发放慰问品价值 2000 余元。10 个街道和 12 个驻区部队 400 余人在马鞍山路开展双拥宣传活动，张贴双拥宣传标语 150 幅，双拥宣传横幅 120 条，制作展板 35 块。会同济南市中心血站等医疗单位，为辖区内 60 岁以上的离休军人、伤残军人及烈属免费查体。十六里河镇与驻镇官兵召开联谊会，为官兵送演大型电影《席卷大西南》。为 8 名生活困难的“三老”优抚对象解决医疗费 7 万余元；组织“三老”报告团，到机关、学校、工厂、农村、军营进行革命传统巡回报告 16 场次，受教育人数 2 万余人。同年，市中区被省委、省政府和省军区授予“双拥模范区”称号。2003 年，区双拥办与武警济南支队联合召开军地适龄青年联谊会，有 100 余人参加。走访慰问特一等在乡革命伤残军人 5 人，为每人送去慰问金 500 元。四里村街道走访慰问部队，为 8 位特困战士捐款 3200 元。2004 年，区残联邀请 11 位著名书画家对济空某部进行走访慰问；舜玉路街道走访慰问省武警官兵，赠送电视机、空调等慰问品价值 9000 余元。四里村街道为济南军区警卫营送图书，与官兵进行联欢，为特困战士送去救助金 8000 元。区委、区政府领导走访驻区部队 10 位将军，赠送慰问品价值 1.6 万余元。同年 12 月，区委书记齐建中被省委、省政府和山东省军区授予“关心国防建设十佳人物”称号。2005 年 8 月，区委、区政府组成支前慰问团，到潍坊、青岛慰问“和平使命—2005”中俄联合军事演习官兵，送慰问金 25 万元及药品和防暑物品价值 6000 余元，被山东省委、省政府评为“和平使命—2005”中俄联合军事演习拥军支前先进单位。

2006年，投资200余万元，在王官庄第八社区建立全省第一家670平方米的军民共建活动站和军民共建超市，设立双拥超市和文体活动室、图书阅览室、亲情联系室、法律服务室、心理健康咨询室、国防教育室等，为部队官兵提供全方位服务。全年接待部队官兵900余人次，举行各类活动35场次，为部队官兵优惠3万余元。同年，全省“军民共建社会主义新农村活动启动仪式”在党家庄镇举行，驻军某部与党家庄镇政府签订《军民共建社会主义新农村协议书》，开展为村民维修农机具、家用电器、法律咨询、查体送药等爱民助民活动。军区通讯总站、济空通讯总站、武警济南支队、武警济南指挥学校等分别与十六里河镇、党家庄镇的12名优抚对象结成扶贫帮困对子，定期为优抚对象提供生活、医疗、生产等救助。全年走访慰问46个团以上单位，并送去慰问金48万元，走访优抚对象2800余户，赠送优抚对象慰问品5800余件，总价值15万元。

第四节　烈士褒扬

一、济南革命烈士陵园

位于在英雄山风景区，占地32万平方米。1949年11月奠基，1968年竣工，是山东省规模最大的烈士陵园，为山东省第一批文物保护单位、全国爱国主义教育示范基地、全国百家红色旅游经典景区之一。每年接待瞻仰参观和游览的各界群众近百万人次。1989年8月，被民政部定为全国第二批重点烈士纪念建筑物保护单位。陵园建筑群体结构分三部分：北部英雄山巅建有革命烈士纪念塔，与烈士纪念塔遥相辉映的胜利铜塑于1989年9月在英雄山北麓落成。陵园中部五里山西麓，建有革命烈士骨灰堂和事迹陈列室。南部是烈士墓地，建有中国共产党一大代表、山东地方党组织创始人之一王尽美和早期中共山东省委书记刘谦初烈士的陵墓。济南战役中牺牲的有名烈士786人，无名烈士716人安葬于此。

2005年11月9日下午，在济南革命烈士陵园，举行隆重的迁葬仪式，将市中区党家庄镇丰齐村长眠57年的13位济南战役烈士，迁葬到革命烈士陵园。

二、济南革命烈士纪念塔

位于济南革命烈士陵园内的英雄山巅，塔高34.328米。由山下到塔基，有三条石级登道，南侧登道202级，道直宽绰，直抵纪念塔基，蔚为壮观；北侧两条，左右分列，林荫夹道，蜿蜒深幽。塔座镌刻以红旗、花环、冬梅、秋菊、荷花，万年青等浮雕图案。塔身南北两侧，分别刻着1949年6月毛泽东亲笔题写的“革命烈士纪念塔”7个遒劲刚健的鎏金大字。塔顶镶嵌硕大的红五星，由红色花岗石凿就，直径2米，分外醒目。美术家韩美林曾参与该纪念塔的设计。

三、济南革命烈士墓区

位于烈士陵园南部，共安葬着1502名“有名烈士”和“无名烈士”；烈士骨灰堂安放着372名革命先烈的骨灰盒。烈士墓区，安葬着为中国人民解放事业而英勇献身的中共第一次全国代表大会代表、山东第一个共产党员王尽美，山东早期党的负责人刘谦初等革命先烈。

四、济南战役纪念馆

前身为济南革命烈士陵园陈列室。1972年4月建设，1975年1月竣工。1978年9月，济南解放三十周年之际对外开放。陈列室为正方形平顶建筑，使用面积1200平方米，陈列面积273平方米。分两部分，第一部分是山东省部分著名烈士事迹；第二部分是济南战役中获中央军委嘉奖的“济南第一团”“济南第二团”“济南英雄连”“济南英雄”和许多功臣模范的英雄事迹。展出各类照片、资料、文物和辅助展品600余件。1984年，增设全省烈士英名录陈列室，主要陈列山东省部分著名烈士照片、山东省革命烈士英名录及山东省革命烈士事迹编纂委员会编辑出版的《光照千秋》多集样本等。此外，还陈列着毛泽东、周恩来、刘少奇、朱德、陈毅、邓小平等为革命烈士题词的手迹。

通过走访革命前辈、烈士遗属、生前战友、专家学者、民间收藏人士等，抢救、征集文物史料，整理出不同革命时期著名烈士史料和济南战役战史资料840卷（约200万字），征集各类文物479件，其中国家一级文物13件；印发烈士事迹宣传册15万册，编辑出版《齐鲁英烈》《文图并说济南战役》等宣传画册。1998年，经中共山东省委、省政府批准，中共济南市委、市政府决定，将济南革命烈士陵园陈列室扩建为济南战役纪念馆，建筑面积6800平方米，由2层陈列厅和全景画馆组成，2003年建成开放。展台长400米，展出文物原件320件、史料照片300余幅，配置雕塑、沙盘、油画等辅助展品，生动地再现当年艰苦卓绝的战斗历程和指战员们的战斗形象。全景画馆是一座圆形穹顶建筑，高18米、周长128米的巨幅环形油画与1260平方米载有127件模拟制作的武器战车、工事的地面塑型区衔接在一起。画面以环绕济南老城壮美自然景观和古老建筑群为背景，以内城攻坚为主线，用高度写实的艺术创作手法，真实生动地勾画出中国人民解放军进兵、强攻、登城、突破、进击、巷战等战斗情节，再现炮火连天，群英会战，气势磅礴的大规模攻坚战和歼灭战的战势实景，令人信服地呈现出老济南城的历史文化风貌，同时，配置枪炮声等音像效果和录音解说，采用目前最先进的冷光源三维动画高科技动态表现手法，具有较强的艺术感染力。

五、济南革命烈士纪念群雕

1989年9月，与烈士纪念塔遥相辉映的济南革命烈士纪念群雕在英雄山北麓落成。

济南革命烈士纪念群雕是以革命先烈奋勇攻坚为主题创作的大型纪念建筑，13位烈士模型形象逼真、栩栩如生，彰显了革命先烈勇往直前的大无畏精神。纪念群雕全部由花岗石雕凿而成，整体高7.1米，寓意党的生日，象征广大革命战士永远在中国共产党的指引下奋勇前进；宽2.6米，以纪念在济南战役中伤亡的2.6万名解放军指战员；长24米，寓意为济南解放日——1948年9月24日。纪念群雕是社会各界和广大群众悼念济南革命烈士的标志性建筑，是济南市红色旅游项目的重要建筑之一，从设计到完工历时半年。

第三章 社会救助

第一节 社会救济

1992年，扶持贫困户21户，其中脱贫18户，脱贫率86%。扶贫对象主要在七贤镇。全镇到期扶贫周转金2.16万元，回收2.03万元，回收率94%。对3户特困户给予定期救济。17个行政村全部建立救灾扶贫储金会，入会率90%。扶持2个扶贫经济实体，发放资金62350元。投资4000元扶持有经营能力的贫困户发展养猪、养殖、运输等项目，村储金会筹资3.4万元，支出5000元为40户困难户解决困难。1993年，在城区社会救济工作中，为城市困难户发放救济款9.7万元。1996年，扶贫50户，脱贫37户。1997年，拨款8600元，走访慰问14家福利企业的86名特困残疾职工，每人发放慰问金100元；拨款12600元，救助贫困户160户和特困残疾人46人。1998年，对700户贫困家庭发放临时救济3万元。1999年，拨款43万元用于新年春节和日常社会救助，救助贫困户915户、2243人。全区确定特困帮扶对象91户268人，签订帮扶责任书91件。对城区23名“三无”对象和12名五保老年人全部实行“四定”“五保”制度。

2000年，历城区十六里河镇和党家庄镇划归市中区，全年救助困难户2815户，发放最低生活保障金57万元。2001年，全年为512户困难群众发放临时救济金40万元。春节期间，为贫困户发放救济款25万余元，救济特困户450户。2004年，发放救济款物500多万元，救助特困残疾人1354人。2005年，救助党家庄镇、十六里河镇及七贤和白马山街道困难群众1400户，发放救济金20万元。2006年，对252户遭遇突发性灾难的家庭实施临时救助，发放临时救助金29.8万元；对327名低保家庭特困学生发放救助金25.14万元；为农村32户困难群众修缮和重建房屋，救助金额21万元。

第二节 救灾救助

1992年，发放救灾粮款2万元。1993年，七贤镇秋季作物遭受旱灾，严重减产。下发救济款2万余元，购粮250千克，衣被20件，救济五保户、困难户113户339人次。村级储金会采取自救措施，发放救济金1.63万元，救济困难户77户266人。1996年7月，七贤镇有15个村（居）遭受龙卷风、暴风雨袭击，倒塌房屋21间，淹没土地286公顷，成灾面积231公顷，直接经济损失6665万元。筹备粮食30万千克，安排救灾款70余万元，救济受灾群众4966人。2000年，发放救灾款92万元。其中，65万元用于党家庄镇和十六里河镇购买果树苗和解决人畜吃水问题，15万元购买12.5万千克面粉，分发给3个镇受灾群众。2001年，为党家庄镇和十六里河镇解决因灾人畜吃水困难，发放救灾款23万元。2002年，拨款20万元救济因灾缺粮的行政村67个、7.74万人。2003年，拨款20万余元，对两镇、七贤和白马山两个街道的630户受灾特困家庭发放面粉1120袋、花生油630桶；拨款10万元修缮群众受灾危房20间。2004年，对党家庄镇和十六里河镇受灾较重的孤老、残疾、重病家庭378户和10781人缺粮情况进行救助，下拨救灾款18万元。其中，10万元购买救灾粮5.39万千克，发放救灾款5万元，3万元用于修缮危房。2005年，为农村特困家庭和受灾群众发放救灾款33万元，救济卡378份，修缮危房20间。

第三节 “五保”供养

1991年，有“五保”老人45户46人。其中，城区27户27人，七贤镇18户19人。七贤镇敬老院收养“五保”老人14人，其余32人实行分散供养。“五保”老人每月人均生活水平城市80元以上，农村“五保”户每人每月90元以上，敬老院老人每人每月生活水平100元。

1992年，对丧失劳动能力和生活没有依靠的老、弱、孤、寡、残农民实行"五保"（保吃、保住、保穿、保医、保葬），有40户41名"五保"老人，集中供养率90%，"五保"统筹供养年人均1300元，超过当年1030元的人均收入。1996年，"五保"供养经费政府统筹，人均生活费2300元/年。同年，区政府与七贤镇政府投资360万元，在七贤镇新建敬老院1处，建筑面积2523平方米，设80个床位。全镇"五保"入院率82%，年人均生活费2300元。1997年5月，在王官庄14号兴建爱晚园老年公寓。1999年，七贤镇敬老院入院老人30余人（其中代养21人），被省民政厅评为省一级敬老院。2002年1月，七贤镇敬老院更名为市中区敬老院，也称区老年公寓。2004年，实现"五保"粮款镇统筹统管。

2006年，全区建有区老年公寓和爱晚园、六里山、济化、爱康园、康寿、夕阳红等老年公寓7处，入住231人。有"五保"对象190人，集中供养56人，供养标准每人每年3000元；分散供养134人，供养标准每人每年1200元。

第四节　慈善事业

1998年，接受社会慈善捐款117192元。2001年，全区各街道（镇）相继建立社会捐助接收工作站，接受社会捐款捐物。2002年起，区委、区政府每年举行一次"慈善一日捐"活动，号召驻区各级党政机关、人民团体、驻济南部队、企事业单位的干部职工和市民每年捐献出一天的收入，每个企业捐献出一年中一天的利润。当年，募集捐款280.25万元。2003年，慈善捐款127.87万元。区慈善总会对资金的管理、使用，接受区审计机关审计，同时接受社会各界监督。

"慈心一日捐"活动动员大会（2006年摄　区委宣传部提供）

第四章　民政管理

第一节　机　构

1991年，区民政局设办公室、优抚安置科、社会救济科、民政科及区残疾人联合会。同年12月，增设社团登记管理科和计划财务科。1994年5月，区双拥办公室由区精神文明办公室划归区民政局。1996年11月，机构调整为办公室、社会科、地名办公室和社团登记管理科。1999年，地名办公室、社团科合并为地名社团科，增设基层政权科。同年12月，成立区社区服务中心。2000年1月，成立军队离退休干部安置办公室和军队离退休干部休养所，隶属区民政局管理。5月，区残疾人联合会改由区政府直接管理。2001年，撤销地名社团科、基层政权科，增设优抚科、救灾救济科、基层政权和社区建设科，社会科改称社会事务科。2002年，增设民间组织管理办公室。至2006年，区民政局设办公室、优抚科、救灾救济科、基层政权和社区建设科、社会事务科、民间组织管理办公室6个科室，有工作人员23人。

第二节　婚姻登记

1991年，全区设市中区和七贤镇2个婚姻登记处。同年11月，成立市中区离婚前教育学校。1994年2月1日，民政部发布国务院批准的《婚姻登记管理条例》，规定申请结婚必须到指定的医疗保健机构进行婚前健康检查，向婚姻登记管理机关提交婚前健康检查证明。成立区婚前健康检查领导小组。1996年7月，区民政局开始在济南市社区服务中心办理婚姻登记。10月，离婚登记工作移交市民政局。1997年1月，撤销七贤镇婚姻登记处，由区婚姻登记处集中办理。7月，实行婚姻登记微机管理，实现办公自动化。

2000年1月，在党家庄镇和十六里河镇增设婚姻登记巡回点。2003年，对婚介机构进行清理整顿，为11家婚介机构颁发“婚介机构执业许可证”11个。举办区首届婚介工作从业人员岗前培训班，为考试合格者发放“婚介机构从业人员上岗证”。2003年10月1日，新《婚姻登记条例》颁布实施，取消强制婚前体检，严格按照《中华人民共和国婚姻法》男不早于22周岁、女不早于20周岁的规定办理结婚登记。同年，撤回党家庄、十六里河镇巡回点，集中办理辖区居民婚姻登记业务。2004年3月，区婚姻登记处从市民政局迁至乐山小区南区7号楼，面积近400平方米，分为结婚登记室、离婚登记室、办公室、会议室、发证大厅、婚纱服务等区域。同年，市中区民政局婚姻登记处被民政部评为全国先进婚姻登记机关。

2006年1月1日至4月10日，市中区受山东省民政厅委托，为外市因未达到当地规定的晚婚年龄而无法在户籍所在地登记的婚姻当事人办理结婚登记，共办理3757对。同年，市中区婚姻登记处被民政部评选为全国规范化建设示范单位。

1991—2006年市中区婚姻登记情况表

表18-2

年　份	结　婚（对）	离　婚（对）
1991	2534	108
1992	2631	140
1993	2829	148
1994	2546	162
1995	3191	173

续表 18-2

年 份	结 婚（对）	离 婚（对）
1996	3024	136（1—9月）
1997	3064	—
1998	3507	—
1999	2933	—
2000	3854	—
2001	4222	—
2002	3594	—
2003	5711	256（10—12月）
2004	6182	994
2005	6639	1035
2006	10748	1130

说明：1996年10月至2003年9月，离婚登记工作移交市民政局

第三节 殡葬管理

1991年，执行《国务院关于殡葬管理的暂行规定》和《济南市殡葬管理办法》，实行区、街、居三级管理责任制，逐级签订殡改协议书。除少数民族外，全部实行火化。1993年5月，建立皇上岭公墓。1995年，在七贤镇建立殡葬服务站。1997年，对全区范围内的花圈销售点进行清理整顿，下发《关于在市中区推行使用丧事标志的通知》和《关于禁止乱埋乱葬、清理整顿丧葬用品的通知》，逐步形成丧事活动文明节俭的社会氛围。全年死亡2017人，除回族140具外，其余全部火化。

1999年，对辖区殡葬品生产销售网点按人口数量进行调整合并为67家，其中，集体10家，个体57家。在“殡葬许可证”发放工作中，重新制定登记和年检办法，扶持低保对象等社会弱势群体。2000年，投资20万元，为党家庄镇和十六里河镇分别配置2部运尸车，为偏远山区村民服务，防止土葬现象的发生。2003年，成立区殡葬服务协会和区社区殡葬服务中心。2004年10月，取消对殡葬服务单位的行政前置审批权，殡葬服务单位由工商部门管理。

第四节 勘界与地名管理

1990—1991年，进行地名补查、资料更新工作。完成补查、更新成果196条，调查资料数据4000个，报送国家、省、市地名成果表588份。1991年10月10日，杆石桥街道部分居委会进行区划调整，对新划居委会名称及区界、户数、人数、门牌号进行变更；11月11日，杆石桥街道辖区内部分街、路更名。1992年，为全区17个行政村设置村碑，5月出版《山东省济南市市中区地名志》。同年，新安市场路消失。1993年，启明里、群贤里、太平庄西街、太平庄东街、乾德街、

太平庄中街消失。1994年，三里庄中街、晋和街、向阳里、咏仙里路消失。1996年，为王官庄等5个居民小区和济大路等15条新建道路进行命名，注销街巷23条。1997年1月20日，市中区和槐荫区在岔路街小区的行政区划界限进行调整，北接市人民银行（新楼南院）西南角原界线沿路向西，沿省人民银行宿舍外墙向西向南，至岔路街北路沿折向西至纬七路，过路口沿岔路街路南沿折向东接原界线。同年，对岔路街居民小区、建兴小区进行命名，注销纬五路南街。

1998年，对全区标准化地名进行摸底调查，共有居民小区27个，道路186条，名称全部达到规范标准。对13个新建小区和英雄山广场、大观桥命名。1999年，小纬二路南街消失。2000年，三和庄、北乐山街消失。1999—2001年，按照《国务院关于开展勘定省、县两级行政区域界线工作有关问题的通知》要求，济南市组织市中区与历下区、天桥区、槐荫区、历城区、长清区等进行联合勘界，历时两年半，确认市中区与历下区、天桥区、槐荫区、历城区、长清区5区界线总长147.87千米，形成书面文字10.85万字。汇签文件25份，绘图45张，埋设界碑12块。其中，市中区与历城区界线勘定被山东省民政厅评为区界线勘定工作二等奖。2002年，至德里街消失。

2004年，建立市中区地名信息系统，录入内容涉及居民小区、道路、桥梁、河流、行政区划、驻地单位、大型建筑物等条目。2005年，对道路设标情况进行集中检查，为236条道路设置地名标志牌1500块。

2006年，对辖区内主要街道、路口进行摸底调查登记，查出无名道路47条。12月，区民政局被山东省民政厅评为全省地名服务公共体系先进单位。同年注销道路36条。包括：穆家楼街、靖安巷、迎祥街、吉祥街、五路狮子口街、西小仓街、旧新街、曹家巷、土街、仓巷、斜街、至德院街、大板桥街、城顶下埃街、小板桥街、窑胡同、咏仙里、发祥街、乾德巷、雍和街、元善里、群贤里、太平庄西街、纬五路南街、启明里、兴云里、三里庄中街、晋和街、平安里、至德里、小纬二路南街、向阳里、北海后街、新安市场街、北乐山街、信义庄东街。

第五节　民间组织管理

1992年5月15日，山东省政府颁布《山东省实施〈社会团体登记管理条例〉办法》。区民政局设立专职工作人员，负责社会团体登记管理工作。11月，对全区494个居（村）级社会团体开展摸底调查，进行清理整顿工作。1996年11月，设立社团登记管理科，负责本辖区内社会团体的成立、变更、注销登记以及社团活动的监督管理和社团档案的管理。

1999年，按照民政部规范化要求，对全区非法人社团进行变更登记。同年，开展全区民办非企业单位清理整顿和复查登记工作。2001年12月，区机构编制委员会批准，民间组织管理办公室成立。依照国务院《社会团体登记条例》《民办非企业单位登记管理暂行条例》及有关政策法规，对区属内社团、民非单位进行注册、登记、管理、年检等工作。2003年，经过审查年检材料，参考主管单位意见及平时工作情况，对11家社团和85家民办非企业作出年检结论，评出优秀社团2家，合格社团9家，优秀民办非企业13家，合格66家，限期整改2家，注销4家。

2004年，对全区所管辖的社区民间组织走访调查，并对全区496家民间组织进行区分，推动社区民间组织健康发展。同年，市中区志愿者协会在全省召开的民间组织培育发展工作现场会上作典型发言，介绍经验。2005年，联合区社会治安综合治理委员会办公室、区公安分局，下发《关于在全区开展民间组织执法检查活动的通知》，集中对辖区内存在问题的民间组织单位进行摸底查处。主要针对未登记的属于民间组织性质的单位和有违法违纪行为的已登记单位。调查民间组织30家，与市中区成教局和市中区教育局密切配合，与区公安分局、综合治理办公室、政法委共同对其中具有代表性的8家单位进行查处。根据现场调查的具体情况，下达处罚通知书4家，停业1家。

2006年，采用不定时、不定期方法，走访各街道及居委会，注意发现和培育基础条件好、动作规范的典型。实行“一级登记（备案）、三级管理”的社区民间组织管理工作模式，制定普查登记制度、备案登记制度、社区民间组织负责人例会制度，降低门槛，放宽条件，制定服务时限和服务承诺，成熟一个登记一个。9月，全省社区民间组织发展现场经验交流会在济南召开，市中区舜玉街道舜园社区居委会作为参观点之一。同年，登记注册民办非企业单位23家。至年底，登记注册区级民办非企业单位193家，涉及教育、社区、民政、劳动、中介、医疗、卫生、体育等社会工作领域。

第六节　收养登记

1999年，办理收养登记23件。2000年，办理收养登记37件。2001年，办理收养登记29件。2002年，办理收养登记27件。2003年，市政府办公厅印发《济南市弃婴弃儿管理暂行办法》，规定任何单位和个人不得将捡拾的弃婴弃儿转送他人或私自收养，捡拾到弃婴弃儿统一送交济南市社会福利院，同时鼓励社会收养福利院抚养的弃婴弃儿，规范收养登记程序。市中区当年办理收养登记22件。2004年，济南市民政局、济南市公安局下发《关于解决事实收养子女未落户问题的通知》。全区通过调查核实，利用半年时间，为86名无法办理收养登记手续的“事实收养”的当事人办理落户手续。同年，办理收养登记19件。2005年，办理收养登记24件。2006年，办理收养登记4件。

第十九篇　人事　劳动

1991年，市中区在部分企业试行劳动合同制管理。1992年，行政机关事业单位开始机构改革，企业开始自主、择优录用人员。1993年，失业下岗人员逐渐增多，个体劳务职业介绍所兴起；就业技能培训、转岗专业培训人员逐年增加，政策扶持力度逐步加大。1995年，确定在职职工最低工资标准及困难职工基本生活保障金，并根据经济发展情况适时调整。1996年，实施公务员过渡；行政机关事业单位机构改革，大幅精简机构、人员。2001—2002年，行政机关事业单位再次进行改革。2003年，首次面向社会公开招考公务员，之后每年根据岗位缺编情况，公开招录。2005年，开始实施创业培训和小额贴息贷款就业扶持相结合的政策，加大创业培训力度，开拓创业培训专业，鼓励下岗工人、毕业大学生独立创业。2006年，行政机关事业单位再次进行改革，机构、人员进一步精简；城镇各项社会保障政策基本建立健全，农村社会保险制度基本建立。

第一章 人 事

第一节 机 构

1991年，区人事局与区编制委员会办公室合署办公，下设干部科、考核奖惩科、工资福利科、退休干部管理科、科技干部科5个科室；辖区人才交流服务中心。1992年12月，设立区机关事业单位社会保险事业办公室。1996年12月，设立市中区考试培训中心。1999年5月，机关事业单位社会保险事业办公室并入区劳动和社会保障局。2001年12月，制定区人事局（区编委办）职能配置、内设机构和人员编制，成立区退休干部活动中心、区事业单位登记管理办公室。2004年12月，区事业单位登记管理办公室更名为市中区事业单位登记管理局，升格为副处级。

2006年，区人事局设办公室、公务员管理科、调配安置科、工资福利科和专业技术人员管理科5个科室；辖区人才交流服务中心、区考试培训中心、区事业单位登记管理局3个副处级事业单位和区退休干部活动中心。

第二节 机构编制管理

1991年，全区党政群机关机构编制设65个，其中，党委机构12个，政府机构41个，人民团体6个；按党章、宪法有关规定设置机构6个。1992年，市中区被济南市确定为机构改革试点单位。1993—1994年，对辖区139个事业单位进行分类登记，全区中小学、幼儿园机构进行重新审核。对七贤镇进行机构改革，镇机关设6个办公室，定编40人。1995年，对街道编制进行调整，组建王官庄街道；撤销共青团路、西青龙街道，合并组建泺源街道。1996—1997年，机构改革，区委、区政府设工作部门32个，部门管理机构5个，机构精简47.5%，人员精简40.9%；保留部分非序列部门与行政事业单位。1997年，对全区166个事业单位进行登记，其中法人登记96个，非法人登记70个。本着精简、效能的原则，提出区属正局级事业单位“四定”方案，精简事业单位内设科室12个，减少编制定额20%。2001年11月至2002年3月，党政机构再次进行改革。区委工作机构精简12.5%，人员编制精简12%；区政府工作机构精简24%，人员编制精简25%。完成馆驿街、经二路、经七路、岔路街、玉函路街道撤并和七贤镇撤镇设街道工作。2003年，区人大、政协、群众团体机关机构实行改革，机构精简12%，人员精简15%。2004年，对全区范围内事业单位开展年检，检验合格事业单位238个，其中，法人事业单位144个，非法人事业单位94个。

2006年3月，区政府机构再次进行改革，工作机构设20个，分别是区政府办公室、区发展和改革委员会、区教育局、区科学技术局、区民政局、区司法局、区财政局、区人事局、区劳动和社会保障局、区建设委员会、区城市管理行政执法局、区环境保护局、区农业经济发展局、区对外贸易经济合作局、区文化局、区卫生局、区人口和计划生育局、区审计局、区统计局、区安全生产监督管理局。

第三节　干部管理

一、干部调配

1991年，全区接收大中专毕业生46人，安置军转干部4人；任免干部60人次，调动178人。1992年8月，完成全区干部基本情况调查摸底，全年任免主任科员以下干部624人，办理干部调动84人（次），安置军转干部9人。1994年，组织进行各部门工作职能、工作量及岗位设置情况调查摸底。任免科级干部69人，办理干部调动122人（次），安置军转干部10人。1995年，办理干部调动135人（次），聘用干部21人，接收大中专毕业生28人，安置军转干部10人。1996—1997年，组织1058名机关工作人员完成国家公务员过渡考试和考核，有42人暂缓过渡，12人不予过渡。办理干部调动153人（次），任免科级干部218人，接收大中专毕业生80人，安置军转干部24人。1998年，下发《关于严格机关事业单位进人办法的意见》，办理干部调配手续183人，任免科级干部104人，副科提正科66人，科员提副科12人；审批工青妇负责人享受科级待遇12人；大观园街道、二七街道、农委、环卫局、卫生局、经计委、交通委、防疫站等单位实施科级干部竞争上岗工作，竞争职位26个，参与竞争人员48人。1999年，全区有11个单位81名工作人员参加54个职位的竞争上岗，任免科级领导职务78人，科级非领导职务20人。2000年，办理调动手续86人，其中，区内调动45人，区外调入34人，调出7人；为81名科级干部办理任免手续。2002年，全区各部门科室负责人空缺和调整的254个岗位全部通过竞争上岗进行补充。2004年，魏家庄街道、就业办公室、区公安分局等部门进行公开选拔，竞争上岗。全年办理任免手续257人、辞职手续3人、自动离职手续43人。

二、公务员管理

1996年5月，开始进行国家公务员过渡工作，成立市中区机构改革暨推行国家公务员制度领导小组，制订《济南市市中区推行国家公务员制度实施方案》《关于区机关、街道（镇）在机构改革暨推行国家公务员制度中人员分流若干问题的规定》《关于严明纪律保证机构改革顺利进行的通知》。至1997年5月，全区51个部门、单位完成公务员过渡；参照实施公务员制度的单位1个，参照管理的有区委14个工作部门及各街道和七贤镇的党群工作人员。全区设置各级职位1191个，

公务员面试（2003 年摄　区人事局提供）

其中，处级领导职位 299 个，非领导职位 31 个；科级领导职位 235 个，非领导职位 171 个；科员职位 277 个；办事员职位 103 个；工勤职位 75 个。1999 年，为 32 名暂缓过渡的公务员办理正式公务员过渡手续。2003 年起，面向社会公开招考公务员，经笔试、面试、考核、体检合格后进行择优录取。当年录用 9 人。

2006 年 1 月 1 日起，实施《中华人民共和国公务员法》，制订《济南市市中区实施〈中华人民共和国公务员法〉工作方案》。10 月，开展公务员登记工作，至 12 月底，全区登记公务员 1316 人，暂缓登记 65 人。2003—2006 年，共录用公务员 45 人。

三、干部考核

1992 年，全区建立“三位一体”干部考核办法，并严格奖惩兑现。1993 年，在区机关推行工作目标岗位责任制，把年度工作目标层层分解落实到部门和个人。组织实施机关岗位责任制年度考核，表彰 39 个先进集体，432 名先进工作者，对 11 名成绩突出的个人晋升一级工资。1995 年，在区教委、七里山街道开展干部考核试点工作，后在全区推广，有 186 个单位 7046 人参加考核，评出优秀 882 人，称职 5954 人，表彰先进集体 33 个，先进工作者 416 人。1996 年，继续坚持和完善对机关事业单位工作人员的年度考核。1997 年 11 月，对全区 7000 余名工作人员前 3 年的考核结果进行审核，批复并归档，并依据《国家公务员暂行条例》有关条款实施表彰和奖励。

1998—2006 年，全区机关事业单位干部参加考核的共 7.24 万人（次），其中确定优秀等次 1.08 万人（次），占 14.9%。

四、退休干部管理

1991 年，全区有退休干部 808 人。组织老干部参加济南市第三届离退休干部代表大会。当年有 75 名干部办理退休手续。1993 年，

老干部活动（2003 年摄　区人事局提供）

为735名退休干部办理免费游园证、4名70岁以上老干部办理优待证。9月，召开市中区第八届离退休干部代表大会。1995年，区政府拨款10万元，解决拖欠退休干部医疗费问题。同年，为2300名离退休干部办理生活费增资补贴。2001年，区政府筹资80多万元，建成110平方米的老干部活动室，成立老干部活动中心。制定和完善老干部管理制度，坚持走访慰问，做到“五必访”，即老干部有困难必访，有病必访，有丧事必访，节假日必访，有思想问题必访。同时优先保障老干部的各项经费发放。组织老干部参加各种社会活动，支持、帮助退休老干部老有所为，为社会建设、文化体育建设奉献爱心。

第四节　专业技术人员管理

1991年，全区有专业技术人员4065人，其中，高级126人，中级925人，初级3014人。为11个系列216名大中专毕业生确定初级专业技术职务。对全区专业技术人员的德、能、勤、绩进行考核鉴定，成绩优秀的1922人，称职的1950人，基本称职的165人，不称职的13人。有3855人与原单位签订续聘合同，166人留聘，29人被解聘。整理装订专业技术档案1287份，对基层单位专业技术档案进行检查。1992年，为138名大专院校全日制毕业生办理见习期满确定聘任专业技术职务，整理装订专业技术档案1000余份，建立专业技术卡片4095份；解决七贤镇在村镇企业工作的专业技术人员管理和待遇问题。

1993年，继1988年首次专业技术职称评聘后，全区开展第二次专业技术职称评定工作。根据济南市职称改革领导小组要求，职称工作实行评聘分开，评审通过3766人，其中，高级202人，中级1497人，初级2067人。为141名全日制毕业生确定聘任专业技术职务，组织3338名专业技术人员参加继续教育培训。1994年，评审通过专业技术职务41人，其中高级23人；参加全国经济资格考试取得经济师资格1人、助理经济师资格1人。1995年，根据济南市职称改革领导小组工作要求，职称评审工作实行量化赋分办法，对不具备规定学历的专业技术人员晋升高、中级职务实行专业答辩测试，评审通过188人，其中，高级42人，中级84人，初级62人；参加全国经济资格考试取得经济师资格4人、助理经济师资格2人；参加全国会计资格考试取得会计师资格9人、助理会计师资格13人、会计员资格11人。完成事业单位专业技术人员聘任工作，全区聘任3095人，其中，高级226人，中级1417人，初级1452人。组织全区700多名技术工人参加全市统一的工人技术等级考核，并取得相应技术等级证书。1996年，对不具备规定学历的专业技术人员晋升高、中级技术职务实行专业答辩测试，评审通过122人，其中高级21人。1997年，组织乡镇企业经济、财会专业技术人员进行资格考试，通过经济员资格1人，助理经济师资格4人，会计员资格54人，助理会计师资格105人。1998年，推行专业技术人员竞聘上岗、聘约管理。审核推荐538人参加工人技术等级考核，通过178人。

1999年，对六个初级评委会评委组成人员进行调整，将个体行医的专业技术人员纳入卫生系列初级评审委员会评审范围，将社会所办幼儿园教师任职资格纳入教育系列初级评审委员会评审范围。2000年，对六个初级评审委员会进行调整，成立农业系列初级评审委员会。2002年，全区5100多名专业技术人员参加世界贸易组织知识培训。组织部分专业技术人员赴中国香港、日本、韩国参加机械、农业项目培训班。审核推荐365名技术工人报名参加工人技术等级考核。组织各类专业考试报名1799人次。全区有4785名专业技术人员参加竞聘，竞聘率98%。2004年，组织518人参加全国会计资格考试，取得会计师任职资格29人、助理会计师任职资格60人；审核推荐63人参加全国经济资格考试，取得经济师任职资格27人、助理经济师任职资格7人。

2006年，推荐申报高级任职资格112人，中级187人，评审确定初级职务154人。为127名全日制院校毕业生办理见习期满确定聘任专业技术职务。组织1332人参加全国会计资格考试，22人取得会计师任职资格，98人取得助理会计师任职资格。审核推荐32人参加全国经济资格考试，6人取得经济师任职资格，13人取得助理经济师任职资格。

第五节 人才交流管理

1991年后，市中区先后制定《市中区关于引进人才、引进技术、引进资金的暂行规定》《关于引进专业技术人员和接受大中专毕业生的有关规定》。1993年4月，区人才劳务信息市场成立。1995年2月，区街企业127名专业技术人员档案移交人才交流服务中心管理。区委、区政府先后制定《济南市市中区“十五”期间人才发展规划和2015年设想》《区街科技人员管理暂行规定》《关于引进专业技术人员和接收大中专毕业生的有关规定》等文件。1997年，按照区委、区政府提出的开展“五引进”活动和实施“十百千人才工程”的要求，成功引进34名理工科优秀本科毕业生，制定优惠政策，采取行政关系和用人单位分离的办法，鼓励他们到区街企业第一线工作。同年4月，区人才中心制定《市中区人事代理暂行办法》，根据用人单位和各类人才的需求，不断扩大人事代理的服务内容和服务范围；为56家企业代理人事关系、代管人事档案404份。1998年，在四里村派出所设立集体户口，解决企业接收的342名外地生源毕业生落户难问题。1999年，成立市中区人才交流中心党支部，接收所引进人才的组织关系。2000年起，先后增加计生服务、集体户口挂靠、党组织挂靠、养老金和医疗保险代收代缴、退休手续办理等服务项目。2001年12月，人才交流服务中心增设引智科，先后帮助山东鸿基换热技术有限公司申报国外引智项目4个，有8名不同国籍的专家到该企业进行技术指导和项目研发。2003年，为拓宽就业服务领域，在全市各区县人才中心中率先开展人才派遣业务。经过不断探索和发展，派遣单位和派遣人员数量逐年增加，2006年，派遣单位由最初的1家增至19家，派遣人员由50余人增至239人。山东省高校毕业就业信息网正式启用，高校毕业生就业手续实现网上办理，当年为47家用人单位办理开户手续，为用人单位接收的180余名毕业生办理

人才服务100问选（2004年摄 区人事局提供）

网签手续。同年，是实施“三支一扶”计划的第一年，8月，经过笔试、面试、体检等环节，招募的首批10名“三支一扶”大学生到岗。其中，到十六里河镇支农的5人，党家庄镇支教的5人。

至2006年年底，共为180家单位托管人事档案3000余份，代缴养老保险599人，医疗保险475人，集体户挂靠442人，党组织关系挂靠168人。全区引进专业技术人员716人，其中，高级职称45人，中级职称535人，初级136人。引进各类院校毕业生1655人，其中，博士生1人，研究生24人，本科821人，专科563人，中专246人。

第六节　工资福利

1991年，全区机关、事业单位实行以职务工资为主的结构工资制，分为基础工资、职务工资、工龄津贴和奖励工资4个组成部分。按每年每人50元的标准，发放劳保用品。1992年，根据国务院国发（92）28号文件和省、市工资会议精神，为全区11900余人次增发职务补贴，人均月增资62元。1994年，根据国务院国发（93）79号文件，组织完成区机关、事业单位工资改革工作，为全区7858名在职人员和2189名离退休人员进行套改并兑现，人均月增资98元。人事局制定《事业单位工作人员津贴实行浮动发放的指导性意见》，区教委、区医院、区房管局、区开发公司4个单位组织试点。1995年，为1601名专业技术人员兑现岗位薪级工资，人均月增资32元；为4953人办理工资变动审批手续。

1996年，根据中编发（95）5号文件，为全区600余人增资，人均月增资35元。根据鲁人薪（96）13号文件，为1994—1995年度考核称职（合格）的6800余人晋升职务工资，人均月增资25元。为全区7446人办理增加职务补贴、误餐费手续，人均月增资163元。1997年，建立每月一次工资福利例会制度，为8000余人建立个人工资基本情况简历档案。1999年，办理增资11719人，人均增加131元；简化归并离退休费项目3000余人，重新核定离退休费；调整公务员职务级别工资标准。2000年，为全区第一批纳入财政统一发放工资的16个全额拨款单位1200余人审核工资，并准确、及时发放。2001年，为9012名机关事业单位人员调整工资标准，人均月增资90元。同年10月，再次调整工资标准，人均月增资64元。2002年，开始尝试网上报送、审批工资福利业务。教育局系统40多所学校累计4100多人（次），使用网络传输办理业务。2003年，为全区9715名机关事业单位人员调整职务工资，人均月增资56.76元。在教育、公安系统使用电子邮件传送工资业务的基础上，开始试行采取FTP方式传输工资的方法。2004年12月1日，为机关事业单位工作人员发放岗位津贴，调整驻济补贴标准。在职人员9903人，月增资188万元，离退休人员3933人，月增资94万元。

2006年7月，落实市政府办公厅《关于印发〈济南市公务员工资制度改革实施意见〉〈济南市事业单位工作人员收入分配制度改革实施意见〉〈济南市机关事业单位离退休人员计发离退休费等问题的实施意见〉的通知》，为全区10409名机关事业单位人员进行工资改革，公务员工资由职务工资和级别工资构成，机关工勤工资由技术等级工资和岗位工资构成，事业单位工作人员工资由岗位工资和薪级工资构成，并为离退休退职人员增发离退休退职费。

第二章　劳　动

第一节　机　构

1991年，区劳动局下设办公室、劳动力调配科、劳动工资科、安全生产委员会办公室、劳动争议仲裁委员会办公室5个科室共15人；辖社会劳动保险事业分处，负责全区劳动保险基金的收缴及离（退）休职工工资的发放。1994年11月，增设劳动监察科、安全监察科、外商投资企业劳动管理科，分别与劳动争议仲裁委员会办公室、安全生产委员会办公室和劳动局办公室合署办公。1996年11月，调整为办公室、安全监察科、劳动争议仲裁科、劳动监察科、综合管理科5个科室，定编15人，实有18人；辖社会劳动保险事业分处，办公机关驻胜利大街53号。1999年5月，区劳动局更名为区劳动和社会保障局，并将区人事部门承担的机关事业社会养老保险、区民政部门承担的农村社会养老保险、区卫生部门承担的公费医疗保险的职能、机构、人员并入区劳动和社会保障局。2000年12月，撤销安全科、劳动工资科，组建综合业务科。

至2006年年底，区劳动和社会保障局下设办公室、劳动监察科、劳动争议处理科、综合业务科、机关事业单位社会保险事业办公室、医疗保险管理办公室、农村社会养老保险管理办公室、劳动争议仲裁院8个科室、部门。在编35人，实有41人，办公机关驻胜利大街53号。各街道、镇组建相应劳动保障服务中心。

第二节　用工制度改革

1991年，区劳动局按照省劳动局部署和要求，在济南商业储运公司、济南酿造厂、槐荫区燃料公司、济南粮油机械厂、济南第二汽车改装厂、济南水泵厂、济南变压器厂7个全民企业，进行全市首批全员劳动合同管理改革试点。试点企业对劳动力进行合理配置，实行岗位逐级管理，全面签订劳动合同，初步建立起企业与职工责、权、利相统一的新型劳动关系。对商业“四放开”和转换经营机制的改革试点企业，实行全员劳动合同管理，并组织实施。1992年，实行“在国家统筹规划指导下，企业择优录用工人，个人竞争就业，市场调节需求，双向自由选择”的就业方针，打破过去“统分统配、一次性分配”定终身的劳动用工格局，改变待业青年统一分配的做法；企业享有自主权，自行确定招工时间、条件、方式、数量；实行合同化管理，职工考核竞争上岗。1994年，企业招收外来务工人员用工手续改由区劳动服务公司办理。1995年，贯彻实施《中华人民共和国劳动法》，全面实行劳动合同制度，明确劳动者与用人单位双方的权利和义务。1996年，全市国有、集体企业全部实行劳动合同制，集体合同试点全面推开。同年8月，辖区职工流动不再经过劳动部门，由职工调动双方企业之间联系办理。

1998年，对企业使用农村劳动力和外来务工人员实行ABC分类管理。即A类岗位只限本地城镇非农业户口中招用，不得招用农村劳动力；B类岗位按先城镇后农村的原则，通过职业介绍机构首先从非农业户口人员中招用，不足部分，凭劳动部门职业介绍机构证明，从农业户口人员中招用；C类岗位，只要是脏、累、差、险岗位，可直接申报，从农业户口人员中招用。同年，辖区有88名农民合同制职工转为城镇合同制职工。2001年，落实《山东省劳动合同条例》，规范辖区内企业劳动关系及劳动合同的订立和履行。2006年，落实市劳动保障部门制定的《劳动合同备案办法》，加强对用人单位劳动合同管理，依法保护劳动合同双方当事人的合法权益。

第三节　劳动就业

一、就业安置

1991年，全区发展劳动服务企业30家，安置待业青年3058人。为7家单位的农民临时工办理进城务工证，接收待业人员44人，其中21人实现就业。1992年，职业介绍所建立市中区劳动供求信息网。1993年，济南市非劳动部门可以开办个体劳务职业介绍所。1994年，成立区劳动部门中介机构及零工人员管理小组，职业介绍所改名为职业介绍中心，建立生产自救基地2处用以安置失业职工。1997年，调查全区下岗职工情况，建立下岗职工档案，举办下岗职工洽谈会2次，参会人员5000余人，各街道建立劳动管理服务站。发展劳动服务企业27家，安置下岗、富余职工2300人。通过职业介绍安置下岗职工595人。1998年4月16日、25日，区劳动服务公司分别举办下岗失业职工再就业洽谈会2次，组织驻区省、市企业71家，与550名下岗职工达成用工意向。8月，区政府成立再就业领导小组，建立区再就业服务中心，与劳动服务公司合署办公，开通市中区用工、求职咨询热线，为区属企业下岗职工承诺限时服务，48小时之内安置就业。清理非法职业介绍机构5家。在区属有关部门及企业成立再就业服务中心69个。通过召开下岗职工再就业业务洽谈会和职业介绍等形式，安置下岗职工3952人。1999年，完善失业职工接收工作和专项审查制度，为1353名下岗职工建立一档两卡，先后安置756人（次）进入社区服务中心。2000年，安置下岗失业职工3000人。分流安置区属企业下岗职工220人。其中，自谋职业、解除劳动关系101人；内部退养，办理退休52人；企业恢复生产重新上岗67人。2001年，发展社区就业网点12处，安置下岗失业职工680人，办理社区就业证47个，为1500人提供就业机会。

2002年4月，区劳动服务公司更名为区劳动就业办公室。大观园、六里山、舜玉路3个街道建立劳动保障服务中心，魏家庄永庆街居委会建立劳动保障服务站。城镇登记失业率控制在4%以内。全年安置再就业人员1650人；累计为1650名下岗失业人员办理招工招聘手续，为126名军嫂办理登记用工手续，安置29名军嫂就业。通过全市劳动用工网络办理求职登记1816人，介绍864人成功就业。2003年，区政府与15个街道（镇）成立区建设劳动保障服务中心领导小组，15个街道（镇）分别建立社区劳动保障服务中心。全年开发就业岗位7600个，包括开发公益性岗位525个。办理城镇失业登记8876人，劳务输出599人。4月，开始发放“再就业优惠证”，当年发放3200个。为71名失业职工办理退休手续，将166名退休的失业职工转归劳动保障中心管理。有680名从事个体经营的下岗失业人员享受到优惠政策。

2004年3月，投资90万元扩建劳动服务大厅，面积由100余平方米扩建至近500平方米；投资50万元装修服务大厅、添置相关设备，接通“四险合一”（养老保险、失业保险、工伤保险、生育保险）专线网，实现信息传送和批复手续网络化。为全区15个劳保中心和72个社区居委会安装宽带和劳动系统软件。市财政拨付资金327万元用于公益性岗位开发，区财政拨付再就业扶持资金120万元。安置就业困难群体和军转干部，购买岗位1221个。全年实现劳务输出1054人，为200余名从事个体经营的下岗失业人员和符合享受再就业扶持政策条件的6家企业减免费税312.9万元，城镇登记失业率控制在4%以内。

2006年，为全区16个劳动保障服务中心配置手提电脑、扫描仪、车辆等设备。安置15900人实现就业再就业，其中，下岗失业人员实现再就业7348人，就业困难群体再就业2377人，军嫂214人，办理城镇失业登记17341人，发放“再就业优惠证”701个，开发公益性岗位350个，18家劳服企业享受税收减免956万元。用于公益性岗位人员社保和岗位补贴95万余元，城镇登记失业率控制在3.38%以内。

二、就业培训

1991年6月，成立区职业介绍所，负责组织培训安置待业青年。为29个单位组织1091人参加招工考试，录用900余人。举办定向培训班77期，培训人员3466人。根据企业不同需求，每年开展定向技能培训及转岗培训服务。1996年，开办4期失业职工培训班，培训200余人。

1999年，先后举办微机、摄影等专业培训班，培训下岗失业职工427人。2002年，为121名失业职工学习驾驶技术提供培训补贴9.31万元；全年培训下岗职工1008人，涉及财务、微机、摄影、家政、面点等7个专业，有135名下岗职工参加家政服务培训，上岗率97%。2004年3月，撤销就业培训和职业指导科，分设培训科和就业安置科。对全区培训基地及专业进行资源整合，开设微机、电算化会计、汽车驾驶等12个专业。1847名失业职工参加转岗培训，培训合格率和再就业率分别为99%和70%。2005年，开始实施创业培训和小额贴息贷款就业扶持相结合的政策，落实再就业资金528.3万元，其中区财政投入150万元，用于职业介绍补贴、岗位补贴、社保补贴、培训补贴和劳动力市场建设。

2006年，举办创业指导员培训班，培训指导员40人；全年培训失业人员1906人，其中参加创业培训的269人。投资120万元，在顺河商业街建成新的培训中心，面积800平方米，根据失业人员自身特点和市场需求，重新调整开设创业培训专业。

第四节 劳动关系

一、劳动合同

1991年，部分企业试行劳动合同制管理，全区签订劳动合同3300份。1992年，劳动用工制度逐步实行合同化管理，签订劳动合同5775份。1994年，招收外来务工人员用工手续由区劳动服务公司办理，并签订劳动合同。1995年，制定《关于区属企业劳动用工实行劳动合同制的意见》和《关于外商投资企业劳动管理和劳动用工实行劳动合同制的意见》，全区签订劳动合同4653人，外商投资企业签订劳动合同430人。1997年，有88名农民合同制职工转为城镇合同制职工。1998年后，劳动者的法律意识不断增强，与企业签订合同的数量逐年增加，鉴证合同的数量以每年15%的速度递增。至2006年，累计鉴证劳动合同202801份，纠正违法及存在问题合同3600余条款，劳动合同合格率100%。

二、劳动争议仲裁

1991年，受理劳动争议7起，裁决5起，调解2起。1995年，山东省社科院下属联谊贸易公司因扣押风险抵押金，引发众多职工集体上访，区劳动争议仲裁委员会办公室及时调查取证、裁决，为147名职工依法追回抵押金29.4万元。针对一些用人单位和劳动者在实践中运用法律、法规不够准确的问题，针对劳动合同法律法规在执行过程中出现的热点、难点和疑点问题，仲裁委结合实际到企业进行宣讲、答疑。1998年起，劳动争议案件发生大幅上升趋势。2002年10月，济南市万紫巷商场因与职工解除劳动合同，引发200多名职工多次集体到省、市信访部门上访；10月8日，区劳动仲裁委员会办公室立案后，及时进行处理，裁决135件，其他方式结案50件，依法为职工挽回经济损失85万元。2003年，受理劳动争议案件211件，结案212件（含上年未结案件4件），其中裁决94件，调解21件，其他方式结案96件，未结案3件，结案率98.57%。2005年，市中区劳动争议仲裁委员会办公室更名为市中区劳动争议仲裁院。全年补签劳动合同160份，纠正违法及存在问题合同120份。2006年，受理案件163件，其中，调解16件，裁决37件，其他方式结案108件，规定时间内结案率99%。

1991—2006年市中区劳动争议案件情况表

表19-1

年份	合同鉴证总数（份）	受理劳动争议案件（件）		
		裁决	调解	其他方式结案
1991	3300	5	2	0
1992	5775	9	5	0
1993	6000	6	9	0
1994	17000	15	9	0
1995	12100	12	7	0
1996	13500	29	23	0
1997	8000	20	23	0
1998	7800	28	24	4
1999	8200	51	24	4
2000	9000	46	5	53
2001	9600	147	15	114

续表 19-1

年份	合同鉴证总数（份）	受理劳动争议案件（件）		
		裁决	调解	其他方式结案
2002	10800	202	17	190
2003	11400	94	21	96
2004	12100	61	8	244
2005	10200	38	20	201
2006	58026	37	16	108

三、劳动监察

1994年11月，区劳动局成立劳动保障监察机构，对辖区内的企、事业单位和私营、个体等用工单位遵守劳动法律、法规情况实施行政监察。建立劳动监察举报制度，维护劳动者的合法权益，对用工单位进行巡查、专项执法检查及年度监督审查。1994—1997年，先后纠正违反劳动法规行为96起，对不执行规定，拖欠职工工资严重的8家企业进行处罚。1998年，接受举报98次，立案16起，结案15起。年检企业88家，巡查180家，为企业提出整改意见300余条。对24家企业下达整改指令书，督促企业补签劳动合同，补缴拖欠的养老保险基金。2001年，接受举报83件，立案处理51起。2003年，受理举报案件67件，年检用人单位1037余家，下达责令整改、处罚告知书667份，完成整改650家。2005年，年检单位502家，涉及职工8400人，补签劳动合同3600份，纠正用人单位不合法规章制度1500余条。补缴社会保险费32万元，清欠拖欠工资11万元。2006年，对49家用人单位开展社会保险专项执法检查，对32家用工单位开展农民工工资支付情况专项检查。受理投诉100起、举报5起。协调处理5起，立案处理100起，下达责令改正通知书15份，行政处罚告知书7份，行政处罚决定书7份，举报专查率100%，规定时间结案率98%；为劳动者追回被克扣工资、押金8.2万元。

1995—2006年市中区劳动监察情况表

表 19-2

年份	投诉案件（件）	巡查单位（家）	监督审查单位（家）
1995	8	—	—
1996	12	80	80
1997	18	150	100
1998	41	180	200
1999	48	180	300

续表 19-2

年份	投诉案件（件）	巡查单位（家）	监督审查单位（家）
2000	53	180	350
2001	66	180	400
2002	72	200	540
2003	83	300	1037
2004	97	300	1204
2005	100	502	1056
2006	105	350	1235

第五节　劳动工资

1991 年，辖区逐步建立职工正常的工资增长制度，实施工效挂钩。对效益工资比较充足、有支付能力、经济效益指标比前 2 年每年平均增长 1%的企业，可以为浮动升级满 2 年的职工固定一级标准工资，比例为 2%，最高不得超过当年已定级人数的 100%；未实行工效挂钩的企业，完成承包任务或经营管理目标，实现利税比上年实际完成数每增长 1%，可以为已浮动升级满 2 年的职工固定一级标准工资，比例为 1.5%，最高不超过当年已定级职工的 100%。调整企业专业技术人员职务工资标准，将企业专业技术人员最低职务工资调整为技术员（含相当职务）13 级、助理工程师 12 级、工程师 9 级副、高级工程师 7 级副。1994 年，区属（县以上）集体及国有企业均以 1993 年 9 月底在册职工现行归属、产业类型、工资标准为基数，进行技能工资套改，共 117 家 7929 人，人均月增资 102 元。为区属（县以上）集体、国有企业职工核定工龄，兑现年内工资。1995 年，按照劳动部《企业最低工资规定》，辖区企业在职职工最低工资标准为每人每月 180 元，停产、半停产、困难企业停发基本工资 6 个月以上的困难职工，基本生活保障金每人每月 120 元。1996 年 12 月，辖区企业职工工资增长按照调节过高收入、保障低收入者基本生活、防止差距过大、缓解分配不公、对企业增资总量的原则实行控制，企业内部自主分配，为 117 家区属企业核定工资增加总量。1997 年，对 90 家区属企业进行工资基金清算和工资收入检查。审批企业职工工资总量 105 家 7346 人，月增长 51 万元；审批企业职工固定升级指标和 3% 奖励晋级指标 1610 级，涉及企业 41 家。1999 年起，省政府对城镇各类企业实行工资指导线制度，指导线增加的工资总额，经劳动部门审核后，用以调整职工岗位工资标准。此后，全区各企业按照市政府每年公布的工资指导线来调整职工岗位工资。

第三章　社会保障

第一节　养老保险

一、城镇职工基本养老保险

1991年，城镇职工基本养老保险以收缴合同制工人养老保险基金和固定职工退休退职费用社会统筹金为主。合同制职工养老保险基金的收缴比例为：企事业单位按月工资总额的21%（其中单位按18%，合同制工人按3%）缴纳，企业固定职工退休费用社会统筹费按上年度固定职工月工资总额加退休费用两项之和的29%缴纳，统筹费用一年一定。全区有参加合同制工人养老保险基金单位605家，参保人数10557人，收缴养老保险金320万元。1993年，养老保险费用实行改革，由国家、集体、个人三方共同承担，并扩大养老保险制度的实施范围，由单一的劳动合同制工人缴纳养老保险基金改为凡在辖区内城镇各种所有制企业的固定工、合同制职工和有市区城镇户口的临时工、雇工、业主均要缴纳养老保险基金。企业范围含国有、集体、外商、股份制、私营企业和个体工商户。提取比例为国有企业暂按职工工资总额的29%税前提取，其他企业暂按职工工资总额的25%税前提取，职工本人按本人工资总额的2%提取。全区有合同制职工单位485家，参保职工13783人，应收缴养老基金571万元，实际收缴570万元，收缴率99.8%。1994年1月起，养老保险的缴纳范围由区属全民企业和集体企业，扩大到市属全民企业，并将养老保险和社会统筹并轨统称为养老保险基金。基金提取比例为全民企业由22.5%提高到24%，集体企业由26.5%提高到28%。对驻区250家单位、区属157家单位的所有职工实行养老保险，养老保险金收缴完成率90%。1996年1月，各类企业统一按工资总额的25%税前提取，职工按本人工资总额的3%提取。2000年11月，缴纳基本养老保险费的比例调整为28%，其中，企业缴费比例为20%，企业职工本人缴费比例为8%。

2002年，城镇职工基本养老保险征缴工作，由区劳动保障局转交市劳动保障局市中办事处。2003年，全区15个街道（镇）劳动保障服务中心全部启动企业退休人员转入社区管理移交工作，开展社会保险扩面和就业再就业服务管理工作，共接收企业退休人员1.97万人，发放“再就业优惠证”3200个，开发公益性岗位525个。2004年，全区新增扩面15607人（不含老企业新增人数）。2006年，全区新增扩面16157人，征缴企业养老保险金29274万元，清欠企业养老保险金2494万元。

二、机关事业单位养老保险

1992年12月，成立区机关事业单位社会保险事业办公室，主管全区机关事业单位工作人员社会养老保险工作。首先从合同制工人、聘用制干部开始试点。1993年，养老保险缴纳标准为：用人单位按上年度12月份工资总额的18%缴纳，个人按上年度12月份标准工资（基础工资、职务工资、工龄津贴）的3%缴纳。1994年1月起，个人标准改为按工资总额的2%，单位缴纳比例不变。同年12月，机关事业单位工作人员实行全员养老保险，收缴比例统一为单位缴纳工资总额的24%，个人缴纳工资总额的2%。1995年，在基金管理工作中实行建卡、建册、审核、收缴、记账、归档等规范工作程序。1998年1月，全区各街道（镇）所属事业单位工作人员和离退休人员纳入机关事业单位社会养老保险统筹范围。1999年5月，区机关事业单位社会保险办公室移交给区劳动和社会保障局。全区参加社会保险单位152家，在职职工8082人，离退休2775人，全年收缴2191万元，支付离退休费用2976万元。2001年1月，全区机关事业单位离退休人员养老金基本实现社会化管理，离退休费由原来的单位发放改为由机关社保办社会化发放。2002年1月1日起，机关事业单位养老保险实行市、县（市区）两级统筹，各县（市）区不再上解调剂金，市里不再下拨调剂金。

2006年，全区机关事业单位基本养老保险参保人数10597人，缴纳养老保险费8663万元。离退休人数4191人，支付退休费10434万元。

三、农村社会保险

1993年，七贤镇17个村全部实行退休养老制度。1994年，七贤镇90%的农民参加养老保险，收取养老金16万元。2002年12月，党家庄镇、十六里河镇的农保工作由历城区移交市中区。其中，党家庄镇投保1644人，十六里河镇投保1094人，移交基金84.89万元。2003年6月，将七贤镇管理的农保基金14.34万元（投保人472人）收回区农保处，存入区农保专用基金账户，实现农保基金全区统一管理。2005年，有3253人参保，累计滚存保费240万元，发放养老保险金和办理退保两项支出2.4万元。

至2006年年底，全区有3265人参保，基金累计滚存结余320.13万元，收缴保费61.04万元。全年新增投保16人，续保26人，为106人发放养老金5.3万元。

第二节　城镇职工基本医疗保险

1999年5月，区委、区政府将区人事部门承担的机关事业单位社会养老保险、区民政部门承担的农村社会养老保险、区卫生部门承担的公费医疗保险的职能、机构、人员交由区劳动和社会保障部门统一管理。年底，辖区享受公费医疗人数6927人，全年拨款408万元全部承包给区医院。2000年年底，辖区享受公费医疗人数7075人，全年拨款430万元。2001年年底，设立市中区医疗保险管理办公室，为副处级单位，编制8～10人，隶属于市中区劳动和社会保障局，同时撤销市中区公费医疗管理办公室。年底，辖区享受公费医疗人数7289人，全年拨款454万元。2002年年底，辖区享受公费医疗人数7632人，全年拨款619万元，按人均800元的标准拨付区医院报销使用。2003年年底，辖区享受公费医疗人数8109人，全年拨款632万元。

2004年4月，按照上级有关部门要求，党家庄镇、十六里河镇所属1113名中小学教师公费医疗划归区属管理，医疗费按区公费医疗标准（年人均800元）由区财政局、区医保办核准，每季度报销一次，经费暂由区医保办管理，全年拨款89.36万元。年底，辖区享受公费医疗人数9816人（包括两镇），全年拨款749.36万元。2006年，医疗保险、工伤保险实行属地管理，辖区企业有2358家单位参保，参保职工74314人。

第三节　失业、工伤及生育保险

一、失业保险

1991年，区劳动局按照《国营企业职工待业保险暂行规定》，开展对待业保险金的征收与管理。待业保险金按职工工资总额的1%缴费，全部由企业承担。全年收缴待业保险基金13万余元，发放待业救济金5886元。1992年，扩大待业基金征收范围，调整收缴标准，征收额度由征收标准工资的1%调整为征收工资总额的1%，全年征收待业保险基金134万余元，征缴率99.9%。1993年5月1日起，企业缴纳行业保险费费率由1%调整为0.6%。1995年，劳服企业的骨干企业享受待业保险基金提供的贷款贴息优惠政策。全年收缴待业保险基金310万余元。1996年，待业青年及失业人员统称为失业人员。对失业人员档案实行登记、办证、存档、提档自动化管理。收缴失业保险金340万元。1999年10月，按照《失业保险条例》，调整缴费标准，失业保险金缴纳比例为职工工资总额的3%，其中，单位缴纳2%，个人缴纳1%。全区参加失业保险的单位687个，其中新开户156个。全年收缴失业保险基金1200万元，发放失业保障金34万元、失业救济金260万元；为1213名失业人员办理失业证。2001年，为16家区属企业补办失业保险手续，免缴滞纳金96万余元。收缴失业保险基金1195万元，收缴率95%，发放失业保障金1435万元。2002年，为94名失业职工办理延长领取失业金手续。

2003年10月1日，《山东省失业保险规定》发布实行。全年发放失业保险金1990余万元，其中，医疗补助101万元，丧葬费10万元，抚恤金1万元，为农民合同制工人分发一次性补助2.6万元。2006年，全区参保职工72629人，全年征缴失业保险基金2174万余元，发放失业保险金2176万余元，有5431名失业人员享受失业保险待遇。

二、工伤保险

1998年起，区劳动局按照《济南市企业职工工伤保险办法》，推行企业职工工伤保险。采取养老、失业、工伤保险实行“三险合一,一票征收”的工作办法，由企业按规定全额缴，职工个人不缴费。对发生的工伤事故均能按规定给予赔偿。2000年1月1日起，将参保企业1990年1月至1996年9月30日符合条件的老工伤通过登记纳入统筹范围。2002年5月，辖区工伤认定、劳动能力鉴定由市劳动保障局医疗保险处负责。2004年1月1日起，工伤保险覆盖至各类企业和有雇工的个体工商户、事业单位、社会团体以及各类民办非企业单位。12月24日，《济南市〈工伤保险条例〉实施办法》公布，济南市工伤保险基金实行全市统筹，并对申请工伤认定的期限调整。2006年，共受理工伤职工待遇申报292人，总金额174万元。

三、生育保险

2000年11月30日，济南市制定《济南市城镇企业职工生育保险暂行办法》，于12月1日起实施。辖区城镇企业职工生育保险启动。

2001年4月25日，市劳动和社会保障局会同市计生委、市卫生局印发《关于职工生育保险有关问题的通知》，就参保女职工的生育保险待遇、由生育保险基金支付的计划生育手术费的构成及支付要求等具体问题予以明确，辖区生育保险执行济南市规定。

第四节　最低生活保障

1992年，七贤镇17个行政村全部完成社会保障网络建设。1996年7月，区政府建立城市居民最低生活保障制度。规定：辖区内具有城市常住户口的职工和居民，家庭月人均收入达不到120元的，给予最低生活保障救助。全年为640户1024人发放保障金68524元。1997年7月，区政府制定《关于建立农村最低生活保障制度的实施意见》。规定：凡辖区农业户口人员，家庭人均年收入低于760元（包括粮食收入），实行定期定量救济，每人每年救济360元，粮食补足到250千克。全年为1475户2333人发放最低生活保障金16.99万元。1998年，全年为1812户2972人发放最低生活保障金22.19万元。其中，城区1715户2741人，发放保障金21.36万元（其中企业170户439人2.71万元），农村97户231人发放保障金8300元。全区28名城市“三无”对象，年人均保障金3000元。2005年5月，区委、区政府制定《城乡社会保障和救助实施意见》，全区农业户口家庭年人均收入低于900元的农村居民纳入保障范围。全年城区低保累计保障43774户120128人，发放低保金834万元；对农村652户1100人进行保障。

2006年，全区城市低保累计保障户数50393户（次）134643人（次），发放保障金1190万元；农村低保累计保障户数7235户（次）14805人（次），发放保障金67.8万元。农村最低生活保障金由年人均900元提高到1200元。

第二十篇 科学技术

1991年，《济南市市中区“八五”科学技术发展计划纲要》《济南市市中区经济科技发展战略研究》通过山东省科委主持鉴定。成立区科技进步奖评审委员会，制定《济南市市中区科学技术进步奖励暂行办法》《济南市市中区科技进步优秀企业、科技进步示范企业评选管理暂行办法》。1992年，区委、区政府聘请驻济科研院所、大专院校的专家、学者成立济南市市中区科技进步与经济发展专家咨询委员会，制定《济南市市中区关于引进专业技术人才的试行办法》。1993年，成立全市区级第一家科技学校——济南科技成人中专。1994年，制定《市中区产学研工程实施意见》，成立山东亚太生产力促进中心。1997年，市中低压锅炉一厂与山东工业大学联合成立济南市区街企业第一家中试基地。1998年9月，区委、区政府作出《关于大力发展民营科技企业，进一步促进科技进步的决定》。2002年，腊山高新技术创业服务中心投入使用。2006年，全区有各类专业技术职务人员6697人，其中高级693人、中级2837人。有省级高新技术企业15家，市级高新技术企业24家，高新技术产品93项，市级以上科研成果28项。

1997年，市中区被国家科委命名为全国科技工作先进区。1997—1998年、2001—2002年、2003—2004年、2005—2006年连续获全国科技进步先进区称号。

第一章 机构 队伍

第一节 机 构

1991年，区科委设办公室、计划成果科、科技管理科3个科室，有职工15人。1992年，聘请多方面专家学者，成立区科技进步与经济发展专家咨询委员会，全区15个街道及6个一类村聘请科技军师，配齐科技副主任、科技助理员、科技副村长，全区形成三级科技管理网络。2001年12月，区科委更名为区科技局，内设机构不变。各街道（镇）成立由主要领导任组长的科技领导小组，下设科技办公室，配有专职科技助理员。2004年1月，市中区被评为全国科技进步先进城区；同年5月，组建区知识产权局，主管专利工作和统筹协调知识产权工作。2006年，区科技局设办公室、科技管理科、计划成果科3个科室，辖区知识产权局，共有职工16人。

第二节 科技队伍

1991年，全区有科研设计机构21个，科技人员2812人。其中，高级技术职称105人，中级783人，初级1924人。1992年3月，制定《济南市市中区关于引进专业技术人才的试行办法》。至2006年年底，全区有科研机构28个，各类专业技术职务人员6697人，其中，高级693人、中级2837人。

2006年驻市中区科研机构名录

表 20-1

序号	科研机构	地址
1	山东省建筑材料工业设计研究院	济微路 72 号
2	山东省计划生育科学技术研究所	玉函路 69 号
3	山东省塑料研究开发中心	土屋路 29 号
4	山东省审计科学研究所	共青团路 88 号
5	山东省工艺美术研究所	英雄山路 92 号
6	山东省五金研究所	英雄山路 92 号
7	济南铸造锻压机械研究所	二环南路 8060 号
8	山东省建筑设计研究院	经四小纬四路 2 号
9	济南市建筑材料设计研究院	南辛庄西路 276 号
10	济南市冶金科学研究所	纬一路 462 号
11	济南市园林科学研究所	舜耕路 32 号
12	济南市房产测绘研究院	建国小经三路 4 号
13	济南市锅炉压力容器检验研究所	英雄山路 238 号
14	济南市园林规划设计研究院	六里山路 10 号
15	济南市规划设计研究院	六里山路 10 号
16	山东省实验动物中心	八里洼路 19 号
17	济南清华医学研究院	英雄山路 10 号
18	济南市康博口腔研究所	经七小纬六路 183 号
19	济南华佗中医药研究所	二七南路 16 号
20	济南市华侨中医中药研究所	玉函路 55 号
21	济南齐鲁康复医学研究院	经二路 250 号
22	济南千方医药研究所	十六里河街道万寿路 3 号
23	济南市健康医学研究院	马鞍山路 56-7 号
24	济南市博莱生物技术研究所	经四路恒昌大厦 1604 室
25	济南友谊医学研究院	英雄山路 77 号
26	济南市市中药物研究所	土屋路 10 号
27	济南市地震工程研究院	经七路纬四路聚贤街 2 号

第三节　科研机构选介

一、山东省建筑材料工业设计研究院

建于1979年，省属重点科研设计单位，位于济南市青龙山脚下，占地面积1.9万余平方米，其中科研设计检测用房5000余平方米，有各种科研设计检测设备上百台套，已实现设计、管理计算机化、网络化，拥有坚实的设计研究技术基础、先进的装备条件和健全的质保体系。2006年，全院有职工120人，专业技术人员98人，其中，高级工程师47人、工程师26人，涉及专业有水泥、墙体材料、水泥制品及混凝土砌块、化学建材、非金属矿、建筑、结构、总图、设备、环保、供配电、自动化、给排水暖通、化学分析、工程经济等，人员结构合理、专业门类齐全。

设计研究院具有中国建筑材料工业工程设计甲级、工程咨询甲级、建筑工程设计乙级等行业资质。承担水泥、新型建筑材料、非金属矿山、民用建筑等工程设计与咨询服务；建材新设备、新产品开发及推广应用；水泥及混凝土外加剂、建筑涂料的开发应用；建材工业新材料检测等业务。与国内26个省、市、自治区建材工业和社会各界的数百家企事业单位建立业务合作关系。先后完成各类工程设计咨询项目上千项，获省部级优秀工程设计一等奖、二等奖、三等奖7项。完成建材科研成果12项，有5项成果获省级新技术、新产品奖励。制定山东省地方标准4项。在水泥、新型建材、非金属矿山、资源综合利用等领域的设计研究处于国内建材行业先进水平。通过与冶金、电力、煤炭、化工等相关行业合作，在钢铁废渣、粉煤灰、煤矸石、磷石膏等各类工业废渣的综合利用方面取得丰硕成果。水泥工程设计先后承担刚果、孟加拉、印度、哈萨克斯坦、尼日利亚、越南、肯尼亚、阿尔巴尼亚、匈牙利、叙利亚等国水泥工程的咨询设计任务。

二、山东省塑料研究开发中心

1987年，经国家科委批准成立，省级科研事业单位，占地面积约2万平方米，是山东省塑料协会理事单位、中国生产产品最齐全、技术最先进、规模最大的PC瓶专业生产企业之一，获工业产品国家“食品用包装、容器、工具制品生产许可证”(QS认证)。研发中心充分利用现有科研及生产设备，开发改性、合金磁性、发泡材料、硅芯母料、纳米改性聚丙烯复合材料等。2002年，与济南塑研塑料制品厂共同投资1000余万元，引进2条国际先进技术水平的日本产“注、拉、吹”一体全自动制桶生产线。除生产“塑研”牌5加仑、3加仑水桶外，先后研发出18升、17.6升、16.6升、9.45升和9升5种规格的专利桶和个性化桶。2006年，山东省塑料研究开发中心生产的水桶被山东省建设厅、山东省城镇供水协会确定为山东省净水工程备选产品。

三、济南市锅炉压力容器检验研究所

成立于1982年6月，是济南市质量技术监督局直属技术机构、国家质量监督检验检疫总局核准的法定特种设备检验单位。该所为中国锅炉压力容器检验协会理事单位、华东地区检验协作网副理事长单位、中国水处理协会和中国标准化协会会员单位；被列为山东大学研究生科研实践基地，有2名工程技术应用研究员被聘为兼职研究生导师。

锅检所依据国家有关法律、法规和技术标准，对济南区域内及省局授权的锅炉、压力容器、压力管道、气瓶、电梯、起重机械、厂内车辆等与人民群众生命安全密切相关的特种设备安全性能进行检验和科学研究。拥

有32通道声发射检测装置、金相视频显微镜、光谱分析仪、视频内窥镜、全站仪、埋地管道防腐检测仪、高压（0～32Mpa）安全阀效验台等高精度尖端设备，仪器装备居国内同类机构领先水平。能够对特种设备进行即时定量材质分析、在线检验、金属材料焊缝及内部表面缺陷定性定量检测等专业的安全检验检测工作，确保特种设备在制造、安装和使用过程中的各项安全性能指标达到国家有关标准。

2006年，该所被评为全国质检系统科技兴检先进集体；有2项科技成果获省科技进步三等奖；获国家发明专利1项、国家实用新型专利3项。

第二章　科技研发

第一节　产学研工程

1992年，区委、区政府聘请驻济科研院所、大专院校专家、学者成立济南市市中区科技进步与经济发展专家咨询委员会。1993年，区政府投资200万元，成立全市区级第一家科技学校——济南科技成人中专，为区属企业培养经济管理、外经外贸等专业技术人才250余人；创办济南市科技培训学校等30余所中等专业学校，为区、市输送各类专业人才1.5万人。同年，成立民办科技实体8家，创办厂内科研所3家。1994年5月，制定市中区产学研工程实施意见。借助济南市高等院校、科研院所人才、技术优势，推动全区经济发展。实施人才战略，开展请军师活动。凡重大科技工程项目或重大决策前，预先提请科技军师进行专题分析论证，保证决策的科学化、民主化，加快科学技术引进吸收消化。聘请高校和科研院所离、退休技术人员到市中区发挥余热，创办研究所，加快企业技术进步。济南压力容器厂聘请山东工业大学退休副教授为研究员，企业连年推出新产品，如可旋式节能暖风器、釜式贮热式水加热器、镍基渗层管网加热器等。同年12月，撤销市中技术开发服务中心，成立山东亚太生产力促进中心（简称亚太中心）。1995年，创建厂办研究所5家，培植山东省高新技术产业生长点企业6家。1996年，开展“金桥”工程，聘请专家进行咨询论证，提出意见和建议40余条，提供信息20条，为企业引进资金30万元。1997年，市中低压锅炉一厂与山东工业大学联合成立济南市区街企业第一家中试基地，实现计算机国际联网。1998年，建成亚太中心信息网，完善由568名专家组成的人才库，为企业提供技术诊断、咨询、信息服务。1999年，济南压力容器厂承担的国家重点攻关计划可旋式暖风器项目与科技部签订专题合同。2000年，以山东工业大学为主，以济南新格致热工产业有限公司为中试基地，成立热科学工程研究中心；以济南压力容器厂为中试基地，与山东工业大学成立热能试验研究中心；以山东大学化学院为主，以济南建亚功能粉体材料有限公司为中试基地，成立新材料研究中心；以济南生物工程研究院为主，加快建设生物工程研究中心。2001年，济南华飞产业公司根据东南亚国家要求，出资16万元，委托山东大学对其主导产品新型脊柱三维智能治疗机进行深度开发。

2002年，腊山高新技术创业服务中心投入使用，总投资1000万元，建筑面积7000平方米。至年底，累计孵化民营高新技术企业80余家，涉及电子信息、生物医药、新材料、光机电一体化等领域。新开发的60多项科技成果中，获国家、省部级奖励12项，累计创造产值4.6亿元，利税8000万元。其中济南法因数控机械有限公司等4家企业被省科技厅认定为山东省高新技术企业。12月30日，腊山高新技术创业服务中心被科技部批准为国家级高新技术创业服务中心。2004年，亚太中心联系企业106家，组织中小企业进行新技术研讨、交流，为企业导入高新技术，扶持企业进行科技创新；与各大专院校、科研机构保持紧密联系，形成人才库，在实施产学研活动中牵线搭桥，借助大专院校、科研院所的技术力量，促进市中区技术创新。2005年上半年，组织多家驻区企业参加“第二届中国·济南高校科研院所科技成果和专利技术展示交易会”“首届鲁台科技成果展”等展示交易会。

2006年，借助济南高校科研成果与专利技术展示交易会平台，组织企业与高校院所进行对接，引进技术、成果、人才，解决企业技术难题，加快成果转化步伐。组织辖区13家企业和21项专利产品参会，5家企业与高校院所签订专利技术购买合同，2家企业签订165万元的专利技术转让合同。5家企业参加烟台果蔬会，其中三峰益农公司与东营、潍坊、大连等地3家企业洽谈温室工程建设项目，交易总额1400万元。时代试金等15家企业与清华大学、山东大学、中国农业大学、山东省科学院等多所高校和科研机构签订合作协议，构建起新型的研发体系，解决企业研发能力不足的问题。

第二节 科技项目实施

1990—1992年，累计完成省、市科技计划项目41项，其中获市以上科技进步奖18项。1993年，全区新立各类科技计划项目14项，完成鉴定6项，通过验收3项。区委、区政府制订技改方案，对全区100多个重点企业进行技术嫁接改造，投入技改资金5000余万元，完成较大的技改新项目70余项，全区重点产品质量稳定提高率达95%，新产品增值率10%。1994年，确立3个“产学研”标志工程和2个重点高新技术企业为龙头，带动其他企业发展。新立科技项目30项，其中，国家级3项、省火炬计划5项、星火计划2项，共完成10项。新办民营科技企业6家。1996年，实施科技项目22项，7项通过省级鉴定和验收。培植高新技术生长点4家，高新技术产值6000万元。1997年，实施各类科技计划项目22项，其中，国家级2项、省级9项、市级4项。1998年，实施各类科技计划项目24项，包括国家级项目2项，省级项目4项。济南压力容器厂镍基渗层管热网加热器项目被批准为国家级火炬计划项目，并被授予国家级新产品称号；大气污染源数据管理系统等9项科技成果通过省级鉴定及评审。

1999年，实施22项科技计划，其中济南建亚公司承担的锆钛酸铅项目列入国家“863”计划和山东省重大科技攻关计划。同年，市中区被国家科委评为1997—1998年度全国科技工作先进区。2000年，新立计划16项，其中省级计划3项，市级计划5项；将农业项目列为年度工作重点，重点支持十六里河镇的“济丽红”杏、党家庄镇的“六月紫”葡萄、薄皮核桃等项目。其中“济丽红”杏种植规模330余公顷。2001—2002年，实施科技发展计划项目42项，其中，市级以上项目21项，争取上级资金728万元；科技型中小企业创新发展基金项目3项，争取创新基金130万元。区政府与济南瑞泰尔生物工程有限公司共同承担的《城市环境综合整治研究与示范》项目，进入山东省2002年可持续发展十大科技示范工程项目计划，获省、市科技部门重点支持。全年重点支持稀土氧化锆纳米粉体材料元器件生产技术、数控型钢联合生产线、济南市中小企业信息示范工程、城市环境综合治理的研究与示范、济南市精品瓜果菜科技示范园及农业产业化项目的实施。2003—2004年，实施各类科技项目57项，主要支持重点企业、重点项目、重点产品和重点产业的发展。2003年，济南压力容器厂获山东省科技型中小企业技术创新基金40万元资金支持，成功研发出钎焊渗层螺旋翅片管省煤器及系列产品，年增产值超过1000万元，利税超过300万元。

2005—2006年，实施省、市级科技项目55个。金洲科瑞公司研发的节能型能效跟踪、控制、管理系统及系列产品，获市创新基金35万元、区配套资金15万元。该项目新增产值超过1000万元，利税超过300万元。东方大厦、舜耕山庄等应用该项目产品，年节电率30%以上。济南市鲁青园艺研究所研发的《鲁青1号无籽西瓜产业化开发》项目，列入国家星火计划项目。

第三节　科研成果

1991年12月，成立市中区科技进步奖评审委员会，制定《济南市市中区科学技术进步奖励暂行办法》《济南市市中区科技进步优秀企业、科技进步示范企业评选管理暂行办法》，表彰奖励在科技工作中作出重要贡献的集体和个人。同年，组织完成《市中区经济科技发展战略研究》课题，完成技术成果推广应用项目9项，其中4项通过省级鉴定，2项通过市级鉴定。1992年1月，召开市中区第二次科技大会，对26项科技成果进行表彰奖励，命名济南市压力容器厂、济南市红旗开关厂、济南市市中区给水设备机械厂3家企业为首批区级科技进步优秀企业。1995年，召开第三次科技大会，17项科技成果受到表彰奖励，科技进步一等奖奖金提高到4000元，二等奖3000元，三等奖1500元。同年，完成省级科技项目5项，市级1项，国家级推广项目1项。济南新力给水设备有限公司研制的单蛇双臂螺旋浮动盘管水——水换热器获山东省星火奖一等奖。另获省科技进步三等奖1项，市科技进步三等奖2项，市星火计划三等奖1项。1997年，科技总投资3721万元，3项科技成果通过省级鉴定。1998年，济南市中环保技术研究所研制的XGY系列增强聚丙烯充气隔膜双向压榨压滤机获国家发明四等奖。1998年，区环保局的大气污染源数据管理系统获市科技进步三等奖。1999年，山东海洋天然药物研究所的海肤净等4项成果通过省级鉴定。2003年，全区获市级以上奖励科研成果2项。2006年，获市级以上奖励科研成果6项。全区累计获市级以上科技进步奖、星火奖等科研成果28项。

1991—2006年市中区科研项目获奖情况表

表 20-2

成果名称	完成单位	奖励名称	年份	等级	研究人员
济南市市中区经济科技发展战略研究	市中区人民政府	济南市科技进步奖	1991	二等奖	马泉喜 张云翔 钟康民 贾显玉 任雪岷
高效节能食品叉烤杯	济南市三峰工具厂	济南市科技进步奖	1991	三等奖	张寅生 李庆武 任长山 周长友 王忠
微阻缓闭止回阀	济南市市中给水设备机械厂	济南市科技进步奖	1992	三等奖	刘达东 刘兆英 潘胜才
蜡光纸、铜板纸技术开发	济南市铜板纸厂	济南市星火奖	1992	三等奖	任增详 华兰强 杨秀岭 白统英 王君东
济南市市中区经济科技发展战略研究	市中区人民政府	山东省科技进步奖	1993	三等奖	马泉喜 张云翔 钟康民 贾显玉 任雪岷
XGY 型增强聚丙充气隔膜双向压榨固液分离机	济南市中环保技术研究所	济南市科技进步奖	1993	二等奖	王建国 于宝贞 李大伟 尹卓荣 张继生
BFS 高效浮头式水—水换热器	济南压力容器厂	济南市科技进步奖	1993	三等奖	孙云凤 李本远 王元昌 翟详友 董良生
JSYZ5—B 新型家用燃气快速热水器	济南市热水器厂	济南市科技进步奖	1993	三等奖	孔详义 王焕民 孔详之 李普罗 宗俊山
XGY 型增强聚丙充气隔膜双向压榨固液分离机	济南市中环保技术研究所	山东省科技进步奖	1994	三等奖	王建国 于宝贞 李大伟 尹卓荣 张继生
高效节能螺旋管换热器及螺旋塔式浮动盘管换热器	济南冷暖工程设备厂	济南市科技进步奖	1994	三等奖	唐宜鸣 焦儒运 李天兴 朱安民
外肋铝合金型管散热器	济南枫叶散热器厂	济南市科技进步奖	1994	三等奖	孙波涛 孙夕金 李连成
矿浆油厂压微阻缓闭止回阀	济南市中给水设备机械厂	济南市星火奖	1994	三等奖	刘达东 刘兆英 潘胜才 刘勇 苏颖秋
单蛇双臂螺旋浮动盘管水—水换热器	济南新力给水设备有限公司	山东省星火奖	1995	一等奖	王英和 王树森 王英顺 刘彬
冷轧带肋钢筋开发与应用研究	济南市中型钢厂	济南市科技进步奖	1995	三等奖	徐大法 李树昌 郑孝尊 周元华 陈树峰
XGY 系列增强聚丙烯充气隔膜双向压榨压滤机	济南市中环保技术研究所	国家发明奖	1998	四等奖	王建国
大气污染源数据管理系统	济南市市中区环境保护监测站	济南市科技进步奖	1998	三等奖	肖洋
FSXR 系列釜式蓄热式水加热器	济南市压力容器厂	济南市科技进步奖	1998	三等奖	孙云凤
三维数控钻床	济南法因数控机械有限公司	济南市科技进步奖	2000	二等奖	李胜军
双工作台龙门移动式数控钻床开发研制	济南法因数控机械有限公司	济南市科技进步奖	2001	三等奖	李胜军

续表 20-2

成果名称	完成单位	奖励名称	年份	等级	研究人员
日光温室瓜菜集约化育苗技术研究	济南市鲁青园艺研究所	济南市科技进步奖	2002	二等奖	冯锡鸿
鲁青一号无籽西瓜选繁及栽培技术研究与开发	济南市鲁青园艺研究所	济南市科技进步奖	2003	三等奖	
H 型钢构件数控加工生产线与康明斯 C 挺杆体的设计	济南法因数控机械有限公司	济南市科技进步奖	2004	二等奖	李胜军
鲁青一号无籽西瓜及华南型黄瓜一代杂种选育	济南市鲁青园艺研究所	山东省科技进步奖	2004	三等奖	
J1HMC40 型高速卧式加工中心	济南一机床集团有限公司	山东省科技进步奖	2005	三等奖	
豪泺牌系列重型汽车	中国重型汽车集团有限公司	济南市科技进步奖	2006 年	一等奖	蔡　东　丁惟云　谭秀卿　刘国强　严文俊
J1HMC80/FMC 型卧式加工中心柔性加工单元	济南一机床集团有限公司	济南市科技进步奖	2006 年	二等奖	孙建刚　曲　纳　王宗良　司庆和　陈树德
12～15 吨（8X8）军用越野汽车	中国重型汽车集团有限公司	济南市科技进步奖	2006 年	二等奖	周崇义　王善坡　蔡　东　李跃平　谭秀卿
CK6136e 卧式平床身数控车床	济南一机床集团有限公司	济南市科技进步奖	2006 年	二等奖	张本立　康金红　闫永记　孙淑萍　李　丁

第三章　科技管理

第一节　科技计划编制

一、科技发展“八五”计划

1991 年，编制《济南市市中区“八五”科学技术发展计划纲要》。4 月 17 日，经区人大常委会审议通过。

奋斗目标：工业生产技术水平明显提高，技术进步对工业产值增长的贡献率达到省内大中城市同类地区先进水平，按产值计算的工业产品新品率由 3.5% 提高到 6% 左右，优质品率由 6% 提高到 12% 左右，主要工业产品国际达标率达到 40% 左右，主要生产设备改造率 50% 以上，30% 以上主要行业的生产工艺及技术装备达到国内先进水平，部分达到 80 年代末国际水平。农业生产要以推广优良品种，先进技术为突破口，技术水平有较大提高，种植业要在耕地面积逐年减少的情况下，依靠科技进步，保持基本稳定或略有提高；林业要以引进培植先进品种、特色品种为手段，促进内部结构调整向效益型林业发展；畜牧业的科学养殖水平及机械化程度要有显著提高，为其尽快向集约化生产方式过渡服务。第三产业的科学管理水平显著提高，高新技术商品的比重有明显增加，技术咨询服务业、信息产业、技贸结合的新型科技企业成为第三产业主要新兴力量。高新技术产业产值占全部工业总产值的比重达到8%左右，产品出口额占全区总出口额的5%左右。工程技术人员占企业职工的比例由1.58%提高到3.5%左右。科技投资强度有较大幅度提高，科技三项费用由占财政总支出的0.5%提高到1.2%左右；资金来源渠道有较大扩展，资金支撑体系初步形成。

二、科技发展“九五”计划

1996年，编制《济南市市中区科技发展“九五”计划及2010年远景目标》，经区人大常委会审议通过。

主要目标任务：全区科技工作达到国家级科技进步先进县（市）、区标准。科技进步对经济增长的贡献率“九五”末达到55%以上，使科技进步成为推动经济发展的首要因素。全区科研开发经费占全区国内生产总值的比例达到1.5%，到2010年达到2%以上。加快企业技术进步，提高企业技术装备、工艺水平和产品质量，重点行业与主要企业达到国内先进水平，新产品产值占工业总产值比例达到15%以上。“九五”期间实施各类科技发展计划80项，项目技术水平与总体效益要比“八五”期间有显著提高。大力发展高新技术及其产业，培植高新技术企业2家，高新技术生长点10家。传统产业利用高新技术嫁接改造达15%以上，高新技术产品产值占工业总产值比例达到15%，到2010年要有更大提高。以形成支柱产业为目的，培植星火科技示范企业5家，形成2个产值过亿元的星火集团，建立区内星火技术密集区。造就一支素质高、结构合理、承担重任的科技队伍，“九五”全区各类专业技术人员发展到8000人，其中工程技术人员达到1000人，中高级职称技术人员分别占工程技术人员的35%和8%。加强技术市场建设，发展民营科技企业，成立1家民营科技龙头企业，培植5家专利技术先导型企业。

三、科技发展“十五”计划

2000年，编制《济南市市中区科技发展“十五”计划纲要》，经区人大常委会审议通过。

主要目标任务：全区科技工作保持全国科技工作先进城区水平；科技进步对经济增长贡献率达到60%以上；科技三项经费占区财政预算支出比例达到1.5%～2%，企业用于研究、开发的经费达到企业当年总收入的3%以上，高新技术企业不低于5%；实施各类科技发展计划60项，高新技术产业形成一定规模，在新材料、高效节能、生物制药等领域有较大突破，高新技术产业增加值占工业增加值的比重达到20%，培植高新技术企业5家；培养一支初具规模、素质较高、结构合理的科技人员队伍；加强技术市场建设，发展民营科技企业30家，培植民营科技龙头企业1家；申请专利500件，专利实施120件；市中区科技信息网（含PPNET网）功能完善，设备先进，覆盖全区，形成区域中心网；重点企业普遍采用CAD/CAM技术，通过ISO 9000系列国际质量体系认证；农业优良品种率达95%。

四、科技发展“十一五”计划

2006年，编制《济南市市中区科技发展“十一五”计划纲要》，经区人大常委会审议通过。

主要目标任务：坚定不移地实施科教兴区战略，不断完善适应市场经济体制、符合科技发展规律的科技创新体系和运行机制。产业结构不断优化升级，高新技术及产业化水平不断提高，传统产业经过改造进入良性发展，经济增长方式有较大转变；全区综合科技实力明显提升，科技对经济社会发展的贡献有较大提高。自主创新能力明显增强。专利申请量、授权量、万人发明专利拥有量处于全市先进水平，专利申请量达到5000件。到2010年，发明专利申请占申请总量的30%，高新技术产品中拥有自主知识产权的比重达到60%以上；高新技术企业普遍拥有自主知识产权的主导产品；具有自主知识产权的名牌产品数量跨入全市前列；参与国际、国家技术标准的制定取得突破；科技进步对经济增长的贡献率达到60%以上。实施科技发展计划200项；高新技术企业达到80家，高新技术产品150项，销售收入过亿元的高新技术企业10家，规模以上高新技术企业30家；高新技术产业产值占规模以上工业总产值的比重保持全市先进水平，高新技术产品出口额占工业制成品出口额的比重逐年提高，高新技术产业成为全区的支柱产业。争创省级专利示范区，推动知识产权工作快速发展。完善生产力促进中心、创业服务中心、工业基地三位一体的科技创新服务体系，构建服务功能强大的创新型服务平台。企业信息化工作进入重点实施阶段，重点企业普遍采用CAD/CAM、ERP等技术，全面推进ISO 9000质量体系论证；初步建立以企业为主体、产学研紧密结合的技术创新体系。加快企业研发机构的建设，重点企业、高新技术企业普遍建立研究开发机构。以优势企业或优势产业为依托，联合国内外知名高校院所，组建企业技术中心或工程技术研究中心，“十一五”末，市级以上技术中心、工程中心发展到15家。重点企业建立行业信息检索查询数据系统。全社会科技经费投入的增长速度高于国内生产总值的增长速度，科技活动投入占GDP的比重达到4.7%；财政科技投入增幅明显高于财政经常性收入增幅，“十一五”末区级应用技术研发经费占本级财政支出的比例达到1.5%。完善聚集吸纳优秀科技人才的有效机制和良好环境，加强科技人才队伍建设，培养一支素质较高、结构合理的创新型科技人才队伍。资源利用率显著提高，工业固体废弃物综合利用率、工业用水重复利用率、万元GDP能耗及万元GDP耗水明显下降，达到国家有关规定。推进以农村、城区、企业、青少年为重点的科普工作，初步建立政府主导、社会参与的社会化科普工作格局，全民科学素养和科技意识明显增强。

第二节　高新技术企业认定

1991年后，民营科技成为科技经济界的生力军，济南新产品研制所是济南市最早创办的四家民营科技企业之一，研制的污水净化剂获国家发明专利，多次获国际、全国展览会金奖。1994年，济南皮克曼生物环保技术研究所承包完成曲阜酒厂酒糟污染工程，被济南市科委认定为济南市科技成果推广中心。1993—1996年，全区认定山东省高新技术产业生长点6家、山东高新技术企业1家。1996年，济南压力容器厂被省科技厅认定为市中区首家山东省高新技术企业。1998年9月，区委、区政府制定《关于大力发展民营科技企业，进一步促进科技进步的决定》。1999年，济南华飞产业公司被省科技厅认定为山东省高新技术企业，济南西郊低压锅炉厂被评为中国专利山东明星企业。2000年，市中区重点支持山东格致热工股份有限公司、济南建亚功能粉体材料有限公司、山东法因数控机械有限公司、济南利蒙制药有限公司等高科技企业及农业科技产业园建设等涉及全区可持续发展的关键课题，将腊山民营科技工业园、农业科技产业园发展成为高新技术产业基地。2003年，全区符合高新技术产业统计范围的企业有 14 家，经省科技厅认定的高新技术企业 4 家，实现高新技术产业产值 4.09 亿元，占高新技术企业总产值的 37.36%。

2004 年，辖区有济南利蒙制药有限公司、山东鲁港福友药业有限公司、济南三峰益农温室工程有限公司、山东海虹医药电子商务有限公司、济南凤凰兴业净化设备有限公司、山东鸿基水技术有限公司 6 家企业被认定为市级高新技术企业。高新技术主要集中在机电一体化、高效节能、生物医药等领域。2005 年，山东沃特贸易有限公司被认定为省级高新技术企业，济南时代试金仪器有限公司等 10 家企业被认定为市级高新技术企业。2006 年 6 月，区委、区政府制定《关于增强技术创新能力　加快发展高新技术产业的若干规定》。同年，济南金洲科瑞节能科技有限公司、山东栋梁科技设备有限公司济南分公司、山东鸿基水技术有限公司、济南三峰益农温室工程有限公司 4 家企业被认定为省级高新技术企业；济南全力制药有限公司等 8 家企业被认定为市级高新技术企业。到年底，全区有省级高新技术企业 15 家，市级高新技术企业 21 家。

2006 年市中区高新技术企业名录

表 20-3

序号	级别	企业名称
1	省级	济南法因数控机械有限公司
2	省级	山东雁领农牧业开发有限公司
3	省级	济南鲁青种苗有限公司
4	省级	济南华飞产业有限公司
5	省级	济南金钟电子衡器股份有限公司
6	省级	济南志友集团股份有限公司
7	省级	山东建设机械股份有限公司
8	省级	济南市压力容器厂
9	省级	山东山大环保水业有限公司
10	省级	济南市冶金科学研究所
11	省级	山东沃特贸易有限公司
12	省级	济南金洲科瑞节能科技有限公司
13	省级	山东栋梁科技设备有限公司济南分公司
14	省级	山东鸿基水技术有限公司
15	省级	济南三峰益农温室工程有限公司
16	市级	济南利蒙制药有限公司
17	市级	山东鲁港福友药业有限公司

续表 20-3

序号	级别	企业名称
18	市级	山东海虹医药电子商务有限公司
19	市级	济南凤凰兴业净化设备有限公司
20	市级	济南时代试金仪器有限公司
21	市级	济南一机床集团有限公司
22	市级	济南长城炼油厂
23	市级	济南希望计算机技术开发有限公司
24	市级	济南通用节水技术研究所
25	市级	济南市鲁青园艺研究所
26	市级	济南鲁冠混凝土有限责任公司
27	市级	济南凤凰医疗设备有限公司
28	市级	山东民利达印铁包装有限公司
29	市级	济南全力制药有限公司
30	市级	山东中大千方制药有限公司
31	市级	济南无线电九厂
32	市级	山东龙力电器有限公司
33	市级	山东银讯科技有限公司
34	市级	济南继东彩艺印刷有限公司
35	市级	济南东方盛丰科贸有限公司
36	市级	济南鑫源暖通设备有限公司

第三节　高新技术产品认定

1991—1997 年，辖区通过实施火炬项目计划，一批区街企业和乡镇企业的科技产品获市以上科技进步奖和星火奖，有的被列入省级攻关计划和国家级新产品开发规划。济南压力容器厂研制的 JRN 系列镍基渗层管网加热器，列入省级攻关计划和国家级新产品计划，达到国内领先水平。2001 年，济南压力容器厂同山东大学合作开发的钎焊渗层翅片管省煤器成为企业升级换代产品。2003 年，全区经市科技局认定的高新技术产品有 7 项，其中，济南华飞产业有限公司、济南市压力容器厂、济南法因数控机械有限公司 3 家企业生产的多功能牵引床、热网加热器、数控冲钻床等产品在国内同类产品中占有较大比重。2004 年，山东耐信有限公司研制的机动车智能启动开关等 9 项产品被认定为高新技术产品。至 2006 年，全区有高新技术产品 93 个，主要集中在机电一体化、高效节能、生物医药等领域。

1991—2006年市中区高新技术产品名录

表 20-4

序号	产品名称	企业名称
1	PLEC-A1 型固相萃取器	济南普利环境工程科技发展中心
2	SWZ 系列三维数控钻床	济南法因数控机械有限公司
3	CJK6125D 型数控车床	济南一机床集团有限公司
4	MJ-630 型全功能数控车床	济南一机床集团有限公司
5	MJ520 型全功能数控车床	济南一机床集团有限公司
6	JIVL550 型立式数控车床	济南一机床集团有限公司
7	MJ-460 全功能数控车床	济南一机床集团有限公司
8	锆钛酸铅压电陶瓷材料	济南建亚功能粉体材料有限公司
9	釜式蓄热式水加热器	济南市压力容器厂
10	镍基渗层管热网加热器	济南市压力容器厂
11	SFZ10-31500/110 低损耗有载调压变压器	济南志友集团股份有限公司
12	SFZ9-50000/110 低损耗有载调压变压器	济南志友集团股份有限公司
13	CSC/ZCS 静（动）态两用电子汽车衡	济南金钟电子衡器股份有限公司
14	定量称重系统	济南金钟电子衡器股份有限公司
15	XK3102 称重显示控制器	济南金钟电子衡器股份有限公司
16	模块化电子汽车衡	济南金钟电子衡器股份有限公司
17	数字化称重传感器	济南金钟电子衡器股份有限公司
18	SCS-ZZ 型轴计量动态电子汽车衡	济南金钟电子衡器股份有限公司
19	ABS-XL 非连续累计自动秤	济南金钟电子衡器股份有限公司
20	LCS 型可移式定量包装机	济南金钟电子衡器股份有限公司
21	无人值守智能化电子汽车衡	济南金钟电子衡器股份有限公司
22	整相套装技术 SZ10-50000/110 环保、新型变压器	济南志友集团股份有限公司
23	高抗短路技术 SFSZ9-31500/110 环保型变压器	济南志友集团股份有限公司
24	SCLB9 低损耗树脂浇注变压器	济南志友集团股份有限公司
25	消磁器	济南市保密技术中心
26	机动车智能起动开关	山东耐信有限公司
27	可移式动（静）态电子检重称	济南金钟电子衡器股份有限公司
28	汽车纵梁加工生产线	济南法因数控机械有限公司

续表 20-4-1

序号	产品名称	企业名称
29	浮力全量程动态称量微机控制系统	济南兴美实用技术开发有限公司
30	虫草芪参胶囊	济南利蒙制药有限公司
31	高性能混凝土外用加剂	济南鲁冠混凝土有限责任公司
32	智能化节能控制装置	济南金洲科瑞节能科技有限公司
33	多用途数字轨道衡	济南金钟电子衡器股份有限公司
34	不锈钢称重传感器	济南金钟电子衡器股份有限公司
35	真空低温油浴脱水设备	山东沃特贸易有限公司
36	高精度浮力称重传感器	济南兴美实用技术开发有限公司
37	真空糖液浓缩设备	山东沃特贸易有限公司
38	煎炸油净化设备	山东沃特贸易有限公司
39	多功能食品油炸机	山东沃特贸易有限公司
40	数控多功能脊柱智能治疗机	济南华飞产业有限责任公司
41	CK6125i 系列数控平床身普及型车床	济南一机床集团有限公司
42	J1HMC40～80 系列数控卧式加工中心	济南一机床集团有限公司
43	JES 工业锅炉计算机节能控制系统	济南金洲科瑞节能科技有限公司
44	动态无功补偿控制装置	济南金洲科瑞节能科技有限公司
45	JIC-Link 全智能电机远程负载能效跟踪管理多重节能控制装置	济南金洲科瑞节能科技有限公司
46	JEC-Link 炉窑网络节能控制系统	济南金洲科瑞节能科技有限公司
47	恒压供水节能自动化系统	济南金洲科瑞节能科技有限公司
48	JCS 城市和工业集中供热节能控制系统	济南金洲科瑞节能科技有限公司
49	谐波无功动态分析补偿装置	济南金洲科瑞节能科技有限公司
50	智能化中央空调、锅炉节能控制系统	济南金洲科瑞节能科技有限公司
51	DC639 等系列硬质合金顶锤	济南市冶金科学研究所
52	JU 系列双高性能硬质合金	济南市冶金科学研究所
53	SCZB9-8000/35 低损耗树脂浇铸干式有载调压变压器	济南志友集团股份有限公司
54	SFPSZ9-150000/220 低损耗免维护高抗短路能力变压器	济南志友集团股份有限公司
55	水热法生产锆钛酸铅系列粉体	济南建亚功能分体材料有限公司
56	双梁式双膜中空免充气日光温室	济南三峰益农温室工程有限公司
57	双梁式双膜中空免充气拱圆形大棚	济南三峰益农温室工程有限公司

续表 20-4-2

序号	产品名称	企业名称
58	日光温室复合保温被	济南三峰益农温室工程有限公司
59	科技网络规划预竟警系统软件	山东银讯科技有限公司
60	便携式内燃切轨机	济南布林特机械有限公司
61	220KV 油浸式电力变压器	西门子变压器有限公司
62	辅酶 Q10 化妆品	济南全力制药有限公司
63	小型采暖电锅炉	济南暖源家用采暖设备有限公司
64	多秤台超限检测控制系统	济南金钟电子衡器股份有限公司
65	节能环保型电子台秤	济南金钟电子衡器股份有限公司
66	桥式不锈钢称重传感器	济南金钟电子衡器股份有限公司
67	139QMB 型燃气（LPG）发动机	济南轻骑发动机有限公司
68	K157FMI 发动机 II 代	济南轻骑发动机有限公司
69	TLS 系列弹簧拉压试验机	济南时代试金仪器有限公司
70	WDW 系列电子式万能试验机	济南时代试金仪器有限公司
71	TB 系列变位机	济南时代试金仪器有限公司
72	TR 系列滚轮架	济南时代试金仪器有限公司
73	JCD20 连接器	济南无线电九厂
74	汇集式连接器	济南无线电九厂
75	SFSZ9-120000/220 高抗分裂式新型环保节能变压器	济南志友集团股份有限公司
76	SFPSZ9-180000/220 环保型免维护变压器	济南志友集团股份有限公司
77	液体香辛料	济南东方盛丰科贸有限公司
78	散热器	济南鑫源暖通设备有限责任公司
79	光机电一体化柔性制造系统	山东栋梁科技设备有限公司济南分公司
80	电气技术技能及工艺实训装置	山东栋梁科技设备有限公司济南分公司
81	工控网络与现场总线系统集成实训装置	山东栋梁科技设备有限公司济南分公司
82	不锈钢螺旋螺纹管换热器	山东鸿基水技术有限公司
83	ETS 智能换热机组	山东鸿基水技术有限公司
84	J1VMC600B 型立式加工中心	济南一机床集团有限公司
85	J1VMC320 型立式加工中心	济南一机床集团有限公司
86	J1HMC40/APC 型卧式加工中心	济南一机床集团有限公司
87	CK6136e 型卧式平床身数控车床	济南一机床集团有限公司

续表 20-4-3

序号	产品名称	企业名称
88	六味地黄胶囊	济南利蒙制药有限公司
89	保心宁胶囊	济南利蒙制药有限公司
90	藿香正气胶囊	济南利蒙制药有限公司
91	清浊益肾胶囊	济南利蒙制药有限公司
92	元胡止痛胶囊	济南利蒙制药有限公司
93	痔特佳胶囊	济南利蒙制药有限公司

第四节　知识产权管理

1991年，全区申请专利3件，授权1件，实施3件。济南枫叶散热器厂、齐鲁给排水设备有限公司被山东省专利局命名为中国专利山东明星企业。1993年，申报专利60项，推广专利4项；申请专利示范企业2家。1994年，齐鲁给水设备有限公司2项专利，年创产值1700万元，利税370万元，被命名为济南市专利示范企业。5月24日，全国人大常委会教科文卫委副主任李绪鄂等考查齐鲁给排水设备公司，题词“专利兴厂、专利发家”，鼓励该企业进一步实施科技创新。1995年，全区推广实施专利28项，当年实现产值7500万元，利税1800万元；2家企业获“国家专利山东明星企业”称号。1997年，实施专利25项，实现销售产值1.28亿元，利税1510万元。2002年5月，制定《济南市市中区专利申请补助经费及奖励管理暂行办法》。2003年，济南豪达摩托车有限公司、济南帅科电子技术有限公司等5家企业被命名为中国专利山东明星企业。

2004年8月18—21日，市中区组织济南华飞产业有限公司、济南三峰益农温室工程有限公司、济南法因数控有限公司、济南兴美实用技术开发有限公司4家企业参展由国家知识产权局在大连举办的中国国际专利技术与产品交易会。2004—2006年，区知识产权局推荐60余个专利产品参加各种科技成果和专利技术展示交易会，受理专利申请4926件，授权2078件。同年，区知识产权局和区商贸局联合印发《市中区驻区商场专利商品管理办法》，印制一批知识产权法律法规，送到商场、超市领导和具体管理人员手中，指导帮助他们进行自检自查工作，提高商场自身对专利商品的保护力度。区知识产权局配合市局加大对全区各大商场的检查力度，对辖区内出现的假冒专利违法行为进行整治，督促、指导商家对存在的问题进行整改。2005—2006年，区知识产权局在省市知识产权网站、济南市科技局网站和区政府网站发稿78篇，面向企业和学校编发《市中区知识产权简报》55期。

2006年，全区累计资助企业（个人）申请专利721件，扶持实施专利30项，金额258.54万元。济南三峰益农温室工程有限公司等5家企业与高校科研院所签订多项专利技术购买合同；济南金洲科瑞节能科技有限公司、济南博龙金穗科技发展有限公司分别签订40万元和125万元的专利技术转让合同。

第四章　科技服务

第一节　科技服务体系

1991年，全区农村逐步建立农技、蔬菜、林果、畜牧、农机、水利等综合或专业技术服务组织。1992年后，市中区建成以驻济高校院所专家为智力支持，区科技局、科技中介机构和企业工程研究中心共同组成的科技创新服务体系。1994年12月，市中技术开发服务中心撤销，组建山东亚太生产力促进中心。1997年，亚太生产力促进中心被列为全国首批国家级示范生产力中心。2002年4月，创立济南腊山高新技术创业服务中心。2003年，科技部秘书长石定环视察济南腊山高新技术创业服务中心，对“三位一体”服务体系给予高度评价，并建议向全省推广。2004年10月，设立中国济南留学人员创业园腊山创业区。

一、山东亚太生产力促进中心

1994年12月，市中技术开发服务中心撤销，组建山东亚太生产力促进中心，下设办公室、信息开发部、咨询诊断部、培训部、中试部和国际合作部；位于腊山路18号。

1997年8月，亚太中心被国家科委命名为首批10家国家级示范生产力促进中心之一。1998年，建立亚太中心工作信息网，完善由586名专家组成的人才库。2002年5月，与市中区高新技术创业服务中心合署办公。2004年，亚太中心建成PPNET数据库，录入区内及周边地区企业信息、驻济大专院校科研院所新技术信息近6000条，为106家企业提供各项技术创新服务。

二、济南腊山高新技术创业服务中心

2002年4月创立，位于段店南路腊山路18号，设办公室、项目科、企业服务科、财务科。同年12月，被科技部认定为国家级高新技术创业服务中心。2004年10月，设立中国济南留学人员创业园腊山创业区，主要功能是促进科技成果转化，扶持中小科技企业成长，为创业者提供全方位支持与优质高效的综合服务。至2006年年底，腊山创业区有企业32家，产业涉及机电一体化、生物制药、新型材料等行业。

第二节　科技培训与咨询

1991年，市中区有科技成人中等专业学校、工会夜校、夜大、七贤镇成人教育中心、农科教培训基地，村村建有农民科普夜校。同年6月，区科委受山东省科委的委托，组织举办山东省第二期高新技术企业管理人才学习班，对全省大中型企业、主管厅局、事业单位50余名科技管理人员进行《高技术引论》《工业企业管理》《国际贸易》《科技管理》脱产学习培训。1992—1997年，组织基层科技人员、科技管理干部、企事业单位经理、厂长分期分批进行科技管理知识、科技法规、高新技术的学习、研讨。1998年后，强化农村科技工作，进行各类农村实用技术培训，组织开展科技下乡、科技咨询服务活动，发放科普宣传资料。

2006年，送科技下乡12次，发放科普宣传资料5000份；组织培训班40次，培训科技人员800人。

第二十一篇 教育

1991年后，市中区教育事业快速发展。办学水平、义务教育普及程度、教育教学质量等各项指标达到或超过省定标准，教育技术装备和信息现代化达国内先进水平，初步实现教育现代化。1993年，提前2年普及九年制义务教育。1994年、2001年两次被评为全国“两基”工作先进区。1996年，被评为全国特殊教育先进区。1998年，被评为山东省素质教育先进区。2001年9月，成为山东省第一个实验教学普及县（区）。同年，被评为山东省教育工作先进市（区）。2003年，被评为全国幼儿教育工作先进区。2005年，区教育局被评为全国文明单位。

2006年年底，全区有各类学校76所，专任教师5453人，在校生83760人。其中，小学51所，在校生34145人；初中12所，在校生21697人；职业中学11所，在校生13375人。创建省级规范化学校18所，省教学示范学校2所，省电教示范学校19所。有全国优秀教师4人、优秀教育工作者5人，山东省特级教师6人、优秀教师24人、优秀教育工作者4人、优秀班主任1人。

第一章　教育体制改革

第一节　管理体制改革

1991年，区教委设办公室、组织科、人事科、中职教科、初教科、计财科、老干部工作科6科1室；下属机构有少年宫、教研室、招生办、自考办、校办工业公司、电教站（仪器站）、团委、工会、妇委会。1993年4月，区政府办公室转发区教委《关于成立教育督导室的意见》，同意区教委设立教育督导室。1994年3月，区教委增设学前教育科。同年，市中区被评为全国“两基”工作先进区。1995年10月，区教委增设审计科。12月8日，教育督导室更名为区政府教育督导室。1996年4月，学前教育科成为区政府托幼工作领导小组下设办公室。1996年11月，区教委精简机构，设办公室、组织科、人事科、政工科、教育科、计财科5科1室；辖少年宫、教研室、招生办（自考办）、校办工业公司、电教站（仪器站）、团委、工会、妇委会、托幼办。

2001年11月，区教委更名为区教育局。局机关进行职能配置、内设机构和人员编制核定改革。同年，对农村基础教育管理体制进行改革，农村义务教育管理实行“以县为主”的管理体制（负责抓好中小学的规划、布局调整建设和管理，统一发放教职工工资，负责中小学校长、教师的管理，指导学校教育教学工作）。同年，市中区被评为全国“两基”工作先进区。2002年5月，成立区语言文字工作委员会办公室。2005年，区教育局被评为全国文明单位。2006年，区教育局下设办公室（安全科）、组织科（老干部科）、人事科、政工科（工、青、妇、少先队）、教育科、计财科，有干部职工116人。

第二节　办学体制改革

1989年9月1日，辖区开始实行九年制义务教育。按照地方负责、分级管理的原则，区教委对辖区内学校、幼儿园实施行政管理、教育教学管理。1992年，区政府拨款34万元改建泺源学校。1993年3月，区政府印发《关于加快我区九年制义务教育实施步伐的意见》，提出年内全区基本普及九年制义务教育工作目标。7月31日，全国人大常委会副委员长雷洁琼等到市中区视察九年义务教育情况。1994年，区政府投资180万元，兴建回民小学，市中区当年被评为山东省民族教育先进区。9月15—18日，省教委督导室对市中区“两基”工作进行检查，检查结果全部达标。9月24日，国家教育督导团山东检查组到市中区进行“两基”工作督导检查。检查组到济南第六十八中学、经五路小学和胜利大街小学，查看学校各项基础设施建设、校容校貌和办学条件改善等情况。同年，市中区通过国家教委“两基”达标验收。1995年3月，市中区（含七贤镇）被国家教委公布为首批普及九年制义务教育县（区）。

读书角（2006年摄　区教育局提供）

1998年，区教委制定《关于全面推行学区九年一贯制的实施意见》，在全区推行学区九年一贯制办学体制（即在不改变原有中小学建制的前提下，由一所初级中学和对口小学组成九年一贯制义务教育学校的办学体制）。同年，市中区被评为山东省素质教育先进区。1999年10月11—13日，全省中小学实验教学普及县督导评估工作研讨会在济南市召开，市中区成为全省第一个实验教学普及达标的县（区）。10月22日，市中区九年一贯制办学体制经验在全国中小学整体改革研讨会上进行交流。2001年，区委、区政府印发《关于创建全省教育示范区的意见》，部署创建工作。9月11—14日，市中区通过省示范等级标准验收，成为济南市第一个通过山东省教育示范区评估的县（市）区。12月11日，济南市创建山东省教育工作示范县（区）现场会在市中区召开，向全市推广市中区推行教育执法目标责任制、创建省教育工作示范区、提高教育教学质量等方面的经验和做法，并为市中区颁发奖金60万元，区长于界平作经验介绍。同年，市中区被评为山东省教育工作先进县（区）。2004年，全区基本实现高标准、高质量普及九年制义务教育目标。6月，全市社区教育工作经验交流会在市中区召开。至2006年，全区建立16所九年一贯制学校。

第三节　教育教学改革

1992年起，全区小学开始推行“愉快教育”。1993年4月，区教委召开“愉快教育”研讨会，集中展示市中区“愉快教育”研究成果，茌平县、肥城县、济阳县、历城县部分教师参加研讨会。同年6月，新华社以《让孩子学在乐中——济南开展愉快教学结硕果》为题，在《新华每日电讯》上报道市中区教学经验。1996 年，全区开始改变单纯以分数评价学生的做法，在小学试行“等级制”评价。1997 年，市中区中小学健康教育工作在国家教委、卫生部联合检查评估中评为优秀等级。11 月，济南第二十七中学教师肖琳在北京举行的全国电教课题比赛中获一等奖。2001 年，市中区被确定为山东省首批课改实验区，教师进修培训以新课程为主，有 3918 人参加新课程培训，全部取得山东省基础教育新课程师资培训合格证。2002 年，市教育局在胜利大街小学召开济南市课程改革实验工作现场会，全市各县（区）教育局局长及行政科室和督导部门领导、部分学校校长 200 余人参加，市中区教育局和胜利大街小学、六里山小学分别介绍实验情况，4 个分会场同时提供观摩展示课 8 节，集中展示课改阶段性成果。同年 11 月，区基础教育课程改革领导小组成立，区长于界平任组长。新课程实验改革分为实验准备阶段（2001 年 5—8 月），实验研究阶段（2001 年 9 月—2003 年 12 月），实验工作全面总结阶段（2004 年 1—8 月）。2001—2004 年，实施“三本工程”，即以学校培训为本，探索教师队伍建设新途径；以创新实践为本，构建素质教育课堂教学模式；以学生发展为本，形成教育教学科学评价体系。

学生在素质教育基地进行拓展训练（2003 年摄　区教育局提供）

至 2006 年，市中区课程改革承担省级重点课题 13 项，结题 3 项；承担市级课题 27 项，结题 4 项。小学语文、数学 2 学科分别承担人民教育出版社课程研究所的小学语文、数学课题；《建立多元化评价体系，促进学生主动发展》被批准为经费资助立项课题。市中区在全国课程改革实验区经验交流会和省级新课程改革培训会上发言，人民教育出版社《试教通讯》进行专题介绍。同年，编辑出版《校本研修与教师专业发展论文集》。

第二章　幼儿教育

第一节　办学规模

1991 年，全区有幼儿园 65 所，在园幼儿 9552 人，教职工 1411 人。1992 年，撤销城区小学学前班和不符合办园标准的小学附属幼儿园。1993 年，允许社会力量办幼儿园，成立民办幼儿园 4 所。1994 年，幼儿园总数 82 所。1999 年 12 月，历城区党家庄镇、十六里河镇划归市中区，所辖幼儿园一并划入。同年，市中区被评为山东省学前教育先进县（区）。2000 年，全区有幼儿园 103 所，在园幼儿 11496 人，教职工 1372 人。2001 年后，办园数量逐年下降。2003 年 4 月，市中区被评为全国幼儿教育先进县（区）。

至 2006 年，全区有幼儿园 82 所。其中，省级实验示范园 14 所，市级一类园 13 所、市级二类园 7 所、三类园 48 所；在园幼儿 12190 人，教职工 1408 人；10 人被评为省教学能手,9 人获省优质课评比一等奖。出版《幼儿园整体优化课程设计法》《幼儿趣味折纸指导》《创新一刻》《花儿朵朵》等教材、录像带和光盘。

第二节　学制与课程

1991—2000 年，幼儿园实行三年制学制，分为小班（3 ~ 4 岁）、中班（4 ~ 5 岁）和大班（5 ~ 6 岁）。1991—1998 年，幼儿园使用全国统编教材，课程设置为语言、计算、体育、音乐、美术、常识 6 科。1998—2003 年，幼儿园使用《山东省幼儿园教育活动教材》。课程设置为健康、数学、科学、社会、音乐、美术和语言 7 科，除教学活动外，还设有游戏活动、生活活动、环境创设等。2001 年，部分幼儿园增设托班（2 ~ 3 岁），学制改为四年制。2004—2006 年，使用第二套《山东省幼儿园教育活动教材》。课程设置以主题活动的形式，整合幼儿发展的 5 大领域，将教育活动与游戏、生活活动、环境创设、家庭与社区教育、评价指南融为一体。每节课小班 15 ~ 20 分钟，中班 20 ~ 25 分钟，大班 25 ~ 30 分钟。

2006 年，全区幼儿园学制为三年制和四年制相结合。辖区幼儿园基本为全日制办园，另有少数半日制、定时制、季节制幼儿园（主要分布在民办幼儿园）。

第三节　幼儿园选介

一、济南市经五路幼儿园

创建于 1946 年 10 月，初名为思源幼稚园，建筑面积 680 平方米。1989 年，在原址新建四层楼房园舍，建筑面积 1724 平方米。2001 年，教学楼加盖一层，增加建筑面积 330 平方米。2006 年，有教学班 6 个，幼儿 234 人，教职工 34 人，教师大专以上学历 96.8%。其中，省优秀教师 2 人，省教学能手 4 人，市优秀班主任 1 人，学科带头人 3 人。

“十一五”期间，经五路幼儿园承担市级以上课题 4 项，被评为山东省、济南市两级实验幼儿园、山东省十佳幼儿园、山东省十处最具办园特色的幼儿园之一。

二、济南市七里山幼儿园

创建于 1985 年 3 月，隶属于市中区教育局，占地面积 3188 平方米。2006 年，新建二层小楼一幢，有教学班 6 个，幼儿 238 人，教职工 29 人，教师大专以上学历 100%，其中市教学能手 1 人，市百佳教师 2 人。

“十五”“十一五”期间，七里山幼儿园承担多项中国学前教育研究会及市级以上重点课题，并顺利结题。先后被评为山东省级实验幼儿园、济南市十佳幼儿园、济南市托幼工作先进单位。

三、中共山东省委机关幼儿园

始建于 1949 年，位于经八路 15 号，隶属于中共山东省委办公厅。1993 年，由全额拨款事业单位改制为差额拨款事业单位。全园占地 6600 平方米，有南、北 2 座保教楼，建筑面积 1.1 万平方米。1982 年，建造北教学楼，建筑面积 4900 平方米。设置 11 个幼儿配套班级和教师备课室、多功能活动室。

2000年，建成南教学楼，建筑面积增加5900平方米。设置4个配套设施齐全的幼儿班级，12个幼儿专用活动室：科学发现室、图书室、生活活动室、多媒体教室、多功能活动室、海洋球室、游戏室、舞蹈室、健身房、音乐室、手工制作室、蒙氏活动室。2006年，在园幼儿428人，分设大、中、小13个班级；在编在岗工作人员55人，教师均具备教育部认定的教师资格证书，学历达标率100%。其中，济南市教学能手2人，济南市优秀班主任1人。

1992年，山东省委机关幼儿园成为山东省教育厅命名的全省第一所省级示范园；2001年，获首届山东省十佳幼儿园称号并连续保持；2002年，被评为山东省青年文明号；2003年，被评为山东省文明单位。

四、济南市市直机关幼儿园

始建于1949年6月1日，前身为济南市立托儿所。几经变迁，于1969年11月迁至经七纬四路184号，隶属于中共济南市委办公厅。1982年，改建园舍，建筑面积4361平方米。1983年，整托全部改为日托。2006年，有教学班12个，在园幼儿366人，教职工66人，教师学历全部达标。先后有6人获省、市、区教学能手称号，5人被推选为市级以上学科带头人，多人获省、市优质课评比一等奖及托幼工作先进个人。

幼儿园注重培养幼儿善言、明理、开朗、乐学的优良品质，幼儿百余人（次）在国家、省、市级各类舞蹈、绘画等大赛中获奖。幼儿园先后获山东省托幼工作先进单位、山东省优秀家长学校、山东省优秀教科研基地、济南市卫生防疫双金牌单位、济南市巾帼文明示范岗、济南市师德教育先进单位等称号。

五、济南军区空军机关幼儿园

始建于1953年，隶属于中国人民解放军济南军区空军司令部。前身为西康军区八一小学附属幼儿园（现四川雅安），后随部队转场经河北杨村、山东潍坊，1957年转至济南，更名为空六军保育院，建筑面积约700平方米，有幼儿50余人，实行寄宿制。1983年，更名为济南军区空军机关幼儿园。1987年，扩建教学楼，建筑面积2996平方米；开办10个教学班，在园幼儿300余人。2006年，开办12个教学班，在园幼儿408人，教职工71人。

1991年，幼儿舞蹈《山妞妞》到中南海、人民大会堂、民族文化宫、中国儿童福利活动中心等汇报演出，受到中央领导人接见。7月，进京参加庆祝建党70周年演出。1996年，幼儿舞蹈“稻草人”参加中央电视台少儿频道大风车MTV节目录制。1998年，《讲故事的孩子》参加全国《小荷风采》少儿舞蹈大赛获金奖。幼儿园先后被评为山东省示范幼儿园、山东省和济南市两级十佳幼儿园、空军示范幼儿园。

1991—2006年市中区幼儿园情况表

表21-1

年 份	园 数（所）	在园幼儿（人）	教职工（人）
1991	65	9552	1411
1992	74	9877	1442

续表 21-1

年份	园数（所）	在园幼儿（人）	教职工（人）
1993	80	10523	1464
1994	82	10896	1489
1995	70	9308	1402
1996	70	9412	1402
1997	68	9018	1325
1998	66	8140	1022
1999	94	10428	1286
2000	103	11496	1372
2001	96	11775	1360
2002	89	11856	1374
2003	87	11936	1352
2004	86	12598	1393
2005	86	12593	1421
2006	82	12190	1408

第三章　小学教育

第一节　办学规模

1991年，全区有小学44所，适龄儿童入学率100%，巩固率100%。1992—1996年，新建小学4所；1992—2004年，更名小学7所，合并小学2所。1993—2005年，撤销小学8所。1999年12月，历城区党家庄镇、十六里河镇17所小学划归市中区。2003年，济南市玉函小学被市政府命名为济南市首批外来务工就业人员子女定点小学。

2006年，全区有小学51所，其中省级规范化学校11所；教职工2294人，其中专任教师2063人；在校生34145人。

第二节　学制与课程

1991—1999年，城区各小学实行“六年制”小学教育，党家庄镇、十六里河镇各小学实行“五年制”。1991—2001年，执行国家教委统一要求下发的《九年义务教育全日制小学、初级中学课程计划（试行）》，小学阶段开设思想品德、语文、数学、社会、自然、体育、音乐、美术、劳动9门学科，有条件的小学增设英语课程。2000年，党家镇、十六里河镇各小学由“五年制”改为“六年制”，全区小学全部实现“六年制”教育。

2001年，开始实施国家、地方、校本三级课程管理。国家课程在小学1～2年级开设品德与生活、语文、数学、体育和健康、艺术（音乐、美术）课程；在小学3～6年级开设思想品德与社会、语文、数学、科学、外语、综合实践活动、体育与健康、艺术（音乐、美术）课程。地方课程在小学四年级开设《礼仪》课程；在小学4～6年级开设法制教育、环境教育课程；在小学3～6年级开设心理健康课程等。2004年，市中区以继承中华民族悠久历史和灿烂文化为主题，进行校本课程开发，至2006年，全区小学有35门校本课程通过市局审批进入课堂。

第三节　小学选介

一、济南市经五路小学

建于1946年，位于经五纬三路95号。前身为济南市第一中正小学，占地面积8334平方米，建筑面积1.53万平方米。2006年，有教学班49个，在校生3142人，教职工158人。其中，省级教学能手5人，市级教学能手4人，区级教学能手23人；省级以上骨干教师22人，市级骨干教师14人，区级骨干教师42人。

学校为区级以上课改培训提供研究课78节，其中国家级课改培训研究课15节；11节课已录制成光盘作为教学范例随人民教育出版社教材在全国发行。有480篇课改论文，187篇教案、札记、案例在全国、省、市、区评比中获奖或在刊物上发表；74人（次）参与省实验教材和教辅材料的编写工作。2002年，2次为“全国非智力因素研究会”年会提供现场并做经验交流。2003年5月，为济南市课改现场会提供展示现场。2000—2003年，“养成教育”“创新学习”“小学劳动教育课程改革与研究”3项课题分别通过省级、国家级专家组验收，成功结题。2004年，“走进民族文化”校本课程研究被全国中小学改革专业委员会批准为立项课题。下设“传统美德”“文学经典”“民族艺术”“民族体育”“齐鲁文化”及“泉城文化”6个专题，形成课题研究与实践体验相结合的校本课程学习模式，有1节课获全国一等奖，18个教学案例在全国获奖。同年10月，“养成教育”课题研究获山东省第三届教育科研优秀成果二等奖。12月，举办首届民族文化节，全国综合实践活动总课题组组长、华中师范大学博士生导师郭元祥教授等专家给予好评。

该校是山东省乒乓球传统项目学校，在全国小学生“向阳杯”比赛中获10届团体冠军，为国家队、山东省队和乒乓球俱乐部输送优秀人才。2005年7月，成功承办第26届全国“向阳杯”乒乓球比赛，获“振兴中国少儿乒乓球事业”突出贡献奖，被评为全国体育传统项目先进单位。

1991年，济南市经五路小学被编入《中国名校》，先后被评为全国劳动技术教育先进单位、全国体育传统项目先进单位、山东省精神文明先进单位、山东省首批规范化学校、山东省首批教学示范学校、山东省教书育人先进单位、山东省德育工作先进单位、山东省素质教育先进单位、山东省教科研重点实验基地。雷洁琼、朱开轩、柳斌、吕富源、杨焕宁、张高丽等先后到学校视察。1997年，校长陈莉被评为专业技术拔尖人才，获国务院嘉奖。

2006年10月，经五路小学建校60年华诞，山东省政协秘书长王鲁一、全国残联主席张海迪、中国科学院院士彭史戈、中共济南市委副秘书长任建新、南京军区副参谋长杨建华、中国海洋大学政法学院党委书记陈晓明、中央电视台《东方时空》策划人时间等众多学子到会或发电祝贺。

二、济南市胜利大街小学

建于1948年，位于胜利大街5号。2006年，学校占地面积1.06万平方米，建筑面积9190平方米，操场面积5990平方米。有教学班41个，在校生2392人，教职工115人。其中，本科学历45人，专科学历52人；有省、市、区级教学能手24人。学校有20余个专用教室，各类专业教室和仪器设备均达国家一类标准。学校与日本和歌山市吹上小学结为友好学校，与北京、上海、南京、青岛等地的优质学校确立教学共进关系，定期进行交流。

学校实施综合素质“八会”技能达标考核，让学生根据自身特长，从会写一手好字、会说日常英语、会自护自救、会制作科技作品、会计算机操作、会一项美术技能、会一项音乐技能、会一项健身技能8项中自主选择达标项目和目标。

学校先后获全国少先队红旗大队、山东省规范化学校、山东省文明单位、山东省教书育人先进单位、山东省电化教育示范学校、山东省艺术教育示范学校、山东省先进书法学校。中共中央政治局常委、中纪委书记吴官正，山东省委副书记、省长姜大明，教育部副部长陈小娅等先后到学校指导工作。

三、济南市纬二路小学

建于1920年9月，位于纬二路54号，前身是私立三育小学。1952年12月25日，济南市政府接管，改为济南市纬二路小学。2006年，有教学班35个，学生1157人，教职工95人；中学高级教师1人，小学高级教师47人。学校是省电教示范校、省科普示范校。

1999年，学校承担山东省“十五”重点课题“小班化教育”，班额由60～70人降至30人。课堂教学有以下特点：创设情境，激发兴趣；互相合作，发展个性；鼓励创新，科学评价；缩小差异，全体发展。设特色课程，如围棋、柳琴、口风琴、双语、跆拳道等。打破班级和年级界限，由学生根据自己的兴趣自主选择学习内容和任课教师。

2001年，山东省“小班化教育”课题研讨现场会在纬二路小学召开。同年，学校被评为省规范化学校。2002年，学校申报、立项济南市“十五”重点课题“利用计算机网络进行教育与教学的研究”。2003年，学校确定“优化精品教育，奠基幸福人生”的办学理念。同年，学校承接国家宋庆龄基金会“太阳花杯”系列活动德育现场会，学校在“小班化教育”研究与实践方面取得的成果得到与会代表的称赞。2006年，学校申报、立项山东省规划课题“优质高效、生命化课堂创建研究”和济南市重点课题“生命关注视野中小学德育有效途径的探索”，成为国家改革委员会实验基地和山东省唯一一所北师大“生命化教育”实验基地。

第四章　初中教育

第一节　办学规模

1991年，全区有中学7所，在校生8556人，教职工839人。同年7月，济南玉函中学改建为山东省济南西藏中学。1992年2月，济南第十四中学和济南回民中学西藏班并入山东省济南西藏中学，成为山东省唯一一所专门招收西藏学生的学校，也是山东对口援藏项目之一。1999年12月，历城区党家庄镇、十六里河镇4所中学划归市中区。2003年11月，济南普利初级中学被确定为济南市首家外来务工就业人员子女专门学校。2004年12月，济南七贤中学被确定为济南市外来务工就业人员子女定点学校。

至2006年，全区有初中12所，其中省级规范化学校5所，在校生21697人，专任教师2834人。

第二节　学制与课程

辖区初中自1978年至2006年实行三年制。1991—2000年，根据国家教委《九年义务教育全日制小学、初级中学课程计划（试行）》，初中阶段开设思想政治、语文、数学、外语、历史、地理、物理、化学、生物、体育、音乐、美术、劳动技术13门学科，并开设短期职业指导课。

2001年起，根据教育部《义务教育课程设置实施方案》的通知，市中区开始整体设置九年一贯制义务教育课程，分为国家、地方、学校三级课程。国家级课程主要包括思想品德、语文、数学、外语、科学（物理、化学、生物）、历史与社会（历史、地理）、体育与健康、艺术（音乐、美术）7门学科以及综合实践活动。依据《山东省义务教育地方课程和学校课程设置实施纲要（试行）》，设置地方课程和学校课程。地方课程在初中一年级开设“礼仪”“人民防空”课程；在初中一、二年级开设法制教育、环境教育课程；在初中一、二、三年级开设心理健康课程。至2006年，辖区初中有17门学校课程通过市教育局审批正式进入课堂。

第三节　中学选介

一、济南育英中学

建于1913年6月，是一所具有悠久历史和深厚文化底蕴的百年老校。首任校长孔祥柯是孔子七十五代孙。1923年，建校10周年之际，著名政治家、教育家黄炎培题写“济南育英中学”校匾。中共一大代表王尽美、邓恩铭曾在育英中学青砖小楼从事社会主义青年团山东省地方团的创建工作。1956年，育英中学由私立学校改为公立学校。近百年来学校培育优秀毕业生6万余人，如中共中央政治局原常委宋平、广东省委原第一书记任仲夷、著名现代小说家诗人王统照、九泉卫星发射中心专家组组长周家麟、著名电影表演艺术家王玉梅、省美协副主席孔维柯、济南画院院长张登堂、著名书画家魏启后、黑伯龙及国际象棋大师赵雪、温阳、侯玉函、薛月等。

育英中学分为南校区（经七路103号）、北校区（林祥南街44号）两部分，总占地面积2.12万平方米，建筑面积2.16万平方米，是济南市规模最大的初级中学。1991年，有教学班24个，在校生1474人，教职工141人。2006年，设教学班60个，在校学生3655人，教职工247人。其中，国家级骨干教师1人，省特级教师1人、省教学能手2人、省级以上优质课评比一等奖16人，济南市骨干教师教学能力大赛一等奖2人。

学校教育教学成绩突出，中考被省重点中学录取人数、各学科三率统计、进入济南市前十名人数等指标均居济南市前列。有11名学生先后被新加坡德明政府中学以全额奖学金形式录取。2003年12月，成为中国中学生体育协会排球分会会员学校。2003—2004年，在全国第八、九届中学生书法绘画比赛中，获一等奖28人、二等奖43人、三等奖56人，学校获组织工作先进集体奖。2004年4月，全国宋庆龄基金会在市中区选拔20名艺术特长生赴乌克兰交流演出，育英中学入选8人，占40%。同年，在山东省学校传统项目排球比赛中男排获初中组冠军；在全国第四届中小学师生藏书票大展暨实践活动研讨会中获3金1银8铜，学校被评为全国中小学藏书票活动艺术教育基地。校国际象棋队于2001年、2002年、2004年3次获全国中学生国际象棋比赛团体第3名。

学校先后获全国群众体育先进集体、全国教育科学“十五”规划重点课题实验学校、教育部重大项目“促进教师成长与学生发展研究”课题数学学科实验学校、山东省规范化学校、山东省科普示范学校、山东省学校民主管理先进单位、山东省体育传统项目学校、山东省绿色学校、山东省教学先进单位。

二、山东省济南实验初级中学

位于经六路324号，创办于1993年9月，占地面积1.8万平方米，有教学班6个，教职工28人，学生360余人。2004年，在原济南第四十四中学校址建立初三级部。学校两址办学，总占地面积16615.5平方米。2006年，有教学班42个，在校生2515人；教职工159人，其中获山东省“富民兴鲁劳动奖章”1人，优质课评比获国家级一等奖7人、省级一等奖19人、市级一等奖42人。13次中考，毕业生优秀率、合格率及升入省重点中学的比率均居济南市前茅。

学校有千余名学生在各级各类文体比赛中取得优异成绩。《耳目结合，音美相融，提高学生综合艺术感受能力》课题达全省一流、国内领先水平。校合唱队获全国优秀奖、省级一等奖，始终保持济南市合唱比赛初中组一等奖第一名，被推荐参加国际少儿合唱节演出。

学校先后被评为山东省教学示范学校、山东省电化教育示范学校、山东省艺术教育示范学校、山东省科普示范学校等。

三、山东省济南西藏中学

位于玉函路88号。1991年7月，济南市编委批复成立山东省济南西藏中学，由济南玉函中学改建而成，占地面积2.16万平方米，建筑面积1.83万平方米。1992年3月学生入校，有教学班8个，在校学生390人，教职工59人。学校建有6×200米环形塑胶跑道、标准篮球场3个、羽毛球场1个、网球场1个。高标准配置专用教室22个，建有男、女生公寓，大、小餐厅，洗衣房、换气站、学生服务部，为藏族学生创造了优良的学习生活条件。2006年，有4个年级，16个教学班，在校生610人，教职工78人，其中藏族教师7人。

1992年，济南十四中、济南回民中学的

西藏学生游趵突泉（2004 年摄　区教育局提供）

西藏班并入山东省济南西藏中学，学校成为山东省唯一一所专门招收西藏日喀则地区学生的寄宿制学校。1995 年 3 月 2 日，国家教委民族司司长韦鹏飞和西藏自治区教委副主任陈秀芳到山东省济南西藏中学，与师生共庆藏历新年。1996 年 12 月 21 日，济南三箭置业集团 5 年捐资助学 80 万元协议书签字仪式在西藏中学举行。

2004 年，教育部将全国唯一的西藏边境班安排在济南西藏中学，面向日喀则、阿里、昌都、山南、那曲 5 个地区招收学生 40 人。学校在全国内地西藏学校统考中，1999 年列全国第二名、2004 年列全国第三名，其中全国中考个人前十名有 3 人。

学校先后被评为全国教育援藏先进单位、山东省促进民族团结先进集体、山东省职业道德先进集体、山东省民族团结民族教育先进集体、济南市卫生达标先进单位。张高丽、陆懋曾、邵桂芳、王修智、赵克志、王军民等省领导多次到学校看望慰问师生。

第五章　职业教育

第一节　办学规模

1991 年年初，全区有职业高级中学 4 所，在校生 1318 人，教职工 291 人。1995 年 6 月，经济南市政府批准，济南第四职业高中改建为济南第八职业中等专业学校，济南第十职业高中改建为济南第十一职业中等专业学校。1995—2004 年，市中区对现有中等职业教育资源进行整合。其间，改建职业学校 2 所，合并职业学校 4 所。

至 2006 年，辖区有职业中学 11 所，在校生 13375 人，专任教师 556 人。

第二节　学制与课程

国防通信专业、警卫仪仗专业学制两年半，钳工、汽车维修等专业学制三年。

课程设置分文化课和专业课（含实习课）。文化课占总课时 30% ~ 40%，开设政治、语文、数学、外语、物理、体育、微机、心理、礼仪、音乐等课程。专业课占总课时的 60% ~ 70%，开设报务、队列、仪仗、军乐、板报、内务、条令、电器、识图、底盘、钣金、喷涂、机修、检测、软件、Photoshop、汉字录入、美术基础、素描、彩画、构成、图案、电子商务、商品学、国际贸易、商品包装、机械制图、热处理、工艺学、公差配合、法律、会计学等课程。文化课、专业课均在两年内完成，第三年学生根据所学专业双向选择实习。

第三节　职业学校选介

一、济南第八职业中等专业学校

位于东红庙北路10号，占地面积3.32万平方米，建筑面积2.38万平方米。2006年，有在校生900人，教职工126人。

学校是省部级重点国办职业中等专业学校，有国防通信、商务与动漫设计、钳工、汽车维修4个专业部，其中国防通信专业是济南市骨干示范专业。先后获山东省职教师资队伍建设工作先进集体、济南市职业教育先进单位、济南市关心国防建设十佳单位等称号。

二、济南艺术学校

前身为济南正谊中学，建于1913年，位于舜耕路68号，占地面积4723平方米，是济南市建校最早的学校之一。学校为全日制普通中等专业艺术学校，隶属于济南市教育局。1956年，更名为济南第十七中学，改为公立学校。1981年11月，经市教委批准，学校从高中一年级挑选36名女生组建第一届职业幼儿教育师范班。学校转向职业教育后仍有6个高中班、10个初中班，800余名学生。1982年6月，撤销济南第六十六中学，并入济南第十七中学。1983年1月10日，幼师职业班定名为济南第五职业高中。1984年6月18日，济南第五职业高中改为济南职业中等专业学校，济南第十七中学撤销。1985年4月10日，成立济南书法艺术学校，由济南职业中等专业学校管理。1992年11月，成立济南艺术培训中心，与外单位联合办学，拓宽职业教育发展新领域。经过数年发展，逐渐形成普通高中与职业中专两种体制并存，职教为主，普教、成教、自考多渠道的办学模式，形成以艺术特长为主的办学特色。

2005年，济南职业中等专业学校与原济南艺术学校合并成立新的济南艺术学校。原济南艺术学校创办于1960年，隶属于济南市文化局，由胡枫林任校长。专业教师多是戏曲界著名艺人，如京剧艺术家张砚卿、韩少山、孟丽萍、马润生、王文娟、董兰萍、陆少楼、陆燕飞、陈凯臣、张佩英、赵淑天、孙宝鑫、孙国良，山东梆子名家赵祥福、杨茂泉，莱芜梆子名家胡庆松等。另聘有几十位著名艺术家，如张春华（武丑、著名京剧表演艺术家）、张逸娟（北京戏曲学校校长）、刘淑云（天津市京剧团、著名花旦）、王小蓉和米福生（中国京剧院著名演员）等为兼职教授。至2005年，开设杂技、京剧、吕剧、曲艺、音乐、美术、影视表演、中国舞表演等9个专业，实施小学、初中到高中的连贯教育，在校生500余人，在编教师70余人。

影视表演专业学生的小品在山东省儿童戏剧小品比赛中分获表演和编剧一、二、三等奖；美术专业学生多次在省市比赛中获奖。学校多次参加全国及省、市组织的大型外事演出活动，并受邀到美国、韩国、印度尼西亚等国家演出。

第六章　特殊教育

第一节　办学规模

1991 年年初，全区有济南市英雄山小学、馆驿街小学、济南市西青龙街回民小学 3 所学校，招收弱智儿童辅读班 7 个，在校生 72 人，特教教师 17 人。同年 3 月，济南市西青龙街回民小学更名为济南市西青龙小学，以招收轻度智障学生为主，成为辖区第一所以招收弱智学生为主的辅读学校。1992 年 5 月，济南市西青龙小学更名为济南市泺源学校，是辖区唯一一所九年制智力障碍儿童辅读学校。1996 年，市中区被评为全国特殊教育先进区。1998—2000 年，学校轻度智障学生逐渐减少，中度智障学生比重增加。2003 年，市中区承担全国随班就读支持保障体系实验区研究工作，轻度智障学生在辖区小学就近入学随班就读，中、重度智障学生在济南市泺源学校就读。2004 年，中、重度智障学生占该校学生的 90%。

至 2006 年，全区智障儿童入学率 100%。济南市泺源学校在校生 106 人，教职工 30 人。全区 31 所普通小学接收随班就读学生，有随班就读学生 185 人。

第二节　学制与课程

学制九年，分低、中、高 3 个年级段，每个年级段 3 个班。1989—2001 年，使用全国统编轻度培智教材。设语文、数学、劳技、常识、思想品德、音乐、体育、美术、健康等学科。9 年时间学完相当于小学四年级的课程内容。周课时为低段 27 节、中段 29 节、高段 30 节。

2004 年后，根据国家颁布的《中重度智障学生学习纲要》要求，结合中重度学生达 90% 以上的实际，全部使用自编校本教材。开设基础课有实用语文、实用数学、生活、音乐、体育、美术、感知、信息等学科；扬长活动课有乒乓球、羽毛球、高跷、游泳、小剧团、模特、美工、烹饪、缝纫、轮滑等；康复训练课有小肌肉训练、感觉统合训练等，实践课有自理实践课程（低段）、生活模拟实践课程（中段）、社会实践课程（高段）等。2005—2006 年，周课时为低段 30 节、中段 30 节、高段 30 节。

第三节　济南市泺源学校

位于泺源大街 179 号，占地面积 4262 平方米，建筑面积 3183 平方米，是市中区唯一一所九年制义务教育培智学校。1991 年，区委、区政府委托区房地产开发公司对学校教学楼进行改建，重修楼顶，加固楼柱等。1999 年，新建学校综合楼。2000 年，对校内教师宿舍楼和学校周边房屋进行异地拆迁安置，沿街透绿，改建学校大门，整修学校操场。2006 年，有学生 106 人，9 个教学班，智残儿童入学率 100%；教师 30 人，有省教学能手 1 名，市优秀教师 1 名、市三八红旗手 1 名，区级教学能手 2 名。

学校基础学科以班级授课制为主，辅以

走班制；扬长活动课、康复训练课打破班级界限，进行学习和训练。乒乓球队、高跷队、模特队、缝纫组、轮滑组等训练成果在每年的助残日中展示，得到各级领导和外宾的称赞，多次在省、市媒体上报道。至2006年，学校游泳、田径运动员在全国、世界特奥会上先后获金牌32枚，银牌21枚，铜牌20枚。

学校先后被评为山东省规范化学校、山东省特殊教育先进单位、山东省教师职业道德建设十佳集体、山东省电化教育示范学校、山东省残疾人之家等。

第七章　成人教育

第一节　职工教育

1991年3—7月，全区组织实施企业领导干部岗位职务培训工作，第一期培训学员42人，有37人取得岗位职务培训合格证。1991—1993年，举办岗位职务培训班3期，培训学员135人，122人取得合格证书。1993年，举办营销人员培训班，培训41人，学习市场营销学、实用推销术等课程，37人取得合格证书。1994年，采取脱产与业余相结合的方法，对全区305名企业生产班组长进行管理知识培训。1995年上半年，对企业职工进行思想政治教育和职业道德教育，全区5800名45岁以下的青壮年职工参加考试，合格率100%。下半年，举办企业主要领导干部管理培训班，50名厂长经理参训；举办2期微机培训班，区委副书记、副区长及部分企业财会、统计、计划等46人参训。1996年，组织企业班组长培训，有97.6%的班组长参训，其中70名班组长获济南市企业生产班组管理培训合格证书。1997年，全区职工教育全员培训率59%。其中，企业领导干部培训率45%，中层和一般干部培训率43%，企业技术人员继续教育57%，车间主任、班组长培训率69%，关键岗位、主要工种和中青年技术骨干培训率63%，学历教育1500人次，计算机应用技术培训750人次。

1998—2000年，主要对职工进行转岗及新上岗职工开展劳动教育、计算机应用能力、下岗职工再就业培训等。1998年，全区职工培训率63%，学历教育1400人次，计算机应用能力培训350人次。全区免费培训下岗职工800余人次。2001年，在16家"三资"、民营企业建立职工教育培训机构，职工培训率平均60%。

2003年，区直企事业单位培训职工14378人，职工全员培训率100%，参加技能、业务培训的职工11933人，大专以上学历教育417人。2004年，举办各类培训班46期，1151人(次)。2006年，区直企业实行岗位培训14994人，继续教育476人。

第二节　农民教育

1991年，市中区只有七贤镇1个农业镇，农民教育主要由七贤镇独自开展。七贤镇举办支部书记培训班，组织支部书记外出参观学习先进村致富经验，提高支部书记带村致富能力。每年举办党员培训班，全镇85%以上的党员均掌握一至两门实用致富技术，96%以上的党员与群众签订联户致富责任书，向群众传授致富实用技术，帮助农民致富。不定期组织举办各种技术培训班，提高农民职业技术技能，扩大农民就业。1996年，机构改革，区农村教育和镇、村办企业从业人员的政治文化教育、科学技术培训和扫盲工作由成人教育办公室负责。1997—1998年，利用镇成教中心、农民夜校和试验基地，举办实用技术培训和乡镇企业职工培训班37期，受训人数11452人次；开展道德、法律、科技、文化"四进家活动"。1999—2000年，七贤镇举办实用技术培训79期，受训5172人次；文化政治等方面的培训班13期，培训1835人次；村级实用技术培训11978人次；思想道德、计划生育等培训18402人次；农村初、高中毕业生及干部培训171人次；机关干部及村（居）书记、主任培训69人次，受培训人数37627人次。推广葡萄无核化处理、牛奶高产技术、常春藤试种栽培、饲料青贮氨化技术、甘薯地膜覆盖技术应用、黑麦1号示范种植试验6项农业科技项目。

1999年12月，党家庄和十六里河镇划归市中区。2个镇均建有成人教育中心学校。其中，党家庄镇成人教育中心学校占地面积5300平方米，建筑面积1050平方米；十六里河镇建立成人教育中心，建筑面积1800平方米。2个镇92个行政村均建有农民夜校。2001年，各镇加强农村成人教育中心基础建设，党家庄镇、十六里河镇投入20万元，增加微机、图书和教学仪器；同年，党家庄镇成人教育中心学校被评为山东省农村成教中心示范学校。2003年，邀请省农科院专家，举办果木栽培技术知识讲座2次，并入村进行具体指导。2004年，开展科技下乡活动6次，组织村级干部学历培训班3期，培训学员162人。同年，十六里河、党家庄镇建立农村妇女科技培训学校，先后组织妇女参加种植、养殖、计划生育等培训班12期，1356人参加。2005—2006年，围绕农业和农村产业结构调整，开展劳动力转移培训，培训300余人次，实用技术培训2000多人次，完成率96%。

第三节　社区教育

1998—2001年，全区社区教育工作处于初级阶段，街道、镇和社会办学单位相继成立职业学校、市民业校、家长学校等，设教学站14个，外语角13处，面向企业职工、社区居民、学生家长、社会青年开展多层次、多类型的文化补习和素质教育，举办培训班50多期，培训500人次。2002年5月，市中区社区教育委员会成立，各街道、镇相继成立社区教育委员会。12月，市中区被确定为山东省首批省级社区教育实验区。2003年5月，区政府与济南大学民政学院联手，成立市中区社区教育第一学院，对社区居民开展培训，在济南科技成人中专成立市中区社区教育第二学院，开展对机关、事业单位的教育培训；各街道相继成立社区教育学校（站）。2004年4月5日，区委、区政府印发《关于深化社区教育，创建全国社区教育示范区的实施意见》，确定社区教育九大基地，覆盖率80%以上。6月17日，济南市社区教育工作会议在市中区召开。同年10月，市中区被全国成人教育协会社区教育专业委员会评为理事单位；12月，市中区被确定为全国第二批社区教育实验区。2005年，全区投入110.5万元，其中专项投资73.95万元用于社区教育教学场所建设，年底全区社区教育教学场所累计达1.81万平方米，培训11万人，其中，下岗职工2615人，外来务工人员5312人。2006年，区成人教育局改称区社区教育办公室，相继开展公益培训进社区和校居联手活动，先后在13个社区开展英语、中高考家长、电脑、艺术、健康、消防等专业教育培训28课次，参加公益培训居民6890人次。

附：济南科技成人中等专业学校

位于英雄山路74号。1989年12月创办，是经山东省教委批准，国家教委备案的中等专业学校。占地面积3300平方米，建筑面积4000平方米。设有总务处、教务处、学生管理处、基础课教研室、专业课教研室。1999年，学校与中共市中区委党校合并。

学校先后开设经贸、外贸、财会、微机、经济管理、机械制造、电气技术、机电、物流、法律、行政管理等专业课程，向社会输送毕业生近8000人。

1993年，学校开展科技拥军活动，与济南空军某部联合办学，为战士开展中专学历教育。1995年，与山东经济学院计算机系联办《会审电教化》《经济信息管理》大专大本学历班。2003年5月，区政府在该校成立市中区社区教育第二学院，开展对机关、事业单位人员的教育培训。

第八章　教　师

第一节　教师队伍

1991年，全区录用新教师107人，有教职工2514人。其中专任教师2386人，学历达标率85.66%。1991—1997年，每年都有大中专师范类毕业生分配到各中小学、幼儿园任教，教职工增至2968人。在全国及山东省教学活动评比中，有2人次获全国一等奖，4人次获省一等奖。1999—2000年，开展教师综合基本功训练，在全国及山东省教学活动评比中，有5人次获全国评优课一等奖，36人次获省一等奖。十六里河镇、党家庄镇划入市中区后，全区有教职工4016人，其中专任教师3914人。2000年起，市中区在全市率先对分配的师范类毕业生进行双向选择、择优录用工作。2000—2004年，择优录用优秀大中专毕业生600余人。

2006年，全区有教职员工4177人。其中，职业中学专任教师556人，初中专任教师1803人，小学专任教师2063人，幼儿园专任教师850人。

1991—2006年市中区教职工基本素质情况表

表21-2　　　　单位：人

年份	教职工	文化程度					年龄				政治面貌		新录用教师人数
		本科及以上	大专	中专	高中	初中及以下	35岁及以下	36～45岁	46～54岁	55岁及以上	党员	团员	
1991	2514	227	607	1293	265	122	792	748	974	—	595	605	107

续表 21-2

年份	教职工	文化程度					年龄				政治面貌		新录用教师人数
		本科及以上	大专	中专	高中	初中及以下	35岁及以下	36～45岁	46～54岁	55岁及以上	党员	团员	
1992	2662	258	662	1340	281	121	950	698	1014	—	595	751	131
1993	2780	300	709	1388	266	117	1045	658	1077	—	641	780	105
1994	2835	349	748	1457	193	88	1125	702	1008	—	645	865	136
1995	2944	400	821	1476	164	83	1202	713	1029	—	680	938	118
1996	2974	480	881	1433	112	68	1568	436	772	198	690	999	148
1997	2968	525	933	1362	86	62	1679	406	723	160	698	978	121
1998	3020	573	1069	1244	77	57	1773	420	675	152	704	962	132
1999	3090	644	1200	1135	72	39	1841	418			733	—	156
2000	4016	761	1650	1492	80	33	2343	610	875	188	913	—	124
2001	3989	810	1669	1394	86	30	2347	631	814	197	908	—	146
2002	3977	889	1702	1282	79	25	2381	641	773	182	928	—	126
2003	3979	1152	1690	1060	77	0	2397	670	741	171	1008	—	120
2004	4214	1583	1681	887	63	0	2451	822	745	196	1194	—	110
2005	4214	1821	1659	690	44	0	3916	928	694	179	1212	—	106
2006	4177	1901	1633	593	50	0	2315	1065	632	165	1230	—	114

说明：1991—1995年，年龄分为30岁以下、31～45岁、46岁以上。

第二节　教师培训

1991年后，区教委采取“一条线三结合”办法开展教师培训工作，即区教委、教师进修学校、中小幼一条线管理；学校自己培训、教师进修学校集中培训和鼓励多渠道进修相结合。1995年下半年，开展“一熟、二能、三写、四会”(熟悉教学大纲；能说普通话、能画简笔画；写规范的粉笔字、钢笔字、毛笔字；会上课、会备课、会操作电教仪器、会组织教育活动)为主要内容的教师基本功全员达标训练活动。至1997年，先后有119人获校长岗位职务培训合格证，实现校级领导全部持证上岗目标；72人获“三沟通”本科毕业证；359人完成“助学自考”本科学历补偿培训，405人完成“助学自考”专科学历补偿培训；22人完成小学提高学历层次教育管理专业专科进修，79人完成小学提高学历层次教育管理专业本科进修，104人完成小学教育专业进修。同年5月，在胜利大街小学举办有400多名中小学教师参加的“教师素质工程”展示会，省、市7家新闻单位进行现场报道和跟踪采访。6月12日，《人民日报》以“重铸师魂”为题，报道这一活动。

1998年3月，区教师进修学校升格为正处级事业单位。1998—1999年，开展教师学科基本功训练，实施“跨世纪一、二、三工程”（一流教师队伍；高标准、高质量实施九年义务教育；争创特色学校、争当优秀校长、争做科研型教师）；坚持师德为首，坚持“一把手”抓；坚持教师基本功训练与素质教育相结合，普及与提高相结合，集中培训与分散实践相结合，思想工作与激励机制相结合；坚持“考核促训练、训练促提高”，教师教育教学水平和课堂教学效益同步提高。教育部副部长吕福源、济南市市长谢玉堂等先后2次在南郊宾馆观看指导教师素质工程汇报展示，并给予较高评价。2001年9月，市中区被确立为山东省首批课改实验区，教师进修培训以新课程培训为主。1998—2004年，举办教师培训班7期，参训人数653人；新课程通识培训3918人，全部取得山东省基础教育新课程师资培训合格证。2006年，与天津师范大学联合举办心理学专业研究生课程进修班，培训教师46人。

第三节　教师管理

1991年，全区开展教师学历达标活动，教师综合素质逐年提高。1993年起，每年开展一次教师专业技术职务评审工作，当年评定1442人，其中，初级497人，中级820人，高级125人。同年，开展教师专业技术职务聘任工作，实行3年1次聘期考核。1996年，进行教师专业技术职务聘任，每年进行1次年度考核，实行等级制测评，考核结果作为教师正常晋档依据。1997年起，每2年组织一次教师专业技术职务聘任。1999年，在全区推行教师职务竞争聘任、聘用管理制度（简称双聘制），打破教师终身制；实行专业技术职务评聘分开，限额聘任，按聘任职务兑现工资待遇。2000年，市中区率先在全市开展师范类毕业生双向选择、择优录用试验工作，打破师范类毕业生区属生源就业包分配的局面，当年录用新教师124人。同年，开展核定编制工作，确定全区职专、中小学、幼儿园内设机构及干部职务名称和职数。

2001年，开展首次支教援藏工作，选派济南党家中学物理教师杨景德前往西藏日喀则地区白朗县中学支教，为期2年。同年12月，采用无证否决方式，首次对教师录用、确定职务、职称评定等教师资格进行认定，有2109名在职及离退休教师通过认定。此后，每年面向社会认定教师资格。同时，推行全员聘用合同制，分为聘用合同和岗位聘任合同两种类型。区教育局所属事业单位全体工作人员签订聘用合同和岗位聘任合同。

2003年，在全市首创“学科首席教师”制，评聘首批学科首席教师15名。2004年，进行人事聘用制度改革，按照济南市教育局下发的《关于进一步规范教育事业单位聘用制管理的意见》要求，全员签订新版“济南市事业单位聘用合同”和“岗位聘任合同”，当年聘用4035人。

2006年，全区录用教师113人，认定教师资格63人；职称评定228人，其中，初级128人，中级83人，高级17人。

1993—2006 年市中区教师职称评定情况表

表 21-3　　　　单位：人

年 份	初 级	中 级	高 级	合 计
1993	497	820	125	1442
1994	124	147	66	337
1995	177	71	35	283
1996	251	44	14	309
1997	206	45	3	254
1998	197	185	91	473
1999	257	128	49	434
2000	282	133	50	465
2001	223	122	48	393
2002	240	253	72	565
2003	264	183	45	492
2004	189	138	42	369
2005	214	229	73	516
2006	128	83	17	228

第四节　教师待遇

一、工资

1993 年 10 月 1 日，全区进行机关事业单位工作人员工资制度改革，教育系统事业单位中教师实行专业技术职务等级工资制，执行国家统一工资制度和标准，建立正常增资机制，凡年度考核合格者每 2 年晋升 1 个工资档次；退休教师每月增加约 150 元。1992—1995 年，民办教师工资由当地农民收入的 1.85 倍升至 2.25 倍。1994 年前，特教津贴标准为基础工资加职务工资之和的 15%；省教基字〔1994〕17 号文件下发后，特教津贴比例提高到 20%，从事特教满 20 年并在特教岗位退休的教师，特教津贴纳入退休费计发基数。1994 年，教师每人每月发放福利费 8 元。1995 年 10 月 1 日起，每 2 年为退休教师增加退休费月均约 20 元。

1996 年，市中区在全市率先实行民办教师与公办教师同工同酬。1997 年，教师工资普遍浮动 1 级，每人每月发放驻济补贴 36 元、地方福利补贴 125 元，发放保留补贴 20 元；有 20 名民办教师办理转正手续。七贤镇政府对民办教师规定：教师满 15 年及以上教龄，退休后按原工资的 70% 发放；满 20 年及以上教龄，退休后按原工资的 80% 发放。1999 年 7 月 1 日起，按市政府《关于提高特殊教育工作者特殊教育津贴的通知》，对济南西藏中学在编正式教职工及从事内地西藏班（校）教育满 20 年或虽不满 20 年但连续从事内地西藏班（校）教育满 10 年，并在本岗位上退休的教职工，按本人职务等级工资的 20% 进行补助，补助费纳入退休费基数。2001 年 12 月，全区提高教师职务补贴标准（每月）：副高级 340 元、中级 280 元、助级 225 元、员级 205 元、见习期 170 元。2004 年 12 月，为教师发放交通补贴和岗位补贴，人均约 200 元，驻济补贴调整到每月 56 元。2005 年 1 月至 2006 年 6 月，尝试"活工资再分配"管理办法，各中小学教职员工每人从津贴中拿出 100 ~ 300 元不等，与学校奖金结合在一起，由学校根据工作实绩、贡献大小、工作量高低，进行再分配。

2006 年，教师取暖费由每人每年 24 元调整为按行政级别发放，标准分别是科员 1100 元、科级 1300 元、处级 1700 元。7 月 1 日，全区进行事业单位工作人员收入分配制度改革，实行岗位绩效工资制；退休教师增加退休费月均约 300 元；保留已执行的教育援藏补贴，对新调入人员不再发放特教津贴。改革后，年度考核结果为合格及以上等次人员，每年增加 1 个薪级工资，于次年 1 月 1 日起执行。9 月 1 日起，普通中小学班主任除继续执行国家标准每人每月 15 元津贴外，每人每月平均增加 200 元津贴。

二、住房

"八五"期间，全区解决教师住房 990 户，占教师总数的 36%。1995 年起，区政府每年筹资 100 万元用于教师住宅建设，当年教师节前，区政府购置 2000 平方米商品房和 1000 余平方米低售价商品房为 55 户教师解决住房问题，同时多方投资解决住房 139 户。1996 年，七贤镇教师宿舍落成，建筑面积 3500 平方米，安置教师 55 户。区政府投资 310 万元，建设教师宿舍 4300 平方米，安置教师 60 户。1997 年，区政府投资 900 余万元，建设教师宿舍 1 万余平方米，安置教师 110 余户。

1998 年 1 月，全区开始为教师发放基本工资 25% 的住房补贴。同年 8 月，市中区教师"园丁小区"一期工程竣工，面积 2.5 万平方米，安置教职工 293 户。1999 年，"园丁小区"二期工程竣工，近 1.4 万平方米，安置教师 183 户。2001 年 12 月，教师住房补贴调整为基本工资的 35%。实行房改后，济南第八职业中等专业学校教职工根据国家有关政策，集资 1283 万元，于 2004 年年底建成 96 套教职工宿舍，面积 1.19 万平方米。1998—2004 年，区教育局投入建房资金 2400 万元，教职工集资 1283 万元，教职工人均住房面积由人均 8.6 平方米提高到 11.47 平方米；十六里河镇、党家庄镇投资 2964 万元，购建教职工宿舍 369 套，教职工人均住房面积 23.3 平方米。2006 年，全区住房补贴及住房公积金按标准全部发放到位，教职工住房实行市场化购房。

第九章 驻区学校

第一节 驻区高中选介

一、山东省实验中学

建于 1948 年，位于经七路 73 号，是首批省级重点学校、省级规范化学校。学校分本校（走读）和东校（寄宿）两个校区。东校区成立于 2001 年 5 月（由原山东省济南第二师范学校改制建立），实行寄宿制管理，面向全省招生。在山东省"十大教育创新人物"

评选中，该校在校长、班主任、教师三个系列中全部获奖，是全省唯一在各项目获奖的学校。

2000年后，学校在全省率先开设国家选修课程和日语、韩语、德语、国学、奥赛、生命教育等60余门校本课程。2002年起，开展实验学子“修身”行动。重视名人对学生的人格熏陶和学识影响，先后邀请张艺谋、马季、李阳、林清玄、庄则栋、桑兰、诸宸等省内外名家到校演讲、交流、讲学，营造校园浓厚的人文与科学氛围。胡锦涛、吴官正、雷洁琼、李铁映、陈至立先后到校视察，对学校的整体办学水平给予较高评价。2006年，在第23届全国中学生奥林匹克物理竞赛中，17人获全国一等奖（省赛区），并同时获全国重点大学保送资格；有3人获参加全国决赛资格。学校被评为第23届全国物理竞赛金牌学校，教师渠学春、于兆河、武苍获省优秀教练员称号。

学校先后被授予全国体育卫生先进单位、国家级绿色学校、省市级教育先进单位、山东省基层先进党组织和山东省文明单位等称号，受到国务院嘉奖。

二、济南外国语学校

建于1989年，前身为济南第四职业中等专业学校，位于建国小经三路1号。建校初期，学校占地面积6400平方米，年招收学生92人，在校生不足600人，教职工108人。1996年3月，济南外国语学校与山东三箭置业集团总公司实行校企联合办学，由三箭置业集团全额投资2625万元、济南外国语学校负责全方位管理，创立民办完全中学济南外国语学校三箭分校。1997年，学校与日本京都关系语言学院签订协议，合作举办以赴日留学为毕业走向的日语专业。2001年，学校成为教育部确定的具有向重点高校直接输送保送生资格的全国17所外国语学校之一，是一所突出外语特色、文理并重、面向世界的完全中学。12月，学校与济南环山房地产开发有限公司签署合作办学协议，创办济南外国语学校开元国际分校（小学部），占地4万平方米，有21位专职外籍教师，是一所民办全日制寄宿制小学。2002年，济南职工大学并入学校。2004年11月，济南外国语学校与济南外海房地产开发有限公司签署委托管理协议，负责派出教育管理机构对济南市外海实验学校实行全方位管理。根据双方合作办学协议，开元国际分校和外海实验学校作为济南外国语学校（三箭分校）生源基地。同年，山东三箭集团投资2.14亿元，新建济南外国语学校三箭分校。

学校与日本静冈产业大学、日本和歌山日本语学校、俄罗斯伏尔加国立工业大学、加拿大里贾纳大学、法国左拉中学签订合作协议；与日本九洲交通旅游局、英国剑桥语言中心、英国Discovery Summer教育集团等合作开展游学项目。该校每年有超过20%的高三毕业生被保送或通过小语种提前录取进入名牌大学，多次被评为济南市教书育人先进单位、全方位目标考核管理先进单位。

第二节 驻区高等院校选介

一、济南大学

东校区位于舜耕路13号，西校区位于南辛庄西路336号。2000年10月，由山东建材工业学院和济南联合大学合并组建济南大学。山东建材工业学院建于1948年8月，是原建材工业部在全国按地域分布设立的4所部属本科高校之一；1998年7月，学校划归山东省管理。原济南联合大学前身为1978年建校的济南师范专科学校和1983年建校的济南职业大学。2001年4月，济南民政学校和山东省物资学校并入济南大学。济南大学是山东省重点建设的综合性大学和首批应用型人才培养特色名校，拥有学士、硕士、博士学位授予权和硕士研究生免试推荐权，面向全国招生。2006年，学校材料科学与工程、计算机科学与技术、化学工程与技术、管理科学与工程专业被国务院学位委员会列为硕士学位一级授权学科。国民经济学、社会学、马克思主义基本原理、思想政治教育、文艺学、应用数学、凝聚态物理、无机化学、分析化学、物理化学（含化学物理）、机械制造及其自动化、信号与信息处理、检测技术与自动化装置、市政工程、防灾减灾工程及防护工程、水文学及水资源、环境科学专业被增列为硕士学位授权专业。

学校与美国、英国、德国、法国、加拿大、澳大利亚、俄罗斯、日本、韩国、新加坡等国家50所高校建立校际合作关系，建有孔子学院1所。170余名知名学者受聘担任客座教授。

二、山东财政学院

建于1986年，位于舜耕路40号，占地50多万平方米，建筑面积35万余平方米，为财政部直属高校。1987年，邓小平为学院题写“山东财政学院”校名。学校面向全国招生，是国务院学位委员会批准的硕士学位、学士学位授予单位，并具有开展同等学力人员申请硕士学位工作的资格。校园群山环抱，绿树成荫，空气清新，是泉城一道优美的风景线。2006年，学校应用经济学、管理科学与工程、工商管理被国务院学位委员会列为硕士学位一级授权学科。西方经济学、世界经济、马克思主义中国化研究、计算机应用技术、社会保障专业被增列为硕士学位授权专业。

学校与英、美、加、法、俄、荷、澳、韩等十几个国家和地区的30多所院校建立友好校际关系，开展包括合作办学、学者互访、互派留学生、合作科研、联合培养以及资料互换等多种形式的国际交流与合作。先后聘请近百名外国专家和海外学者到院任教和讲学，选派百余名专家、学者、青年教师骨干赴国外讲学、研修及深造。

三、中华女子学院山东分院

前身为山东省妇女干部学校，创建于1952年5月，位于市中区玉函路45号。到1960年6月，共举办培训班13期，培训妇女干部2570人。1961年2月停办。改革开放后，学校进入恢复重建和进一步发展时期，办学规模不断扩大。至1987年12月，学校共举办各类培训班18期，培训各级妇女干部1674人。招收中专班3个，举办大专班4届，共培训大中专学生400余人。1987年12月，经国家教委和山东省人民政府批准，按正厅级建制试办中国妇女管理干部学院山东分院，属全日制成人高等院校。1990年5月，转为正式成人高校即管理干部院校。1994年1月，学校迁至土屋路校区。1995年8月，学校更名为中华女子学院山东分院，转向以普通高等教育为主，兼有成人教育、岗位培训、职业资格培训等多种职能的女子高等院校。2003年9月，长清大学科技园新校区一期工程开工建设。2005年9月，学校整体入驻新校区。

四、济南职业学院

2004年7月成立，南校区位于舜耕路12号。由济南教育学院、济南机械职工大学和济南职工科技大学合并组建而成。原济南教育学院创建于1952年，是全国成立最早的成人高等师范院校之一，是全国教师教育学会常务理事单位；原济南机械职工大学和原济南职工科技大学分别成立于1979年和1980年，是山东省首批开展高等职业教育的高校。

2006年，学校主体专业有机电、电子信息、财经、文化、物流等产业，7个专业被确定为省级示范、省级特色专业，61门国家级精品资源共享课、省级精品资源共享课以及省级精品课程，5个省级教学团队，20多名山东省突出贡献中青年专家、山东省教学名师、济南市专业技术拔尖人才以及全国、省级优秀教师。

学院与澳大利亚联合开展国际合作办学项目，培养双证书技能型人才。与德国工商大会合作建立中德技术培训中心，按照德国教育部和德国工商总会颁布的职业教育大纲内容及职业技术培训课程体系，由德国资深技术人员指导教学，颁发德国认可的职业岗位资格证书，为德资企业和其他企业培养拥有德国技术标准的专业技术人才。

第十章 教育行政

第一节 教育经费

1991年，区财政投入教育事业费1270万元。学杂费收取，对城市和农村执行不同标准。2004年秋季，开始在义务教育阶段学校（含义务教育阶段的特殊学校及特教班）推行“一费制”收费办法。2005年起，城市教育附加由原来的上划市级财政，市教育局统一拨付，变更为由区教育局上报预算，区级财政统一拨付，并开始征收地方教育附加费。2005年秋季，全区筹措资金339.24万元，开始减免农村学生学杂费。2006年，区财政投入教育事业费13520万元，社会捐资办学经费1341.1万元，全部用于弥补办公经费不足和改善办学条件。

2006年市中区义务教育阶段学校杂费收取标准

表21-4 单位：元

年级	城市	农村
小学1～2年级	200	160
小学3～6年级	260	210
初中	370	300

2006年市中区义务教育中小学课本收费标准

表21-5　　单位：元

收费标准	小学						初中		
	一年级	二年级	三年级	四年级	五年级	六年级	一年级	二年级	三年级
课改	65	65	95	110	参照非课改彩版执行		205	180	135
非课改彩版	60	60	75	100	100	80	175	160	115
非课改黑白版	50	50	70	90	95	75	170	155	115

第二节　教育设施

1991—1997年，区政府共投资6374.1万元，扩征土地1.72公顷，完成校改项目45项。投资290余万元，用于教学设备更新及设施配套。1997年，全区中学教学仪器设备均达到部颁二类标准，图书配备率95%，音乐、美术器材健全，体育器材配备率90%，劳技器材按部颁二类标注配齐。年底，区政府专项投资100万元，筹资1100万元，在全市率先完成39所中小学取暖设施建设。

2000年5月，区委、区政府提出到2001年实现创建山东省教育工作示范区目标，全区教育设施建设步伐加快，大多数学校按照省教育工作示范区标准，配齐教育教学设施。2003年，全区实现学生学籍档案微机化管理。1998—2004年，全区投资2亿多元，扩征土地6.54公顷，完成校改项目69项。投资5000余万元，用于学校内部设施配套和改善教育现代化装备，全区中学教学仪器设备均达到部颁一类标准，图书配备人均26.6册，音乐、美术器材健全，体育器材配备率90%，劳技器材按部颁一类标注配齐，全区基本实现教育设施现代化。

第三节　教育督导

1993年4月9日，区政府办公室同意区教委设立教育督导室。9月15—18日，省政府“两基”检查团对市中区“两基”工作进行复评验收，认定市中区实现基本普及九年义务教育、基本扫除青少年文盲的“两基”工作目标。1995年12月8日，区政府印发《关于建立市中区人民政府教育督导室的决定》，将区教委督导室改建为市中区人民政府教育督导室，明确机构级别为正局级。1997年1月，原国家教委授予市中区全国“两基”工作先进区称号。1999年10月23日，市中区在全市率先启动的实验教学普及县（区）工程通过省政府教育督导室验收，成为全省第一个实验教学普及县（区）。2001年9月11—14日，省政府教育督导室对区政府教育工作进行督导评估，市中区成为山东省首批、济南市第一个省教育工作示范区。12月10日，市政府召开全市基础教育工作会，市政府办公厅印发《关于转发济南市市中区人民政府关于创建全省教育示范区的意见和关于建立教育执法目标责任制的意见的通知》，向全市推广市中区在推行教育执法目标责任制、创建省教育工作示范区、努力提高教育教学质量方面的经验和做法。2002年4月28日，区委、区政府召开全区基础教育工作会议，印发《关于推进教育初步现代化建设的实施意见》《关于推进乡镇教育初步现代化建设高水平高质量普及九年义务教育的意见》，提出用三年的时间，加快教育思想、教育体系、教育装备、教师队伍、教育管理、社区教育六个方面现代化建设，初步实现教育现代化。2003—2005年，区教育督导室建立统筹规划、分步实施、分层推进、分类指导、典型引路的督导评估机制，对区属70所中小学幼儿园教育初步现代化组织评估验收。2005年5月26日，区教育局召开全区教育现代化工作会议，宣布市中区实现教育初步现代化，提出到2010年全区率先基本实现教育现代化。其主要标志是：建立以开放多样、高标准高质量为特点的，与全区经济和社会发展相适应的现代国民教育体系和以学习型城区为标志的终身教育体系；各类教育确立先进的教育理念和科学的人才观，受教育者得到全面而个性地发展；形成以政府办学为主体、社会各界积极参与、多元化的办学格局；教育条件装备基本达到现代化水准；形成科学合理的教育结构和学校布局结构。

第四节 学校调整

1991年3月14日，济南市西青龙街回民小学更名为济南市西青龙小学。5月18日，济南市育贤小学、济南市育贤幼儿园成立。6月5日，济南市舜耕小学成立。7月13日，济南市玉函中学改建为山东省济南西藏中学，位于玉函路88号，占地面积21333平方米，建筑面积近1万平方米。1992年2月27日，济南十四中学西藏班和济南回民中学西藏班并入山东省济南西藏中学。5月19日，济南市西青龙小学更名为济南泺源学校，成为市中区唯一的九年制智障儿童学校。1993年，济南市育贤第二幼儿园成立。6月30日，撤销济南市经六路小学，在原址成立济南实验初级中学。8月25日，新建济南育贤中学。1994年，济南市市中区教师进修学校成立。1995年6月9日，济南第四职业高中改建为济南第八职业中等专业学校，济南第十职业高中改建为济南第十一职业中等专业学校。9月28日，济南市玉函小学成立。1996年6月12日，济南市育贤第二小学成立。1997年5月，济南第八职业中等专业学校建立济南预备役军人学校，1所学校2块牌子。6月3日，济南第一职业高中与济南第二职业高中合并，改建为济南第十二职业中等专业学校。8月27日，撤销济南市经一路小学；28日，济南市梁家庄小学更名为济南市育明小学。1999年7月7日，撤销济南市共青团路小学。12月，历城区党家庄镇、十六里河镇21所中小学随区划调整，划归市中区。同年，济南第十一职业中等专业学校停止招生，保留济南第十一职业中专副县级建制。

2000年4月14日，济南预备役军人学校更名为济南国防科技通信学校。12月19日，济南市经四路小学撤销，并入济南市纬二路小学。2001年2月，位于党家庄镇的济南市历城第七中学更名为市南中学，并划归市教育局管辖。9月，党家庄镇丰齐联中并入党家庄镇回民中学。10月，济南市英雄山小学更名为济南第十四中学小学部。同年，在长清崮山成立市中区素质教育基地，沿用济南第十一职业中专建制。2002年7月，撤销济南市林祥南街小学。9月，十六里河镇第二中学并入济南市市中区十六里河镇第一中学。12月，济南市前魏华庄小学改为简小，并入济南市红庙小学。2003年6月16日，济南市王官庄小学更名为济南市育贤第四小学。9月，党家庄镇渴马联中并入党家庄镇初级中学。11月12日，济南市玉函小学被确定为济南市首批外来务工就业人员子女定点学校。同年，七贤、白马山街道所辖九曲村小学、七贤村小学、杨家庄小学、井家沟村小学、文庄小学、前魏华庄小学、双龙庄小学、后龙窝村小学、红庙小学移交市中区教育局直属管理。2004年3月，济南第十二职专并入济南第八职专。4月19日，济南育才中学将济南第八职业中专初中部和红庙小学合并，成立九年一贯制学校。4月29日，济南市张安中学更名为济南张安中学，济南市七贤中学更名为济南七贤中学(12月被确定为济南市外来务工就业人员子女定点学校)，党家庄镇初级中学更名为济南党家中学，十六里河镇第十六里河中学更名为济南十六里河中学。12月6日，济南铁路第四小学更名为济南市民生大街小学，济南铁路第六小学更名为济南市白马山小学，济南铁路实验学校更名为济南育文中学，3所学校移交市中区管理；济南第十二职业中专并入济南第八职业中专，使用济南第八职业中专校名。

2005年6月27日，撤销济南市东八里洼小学、济南市西八里洼小学，济南市馆驿街小学与济南市安平街小学合并。7月29日，济南一机床集团有限公司子弟小学移交市中区教育局管理，11月撤销该学校。9月，党家庄镇东渴小学并入党家庄镇催马小学。2006年1月24日，济南市后魏华庄小学移交市中区教育局管理。7月18日，成立九年一贯制学校济南舜文中学。

第二十二篇 文化 体育

辖区历来就有开展群众文化娱乐活动的传统和基础，也是济南市专业文艺团体较为集中的地区之一。20世纪90年代后，随着经济和社会事业的发展，文化事业日渐繁荣，政府不断加大财力物力投入，做好历史文化遗产的继承和保护，推动群众文学艺术作品的创新。1992年5月，建成位列全国四大文化市场之一的济南英雄山文化市场，文化产业成为促进和拉动辖区经济社会事业发展的一个重要方面。驻区文艺团体，如济南前卫文工团、济南市曲艺团等，创作了一大批精品艺术佳作，涌现出许多著名表演艺术家。2006年，全区有文化馆（站）15处；图书馆（室）1处，藏书量5.4万册；有国家重点文物保护单位1处，山东省文物保护单位8处，济南市文物保护单位4处，市中区文物保护单位77处。

1991年后，全区加快体育设施建设，开展全民健身运动，发展大众体育事业，倡导健康生活方式，增强人民体质。结合学校教育，开展体育技能培训，建成一批特色体育学校，为各级运动院校（队）输送大批体育后备人才。

第一章　文　化

第一节　机　构

一、市中区文化局

1991年，区文化局设办公室、文化市场管理办公室、图书室、文艺部等，有26人。1994年7月，办公地址由经七路101号迁至经五路小纬二路53-1号。1998年8月，增设文化市场管理科。2006年，区文化局设办公室、综合科（含财务室）、文化市场管理办公室（稽查队）、文化市场产业科，有62人。

二、市中区档案局（馆）

1991年，区档案馆与档案局合署办公，归区委区政府双重领导，位于经十路126号，编制13人，其中档案馆8人。1992年，晋升为省二级档案馆。1994年，晋升为省一级档案馆。1995年1月，办公地址迁至胜利大街51号L型楼房西楼。1997年，机构改革，区档案局与区档案馆合署办公，归区委办公室管理，设业务指导、保管利用、综合3个科室，编制13人，其中档案馆7人。1998年，区档案馆被评为山东省规范化目标管理二级档案馆。

2006年，区档案局与区档案馆合署办公，归区委办公室管理，设业务指导、保管利用、综合3个科室，编制13人，其中档案馆7人。

三、市中区志办公室

1982年3月，市中区志编纂委员会成立，负责组织全区地方志编纂工作。1991年，有工作人员5人。1996年，区编办印发《济南市市中区志编纂委员会办公室职能配置和人员编制方案》，规定区志办公室事业编制4人。2006年，区志办公室有工作人员9人。

第二节　文学艺术

1991年，段作华创作的小品《鱼宴》，获山东省军地环保杯戏剧小品大赛创作导演二等奖；与段凤临共同创作的舞蹈《花船荷舟闹春江》获山东省暨济南市第三届艺术节优秀创作表演奖；马俊兴创作的舞蹈《马背摇篮》获山东省少儿戏剧会演创作表演一等奖。1992年，段作华、白利民创作的话剧《彩礼》获济南市文化干部业务技能考核大赛创作导演表演一等奖；段凤临创作的舞蹈《雄鹰展翅》获山东省邮电系统文艺会演创作二等奖。1993年，段凤临编排的舞蹈《我想飞》获济钢杯第三届少数民族文艺调演一等奖。1994年，段作华编排的舞蹈《金鼓震齐鲁》获济南市中学生文艺会演创作二等奖；马俊兴编排的舞蹈《好后生》《金娃乐》获山东省小飞天舞蹈比赛创作一等奖；《小藕节节》获山东省小飞天舞蹈比赛创作二等奖；《葱妮妮》获山东省小飞天舞蹈比赛创作三等奖。1995年，马俊兴创作的《海阳秧歌》获北京龙潭庙会演出编导一等奖；周长岭的国画《青山有情在》获中国劳动者书画艺术大展优秀作品奖；《春云出谷》国际文人书画家作品展精品奖。1996年，马俊兴创作的舞蹈《大山深处》获山东省小飞天舞蹈比赛创作大奖；《山菊花》获山东省小飞天舞蹈比赛一等奖；《金色的黄河》《大班的故事》获山东省小飞天舞蹈比赛二等奖等；段作华创作的话剧《同沐一个太阳》获济南市戏剧创作评比会创作二等奖。1997年，段凤临创作的舞蹈《大秧歌》在第二届迎新春民俗艺术博览会中获一等奖；王珂创作的舞蹈《乡音》获济南军区空军第二届业余文艺调演创作一等奖；段作华的快板《争做文明宣传员》获济南市职工创作会演创作奖；周长岭创作的《齐鲁长城》获济南市庆七一迎回归书画展三等奖。1998年，段作华创作的《巧嘴婶子连环计》获济南市群众艺术作品评选创作一等奖；周长岭创作的国画《高山清音》获全球山水画创作大赛铜奖；《云气千山》获山东省民间艺术精品展一等奖；王珂创作的舞蹈《新兵》获空军基层业余文艺调演优秀奖。1999年，周英龙创作的国画《中华巨龙腾飞》获文化部庆祝新中国成立五十周年国画作品征集委员会优秀奖。

2000年，周长岭创作的国画《溪水积翠》和史文东创作的《双马》获首届“水浒杯”中国书画作品展优秀奖；许振媚京胡独奏《夜深沉》获山东省职工京剧票友大赛一等奖；王珂的《列车幻想曲》、段作华的小戏剧《救命水》获济南市群众文艺创作作品一等奖；段作华创作的舞蹈《千禧龙年春意闹》获全国首届中老年广场舞蹈大赛山东选拔赛表演二等奖，并获参加全国大赛资格。2001年，段作华创作的回忆录《赴朝慰问忆当年》获济南市广播电视台“岁月情怀杯”征文大赛创作一等奖，创作的舞蹈《山里老太不信邪》获济南市首届农民文艺汇演创作表演二等奖、济南市文化局济南市电视台表演二等奖；区文化局创作的歌伴舞《走进新时代》获济南市文化局济南市电视台表演二等奖；许振媚的京胡独奏《梅花新调》获中国京剧票友艺术节最佳表演奖，创作的歌曲《泉城新形象》获济南市群众文艺作品评选活动创作三等奖；周英龙创作的国画《江主席游黄山》《山水画》《西北行》分获文化部纪念建党八十周年书画大赛优秀奖、济南市职工纪念建党八十周年书画展二等奖、山东省第四届少数民族书画展一等奖。2002年，许振媚的京胡演奏《夜深沉》获“全国十佳大赛”器乐组十佳奖；京胡独奏《梅花新调》获戏曲金旋律比赛金奖；京胡时装表演获齐鲁艺术大赛创作一等奖；王珂作曲的《还是山东》在山东省文艺艺术联合会、山东省音乐家协会山东省音乐作品征集中获一等奖；周长岭的国画《层林尽染》获全国教师美术书法作品大赛一等奖。2003年，王珂创作的舞蹈《夸夸咱们兵哥哥》获空军基层业余文艺调演一等奖。2004年，马俊兴创作的舞蹈《蜜宝宝》《支前》参加第二届全国少儿艺术风采展示大赛（山东赛区）；花蕾编排的《小马》获山东省文化（艺术）馆（站）业务干部专业技能比赛三等奖；王珂创编的舞蹈《路花风采》参加全国第十三届“群星杯”山东选拔赛；刘振华演唱的歌曲《那就是我》获山东省文化（艺术）馆（站）业务干部专业技能比赛三等奖。

2006年，胡宝利创作的《千里之行始于足下》获山东省“五一文化奖”美术类作品优秀奖，被市委、市政府作为国礼赠送给美国友人；《九寨沟秋韵》获群星美术、书法、摄影作品展览优秀奖，《知人容易知己难》获山东省美术家协会、书法家协会纪念孙中山诞辰140周年中国书画精品展优秀奖，《山辉云影泉声》获山东省第七届少数民族书画大赛优秀奖，《倦客秋来又望乡，萧萧寒菊数丛黄》参加第二届“泰山杯”全国书画大展赛并入编2006年华夏书画典藏一书；周长岭创作的山水画获群星美术、书法、摄影作品展二等奖。范敏拍摄的《民艺新彩》获济南市社会主义新农村建设摄影作品展一等奖；《庙会组照》获“相约文博会——山东省社会主义新农村建设摄影作品展”优秀奖；王珂、刘振华创编的歌曲《卫士颂》《八个坚持八个反对》获山东省新创廉政歌曲评选二等奖、济南市创作歌曲三等奖。

第三节 群众文化

一、节庆文化活动

1991年，区文化局组织举办全区老年迪斯科表演大赛，14支演出队268名老人参赛。七贤镇王官庄的《义牛救主》代表市中区参加济南市民间扮玩表演，获一等奖。1992年，举办庆“三八”时装表演大赛，24支表演队参赛。5月，举办残疾人文艺会演，16个单位参加。1993年8月，举办少数民族文艺会演，精选5个节目参加济南市第二届“济钢杯”少数民族文艺调演。12月，举办纪念毛泽东诞辰100周年文艺会演，25个单位参演。1994年，市中区在龙山文化艺术节上演出3个节目。1995年春节期间，区文化局组织花灯展，展出花灯1000余盏，组织300余人参加民间游艺活动表演。在庆祝世界反法西斯战争暨中国抗日战争胜利50周年期间，举办全区书画展，参展作品120件。同年，编排有300人参与的大型舞蹈《奔向未来》（筷子舞），参加区第一届全民运动会开幕式演出。此后，坚持民间传统习俗，每年春节举办民间扮玩大型演出。七贤镇表演的龙灯和《斗牛虎》、杆石桥街道表演的民间船舞、穆斯林的高跷队等各具特色。每年元宵节，在大纬二路举办“花灯一条街”，每逢“七一”“八一”“十一”等重大节日，均举办全区性庆祝活动。

1996年，市中区在济南市首届民族民俗艺术博览会上演出节目20多个，获一等奖1

2006年6月，和谐之春艺术团在文博会上的表演（杆石桥街道办事处提供）

个，二等奖 1 个，三等奖 2 个。1997 年 6 月，举办“庆七一，迎香港回归”文艺演出，22 个单位参加，演出节目 54 个。1998 年，区文化局承办济南市第三届新春民俗文化博览会，与区委宣传部、文明办联合举办庆祝济南解放五十周年系列活动大型文艺演出 3 场。1999 年，承办济南市高跷比赛，辖区有 3 支队伍参赛并获奖。2000 年，为十八岁成人仪式专场文艺晚会演出节目 31 个。同年，选送优秀节目参加省、市曲艺节目及全国“蒲公英”少儿艺术表演选拔赛。2001 年，组织开展全区农民文艺调演和庆祝老人节群众文化体育展演活动。2002 年春节，各街道举办花灯展，展出花灯 6000 余盏，其中 10 盏花灯获济南市花灯比赛大奖。2003 年，开展元宵节“花灯一条街”活动，市中区舞龙队参加济南市民俗风情旅游节开幕式并获奖。2004 年春节期间，组织参加全市新春“联通杯”百龙民间艺术大赛，6 个街道的 10 个节目参加演出。8 月，举办纪念邓小平诞辰 100 周年大型文艺演出。9 月，举办纪念新中国成立 55 周年大型文艺演出。同年，组织全区首届民营企业文艺会演，在济南市民营企业汇报演出中获创作、演出奖。2005 年 2 月，组织各街道（镇）在大观园商场内外举办花灯展、民俗风情文艺演出、迎新春文艺演出。2006 年 2 月，组织参加一年一度的民间民俗扮玩及花灯一条街活动；5 月，组织首届泉城人口文化节市中区赛区文艺汇演；6 月，组织廉政歌曲大家唱演出以及区直机关纪念建党 85 周年歌咏比赛；7 月，与区委宣传部、区纪委联合举办庆祝建党 85 周年书画摄影展。

二、广场文化活动

1990 年后，社会老年人增多，少年儿童假期活动贫乏，双休和节假日休闲时间增加，迫切需要一种群众性的社会文化娱乐形式。市中区每年组织各街道举办丰富多彩的消夏文艺晚会。1996 年，区文化局开始筹划广场文化，经调查研究，确定在英雄山、舜玉公园等开辟 30 个较大的广场文化活动点，发放统一制定的横幅标示，开展群众文化活动。在此基础上，把广场文化逐步推广到小区，办到群众最需要的地方。全区 16 个街道（镇）有半数以上居委会参与举办广场文化活动。四里村街道与济南军区警卫连、工商银行、省体育中心、省华联商厦等驻地单位协作，多次联合举办大型广场文艺晚会和电影晚会，受到广大群众和社会各界人士的赞誉。炎夏乘凉举办的消夏晚会，每周六、周日在经七路举办的京剧专场演出，泺源街道举办的穆斯林文艺晚会等，各具特色，深受群众欢迎。1996 年，区文化局组织消夏文艺晚会，演出京剧、举办舞会等 20 余场。9 月，举办争做文明市民文艺会演，演出节目 56 个。1997 年

山东生活帮与社区联谊（2006 年摄　二七新村街道办事处提供）

7月1日，市中区在英雄山下举办“普天同庆香港回归”大型文艺演出，观众达万人之多。大纬二路有40个单位2000余人参加活动，形成欢庆香港回归一条街。在全区各个广场活动点20多场演出中，演员和观众充分表达庆回归的喜悦心情。

2006年1月，文化局送书画下乡（区委宣传部提供）

1998年6—8月，组织演出大型晚会10场。1999年6—9月，先后组织大型广场文艺演出12场，观众3.6万人（次）。10月，组织各街道在社区举办“庆国庆、迎澳门回归”中小型文艺晚会98场，观众16万人（次）。2000年6—10月，在英雄山等文化广场举办大型文艺晚会25场，各街道组织中小型文艺晚会145场，演出节目1000余个，观众18.3万人（次）。2001年6—9月，区文化局主办全区“纪念建党八十周年”“婚育新风进万家”“军警民齐迎八一建军节”“茂昌少儿之夜”“大润发之夜”等大型文艺晚会23场，组织社区文化活动290场，放映电影22场，观众19.5万人（次）。2002年2月，组织十六里河镇兴隆村2支龙舞队参加全国舞蹈家协会在威海举办的“欢天喜地迎十六大民间秧歌大赛”，获表演二等奖。6—7月，以迎接“党的十六大胜利召开”为主题，先后举办7场大型文艺晚会，中小型文艺晚会284场，演出节目1万多个，观众近20万人（次）。2005年，组织夏季广场文化活动40余场，指导各街道（镇）在社区内组织小型演出200多场（次）。

三、文化下乡活动

1996年，区文化局组织8名书画家到七贤镇开展写春联送字画活动，共书写对联及字画100余幅。1999年，组织8名书画家到齐河县、七贤镇部分村，送书画春联近百幅。2001年，免费放映公益电影22场。2006年1月，与市文化局联合组织书画家20余人到白马山街道谷庄社区为村民写对联300余副、字画20余幅。同年，组织相关人员到党家镇陡沟村进行文化大院建设，为十六里河镇斗母泉山庄、青铜山村文化大院图书室、义和庄文化大院图书室绘制书画35幅，捐赠书架10个，图书500册，麻将桌6个，椅子26把，国画3幅，放映电影5场。

第四节　驻区文艺团体选介

一、济南军区前卫文工团

前身为山东军区政治部文工团，建于1949年5月，位于经十一路82号，是济南军区专业文艺团体。下设戏剧曲艺队、演唱队、民族乐队、舞蹈队、创作室、电视制作中心。1955年2月，改称济南部队前卫文工团。1962年10月，撤销文工团，组建前卫歌舞团和前卫话剧团。1970年7月，以歌舞团和话剧团为基础，成立济南部队毛泽东思想宣传队，下设一中队（话剧）、二中队（歌舞）、三中队（京剧）。1976年4月，恢复歌舞团和话剧团建制。1983年7月，合编为济南军区前卫文工团。1987年7月分建，2003年11月，再次合编。下设编导文学创作室、戏剧曲艺队、演唱队、舞蹈队、民族乐队、舞美队和影视制作室。

该团民族乐队是全军唯一一支颇具规模的民族管玄乐队，曾创新研制出四玄高音柳琴，带见高、中、低唢呐，多篁笙，编钟，云锣，大筒，双千斤板胡，二胡等20多种新型乐器，曾受到总理周恩来的表扬。

前卫文工团每年平均演出150～200余场。先后到苏联、朝鲜、日本、法国、意大利、德国等60多个国家和地区访问演出。2002年2月，以中国红星民族乐团的名义，在维也纳金色大厅成功举办中国马年春节音乐会。在第六届莫斯科世界青年联欢艺术节比赛中获4枚金奖、4枚银奖、1枚铜奖。先后有500余件作品在全国、全军获奖。代表作有话剧《将军当兵》《再战孟良崮》《徐洪刚》《老兵》《光照千丈》；歌剧《沂蒙儿女》；舞剧《红流》《高山下的花环》；歌曲《情深意长》《神枪手之歌》《兰花》等；器乐曲《旭日东升》《凤凰展翅》《金沙滩》《打春》《阿细欢歌》；舞蹈《仙鹤舞》《火中凤凰》；相声《嫂子》，山东琴书《老解放》，山东快书《贺龙赴宴》，电视艺术片《地方的红土地》等。

二、山东歌舞剧院

前身为山东省歌舞团，建于1958年，位于文化西路123号。2006年，下设歌舞团、民族乐团、交响乐团、职业艺术学院及创作室、舞台美术队等部门，编制300人，在职214人。其中，高级职称111人，中级58人。该院创作演出多部歌剧、舞剧及具有浓郁地方特色的音乐舞蹈节目，曾多次到访亚、非、欧、美、澳等30多个国家和地区。其中，创作演出的大型歌剧《徐福》、《高高采油树》、舞剧《无字碑》在国内外引起强烈反响。歌剧《徐福》获文华新剧目奖、文华作曲奖、文华表演奖。

创作演出的《三大秧歌》《做军鞋》，民乐《山东鼓吹乐》，舞蹈《泰山之子》《山东秧歌会》，器乐曲《向往》《孔府乐舞》《绿色的思念》等影响深远。

三、济南市京剧院

前身为济南大众平剧团，1949年成立，位于经二路168号。1949年10月，更名为大众京剧团，是当时济南第一团，也是全省建团最早的专业艺术表演团体之一。1956年，更名为济南市京剧团，首任团长为著名京剧表演艺术家孟丽君。该团以名角荟萃、流派纷呈、行当齐全、剧目丰富，在华东、华北、东北等地区享有盛誉。孟丽君、李幼麟、武正霜、徐少民等为代表的一批京剧表演艺术家以其各具特色的艺术风格颇受赞誉。20世纪80年代后，一批中青年优秀演员艺术上日臻成熟，如奚派老生高锡禄、梅派青衣李爱华、裘派花脸马济生、荀派花旦张兰芳等。剧院经常演出剧目有《四郎探母》《大·探·二》《失·空·斩》《群·借·华》《凤还巢》《秦香莲》《将相和》《红楼二尤》《望江亭》《汉宫惊魂》《状元媒》《白帝城》《挑滑车》《沙家浜》《智取威虎山》《杜鹃山》等以及新编京剧《辛弃疾》《李清照》等。2001年12月，济南市京剧团改团建院。剧院内设艺术委员会、演出工作部、舞美工作部、演出营销部、院部办公室5个部门，有副高级以上职称演职员28人。

四、济南市曲艺团

1950年成立，位于魏家庄民康里6号。20世纪中叶，济南曲艺与北京、天津呈鼎足之势，曲艺行当内有“演红济南，方走遍全国”之说。济南市曲艺团誉称“齐鲁曲艺第一团”，培养造就大批曲艺艺术家，如评书泰斗傅泰臣、鼓词名家谢大玉、北路山东琴书创始人邓九如、山东快书杨派创始人杨立德、相声大师孙少林、河南坠子表演艺术家郭文秋、西河大鼓表演艺术家张立武、全国八大评书名家之一刘延广、山东琴书表演艺术家姚忠贤、山东快书表演艺术家周弘。

济南市曲艺团拥有极具保留价值、富有山东地域特色的曲种，其中山东琴书（北路）、山东评书、山东快书、山东大鼓、山东说唱为全国独有，在当今中国曲坛具有较大影响力。组建一批业余文艺团体，主要有济南市残疾人艺术团、二七幼儿园艺术团、济南空军小云雀幼儿艺术团、晓雯音乐学校、济南贴金演出艺术中心、山东世纪之星艺术团、济南飞洋模特有限公司等。

第五节　文化设施

一、图书馆

济南市市中区图书馆　前身为第五区文化馆图书室，建于1953年，位于经七路101号。1994年，经七路拓宽，区图书室随区文化馆迁至经五小纬二路53-4号。采用开架式服务，在一层建成20余平方米的小屋作为借阅室，1995年8月正式对外借阅。1997年3月，区文化馆投资3万余元增设音像租赁部，购置VCD、录像带800余盘，添置部分新书。2000年，区文化局筹资12万元，建成120平方米的图书室，购置新型铁书架36个、报刊架2个，整理图书3万余册，书籍全部归类上架。2001年，筹措资金近9万元，购置微机21台，在全市文化系统率先创办“电子阅览室”，12月1日对外开放。2006年，区委、区政府决定建设市中区图书馆。2007年4月12日奠基。新馆坐落于风景秀丽的舜玉公园内，总投资1800余万元，建筑面积2500平方米。严格按图书馆建设标准、书库承重标准和国家一级馆要求建设。内设基本书库、特藏书库、少儿阅览室、报刊阅览室、图书阅览室、特殊阅览室、特藏阅览室、学术报告演示厅、陈列展览厅、信息处理室、采编加工室、机房、文化信息资源共享电子阅览室等功能区。藏书范围涉及22个大类，10万余册。社会科学类以文学艺术、文化教育、语言、政治、经济、历史类图书为主，约占藏书总量的50%；自然科学类以医药卫生、工业技术、农业科学及数理化等方面图书为主，约占40%；综合类图书约占10%。

济南市图书馆　位于经三路150号，成立于1953年；济南市少年儿童图书馆成立于1986年；两馆合署办公。有中文普通图书、古籍图书、报刊合订本、电子文献、视听文献等馆藏文献138.5万册（件）。其中，古籍线装书11万册，善本200余种2000余册。馆舍建筑面积9200平方米，阅览座席900多个，是全国15个副省级城市公共图书馆之一。年接待读者60余万人次，外借书刊50余万册次，网站点击20余万人次，年举办公益讲座、展览、读书征文等各种形式的读者活动100余次10万余人参加。2006年，获山东省文明单位称号。济南市图书馆坚持全年365天对外开放，敞开免费办理借书证，实行开架借阅，通过外借、阅览、检索咨询、课题服务、讲座报告会、培训辅导等形式为党政机关、经济建设及读者服务。各业务环节全部实行计算机管理，建有电子阅览室及本馆网站，开通远程咨询、网上图书馆、短信服务，用现代化手段为读者提供服务。创办“全国先进、省内一流”的汽车流动图书馆。济南市图书馆有在职职工103人，其中研究生

1人，本科学历57人，大专学历35人，大专以上学历人数占全馆总人数90%；专业技术人员94人，其中高级职称17人，中级职称36人。全馆共设采编中心、网络信息中心、借阅部、报刊部、少儿部、古籍与地方文献部、社会工作部、业务办公室、行政办公室、政工科10个部室。

二、剧场

1991年，辖区较大规模的剧场有北洋大戏院、大众剧场、山东剧院、八一礼堂、长空剧院5家。2006年，辖区较大规模或影响的剧场有北洋大戏院、蓝天剧院（原长空剧院）、山东剧院、八一礼堂、八一文体馆、大观园晨光茶社6家。

北洋大戏院 位于经二纬三路通惠街东口，占地面积1500平方米。建于1905年，是济南市最早的戏剧演出场所。初名为兴华茶园，后易名商乐舞台、上舞台、聚华西苑。1934年，更名为北洋大戏院。1951年，改为实验剧场。1954年重建，改为人民剧场。1990年复称北洋大戏院。戏剧界著名表演艺术家程砚秋、高小云、荀慧生、毛世裘、金少山、马连良、谭富英、高庆奎、奚啸伯、李万春、裘盛戎、叶盛兰、杨宝森、张君秋、袁世海、方荣翔、小白玉霜、新凤霞、常香玉、牛得草、王文娟、徐玉兰、侯宝林、马季等曾在北洋大戏院演出。该戏院北靠济南火车站，南邻大观园商场，与济南市政府仅有一条马路之隔。戏院下面有600平方米的大型餐饮场所，是文艺欣赏、休闲、餐饮三位一体的多功能文化娱乐场所。剧场内，有438座紫红色宽敞的新式“太空椅”，休息厅内悬挂24位京剧名伶画像，突显戏院的文化品位。

山东剧院 位于文化西路117号，由山东省建筑设计院总工程师倪欣本设计，山东省建筑公司施工。1955年元旦建成营业，总投资60万元，占地1.25万平方米，建筑面积5709平方米。正面是4根朱红色门柱擎着高大的屋顶，灰瓦覆顶，檐下描绘着古色古香的装饰花纹，屋脊上排列着民族崇尚的图腾。前厅三面是雕花扶手转廊，两壁画有国画。观众厅分上下2层，长39.4米，宽25米，设软席座位1300个。厅顶装饰25个方格，每格有彩色霓虹灯环绕，格内为通风口。舞台长15米，宽11.5米，高18米，台下有活动乐池50平方米。设有面光、双边耳光、侧光、流动灯等。台上有前幕、中幕、天幕、边条、顶条等。后台设有大、小化妆室、更衣室、道具室、休息室。舞台两侧为接待室。1972年，剧院安装冷暖气装置。1983年，建成3000平方米的演员楼1幢。1989年，建成高级演员活动室1幢。剧院曾承办全省舞蹈、戏曲、杂技会演，华东5省市地方戏会演和来自20多个国家艺术团的访问演出。梅兰芳、尚小云、荀慧生、周信芳、张君秋、常香玉、陈伯华、严凤英、杜近芳、陈爱莲、方荣翔等著名表演艺术家曾在此演出。

大观园晨光茶社 建于1933年，原名大观园新新舞台，集休闲娱乐为一体，以曲艺、戏曲表演为主，兼营茶艺，始为平房，设470个座席。1943年9月，著名相声演员孙少林创办以相声为专业的民间艺术团体，在此演出，时称晨光茶社，著名相声艺人张寿臣、马三立、刘广父、高桂清、高少亭等曾到此献艺。1949年，演出老舍创作的《文博士》，相继创作演出《无痛分娩法》《中苏友好》《西江月》等现代曲目。1958年，晨光茶社改为晨光相声队（民间职业）。1964年，可连续演出3场相声晚会，职业演员20余人。1967年10月，相声队解散。1978年，茶社恢复开业。古色古香的装饰，做工考究的摆设，宽敞明亮的演艺厅，众多中老年顾客以怀旧之心屡次光顾。在继承传统的基础上，晨光茶社增设餐饮、棋牌等服务项目。2006年8月12日，修葺一新的“茗曲阁”茶楼开门迎客。茶楼配有专门的灯光和音响设备，可同时容纳观众100余人。中国曲艺家协会党组书记、副主席姜昆，中央电视台《曲艺杂坛》栏目组分别发贺电，著名曲艺表演艺术家刘兰芳、李金斗以及济南曲艺表演艺术家刘延广、孙振业、张存珠到场献艺，表演山东大鼓《有心长做济南人》、单弦《风雨同舟》、山东琴书《偷年糕》、山东快书《老虎夜话》、相声《插广告》、小品《登记》等精彩节目。同年11月，晨光茶社被济南市政府列入首批市级非物质文化遗产名录。

三、电影院

1991年，辖区有营业性电影院3家。1992年，大观电影院经过改建，成为全省第一家70毫米道尔贝八声道立体声超人银幕影院，当年影院总收入230万元，票房收入190万元。1994年，创出电影票房百日过百万成绩。1998年，中国电影院投资140万元进行大规模整体内部装修。2000年2月，胜利电影院与济南市金德利快餐店合作，将一楼大厅出租给金德利快餐店经营。2004年，大观电影院对放映厅进行升级改造，增添先进数字还音系统。

2006年，辖区有大观园电影院（经四路1号）、中国电影院（经四路1号）2家维持经营。

第六节　文化市场

1990年前，辖区较大的经营性文化场所有山东省新华书店、山东省外文书店、山东省文物总店、山东省东方图书公司、济南市信达外文服务社、市新华书店、市古籍书店、市工具书店、市文物店等9家。1991年后，济南市文化市场逐步开放，城区营业性歌舞厅、餐饮卡拉OK、电子游艺厅、音像制品销售、出租放映、印刷等行业迅速发展，有印刷厂137家，音像销售点40家，电子游戏厅9家，台球厅1家，书报摊点53家。1992年5月，济南英雄山文化市场成立，位于马鞍山路46号，为个体流动商贩经营古玩字画、瓷器工艺品等交易场所。1994年，中央文化市场调研组到济南考察，对市中区文化市场建设给予充分肯定和表扬。1997年，为60多家经营业户年审办证，对全区印刷行业进行普查登记。2004年，济南市商埠文化市场成立，主要经营古旧书、字画、古玩等。2006年，全区有娱乐场所37家，经营性网吧128家。

一、文化市场选介

济南英雄山文化市场　成立于1992年5月，位于英雄山北麓马鞍山路46号。最初为个体流动商贩经营古玩字画、瓷器工艺品等交易场所，逐步成长为市级文化产业中的龙头企业。与北京的潘家园、上海的豫园、南京的夫子庙齐名，位列全国四大文化市场之一。市场占地面积2.18万平方米，建筑面积2.13万平方米，营业面积1.80万平方米，配套地下停车场1200平方米。有来自全国15个省市的经营业户1100余家，经营种类涉及图书期刊、古玩字画、奇石玉器、花卉根雕、工艺陶瓷、笔墨纸砚、文体用品、红木家具、小商品9类近4万个品种。从业人员2000多人，日均客流量在1万人左右，节假日客流量5万～6万人，是华东地区图书期刊的主要集散地，被誉为北方最大的文化市场。2004—2006年，英雄山文化市场进行提升改造，完善通讯、托运、餐饮、会议、展览等配套服务设施。先后实施建筑外观美化、文化经典上墙、配套设施完善、安全保卫增强等项目。在建筑外观中融入徽派特色，结合济南明清古建筑，形成典雅质朴、古色古香的独特建筑风格。

先后被授予“全国供销总社百强企业、济南市二十佳文化企业、济南市文化产业发展先进单位、山东省文明诚信市场”等称号。在济南市文化改革发展领导小组表彰的“济南重点文化产业园区”中名列第一。

山东百旺文化市场　1997年成立，位于马鞍山路，营业面积8000多平方米，是一家位置优越、品味高雅的大型文化艺术交流场所。市场地下一层至地上四层为文化交流营业楼，拥有精品画廊及古玩店200余间，各类工艺品、书籍、文化用品店40余间。经营项目涉及名人墨宝、古玩真迹、西洋油画、装饰壁画、工艺礼品、根雕玉器等。五层为名家个人工作画室、高档仿明清家具汇展、国内名家墨宝展厅等。市场呈独立隔断式经营，色彩搭配，古朴典雅。市场内配有冷暖空调及完善的防火防盗系统，并拥有一流的物业管理配套服务。作为九三学社会员单位，百旺有着浓厚的企业文化，多次举办笔会及书画义卖活动，承揽个人及集体画展，在书画界同仁中有口皆碑。2006年，山东百旺文化市场被评为山东省十大文化科技通讯交易市场。

二、文化市场管理

1989年3月，市中区成立文化市场管理委员会。1991年，为全区137户印刷行业办理经营许可证，为40户音像制品经营户进行检查、验收和换证，查缴非法书刊2000余册、录像带300盘，录音带800盒，取缔无证业户9家。1993年3月，调整文化市场管理委员会，成员单位有区宣传部、区政府办公室、区文化局、区文明办公室、区工商局、区建委、区公安分局等部门；同时组建文化市场“扫黄打非”集中行动小组和文化市场稽查队。各街道、镇成立相应文化市场管理机构。当年处理较大案件19起，公开处理贩“黄”分子11人，取缔无证业户30家；文化市场开展“争创文明业户”活动。1994年，对全区文化市场进行检查，收缴非法书刊736册、非法出版小报23种、劣质录像带241盘、劣质VCD93盘、取缔无证书刊业户11家。1995年，对文化经营点换发全国统一的经营许可证，开展检查21次，收缴非法影碟388盘、CD唱盘40盒、录像带1283盘、淫秽录像带13盘。1996年，对文化市场进行检查整顿，查封13家游戏机场所，杜绝利用游戏机赌博现象；查封音像复版、盗版VCD视盘1130盘（其中淫秽27盘），CD唱盘223盘，录像带808盘（其中三级片82盘）。同时对音像经营业户进行全部登记换证。对书刊市场进行检查、清除部分无证业户，查获非法盗版刊物、黄色书刊510册。同年，对文化娱乐行业进行首次全国性普查登记。1997年，对文化市场进行全面检查，为香港回归和中共十五大召开创造良好社会环境。

1999年，贯彻落实国务院颁发的《娱乐场所管理条例》，对各类娱乐市场进行清理整顿，收缴非法盗版VCD光盘2231盘、磁带1290盒、电脑38台、PS机8台、非法游戏机盘板78块。2002年，根据省文化厅《关于开展“网吧”等互联网上网服务营业场所专项治理的通知》，全面清查网吧98家，审核通过11家、整改74家；按照市新闻出版局《关于对全市复印、打印、印刷企业进行清理整顿的通知》，对全区238家复印、打印、印刷单位进行全面检查摸底工作，压缩86家，停办21家，保留152家；根据济南市《关于对全市音像制品经营场所进行重新审核的通知》，审核全区图书音像经营单位，对6家经营单位开具初审意见书，并查缴非法出版物12746册、淫秽出版物7200余册、非法音像制品12094盘、淫秽音像制品284盘。2004年，制定执法检查明白卡、行政性收费明白卡等经营活动办事指南，清理整顿文化市场，取缔音像制品无证经营业户24家、书刊无证经营业户26家；整治检查网吧经营业户105家，取缔“黑网吧”7家，停业整顿3家。2006年，贯彻落实新修订的《娱乐场所管理条例》，依法对娱乐场所重新审核，整顿娱乐场所经营秩序。

第七节 文物古迹

1991年，全区有省级文物保护单位1处，即济南英雄山革命烈士陵园；市级文物保护单位2处。1999年，万竹园划归趵突泉风景区。2000年，十六里河、党家庄镇划归市中区后，增加党家庄西清真寺、玉函山摩崖造像2处市级文物保护单位。2006年，全区有国家重点文物保护单位1处，省级文物保护单位8处，市级文物保护单位4处，区级文物保护单位77处。

2006年市中区文物保护单位情况表

表22-1

名称	类别	年代	位置	保护级别	公布时间
世界红万字会济南母院	近现代重要史迹及代表建筑物	1934年	上新街南首	国家级	2006.5.25
英雄山革命烈士陵园	革命遗址及革命纪念建筑物	1949年	英雄山、五里山、马鞍山	省级	1977.12.23
中国社会主义青年团济南地方团成立会址	革命遗址及革命纪念建筑物	1922年	泺源大街育英中学内	省级	1992.6.12
清真南大寺	古建筑	元、明代	礼拜寺街	省级	1992.6.12
殷士儋墓	古墓葬	明、清代	党家庄镇凤凰山南	省级	2006.12.7
德国领事馆旧址	近现代代表建筑物	1901年	经二路	省级	2006.12.7
德华银行旧址	近现代代表建筑物	1901年	经二路	省级	2006.12.7
山东邮务管理局旧址	近现代代表建筑物	1919年	经二路	省级	2006.12.7
交通银行济南分行旧址	近现代代表建筑物	1925年	经二路148号	省级	2006.12.7
原美国领事馆	近代代表性建筑	20世纪20年代	小纬二路106号	省级	
清真北大寺	古建筑	清代	永长街	市级	1979.9.3
长春观	古建筑	明代	长春观街81号	市级	1979.9.3
党家庄西清真寺	古建筑	清代	党家庄镇党西村内	市级	1995.12.20
玉函山摩崖造像	石窟寺及石刻	隋、元代	大涧沟村东北佛峪内崖壁上	市级	1995.12.20
原基督教青年会旧址	近代代表性建筑	1924年	经二路67号	市级	

续表 22-1-1

名　称	类　别	年代	位　置	保护级别	公布时间
原山东红万字会诊所	近代代表性建筑	1928 年	魏家庄民康里 6 号	市级	
原胶济铁路宿舍	近代建筑	1915 年	大纬二路 19 号	市级	
杨台遗址	古遗址	龙山、夏商周代	党家庄镇杨台村东	区级	
西佛峪	石窟寺及石刻	隋、元代	十六里河镇分水岭村东	区级	
怀晋墓	古墓葬	清代	十六里河镇村庄东南	区级	
三官庙	古建筑	清代	十六里河镇大西村	区级	
白云观遗址	古建筑	明代	十六里河镇村庄	区级	
九顶山青峰洞	石窟寺及石刻	明、清代	党家镇刘家林村	区级	
殷家村遗址	古遗址	龙山、商代	党家庄镇殷家林村	区级	
催马庄南遗址	古遗址	新时期时代、夏代	党家庄镇催马庄西南	区级	
黄山店遗址		不详	党家庄镇黄山店村	区级	
催马庄北遗址	古遗址	东周、汉代	党家庄镇催马庄北	区级	
仁里庄南遗址		汉代	党家庄镇仁里庄南	区级	
丰齐遗址		汉代	党家庄镇丰齐村	区级	
安徽乡祠	古代建筑	清代	原馆驿街小学院内	区级	
杨台村西遗址		不详	党家庄镇杨台村西	区级	
圣泉寺遗址	古遗址	宋代	十六里河镇吴家村	区级	
柏山寺遗址	古遗址	宋代	党家庄镇邵而村	区级	
袁庄墓群		元代	党家庄镇袁庄村	区级	
张虎林墓		不详	党家庄镇展西村	区级	
关帝庙		明代	十六里河镇十六里河村	区级	
姑娘庙		不详	党家庄镇杜家庙村	区级	
兴隆寺		不祥	十六里河镇北康村	区级	
龙王庙		不祥	十六里河镇大涧西村	区级	
山东宾馆	现代代表性建筑	1954 年	经一路 92 号	区级	
宏济堂	近代代表性建筑	1906 年	经二路 295 号	区级	
原山东民生银行	近代代表性建筑	1932 年	经二路 166 号	区级	

续表 22-1-2

名　称	类　别	年代	位　置	保护级别	公布时间
原义利银行	近代代表性建筑	1911 年	经二路 130 号	区级	
原小广寒电影院	近代代表性建筑	1914 年	经三路 48 号	区级	
济南市伊斯兰协会	近代代表性建筑	不详	麟趾巷 30 号	区级	
两层小楼	近代代表性建筑	近代	小纬二路 335 号	区级	
德式别墅	近代代表性建筑	近代	仁爱街 7 号	区级	
古式民居	传统形式古建筑	清末	西凤凰街 30 号、40 号	区级	
洋楼	德式建筑	近代	长城彩扩中心	区级	
原上海商业储蓄银行济南分行	近代代表性建筑	1919 年	纬二路西	区级	
二层楼房	近代代表性建筑	不详	魏家庄同生里包括 2 号、4 号、6 号、7 号、13 号、15 号	区级	
济南医药店宿舍	近代代表性建筑	不详	西券门巷 14 号	区级	
民居	传统形式古建筑	近代	西券门巷	区级	
原柴家公馆	古代代表性建筑	近代	共青团路西凤凰街 72 号	区级	
民居	近代代表性建筑	近代	郝家巷 4 号	区级	
民居	古代代表性建筑	近代	普利门街 58 号	区级	
二层楼房	古代代表性建筑	近代	普利门街 50 号、58 号	区级	
原商人张宏升住宅	近代代表性建筑	近代	普利街 68 号	区级	
临沂电缆厂驻济南经营部	近代代表性建筑	近代	普利街 58-81 号	区级	
原马家布店	近代代表性建筑	近代	普利街 90 号	区级	
济南二轻灯具公司	近代代表性建筑	近代	普利街 86 号	区级	
华夏宾馆	古代代表性建筑	近代	普利街 58 号旁门	区级	
原西关马家宅	近代代表性建筑	近代	普利街 20 号	区级	
化工商店	近代代表性建筑	近代	普利街 46 号	区级	
市文化局房产公司	近代代表性建筑	近代	经三路 81-118 号路南	区级	
德国建筑	近代建筑	近代	经三路 46 号	区级	
德国建筑	近代建筑	近代	经三路 97 号	区级	
张荃生家宅	近代建筑	近代	经三路 80 号院内	区级	
原德国医院	近代建筑	近代	纬三路 101 号、107 号	区级	

续表 22-1-3

名　称	类　别	年代	位　置	保护级别	公布时间
德式建筑	近代建筑	近代	纬三路 84 号	区级	
景　园	近代建筑	近代	上新街中部路西	区级	
七贤村李氏碑刻	石窟寺及石刻	明代	七贤村新村楼群南侧山脚下	登记保护	
双庙墓塔	古建筑	不祥	党家庄镇双庙村	登记保护	
清虚观遗址	古遗址	不详	党家庄镇马家庄	登记保护	
赵家遗址	古遗址	汉代	党家庄镇赵家村	登记保护	
大庙屯墓群	古墓葬	魏、晋代	党家庄镇大庙屯村西	登记保护	
关胜墓	古墓葬	宋代	党家庄镇寨尔头村	登记保护	
杜家庙清真寺	古建筑	明代	党家庄镇杜家庙村	登记保护	
双石屋子	古建筑	清代	党家庄镇邵而东村	登记保护	
姑嫂塔	古建筑	宋代	党家庄镇蛮子村	登记保护	
渴马娘娘庙	古建筑	不详	党家庄镇渴马村	登记保护	
原津浦铁路宾馆	近代代表性建筑	1909 年	经一路 2 号	登记保护	
原隆祥布店西记	近代代表性建筑	1935 年	经二路 260 号	登记保护	
原瑞蚨祥鸿记	近代代表性建筑	1923 年	经二路 215 号	登记保护	
“亨得利”钟表店	近代代表性建筑	近代	经二纬四东北角	登记保护	
原皇宫照相馆	近代代表性建筑	民国初期	经三路 108 号	登记保护	
古旧书店	近代代表性建筑	民国初期	经三路 141 号	登记保护	
原日本医院	近代代表性建筑	民国初年	经七路 331 号	登记保护	
原英国领事馆	近代代表性建筑	20 世纪 20 年代	经七纬四路 115 号	登记保护	
基督教堂	近代建筑	中华民国	三里庄 13 号	登记保护	

第八节　档　案

一、设施馆藏

1991 年年初，档案馆共收藏 55 个全宗、18771 卷，其中永久 1811 卷，长期 14717 卷，短期 2243 卷，声像、印鉴档案 355 卷（盒）。按门类分为文书档案 7314 卷，科技档案 50 卷，专门档案如会计、教学、统计、审计、人口普查、诉讼、文化艺术、名胜古迹等 11407 卷。各种检索工具 10 种 456 册（本），文件卡片 3.5 万张，人名卡片 10.5 万张，馆藏资料 6000 余册。区属各档案室室藏总计 226191 卷（册），其中文书档案 164560 卷（册），专门档案 27714 卷（册）。至 1997 年底，档案馆共收藏 58 个全宗，18 大类，24178 卷，资料 10225 册。购置去湿机 2 台，微机 1 台，照相设备 1 套，铁橱柜 63 套。1998 年后，先后投资10余万元，更新消防器材，购置档案橱柜100余套，微机5台，打印机2台，空调6台及复印机、传真机、扫描仪等设备。

2006年，档案馆设特色档案室、电子档案室、实物档案室、爱国主义教育基地展室、裱糊室、数字化加工室，库房面积750平方米；有档案资料橱柜213套、去湿机10台、复印机2台、空调20台、微机19台、打印机14台、刻录机2台、扫描仪4台、服务器1台、防磁柜5台、数码照相机、摄像机各1台；安装密集架28组140立方米，并安装防火防盗自动报警系统、监控系统。有馆藏检索工具844册，文书、人名卡片19万张；馆藏档案18个门类、72个全宗40440卷623件；电子档案14盘1049件，声像档案58盘，照片357册5881张，资料12338册，接收公开现行文件3616件。

2006年，改造后的区档案馆新库房（区档案局提供）

二、档案管理

机关事业单位档案管理 1991年，全区机关事业单位档案室推行案卷目录、卷内目录打印制度管理。1991—1994年，机关事业单位档案室实行定级升级。1996年，区公安分局19个档案室全部一次通过升级验收考评，其中3个档案室升级为省一级档案室，11个升为省二级档案室，5个升为省三级档案室。1998年，全区机关档案工作开展目标认定工作。2002年，全区卫生系统档案实现规范化目标管理全面认定。2003—2006年，全区开展综合档案室档案管理年度考核，全区100个机关、事业单位参与考核，合格率100%。至2006年年底，区法院和区检察院档案室升为省级特级档案室，45个单位档案室升为省一级，43个单位档案室升为省二级，其余28个单位全部达标。

农业农村档案管理 1991年，七贤镇王官庄、文庄村开展农村村级建档试点。1992年，七贤镇所属25个行政村、居全部建立综合档案室。1994年，各村级档案室开展“优质建档、优良管理、优化利用，提高档案工作的经济社会效益”活动。1995年，魏家村档案室被评为济南市十佳村居档案室。1999年，开始建设农村档案信息网络，建立蔬菜、葡萄、奶牛、豆制品等科技档案800多卷。2001年，开展小城镇档案馆建设工作，建成党家庄镇档案馆。2004年，推行村级档案由街道、镇管理制度。2006年，启动新农村建设示范村建档工作，开始对无公害农产品建档。区农业局为果品、蔬菜、小杂粮3个无公害生产基地和圆葱、菠菜、大白菜、杏、葡萄、小米、绿豆7个无公害农产品建档。

企业档案管理 1991年，开始在全区企业推行档案综合管理。1992—1996年，组织全区28家重点骨干企业和“三资”企业，实施《山东省工业档案分类编号规则》《济南市“三资”企业档案管理办法》，有14家企业完成建档并实行新的档案分类标准。1997年，对济南市压力容器厂、济南市低压锅炉厂进行档案管理执法检查。1998年，开展企业档案“优质服务年”活动，为企业挽回经济损失9.3万元。2000年，开展企业档案目标管理认证，济南华飞有限公司成为全区首家省级目标认证单位。2003—2006年，开展民营企业建档工作，先后有6家民营企业建立产品、经营管理、科技档案2840卷。

城市建设档案管理　1991年后，区城建局档案馆按照济南市城建档案管理办法，对辖区城建工程、住宅小区、地下管线、环境卫生及环境保护工程建立档案。区房地产开发公司、区房管局开发公司、区拆迁办公室等建立居民住宅小区、城建重点工程档案。1993年，济南市城建住宅小区竣工档案编制工作现场会在市中区房地产开发公司召开。2005年，开展重点建设项目建档工作，制订分类方案，完善档案管理网络，规范经一路重点工程档案建档，开展背街小巷治理建档。

社区档案管理　2003年，开展社区档案建档试点。2004年，配合文明家庭创建活动，开展家庭档案建档工作，全区10个文明特色家庭建立艺术型、学习型、收藏型等7类档案80余盒500余件。2005年，对10个街道办事处21个社区居委会档案工作进行等级评定考核。2003—2006年，全区77个社区居委会共整理文书档案4652卷，低保档案2261盒，特需户档案1096盒，计算机磁盘、光盘档案62盘，照片档案82册，实物档案1174件。2006年，开展街道劳动保障中心规范建档工作。8月，在舜玉路街道劳动保障中心召开全区劳动保障规范建档试点现场会。全年有15个街道（镇）劳动保障中心完成规范建档，整理文书档案1025卷，业务退管档案41678袋，再就业档案185袋，照片4册；编制案卷目录、全引目录，目录打印率100%。

三、档案开发利用

1991年前，向社会开放档案2批190卷，包括已存档30年的区委、区政府2个全宗馆藏档案。1991—1997年，为社会提供利用档案资料10940卷（次），5396人（次）。

2002年4月，市中区现行文件阅览室向社会开放，同时，会同区委保密局对现行文件进行审查鉴定，通过《齐鲁晚报》《济南时报》等媒体及政府政务信息、档案杂志向社会公布档案开放信息。2003年，区政府网设置相关档案开放信息网页，向公众提供检索服务。2004年，实现现行文件进社区。

至2005年，向社会开放满30年的馆藏档案8批，包括区委、区政府、区革委、原区工业局、四里村街道、杆石桥街道、大观园街道、岔路街街道、魏家庄街道、经二路

2006年区档案局在泉城广场进行现行文件宣传活动（区档案局提供）

街道、经七路街道、馆驿街街道、共青团路街道等13个全宗1236卷，12844份文件。

至2006年，通过热线服务、预约查档、函电代查、代抄、复制等多种形式，为12937人（次）提供相关政策查考、编史修志、婚姻、招工等档案信息查询利用32036卷（次）。档案局编印《全区基本情况统计资料汇编》《市中区大事记》《市中区活动记录》《市中区防治非典型性肺炎文件汇编》及区党代会、区人代会文件汇编、区政协会议文件汇编等资料20余种，784万字，可随时查询。

第九节　地方史志

一、志书编纂

根据济南市志编纂委员会的要求，《市中区志》下限由1985年延至1990年。1991年，区志编纂工作委员会加快完成1986—1990年资料征集工作。同年，由市中区地名委员会组织编纂的《市中区地名志》出版。1992年，基本完成1986—1990年资料征集补充工作。1993年上半年，完成全部区志资料的审查、修改、分类整理。同年，《七贤镇志》出版发行。1994年6月底，区志文字编写、总纂工作基本结束，形成征求意见初稿。1995年上半年，区属56个部门、单位和在区里长期担任领导职务的8位老干部对区志初稿进行反复修改、补充。1996年，经市史志办评审定稿。1997年6月，《市中区志》交付齐鲁书社正式出版。11月26日，召开全区地方史志工作会议，《市中区志》向社会公开发行。1998年后，每年组织相关单位人员开展资料的搜集、整理和撰写工作。2004年，为《济南乡镇企业志》组织撰稿，68家企业参加，撰稿1.2万字。

二、年鉴编纂

1991年，由区志办公室编写的第一部《市中年鉴（1989）》出版发行。1991年后，根据省、市史志办要求，每年为省、市年鉴编纂部门提供市中区经济和社会发展的基本情况及工作特色，以文字和图片的形式全面反映辖区各项事业的建设成就。为确保年鉴供稿质量，区志办制订编写工作方案，落实编审工作责任制度，加强对机关部门和街镇相关人员指导，保证稿件内容丰富、资料翔实、特色鲜明，符合上级的组编要求。1997年，部署《市中年鉴（1991—1997）》的编辑工作并组织实施。2000年9月，《市中年鉴（1991—1997）》出版发行。2005年6月，部署《市中年鉴（1998—2004）》的编辑工作，2007年9月出版发行。

史志成果（区史志办提供）

至2006年，全区编纂综合年鉴3部，《统计年鉴》等专业年鉴10部；为《济南年鉴》供稿16万字，提供彩色照片100余幅；为《山东年鉴》供稿8万字，提供照片50余幅。

第二章 体 育

第一节 群众体育

一、学校体育

1991年后，区属各中小学常年坚持两操一课。区体育局（委）与教育局每年组织举办春、秋季中小学生田径运动会，定期组织全区中小学跳绳、踢毽子、冬季长跑等单项比赛。

1994年1月，经济南市体育局、教育局认定的体育传统项目学校有6所，田径有胜利大街、育新、上新街3所小学；排球有济南铁路局第五子弟小学；足球有永长街回民小学；乒乓球有济南第二十七中学。1996年6月，济南舜耕小学（田径）、济南第实验初级中学（乒乓球）、济南第六十八中学（航空模型）被确认为市级体育传统项目学校。1997年2月，济南舜玉小学被济南市体育局、教育局认定为乒乓球传统项目学校。1998年4月，经山东省体育局、教育局审定，确认济南育英中学（排球）、济南经五路小学、济南舜玉小学（乒乓球）为省级体育传统项目学校。2000年，济南第二十七中学率先把围棋教育引入课堂，创办带有实验性质的围棋特色班。2002年8月，济南第二十七中学被命名为山东省正道棋校，是教育部、国家体育总局批准的全国8家棋类活动中心之一，也是山东省唯一的青少年围棋俱乐部和全国棋类教学研究实验基地。前中国棋院院长陈祖德给予棋校很高评价，并赠送“合分纵横行正道，洞察黑白即文章”的楹联。2001年，省体育局、教育局相继认定济南育英中学（排球）、济南十四中（田径）、济南经五路小学和济南舜玉小学（乒乓球）为省级体育传统项目学校。2004年月2月，济南第二十七中学（正道棋校）被认定为省级体育传统项目学校。至2006年，辖区分别有8所小学、4所中学被审定为省、市两级体育传统项目学校。

1991—2006年市中区中小学体育达标情况表

表22-2

年份	学校（所）	实行锻炼标准学校（所）	学生（人）	参加锻炼学生（人）	及格率（%）	良好率（%）	优秀率（%）
1991	44	44	33362	25870	96.40	60.00	21.20
1992	43	43	33366	25944	95.80	58.40	18.90
1993	43	43	33147	30019	96.70	59.40	20.50
1994	41	41	32716	29924	95.20	60.00	23.00
1995	43	43	32843	31958	98.40	62.00	21.00
1996	46	43	30681	29940	96.30	58.80	19.60

续表 22-2

年份	学校（所）	实行锻炼标准学校（所）	学生（人）	参加锻炼学生（人）	及格率（%）	良好率（%）	优秀率（%）
1997	48	45	35299	34559	96.40	57.30	20.10
1998	45	45	37698	31714	95.76	54.16	18.79
1999	52	52	46512	38923	96.28	52.75	17.45
2000	85	85	58714	46592	96.64	53.00	16.63
2001	85	85	57418	44036	97.01	54.97	18.47
2002	85	85	56393	42536	98.62	63.55	26.11
2003	57	57	49523	40136	98.64	63.70	26.45
2004	57	57	49549	40013	98.65	63.72	26.47
2005	57	57	49633	40125	98.68	63.74	26.51
2006	57	57	49658	40217	98.69	63.75	26.53

附：市中区少儿竞技体校

原名市中区业余体育学校。1959年11月组建，为区体委下设全额拨款事业单位。主要承担市中区青少年业余体育训练和竞技比赛，向上级体育运动队（院校）培训、输送优秀体育后备人才。业余体校依托区属各中小学，将部分具有体育专长的中小学生分类组织，在课余时间相对集中指导训练。1991年，体校有人员19人，其中教练员14人，在训项目包括游泳、篮球、足球、田径、乒乓球。1995年9月，在济南育英中学挂牌成立首家市中区两集中（学习、训练集中）体育运动学校，初一、初二年级各成立1个体育班，形成阶梯型训练、输送体系。1998年7月，市中区业余体校更名为市中区少儿竞技体育运动学校。2000年12月，在胜利大街小学成立市中区少儿体校分校。2005年，经五路小学被国家乒乓球管理中心命名为乒乓球重点小学。2006年，向市级优秀运动队院校输送自行车、乒乓球、柔道、田径、铁人三项、排球等后备人才15人。1991—2006年，向上级优秀体育运动队（院校）输送体育后备人才157名，其中市级151人、省级5人、国家级1人。

二、职工体育

主要以职工喜闻乐见的运动项目和适合职业岗位劳动特点的、有益于健身和娱乐的锻炼项目为主。主要包括工前操、工间操、小型多样的锻炼或竞赛活动及简易运动会等。1991年，岔路街街道举办第九届职工运动会，近千人参加。10月，六里山街道举办第一届职工运动会，并选拔88人参加济南市举办的街道运动会。同年，有1400人参加区机关第六届田径运动会，1200人参加区教职工运动会。1994年，组织机关职工进行象棋、麻将、扑克比赛，参加人数1000余人；区园林局、区房管局、区工商局、区公共事业局相继召开职工运动会。1996年9月，玉函路街道办事处获济南市职工开展第七套广播体操先进单位。1997年11月，济南铸管厂拔河队代表市中区参加“国花美酒杯”全国拔河比赛，获男子组冠军。2002年，机关党委组织举办

“迎新春”象棋、扑克、乒乓球、跳棋比赛。2003年，区机关举办第八届田径运动会、区教委举办教职工运动会。2006年，区直机关党工委举办第九届区直机关运动会。

三、农村体育

1991年4月，七贤镇召开第一届全民运动会，比赛项目包括篮球、乒乓球及73个田径项目，45个单位、1425人参加比赛。1992年，七贤镇被评为山东省体育先进乡镇。1997年，七贤镇举办第三届全民运动会。2004年，区体育局开展“体育三下乡”活动，投资5000元为党家庄镇小白村配置乒乓球台、麻将桌、麻将、扑克等娱乐用品和宣传画、健身指导手册。投资5万元为十六里河镇、党家庄镇部分村安装健身器材。

四、社区体育

1991年，辖区已有太极拳、武术、十三太保、导引养生功、八卦掌、气功、武术辅导站132处，晨练人数1万余人。同年，6个街道代表参加济南市第八届街道运动会，获团体第二名；100人参加团体操比赛获第二名。1993年，各街道相继举办社区运动会。1998年，举办社会体育指导员培训班，培训三级社会体育指导员50名。在舜玉公园首先建议“全民健身路径”和“小篮板工程”，建立舜玉路全民健身活动中心。1999年10月14—16日，舜玉路街道在财政学院田径场举办首届社区运动会。同年，社区文化站改为文体站。2000年1月，各街道上千名健身爱好者在赤霞广场举办新千年全民健身大展示活动。2001年1月，2000名社区体育爱好者在英雄山广场参加济南市庆元旦长跑接力赛暨全民健身大展示活动。11月，舜玉路街道被国家体育总局评为1996—2000年度全国群众体育先进单位。2002年5月，全区开展太极拳月活动，2000名太极拳爱好者，在英雄山下表演太极拳、太极剑、太极扇等节目。2003年6月，在陵园广场举办全民健身活动宣传周，参加表演及观看人数3000人。6月17日，体育局与区妇联，在铁路玉函小区举办以家庭为阵地，以妇女为主体的全民健身进万家、家庭开展全民健身活动启动仪式，参加人数500人。8月，舜玉、四里村、六里山、杆石桥4个街道的20名居民参加济南市“英派斯”健身路径比赛。11月，区文明办、区妇联、区民政局、区体育局举办市中区妇女儿童全民健身活动家庭趣味运动会，11个街道的33个家庭进行运球接力、拔河等5个项目的比赛。2004年，在市中区第三届全民运动会上，15个街道、镇的运动员和社区居民参加比赛。2006年5月，36名社区居民参加全市“体彩杯”健身路径总决赛。

五、老年体育

1991年，全区有门球队130余个，组织门球邀请赛6次，1400余人参加比赛。在济南市第七届“长寿杯”门球赛中，市中区代表队获冠军；同年3月，成立门球协会、钓鱼协会、象棋协会、信鸽协会。1994年，举办翰林杯桂林至济南1500公里空距信鸽大赛和1000公里信鸽大赛。1997年，市中区门球代表队，在济南市三次比赛中均获冠军。1999年，在山东省老年人乒乓球比赛中，市中区代表队分获男甲、男乙冠、亚军，女甲冠军。2000年，组织各类活动14项，300余次，4万人参加；老年体协队在济南市门球比赛中获冠军；在市乒乓球比赛中2人获单打冠军。组织100人的形体韵律操队，50人的秧歌队参加“山东省炎黄子孙”接力活动；同年，2人被评为山东省老年体育先进个人。同年12月，市中区英雄山中心辅导站、市中区教委老年体协活动站被评为省老年体育工作先进活动站。2002年，在赤霞广场1000名老年人参加全民健身月老年文体展示会，表演扇子舞；600人参加迎十六大老人节健身展演活动，参加扇子舞、健身球、健身舞、太极拳（剑）表演。在济南市“静雅杯”乒乓球比赛中，市中区老年代表队获团体冠军，在济南市首届“牵珑球”技能大赛中，分获男老和女老冠军；同年12月，有1人被评为山东省模范老人。2004年9月，在英雄山南广场举办市中区老年体协成立二十年庆祝活动，8个健身站、1500人参加威风锣鼓、太极剑（拳、球）腰鼓表演。同年，2人获济南市老年人乒乓球男甲、男丙冠军；1人分别获山东省太极拳锦标赛太极拳套路个人冠军、太极剑套路个人亚军、全国老年太极拳比赛第四名。2005年，英雄山中心活动站被评为全国先进站点，老年长跑队获济南市第二届老年田径比赛团体冠军。2006年，1人获山东省“四君子杯”武术太极拳锦标赛太极刀冠军，1人获体疗太极刀冠军；在青岛国际太极拳剑比赛中1人获金奖。在西安国际太极锦标赛中，1人获32式太极剑一等奖、42式太极拳二等奖、全国武术太极拳锦标赛42式太极剑第二名。

六、残疾人体育

1991年，市中区举办伤残人运动会，600人参加。1994年5月14日，举办市中区第三届残疾人运动会，分为男、女两个大组，设智残、上肢残、聋哑、小学弱智、下肢残等5个组，田径比赛项目31个，有15个街道（镇）、1家工厂、3所学校的1500名伤残人员参赛。1996年，泺源小学田径队在亚太地区举办的特奥运动会及香港举办的第二十一届城市运动会邀请赛上，共获金牌9枚、银牌4枚、铜牌6枚。2003年，市中区残疾人代表队在全国特奥会及各项残疾人体育比赛中，游泳和田径比赛获金牌34枚，银牌29枚，铜牌33枚，并获体育道德风尚奖。2004年，社区残疾人协会举办钓鱼、扑克、象棋、乒乓球等比赛16项，参加人数1000余人次。

第二节　竞技体育

1991年，市中区中小学生参加全国、山东省及济南市举办的各项体育比赛，获全国比赛第一名2个、第二名1个，山东省第一名2个、第二名2个、第三名3个，济南市第一名12个。每年均组织中小学生代表队参加济南市举办的各项体育比赛，有多人作为山东省中小学生代表队参加全国比赛，并获优异成绩。

1996年，市中区青少年体育代表队参加济南市首届青少年运动会，获金牌37枚，团体总分810分，均为全市第二名，并获大会优秀组织奖、体育道德风尚奖。2000年，参加济南市第二届青少年运动会，178名运动员分别参加举重、武术、摔跤、柔道、游泳、排球、篮球、足球、乒乓球、羽毛球、田径等11个单项比赛，以金牌78枚、团体总分1119分的成绩获全市金牌和团体总分第二名，并获大会体育道德风尚奖、表演奖。游泳1人破1项市纪录，举重2人破2项市年龄组纪录。2003年，参加济南市第三届青少年运动会，190名运动员分别参加散打、武术、乒乓球、幼儿体操、举重、柔道、摔跤、游泳、篮球、排球、田径等11项比赛，以金牌97.27枚，团体总分600.25分的成绩获全市金牌和团体总分第二名，并获大会体育道德风尚奖。铅球1人破1项市少年组纪录。

1991—2006年市中区中小学参加市级以上体育比赛成绩表

表22-3　　　　单位：人次

年　份	第一名	第二名	第三名
1991	16	6	7
1992	18	17	1
1993	46	33	22
1994	52	40	35
1995	40	46	35
1996	58	50	40
1997	71	62	44
1998	60	47	40
1999	71	37	39
2000	94	45	32
2001	31	20	25
2002	33	25	34
2003	122	31	26
2004	17	28	13
2005	22	25	17
2006	20	16	18

第三节　市中区全民运动会

1995年10月4日，市中区首届综合性体育运动会在山东省体育中心田径场举办。本届运动会单项比赛从1995年5月9日开始，历时5个月，有区机关、街道（镇）、学校等26个单位150支代表队3740名的运动员参加9个项目的比赛，2万余名观众观看比赛。区教委、公安分局、区机关、铁一中、七贤镇、育英中学、永长街回民小学、舜玉路街道、房管局、区农业银行、区卫生局、区交通局、济南人民商场、玉函路街道办事处等单位取得较好成绩。

1999年10月19日，在省体育中心田径场举办全区第二届综合性运动会。本届运动会各单项比赛自4月开始至闭幕，历时7个月，全区90家单位197支代表队的3100名运动员，参加门球、乒乓球、足球、象棋、麻将、游泳、篮球、田径、广播体操、拔河等10个项目的比赛。10月21日闭幕。有5人1队破16项纪录；小学组有4人2队破5项纪录；高中组有5人破3项纪录。

2004年10月20日，在市体校田径场举办全区第三届全民运动会。43个代表团的2000余名运动员以各具特色的表演参加入场式。《市中大地龙欢腾》9龙飞舞表演、育英中学300名学生《校园集体舞》表演、区老年体协400名健身爱好者《太极功夫扇》表演，博得2万名观众的喝彩。本届运动会打破以往单纯机关人员参赛惯例，将参赛范围扩大到社区居民和民营单位。自 2004 年 4 月单项比赛开赛，全区有 14 个系统党委，15 个街道（镇），226 支代表队，3400 余名运动员参加门球、乒乓球、象棋、羽毛球、游泳、篮球、广播体操、拔河、跳绳、踢毽子、田径等 11 个大项比赛。

1995 年市中区首届全民运动会团体第一名情况表

表 22-4

奖项分类	获奖单位	奖项分类	获奖单位
成人团体总分	区教委	游泳团体总分	区公安分局
成人田径团体总分	区教委	象棋男子甲组	区机关
高中组团体总分	铁一中	象棋男子乙组	区机关
初中组团体总分	育英中学	象棋女子乙组	七贤镇
小学组团体总分	永长街回民小学	门球男子组	区机关
乒乓球男子组总分	区公安分局	拔河男子组	舜玉路街道
乒乓球女子组总分	区房管局	拔河女子组	区公安分局
篮球男子组	区教委、区房管局、区农行、公安分局	篮球女子组	区公安分局
广播体操	区教委、区房管局、公安分局、区卫生局、区交通局、玉函路街道、济南人民商场		

1999 年市中区第二届全民运动会团体第一名情况表

表 22-5

奖　项		单　位	奖　项			单　位
团体总分		区教委	麻　将			区机关
门　球		区房管局	游　泳			区公安分局
乒乓球	男子团体	区公安分局	篮球	男　子		区教委
	女子团体	区公安分局		女　子		区公安分局
象棋	男　子	七贤镇	足球	小学男子		永长街小学
	女　子	区卫生局		小学女子		永长街小学
羽毛球	男子团体	十六里河镇	拔河	男　子		区公安分局
	女子团体	区机关		女　子		区公安分局
田径总分	成人组	区教委	田径总分	初中	甲　组	育英中学
	学区团体总　分	育英学区			乙　组	实验初中
	高中组	铁一中		小学组		经五路小学
广播体操	一等奖单　位	区教委、机关二队、区卫生局、区房管局、区建委、区公安局、开发拆迁、泺源街道、经七路街道、魏家庄街道、王官庄街道、二七新村街道、四里村街道、舜玉路街道				

2004年市中区第三届全民运动会团体第一名情况表

表22-6

奖项			单位	奖项			单位
金牌	机关组		区教育局	团体总分	机关组		区教育局
金牌	街道、镇组		十六里河镇	团体总分	街道、镇组		十六里河镇
乒乓球	男子团体		党家庄镇	拔河	机关组		区教育局
乒乓球	女子团体		杆石桥街道	拔河	街道、镇组		党家庄镇
象棋	男子	青年组	十六里河镇	篮球	男子	机关组	区教育局
象棋	男子	中年组	杆石桥街道	篮球	男子	街道、镇组	六里山街道
象棋	女子	青年组	十六里河镇	篮球	女子	机关组	区教育局
象棋	女子	中年组	机关一队	篮球	女子	街道、镇组	十六里河镇
羽毛球	男子团体		十六里河镇	门球			军区四所
羽毛球	女子团体		区机关	游泳团体总分			十六里河镇
田径总分	机关组		区教育局	田径总分	初中	甲组	育英中学
田径总分	街道、镇组		杆石桥街道	田径总分	初中	乙组	实验初中
田径总分	学区团体总分	乙组	育英学区	田径总分	小学	甲组	育新小学
				田径总分	小学	乙组	十六里河镇

第四节 体育设施

一、市中区体育训练活动中心

位于八一立交桥南，英雄山路东侧，占地1.04公顷，建筑面积2.01万平方米，是一座集健身、训练、娱乐、商业于一体的综合性体育场馆。1996年5月，成立市中区体育训练活动中心筹建处。8月27日，市中区体育训练活动中心奠基，11月破土动工。1997年10月5日，区编委批复市中区体育训练活动中心为副处级、自收自支全民事业单位，隶属于区体委管理。2000年4月，区体委搬入院内新建成的区体育中心北附楼一层办公。2001年6月，区体育中心主体楼建成完工，主体楼一、二层由济南平安保险公司租用。7月6日，三楼室内游泳馆由济南市源淞有限公司承包并对外开放，投入使用。9月，体育局成立体育中心办公室。2002年10月25日，体育局迁出区体育中心大楼。区体育训练活动中心独立经营。

二、山东省体育中心

位于经十路124号，建于1987年，东西长800米，南北宽280～630米，占地面积约33公顷，建筑面积5.54万平方米；有体育场、体育馆、游泳馆、综合练习馆、运动员接待楼及室外场地和附属设施。场内设有标准塑胶跑道，场地中间有105×70米国际标准足球场。2002—2003年，投资8300万元进行大规模改建，草皮更换为适合济南气候的新草种，观众座椅全部更换为彩色中空吹塑全后背座椅；照明灯采用2条线不间断供电，监控装置由30个监控镜头增加到60个，可对体育场内及场外数百米范围进行有效监控；场内有4座照明灯塔（55米,60吨），场馆容量5.5万人；场内拥有10多家健身俱乐部，设施齐全、服务完善，是济南市民主要的健身活动场所之一。省体育中心是山东省主要的体育和文化活动中心、山东鲁能泰山队的主场。2004年，成功承办亚洲杯足球赛。

三、英雄山健身广场

英雄山是济南市传统的群众体育活动场所。最初，市民自由分散在公园、山上、空旷地进行休闲游览和体育锻炼，锻炼方式多以打拳、练功、登山、散步、慢跑为主。1977年5月，由区体委倡导，经与公安、烈士陵园管理部门协商，联合成立英雄山地区体育活动辅导站，旨在引导、规范群众性体育活动进一步开展。1991年后，市民来此晨练、晚练的市民不断增多，活动内容有太极拳、太极剑、太极球、跳绳、踢毽子、太级功夫扇、腰鼓、气功、抖空竹、武术、放风筝等10多项。1998年，在英雄山西麓开办蓝天交谊舞场，英雄山北麓安装大量群众体育器材。此后，英雄山成为广大市民体育休闲、群众性体育交流及普及全民健身运动的最佳场所。2000年6月24日，在英雄山广场举行英雄山健身广场揭牌仪式。2003年，英雄山健身广场被国家体育局评为全国健身样板工程。

四、全民健身路径及场所

1998年，在有条件的街道（镇）、社区，开始实施“全民健身路径”和“小篮板工程”。9月15日，“济南市首批全民健身建设工程暨小篮板工程竣工仪式”和“舜玉路地区全民健身活动中心”在舜玉公园举行揭牌仪式，副市长刘荫岛、副区长崔学莉及济南市四区的体委主任参加。2003—2006年，全区共建设“全民健身路径”（包括鹅卵石健身路径）93条；健身器械673件；小篮板工程23个（处）；健身房1处；地掷球场地2处；体质监测站1处；羽毛球场3处；排球场1处；门球场地2处。

第五节 体育产业

一、市场经营

1991年前，一般体育用品都是伴随文化产品在文化体育用品综合商店经营，只有大宗的体育器材、器械、专用设备等在特设的体育用品商店经销。20世纪90年代初，随着辖区群众性体育活动的广泛开展，一些小型、分散的体育培训机构应运而生，如武术、体操、舞蹈、气功等，随之服务于各类体育运动的器械、服装、小型体育器材经营活动也日趋活跃。部分培训机构向培训对象收取少量的培训费和成本费。至90年代中期，产生一批以体育技能辅导为职业的专兼职人员，按培训辅导的难度、强度，把收取培训的经费作为一种经营收入。1999年，经综合整治，体育经营逐步走入健康发展轨道。2003年，辖区193处体育场所有58处放开经营。2004年，山东省体育中心改建配套工程完成后，作为入驻英雄山商圈的大型综合商业项目——鲁商广场，占据省体育中心周边的绝佳位置，项目总建筑面积约21万平方米，有全民健身各类运动场馆，包括篮球、排球、网球、乒乓球、羽毛球、游泳馆等，对外提供训练、健身等服务。

二、体育彩票管理与销售

2004年，辖区开始发售体育彩票。2月20日，区体育局与市体育局签订2004年度济南市体育彩票工作责任书，预订销售任务1907万元。全区开设体育彩票销售网点94个，累计完成销售任务1296万余元，占全年计划的84.9%，列市（区）第一名。2005年，加强彩票宣传，调整网点布局，全年完成体育彩票销售5006万元，完成全年任务的374.14%。2006年，增加销售机20台，有销售点110个，完成销售3740万元。

第二十三篇　医疗卫生

1991年，辖区有区属医疗机构4家，街道（镇）卫生院12所，农村卫生室19个；驻区医院15所及省、市医药卫生单位7个。1993年2月、1995年4月、1998年7月，市中区3次进行公费医疗制度改革。1999年12月，十六里河镇、党家庄镇卫生院划归市中区卫生局。同年实施《中华人民共和国执业医师法》，对全区卫生技术人员进行执业医师或执业助理医师资格认定。2002年10月，全区执行济南市城镇职工基本医疗保险暂行办法。2005年8月，实行新型农村合作医疗制度。至2006年，辖区卫生医疗机构发展到458个，卫生技术人员5648人。

第一章 体制改革

第一节 管理体制改革

1991年，区卫生局设办公室、业务科、红十字会办公室和公费医疗办公室。辖综合性医院、防疫站、妇幼保健站、牙科联合诊所各1处；街（镇）卫生院12家，农村卫生室19个。同年5月，全区设立市中区医药卫生学会门诊部。1992年，社会办医开业12家。1993年10月，魏家庄街道卫生院停办。1996年7月，市中区牙科诊所拆迁歇业。9月，四里村街道卫生院停办。1997年11月，共青团路街道卫生院更名为泺源街道卫生院。1999年4月，公费医疗办公室由区卫生局划归区劳动与社会保障局。同年11月，卫生局增设监督科、财务科。12月，十六里河镇、党家庄镇卫生院划归市中区卫生局。2001年12月，监督科并入业务科。2006年，增设新型农村合作医疗管理办公室。区卫生局设办公室、业务科、财务科、红十字会办公室、新型农村合作医疗管理办公室。辖市中区医院、疾病控制中心、卫生监督所、妇幼保健站。

第二节 公费医疗制度改革

1989年前，辖区公费医疗由济南市公费医疗办公室统一管理。1989年8月，公费医疗实行属地管理，区卫生局成立公费医疗办公室，负责办证、审核汇总、报销等工作，定期到区医院审查处方，并制定《市中区公费医疗管理暂行办法》。1993年2月，公费医疗实行改革，制定《市中区公费医疗制度改革试行办法》。主要内容是：享受公费医疗人员就诊时个人负担门诊医疗费的10%、住院医疗费的5%，年度内个人累计负担120元封顶，超过部分经审核实报实销。1995年4月，根据公费医疗2年改革实践，借鉴其他区、县公费医疗改革经验，重新修改制定《市中区公费医疗改革试行办法》《公费医疗实施细则》《公费医疗须知》。主要内容是：公费医疗经费由年人均450元提高到500元，个人承担门诊医疗费的20%、住院费的10%，上不封顶，离休和二等乙级以上伤残军人实报实销；实行定点医院、定点医疗和现金结算，公费医疗经费由医院统一管理使用，对超出全年定额部分按5∶3∶2的比例分别由区医院、区财政局和享受单位共同分担。1997年6月，对上述规定和办法再次进行修订和完善。

1998年7月13日，区委、区政府印发《市中区公费医疗制度改革试行办法》，规定自1998年7月1日起，报销比例：在职干部和退休人员一律承担门诊和住院费的20%，上不封顶；离休干部、二等乙级以上伤残军人实报实销；区医院按年人均600元全部包干，超支后由区医院全部承担，节余经费归医院公费医疗滚存使用。2001年，辖区市属以下企业、灵活就业人员、社会退休人员、区属以下机关事业单位职工全部纳入医疗保险。2002年10月，执行济南市政府发布的城镇职工基本医疗保险暂行办法及其实施细则。

第三节　新型农村合作医疗制度

1991年前，辖区七贤镇已实行农村合作医疗制度。1999年12月，十六里河、党家庄镇划归市中区，农民因病致贫、因病返贫现象较为普遍，区、镇政府只能通过社会救助或重点帮助等应急措施加以解决。2005年7月，区委、区政府制定《关于建立新型农村合作医疗制度的实施意见》，2005年8月开始实施。

2006年，区委、区政府制定《关于新型农村合作医疗运转管理有关问题的补充意见》，提高新型农村合作医疗财政补助标准，农民在镇卫生院医疗费用报销比例由20%提高到30%，在区属医院住院医疗费用报销由15%提高到25%，在其他公立医疗机构住院医疗费用不足1万元的报销20%、3万元之内报销25%、3万元以上报销30%；门诊补偿报销和住院大病统筹补偿报销以每人每年20000元封顶。超过限额的参合农民，若家庭仍难以承受，可以纳入全区城乡困难群众社会救助体系，由民政、慈善总会、红十字会统筹予以大病救助。对符合计划生育政策的参合农民，可获一次性定额补偿50元。2005年8月—2006年12月，全区参合农民79460人，参合率81%；筹集专项资金183.45万元（其中，市级财政投入37.74万元，区级财政投入32万元，镇财政投入23.83万元，农民个人缴纳资金89.88万元）。住院补偿598人次，支付补偿资金64.32万元；家庭账户补偿4388人次，支付补偿资金6.11万元。

第二章　医　疗

第一节　机　构

1991年，辖区有市中区人民医院、区防疫站、区妇幼保健站各1处，共489人；街（镇）办卫生院（所）12所，共68人；驻区医院15所及省、市医药卫生单位7个。2006年，辖区有卫生医疗机构458个，其中各级医院28所，工作人员7069人，其中卫生技术人员5648人。

一、区属医疗机构选介

济南市市中区人民医院　简称市中区医院，1951年成立，位于经四路189号。1960年，更名为市中区人民公社医院，1967年更名为红旗区人民医院，1973年更名为市中区人民医院。是一所集医疗、科研、教学、预防保健、社区卫生服务为一体的全民二级综合医院。1996年，区政府投资500万元扩建医院新门诊大楼，建筑面积4051平方米，1997年10月竣工投入使用。2004年10月24日，区医院成为济南市第二批医保定点医疗机构。

医院中医外科在济南市久负盛名，经验秘方“万应膏”由老中医陶仲锟于1951年引入，为陶氏祖传秘方，已历经四代，有60余年历史，用于治疗乳腺炎、乳腺增生等乳腺疾病以及腮腺炎、淋巴结炎、疖、疮、疡、痈、疽、瘰疬等外科疾病，具有毒副作用小、治愈率高、疗效奇佳的特点。

医院主要特色门诊脑瘫矫形治疗专科，运用具有国际先进水平的“选择性背神经后根切断术”“颈总动脉交感神经网剥脱术”“高选择周围神经肌支切断术”治疗脑性瘫痪病人；针灸减肥门诊科研课题“针灸、穴敷治疗单纯性肥胖病的临床研究”，经省级专家鉴定，达到国内领先水平；残疾人康复中心工作人员，全部经北京博爱医院和黑龙江脑瘫疗育中心进修学习，主要治疗脑瘫、偏瘫、截瘫、各种韧带肌腱损伤、骨伤后期功能障碍，是济南市为数不多的特色项目。

2006年，医院总建筑面积1.16万平方米，万元以上设备53件套，固定资产441万余元；职工302人，其中专业技术人员289人；正高级职称1人，副高级职称35人，中级职称141人。有内科、外科、妇产科、急诊科、口腔科、针灸科、医院感染控制科、眼科、耳鼻喉科、公费门诊、药剂科、手术室、检验科、特检科、脑瘫治疗中心、查体科、放射科、中药房、西药房、供应室、保健病房等35个医疗、医技科室。设有分院、社区卫生服务中心（站）等分支机构。

2006年济南市市中区人民医院分支机构情况表

表23-1

名　称	成立时间	地　点	医疗服务功能及专业特点
一分院（1997年5月加挂魏家庄社区卫生服务中心的牌子）	1951年	经二路塘子街2号	专治常见病、多发病、口腔疾病，小儿免疫、化验，中医中药理疗针灸，祖传秘方研制的“万应膏”专治乳腺炎、腮腺炎、淋巴及疮疖肿沮顽症等方面疾病
二分院（1998年8月加挂经八路社区卫生服务站的牌子）	1960年	经八路68号	常见病、多发病、化验
三分院	1996年7月	英雄山路78号市中区区委二宿舍院内	常见病、多发病、计划免疫、妇幼保健
四分院	1998年9月	建设路89号市中区区委四宿舍院内	主要承担宿舍区一、二类离、退休干部的医疗卫生保健服务
五分院（又称六里山社区卫生服务中心）	1997年7月	玉函小区76号	常见病、多发病，小儿科常见病，小儿计划免疫，口腔、化验
八分院	2000年6月	郎茂山路6-2号市中区区委五宿舍院内	对宿舍区及周边市中区属机关、事业单位提供公费医疗及卫生保健服务
九分院	2002年1月	郎茂山北二区6号	计划免疫
舜耕社区卫生服务中心	2004年10月	阳光舜城服务中心	常见病、多发病，小儿科常见病，小儿计划免疫

续表 23-1

名　称	成立时间	地　点	医疗服务功能及专业特点
大观园分院（2000 年 5 月改称大观园社区卫生服务站）	1960 年	经五路 157 号	常见病、多发病
岔路街社区卫生服务站	1999 年 10 月	小经六路 179 号	常见病、多发病、化验
西八里洼社区卫生服务工作站	2005 年 3 月	西八里洼 518 号	常见病、多发病

济南市市中区卫生防疫站　位于经十路信义庄 27 号，1956 年 3 月成立，建筑面积 457.5 平方米。1990 年，设食品卫生、环境卫生、防疫、计划免疫、检验、劳动卫生、门诊部、办公室 8 个科室，有职工 39 人。1991 年年底，增设健康教育科。1996 年，增设地方病科。1997 年 10 月，卫生防疫站升为正处级事业单位；同年，通过省级计量认证。1998 年，地方病科、健康教育科及劳动卫生科合并为综合科，年底增设乡镇卫生科。1999 年 11 月，位于郎茂山路 6 号的综合办公楼落成并投入使用，建筑面积 3400 平方米。2003 年，建立疫情信息网络直报系统，形成预防突发性公共卫生事件预警网络。2004 年 3 月，机构调整为监督一科、监督二科、监督三科、监督四科，防疫科、计划免疫科、综合科、检验科、门诊部及办公室 10 个科室。2005 年 12 月，成立艾滋病防治科，建立艾滋病筛查实验室；同年，获全省艾滋病筛查实验室综合评审第一名。2006 年，区卫生防疫站撤销，成立区疾病预防控制中心与区卫生监督所，均为正处级全额预算管理事业单位。

二、驻区医疗机构选介

济南市传染病医院　1942 年 1 月成立，位于大明湖铁公祠内。1948 年 7—8 月停办。1951 年，济南市卫生局按山东省卫生厅指示，确定建立传染病医院，1952 年 10 月 1 日正式开诊。1957 年 12 月，医院迁至经十路 22029 号。

2006 年，有职工 525 人，其中专业技术人员 448 人。医院发展成为集医疗、教学、科研于一体的综合性传染病医院，占地面积 2.79 万平方米，业务用房面积 1.16 万平方米。

医院坚持走科技兴医、人才强院之路，经常选派优秀医务人员外出进修学习，定期聘请国内外专家学者到院讲学。发挥老专家的传帮带作用，鼓励中青年医务人员考研深造，有计划、有目的地培养、引进各级各类高素质专业人才。拥有包括国务院特殊津贴获得者、博士生导师、硕士生导师、教授等大批国内外知名专家、学者，承担毒性肝炎、肝硬化、肾综合征出血热、乙脑、流脑、性病等 30 多种法定传染病诊治及新发突发传染病救治任务。设有人工肝血液净化中心、重肝治疗中心、肝病介入治疗中心、脂肪肝病治疗中心、中西医结合肝病治疗中心、医学检验诊断中心等多个特色专业。肝病、出血热专业被列为省市重点专科，中西医结合肝病专业被评为济南市中医类建设重点专业，共收治各种病毒性肝炎 150 万余例，出血热病人万余例。

济南市妇幼保健院　位于建国小经三路 2 号。1951 年成立，是一所集保健、预防、医疗、教学、科研、社区服务于一体的三级甲等妇幼保健院，是泰山医学院教学医院，济南市城镇职工医疗保险定点医疗机构、济南市新农合定点医疗机构。

医院以创建一流重点学科为目标，围绕孕前、孕期、产中、产后母婴保健，确立产前诊断新技术的开发和应用研究、高危妊娠系统管理和促进自然分娩行动、围产儿疾病救治研究3个研究方向。在全市率先启动产前筛查系统，解决21-三体、18-三体、神经管畸形、TORCH宫内感染等产前诊断难题。结合外周血及羊水培养、DNA荧光定量、羊水基因诊断、荧光原位杂交技术，将产前诊断提高到亚细胞水平。设立“围产医疗保健中心”“妇女医疗保健中心”和“儿童医疗保健中心”，为全生命周期提供系统化的医疗保健服务。医院获国家级科技进步奖2项，省级科技进步奖4项，市级科技进步奖16项，11项科研成果达到国际、国内先进水平，每年在国内外学术期刊发表论文百余篇。

2006年，医院有职工618人，其中卫生技术人员523人；有正高级卫生技术人员15人，副高级卫生技术人员61人，中级卫生技术人员191人，初级及以下256人。医院获全国首批国际爱婴医院、全国卫生系统先进集体、全国百姓放心示范医院、全国巾帼文明岗、山东省卫生系统先进集体等称号。

济南市口腔医院　1952年11月，“渤海齿科医院”“东海齿科诊所”“庆齿科诊所”3家诊所成立“济南牙科联合诊所”。1956年7月，由政府接管，更名为济南市口腔病防治所。1984年12月，升级改建为济南市口腔医院，建筑面积1.47万平方米，编制床位50张，实际开放15张。

医院是山东省临床重点专科、滨州医学院非隶属附属医院、硕士学位授予点，全国执业医师口腔类实践技能考试基地、国家住院医师规范化培训基地、山东大学口腔医学院、济宁医学院等高等医学院校教学实践基地。牙体牙髓专业、口腔正畸专业是济南市医学重点专业。卫生部口腔种植中心济南人工种植牙技术辅导站、济南市齿科修复中心、济南市儿童齿科治疗中心、济南市口腔专业质量控制中心均设在该院。

医院的计算机辅助设计与计算机辅助制作技术（CAD/CAM）、显微根管治疗技术、门诊儿童全麻下口腔治疗、微种植体支抗技术、隐形矫治技术、即刻种植修复、ON-LAY植骨等骨增量技术、GTR技术、GBR技术等已达国内先进水平。

山东中医药大学第二附属医院　1904年成立，名为万国缔盟博爱恤兵会医院，长期服务于铁路职工、家属。院名、院址几经更改，1959年定名为济南铁路局济南铁路中心医院。2004年，由济南铁路局整建制移交山东省政府。2005年，成为山东中医药大学第二附属医院（第二临床学院），是山东省卫生厅直属医疗机构之一。拥有享受国务院特殊津贴专家、国家优秀中医临床人才、山东省泰山学者特聘教授、山东省有突出贡献中青年专家、山东省名中医药专家、山东省中医优秀学科带头人、山东省卫生系统杰出学科带头人等21人；25人担任国家级专业委员会副主任委员、常务委员，79人担任省、市级专业委员会主任委员、副主任委员。

医院位于市中区经八路1号，占地面积5.18万平方米，建筑面积7.34万平方米，拥有综合病房大楼2座、医技大楼1座、康复大楼1座、眼科大楼1座、门诊大楼2座（其中第一门诊部大楼位于经一路85号）、药剂大楼1座、总务楼1座。设41个临床医技科室、1个门诊部、1所眼科医院和8个社区卫生服务中心（站），是集医疗、教学、科研、预防、保健、康复为一体的综合性医院，济南市基本医疗保险和省、市属企业离退休人员医疗保险定点医院，山东省首批8家农民工工伤定点医院，山东省医疗救助定点医院，山东省“360工程”技术培训基地。

医院小儿科、妇产科、眼科是山东中医

药大学重点学科；生殖医学科是卫生部批准的山东省正式运行体外受精—胚胎移植、卵泡浆内单精子显微注射技术3家医疗机构之一，是山东省首批获准开展无精人工授精技术的医疗机构。

1992年成为山东省首批、济南市首家三级甲等医院；1994年被命名为国际爱婴医院；2000年获山东省百佳医院、铁道部十佳医院称号；2004年获山东省卫生系统文明单位称号。至2006年，共获省、部级科技进步奖29项，其中5项获国家科委颁发的科技成果证书。医院主编出版学术著作25部。

第二节 医疗技术

1990年后，区医院对农药中毒的抢救，治愈率达99%，首创大剂量阿托品静脉直推抢救技术。多次参加省、市医院肺心病协作研究，开展动态心电图监护，同步呼吸机抢救呼吸衰竭，抗栓溶酶治疗心肌梗死，脑活素治疗脑血管病变，救治心脏骤停，顽固性心律失常等。外科能独立开展肺叶切除、食道癌中下段根治、脾静脉分流、甲状腺瘤摘除等大型手术。1994年1月，医院各项医疗技术达到二级综合医院水平，被济南市分级管理办公室评定为二级乙等医院。7月，开设结核病科，为肺结核病患者免费提供规范检查和治疗。同年，开展纤维胃镜技术。

1996年，放射科与山东省放射研究所协作，开展“介入性治疗”技术，对5名癌症患者和1名股骨头坏死患者进行治疗，取得显著疗效，成为医院的重点技术项目。1998年7月，区医院与市中区法院合作成立市中区法医鉴定门诊，为区司法部门伤残鉴定服务。同年，区医院采取引进、联合共建方式，成立碎石治疗中心和脑瘫矫形治疗中心。碎石治疗中心能对胆结石、泌尿系统结石进行有效治疗。脑瘫矫形治疗中心引进“选择性脊神经原根切断术”，治疗小儿脑瘫，术后进行肢体康复训练，能够基本恢复自理能力，有效率98%，是省内治疗痉挛型脑瘫最先进技术。2003年5月12日，康复治疗残疾肢体技术得到发展。12月，区医院科研项目“针刺中药穴敷治疗单纯性肥胖的临床研究”在济南市科技局立项。2004年5月30日，济南市科技局召开课题鉴定会，对“针刺中药穴敷治疗单纯性肥胖的临床研究”作出“主题明确、实用性强、设计合理、效果显著、无副作用，研究成果达到国内同类研究领先水平，具有实用价值和广阔的推广前景”评价。同年，区医院与上海眼科专家联合开展“白内障超声乳化加晶体植入术”，成功率100%。2006年，开展乳腺专科项目，利用中医外贴膏药、内服中药，结合现代诊断仪器及手术，打造出治疗乳腺病特色专科。2006年，医院在国家级报纸、刊物上发表医学论文10余篇。

第三节 医疗设备

1991年，区医院有各种医疗器械、设备30余种，价值约45万元。此后，购置纤维胃镜、500毫安X光机、B超仪、心电监护仪等大型医疗设备24件（套）。到1997年，有45个种类，总额价值150余万元。1998年，引进血球计数仪、多普勒胎心听诊器、三导心电图机、综合手术台等医疗设备80万元。1999年，为社区卫生中心站点配备中小型检验设备，所有中心服务站实行微机管理。2003年，区医院争取专项贴息贷款300万元，购置800毫安多功能数字X光机、日本产彩色多普勒超声诊断仪和多功能牙椅等一批医疗器械。2004年，区医院拥有西门子多功能数字X光机、日立彩色超声诊断仪、血流变快测仪、全自动尿分析仪等设备仪器，价值450万元。投资65万元，为重症监护室及内科病区添置部分医疗设备。

1991年，区卫生防疫站有粉尘采样器、辐射热计、声级计、热球式风速仪、余氯比色计、电热干燥箱、红外线快速干燥器，分析天平、电热恒温水溶箱、4联万用电热器、隔水式电热恒温箱、紫外线强度测定仪、数字式离子计、幻灯仪、录像机、冰柜、冰箱、录音机、照相机、扩音设备。同年，购置双目显微镜、监视器、声级计各1台。1993年，购置一氧化碳测定仪、二氧化碳测定仪、数字式温度表等。1994年，购置电冰箱。1997年，购置微量振荡机、摄像机、原子吸收电子天平、强力加热搅拌器等。2000—2004年，先后投入经费128余万元，购置新型精密仪器设备6台。

1991—1996年，区妇幼保健站购进检验设备9台，心电图机1台，B超1台，微机1台，价值8万元。1996—1997年，更新X光机、B超、红外乳腺诊断仪、心电图机、显微镜价值24万元。2001年，购置半自动生化分析仪、尿十项分析仪、全自动血细胞分析仪。2003年，购置儿童保健电脑。2004年，引进妇科微波治疗仪等先进医疗设备。

第四节　社区医疗服务

1997年，辖区7个街道23个居委会组织协调本区域内医疗机构和卫生技术人员，开展便民卫生服务工作。进行健康调查并建立家庭档案7000户22178人。开展卫生服务3700余人（次），健康教育5500余人（次），为老年人和儿童查体2500余人（次）。同4月，区政府成立社区卫生服务领导小组，制订《市中区社区卫生服务实施方案》，在魏家庄、杆石桥、二七新村、经七路、舜玉路、泺源、经二路7个街道先行试点。12月，全国社区卫生服务现场研讨会在济南召开，国务委员彭珮云、卫生部部长陈敏章视察市中区泺源街道社区卫生服务中心，与会代表参观市中区二七街道社区卫生服务中心。1999年4月，区政府提出规范化门诊建设标准及工作要求，区卫生局成立社区卫生服务工作技术指导小组。2001年7月，区卫生局制定《进一步加强中医药社区卫生服务工作意见》。2002年4月，召开全区社区卫生服务工作总结表彰大会。2002年10月老人节前夕，组织巾帼建功服务队与二七街道联合开展老年人健康咨询、义诊、保健活动。2003年10月，社区卫生服务机构为老年人开展义务查体、专家义诊、健康咨询、免费赠送药品等活动。

2004年4月，召开全区创建全国社区卫生服务示范区活动动员大会，下发《市中区创建全国社区卫生服务示范区活动实施方案》。5—7月，投资500万元，对魏家庄、六里山、泺源街道社区卫生服务中心和回民小区、经八路、白马山街道社区卫生服务工作站进行改建，增加业务用房面积2000平方米，实施无障碍设施及其他辅助设施的改造。同年11月，省卫生厅、民政厅授予市中区首批省级社区卫生服务示范区称号。11月8—9日，全国创建社区卫生服务示范区活动评估组专家到市中区进行复核，随机抽查2个社区卫生服务中心和2个社区卫生服务工作站。2005年，市中区被评为全国社区卫生服务示范区。3月，全区开展医疗救助到社区，温暖千家和万户活动，对低保家庭成员就医实施“三免六减”（免挂号费、出诊费、诊疗费；享受治疗费、X线、B超、心电图、化验检查优惠20%；药费优惠15%）优惠措施。全年接诊持“爱心卡”低保居民2179人次，减免医疗费52296元。

10月，开展“访贫病、送温暖、献真情”卫生服务社区行活动，对辖区内身患重病、长期卧床、无钱医治的居民进行调查登记，制定医疗保健方案；对特别困难的家庭，放宽社区卫生服务“三免六减”优惠服务标准，为3798户低保家庭居民免费进行健康查体，150余户“贫病”居民免费提供药品和治疗费用5万余元。2006年4月，组建由驻区医院126名副高以上人员组成的志愿服务团，到社区开展巡诊、医疗咨询和临床带教。5月，组织开展社区居民健康调查工作，完成1.5万户、5万人健康调查工作。10月，区卫生局制定完善社区医疗救助补充意见，将社区卫生服务的优惠对象，扩展到残疾人、优抚对象及孤寡老人，“三免六减”优惠措施中的六减优惠标准由原来的15%提高到25%，全年各社区卫生服务机构接诊持“爱心卡”低保居民834人次，减免医疗费16049元。

至2006年年底，全区有社区卫生服务机构27个，其中22个机构纳入城镇职工基本医疗保险定点单位；从事社区卫生服务的工作人员397人。全年门诊26.54余万人次，计划免疫接种8.75万人次，向上级医院转诊3617人次，健康教育426场（次），慢性病管理5.73万人次，儿童智能干预1.59万人次，建立家庭病床3343人次，精神病人管理121人次，新建健康档案10.08万人次，出诊1.73万人次，健康查体6.7万人次，产前检查839人次，产后访视6713人次，残疾人管理1214人次，计划生育检查和手术7821人次。

第三章　疾病预防控制

第一节　计划免疫

1991年，全区实现卡介苗、脊髓灰质炎疫苗、百白破疫苗、麻疹疫苗四苗接种率第二个85%。开展多次人群白喉、结核免疫水平监测与疫苗免疫成功率监测。人群白喉免疫累计监测1785人，阴性者1632人，阴性率91.4%；人群结核免疫水平监测累计监测1340人，阳性者1012人，阳性率75.5%；白喉免疫成功者，累计监测96人，阴性者91人，阴转率94.8%，结核免疫成功者，累计监测416人，阳性者366人，阳转率87.9%。新生儿卡介苗接种十二周后阳转情况，累计监测7937人，阳性者6821人，阳转率85.9%。1996年4月25日，区卫生防疫站利用儿童计划免疫宣传日，开展麻疹疫苗强化免疫活动，累计接种14824人次，接种率99.9%，实现四苗接种率第三个85%。2002年，辖区有4个接种门诊通过省级规范接种门诊评审验收。2003年，山东省正式将乙肝疫苗纳入儿童计划免疫，辖区所有产科医院在儿童出生24小时内接种乙肝疫苗第一针，及时接种率100%。2004年8月，启动计划免疫信息管理网络，全区初步实现2001年1月1日以后出生儿童的计划免疫信息卡式管理。2006年，全区完成对适龄儿童11种生物制品的接种，接种11.97万人次，接种率98.56%。对7岁以下儿童进行麻疹和风疹免疫接种，麻疹接种率99.03%，风疹接种率96.73%。与世界卫生组织合作开展流行性脑膜炎、乙型脑炎及相关脑炎的监测。

1991—2006年市中区疫苗接种情况表

表23-2

年份	脊灰疫苗			百白破			麻疹疫苗			卡介苗			白破二联			乙脑疫苗			流脑疫苗			脊灰强化			麻疹强化		
	应种	实种	率%	应种	实种	率%	应种	实种	率%	应种	实种	率%	应种	实种	率%	应种	实种	率%	应种	实种	率%	应种	实种	率%	应种	实种	率%
1991	19414	19403	99.9	13045	12849	98.5	11789	11789	100	6926	6644	95.9	6259	6240	99.7	20214	20160	99.7	10800	10800	100	22158	22156	99.9	—	—	—
1992	8905	8904	99.9	11140	11109	99.9	11396	11394	99.9	7553	7183	95.1	7057	7057	100	20210	20185	99.9	5000	5000	100	11408	11408	100	—	—	—
1993	9717	9717	100	13312	13312	100	11428	11392	99.7	8290	8131	98.1	7183	7178	99.9	18136	18126	99.9	12750	12750	100	11270	11210	99.5	—	—	—
1994	9282	9282	100	11450	11450	100	13944	13944	100	9061	8883	98	9317	9317	100	14909	14909	100	28351	28351	100	20335	20268	99.7	—	—	—
1995	10409	10361	99.5	11709	11629	99.3	13685	13626	99.6	8906	8788	98.7	10343	10212	98.7	16329	16178	99.1	29973	29637	95.5	37950	37774	99.5	—	—	—
1996	11013	10963	99.6	12431	12356	99.4	9138	9090	99.5	7361	7213	98	9091	8994	98.9	12585	12516	99.5	5430	5430	100	21704	21598	99.5	14839	14824	99.9
1997	11187	11157	99.73	11847	11764	99.3	9612	9512	98.9	7769	7620	98.1	8252	8106	98.2	12620	12485	98.9	16756	16640	99.3	21505	21461	99.8	—	—	—
1998	33568	33534	99.9	12163	12150	99.9	12938	12821	99.1	4841	4841	100	8519	8408	98.7	10865	10723	98.7	35137	35101	99.9	—	—	—	—	—	—
1999	11121	11121	100	12040	12035	99.96	15748	15639	99.31	4632	4632	100	8979	8883	98.94	11059	11039	99.82	20138	20138	100	23078	23078	100	14937	14887	99.67
2000	18470	18438	99.83	18631	18593	99.8	14646	14458	98.72	6119	6119	100	12074	11902	98.58	14839	14567	98.17	12265	12218	99.62	27874	27857	99.94	49563	48475	97.86
2001	17534	17511	99.87	18559	18534	99.87	19556	19495	99.69	6433	6433	100	11063	10791	97.55	15430	15136	98.1	18538	18538	100	15852	15832	99.88	—	—	—
2002	18755	18717	99.8	18675	18637	99.8	19757	19537	98.9	8082	8065	99.87	11585	11364	98.1	17750	17359	97.8	17167	16978	98.9	—	—	—	—	—	—
2003	17691	17655	99.8	19240	19201	99.8	15797	15496	98.1	4376	4376	100	10615	10382	97.8	16857	16503	97.9	21399	21056	98.4	16956	16779	98.9	—	—	—
2004	19592	19533	99.7	19548	19450	99.5	13107	11167	85.2	5919	5913	99.9	10491	10207	97.3	12234	11879	97.1	2198	2077	94.5	16779	16638	99.1	—	—	—
2005	19603	19545	99.7	19721	19700	99.9	14103	14086	99.9	5878	5878	100	10393	10300	99.6	11768	11623	98.7	2006	1998	99.6	17321	17306	99.9	—	—	—
2006	20111	20036	99.6	20201	20137	99.6	14737	14629	99.2	5963	5963	100	10514	10474	99.6	11799	11700	99.1	3016	2999	99.4	19032	19001	99.8	—	—	—

第二节　传染病防治

1991年，全区发生传染病1179例，发病率392.89／10万，其中肝炎540例。区卫生防疫站在驻区各医疗机构设疫情报告网，每月核对疫情，及时上报市站；对驻区医疗机构进行医院传染病漏报调查，结论报告率100%。每年4月，成立霍乱病防治机动队，实施24小时值班制度。对驻区所有医院腹泻病门诊进行开诊检查。每年抽查大中专院校外地新生100人做SPA检测，督促驻区医院完成SPA检测，痢疾杆菌变迁检测，完成率100%。辖区11所医院均设立肝炎病门诊，开展术前、产前HBSAG检查。对驻区发生的各种肝炎首末例、死亡率进行调查处理，对肝炎病人进行流行病学调查。1994年起，每年对辖区100余家医疗单位、个体诊所、托幼机构进行消毒监测，覆盖率100%，建档率达100%，综合合格率79.9%。1997年，推广甲型肝炎疫苗接种工作，接种3万余人次。2000年，辖区发现首例艾滋病（HIV）感染者，此后感染人数呈逐年增加趋势。2003年，成立“非典”防治领导小组，建立防治“非典”联席会议制度，制定防治预案，实行网上直报。全区医疗机构传染病结论报告率100%。2004年，制订市中区人禽流感防控应急处理预案，成立应急小分队，多次进行实战演练，全区无1例人“禽流感”病例。2005年起，全区实行艾滋病网络直报，对艾滋病开展专项监测或专题调查（哨点监测、行为监测、自愿咨询监测、高危人群筛查），发现疑似或确认艾滋病感染者，填报“传染病报告卡”和相关信息附卡，建立个人档案。建立艾滋病筛查实验室，开展对既往有偿献血（浆）艾滋病毒抗体筛查，调查既往有偿献血人员6人，采集外来妇女血液标本121份。开展艾滋病防治宣传教育进社区、进家庭、进学校、进农村、进公共场所活动。

2006年，成立艾滋病高危行为干预工作队，开展专项监测调查，采集血液标本63份；对辖区内劳动教养所、监狱等进行常规筛查，采集血样1399份，2例确诊为艾滋病病毒感染者；全年发现感染者10例。开展联合国全球基金资助的“在建筑工人中开展预防艾滋病综合干预项目”工作，成为济南市首家艾滋病综合预防示范区。全年报告乙类传染病9种，1313例，其中死亡6例（肺结核）；培训疫情管理人员7期、206人；诊治腹泻病人2298例，对21名麻风病愈后留村病人全部进行登记，将1名重症残疾人送市麻风病院治疗，对辖区内35起44人次非职业性中毒者全部进行流行病学调查。全年流行性出血热发病2例，完成“三热”病人的疟原虫血检629张，血检覆盖率95%；对1起突发公共卫生事件疫源地进行消毒和监测。

1991—2006 年市中区传染病发病情况表

表 23-3

发病数：例　发病率：/10 万

年份	总传染病		肝炎		痢疾		淋病		麻疹		猩红热		出血热		流脑		斑疹伤寒		流行性乙脑		伤寒副伤寒		脊髓灰质炎		霍乱		肺结核		疟疾		百日咳		梅毒		艾滋病		HIV	
	发病数	发病率	发病数	发病率	发病数	发病率	发病数	发病率	发病数	发病率	发病数	发病率	发病数	发病率	发病数	发病率	发病数	发病率	发病数	发病率	发病数	发病率	发病数	发病率	发病数	发病率	发病数	发病率	发病数	发病率	发病数	发病率	发病数	发病率	发病数	发病率	发病数	发病率
1991	1179	392.89	540	179.95	593	197.61	9	3.00	6	2.00	31	10.33																										
1992	1312	424.06	562	181.65	702	226.89	10	3.23	9	2.90	22	7.11	6	1.93	1	0.32																						
1993	1393	439.40	620	195.57	726	229.01	9	2.84	3	0.95	24	7.57	6	1.89			4	1.26	1	0.32																		
1994	1399	432.35	422	130.42	809	250.02	17	5.25	4	1.24	129	39.87	13	4.02					2	0.93	1	0.31	1	0.31														
1995	1191	361.74	392	119.06	595	180.72	48	14.58	3	0.91	138	41.91	10	3.04			2	0.61	1	0.3	1	0.30			1	0.3												
1996	1145	339.23	365	108.14	668	197.91	40	11.85	2	0.59	56	16.59	14	4.15																								
1997	1284	369.62	406	116.87	657	189.13	33	9.50	2	0.58	70	20.15	12	3.45					1	0.29	1	0.29					102	29.36										
1998	1515	413.80	496	135.39	800	218.36	69	18.83	7	1.91	41	11.91	10	2.73	2	0.55									2	0.55	86	23.47			2	0.55						
1999	1323	349.43	496	131.00	626	165.34	93	24.56			20	5.28	5	1.32					1	0.26					3	0.79	73	19.28					6	1.58				
2000	1081	221.64	474	96.75	448	91.44	21	4.29	2	0.41	12	2.45	26	5.31							1	0.20					90	18.37					7	1.43				
2001	1210	242.90	629	126.27	450	90.34	18	3.61	2	0.4	6	1.20	17	3.41	1	0.20			1	0.2					1	0.20	79	15.86					6	1.20				
2002	1397	272.96	570	113.13	649	126.81	22	4.30	2	0.39	24	4.69	16	3.13	2	0.39											92	17.98					11	2.15				
2003	1084	205.97	422	80.18	400	76.00	40	7.60	2	0.38	10	1.90	13	2.47	2	0.38			1	0.19							185	35.15	1	0.19			8	1.52				
2004	1287	238.26	458	84.79	408	75.53	100	18.51			48/	8.89	3	0.56	1	0.19											238	44.06	2	0.37			29	5.37				
2005	1484	255.41	517	88.98	405	69.71	94	16.18	7	1.20	37	6.37	7	1.20							1	0.17					339	58.35	2	0.34			74	12.74	1	0.17	2	0.34
2006	1313	223.59	482	82.08	342	58.24	64	10.90	11	1.87	30	5.11	2	0.34													303	58.24					79	13.45				

第三节 地方病防治

1991年后，全区主要开展碘缺乏病、流行性出血热及肠道寄生虫病防治，加强疟疾后期管理。1994年起，为中小学生服用碘油丸，每年开展甲状腺肿大率调查，在辖区内强制性推广食用加碘盐。1995年，启动人体寄生虫病防治“八五”规划，开展全民服药驱虫和重点人群服药驱虫预防措施。1996年，全区开展3次较大范围的人体肠道线虫感染监测，实施集体服药驱虫与健康教育相结合的防治措施。同年，开展碘盐检测，抽检户盐75份，合格率72%，销售点10份，合格碘盐30%。设人体寄生虫感染率检测点2个，检测样本753人次，其中阳性感染人数167人，总感染率22.18%。1997年，抽检饮食行业碘盐82份，合格率93.9%，居民户盐104份，合格率87.39%。每年完成全区总人口数的0.3%以上的三热病人样本血检，于疟疾流行季节对外地来济人员进行预防服药。

2000年后，碘盐各项指标达到国家消除碘缺乏病阶段目标要求，碘盐合格率100%。2005年，在4个街道和1个镇，发现出血热病人8例，发病季节集中在3—5月。同年，13个街道和2个镇开展肠道寄生虫病服药驱虫治疗，完成驱虫服药22760人，服药率4.21%。2006年，全区完成288份居民户碘盐监测工作，肠道寄生虫病服药驱虫人数19297人，流行性出血热新发病人2例，发生疟疾病例5例。

第四节 卫生监督检测

一、公共场所卫生

1991—1997年，区防疫站依据《公共场所卫生管理条例》和《生活饮用水卫生管理办法》，对宾馆招待所、理发美容店、二次供水单位、文化娱乐场所等公共场所开展卫生监督管理。建档231家，其中，旅店业98家、文化娱乐场所15家、个体美容理发店67家、公共浴池3家、商亭10家、二次供水38家。平均每年办理卫生许可证40～50个，卫生许可证发证率100%。对旅店、理发、浴池业每季度检查1次，商场等行业每年监督检查2次，驻区6个自来水末梢监测点每年进行采样监测。1998—2004年，监督检查合格率由96%上升到98%。2005年，组织公共场所、二次供水从业人员进行健康查体2600人次，公共场所经营单位办证106家，二次供水单位办证3家，监测公共场所单位450个，公共物品采样检测1896份，合格率97%。2006

联合排查美容美发用品（区物价局提供）

年，制订公共卫生突发事件应急预案，建立卫生监督稽查制度，对辖区内美容医疗机构进行全面检查。全年为公共场所办证248户，监测公用物品769份，监督检查经营单位764家。

二、学校卫生监督

1991年，学校卫生监督主要依据《学校卫生工作条例》进行，防疫站对辖区各学校的环境、噪声、室内微小气候、采光照明、

加强小饭桌食品卫生监管，监督员现场进行监督。（区卫生监督所提供）

黑板、课桌椅的设计进行常规监测，组织各学校对学生的近视、弱视、沙眼、龋齿、寄生虫、营养不良、贫血、脊柱弯曲、神经衰弱等学生常见病进行普查。1997年，市中区通过全国学生常见病综合防治暨学校健康教育工作中期考评。2000年，对全区中小学生进行卫生情况调查，结果为：肠道蠕虫小学生感染率4.3%，中学生3.5%；小学生贫血病率7.0%，中学生患病率7.7%；小学生视力低下率12.6%，中学生51.69%；小学生龋齿患病率38%，中学生13.01%；小学生沙眼患病率10.1%，中学生9.6%；小学生营养不良与肥胖率6.1%，中学生4.7%。

2006年，对2万余名中小学生进行健康查体，在全区小学、幼儿园中开展“关注儿童健康、保障饮食卫生”月活动，检查整顿学校、幼儿园食堂、小饭桌、学校周边食品店、流动饮食商贩及学校食品加工经营单位362家（次），出具卫生监督意见书116份，责令改正88家（次），取缔21家非经营业户。辖区内100余所中小学校学生食堂，托幼机构食堂全部建立管理档案。组织力量对辖区5所高考、9所中考考点单位内设食堂以及考点周边的餐饮单位、食品商店进行拉网式检查，双考期间，无一例食物中毒报告。

三、职业卫生监督

1991—1997年，全区进行劳动卫生监测的企业有51家，其中有职业危害的企业32家，接触尘毒作业职工1083人。1995年，对6家有职业危害的企业进行监测，监测覆盖率18.7%，采集粉尘样品9个，合格4个，合格率44.4%；毒物42个，合格31个，合格率73.8%；预防性职业病查体率27.5%。1996年，对26家有职业危害的企业进行监测，覆盖率41.6%，毒物80个，合格56个，合格率70%；物理性因素14个，合格9个，合格率64.2%；预防性职业病查体率62%。1998—2004年，监测有职业危害的企业120家，检测覆盖率80%，采样粉尘样品60个，合格58个，合格率96%；毒物432个，合格426个，合格率98%；物理性因素578个点，合格563个，合格率97%，预防职业病查体3143人，查体率100%。

2006年，监督监测用人单位43家，监督监测覆盖率100%，督促从事职业病危害作业的职工3000余人到市疾病控制中心进行职业性健康查体。用人单位职业病危害项目申报43家。职业卫生抽检及应急监督检查，采集样品16份，合格率100%。

四、医疗机构卫生监督

1991年后，区卫生防疫站依据《消毒管

理办法》和《中华人民共和国传染病防治法》，对辖区内医疗单位、驻区医院、个体诊所、托幼机构进行消毒监测，覆盖率100%。坚持对辖区内各类医疗保健机构执行疫情报告制度，对登记报告和管理情况定期进行核实。2003年起，实行网上查报，以霍乱防治为重点，开展腹泻、肝炎等流行病学及各类肝炎菌米例、死亡率调查处理，对地段工作进行定期抽查及病家消毒。

2006年7—9月，对辖区内的医疗机构进行全面普查，驻区医院、合法个体诊所等合法医疗机构全部建立卫生监督档案。出动执法人员262人次，检查车辆145车（次），重点对多年屡禁不止的非法行医"钉子户"进行清理。处理群众来电、来信、来访投诉案件24件，检查医疗机构261家（次），责令限期整改26家，查处非法行医"黑诊所"5处，拆除医疗虚假广告、招牌10处，没收药品、器械价值1.2万余元，并给予相应的行政罚款。

第四章　妇幼保健

第一节　妇女保健

一、孕产妇保健

1991年后，区妇幼保健站重点围绕早孕建册、孕期管理、高危妊娠管理以及产后保健，开展母婴保健工作。以母子为共同监护对象，对母子进行统一管理。对高危孕产妇进行专家管理，提高产后访视率，为高危孕产妇提供健康保障。建立健全出生医学证明出入库、领用、发放、登记、保存、补办以及废证登记等管理制度。驻区医院出生医学证明使用率、发放率、填写合格率均为100%。1995年，《中华人民共和国母婴保健法》颁布实施，新法接生得到全面普及，孕产妇死亡率不断下降。每年利用"三八"妇女节、"六一"儿童节、"世界卫生日"，组织驻区医疗机构开展母婴保健法宣传义诊活动。

1995—2002年，连续8年未发生孕产妇死亡案例。1998年起，未发生新生儿死亡案例。2003年，有1例高危产妇死亡。2006年，孕产妇系统化管理率91.6%，高危妊娠筛查率、住院分娩率100%。10月1日，卫生部启动国家人群出生缺陷监测工作，在全国选定的64个城区、农村监测点中，市中区成为山东省唯一的城区监测点。

开展出生缺陷宣传（区妇幼保健站提供）

1991—2006年市中区孕产妇保健情况表

表 23-4　　　　单位：人

年　份		1991	1992	1993	1994	1995	1996	1997	1998	1999	2000	2001	2002	2003	2004	2005	2006
孕产妇管理	活产数	2305	2296	2282	2473	2494	2652	1988	2938	2638	4550	4206	4777	3936	4755	4630	4464
	产妇总数	2312	2310	2285	2476	2500	2665	1992	2944	3641	4557	4204	4744	3930	4731	4635	4472
	建卡人数	2030	2111	2128	2340	2370	2667	1902	2836	2565	4419	4118	4606	3791	4573	4479	4350
	产检人数	467	2003	1979	2221	2247	2547	1869	2836	2610	4390	4072	4590	3791	4573	4332	4240
	早检人数	—	—	—	—	—	—	—	2132	1905	4015	3831	4394	3559	4380	4237	4158
	产后探视人数	1635	1906	1876	2056	2095	2217	1687	2510	2267	4076	3796	4447	3590	4508	4339	4160
	系统管理人数	—	—	—	—	—	—	—	2095	1816	3994	3690	4331	3503	4311	4189	4089
接生情况	住院分娩人数	2305	2296	2282	2473	2494	2652	1988	2938	2638	4557	4204	4744	3930	4731	4635	4472
高危管理	高危产妇人数	415	368	342	348	401	385	373	439	373	608	468	1108	212	280	273	1080
	高危产妇管理人数	394	354	336	341	401	385	373						212	280	273	1080
	高危住院分娩数	415	368	342	348	401	385	373	439	373	608	468	1108	212	280	273	1080
孕产妇死亡	总数	0	1	1	1	0	0	0	1	2	1	0	1	2	0	0	0
	产科出血	187	218	49	67	49	118	74	0	1	0	0	0	0	0	0	0
	妊高症	59	298	68	74	80	141	184	0	0	0	0	0	1	0	0	0
	产褥感染	0	0	0	0	0	0	0	0	0	0	0	0	0	0	0	0
	内科合并症	0	0	0	0	0	0	0	1	1	1	0	1	1	0	0	0
围产儿情况	出生体重<2500g人数	—	—	—	—	—	—	—	33	46	79	72	114	94	156	116	128
	死胎死产	8	14	3	3	6	13	4	13	11	26	22	13	18	26	39	39
	7天内死亡人数	9	5	3	3	2	13	3	11	9	12	21	29	22	27	26	25
新生儿破伤风	发病数	0	0	0	0	0	0	0	0	0	0	0	0	0	0	0	0
	死亡数	0	0	0	0	0	0	0	0	0	0	0	0	0	0	0	0

二、妇女病防治

1991年后，区妇幼保健站根据《女职工保健工作规定》对驻区女职工开展“五期”劳动保护，每年对驻区厂企女工进行妇女病普查普治工作。1992年，购进宫颈糜烂治疗仪，对妇女Ⅱ°以上宫颈炎进行治疗，治愈率95%以上。对早期筛查出的近10例乳腺癌患者，全部复查确诊进行手术，愈后良好。配合计划生育部门开展查孕查环工作，发现节育环位置不正的或脱环的及时告知并给予纠正。

1999年12月，十六里河、党家镇划归市中区管理后，妇幼保健站多次派业务人员到两镇卫生院进行业务指导和重点培训，提高乡镇妇幼保健人员的业务知识水平。2003年，区卫生局、区总工会、区妇联联合下发《关于进一步加强妇女病防治工作的实施意见》，对全区女职工保健工作起到积极的推动作用。

三、婚前保健

1989年9月1日，济南市全面开展婚检工作。妇幼保健站根据卫生部《婚前保健工作规范》，严格落实婚检技术要求，从事婚检人员全部参加市里的培训考试，持证上岗。对查出的有关疾病，按有关规定做出相应处理。1999年，贯彻《中华人民共和国母婴保健法》，在全区开展婚前医学检查。2002年，实行“双休日”正常婚检制度，受检者不用请假即可查体。2003年10月，新《婚姻登记条例》颁布实施，实行自愿婚检，婚检人数急剧下降。2004年，全区婚检率仅为8.9%。2006年，全区婚检人数59人，妇幼保健根据体检结果对当事人提出切实可行的婚育医学指导意见。

第二节 儿童保健

辖区儿童保健管理坚持集体儿童与散居儿童同时进行，分类管理。集体儿童保健重点是3岁以上的儿童保健工作。散居重点是3岁以下儿童保健工作，每2个月召开一次例会。1992年，在38个居开展儿童生长发育监测，逐步发展到110个居，监测率65.8%。1995年，在七贤镇3个村开展儿童呼吸监测工作，同时开展儿童系统化管理工作。同年，市中区被山东省定为全国“三网合一”（即孕产妇死亡、新生儿出生缺陷、5岁以下儿童死亡）监测点，每季度对有关数据统计上报。年底进行一次死亡漏报登记，对接到医院的死亡报告卡及查询出来的死亡者，逐户进行填表调查，并汇总上报。

保健站每年到托幼园（所）对3岁以上儿童开展健康查体工作，查体率98%。对查出的儿童常见病、多发病予以指导、治疗，对查出的中度贫血、发育迟缓以及佝偻病的儿童，建议幼儿园实行专案管理。对散居儿

妇幼卫生信息出生缺陷培训（区妇幼保健站提供）

童重点实施系统化管理，0 ~ 1岁儿童一年查体4次的85%以上；1 ~ 2岁儿童一年查体2次的85%以上；3岁以上儿童一年查体一次的达95%以上。对社区筛查出的体弱儿全部进行专案管理。2004年年初，聘请专家免费对党家庄镇、十六里河镇卫生保健人员、村医生进行0 ~ 4岁儿童呼吸监测适宜技术培训，将儿童保健适宜技术推广到农村，让每个母亲都能掌握科学育儿知识。开展5岁以下儿童营养不良监测、3岁以下儿童生长发育监测、0 ~ 4岁儿童呼吸监测及母乳喂养随访指导等工作，不断提高儿童保健工作水平。2006年，市中区被确定为国家级出生缺陷人群监测点，成为山东省唯一城区监测点。

第五章 爱国卫生

第一节 爱国卫生月活动

1991年3月31日，市中区爱卫会组织2000余人参加爱国卫生月宣传活动，出动宣传车辆，设宣传站7个，宣传牌400余块，标语横幅320余条，黑板报250块，各种文艺宣传队伍30余支，印发卫生宣传口号500余条。1992年，爱国卫生月活动以整顿市容、卫生秩序为重点，开展绿化美化活动。清理卫生死角，加强卫生设施建设。全区植树6.20万株。1993年，爱国卫生月活动中，集中开展普及健康教育、突击灭鼠除害工作。治理院落、单位、家庭卫生，整治市容秩序，开展春季绿化。全区15万余人参加社会和单位卫生治理活动，投放毒饵7000余千克。1995年，爱国卫生月活动，完成13条主要道路绿地补植和更新任务。新建绿地3400平方米，新修柏油路5625平方米，维修道路30条2000平方米，清除卫生死角54处，清运垃圾2000多车，新建6处公厕。

农村改厕（区爱卫会提供）

1996年，第八个爱国卫生月活动，按照全民动员；全民动手，突击治理；检查评比，表彰先进3个阶段进行。1998年4月，全区组织2900余人参加卫生月宣传月活动，区领导带领15支宣传队伍310人，在大纬二路进行宣传，散发各种宣传品1.2万份，展示宣传牌60块。1999年爱国卫生月期间，全区召开各类动员大会78场（次），设宣传站、咨询点66个，组织锣鼓队、秧歌队21支。2001

卫生月活动宣传（区爱卫会提供）

年，区爱卫会组织各街道（镇）开展义务清扫活动。

2002年4月6日，区爱卫会在英雄山广场举行宣传活动，各街道、区医院、区防疫站、区环卫局等单位210人参加。4月7日，参加山东省暨济南市在泉城广场组织的世界卫生日宣传活动，全区出动锣鼓队、秧歌队28支，制作各类展牌78块，发放宣传品1.6万份，悬挂横幅标语28条，解答群众咨询1000余人次。2003年4月12日，举行爱国卫生月宣传活动，出动军乐队、锣鼓队、秧歌队12支，消杀蚊蝇孳生地5.8万平方米。27日，省委书记张高丽在赤霞广场北侧参加爱国卫生清洁劳动。省、市多家媒体对舜玉路、七里山、杆石桥街道居民小区、楼道、家庭卫生清扫和违章饮食摊点清理以及山东省卫生学校院内教职员工清扫活动进行跟踪采访。2006年，爱国卫生月活动中，市中区参加在泉城广场举办的山东省暨济南市爱国卫生月活动启动仪式，有18个委员部门、600余人参加，设立咨询站28处，宣传展牌143块，悬挂宣传横幅82条，出动医疗单位12个，学生鼓号队1支，老年秧歌队1支、宣传车3辆，发放宣传资料1.9万余份。

第二节　创建国家卫生城

1991年1月，区委、区政府召开全区创建全国十佳卫生城市工作动员大会，要求各单位“一把手”负总责。2月2日，市中区政府被济南市委、市政府评为创建卫生城市先进单位。1994年，全区开展创建国家卫生城市，迎接国庆四十五周年和济南市第三届泉城金秋经贸洽谈会“一创两迎”活动。1995年9月1日，召开迎接全国第三次城市卫生大检查动员大会。成立由区委书记为组长，区长为常务副组长的创城领导小组，设置综合、宣传、

公共区域消杀（区爱卫会提供）

环卫、市容、食品、除害、环保7个具体工作机构，分口负责组织实施全区创建工作，顺利通过全国卫生大检查考核验收。1996年，结合创建卫生城活动，开始在驻区县级以上单位开展争创省级卫生先进单位活动。1997年，开展市级卫生先进单位争创活动，当年达标率53.92%。2000年，开展创建“卫生小区”“卫生庭院”“卫生楼道”“卫生居委会”等达标升级活动。2001年，开展争创全国灭蝇先进城市活动，印发《关于大力开展灭蝇达标，争创灭蝇先进城区活动的实施方案》，拨款5万元专项经费，召开动员会，区政府与各街（镇）、区直有关部门签订灭蝇消杀责任状。同年，市中区被评为全国农村卫生厕所普及工作先进单位、全国农村自来水普及工作先进单位。2003年11月1日，市中区通过山东省爱卫会对创建灭鼠、灭蟑螂先进城市的复核鉴定。

2005—2006年，实施农村无害化改厕工作，改厕1780套，完成预定任务的178%。2006年，全区有省级卫生先进单位30个，省级卫生先进村2个。

第六章　医政管理

第一节　医疗机构管理

1991年，区卫生局加强对社会办医个体行医的管理，组织个体医务工作者协会进行自查互查，开展优质服务活动。同年，发放“药品使用许可证”120个，组织全区药品质量大检查，检查105家，查处假冒伪劣药品20余种。1992年，制定《市中区乡村卫生室建设标准》。9月，开展药品打假工作，抽查50家单位，对7家医疗卫生单位进行处罚，没收假药10余种。1993年，对社会个体行医进行复核，检验医疗机构执业许可证102家。检查药品市场15次，查处假药劣药38余种，价值7000余元，取缔游医药贩13人。1995年7月，检验行医资格证书68份。12月，为辖区90家对外服务的医疗机构进行登记注册。参加山东省电视台举办的《中华人民共和国药品管理法》知识竞赛，获得优胜奖。1996年，清理整顿社会行医机构，取缔非法医疗机构5家。开展药品回扣专项治理，查处药品购销过程中让利折扣单位2家，金额95.01万元。1997年，审核各级各类医疗机构，其中，社会办医个体行医87家、厂企内设医疗机构92家，发放医疗机构执业许可证49家。没收假药劣药8种，非法制剂6种，行政处罚4次，罚款7400元，取缔无证经营单位4家。

1998年3月，各医疗机构换发医疗机构执业许可证，取缔无证行医6家，没收药品价值1万元。2000年10—12月，对驻区所有注册医疗机构进行检查，审查320家，核定317家符合医疗机构执业许可证换证条件。2001年，对医疗市场进行拉网式检查，取缔非法行医32家，没收药品器械价值3万元。2002年，集中整治医疗美容市场，检查医疗美容店6家，行政处罚3家，罚款3000元。2003年5—7月，开展医疗机构防治“非典”专项检查，检查医疗机构500余家（次）。2004年，与公安部门联合督查医疗机构585

家（次），清理无证行医95家，立案调查46家，没收药品、医疗器械价值6万余元、行政罚款3.4万元。2005年，开展医疗机构B超使用情况和染色体检验技术情况调查，对29家医疗机构的B超使用及染色体检验设备和工作人员进行备案。检查医疗机构350家（次），责令限期整改26家（次），立案查处无证行医36家，行政处罚2.4万元，没收药品、器械价值2万元。全年办理群众来电、来信来访投诉以及上级卫生部门转办案件80余件。2006年，开展打击非法行医专项整治行动，检查医疗机构185家（次），查处无证行医17家（次）。其中，责令改正8家（次）；拆除非法医疗广告、招牌5处；依法作出限期改进3家9次，罚款4家4600元，依法没收非法药品、器械价值1万余元，取缔游医、无证行医7家（次）。同年，实行医政管理工作政务公开，开展"医疗机构执业许可证"校验和换证工作，验收审查医疗机构485家（次），校验合格351家，停业整顿56家，注销22家。

第二节　专业技术职务管理

1999年9月1日，《中华人民共和国执业医师法》颁布实施。区卫生局依法对1998年6月26日前取得专业技术职务的卫生技术人员，进行执业医师或执业助理医师资格认定，审查上报申请资格认定人员1382人。2002年6月，区卫生局颁发认定医师资格证书1075本。10月，开始医师执业注册，首批注册738人。2004年7月，对乡村医生228人进行执业资格培训考试，201人获乡村医生执业资格。9月，组织卫生技术人员参加医学继续教育考试，368人参加。2005年，组织辖区980余名卫生技术人员参加医疗机构药械反商业贿赂专题培训。2006年，开展护士执业注册工作，登记注册护士410人；组织600余名卫生技术人员参加刊授和远程教育；医师执业注册开始实行网络公示。10月，成立市中区医学会，承担辖区医疗机构学术交流并协助开展医学培训等工作。

第二十四篇　社会生活

1991年后，城乡居民生活水平逐年提高，收入大幅增长，消费观念发生显著变化。居民不再局限于追求丰富优质的实物消费，对提高自身素质、生活质量有关的新兴服务业的需求越来越多。消费品使用方面更加现代化、科技化。老龄事业发展良好，敬老爱老氛围越来越浓厚，老年优待项目更加丰富多元。“五保”供养标准逐年提高。旧时封建迷信习俗随着现代文明的发展，逐步退出历史舞台，传统优良风俗不断增加新的内容，进一步得到传承。民族宗教事业得到社会各界的广泛支持。至2006年，辖区居民生活已达到小康水平，养老、医疗等全面得到保障，住房条件全面改善。

第一章　精神文明建设

第一节　公民思想道德建设

1991年后，全区精神文明建设以社会主义思想教育和职业道德、社会公德教育为核心，在各行业、各部门、各街道及居委会广泛开展“学先进、讲奉献、树新风”活动；为加强军政军民团结，促进地方与部队建设，开展争创“双拥模范区”活动；推进“科教兴区”战略，开展群众性科普活动；开展法制宣传教育活动，增强群众法制观念；号召广大干部群众自觉抵制封建主义思想残余及资本主义腐朽思想的侵蚀，破旧俗、树新风、大刹各种歪风邪气。在党政机关、企事业单位、“窗口行业”等大力推行职业道德建设，纠正行业不正之风。开展“崇尚科学、反对迷信、倡导文明、移风易俗”思想道德教育活动等，制定社区居民行为规范，举办先模人物事迹报告会，开展向先模人物学习活动。

2001年9月，全区宣传学习《公民道德建设实施纲要》，编发学习教材，组织万名市民进课堂。2002年，围绕“爱国守法、明理诚信、团结友善、勤俭自强、敬业奉献”20字公民基本道德规范，利用张贴悬挂标语、宣传栏、黑板报等形式，开展知识竞赛、演讲比赛、歌咏比赛。2003年，在英雄山广场承办省暨济南市“公民道德宣传日”大型活动。印发《济南市民道德手册》1000册，运用社区宣传阵地，发放《济南市民“十不”行为规范》《济南市民文明公约》宣传品5000张。开展公民道德实践活动，把道德建设融入实践活动中，引导市民从我做起、从身边做起、从一点一滴做起，自觉养成遵守道德规范的良好习惯。2004年，组织召开全区未成年人思想道德建设工作会议，制定37个部门工作任务分工，形成党委统一领导、党政群齐抓共管、社会积极参与的工作格局；聘请20余名老革命、老干部、老专家和老教师，成立市中区未成年人思想道德建设宣讲团，在全区中小学生中举办15场不同专题的报告会，听讲学生1.7万余人。开展“道德教育进社区”“文明新风进万家”活动；与区教育局联合，以中小学校为阵地，以学生家长为对象，开办公民道德教育讲座；落实《济南市民文明公约》《济南市民“十不”行为规范》。

2006年，成立市中区未成年人思想道德建设领导小组，设立未成年人教育科，构建学校、家庭和社区“三位一体”教育网络。

第二节 文明创建活动

一、文明社区创建

1993年，区委、区政府决定在全区开展创建文明小区活动。以大纬二路、济微路、舜玉小区、乐山小区、王官庄小区为重点，以街道办事处为依托，动员社会各界和广大居民积极参与，实施典型带动，建成一批居民生活方便、居住环境优美、文化生活丰富、人际关系和谐、管理规范的居民小区。舜玉路街道党工委从环境建设入手，对小区内主要干道和楼间道路进行整治和硬化，硬化面积8.2万平方米。先后建设垃圾台16座，公厕3座，果皮箱30个，建立一支40多人的专业保洁队，对道路、公厕、公共场所实行定时定点清扫。投资100万元，栽植各类乔灌、苗木近30种，树木10万株，发动群众义务植树种花种草，小区绿化覆盖率达33%，高于国家标准。建成1座高标准中心公园和8个花坛，小区绿地面积达8万平方米。1994年，舜玉小区被全国城市卫生检查团评为济南市空气最洁净的地区之一。1996年，济南市创建文明小区现场会在舜玉小区召开，向全市推广舜玉小区创建和管理工作经验；舜玉小区被市委、市政府命名为文明居民小区。区文明委及时将创建活动加以延伸和扩展，组织开展以清理楼道乱堆垃圾、乱贴乱画为主要内容的“楼道革命”。全区确定10栋样板楼、30个文明楼院示范点，以点带面在700多幢居民楼展开。其中有300幢楼达到净化标准，2.5万多户居民签订居民公约。

1999年，制订《关于在全区深入开展创建文明社区达标竞赛活动的实施方案》，发放文明社区创建倡议书2万余份；开展“社区是我家，建设靠大家”全民讨论，先后组织10万余人参加“人人美化市中”全民行动。2000年，开展创建“双十”（10条文明路、10个文明报亭）工程活动，各街道确定一条路和一个报亭为样板，与沿街单位签订共创责任书。2001年，以创新环境为主题，开展文明社区创建活动。2002年，舜园社区被评为全国文明示范社区。2003年，开展学习型社区创建活动。2004年后，街道社区按照全区创建文明城市要求，统一标准，全面开展文明创建活动。

2006年4月18日，绘制社区文明墙（舜玉路街道办事处提供）

二、文明单位创建

1991年后，全区开展文明行业、文明机关创建活动，树立典型，推动文明创建工作的开展。至1997年，先后有区教委、经五路小学、大观园派出所、舜玉路街道、四里村街道邮电新村第一社区居委会5个单位被评为山东省文明单位，杆石桥街道等33各单位被评为济南市文明单位。2001年，区文明委确定每个镇3个村作为文明示范村建设试点，按照文明示范村“六个一”（一条卫生街、一处文化大院、一处公开栏、一个阅报栏、一个图书阅览室、一块永久性精神文明宣传栏）标准，进行重点扶持和培养。2003年，实施文化下乡活动，与文明村镇创建相挂钩，开展农村小康文化50强和文明一条街创建活动。至2004年，全区有65个村（居）建成文明一条街。2004年后，各行业、各单位按照全区创建文明城市要求，高标准开展文明创建活动。至2006年，全区共创建文明单位35个。其中，市中区教育局为全国文明单位，舜玉路街道办事处等8个单位部门为省级文明单位，杆石桥街道办事处等26个单位部门为市级文明单位。共创建文明机关9个。其中，区委区直机关工委等4个单位部门为省级文明机关，区机关事务管理局等5个单位部门为市级文明机关。全区共创建文明村16个。其中，小庄村等5个村为省级文明村，西红庙村等11个村为市级文明村。

三、文明城市创建

1991年后，全区确立精神文明创建工作新思路，发挥军民共建优势，争创省级精神文明工作先进区。全面开展文明行业、文明机关创建等活动。1993年，全区开展文明小区创建活动。1996年，文明创建活动向楼道、庭院、家庭延伸。2000年，开展“共建文明社区、共倡文明新风”文明城市创建活动，制定下发活动实施意见，在舜玉公园举行1000余人参加的启动仪式。2001年，开展文明示范村建设试点，制订文明示范村创建标准。2002年，全区开展治理乱贴乱画、整治重点道路和社区、清理占道经营和违章广告牌匾及“一环九射”扫尾等系列创建文明城市活动。市中区被中央文明委授予全国创建文明城市工作先进区称号。2003年，开展学习型社区创建活动。以区直机关和教育系统为重点，稳步推进学习型机关、学习型学校创建工作。

2004年，制订市中区“迎亚足杯·创文明城”主题行动任务分工，综合整治街巷道路92条，把农村文明一条街建设作为城区街巷整治的拓展延伸，开展社区文明一条街创建活动。2005年，制订《2005—2007年市中区文明城区建设工作规划》。2006年，制订《创建文明城市2006年推进计划》，将全党动手、全民参与、条块结合、标本兼治、重点突破、整体推进的创建工作思路，落实为可以考核、量化的实际工作目标。

至2006年年底，区教育局被评为全国文明单位，舜园社区被评为全国文明示范社区；舜玉路街道等9个单位被评为省级文明单位；区计划生育局等3个单位被评为省级文明机关；党家庄镇大庙屯村等4个村被评为省级文明村。

第二章　老龄事业

第一节　机　构

1991年，市中区成立老龄问题委员会，15个街道、七贤镇基层老龄委员会和老年协会组织。2002年2月，区老龄问题委员会更名为区老龄工作委员会。老龄委主任由区委（或区人大、政府）领导担任，委员由区委、区政府相关部门领导组成，下设老龄委办公室。2006年，区老龄委由区委、区人大常委会、区政府、区政协分管领导及相关单位负责人34人组成，下设老龄委办公室，有工作人员10人。15个街道（镇）老龄委办公室有专兼职人员22人，91个社区居委会、77个村委会均设立老年工作委员会。

第二节 老龄事务

1991年8月，市中区参加山东省基层老龄工作经验交流会，老龄委主任张世良介绍“加强城市老年协会建设，搞好社区老年人服务”的经验。同年10月15日，全区有4对“金婚佳侣”受到济南市表彰。1993年8月，市中区参与全国老龄委承担的由联合国社会发展和人道事务中心发起组织的“老年人参与社会发展”抽样调查研究项目，对60名老年人开展入户调查。1997年10月，有7人被评为济南市“尊老敬老”“老有所为”先进个人，其中4人被市委、市政府授予“敬老好儿女金榜奖”，2人为“老有所为贡献奖”，1人为“重视老龄工作功勋奖”。1999年，开展尊老敬老养老助老好党员、好干部、好儿女、好儿媳、好女婿、好青年评选活动，评出“六好”标兵24人，“六好”人员169人。2000年，开展创建“老年人之家”和“争做优秀老龄工作者”活动。全区评出市级“老年人之家”3个，“优秀老龄工作者”78人。区老龄委办公室、舜玉路街道、十六里河镇老龄委被济南市创建“老年人之家”和“争创优秀老龄工作者”活动领导小组授予“老年人之家”称号。2001年开始，舜玉路、王官庄、二七新村、白马山等11个街道先后兴办“星光老年之家”，作为基层老年人活动的公共场所。2002年，开展敬老模范和模范老人评选活动，评出省级敬老模范、模范老人各1人；市级敬老模范单位4个。2004年，开展“争创敬老模范县（市）区、敬老模范单位、敬老模范个人和模范老人”活动。市中区被济南市老龄委评为敬老模范区，二七新村、舜玉路、魏家庄、杆石桥街道为敬老模范单位。2006年，市中区参与中国老龄科学研究中心组织的“中国城乡老年人口状况追踪调查”活动。6月1—20日，相继在四里村街道信义庄、小梁庄等4个社区居（家）委会，魏家庄街道馆驿街等2个社区居委会和十六里河镇搬倒井村6个社区居（家）委会，1个行政村，对70名老年人开展调查。同年，全区评出市级敬老先进单位6个，先进个人11人；10大寿星、健康长寿模范老人和老有所为先进个人各1人、金婚模范老人2人。魏家庄、舜玉路街道和十六里河镇，党家庄镇老龄委办公室被评为“济南市老年人权益保障年”活动先进单位，十六里河镇兴隆三村老工委为先进村（居）老工委、党家庄镇枣林村老年活动基地为老年活动基地示范点。10月，四里村街道机床一厂南郊家委会退休女职工王俊芝被授予全国“中华孝亲敬老之星”称号。12月，魏家庄街道永庆街社区被全国老龄委办公室授予“全国敬老模范社区”称号。同年，十六里河镇兴隆三村、分水岭等5个村、党家庄镇枣林、陡沟等5个村、白马山街道东红庙第2个村（居）建立学习室、娱乐室、健身室和室外活动场地等老年活动基地。

第三节 老年人优待

1994年，为全区3754名70岁以上老年人办理优待证，持证可免除村级三项提留和五项乡镇统筹、免除国办公园门票。1996年，组织72名85岁以上老年人进行健康查体。

1998年，济南市在市中区举行山东省老年人优待证首发仪式，为全区60岁以上老人换发和办理老年人优待证6000个。1999年，救助全区贫困老年人691人（农村每人50元，城区每人70元，特困老人每人300～500元），共发放救助金1.87万元。为7500余名老年人免费查体，80对金婚老年人办理免费拍摄纪念照手续。二七新村街道为50对金婚老年夫妇举办庆典活动。2002年4月，将老年医疗保健纳入社会医疗卫生服务范畴。2006年，全区有百岁以上老人10名，年龄最大的105岁。其中，男性3名，女性7名；居住城区9名，农村1名。百岁以上长寿补贴每人每岁1元/月。区政府设立百岁老人家庭奖励基金，每年老人节奖励每位百岁老人家庭1000元。

2006年市中区百岁老年人统计表

表24-1

姓　名	性　别	出生日期	文化程度	职　业	家庭住址
王甘忱	男	1901.04.04	私塾	离休	经六路208号
王莲青	女	1901.10.24	文盲	居民	王官庄小区四区12号楼
平莲花	女	1902.05.08	文盲	居民	民族大街9号院10号楼
高善英	女	1902.07.27	文盲	居民	经十路210号27号楼
王鉴波	男	1904.10.09	小学	离休	经十路124号8号楼
刘金兰	女	1905.10.29	文盲	居民	济大路36号
李树云	女	1905.11.07	文盲	居民	经九路1号5号楼
潘云岐	男	1905.11.12	文盲	居民	十六里河镇涝坡村
林永芝	女	1906.04.19	文盲	居民	六里山路5号
李桂兰	女	1906.10.09	文盲	居民	舜玉小区南区49号楼

第四节　老年教育

1991年，区老年大学开办养生保健、健身体育、书法、山水画、歌舞等课程，聘请有关部门和部分专家到校授课。1992年4月，组织40余名学员参观访问淄博市博山区巴山村。1993年12月，举办纪念毛泽东诞辰100周年报告会，并进行文艺演出和书画作品展。2001年5月，北京基恩

济南老年大学市中分校太极拳班学员进行健身活动（2003年9月23日《中国老年报》第3版）

1999年10月，市中区老园丁艺术团在泉城广场进行文艺演出

爱生物工程公司在区老年大学举办"夕阳红"盒式磁带捐赠活动。2003年6月，书法班教师王凤鸣"老有所教、老有所为"的先进事迹，被山东省电视台《老友》栏目专题报道。9月，《老年教育》《中国老年报》先后刊载区老年大学保健班师生、太极拳班学员的教学图片。同年，组织区老年大学保健班学员及辖区部分老年人参加山东省老年学会在山东大会堂举办的二十一世纪科学养生报告大会。组织28名区老年大学师生参与济南电视台《泉城夜话》访谈直播节目。各街道（镇）相继开办社区老年学校。2005年7月，区委成立老年教育工作领导小组，区委副书记任组长；同时，组建市中区老年大学艺术团。同年，全区13个街道和2个镇相继成立老年教育工作领导小组。2006年6月，区老年大学定编为全额预算管理正处级事业单位，编制16人。年底，全区有老年大学16所，社区（村）老年学校116所。

第五节　老年人活动

1991年10月12日，在济南大厦礼堂举办市中区庆祝老人节暨老年迪斯科表演大会，13个街道和七贤镇共15支老年迪斯科队参加表演。同年，区老年气功协会四里山辅导站被济南市气功科研会评为先进集体。1992年9月28日，在济南大厦礼堂召开庆祝国际老人节大会，区老教协、机关党委和四里村、西青龙街道及经二路地区老年京剧团参与演出。1994年10月10—12日，举办第十一届"长寿杯"老年门球赛，区属、驻区市属单位和部队干休所45个队300余名老年人参加比赛。15日，在植物园举办庆祝老人节游园和部分体育项目比赛，区机关200余名离退休干部、职工参加。1998年10月老人节期间，在赤霞广场举办离退休干部联欢大会。1999年10月17日，山东省暨济南市老龄委联合在泉城广场举办庆祝"国际老年人年"大型文化广场活动，市中区老园丁艺术团和区机关部分离退休干部参加演出活动。2000年9月8日，二七新村、舜玉路等街道，分别组成70人以上老年秧歌汇演队，参加市老龄委在泉城广场举办的济南市老年秧歌汇演。2001年10月19日，全区有80余名老年人参加济南市举办的"千名老年人游南山活动"，游览红叶谷和四门塔等景点。10月20日，举办全区老年人才艺展示表演。主要项目有太极拳、太极剑、健身秧歌、老年迪斯科等。2003年9月5日，组织参加在北洋大戏院举办的济南市"福彩杯"首届老年文艺大赛汇演，有2个节目获金奖。9月26日，区文化馆和魏家庄、舜玉路街道及部分艺术团老年人参加泉城广场举办的省、市庆祝老人节大型文艺演出活动，举办市中区庆祝老人节专场文艺演出。2004年10月21日，区老年体协等单位70余名老人，参加济南市举办的“千名老年人喜看济南巨变”活动，游览百脉泉等景区。2006年12月18日，济南市老龄艺术家协会主要领导在区委党校礼堂与区老年大学师生一起听取区老年大学工作汇报，观摩区老年大学艺术团文艺演出，举办老年大学师生书画作品展。

第三章　民族　宗教

第一节　少数民族分布

1991年，辖区有回、满、蒙古、藏、维吾尔等22个少数民族，1.64万余人，占全区人口的5%，其中回族1.55万人，占全区少数民族人口的94%。2000年，十六里河、党家庄镇划归市中区后，涝坡、党东、党西、刘家林、黄山店、杜庙、马家庄等成为辖区回族群众相对集中聚居区。2006年，全区有回、蒙古、藏、维吾尔、满、朝鲜等36个少数民族，人口28580人，占济南市少数民族人口的三分之一。

第二节　少数民族事务

1991年，回民学校西青龙小学撤销，师生并入永长街回民小学。3月，经七路实施拓宽改造，杆石桥以西近百户回族居民需要搬迁。区政府从照顾少数民族风俗习惯出发，确定居民回迁安置在清真寺附近。同年，济南回民中学被国务院评为全国民族团结进步先进集体。1992年，回民中学和济南十四中学分设的藏族班合并，在玉函中学组建山东省济南西藏中学，有390名藏族学生迁入新校。6月，回族聚居区——西关地区进行动迁。济南市回民小区动工兴建，占地150.2公顷，投资4.3亿元，建设住宅26万平方米。1995年，区政府投资近百万元在回民小区建设回民幼儿园，建筑面积676平方米。1996年年初，回迁安置居民4100户。8月，建成济南市回民殡葬服务站。

20世纪90年代，辖区少数民族个体私营经济发展迅速，全区设置清真饮食摊点240个（处），具有一定规模的个体私营业户30余户。全盛永牛肉店、云亭饭庄、俊记牛肉店闻名省内外。在民族大街、城顶街一带设立2个牛羊肉专营市场，回民小区内设立清真食品街。十六里河、党家庄镇划归市中区后，农村少数民族经济在全镇经济发展中占据突出位置。党家庄镇回族奶牛养殖业发展迅速，拥有80多家肉、奶产销专业户。刘家林村依靠毗邻重汽集团济南卡车有限公司的优势，大搞服务加工，兴办汽车配件厂。党东村依靠临近山东水泥厂的有利条件，兴办水泥包装袋厂。党西村利用附近国有水泥企业的生产技术和管理经验，建起村办水泥厂。党家庄镇政府扶持回族村民沿国道104两侧发展餐饮、汽车修理等个体私营业户450多家，形成一条具有民族特色的服务长廊；党西村发展个体运输，形成集购、运、销于一体的运输专业村。

2000—2006年，区政府投资970万元，扩建民族学校教学楼7568平方米，同时建立校园网、微机室、语音室、多媒体教室、图书室、阅览室、仪器室、实验室等专用教室。教室配备电视机、投影仪、实物展台，教师人手1台电脑。1991—2006年，全区4266名少数民族学生参加中高考时，受到加分照顾。

第三节　宗教事务

1991年10月，山东省东方哲学研究会、山东大学哲学系、济南市伊斯兰教协会在清真南大寺联合举办“伊斯兰教文化与中国”学术研讨会，北京、江苏、福建、安徽等全国各地专家、学者和宗教界人士60人参加。11月9日，市中区伊斯兰教协会成立，会议选举产生区伊协领导机构，通过区伊协章程。同年，沙特商务大臣陶菲克率团到清真北大寺参观，捐款1万美元，修建沐浴室。1992年，位于清真南大寺内的伊斯兰教经学班，经批准更名为济南伊斯兰教经学院，专门培养伊斯兰教教职人员。同年，位于西青龙街的清真女寺因经七路拓宽拆除。1993年3月18日，市中区基督教“三自”爱国委员会成立，会议选举产生区“三自”领导机构，通过区“三自”章程。5月24日，国务委员、国家民委主任司马义·艾买提视察清真南大寺。同年，国务院宗教局副局长宛耀宾等视察清真南、北大寺、回民小区建设中的清真女寺和回民幼儿园。1994年4月15日，基督教东八里洼聚会点在原基础上改建落成，面积240平方米，可容纳200余人。7月，基督教王官庄聚会点被准予登记发证，面积160平方米，可容纳100余人。11月25日，建于回民小区内永长街的清真女寺落成开放，具有民族特色和阿拉伯建筑风格，面积508平方米，可容纳200余人，是全国伊斯兰教史上首座较大规模的清真女寺。同年，查获境外反动宣传品2000多份，75千克，全部上交。至1997年，先后有巴基斯坦议长、沙特商务大臣、埃及大使、摩洛哥大使及国家宗教大臣，孟加拉国旅游参观团，法国、加拿大、瑞典旅游报记者团，菲律宾总统府官员参观团，伊朗诵经团等多批次国际友人、使团参观回民小区清真寺。2000年8月，印尼驻香港领事馆商务领事杜·苏维查及夫人一行4人参观清真南大寺；11月，全国民族协调工作经验交流会在济南召开，140多位代表参观南大寺。2001年12月，伊朗诵经团到清真南、北大寺恭诵《古兰经》。同月，基督教三里庄教堂复堂，位于三里庄东街13号，可容纳约300人。2003年，伟东教堂建成，前身是市中区东八聚会点，上下两层，可容纳约300人。10月，新疆伊斯兰参观团一行50余人参观北大寺、清真女寺。2004年6月，参加亚洲足球赛的约旦、印尼、巴林、伊朗等伊斯兰国家运动员、教练员、官员和新闻记者约200余人次先后到清真南大寺参加主麻日。2005—2006年，清真寺及回民小区接待北京、上海、新疆、宁夏、辽宁、江苏、浙江、湖北、湖南、吉林、武汉、沈阳、延边、南京、青州、枣庄等省（自治区）、市民族宗教事业参观团。

第四节　宗教活动场所

1991年，辖区宗教活动场所主要有清真南大寺、清真北大寺、清真女寺、基督教南上山街教堂等。2006年，辖区有宗教活动场所25处。其中，伊斯兰教清真寺9处，基督教教堂或聚会点16处。

2006年市中区宗教活动场所情况表

表 24-2

名　称	地　址
清真南大寺	永长街 47 号
清真北大寺	永长街 23 号
清真女寺	永长街 29 号
党西清真寺	党家庄镇党西村
党东清真寺	党家庄镇党东村
刘家林清真寺	党家庄镇刘家林村
杜庙清真寺	陡沟街道杜庙村
马庄清真寺	陡沟街道马庄村
涝波清真寺	十六里河镇涝坡村
基督教南上山街教堂	南上山街 20 号
基督教三里庄教堂	三里庄东街 13 号
基督教伟东教堂	舜耕路南段
基督教王官庄聚会点	王官庄街道王官庄 303 号
英雄山路 44 号院聚会点	英雄山路 44 号
郎茂山聚会点	七里山南区七号楼
七里山聚会点	七里山街道南村二区 8 号楼
寨尔头聚会点	党家庄镇寨尔头村
魏家庄聚会点	党家庄镇魏家庄村
郑庄聚会点	党家庄镇郑庄村
文庄聚会点	七贤街道文庄村
井家沟聚会点	七贤街道井家沟村
西河聚会点	十六里河镇西河村
兴隆聚会点	兴隆街道兴隆村
郑家聚会点	十六里河镇郑家村
后魏聚会点	白马山街道后魏村

第四章 民 俗

第一节 人生习俗

一、生育习俗

21世纪90年代后，人们开始注重怀孕前后的卫生保健问题。在女方怀孕前后，一般都要求有不良嗜好的男方戒烟、戒酒。一些久婚未孕的妇女，除到医院接受检查治疗外，民间还有到千佛山、泰山等烧香求佛或在树上拴红布条以达到求子的目的。

女方怀孕后，在民间，称为“有喜”“有了”或称“怀上了”。孕妇一般多听一些曲调流畅、旋律优美的音乐，以期生一个聪明活泼的小宝宝。一般一个月去医院接受一次孕期检查，并遵医嘱口服叶酸，以预防孕妇贫血、降低新生儿缺陷的风险，预防孕妇患先兆子痫疾病。民间流传一种古老的俗信，说孕妇禁食兔子肉，否则生下的孩子会是“豁子嘴”（唇裂）。育前，一般由孕妇本人或家人做好孕妇产褥期所用、新生儿所用的所有物品。孕妇一般不再做重活，忌举重物，忌近丧事，忌参加酒宴等热闹场合。临产时，一般都提前几天住进医院待产，接受专业医生的临床观察和专业护士的护理。其间，一般由丈夫或是其他家人陪床照顾。

妇女生育期称为“坐月子”或“月子里”。孩子出生后，由医生护士洗净婴儿，按下脚模，以作纪念。然后将婴儿交由产妇吸吮头奶。一般情况下，顺产产妇生孩子后住院两三天即可出院，剖宫产产妇一般要在医院观察1周左右。产妇回家后，主要是休息调养和育婴。济南人讲究产妇生产后3日内不下床，孩子没满月前不出房门。坐月子期间，产妇一般不再劳作，怕落下“月子”病，多由婆家小姑子、妯娌们或娘家母亲、婆婆侍候“月子”。产后第三天，产妇要喝肘子骨做的“全汤”或“月子汤”，以补养身体和催奶。产妇忌食生冷辛辣等食物，否则会“回奶”“叉奶”（乳腺炎）。济南民间还有“喝猪拱嘴汤”之俗，认为这样可利奶除病。坐月子期间，禁忌很多。最主要的是，忌外人进入产妇居室。家人一般在产妇屋门口悬挂一红布条，以防外人唐突入内。据说，外人进入产妇居室，谓之“踩生”“冲月”，会把孩子吓出“脐带疯”来，对产妇和进入者自身也不好。此俗有一定信仰因素，如产褥禁忌、产妇不洁等，同时也有一定科学道理，如保护产褥期妇女和初生儿身心健康等。中国传统观念认为生孩子就是添喜，所以把女婿前往岳父母家通报称为“报喜”。报喜的日子，在济南地区一般是在小孩出生3日内。产妇家一般多煮些鸡蛋，并将鸡蛋涂以红色颜料或贴上红色标签以示喜庆。送红鸡蛋“报喜”时，生男孩送鸡蛋的个数为单数，意谓阳；生女孩则送双数，取义阴。后来，“报喜”送鸡蛋之习，也应用于亲朋好友、同学同事之间。谁家生了孩子，亲戚朋友便买上鸡蛋、挂面、红糖、小孩衣物之类礼品登门致贺，主家多半会赠红鸡蛋示谢。

二、育儿习俗

新生儿的头骨较软，又多以睡眠为主，需要大人帮其把头型睡端正。济南民间流行婴儿睡头之俗。睡头时，多以小米或豆皮填充枕头，让婴儿仰卧，使其头型长正，以免睡成“梆子头”“偏偏头”“扁瓜头”。睡头之俗起源于满族先人，《后汉书·三朝传》载：“辰韩人（满族先人之一）儿生欲令头扁，押之以石。”另外，《满洲源流考》记载：“国朝旧俗，儿生数月，置卧具，令儿仰寝其中，久而脑骨自平，头型似匾，斯乃习而自然，无足为异。”满人入关后，此俗渐在汉族地区广为传沿。济南民间认为，这种做法可以使男孩子长得肩宽背阔，英武高大；女孩骨盆宽，成人后利于生育。如今，从优生优育和婴儿成长发育角度看，这种做法还是有道理的。在育儿习俗中，济南民间还有用沙土代替褯子（尿布）的做法。所用的沙土，大多是黄河岸边的细沙土，这种沙土细如白面，又极具吸水性和吸热性，对于贫穷人家有很大的实用价值。用时，先将沙土用马尾箩筛净，以免沙土中混有坷垃、蒺藜、草木棍、瓦砾等杂物，伤害婴儿皮肤。然后是烫土，烫土的目的是除潮、升温、消毒。方法是用铁锅或铁盆将沙土炒热，稍凉至不至于烫伤婴儿皮肤，将沙土装进布袋或直接垫至婴儿臀下。烫土要尽量避免过火，以免小孩用后“上火”。婴儿撒尿拉屎后，沙土易变湿变凉，这时要及时更换沙土，把旧土换掉。20世纪80年代后，此习俗绝迹，发展为使用各种品牌的尿不湿等婴儿用品。

三、满月习俗

产后一个月是“满月”。“满月”是新生儿可以和外界接触的第一天，也是产妇完成“坐月子”过程的第一天。这一天，亲朋好友前来贺喜，多送些宝宝服、长命锁等物，也有随钱者，以红纸包装，上写“长命百岁”等吉祥语。主家则在这一天摆宴招待客人。这天，对产妇而言，济南习俗要“挪臊窝”，产妇抱着婴儿回娘家小住几日，以使孩子呼吸到新鲜空气，有利于母子身心健康。丈夫一家则借着大好晴天，将媳妇“坐月子”捂了1个月的房屋收拾干净，晾晒被褥衣物。产妇回娘家后，孩子外祖父、外祖母要给孩子送钱，将钱以红纸包好用红线系挂于婴儿胸前。待回到婆家时，由小孩的奶奶或其他女长辈取下红包，边取边唱道：“走得好，来得好，小子（或小妮儿）白头活到老。”

四、婚嫁习俗

20世纪80年代后，自由恋爱成为风气。进入21世纪后，男女相识相爱的渠道更加丰富。煲电话、婚介所、网上聊天、QQ加好友、微信朋友圈、朋友聚会……甚至，用手机软件“扫一扫”“摇一摇”，都可能成就一段美满姻缘。每逢情人节、三月三、中秋节、重阳节，各团体、单位、公益机构举办各类“相亲会”，为男女相识提供更多渠道。择偶观念更加开放，只要两人合得来，有共同语言，身高、学历、职业、性格已不是爱情筹码，年龄差异更不是相爱障碍。男方应具备的物质条件，如住房、汽车以及经济收入，开始成为女方择偶时首要考虑的因素。婚前同居、婚前性行为、婚前先孕等现象，已不再为社会所嘲弄和诟病。两人相爱后，可各自带着对方到家里见见双方父母。父母同意后，双方父母和一对年轻人一般要在一起会餐一次，大体商定一下领结婚证和举办婚礼等事宜，这桩婚姻大事就算基本定下。

济南地区新人举办婚礼庆典讲究选日子，与过去算命先生“看八字”“定吉日”不同，现在人们多选阳历的双号日期（若农历正好也是双日子则更好），寓意新婚夫妇能一辈子成双成对。这个双日子最好是在周六、周日或节假日，双方的亲朋好友能有时间前来参加婚礼，人多热闹是评价一场婚礼好不好的重要标准。日子选定后，要先找一家婚庆公司，委托他们全面负责婚礼当天车队的调度、现场的布置、庆典的安排。同时，双方开始向各自的亲朋好友发送请柬，邀请众人参加婚礼。进入21世纪后，婚礼越来越讲究排场，越来越讲究品位。专业服装师、化妆师、摄影师、摄像师、主持人、音响师，一些婚礼举办成了声光电齐全的大型联欢会。新人们则更注重婚礼的时尚化、个性化。喜日当天一早，新娘便早起化妆，身着租来的白色婚纱，与伴娘一起等待来接亲的车队。车队一般都是双数。车队到达后，新郎一行要站在门口敲门，门若不开，新郎要往门缝里塞红包，直到新娘的伴娘把门打开。新娘家一早要准备好水饺，新郎一行到后，吃完水饺，新娘的家人便和新郎一行乘车去婚礼庆典现场。婚礼程序大致分为新郎新娘上台、主持人介绍嘉宾、夫妻宣誓、夫妻向双方父母敬茶、夫妻对拜（一般行鞠躬礼）、点蜡烛倒香槟、证婚人主婚人致辞、来宾合影等环节。整个婚礼仪式一般在中午11：08或者11：18开始，12时之前结束。庆典礼成，男方备喜宴宴请所有来宾。参加婚礼的来宾要提前将“份子钱”随上。喜宴开始后，双方父母、新郎新娘要分别向来宾敬酒，以示答谢。喜宴当晚，新郎新娘要另备晚宴，答谢婚礼期间所有帮忙的亲朋好友。由于现在婚礼大都在酒店举行，所以过去新婚之晚“闹洞房”的风俗已基本绝迹。济南有婚后第三天新婚夫妇回娘家的习俗，称之为“回门”。这天，新娘父母要备宴招待新郎（济南称为姑爷、贵客）。新郎作为贵客，可坐在宴席的上首位，接受岳父岳母一家人敬酒献茶。由于俗信认为新婚期间新房不能空着，故新郎新娘在日暮之前赶回自己家中。为提倡喜事新办、喜事简办的节俭之风，进入21世纪后，许多部门组织规模不等的团体婚礼；一些新人也主动选择旅行结婚的方式。

五、生日习俗

在济南民间，过生日逐渐分化为2种：一是为孩子和平辈过生日，称为“过生日”，二是为长辈过生日，称之为“做寿”“祝寿”。

过生日　在过去，只有幼儿满周岁生日那天举行“抓周”仪式——利用孩子抓取物品，预测其性情、志趣和前途的礼俗。只要上辈有老人在，儿女们一般是不过生日的。改革开放后，受西方文化影响，民间过生日的习俗逐渐成习。过生日这天，一般约请家人和挚友在一起小聚。宴会开始后，先将室灯关灭，过生日者戴上寿星帽，大家一起拍手齐唱《生日快乐歌》。唱毕，过生日者将预先买来的生日蛋糕上插着象征年龄的蜡烛吹灭，并双手合十、闭上眼睛给自己许一个愿。然后，将蛋糕分而食之。大家有说有笑，一起举杯给主人祝贺生日。如是孩子们过生日，家长们还要购买各种玩具等作为生日礼物，送给孩子。济南民间有“孩子的生日，娘的苦日”说法，颇有“哀哀父母，生我劬劳”之遗风。因此只要上有父母，儿女们过生日，都要买上礼品或置办家宴，宴请健在的父母，以表儿女孝敬之心。过生日这天，主食一般都要吃面条，取意健康长寿。在济南，还有本命年和“41”关口的说法。人们忌讳“41岁”的说法，认为“41岁”这年走的是“王八运”，主不吉利。俗信还认为，本命年是“灾殃年”，若要消灾，要向过生日者敬献红腰带、红衬裤、红袜子等衣饰，据说穿上即可以消灾避难。

祝寿　济南民间大多从50岁开始“做寿”，对晚辈而言则称为“祝寿”。老人做寿时，特定的年龄有特定的称呼，如60岁寿辰叫“花甲寿”，70岁寿仪叫“古稀寿”，还有

“庆八十”寿仪等；男寿称为“椿寿”，女寿叫作“萱寿”；父母同庚而做寿者谓之“双庆”寿。“祝寿”的宴席一般由儿女置办。过去，祝寿仪式十分隆重。一般事先要向亲朋好友发请柬。做寿的时间是一天，有的在家里办，有的在饭庄办。亲朋好友在接到请柬后要准备寿礼，寿礼大多是寿桃、寿面、带寿字的糕点和寿帐。寿堂安排在正房正厅，是拜寿行礼的场所。正面墙上挂着刺绣或绘制的寿星像，或者是寿字中堂或寿帘，两旁配有写着“福如东海，寿比南山”的寿联。也有供上福、禄、寿三星像的，案上摆放蜡扦，上插寿烛，还有一对插花用的花筒，还要摆放香炉。在蜡扦下边还压着黄钱、纸元宝等，案前放着一块红垫子，供跪拜者跪下叩头。20世纪80年代后，“祝寿”仪式有所简化，像其他人过生日一样，一般由儿女及早安排在饭店举行。家人亲朋济济一堂，颇为热闹，以衬托出喜庆气氛，也让长辈感受到高寿、儿孙满堂的喜悦和欢快。给长辈祝寿的目的，其实还是子女为了把对长辈的孝心表达出来，以报答父母养育之恩。旧时民间做寿还有“过坎儿”的说法。“坎儿”是指人在寿命上的关口。从50岁起，每隔10年左右就有一个坎，如果顺利渡过就能再活10年，如果不顺利，遇到“坎儿”就会被卡住，不是生病就是送命。因此，从50岁起，逢十的生日均被称之为“大寿”，所有做寿均按寿主的虚岁计算，以便顺利度过“坎儿”。旧时有“六十六，不死也得掉块肉”的说法，所以父母过六十六寿诞时，女儿（或侄女）要称一大块肉作为寿礼给老人送去，意为“肉已掉下”，即可逢凶化吉。民间还有“七十三、八十四，阎王不叫自己去”（因孔子、孟子在百姓眼中都是圣人，圣人自然不可能死，但孔子却活了73岁，孟子活了84岁，故有此一说）的说法，民间将这两个年头称为“损头年”。所以，每逢这两个生日做寿时，一般也要跳越这年，按虚岁提前祝贺下一个生日。比如，讳言73岁生日，就直接说74岁，84岁时直接说85岁等。

六、丧葬习俗

人心脏停止跳动后，一般要由医院出具死亡证明。家人为防止尸冷，急速为死者净身、穿寿衣，然后送往太平间或火化场停尸房等待火化。家人此时应在死者家中布置简朴、肃穆的灵堂，中挂死者黑白遗像，供桌上摆放一直燃烧的三炷香火，并由死者后辈或其他家属为其守灵。死者家属佩戴黑色袖章，直系儿孙均佩戴有“孝”字的袖章，死者婿的袖章上订有红色布条，以示区别。其他人佩戴无字黑色袖章。死者家属通过各种方式向亲朋好友“报丧”。过去，由儿女亲自登门，叩头报丧，现在多以电话、短信以及在报纸上刊登讣告等形式，通告死者逝世的消息。主家在亲朋好友中找一个主管协助办理丧事，并安排一两人负责前来吊唁者的登记接待等。吊唁，济南又称为“吊丧”，是亲朋好友到丧家哀悼死者、慰问死者家属的一项礼仪活动。吊唁者除向死者遗像三鞠躬致哀，还要同死者家属握手以表慰问，同时还要送上花圈、挽联或是金额不等的钱币、白色哀帐等，通谓之为“奠仪”“奠礼”。凡有来吊唁者，死者后辈应先向来的长辈或平辈吊唁者叩首致谢，对晚辈吊唁者则一般施以抱拳礼或鞠躬礼。死者一般“停灵”3天。若死者上面有父母健在，则“停灵”2天，即行出殡。出殡时间也有讲究，若死者上无父母，出殡时间则定在中午12时过后；若死者上面有父母健在，出殡时间定在12时之前。

出殡前，由主管安排好随行车辆。时辰一到，先由长子女在死者遗像前摔碎“老盆”，然后，手捧遗像登上汽车前往火化场进行遗体告别仪式。行进途中，如遇有路口或桥梁，坐在前面的女婿抛洒纸钱，以示致哀并为死者灵魂引路。到达火化场后，一行人按照安排先到告别厅向死者遗体作最后告别。告别仪式时，死者家属站为一列，吊唁者胸佩白花依次向遗体三鞠躬，然后向家属依次握手致哀，致哀词一般多是“节哀”“保重”等。吊唁完毕后，死者家属绕死者遗体，作最后告别。死者火化后，由死者长子女手捧骨灰盒进行安放或入土。如事先未备好墓地，便将骨灰盒寄存到火化场骨灰堂。埋葬仪式要烧纸燃香，家属则向死者墓地叩首，哭别亲人。

七、祭祀礼俗

祭礼主要是要表达生者对神灵的敬畏、对祖先的尊重，对父母的孝道。死者下葬后第三天，济南有“圆坟”之俗，即家人持祭品到墓前祭拜。死后第七天，要给死者过“头七”，再次由家人带着祭品到墓前祭祀。济南祭礼以“五七”最为隆重，“五七”上坟，一般在死者死后第34天或第33天进行，此时做儿女的必须痛哭一场，传说儿女的哭声可以打动五殿阎罗，放先人亡魂过关。此后，再到死者“百日”、周年以及每年死者的忌日、清明节、七月十五中元节、农历十月初一寒衣节，家人都要去墓前致祭。

第二节　节日习俗

一、春季节俗

立春　是农历二十四节气中的第一个节气。在济南话中称为“打春”。为什么春天到了，还要“打”之呢？这主要起源于立春这天济南民间有“打春牛”的习俗。《济南府志》载：“立春日，官吏各具彩杖，击土牛者三，谓之鞭春，以示劝农之意焉。”鞭春活动开始，仪吏手执五彩春杖，鞭打泥塑或纸扎的春牛，并念念有词：“一打风调雨顺，二打地肥土暄，三打三阳开泰……”打毕，将春牛打破，预先装在牛肚里的柿饼纷纷落地，人们一哄而上纷纷抢食，以图吉利。被击破的碎土或牛纸，被一抢而空；俗信认为，将牛土或牛纸用来涂灶、涂墙等，可以趋吉避凶，带来好运。过去，打春这天，年轻母亲会用彩色碎布头缝制“春鸡”“春娃娃”等小玩具，给孩子作为节日礼物。春鸡佩戴在孩子的左衣袖上，取鸡谐音“吉”，象征吉祥如意。而且鸡又降五毒，所以戴春鸡又有祈避毒虫的功用，而春娃娃则寄托着母亲对孩子迎着春风茁壮成长的殷切期望。

除夕　大年三十晚上，年夜饭一摆，合家围坐一起，那种欢乐团圆的年味儿就难以言喻了。“妻孥一室话团圆，鱼肉瓜茄杂果盘。下箸频教听忏语，家家户户合家欢。”天刚擦黑，要先“请家堂”，接逝去的先人回家过年。擎香接先人进门后，要在院内撒些谷草，以“喂”先人乘坐的马匹；进屋门后，要在门口放一根拦门棍或一把笤帚，以防其他神鬼混进。除夕夜，大人最怕小孩乱说话，说会不吉利，会使新年里晦气。不小心摔破碗盘，要赶紧说一声“岁岁平安”。放完年夜“迎新炮”后，吃年夜饭，一家人便围坐炉旁，嗑瓜子聊天，通宵不寐，谓之守岁。新年一到，孩子们齐呼啦地向长辈拜年，长辈们则乐不可支地从怀里掏出一张张崭新的票子分发给孩子，数额一般都在百元以上，少数也有千元甚至上万元的。除夕夜，老济南还有吃更岁饺子的习俗。饺子一般是素馅，取新年里素素静静之意。自电视普及后，除夕的新风俗是吃完年夜饭，一家人围坐一起收看中央电视台的“春节联欢晚会”。

春节 正月初一一大早，亲朋好友之间开始走家串户，相互祝贺新春。济南人拜年，一般是笑容满面抱拳说一声“恭喜发财”或“过年好！”20世纪90年代后，拜年的方式更加多样化，团体拜年、电话拜年、短信拜年、QQ拜年……表达相互祝福心情的同时，增进人们之间的友谊友情。春节最热闹，禁忌也最多。比如，出嫁的姑娘初一不能回娘家，否则会把娘家吃穷；不能打碎餐具物什，万一打碎了得赶紧说一声“碎碎（岁岁）平安”；年初一这天不能喝面条，否则一年到头麻烦事会接连不断；妇女这天不能动针线活，要不一年里将会受苦受累。扫地时，要从屋门口往里扫，以免把“财”扫出去，等等。

回娘家 年初二，嫁出去的女儿携夫带子回娘家，是济南春节时俗之一。女儿回娘家拜年，岳父母要置办酒席招待姑爷。姑爷这天是岳父母家的贵客，吃饭喝酒时，都要坐在上座，并由内兄弟或平辈亲友相陪。席间，岳父要为姑爷敬酒但一般不陪筵。出嫁的女儿这天多陪久未见面的母亲，说说知心话。随同来的孩子则拿着姥爷姥娘准备下的鞭炮、烟花，高高兴兴地在当院里、大街上嬉戏玩耍。随着夜幕降临，带有微醺的女婿向岳父母拜别，带着妻儿回自己家。现在有好多家庭都是几世同堂，遇有姑爷、闺女年龄大者，则由他们的未婚儿女或孙男弟女代替爷奶父母给老姥爷老姥娘、姥爷姥娘去拜年和送年礼。

破五 正月初五，济南民间有过“破五”的习俗。按过去的说法是“初五日谓之破五。破五之内，不得以生米为炊，妇女自元旦是日不出门，虽同院合居亦然，谓之忌门”。初五这天，家家户户都要包水饺，俗称“捏破五”。阖家饮酒吃团圆饭，畅谈年事，忌说不吉利话语。小孩子们则燃放鞭炮，谓之送年。旧俗初五以前不许动刀剪，所吃饭菜也都是年前备好，吃时加热即可。现在的习俗是，初五晚间，家家户户要“送家堂”：供奉水饺、焚香叩首、取回拦门棍……送走逝去的祖先，意味着年过完了。

元宵节 济南地区“正月十五闹元宵”的习俗，代代相沿。早在明清时期，元夜张灯更是成为一项济南全民性的游艺活动。《历城县志》载：“元夜，通衢张灯，放花炬，男女群游……”“通衢张灯”，可见当时济南的花灯之盛、规模之大；“男女群游”，可见老百姓参与程度之高，参与范围之广。如今，元宵节期间，济南各大公园以及各个社区都要举行盛大的花灯会，尤以趵突泉花灯会最为吸引当地居民和外地游客。元宵节前后，济南的家家户户院门、屋前高悬大红灯笼，到处金碧辉映、流光溢彩。

二月二 雅称春龙节，济南老百姓也称为“龙抬头”，该说法最早源于明代：“二月二日曰龙抬头，煎元旦祭余饼，薰床炕，曰薰虫儿：谓引龙，虫不出也。”（明刘侗《春场》）。济南民间有“正月里剃头死舅舅”的说法，男人们正月里任凭头发疯长，也不去理发。直到二月二“龙抬头”这天，男人们才刮须理发，所以这天大街小巷的理发店的生意格外火爆。济南素有二月二吃食炒黄豆（俗称蝎子爪）的习俗。大街上、超市里到处挂满“炒豆”“蝎豆”的招贴。

清明节 是农历二十四节气之一，一般在公历4月4日或5日。这天，济南的民俗事项主要有两种：一是上坟扫墓，祭祀祖先；二是郊游踏青。市民纷纷涌向各个公墓墓地，向逝去的先人致以祭拜礼。2000年后，在墓前燃香烧纸的旧俗逐渐淡出，向逝者敬献鲜花已渐成风气。

二、夏季节俗

端午节 农历五月初五为端午节，又称

“端阳日”，俗称“五月端午”。旧时，这天清晨要在门上插艾枝，食粽子和加入艾叶煮熟的鸡蛋。妇女用各色丝线缠制小彩粽，用鲜艳绸布缝制各式小香袋，佩戴腋下或胸前。成年人喝雄黄酒，儿童耳朵抹雄黄，穿印有“五毒”（蛇、蝎、蟾蜍、蜈蚣、壁虎）图样的衣服，谓可消瘟避邪。各戏院多在此日上演《白蛇传》。至今，端午日食粽子、插艾枝、缝佩香包等习俗仍流行。

夏至　二十四节气之一，也是民间传统节日。家家吃芝麻酱凉面，意为防暑，有“冬至包子夏至面”之说。该俗延续至今。

三、秋季节俗

乞巧节　农历七月初七为“乞巧节”，也称“七夕”。如今，这天为年轻人的“情人节”。恋爱中的男女这天多以鲜花相赠，一起聚会娱乐，至夜不散。此俗系人们由传说为牛郎织女渡过鹊桥相会的传说附会而来。

中元节　济南俗称“七月十五”或“鬼节”。城乡居民一般于此日晚备香纸上坟，以超度亡魂。由于条件所限，现市区居民多于此日晚间在路口街边，燃香烧纸，以寄托对故人的追念之情。

中秋节　农历八月十五称为中秋节，济南民间俗称“八月十五”，是一年中除去春节之外的第二个大节日。是日晚，多以家庭为单位在家或酒店举办团圆宴，人人都要吃食月饼。

重阳节　农历九月初九称为重阳节。旧时，济南多有食菊糕、饮菊花酒，携酒馔登千佛山的习俗，以为此日登高可祛晦气得吉利。文人墨客相约登高饮酒赋诗。清代以来，重阳节期间又是千佛山传统的山会，四乡农民至此摆摊出售山货，商贩叫卖日常百货及各种风味食品，赶山会的人群如潮，许多人到山上兴国禅寺进香朝拜。新中国成立后，山会盛况空前，持续数日，市民携老带幼登山赶会。该俗延续至今。

四、冬季节俗

寒衣节　农历十月初一为寒衣节，济南俗称“十月一”。是日，人们上坟烧纸“送寒衣”。

冬至　为二十四节气之一，自此日起开始交九。旧时，文人学士有人于此日画九九消寒图，写上每个字都是九划的九个红色字：如“亭前垂柳珍重待春风”等。自交九之日起，每日用墨笔涂一划，以此计算数九的日数；也有的画染梅消寒图，即画上有 81 个花瓣的不染色的梅花，每天涂染一个花瓣，至九九染完。有的在此日组织消寒会，后逢九聚一次，轮流做东饮酒消寒。冬至日，市民都要吃水饺，有“冬至包子夏至面”之谚。

腊八　农历腊月初八日为腊八节，俗称“腊八”。相传，是日为释迦牟尼成道日。各佛寺于此日诵经，并沿街“化缘”，捐敛“腊八米”熬粥供佛。有的寺院向施主送吃斋的素菜等，施主要捐款布施。谚云“腊七腊八，冻死叫花”，故市民于此日食“腊八粥”以祛寒；有的富裕人家还向贫苦人施粥。腊八粥多用黄米（或糯米）、红小豆、大枣、花生米等熬制，讲究者还再加入莲子、核桃仁、桂圆肉、栗子等，称作“八宝粥”。济南居民多于这天泡制“腊八蒜”，将去皮蒜瓣放入醋中浸泡，味酸辣鲜美，供春节时食用。

小年节　腊月二十三，俗称“小年”。济南有“女不祭灶，男不拜月”一说。所以，辞灶时家中女性都应回避。据传，因为妇女平时做饭时难免有洒落散失粮物之事，灶王临行前看到她们会想起这些事，向玉皇大帝汇报后会降灾给她们。是日，供品用糖瓜，最初之意是让灶王的嘴巴甜甜的，在玉皇面前多说好话。后来，有人将糖瓜烤化，抹在灶王像的嘴上，谓之“涂神口”，把灶王嘴粘住，不让它说坏话。今俗，多以这天作为春节大年的前奏，一般家庭都要置备酒宴、包水饺，家人团聚一起，准备辞旧迎新。

第三节　外来节日习俗

一、情人节

公历2月14日，是西方的情人节。关于情人节起源有许多种说法。普遍的说法是情人节是由一个名叫桑特·瓦伦丁的人士发起的。他是罗马人，因拒绝放弃基督教，于公元前269年惨遭杀害，这一天正好是全城盛行彩票抽奖的日子。另外一种说法更有传奇色彩，相传瓦伦丁在临刑前留下一本日记给了典狱长的女儿，而这个姑娘正是瓦伦丁的情人。此后，每年的2月14日便成为一个具有特殊意义的日子。这天，人们向自己心仪的人传递信息以示爱意。2000年前后，情人节传入济南，并迅速为青年人所接受。一对对互相爱慕的青年男女互赠象征爱情的玫瑰花、巧克力，并举行烛光聚会，或饮酒或唱歌，相互表达爱慕之意。至今，此俗有愈来愈盛之势。

二、愚人节

公历4月1日，是西方民间传统节日愚人节，也称为万愚节。它的起源众说纷纭。一说起源于印度的“诠俚节”，该节规定，每3月31日，不分男女老幼，皆可互开玩笑，互相愚弄以换得娱乐。较普遍的说法是起源于法国。1564年，法国率先改革纪年法，采用格里历（即公历）纪年，改变过去以4月1日为新年开端的历法。而一些守旧的人依然在4月1日这天，互赠礼物，共贺新年。聪明的革新派也趁此在这天给他们送假礼物、邀请他们参加假庆祝会，后沿袭为人们互相捉弄的开心节日。据考证，愚人节在民国时期就已传入中国，那时的报刊每到4月1日便发布一些荒诞的假新闻愚弄读者，但尚未被国民大众接受。20世纪90年代中期，愚人节再度在国内流行。每到这天，人们相互编造欺骗对方的信息，以博得开心快乐。一些媒体也刊发一些幽默新闻，以赚取眼球。《北京青年报》一条“济南将开通啤酒管道，市民在家中打开笼头就可喝鲜啤酒”的愚人节假新闻曾轰动全国。

三、母亲节

公历5月的第二个星期日是母亲节。母亲节起源于美国。1906年5月9日，美国费城安娜·贾薇丝的母亲不幸去世。次年母亲逝世周年之日，贾薇丝组织追思母亲的活动，并鼓励他人以类似方式表达对各自母亲的感激之情。此后，她极力呼吁设立母亲节。1913年5月10日，由威尔逊总统签署法令，决定每年5月的第二个周日为母亲节。母亲节在中国最早是港澳地区。改革开放后，母亲节为内地民众所接受。1989年前后，母亲节传入济南，并迅速为年轻人接受。每到这天，做儿女的纷纷到花店购买康乃馨鲜花送给自己的母亲，以表达对母亲的感念之情。从午间到晚间，儿女们都要请母亲一聚，感谢母亲的养育之恩。

四、父亲节

公历6月的第三个星期天是父亲节。世界上第一个父亲节，于1910年诞生于美国。1909年，华盛顿一位叫多德的女士在过母亲节时，突然想到为何不设立一个父亲节，以感恩父亲呢？于是，她给州政府提出这个建议。次年，州政府采纳她的建议，规定每年6月的第三个周日为父亲节。1972年，尼克松总统正式签署建立父亲节的议会协议，这个节日才以法律形式确立下来。中国最早的父亲节可以追溯到1945年8月8日，上海文人发起庆祝父亲节活动。后来，一些社会名流联名向中央政府建议，定“爸爸”谐音的8月8日为父亲节。这个说法比较符合中国文化，一是加入“爸爸”二字的谐音，二是两个“八”字重叠一起经过变形就是“父”字。现在人们过的父亲节，进入中国的时间约在20世纪90年代中期。是日，儿女一般都要买上一束红玫瑰献给父亲，并请父亲吃饭喝酒，以表达对父亲养育之恩的感谢之情。

五、圣诞节

公历12月25日被称为圣诞节，又称耶诞节，是西方传统节日。圣诞节是一个宗教节日，人们一直把它当作耶稣的诞辰来庆祝。实际上，《圣经》里并没有耶稣诞辰的记载，这个节日是后人定的。圣诞节传入中国较早，过去主要是教徒过这一节日。圣诞节的前夕（12月24日）称为平安夜。改革开放后，平安夜逐渐成为年轻人的狂欢节日。是晚，年轻人呼朋唤友团聚一起举办舞会，依偎着闪亮的圣诞树，头戴圣诞帽，听着圣诞颂歌，互相交换圣诞礼物，分享彼此之间的祝福，度过一个欢乐、幸福的夜晚。

第四节　伊斯兰教习俗

伊斯兰教基本教条是“念功、礼功、斋功、客功、朝功”，即念古兰经、礼拜、封斋、按教规缴纳课规费、朝觐，称之为“五功”。主要节日有开斋节、宰牲节、圣纪节。开斋节也称尔德费太。莱麦丹月（教历九月）为斋月，斋月期后的第一天为开斋节。这一天，穆斯林们穿新衣，持点燃的美香，在清真寺门前散“率得盖”（施舍）。阿訇着绿袍，头缠白布，进入寺内礼拜殿，参加会礼，听念“虎图白”。宰牲节又称古尔邦节，在开斋节后70天举行，穆斯林个人或几家凑集资金，购买牛、羊，效法伊斯兰教先贤伊不拉欣，为表对“安拉”真诚，宰牲奉献。上午聚礼后，阿訇到穆斯林家中宰牲，分送亲友共度节日。教历三月十二日是伊斯兰教圣穆罕默德的生日，为圣纪节。穆圣逝世也是在伊历三月，届时，穆斯林分别在各清真寺集会作圣纪。请阿訇高声颂赞安拉，共做“堵畦宜”，分赠油香。此外，伊斯兰还有阿舒拉日、登宵节、盖德尔夜、拜拉太夜等一些节日纪念活动。

伊斯兰依然保持着本民族的一些传统风俗习惯。一是语言文字还保留使用某些阿拉伯语和波斯语的词汇。如“多斯提”（朋友）、“赛阿布”（赏赐、谢谢）、“穆巴里克”（祝贺）、“海里凡”（学生）、“穆斯林”（信仰伊斯兰教者）等。在宗教和婚丧活动中，一些老人还用阿拉伯文字表示特定的专用术语等。二是饮食以米面为主食，但所用肉食有明显的特点，禁止食用一切自死物、血液和猪肉。此外，还禁食骡、马、驴、狗、猫、虎、狼、熊、狐等非反刍动物和无鳞鱼类。三是服饰服装穿戴与汉族略有差异。男人在参加宗教活动和参加其他社会活动时，喜戴圆顶白帽（或黑帽）；而女人在作礼拜时戴白布盖头。四是婚姻实行一夫一妻制，婚姻自由。举行婚礼时，有的还请阿訇到场证婚。五是婴儿出生后，由父亲延请阿訇到家，母亲抱婴儿趋前，阿訇祷念后，作“社洼”，然后根据伊斯兰教经典中贤哲名言为婴儿起名，称作回回名。六是穆斯林亡人死亡后，由其家属请阿訇蒙脸布。亡人若系妇女，盖脸布时，须请其娘家人在场。葬前，由阿訇或笃信教义的人为之遍洗全身，不穿戴各种衣饰，然后用白布包裹。回民实行土葬，头北脚南面向西，坟墓北高南低。在七日、四十日、百日、周年祭时，请阿訇诵经，做油香分送亲友，共同纪念亡人。

第五章　居民生活

第一节　城市居民生活

1991年，区属单位职工年均工资1874元。人均住房面积7.6平方米，有部分居民住房不足2平方米。1992年，城镇居民在衣着消费中，购买衣着面料下降，成衣消费增长迅速。在用品消费中，室内装潢费用、美容化妆品及金银首饰品支出日趋增长。录像机、组合音响、空调器成为城市居民家庭的消费热点。1994年，城镇居民人均实际收入4039元，穿、用消费比重下降，医疗保健、交通和通信、居住消费比重上升。1996年，实施居民最低生活保障制度，具有城市常住户口的职工和居民，家庭月人均收入不足120元的，给予最低生活保障救助。全年为640户1024人发放保障金6.85万元。2001年，城市居民家庭中的耐用消费品数量有所下降，质量明显提高。随着科学技术的发展，居民由追求单一的耐用品，向多功能、高智能、数字化方向转移，家用电脑、移动电话、空调器、多功能电炊具等拥有量显著增加，高档家用电器越来越普遍地进入普通居民家庭。2006年，在岗职工10.27万人，年均工资26959元，人均住房面积近20平方米。居民不再局限于追求丰富优质的实物消费，对提高自身素质、生活质量有关的新兴服务业的需求越来越多。

第二节　农村居民生活

1991年，农民人均收入1135元。据区内20户村民抽样调查，全年人均支出各项费用是衣着113元，饮食412元，住房123元，燃料38元，日用品210元，非商品支出71元。每百户村民拥有彩电20台，冰箱10台，收录机50台，黑白电视机60台，洗衣机50台，自行车210辆。1992年，农村居民对彩色电视机、照相机等文化娱乐用品的拥有量增速明显加快。1994年，全区90%以上的农民缴纳养老保险。食品、医疗保健、交通、通信消费比重上升，衣着、居住、日用品消费比重下降。1996年，七贤镇实现村村通沥青路、自来水。16个村实行养老保险，22个村（居）实行农民退休制度。9个村安装卫星天线，1个村安装有线电视，电视拥有率99.3%。7个村安装电话总机，家庭安装电话率14.9%。人均居住面积25平方米。1997年，建立农村最低生活保障制度。对家庭人均年收入低于760元（包括粮食收入）的，实行定期定量救济，每人每年救济360元，粮食补到250千克。全年为1475户2333人发放最低生活保障金16.99万元。2001年，农村居民耐用消费品拥有量发生较大变化，交通、通信、娱乐等物品发展迅速。洗衣机、电冰箱、摩托车、彩色电视机、空调器、电话、热水器、移动电话、影碟机、组合音响等进入寻常百姓家。2005年，农民人均纯收入突破5000元大关，达到5416.7元；人均支出3211元。2006年，农民人均纯收入6133.1元，支出3508.4元，居住面积50.37平方米。每百户居民拥有电冰箱88台、空调28台、彩色电视机126台、移动电话108部、计算机22台。农村低保标准提高到1200元；新型农村合作医疗农民参合率83%。

第二十五篇　街道　镇

1991年，市中区有经二路、馆驿街、大观园、魏家庄、共青团路、经七路、岔路街、杆石桥、西青龙街、四里村、二七新村、六里山、七里山、玉函路、舜玉路15个街道和七贤镇。1995年5月，撤销西青龙街、共青团路街道，合并组成泺源街道，增设王官庄街道。1999年12月，党家庄镇、十六里河镇由历城区划归市中区。2001年4月，撤销经二路、经七路、岔路街、馆驿街、玉函路5个街道。同年11月，撤销七贤镇，设立舜耕、白马山、七贤3个街道。2006年，全区设大观园、泺源、杆石桥、魏家庄、王官庄、四里村、六里山、七里山、二七新村、舜玉路、舜耕、七贤、白马山13个街道，党家庄、十六里河2个镇。

第一章　街　道

第一节　大观园街道

位于市中区北部，因大观园商场而得名。东起纬一路与魏家庄街道接壤，西至小纬六路与槐荫区五里沟、青年公园街道毗邻，南起经六路与杆石桥街道搭界，北至经一路与天桥区纬北路街道衔接。

1991年，街道辖纬一路南、纬一路北、经五路东、经五路西、同福街、大纬四路、小纬四路、小纬五路、三里庄东街、三里庄中街、三里庄西街、大观园商场、晋和街13个居委会，面积0.51平方千米，居民6563户，17777人。2001年4月，大观园、经二路2个街道办事处合并后，设纬一路、睦和苑、纬五路、纬二路、纬四路、经三东、经三西、经一路社区居委会，总面积增至0.98平方千米。2006年，设纬一路、经二路、纬五路、万紫巷、睦和苑5个社区居委会，有居民28229人，机关驻纬四路107号。

大观园党员志愿者（2005年摄）

1991年，大观园、经二路街道共有街巷35条。因旧城改造，先后有晋和街、福寿里、三里庄中街、兴云里、咏仙里5条街巷注销。至2006年，大观园街道有街巷23条。

1991年，大观园街道有县以上独立核算企业4家，实现工业总产值1018.1万元，工业销售收入698.4万元。2001年，与经二路街道办事处合并后，主要有街办企业市中印刷四厂、红旗电器开关厂、市中鞋厂、市中坐垫厂、市中装饰厂，市中水电安装工程部。同年，开始招商引资，当年引进内资3432万元。2006年，招商引资1.91亿元。

驻地单位有810多家，其中省市机关有山东省公安厅、省建设厅、省总工会、省电力局、省邮政管理局、省电信局、济南市政府、市人大、市政协、市国税局、市地税局、市财政局等。学校有济南大学成教学院、济南二十七中学、经五路小学、纬二路小学、纬三路小学、经五路幼儿园。

第二节　杆石桥街道

位于市中区中北部，东起民权大街与泺源街道相邻，西至小纬六路与槐荫区青年公园街道相接，南至经十路北侧与四里村街道相连，北至经六路与大观园街道相靠。

1991年，辖区有经八路、经九路、乐山一居、乐山二居、乐山三居、乐山四居、胜利大街北中南3个居委会、复兴大街、德胜大街一居、德胜大街二居、杆石桥西居、省委宿舍、新市区一居、新市区二居、八一居委会17个居委会，面积1.46平方千米。2001年4月，经七路、岔路街街道并入杆石桥街道后，面积增至2.3平方千米。2006年，设8个社区居委会，有5.86万人。杆石桥街道有街巷42条；机关驻岔路街22号。

2001年，3个街道合并前，经七路街道有济南市中钢木家具厂、济南泉口供销经理部、济南市中同力达时装厂、济南东方实业公司、经七路木瓦修建队和济南畜牧发展研究所6个企业。3个街道合并后，有大小企业10家。同年，开展招商引资，引进内资4073万元，外资45万美元。2006年，招商引资2.89亿元，完成固定资产投资4.04亿元，社区服务业实现总收入608.9万元，利润160.6万元。

驻地单位主要有中共山东省委、省纪委，济南市委、市纪委，市中区委、区政府等机关；山东省实验中学、济南市实验初中、济南育英中学、济南外国语学校初中部、济南胜利大街小学等12所学校；中国人民银行济南分行、中国农业银行山东分行、建设银行济南分行、招商银行等金融证券保险机构38家；山东省出版社、齐鲁书社、济南日报社等文化单位。

机关党员义务整治居民小区

第三节　魏家庄街道

位于市中区北部，以古老的魏家庄命名。东起顺河街与泺源街道相连，南至林祥南街与杆石桥街道相接，西至纬一路与大观园和杆石桥街道办毗邻，北到馆驿街与天桥区纬北路街道接壤。

1991年，辖区有麟祥街东、麟祥街西、魏家庄东、魏家庄西、人民商场东、人民商场西、林祥南街东、林祥南街西、永庆街、

社区的孩子们暑假在远程教育科普夏令营学习娱乐

级人民法院大楼。2002年6月，东至顺河街，西至林祥街，南至省计量局，北至经四路区域（原为林祥南街沿街棚户区）开发泉景中房大厦。2006年，魏家庄街道有街巷31条。

1991年，魏家庄街道完成工业产值2052.3万元，实现销售收入1152.7万元，利税37万元；馆驿街街道工业总产值1114.2万元；商业营业额为159万元。1991—1995年，对10家工商企业进行股份制、股份合作制、公有民营租赁经营等形式的改革，占企业总数的83%。2003年，开始招商引资，实际利用资金3120万元。2006年，有街属企业14家。

驻地单位有山东省统计局、中国贸易促进委员会山东分会、济南市中级人民法院、山东省建设银行、济南商业银行、济南市英大信托投资有限公司、人民商场、人防商城、济南市无线电九厂等81个单位，其中省级机关5个，市级机关11个，学校4个，教会2个。

顺河街、经四路、凤林街、平安街居委会及山东省财政厅宿舍家委会，面积0.404平方千米，居民15815人。2001年4月，馆驿街街道与魏家庄街道合并后，设永庆街、林祥南街东、林祥南街西、魏家庄东、魏家庄西、新市场、人民商场、丁家崖、麟祥街、馆驿街东和馆驿街西，山东省财政厅宿舍、鲁能电力宿舍等社区居（家）委会。2004年，山东省财政厅宿舍家委会撤销。2006年，设5个社区居委会，有23377人，面积0.88平方千米，机关驻麟祥街96号。

1991年，魏家庄街道与馆驿街街道共有街巷里弄39条（处）。1991—1993年，市中房屋建设综合开发公司对馆驿街旧城实施一期、二期改造，乾德巷全部、经二路、塘子街、皖新街部分拆除。同年，济南市人民商场营业大楼改建完成。1996年6月，经四路东段扩宽及地下人防工程竣工。同年12月，林祥南街沿街棚户区改造工程——鲁能林祥大厦竣工。1997年12月，馆驿街318号棚户区改造工程——经纬大厦落成。1999年，发祥街与丁家崖部分进行拆迁，建设济南市中

第四节　四里村街道

位于八一立交桥南，地处市中区中北部，因辖区内有四里村而得名。东起玉函路与历下区南郊宾馆相连，西与槐荫区青年公园街道搭界，北至经十路与杆石桥街道相接，南沿五里山、六里山一线分别与舜玉路、六里山、二七新村3个街道相邻。

1991年，辖区有马鞍山、信义庄南、信义庄北、四里村第一、四里村第二、九号楼、小梁庄第一、小梁庄第二8个居委会和邮电新村第一、邮电新村第二、机床一厂、砖瓦一厂4个家属委员会，面积为2.73平方千米，

居民8881户,24129人。机关位于信义庄南街。1992年6月，九号楼居委会撤销，新增小梁庄第三和小梁庄第四居委会。1996年1月，机关迁至马鞍山路50号；1998年3月，迁至英雄山路7号。1998年9月，9个居委会调整为英雄山、信义庄、小梁庄第一、小梁庄第二4个社区居委会及邮电新村第一、邮电新村第二、机床一厂、建材一厂4个家属委员会。2001年4月，玉函路街道六里山路以北区域划归四里村街道后，面积增至3.25平方千米。6月，调整为玉函路、英雄山、信义庄、建设路、小梁庄社区居委会和山东电信公司、山东移动通信、济南电信局、济南市邮政局、济南机床一厂南郊、省委二宿舍家属委员会。同年10月，机关迁至英雄山路10-2号。2006年，设5个社区居委会，有39272人，面积3.25平方千米。

邀请市中区消防大队的消防干警为社区居民讲解消防安全知识

1991年，辖区有街巷16条。12月，济南第二百货商店改建为山东华联商厦。1994年11月，邮电新村改造动工。1995年12月，信义庄东、西街拆迁改造，动迁居民598户，拆除面积2.1万平方米。2004年，结合“迎亚足赛，创文明城”主题活动，对小梁庄街（7200平方米）、信义庄南街（2100平方米）、信义庄西街（1600平方米）、四里村街（1750平方米）背街小巷进行集中整治。2006年，有街巷14条。

1991年，有工业企业12家，工业总产值1856万元；商业企业8家，营业额1229.3万元。1992年，进行企业改制。1996年，实施“腾笼换业”，先后对市中喷漆三厂、市中型模具厂、市中汽车修理厂、三山精细化工厂、塑料四厂进行合并重组，市中浴车厂、市中篷布厂、市中喷漆三厂、市中综合加工厂搬迁至郎茂山工业小区。1998—1999年，部分企业关闭。2000年，济南华飞产业公司改制为济南华飞有限责任公司；市中锅炉厂、鲁星空调配件厂（原市中综合加工厂）、经十路物资经销处进行改制，撤销4个经济效益较差的工业企业。2001年，开始招商引资，当年引进资金1600余万元。2006年，招商引资2.01亿元，实际利用外资60万美元，出口创汇40万美元。大型商场有国美家电八一店、银座八一店，三联八一店、苏宁电器、保健品批发市场、新世界小商品批发市场、人防地下商场、济南海鲜大市场等。

辖区拥有景色宜人的英雄山风景区，济南战役纪念馆和济南烈士陵园坐落于此，其北麓的山东省体育中心、新世界商城、英雄山文化市场，济南美食街连为一体，形成购物、美食、游览、健身于一体的理想的特色休闲娱乐区。学校有中华女子学院山东分院、济南市商业技工学校、济南十四中学及小学部、经十一路小学。驻有济南部队领导机关，济南军区通讯总站、前卫文工团、八一体育馆、八一游泳馆、八一摔跤队等。2005年，街道被评为全国军民共建社会主义精神文明建设先进单位。2006年，驻地有共青团山东省委机关等省市机关事业单位21家，商业金融单位20余家。

第五节　泺源街道

位于市中区北部，东临西护城河由北往南分别与历下区泉城路、趵突泉街道毗邻，西至顺河街与魏家庄、杆石桥街道相连，南至经十路与四里村街道为邻，北到福祥街与天桥区制锦市街道搭界。

1994年8月，组建回民小区管理委员会。12月14日，泺源街道成立。1995年，回民小区管理委员会更名为泺源回民小区管理委员会，辖28个居委会，1个家属委员会。1999年，调整合并为13个社区居委会，1个家属委员会。2001年5月，合并为普利街、永长街、饮虎池、共青团路、青年西路、杆南街、科技街居委会和铁路家属委员会。2005年，撤销共青团路和杆南街2个社区居委会，调整合并为青年西路、饮虎池、科技街、永长街、普利街社区居委会。2006年，设5个社区居委会，有30402人，其中少数民族人口11989人。面积0.94平方千米，机关驻盛唐巷11号。

1991年，西青龙街和共青团路2个街道共有街巷52条。1992年6月，回民小区动工兴建，区政府投资4.3亿元，占地50.2公顷，建设住宅面积26万平方米。至1996年，因旧城改造与拆迁，辖区内先后有西小仓街、五路狮子口、城顶下埃街、仓巷街、西青龙街、旧新街、土街、花墙子街、斜街、迎祥街、靖安巷、穆家楼、保安街、吉祥街、窑胡同15条街巷注销。2006年，泺源街道有街巷37条。

1995年，有企业12家，工业总产值1694万元；商业营业额1352.40万元。1996年，区街企业逐步实行公有民营或股份制经营。2002年，开始招商引资，当年引进内资3490万元，外资24万美元。2006年，招商引资4.87亿元，实际利用外资1206.94万美元。

辖区历史文化悠久，名胜古迹较多，早在元朝元贞元年（1295），就建有回族穆斯林清真南大寺，清乾隆三十年（1765）建有清真北大寺。1994年，迁建济南清真女寺。济南著名古典园林万竹园坐落于回民小区境内，毗连于趵突泉西侧，著名画家李苦禅纪念馆设于园内。1999年，万竹园并入趵突泉公园景区。名泉有杜康泉、望水泉、通惠泉、登州泉、石湾泉、东高泉、饮虎池等。

驻有山东省审计厅、省盐务局、省科技

八一书画展

馆、省考古研究所、省油气公司、省药材公司、济南市供电公司、市水业集团、市中医医院、市民族医院、山东剧院等45家省市机关企事业单位。有济南中学（原济铁一中）、永长街小学、上新街小学和面向九年制智障儿童教育的济南泺源学校。

第六节　六里山街道

位于市中区南部二环路以北，辖区因六里山而得名。东以五里山、六里山、七里山主峰线、西八里洼、玉函小区东线为界，与舜玉路街道办事处相邻；西至英雄山路与二七新村街道、七里山街道相接；北临英雄山革命烈士陵园与四里村街道相邻；南靠十六里河和土屋村。地域呈狭长刀把形，南宽北窄，东高西低呈一面坡状。

1991年，辖14个居委会，16191人，有汉、回、满、朝鲜族4个民族。1993年12月20日，设立第十二居民委员会。1994年10月，玉函小区划归六里山街道。2001年7月，七里山街道英雄山第二居委会划归六里山街道。2002年6月，辖区居委会调整合并为8个社区居委会、2个家属委员会。分别为六里山路社区居委会、六里山南路社区居委会、七里山路社区居委会、金钟社区居委会、玉函北区社区居委会、玉函南区社区居委会、西八里洼南社区居委会、西八里洼北社区居委会、市中区机关二宿舍家委会、玉函小区铁路宿舍家委会。2006年，设8个社区居委会，有35753人，面积2.74平方千米，机关驻英雄山路111号。

1991年，辖区有10条街道。1998年12月，玉园小区建成。2002年，投资60多万元对社区服务中心进行扩建，建成300多平方米的综合性社区服务中心。2003年，六和苑小区建成。2004年4月，投资120万元对玉函北区进行街巷综合整治。将小区内18条道路、2.1万平方米的路面重新铺盖沥青，修砌路沿石3000多米，铺装彩砖人行道1.2万平方米，改造或新建绿地7000平方米，安装18套石桌石凳和37盏路灯。

1991年，街办企业济南第二香料厂，筹资100多万元扩大厂房，采购先进设备，研制的溴丙烷获省、市科委新产品奖。1993年，成功研制戊十二醇酯，填补国内空白。1996年，西八里洼北居投资兴建的多功能综合商贸楼华英大厦投入运营。1998年3月，净雅大酒店开业；1999年12月，金都大酒店开业；2001年，引进内资11000万元，利用外资52万美元。5月，世纪联华超市开业。2002年1月，山东倪氏餐饮有限公司开业。2006年，招商引资39500万元，固定资产投资31160万元，出口创汇48万美元，利用外资108万美元。

六里山慰问济南市武警支队官兵

驻有省国税局、市检察院、市质监局等机关及军队和地方干休所等单位。

第七节　二七新村街道

位于市中区北部，因居民区二七新村而得名。东起英雄山路与六里山街道为界，西至兴济河、水泥厂路（现阳光新路）与槐荫区振兴街街道毗邻，南以二七新村南路与七里山街道接壤，北至济南军区政治部大院与四里村街道相连。

1991 年，辖区有第一、第二、第三、第四、第五、陈庄、梁南、梁北、建设路、陈南居、刘长山 11 个居民委员会，居民 9412 户，27446 人。1995 年 4 月，机关由二七新村中街 29-1 号迁至陈庄大街 27-1 号。1998 年 9 月，调整合并为铁一、铁二、梁南、梁北、陈庄、建南、英南、车桥厂社区居委会。2006 年，设 7 个社区居委会，人口 33605 人，面积 1.47 平方千米。

1991年，有街巷15条，全部为沥青路面。1993—2006 年，相继在一、二、三区、梁庄小区、陈庄大街地段、建设路、重汽车桥厂、梁庄铁路宿舍完成拆迁 2346 户，4.51 万平方米。其间，建材一厂、汽总车桥厂、济南瓷用花纸厂、印刷四厂、试剂总厂等企业先后停产迁建，原址相继建成通联花园、济南南郊热电厂、大润发商场、世纪佳园、金山花园、三箭如意苑、汇统花园及英南社区、梁庄社区、陈庄社区等大型商贸企业和住宅小区。2006 年，二七新村街道有主要街巷 15 条。

1991 年，有工商企业 13 家，工业总产值 1794.2 万元，商业销售收入 626.2 万元。同年 6 月，济南枫叶散热器厂生产的枫叶散热器获轻工业部优秀新产品金龙奖，百叶窗散热器获国家专利。2003 年，引进内资 3018 万元，实际利用外资 90 万美元，出口创汇 30 万美元。2006 年，招商引资 3.72 亿元，完成固定资产投资 2.19 亿元。

2006 年双拥晚会

驻有济南市科学技术协会、济南市民政局、济南市工商行政管理局、市中区环保局、济南市南郊热电厂、山水大润发、金山宾馆、东方罗马商务酒店等 30 余家驻区机关团体、大型工商企业。建有济南实验初中分校（原 44 中旧址）、育文中学（原铁路实验学校）、济南市育明小学、济南市育新小学、济南铁路二七幼儿园 5 所中小学、幼儿园。

第八节　七里山街道

位于市中区北部，因位于七里山西侧而得名。东起英雄山路南段与六里山街道相接，西至郎茂山路、卧龙花园西侧、阳光新路分别与七贤街道双龙庄、槐荫区振兴街街道、王官庄街道相连，北以二七新村南路为界与二七新村街道毗邻，南至郎茂山主峰线与七贤街道接壤。

1991年，辖区有七里山一至四、郎茂山一至四居委会和机床一场、磁带厂、陈南、郎茂山第五、市政家属委员会。1998年，撤销市政家委会，增设四季花园居委会。2005年10月，9个居委会调整合并为七里山东、七里山西、郎茂山南、郎茂山北、陈南社区居委会及机床一厂、磁带厂、兴济河家委会。2006年，设5个社区居委会，有32462人，面积0.71平方千米，机关驻七里山中路5号。

1991年，有街巷5处，道路15条。2000年后，在兴济河沿岸相继开发兴建山水家园、千禧家园、园丁小区、龙力天润苑、山景明珠花园、卧龙花园等住宅小区。沿英雄山路南段西侧，先后建设四季花园、齐鲁骏园、亚圣园、山景园等一系列高档住宅小区。2004年，投入资金200万元，整修街巷12条。居民楼前道路硬化面积2万平方米，修剪乔灌木1000余株，补植灌木2万余株，进行空地和垂直绿化2.7万平方米。2006年，有街巷5处，街道15条。

1991年，工业产值151万元，全部为居办工业；商业营业额402万元。1992年9月，南苑服装厂在七贤镇九曲庄购地建房，扩大投资和生产规模。此后，陆续组建七里山供销经理部、汽车修理厂、特体服装店、汽车配件供应站、双利机械厂等10多家集体企业。2000年，双利机械厂和南苑服装厂由街办集体企业改制为民营私企，其余街办企业予以注销。2001年，开始招商引资，当年完成1190万元。2006年，招商引资18225万元，完成固定资产投资17400万元，实际利用外资65万美元，出口创汇50万美元。

驻有济南空军部队机关、南郊干休所、济南市残疾人联合会及康复中心、市中区技术监督局、贵友大酒店等机关、企事业单位80余家。建有济南六十八中学、小学2所、幼儿园4所。

第九节　舜玉路街道

位于市中区东南部。东南自金鸡岭山脊往西，南至土屋路与舜耕路街道接壤，西至六里山、七里山主峰线、西八里洼、玉函小区东线为界，与六里山街道相邻，北至南郊宾馆南墙与历下区千佛山街道搭界。

1990年7月，七贤镇东八里洼村划入舜玉路街道，改为东八里洼村第一、二居民委员会。2001年4月，玉函路街道所辖三居、四居并入舜玉路街道。同年10月，9个社区居委会、10个家委会调整为11个社区居委会，16个家委会。2005年11月，调整合并为舜玉社区、舜园社区、舜函社区、舜中社

清风廉政书画展（2006年摄）

区、舜绣社区、舜岭社区、东八社区、张安社区 8 个社区居民委员会及省财政学院、省财政厅、省交通厅、省城建学校、省人大三宿舍、省府小区、济南大学、舜玉花园、省社科院、省出版总社三宿舍、省安全厅宿舍、武警宿舍、市中公安分局南郊宿舍 16 个家属委员会。2006 年，设 8 个社区居委会，有 59458 人，面积 3.44 平方千米，机关驻舜玉路 30 号。

街道成立初期，有舜耕、舜玉、八里洼、土屋 4 条街巷道路。1993 年 10 月，动工兴建舜玉花园住宅小区，建住宅楼 27 幢，建筑面积 60591 平方米。1996 年 6 月，济大路、八里洼南路建成。2000 年 5 月，建设舜华园住宅小区。2003 年 9 月，东八、张安 2 居民区旧村改造，建设伟东新都住宅区，规划用地 49.74 公顷，总建筑面积 103 万平方米。2006 年，舜玉路街道有主要街巷 7 条。

1991 年，实现工业总产值 419.4 万元，工业企业基本以加工业为主。乡镇企业快速发展时期，先后建成市中工艺美术厂、医疗电子仪器厂、舜玉建筑队等街办企业，逐步发展到 12 家工业企业，形成以街属企业和居办经济并存的格局。2001 年，开始招商引资，当年引进外资 26 万美元，引进内资 2380 万元。2006 年，完成招商引资项目 9 个，其中过千万元项目 4 个；引进内资 4.02 亿元，其中市外资金 1.58 亿元，市内资金 2.44 亿元。实际利用外资 90 万美元，出口创汇 40 万美元。

辖区为省、市机关聚集区。驻有山东省财政厅、山东省交通厅、山东省国家安全厅、省地方税务局、省社会科学院、省人口与计划生育委员会等省属单位 19 个；舜耕山庄、济南市林场等市属单位 4 个；大中专院校、中小学 8 所。有街道所属的舜南、舜北 2 所幼儿园和省交通厅、财政学院 2 所公办幼儿园。

第十节 舜耕街道

位于市中区东北部，东以罗袁寺顶、橛子山、西姑山、蝎子山脊为界，与十六里河镇兴隆办事处接壤，西沿金鸡岭山脊往南至土屋路、八里洼南路分别与舜玉路、六里山街道相邻，北靠千佛山公园南部围墙与历下区千佛山街道搭界，南至二环南路与十六里河镇相连。

2006 年文化活动月

辖区原为七贤镇所辖太平庄、土屋村。1998 年 1 月，济南市政府决定对千佛山南麓部分区域进行综合开发，将太平庄、土屋村并入三联集团。同年 3 月，太平庄、土屋村行政建制撤销，由三联集团设置太平、土屋 2 个居民管理委员会。由三联城建开发总公司组织实施开发，规划建筑面积280万平方米，定名为阳光舜城，分为南城、中城、北城3个区域。2000年，中城开发初具规模，学校、商业服务机构和道路交通设施建设配套完善，建居住楼60余幢。同年7月，济南市政府将开发区域命名为舜湖社区。相继组建重华苑、南风居、欣欣嘉园、省直住宅小区。2001年9月，设立舜耕街道，辖土屋、太平2个居委会；机关位于土屋路5号。2005年7月，成立舜雅社区居委会。2006年，设3个社区居委会，有5494人，面积9.98平方千米，机关驻阳光舜城太平庄北首48号。

1991年，建有土屋路（长2500米，宽8米，沥青路面）、太平路（长2500米，宽6米，水泥路面）。至2005年5月，先后修建舜世路、俊雅路、历阳大街、庆云街、旅游路5条交通干道，全长11236米。形成东西通达，南北贯通的交通格局。有137、34、28、110、K100等多条市内公交线路穿越阳光舜城或始发。2006年，舜耕街道有街巷道路8条。

辖区驻有山东三联城市建设有限责任公司。阳光舜城获2003年中国房地产名盘创新奖。2004年，山东三联城市建设有限责任公司获中国城市营运商三十强桂冠。

第十一节　王官庄街道

位于市中区北部。东至阳光新路南首、卧龙花园西侧，分别与槐荫区振兴街、二七街道交界，西过济微路沿机床二厂南墙向西顺省电力仓库至机床一厂西厂北墙，沿白马山路向西至水泥制品厂北墙，与白马山街道山凹庄、七贤街道后龙窝庄相邻；北沿兴济河向西至西十里河兴济桥，与槐荫区南辛庄街道毗连，南沿水泥制品厂东墙至后龙窝村北向东至市中建安公司南墙，与七贤街道双龙庄接壤。

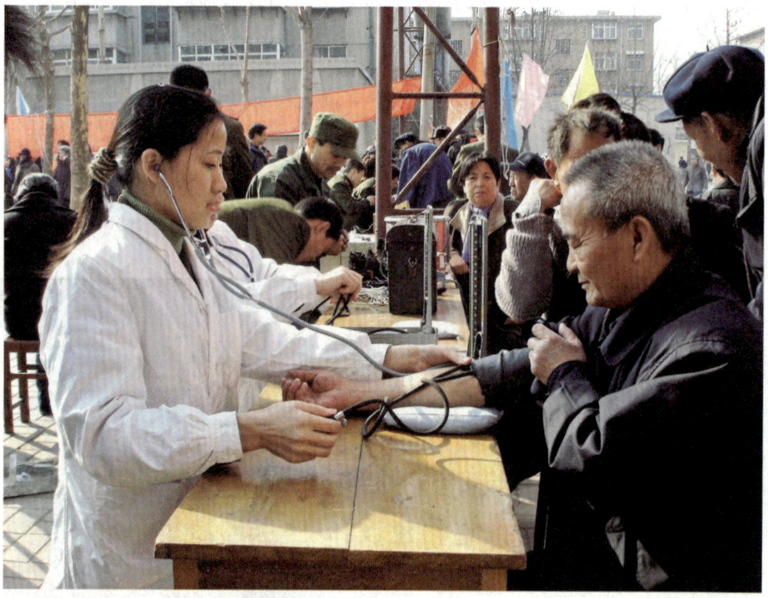

部队志愿者为社区居民提供医疗服务（2006年摄）

辖区原为七贤镇管理区。由王官庄小区和王官庄村2部分构成。1994年12月14日，王官庄街道成立。除王官庄小区外，将王官庄村划入王官庄街道，撤销村委会，改称王官庄村东、村西、西十里河3个居委会。1996年5月22日，建立10个居委会。2001年6月，居民委员会改称社区居委会。其中，七区居委会改称青龙社区居委会，十一区居委会改称英华苑社区居委会。2006年，设10个社区居委会，有29771人，面积3.6平方千米，机关驻青龙山北路32号。

辖区地处济南城区西南，交通十分便利。济微路（104国道）纵贯辖区南北，八团路与王官庄北街相连，建辛路与机一西路相连，白马山南路与青龙山北路相连，贯通辖区东西。有6、13、21、86、102、104、128、

K92路8条公交车直通市区或首发。2006年，王官庄街道有主要街巷道路11条。

1995年，有市中印刷五厂、鲁澳公司、树脂合面厂3个村办工业企业。1996年，组建王冠集团有限责任公司，注册资本4068万元。1997年，街道工业总产值4905万元，利润303.2万元，商业营业额15005万元，利润301万元。2002年开始招商引资。2002—2003年，共引进内资项目21个，注册资金3076万元，实际到位资金4885万元，引进外资106万美元，出口创汇40万美元。

辖区驻有省、市企事业单位、学校等18家。省属单位有山东电力设备厂、山东电力局仓库、山东建材设计研究院、山东水泥质量检验站。市属单位有济南方信集团、济南无线电二厂。中小学有济南育贤中学、济南育贤小学、育贤二小、济南王官庄小学。幼儿园有济南育贤第一、第二幼儿园、济南尖尖角双语幼儿园、济南晨光幼儿园。

第十二节　白马山街道

位于市中区西北部。西北部分别与槐荫区段店镇和段北街道接壤。东南分别与王官庄街道、七贤街道及党家庄镇相连。

辖区原为七贤镇所辖。2001年9月，撤销七贤镇，由前魏华庄村、后魏华庄村、韩家庄村、东红庙村、西红庙村、南红庙村、尹家堂村、朱家庄村8个村和袁柳东居、袁柳西居、谷庄居、山凹居、白马山一居、白马山二居、铁路新村居、槐荫街居8个居委会合并组建白马山街道。2006年，有25363人，面积11.2平方千米，机关驻段店南路337号（二环西路10777号）。

辖区原为丘前平原，是传统的粮菜种植区。京沪铁路穿境而过，并设有铁路济南南站。二环南路、白马山西路等主要公路干线在境内交叉并向四周延伸。先后整修白马山南路、白马山西路、前魏南路、西门子路、腊山路、建新路延长线等18条道路，总长度18.4千米。2006年，有9路、13路、33路、74路、124路、125路、K90路7条公交线路通往市区或从辖区首发。

2002年，开始招商引资，当年引进内资5102万元，实际利用外资73万美元，出口创汇完成30万美元。2006年，街道工业总产值16.9亿元，工业销售收入15.4亿元，利润4416万元，商业销售收入3.3亿元，利润2862万元。

辖区驻有省、市、区属企事业单位33家，部队（机关）7家，各类企业217家。大型企业有济南新力给水设备有限公司、济南天齐混凝土有限公司、济南市中变压器厂、济南诚信纺织有限公司、山东金銮混凝

辖区村居民扮玩活动（2006年摄）

土有限公司、济南万昌包装有限公司、济南伟达铜管有限公司、山东山大环保水业有限公司。

第十三节　七贤街道

位于市中区西南部，因驻地邻近七贤庄而得名。东与六里山街道相邻，西接党家街道和白马山街道，南与党家、十六里河镇为邻，北至青龙山与王官庄街道相接。

健康知识讲座（2003年摄）

辖地原为七贤镇所辖。2001年9月，撤销七贤镇，由七贤村、双龙庄村、九曲村、杨家庄村、文庄村、后龙窝村、井家沟村7个村和前龙窝居委会合并组建七贤街道。2006年，设8个社区居委会，有47315人，面积19.13平方千米，机关驻二环南路8356号。

辖区有青龙山、簸箕山、马武寨山、万灵山、石房峪山。名胜古迹有马武寨（相传汉代名将马武安营扎寨之处）、石房峪。有济微路、104国道、二环南路、二环西路等交通干线。2006年，七贤街道有主要道路9条。9、74、86、104、120、K92、K94、K302路等公交车过往辖区或始发。

2001年，辖区有工业企业60余家。2002年，完成工业总产值8.4亿元。其中，工业销售收入7.1亿元，工业利润2000万元。第三产业总收入17亿元，利润4125万元。同年12月，东方家园全国建材连锁超市在后龙村建成开业。2003年3月，引进山东民利达印铁包装有限公司。2004年，济南金硕果饺子城、济南奇南香大酒店、山东济南农村广电网络有限公司等企业相继在辖区落户开业。2005年12月，济南华联超市东方家园在后龙村建成营业，填补了辖区大型综合购物超市的空白。2006年，招商引资39302.07万元，实际利用外资120万美元，出口创汇130万美元，固定资产投资完成7.52亿元，限额以上批发零售业、餐饮业零售额完成20140万元。

驻区单位有市、区机关13家，企事业单位47家，中学1所，小学7所，幼儿园11所，大中专院校3所。驻区大型企业有山东省物资储备局三三四处、济南长城煤油厂、中建八局二公司、山东建筑机械股份有限公司、济南民利达印铁包装有限公司。

第二章 镇

第一节 十六里河镇

位于市中区东南部。东与历下区姚家镇和历城区港沟镇相邻，西与党家镇接壤，北倚城区与六里山、舜耕街道相连，南与历城区锦绣川乡、仲宫镇毗邻。1985年9月，撤销十六里河区，设十六里河镇。辖区原属历城区，1999年12月，由历城区整建制划归市中区。2006年，全镇辖十六里河办事处、大涧办事处、涝坡办事处、吴家办事处、兴隆办事处,32个行政村和1个居民会，有57048人，面积103.93平方千米。镇政府办公机构位于英雄山南路16号。

辖区属山地丘陵区，境内海拔在96～754.7米之间，总体地势东高西低，沟堑纵横，岩石出露多为石灰岩，地表组成物质多为出露石灰岩及灰岩风化物。土壤类型主要是褐土性土和褐土，质地多为中壤，厚度一般在15～30厘米之间，坡脚及以下土体多为轻壤、中壤、厚度一般大于50厘米。有大小山峰44座，河流4条，名泉45处，古树名木24株，佛教、道教遗址等名胜古迹9处。2006年，全镇耕地面积1564公顷，生态林2308.6公顷，经济林300公顷（不含果园），荒山902.2公顷，森林覆盖率26.30%。全镇湿地面积202公顷。其中，天然湿地（河流）面积145.4公顷，人工湿地（水库、塘坝）面积56.6公顷。

2001年后，全镇投资2亿多元，完成50多千米的农村路网改造工程，先后对省道103线进行4次拓宽改造。至2006年，相继开发铁路南苑小区、玉龙山庄、兴隆山庄、旺山丽景苑、市法制局培训中心、山东大学继续教育发展中心、外海蝶泉山庄、利源花园、鲁能领秀城等住宅小区，累计开发总面积400多万平方米。省道103线横穿东西，17、27、35、65、67、88、203、K52、K501共9条公交线路直达市区或由辖区始发。

舞龙灯（2005年摄）

2001年，全镇招商引资启动，当年引进项目61个；引进资金1067万元；出口创汇50万美元；全镇完成国内生产总值22960万元。此后，逐年调整产业结构，经济总量不断增大。建成济丽红杏、红荷包杏、薄皮核桃3个果品基地和12个林果专业村；形成以大涧沟为中心的11个散养土鸡专业村；大涧沟东、大涧沟西、南康、北康、分水岭、柏石峪、大岭7个养猪专业村；矿村、郑家、王家、郭家4个奶牛养殖专业村；石匣、瓦峪、复兴、矿村4个波尔山羊养殖专业村和石崮养鹿基地。2006年，全镇完成生产总值45545万元。其中，第一产业6215万元；第二产业13030万元；第三产业2.63亿元。引进市外资金5.45亿元，形成固定资产投资17亿元，利用外资300万美元。全镇个体工商户达3490户，民营企业114家，规模以上企业5家。

辖区驻有济南市林业局、济南海关、山东省电力研究院、山东大学西校区、鲁能科技园、鲁能泰山俱乐部等机关事业单位。建有十六里河中学1所，小学7所，镇卫生院1所，村级卫生室（所）32所。

第二节　党家庄镇

位于市中区西南部。北与槐荫区段店北路街道毗邻，南与历城区仲宫镇相接，西与长清区崮云湖街道接壤，东与七贤街道、十六里河镇相邻。1985年9月，撤销邵而区，政府驻地迁至党家庄附近，属历城区。1999年12月，整建制划归市中区。2006年，全镇辖党家、邵而、渴马、郑庄、丰齐5个办事处，45个行政村，1个居民小区，有65588人。其中，党家庄东村、刘家林村等是回族群众主要聚居区。面积119.33平方千米。镇政府办公机构位于党家庄镇西南3千米处，国道104南。

辖区地势南高北低。南部为丘陵，北部为平原。玉符河贯穿全境，是济南市泉水群的主要补给区。境域内建有党家庄火车站，自备铁路专用线900米。党家庄凤凰山麓建有明代礼部尚书、武英殿大学士、光禄大夫殷士儋墓；1931年因飞机失事遇难的著名诗人徐志摩遇难纪念地；古建筑党东清真寺1座。2006年，全镇有耕地3352公顷，山林2581公顷。建有镇办中学1所，小学10所，镇办及村办幼儿园20所。国道104、国道220、绕城高速公路、京福高速公路、京沪铁路从境内通过。公交线路21路、86路自辖区始发，直达市区。重汽集团卡车有限公司、山水集团等众多大型企业及武警山东总队训练基地、山东力明学院、济南第三中学等教育训练机构坐落于辖区。

2000年，全镇实现国内生产总值2.99亿元，工业总产值4亿元，农业总产值1.28亿元，第三产业总产值2.1亿元。财政收入完成1644.9万元，其中地方财政收入完成1089.6万元，全社会固定资产投资1.11亿元，外贸出口交货值完成220万美元，农民年人均

陡沟葡萄节颁奖仪式（2006年摄）

纯收入3356元。2001年，成功引进山东园田宝微生物肥有限公司，一期投资100万美元。2004年，发展“名、优、新、特”农产品，建设蔬菜大棚60个，中、小棚1150个。2005年，新城经济开发区变名为济南市新城工业基地。全镇规模以上工业销售收入4.8亿元，实现利税2670万元。个体工商户发展到1650多户，私营企业390家，其中注册资金百万元以上企业38家，新增注册资金1200万元。

2006年，全镇完成国内生产总值5.29亿，全社会固定资产投资2.87亿元；实现财政总收入6580万元，其中镇级可支配收入4039万元；农民人均纯收入5720元。引进资金总额2.45亿元。蔬菜、果品种植面积近533公顷，养殖、种植专业户达2605户。

附：七贤镇

位于市中区西南部，镇政府驻七贤庄北济微路西侧，因邻近七贤庄而得名。东至太平庄与历下区姚家镇接壤。西至红庙、朱庄与槐荫区段店镇相连，北沿兴济河与七里山、六里山、舜玉路街道及槐荫区南辛庄街道为邻，南与十六里河镇、党家庄镇毗连。

东南部山峦起伏，西北部为丘前平原，东西长7.5千米，南北宽6.5千米，总面积33.20平方千米，呈∞形。主要山脉有蝎子山、橛子山、西姑山、青龙山、白马山、罗袁司、万灵山、马武寨、石房峪、腊山、米山坡、皇上岭等。其中橛子山最高，海拔459米。主要河流有兴济河、腊山河，境内流长12.5千米。

1985年9月，由红庙乡、八里洼乡、七贤镇合并组成新的七贤镇，隶属济南市郊区。1987年3月，七贤镇划归市中区，辖七贤、红庙、八里洼3个办事处和27个行政村，3个居委会。

1989年10月，槐荫街、白马山、东袁柳庄、西袁柳庄、谷庄、山凹庄、前龙窝、东八里洼、西八里洼、张安10个自然村划归城区。1990年7月，东八里洼、西八里洼、张安3个自然村分别划归舜玉路、六里山和玉函路街道。同年，镇增设白马山办事处。10月，王官庄居委会改为王官庄办事处，到1991年，全镇辖4个办事处，27个村居。1992年1月，白马山办事处所辖西槐荫街居委会划归槐荫区。1994年7月，撤销七贤、红庙、白马山3个办事处。12月，撤销王官庄办事处。1995年5月，市中区组建王官庄街道，王官庄村划归街道管理，撤销村委会，改为王官庄村东、村西和西十里河3个居委会。1997年12月，太平村、土屋村并入山东三联集团。1998年3月，七贤镇所属土屋、太平2村行政建制撤销。2001年，全镇人口为7.8万人，少数民族有回、满、蒙古、壮族等，姓氏有张、李、王、程、尹等195个。

1991年，七贤镇有中学1所，小学13所，在校学生4359人，教职工255人。1996年，镇村投资65万元建成杨庄小学教学楼。同年6月，全镇实现民办、公办教师工资同工同酬。2000年，镇政府筹资600万元，新建建筑面积为6000平方米的红庙小学教学楼。

2001年9月，撤销七贤镇，所辖24个村居分别划归新组建的七贤、白马山街道，已并入三联集团的太平、土屋村组建舜耕街道。

1991 年市中区七贤镇村（居）名录

表 25-1

办事处名称	村庄（居）名称
七贤办事处	七贤村、文庄村、杨家庄村、前龙窝村、后龙窝村、双龙村、九曲村、井家沟村、前魏华庄村、后魏华庄村
红庙办事处	东红庙村、西红庙村、南红庙村、尹家堂村、韩家庄村、朱家庄村
白马山办事处	白马山一居、白马山二居、山凹村、谷庄村、东袁柳村、西袁柳村、铁路新村居委会、槐荫街
王官庄办事处	王官庄村
镇直属村	土屋村、太平村

2001 年市中区七贤镇撤镇建办行政区域划分情况表

表 25-2

街道名称	社区、村庄名称
七贤街道	七贤村、文庄村、杨家庄村、前龙居委会、后龙窝居委会、双龙村、九曲村、井家沟村
白马山街道	东红庙村、西红庙村、南红庙村、韩庄村、朱家庄村、尹家堂村、前魏华庄村、后魏华庄村、山凹居委会、白马山一居、白马山二居、白马山铁路新村居委会、槐荫街居委会、袁柳东居委会、袁柳西居委会、谷庄居委会
舜耕街道	太平庄居委会、土屋居委会

人物传略

佟顺禄（1908—1957） 男，蒙古族，原籍北京。武术艺人。受祖上影响自幼酷爱武术，少年时代流落江湖，卖艺为生。20世纪30、40年代，从东北沿青岛、潍坊一带辗转到济南定居。1934年10月，27岁的佟顺禄参加第十届天津华北运动会，获摔跤第一名，河北省主席于学忠授其“龙泉剑”以示奖励。1935年10月，在上海举办的第六届全国运动会上，获中量级摔跤第三名。1949年后，佟顺禄移居大观园商场内，并在此辟练武场地，擅长摔跤、举重、蹬重。重60公斤的青龙偃月刀，佟顺禄上下挥舞，运转自如。此后，多次在济南市和山东省举办的人民体育大会上表演民族体育项目。佟顺禄还倡议并组织大观园“义勇消防队”，带头捐款捐物，保障大观园消防安全。佟顺禄虽是济南武术界名人，但不骄不躁，从不恃强凌弱，对朋友讲义气、讲实在，收教徒注重品德培养、武德教育。平时注重以武会友，所交往的谭树森、宛殿文、马振标、马清宗、徐双成等，都是济南武术界名人。1957年农历二月初四，朋友为其庆贺49岁生日之际，突发脑溢血，经抢救无效去世。

黑伯龙（1915—1989） 男，回族，山东临清人。中国民主同盟盟员，著名美术大师。早年就读于育英中学，20世纪30年代，以优异成绩考入著名的美术学府——上海美专。师从黄宾虹、汪声远、许征白、潘天寿、诸乐三、马公寓等名家，系统学习中国画和书法艺术理论与技法，尤其潜心于水墨山水画的研究，深得刘海粟喜爱。黑伯龙从中国画“师古、师传统”的道理中，悟出许多真谛；他创作的山水画，群山叠翠，云海苍茫，山动、松舞、去飞，用锋利简洁的笔触将黄山与泰山美妙奇峰、多变云烟、千姿百态的松柏、千奇百怪的山石尽收画卷之中，其笔墨洒脱，转换曲折，渲染有致，形成自己独特的风格，深得书画同仁赞赏。著名山水画大师傅抱石赞叹其作品“不同凡响”。1948年，辖区成立美术研究会，黑伯龙为研究会会员。1960年，任教山东艺术专科学校。“文化大革命”期间，黑伯龙精神和肉体受到严重摧残。1972年退休，1989年去世。晚年出版《黑伯龙画集》。

王昭善（1923—1992） 男，汉族，山东菏泽人。中共党员，著名雕塑艺术家。主要社会兼职有中国美术家协会会员、中国雕塑学会理事、山东省雕塑研究会会长、山东省美术家协会名誉理事、济南美术家协会顾问。长期居住在市中区。1946年7月，毕业于原重庆国立艺专5年制雕塑系。先后就职于济南市群众艺术馆、济南市文物管理委员会。王昭善数十年如一日，把一腔热血倾注于雕塑事业，创作了许多珍品佳作。1950年，受命雕塑毛泽东主席像（圆雕、浮雕）8种，翻制数千余件，布置于济南各项会议主席台及重要公共场所大厅。1953年，创作《向工作师傅请教》雕塑1件，高1.5米，该作品参加全国教育改革展览。1957年，为“山东劳武结合展览”制作《解放军战士》《钢铁工人》雕塑，高均为1.5米。1958年，先后为省工展馆、农展馆制作《咱人工作有力量》《农、林、牧、副、渔》两座大型室外雕塑。1964年，为济南市火车站广场迎宾门照壁，设计制作反映济南、农业成就的装饰浮雕两面，全长20米×2米。1968—1986年，先后设计创作的雕塑作品19处，保留至今的有位于济南黄河铁路大桥北首的大型雕塑《王士栋烈士》，由山东工展馆门前迁至英雄山赤霞广场的高11米的大型雕塑《毛泽东主席像》，青岛市中山公园石雕《儿童戏水》，为济南纬十路小学主持设计大型广场雕塑《尊师重教》，为山东邮电学校主持设计大型雕塑《学而不倦》，为济南国棉四厂创作大型雕塑《一代织女飞旋曲》，为曲阜设计并制作大型城表雕塑《齐鲁迎宾曲》（通高21.7米），为金牛公园构思设计《金牛》，为济南解放阁创作反映济南战役影像的大型浮雕两幅以及反映台儿庄战役的《民族魂》《振兴中华民族精神柱》等。王昭善还先后主持修复济南千佛山摩崖石窟造像工程、灵岩寺千佛殿40尊彩塑罗汉像；为灵岩寺金刚殿主持设计并制作大型泥塑金刚两尊，主持修复历城四门塔千佛崖贞观大佛和两尊摩崖石窟造像，为中国体育博物馆复制国家一级文物《两汉乐舞杂技陶俑》。王昭善注重提携和培养雕塑专业人才，在他培训的众多学员中，不少已成为济南市乃至山东省雕塑艺术界的中坚力量。

冯绍君（1933—1993） 男，汉族，山东省栖霞县人，中共党员，初中文化。1951年7月加入中国共产党。1949年1月至1963年6月，任部队战士、排长、政治指导员；1963年6月至1972年，历任济南市市中区饮食服务区店总支书记、饮食合管处支部书记；1972年至1983年10月，历任济南市市中区电器开关厂支部书记、服务合管处支部书记、商业局副局长；1983年10月至1990年4月，任中共济南市市中区工商局委员会书记、工商局局长；1990年4月至1993年1月，任政协济南市市中区委员会副主席。1993年11月病故。

王子秀（1945—1998） 男，汉族，江苏省沛县人，中专文化。1961年8月参加工作，1967年3月加入中国共产党。1961年8月至1968年4月，空军某部战士；1968年4月至1972年7月，济南汽车专用设备厂工人；1972年7月至1975年11月，任济南市市中区机关办事员；1975年11月至1987年5月，历任中共济南市市中区委统战部办事员、副部长、部长；1987年5月至1997年12月，任济南市市中区民政局局长；1998年1月任济南市市中区人大常委会副主任；1998年5月因病在济南逝世。

吴乃田（1933—2000） 男，汉族，山东泰安人。1952年2月参加工作，1953年6月加入中国共产党。先后任济南第一机床厂工人、工段长，济南锻造厂车间主任、副厂长、党总支副书记、革委副主任、党委副书记，济南市五金工具公司革委副主任，济南市日用五金工业公司党委副书记、革委会副主任，济南市二轻局革委会副主任、核心组副组长。1977年9月，任中共历城县委副书记、革委会副主任。后调任中共济南市郊区区委副书记、政府代区长、区长。1984年1月至1993年1月，任中共济南市市中区委副书记、政府区长、人大常委会主任。济南市郊区第一届党代会代表、第一届人民代表大会代表，济南市市中区第四、五届党代会代表，第十、十一、十二、十三届人民代表大会代表，济南市第九、十届人民代表大会代表。1994年5月退休，2000年7月11日病逝。

徐北文（1924—2005） 男，汉族，祖籍山东泰安，中共党员。曾任济南教育学院名誉院长、教授、济南职业学院教授、山东省文史馆馆员。第八届全国人大代表，全国优秀教师、山东省优秀教育世家和享有国务院特殊津贴专家，著名学者、诗人、书法家和教育家。1954年，任济南教师进修学院语文教师；1955年，编著《基本语法讲座》。1983年1月，教师进修学院改名为济南教育学院（位于杆南东街37号）后，任该院中文系教授。其间编著的《先秦文学史》获山东省社科优秀成果二等奖；与李永祥、刘炎合著的《古文观止今译》获全国优秀图书金钥匙奖。1991年，获“山东省优秀教育世家”奖状，是济南市科技专业首批拔尖人才。2000年，徐北文为新落成的五里山山顶阁撰联：赤霞灿烂瑶圃桃花映日千年祝宴寿，青岛殷勤玉函锦宇凌云万里报平安。主要著作有《大舜传》《灿烂的古代文化》《徐北文文集》《海岱小品》《海岱简史》《济南史话》《济南风情》《济南吟赞》《济南竹枝词》《济南名胜古迹诗词楹联选》《李清照全集评注》《二安词选》《古典诗歌知识》《唐诗观止》《续古文观止今译》《贞观政要译注》《怎样写作》等。在中国古典文学、齐鲁文化和济南文史研究等领域皆取得卓越成就。

孙庆琇（1927—2006） 男，汉族，山东荣成人。1945年5月参加工作，1946年9月加入中国共产党。历任山东新华制药厂工人组长、干事，华东后勤生产部机关直属党总支干事，济南前进化工厂人事干事，山东造纸总厂党总支组织干事，济南面粉厂党支部书记，济南火柴厂党总支书记。1959年9月，任济南市市中区工业科科长，12月任济南市槐荫区工业科科长。1960年7月至1968年12月，先后任济南市市中区工业科科长、市中区人委办公室主任，市中区工业局局长等职，后到市中区五七干校劳动。1969年3月，任济南红旗棉织厂主任。1976年7月，任市中区革委会副主任。1980年11月，任中共市中区委副书记、区长。1983年12月，当选为市中区政协主席。济南市市中区第三次、第五次党代会代表，第九届人民代表大会代表，市中区政协第二届委员会委员。1990年11月离休，2006年12月29日病逝。

魏启后（1920—2009） 男，汉族，山东济南人。曾任中国书协理事、中国书协创作评审委员会委员、山东书协副主席、中国国际友好联络会山东分会理事、济南市政协常委、济南画院顾问、济南诗词协会副会长、山东省书协名誉主席、山东画院顾问等。早年就读于济南育英中学，后考入北京辅仁大学中文系，课余兼习书法，受教于溥心畬、溥雪齐、启功诸先生，受益良多。后从事金融工作，多与书界交游，广结墨缘，以书画自娱。山水竹石——宋元文人画而自有新意，书学二王、初唐及北宋诸家，出版有《魏启后书法选》《魏启后书画集》等。曾获中国书法“兰亭奖”终身成就奖、首届山东省泰山文艺奖创作一等奖、突出贡献奖、日本白扇书道会最高特别奖。2009年12月9日，在济南逝世。

附　录

中共济南市市中区委文件

市中发〔1992〕第 17 号

中共济南市市中区委　济南市市中区人民政府
关于深化改革转换企业经营机制的意见

近几年来，全区各级党政组织和许多企业在深化改革、转换经营机制、搞活企业方面做了大量工作，取得了一定的成绩，积累了一些成功的经验。为进一步深化改革，根据中共中央〔1992〕2 号文件精神和省、市总的要求，经区委、区政府研究，除继续贯彻落实过去区里制定的有关搞活企业的各项政策措施外提出如下意见：

一、深化企业改革的指导思想

在各级党组织的领导下，坚持党的基本路线，以中央工作会议精神为指针，以破除“三铁”为突破口，以增强企业活力和提高经济效益为中心，紧紧围绕转换企业经营机制这个重点，从企业内部和外部环境两个方面继续深化改革、积极探索搞活区街企业的途径，推动全区经济的发展。

二、深化企业改革的内容

围绕转换企业经营机制，破除长期困扰企业的“铁交椅”、“铁饭碗”、“铁工资”等弊端，通过改革真正做到：“干部能上能下、职工能进能出、工资能升能降”，从企业的内部和外部环境方面进行配套改革，促进企业经济效益的不断提高。

1. 深化企业干部人事制度改革，打破“铁交椅”，建立干部能上能下的新机制。

一是积极推进干部聘任制，按照“公开、平等、竞争、择优”的原则，选用企业干部和管理人员。企业的行政正职由各主管部门聘任，副职由各企业正职进行聘任。在对企业副职的聘任工作中，要按照厂长（经理）提名、民主讨论、主管部门或单位党组织考察，厂长（经理）进行聘任的程序办理，并要把主要经济指标作为重要内容列入聘书、定期予以考核。

二是从现在起，对亏损企业原则上实行干部冻结。凡经营性亏损企业的主要负责人，在本企业扭亏为盈之前不准调动；对连续亏损企业的干部，视生产经营情况和亏损情况与主管部门或单位签订扭亏合同，届时仍不能完成者，由主管部门或单位视情况予以处理；对确因工作态度、管理水平或玩忽职守等原因造成经营工作不善、经济效益连年下降的企业领导干部应下浮动一级工资，就地降职或免职，不得易地做官；对那些弄虚作假、违法乱纪、以权谋私情节严重的，执法执纪部门要严肃查处。

2. 深化企业劳动用工制度改革，打破“铁饭碗”，建立职工能进能出，合理劳动组合的新机制。

一是实行全员劳动合同管理，实现合理

劳动组合。在企业与职工双方自愿、协商一致的基础上，签订劳动合同，并通过择优上岗、厂内待业等办法，搞活固定工制度。各企业要搞好岗位测评，制定岗位规范，把目标任务分解落实到岗位和个人，使企业与职工的责、权和关系有机的统一起来。

二是实行“厂内退养”制度。对那些因身体因素不能胜任岗位的职工，企业有权实行场内退养制度。实行退养制度的，由企业发给退养金，到法定年龄时再正式办理退休手续。

三是建立场内待业和下岗培训制度。对企业内部安排不了的下岗、富余人员，可实行厂内待业培训，待业培训期间停发奖金并减发工资。

四是多渠道妥善安置富余人员。对企业富余人员的安置，原则上由企业内部消化。企业可实行一业为主、多种经营，积极为富余职工开辟新的工作和生活出路。

3. 深化企业内部分配制度改革，打破“铁工资”，建立职工工资与企业经济效益和本人贡献紧密挂钩的新机制。

一是经营性亏损企业完不成与主管部门签订的扭亏合同指标，在扭亏期间干部、职工应减发工资，标准由企业根据实际情况自行确定。在此期间，不得以任何借口发放奖金、实物。对违反规定的企业主管部门和劳动、财税等有关部门应予以纠正。对企业扭亏情况，企业主管部门及审计、财政、税务等部门要组织力量定期审计检查，防止虚盈实亏。对弄虚作假的企业要严肃查处。

二是实行多种形式的内部分配办法。各企业要从有利于调动职工积极性出发，积极实行档案工资制，将原标准工资作为档案工资保留，推行全额计件、超定额计件、联利计酬、百分制考核升级、岗位技能工资等不同的分配形式；拉开收入差距，并向生产一线和苦、脏、累、险及高技术岗位倾斜，真正做到上岗靠竞争、收入凭贡献，彻底改变“干多干少、干好干坏一个样”的现象。

三是对企业销售人员可实行销售额、工资、费用含量总包干，即按销售额计工资、奖金、差旅费和业务活动费，并与回收贷款的多少直接挂钩，以更好地调动经销人员的积极性。

三、工作中应注意的问题

为了搞好深化改革、转换企业经营机制的工作，在具体组织实施中注意掌握好以下几个问题：

1. 搞好调查研究，选好试点企业。

各企业主管部门，要组织人员对所属企业的领导班子状况及资金设备、产品品种质量、经营经销、盈亏等方面的情况进行全面的调查研究，找出存在的突出问题，帮助企业制定切实可行的措施。区委、区政府拟选择红旗电器开关厂、济南市第一包装机械厂、市中低压锅炉一厂和市中机电公司作为企区深化改革，转换企业经营机制的试点企业，并将派出服务组，帮助上述企业搞好试点工作。各系统和各办事处也要选择一个企业抓好试点。试点企业要根据区里的改革意见，结合本企业的实际，广泛发动群众，制定出具体的改革实施方案，经职代会讨论通过，并报区企业改革领导小组审查同意后组织实施。区委、区政府将在年底前对试点单位的情况进行全面考核。

2. 要把破“三铁”与坚持和完善承包责任制结合起来。应当明确，承包本身就是一项重要改革。破“三铁”有利于调动各方面的积极性，提高劳动效率，是完成承包指标的强大推动力。因此，在破“三铁”过程中，一定要坚持并不断完善承包责任制，严格执行扭亏增盈合同。对少数至今尚未签订承包合同的企业，要抓紧签订。有关部门对合同的执行情况，要严格考核、审计，坚持先审计后兑现。

3. 要坚持从实际出发，因厂制宜。破“三铁”，转换企业经营机制，决心要大，步子要稳，工作要细。各系统、各企业要把中央和省、市的指示精神和区里的统一部署与本企业的情况相结合，制定切实可行的方案，因地、因厂制宜，不要照抄照搬。各企业主管部门和经济杠杆部门在工作指导上，要区别对待，不搞一刀切。

4. 要全心全意依靠工人阶级。破“三铁”是企业内部机制的重大改革，只有全心全意依靠工人阶级，才能把这件事情办好。要进一步健全民主管理制度，充分发挥职代会的作用，重大决策要经职代会讨论通过，形成共同意志，成为广大职工的自觉行动。工会要在企业党组织的领导下，积极参与和支持改革，及时反映职工的意见和建议，维护职工的合法权益。

四、切实加强领导，为破“三铁”、转换企业经营机制创造良好的外部环境

破“三铁”，转换企业经营机制，是今年企业改革的主旋律，它既是深化企业改革的内在要求，又是一项涉及内容广泛、政策性很强，难度较大的系统工程。各级党、政领导务必高度重视，切实加强领导，搞好服务，确保这项改革在各级党组织的领导下，扎实、稳妥、顺利地进行。

1. 切实加强组织领导。为加强这项工作的领导，区委决定成立区企业改革领导小组，由区委书记董承铭同志任组长，区委副书记、区长王翰科同志、区委副书记齐建民同志、副区长仲伟新同志为副组长，区直有关部门的负责同志参加。领导小组办公室设在区经计委，刘云明同志任办公室主任。各系统、各企业单位的党、政主要领导同志，都要把破“三铁”，转换企业经营机制作为深化企业改革的一项关键措施，紧紧抓在手上，列入重要议事日程。

2. 深入细致地做好思想政治工作。全区各级党组织和群团部门要紧密联系干部、职工的思想和企业改革的实际，运用各种方式，大讲“三铁”的弊端和危害，大讲破“三铁”，转换企业经营机制的必要性、紧迫性以及有关政策、措施，及时澄清各种模糊认识和错误思想，不断增强干部职工对改革的心理承受能力和参与意识。要结合改革，深入进行国家、集体、个人三者利益关系及当前利益、长远利益关系的教育，工人阶级主人翁地位、作用的教育，倡导大胆改革、勇于开拓的创新精神，勤奋工作、多作贡献的主人翁精神。要教育党、团员积极参与改革，充分发挥先锋模范和骨干带头作用。要有针对性的及时发现和解决干部职工在改革中反映出来的认识上的问题。宣传部门要正确把握舆论导向，及时宣传改革中出现的新典型和新变化，为改革创造良好的舆论环境。

3. 认真贯彻落实《企业法》和有关搞好企业的各项政策。各系统、各企业单位要组织企业干部职工认真学习贯彻《企业法》，坚持依法治厂。要进一步增强机关干部的法制和政策观念，全面落实《企业法》赋予企业的各项权利，坚决贯彻执行中央和省、市一系列搞好企业的政策规定，任何部门、任何人都不准截留，更不准顶着不办。执法执纪部门和企业主管部门要经常对《企业法》和政策执行情况进行检查，及时纠正和处理违法违纪现象，为厂长（经理）执行《企业法》撑腰壮胆，保驾护航。对那些以身试法、危害企业领导及其亲属人身安全的不法分子，

要坚决打击。

4. 层层落实领导目标责任制、更好地为企业改革服务。区政府及其职能部门和各办事处（镇），对企业主要管好领导班子、承包合同、工资总额、产业政策和依法监督检查。其他事情放手让企业自主管理，以腾出更多的精力做好综合平衡，协调服务等工作，加强和改善宏观调控。要由过去的单纯行政管理转变为行政管理与服务相结合，寓管理于服务之中，真心实意地为企业多办实事好事，千方百计在资金、信贷、技术、人才等方面帮助企业排忧解难。

中共济南市市中区委

济南市市中区人民政府

一九九二年三月二十六日

济南市市中区人民政府文件

市中政发〔1993〕第12号

关于加快我区九年制义务教育实施步伐的意见

《义务教育法》颁行以来，我区义务教育事业有了较快发展，取得了较显著的成绩。但同迅速发展的经济形势相比，仍然不相适应。为了适应改革开放和经济建设发展的需要，必须加快义务教育的实施步伐，以推进全区教育事业的更快发展，使教育更好地为社会主义经济建设服务。为此，提出如下工作目标和要求：

一、全区要在继续学习宣传《义务教育法》及其《实施细则》的同时，集中精力和时间，重点组织好对《中国教育改革和发展纲要》的学习与宣传工作。通过学习和宣传，使全区干部群众明确改革开放和现代化建设事业对教育发展的要求，明确教育面临的形势和任务，充分认识加快义务教育实施步伐的重要性。增强紧迫感与责任感，为推进我区义务教育的实施进程，发展我区教育事业，积极努力地做好工作。

二、坚持“两基两全”标准，积极推进义务教育实施进程。“两基两全”是普及义务教育的基本标准要求，市区和七贤镇要在坚持这一标准要求的前提下，加强领导，强化措施，以改革促发展，积极推进义务教育的实施进程，通过积极、切实、有效地工作，力争今年年底全区基本普及九年制义务教育。

三、狠抓薄弱环节，扎扎实实地提高实施水平。市区和七贤镇要继续加强工作，在进一步提高教育水平和管理水平的同时，着力抓好义务教育实施中的薄弱环节。七贤镇要在进一步巩固发展初等义务教育成果的同时，切实加强措施，组织好九年制义务教育的实施工作，重点抓好中学的实验楼建设和实验楼建成后的实验室、仪器设备、音体美器材、图书等内部基础条件的配套建设。市区要在加快校舍改造工作的同时，进一步加强学校教育教学基础条件的配备建设，努力提高各项基础条件的达标率。

四、区教委、七贤镇教委要主动当好政

府的参谋，努力加强义务教育实施过程中的指导工作。要认真贯彻落实本文精神，制定具体的贯彻落实意见，开展好各项义务教育工作，推进我区义务教育的实施进程。

五、努力普及义务教育，加快教育事业的发展，适应改革开放和社会主义经济建设的需要，是党和政府的大事也是全社会的大事。机关各部门、区属各单位都要关心和支持义务教育的实施工作，多为教育办实事，做好事。为加快我区义务教育的实施进程，发展我区的教育事业，推进全区改革开放和经济建设的更大发展，做出更大的贡献。

济南市市中区人民政府

一九九三年三月一日

中共济南市市中区委文件

市中发〔1993〕35号

中共济南市市中区委　济南市市中区人民政府
关于加快经济发展的若干意见

为适应建立社会主义市场经济体制的需要，抓住机遇，加快发展，推动市中经济不断登上新台阶，现根据我区实际情况，提出如下意见：

一、正确把握形势，抓住机遇，加快发展

自去年邓小平同志视察南方重要谈话和党的十四大召开以来，我区经济形势发生了深刻变化，各项改革不断深入，国民经济有了很大发展，实现了速度与效益同步增长，为今后加快发展奠定了良好的基础。但是，在经济工作中，我们也面临着许多困难和问题，对照中央和省、市的要求，还存在很大差距，主要表现在：经济发展不平衡，产业、产品结构调整的任务相当艰巨；第二产业效益不理想，没有形成规模经济；第三产业发展滞后，基础设施少、小、破、旧的状况尚未彻底改变；外向型经济还不适应改革开放的新形势，需要加快发展；人才、技术、资金、项目等因素还严重制约着经济发展，亟需加以解决；从横向看，我区经济总量还比较低，与济南市其他区、县相比，仍处于末位。对此，我们必须保持清醒的头脑，正视形势的严峻性，振奋精神，急起直追，强化措施，加快发展，从根本上摆脱经济落后的局面。

当前，举国上下都在认真贯彻落实党的十四大精神，大干快上，加速经济发展，国内形势和国际环境都为我们提供了难得的机遇。机不可失，时不我待，在形势和机遇面前，我们要进一步增强时代的紧迫感和历史的责任感，以科学的态度，抓住机遇，珍惜机遇，用好机遇，加快发展，推动国民经济不断登上新台阶。

今后三年，是我区全面贯彻落实党的十四大精神，圆满完成“八五”计划，各项主要经济指标实现翻番，经济全面腾飞的关键时期，任务十分艰巨。为此，我们必须以邓小平同志视察南方重要谈话和党的十四大精神为指针，坚决扭住经济建设这个中心不放，加大改革力度，突出工作重点，紧紧围绕建立社会主义市场经济体制，积极调整产业产品结构，以发展商业服务业为重点，进一步完善“南工北商”的经济布局。要加强基础设施建设，加快第三产业发展步伐；继续强化第二产业，加速发展规模经济；进一步扩大对外开放，大力发展外向型经济；依靠科技进步，实现经济总量快速增长，确保全区经济上一个新水平。

二、主要工作任务和奋斗目标

（一）第三产业要加快步伐，优先发展

发展第三产业，健全和完善城市社会化服务体系，是深化改革，建立社会主义市场经济体制的需要，是进一步扩大对外开放，促进国民经济不断登上新台阶的需要，是实现经济现代化、人民生活达到小康水平的必由之路。因此，集中力量把第三产业搞上去，迅速提高第三产业占国民生产总值的比重，彻底改变我区第三产业发展滞后的现状，是当务之急。在产业结构调整方面，要倒排产业发展顺序，优先考虑第三产业，并作为我区今后经济发展的战略重点来抓。要充分发挥我区北部地处繁华闹市的地理优势，加快第三产业发展。

近期内，我区第三产业重点是抓好商业饮食服务业的发展和房地产业的开发。同时，要积极创造条件，培育和健全人才劳务、科技信息、物资流通等市场以及社会保障和便民利民社会化服务体系。“八五”后三年，全区商业饮食服务业在基础设施建设规模上要有大的突破，营业面积要新增 25 万平方米；房地产业的开发要适应市场经济形势，不断取得新的进展。到一九九五年，全区第三产业增加值要达到 2.52 亿元，平均每年递增 23%；商业饮食服务业营业额要达到 14.5 亿元，平均每年递增 45%；第三产业占国民生产总值的比重，要由一九九二年的 48.9% 提高到 60%。

（二）继续强化第二产业，加速发展规模经济

第二产业是我区的支柱产业，近几年来有了较快发展，在增加财政收入、解决劳动就业，稳定社会等方面发挥着十分重要的作用。不断强化第二产业，加快以技改上新为主要内容的产品结构调整，加速发展规模经济，对于增强我区经济发展的实力和后劲，促进国民经济更好更快地发展，起着举足轻重的作用。今后一段时期，要继续坚持依靠科技进步，加快产品结构调整步伐，围绕发展高效益、高技术含量、高创汇、高市场占有率的新产品、新项目，针对我区特色，积极开发小、高精的拳头产品，切实搞好企业的上新改造。要继续抓好重点企业和主导产品的发展，集中力量培植一批骨干企业，上规模，上档次，上水平，增强市场竞争能力，尽快与国际市场接轨。

“八五”后三年，全区主要工业企业要全部进行嫁接改造，其中，三分之一得到较系统改造，主要工艺、装备、技术水平达到国内先进水平；三分之一得到专项改造，关键工艺、装备、技术水平达到国内先进水平。三年内，要形成年产值过亿元、利税过千万元企业 2 家，年产值过 5000 万元、利税过 500 万元企业 6 家，年产值过 1000 万元、利税过 100 万元企业 20 家。现位于城区内的 25 家企业要逐步实施“北厂南移”“腾笼换业”，三年内全部迁入工业新区，并进行技术改造，提高产品、技术档次。全区工业产品产销率要达到 90% 以上，新产品产值率要达到 10% 以上。切实抓好技改上新项目，区里每年要集中力量抓 3 ~ 4 项新增产值过千万元、效

益好的项目。到“八五”末，全区要形成以化工、机械、食品、轻工、电子、塑料为主导行业的新工业体系，工业总产值要确保突破10个亿，利税达到7000万元，在现有基础上翻一番。

（三）进一步扩大对外开放，加快发展外向型经济

扩大对外开放，更多更好地利用国外的资金、技术和管理经验，使我区对外经济技术合作与交流的规模和质量都提高到新的水平，是实现经济加快发展的重要条件。必须进一步解放思想，增强整体开放意识，充分发挥我区的地理优势，积极推行“全方位开放”战略，努力扩大招商引资，大力发展“三资”企业及出口创汇产品，促进全区经济的发展和技术水平的提高。“八五”后三年，全区“三资”企业的发展要有大的突破，一九九三年新建27家，一九九四年新建30家，一九九五年新建30家，到“八五”末全区累计超过100家，总投资8700万美元，利用外资额2700万美元。要进一步拓宽引进外资渠道，积极利用外资搞好企业的嫁接改造和发展乡镇企业，到“八五”末，全区“三资”企业中，“嫁接”型企业要达到50%以上，乡镇企业占24%以上。同时，积极引导外商投资兴办第三产业。要努力扩大外贸出口，全方位开拓国际市场，以九二年为基数，“八五”后三年出口收购值要实现翻两番，一九九三年实现4800万元，一九九四年达到6800万元，一九九五年达到1.16亿元，年平均递增幅度为39%。要减少办事环节，提高工作效率。区外经委、经计委、土地、环保、工商、税务等部门，要切实转变职能，主动为对外开放服务。要建立和实行联合办公制度，简化审批手续，提高办事效率。同时，要抓好保税库的建设，改善投资环境，为扩大招商引资、加快外向型经济发展提供一条龙服务。

三、主要措施和要求

（一）加大工作力度，确保各项任务指标的完成

1. 强化第三产业基础设施建设。“八五”期间，要确保完成10项面积8000平方米以上的大型商业服务设施的建设。一九九三年底以前，新世界商城、白马山综合市场、济微路沿线整顿改造三项工程要完成交付使用；商业步行街年底完成框架，明年投入使用；环翠宫酒家、新世界宾馆、白马山批发市场一九九三年动工兴建，一九九四年年底前竣工投入使用；四星级宾馆、泺源商场两大项目要抓紧招商引资，力争今明两年内开工；港泉大酒店力争明年开工兴建。十大重点项目全部完成后，总计可新增营业面积20余万平方米。

2. 突出“三条线”，加快商业网点建设。对经七路沿线，要结合城市开发改造，兴建一批质量、档次较高的商业饮食服务设施。对济微路沿线，要结合对济南市出入口的整治，兴建一批商店、旅馆、饭店、酒家，形成商业一条街。同时，以白马山批发市场为依托，抓紧建材、纸张等专业批发市场的建设，把住济南南大门，搞活商品流通。对西、南外环路沿线，要兴建一批商业网点和农副产品、建材批发市场。

3. 结合实施“腾笼换业”工程，抓好城区商业网点改造。城区主次干道沿街的建筑，要按照能商则商的原则统一规划，分步实施，逐条进行改造。各街道办事处要把辖区内的网点改造列为工作重点来抓，加大投入，增加设施，不断提高第三产业所占的比重。“八五”期间，各办事处都要创造条件，完成一项重点设施的建设。随着城区企业南迁，要把部分关停并转和无搬迁价值的企业

转向第三产业，大力兴办多种形式的商业饮食、旅游服务项目。

4. 大力开发房地产业，提高城市社会化服务功能。要加快旧城改造和新区开发的步伐，抓好回民小区、玉函小区等工程的建设，确保按期竣工。近期内抓紧实施四、一和张安等实验住宅小区的建设。要努力为商业基础设施建设提供服务，按期完成区内重点项目的建设。同时，加快文教、公益设施建设，为群众提供社区服务。要贯彻“一业为主，多种经营”方针，积极吸引外资从事房地产业开发，并带动各办事处（镇）搞好小型项目开发，逐步培育和健全房地产交易市场。

5. 坚持技改上新高起点和抓重点原则。对重点技改上新项目要实行集中管理和协调。要建立报告和调度制度。要把技改上新指标纳入厂长（经理）的任期责任目标，使任期时间与项目竣工投产时间相衔接，并同厂长（经理）的收入挂钩。要集中力量抓好部分重点工业企业的技改上新和产品结构调整。

6. 多渠道筹集资金，用于企业技改上新和产品开发。融资渠道主要是：（1）固定资产折旧资金；（2）税后利润的50%；（3）银行贷款；（4）预算外资金，包括企业有偿转让资金、企业在原地段进行房地产开发的收入、各单位在旧城改造中收益部分的三分之一、吸收区外资金、推行股份制筹措的资金以及区经济开发投资公司统筹的部分资金。

7. 加强信息交流，建立项目库。区里成立以科委、经计委、外经委为主的专门班子，负责项目的搜集、筛选、评估、立项及实施。区内实行项目有偿平行转让，要积极创造条件，逐步建立市中科技情报信息中心，为加快科技成果向现实生产力转化提供服务。具体工作由科委负责实施。

8. 加快工业新区建设的步伐。设立市中工业新区管理委员会，在区政府领导下，具体负责新区的管理与协调，对新区的建设要实行统一领导，统一征地、统一规划、统一配套。起步区内先开设占地500亩的工业小区和占地120亩左右的个体私营投资区，今明两年要实现“四通一平”。凡进工业新区的项目，原则上必须符合“四高”的要求。两个区的征地和新上项目，须经工业新区管委会审查把关，批准后方可实施。

9. 大力推行股份制，建立新的企业运行机制。要按照“坚决试、不求多、务求好，不能乱”的原则，积极发展县以上集体企业各种形式的股份制，在镇村企业大力推行股份合作制，争取三年内基本完成全区企业的股份制改造工作。

10. 坚持“科教兴区”战略，依靠人才、技术加快经济发展。要加强与大专院校、科研单位的联合协作，积极引进新技术、新成果，加快推广和应用，不断推进企业的技术进步。要加快人才的培养与引进，充分发挥区成人中专和其他职业学校的作用，积极培训各类急需人才；采取更加优惠的政策，大力引进一批确有真才实学的专业技术人员，不断壮大我区的科技人员队伍。

（二）放宽政策，重点扶持发展

1. 对重点技改上新项目，区里在人才、资金等方面给予扶持。凡符合高新技术条件的技改和开发项目，经上级有关部门认证后，可享受高新技术开发区的优惠政策。

2. 对通过招商引资进行嫁接改造的企业，实行以地生财、以财招商、“投一得二”的政策，凡投资迁建一个厂子，可以同时得到新、老两个厂地的开发使用权。凡从城区迁入工业新区的企业，只要一经合资，不论老厂和新厂，可同时享受“三资”企业政策。

3. 凡新办第三产业企业和为安置富余职

工兴办的独立核算第三产业企业，经税务部门批准，自开业之日起，实行两年免征、三年减半征收所得税。技术、知识密集型的第三产业企业，符合规定条件的，可以享受“三资”企业的优惠政策。对经营困难的商业服务业，经税务部门批准，可给予减免税照顾。被兼并工业企业转入第三产业的，从盈利时起，三年免征、两年减半征收所得税。

4. 对实施“腾笼换业”过程，需在郊区征用土地的企业，凡上缴利税与市中区财政挂钩的，可视新增利税多少，以低于市里规定的价格，在地价上给予优惠。

（三）加强组织领导，打好总体战

1. 强化领导，落实责任。加快全区经济发展，是一项全局性的战略任务，各级党政组织必须高度重视，牢固树立以经济建设为中心的思想，坚持党政一把手直接抓经济工作，实行领导目标责任制，坚持好区级领导和部门联系点制度，分工包干，责任到人。区级领导主要分工包办事处和镇，办事处和镇级领导负责包企业、包项目，一级抓一级，逐级抓落实。要加强经济工作部门和企业领导班子建设，不拘一格，选拔那些懂经营、会管理、思想作风好，有开拓创新精神的干部充实到经济工作第一线。

2. 上下联动，形成合力。全区各部门、各单位要增强全局观念，树立“一盘棋”思想。区六大班子，除区委、区政府直接实施对经济工作的宏观决策与指导外，人大、政协、纪委、人武部都要在监督保证、献计献策、保驾护航等方面搞好配合。经济主管部门、杠杆部门要面向基层，转变职能，简化办事程序，提高办事效率。区机关各非经济部门也都要结合各自工作特点，积极为经济建设提供服务，有的部门要重点联系一个办事处，支持其发展经济。

3. 转变作风，真抓实干。各级领导干部要坚持一切从实际出发，既要有满腔的工作热情，又要有扎扎实实的工作作风；既要追求快的发展速度，又要注重好的质量效果。要加强决策的科学性，尽量避免和减少各种失误。要摆脱“文山会海”，腾出时间和精力，深入基层，开展调查研究，帮助企业解决实际问题。

4. 建立激励机制，充分调动积极性和创造性。自今年起，区里设立区长奖励基金，对在加快我区经济发展中做出突出贡献的各级领导干部、企业厂长（经理）、工程技术人员以及在开展社会主义劳动竞赛活动中涌现出的劳动模范、先进生产者、优秀营销人员等，每年经政府有关部门综合考核评比，实行一次性奖励。对做出重大贡献者，要实行重奖。具体奖励办法，由财政局、经计委制定。

5. 围绕中心，两手齐抓。要努力加强和改进新形势下的思想政治工作，抓好对广大干部职工的思想教育，使其始终保持良好的精神状态和旺盛的革命干劲，踊跃投入市场经济的大潮之中。同时，要加强社会治安综合治理，坚决打击经济领域的违法犯罪活动，注意保护好企业厂长（经理）的合法权益，从而为加快全区经济发展创造一个良好的外部环境。

一九九三年七月二十日

中共济南市市中区委文件

市中发〔1994〕37号

市中区关于实施对外开放“一号工程”的意见

最近，市委、市政府在全市对外开放工作会议上提出：“要坚定不移地实施‘一二三号工程’”，要求全市各级领导干部要自觉投入开放，参与招商。这是市委、市政府为加快形成全方位开放格局和合力，推动招商引资工作取得更大成绩采取的一项重要举措，是对全市各级领导干部的动员令。为认真贯彻市委、市政府要求，抓好“一号工程”的实施，适应全方位开放的形势，赶上全市对外开放的步伐，现根据全区对外开放工作会议精神要求，就实施“一号工程”涉及的有关问题，提出如下具体意见：

一、明确任务，明确职责

1.“一号工程”内容要求

“一号工程”即指全区各街道办事处、七贤镇、机关各部门，各事业单位副局级以上在职领导干部及相应职级的在岗非领导干部，每人每年必须至少引进一个“三资”项目（以签订合同为准），并积极争取引荐一批外贸出口产品，提供一条重要信息。

2. 组织领导，业务分工

“一号工程”的实施在区对外经济工作委员会领导下，由区外工委办公室负责全面工作。区委组织部负责对领导干部工作开展情况进行督促、检查、考核，会同人事局结合岗位责任制评比，搞好考评把关。区外经委负责招商项目的提供和招商政策的制定，以及项目牵线搭桥，项目论证等具体业务工作。

各党委、各部门负责抓好本单位、本部门实施“一号工程”的具体落实工作，实行一级抓一级。各党委书记、部门主要领导除保证自身完成“一号工程”以外，要负责抓好其他领导干部的任务落实；各党委政工副书记配合党委书记搞好对这项工作的督促、检查和情况调度；分管经济工作的领导，负责项目落实中的有关业务工作。各单位、各部门要指定一名责任心强的同志负责填写上报“一号工程”每月进展情况统计报表。

二、严格考核、奖惩分明

实施“一号工程”对领导干部来说是一项严肃而实际的工作任务，必须列入单位和个人的岗位目标责任制，把这方面工作情况作为考核领导干部岗位目标责任制完成情况和干部政绩的一个重要内容。业务部门对招商引资工作进展情况实行每月一统计，每季一公布，半年一检查，年终总评的考核制度。并建立考核档案，作为年底总结评比的重要依据。要把完成任务的好坏与干部政绩评定和使用结合起来，与评先创优结合起来，与干部的实际利益结合起来。对招商引资成绩显著的，要进行表彰奖励，对完不成任务的要进行批评督促，其具体奖惩办法：

1. 对完成“一号工程”任务表现突出，成绩明显的领导干部，对其工作政绩给予充分肯定，作为干部任用时重要依据。对缺乏正确的态度，行动不积极，工作长期不见成效的领导干部除给予批评督促外、还将视情况采取必要的组织措施。

2. 对引荐外商来我区投资、合资、合作兴办企业和各类项目的，根据项目投资额大小以及项目水平按外资实际到位金额1.5% ~ 2.5%计奖，奖金由中方受益单位承担；对引荐外商来我区兴办独资企业（租赁房地产）的，按出租单位第一年所收租金的1%计奖，奖金由出租单位承担；对引荐出口产品、贸易成交效益突出的领导干部个人，按照出口贸易成交额的5%计奖，其中属自营创汇出口的，按贸易成交额的1%计奖，奖金由中方受益单位承担。以上奖励，各有关党委负责落实，实行一次性兑现。

3. 对引荐外资、引荐外贸出口产品、提供重要信息取得突出成绩效益的领导干部，在晋升工资奖励等问题上，同等条件下予以优先考虑。

4. 在机关岗位责任制评比中，实行招商引资一票否决权。凡外贸出口、兴办三资企业的空白单位和机关部门不能评为岗位责任制先进单位。完不成“一号工程”任务的领导干部不能评为岗位责任制先进个人，对其中属于确实尽了积极努力，但因各种客观原因未能成功的同志，应视情况区别对待。

三、几点要求

1. 要进一步认清形势，解放思想，增强紧迫感。

招商引资、扩大开放是振兴市中经济的必由之路，各级领导干部要充分认识做好这项工作的重要意义。同时，进一步看到当前我区与兄弟区之间存在的差距，增强做好工作的紧迫感。要把扩大开放、招商引资看作自己义不容辞的责任，进一步解放思想，以“三个有利于”为前提，从“左、旧、小”思想束缚中解放出来，变被动为主动，在其位谋其政，积极行动起来，自觉投入开放，参与招商引资，扎扎实实完成“一号工程”赋予的任务，争取在较短的时间内打好我区开放型经济的翻身仗，向市委和全区人民群众交一份满意的答卷。

2. 要加强领导扎扎实实做工作。各党委、各部门要把实施“一号工程”列入党委、部门工作重要议事日程，当作一项硬任务抓紧抓实。要定期召开会议、分析形势，研究解决工作中的实际问题；要结合自身情况，制定必要的考核制度和考核办法；党委书记、部门主要负责人要切实负起责来，对这项工作进行及时的指导、督促和检查。各单位、各部门要积极创造条件，提供方便，鼓励支持领导干部搞好招商引资。在招商引资工作上不准弄虚作假、不准沽名钓誉、不准以各方面借口推托责任。

3. 机关各有关业务部门要为招商引资提供积极有效的服务。要充分用足用活上级的政策规定，为招商引资提供更多的优惠条件。要转变工作作风，简化办事程序，提高办事效率，主动协助基层、协助领导干部解决招商引资中遇到的情况和问题。

4. 要切实落实有关奖惩办法。各单位对招商引资成绩突出者，按照奖惩办法规定，该表扬的表扬，该奖励的奖励，在奖金兑现上不打折扣。对工作开展不利的单位和个人，该批评的要严肃批评，在评先创优问题上该把关的要严格把关，切实通过落实奖惩办法，起到鼓励先进、鞭策后进的作用。

对在招商引资、引荐出口产品、提供重要信息方面其他有功人员不管是谁，不管是区内的还是区外的，同样适用本意见奖励办法有关规定。

本办法从发文之日起执行，未尽事宜由区委组织部负责解释。

中共济南市市中区委
济南市市中区人民政府
一九九四年六月五日

中共济南市市中区委文件

市中发〔2000〕62号

中共济南市市中区委　济南市市中区人民政府关于实施南部生态保护性开发，加快城市化进程的意见

根据党的十五届五中全会精神，为认真贯彻落实市委七届五次全委会各项部署，加快城市化进程，经过充分调查论证，在搞好水文、地质、生态、环境分析的基础上，区委、区政府决定在二环南路与高速绕城路南线之间的区域全面实施生态保护性开发战略，以此推动全区经济和社会全面发展。现结合我区实际，提出如下实施意见：

一、充分认识南部开发的重要意义

“九五”以来，我区始终以经济建设为中心，解放思想，抢抓机遇，拼搏进取，使全区经济连续五年保持了较快地增长，经济实力明显增强，财政总量上了一个大台阶。“十五”期间，我区将进入向现代化迈进的新阶段，与“九五”相比，发展层次更高，内容更丰富，综合性更强。新的形势任务，要求我们必须有新的发展思路，有更快的发展速度，为我区新世纪经济和社会发展奠定良好的基础。区划的调整，使区域经济环境发生了较大的变化，并为我区经济发展空间的进一步拓展奠定了基础。南部生态保护性开发战略的提出，是落实市委、市政府关于开发建设南部新城区、搞好南部地区生态保护决策部署的具体步骤；是适应区划调整的变化，充分利用发展空间，增创我区经济和社会发展新优势的一项重要战略举措。加快实施南部开发，有利于南部地区资源的合理利用和环境保护；有利于保持全区经济持续快速发展，增强全区综合经济实力；有利于推进城市化进程，缩小城乡差别；有利于全面提高农民生产生活水平；有利于顺利实现“十五”计划目标，全区各级、各部门一定要充分认识实施南部开发战略的重要性和必要性，切实增强实施南部开发的责任感和紧迫感，求实务实，真抓实干，共同努力，全面完成南部开发的各项目标任务。

二、指导思想和基本原则

（一）指导思想：高举邓小平理论伟大旗帜，以“三个代表”为指导，认真贯彻落党的十五届五中全会精神，按照市委“四个创新”的要求，以发展为主题，坚持生态保护性开发原则，突出市场、园区和新城区建

设三个重点，大力实施农业、工业、房地产、镇村四个开发，加快农业产业化和城市化进程，把南部地区建成区域布局合理、主导产业明显、产业层次较高、经济增长强劲、生活环境优美、体制全新的现代化新城区，实现由经济弱区向经济强区的跨越，推动全区各项事业全面进步。

（二）基本原则：

——科学规划，逐步推行，长期发展。

——坚持生态保护性开发，开发建设与生态保护同步进行，速度与质量并重，以提高开发质量为主。

——注重以人为本，着力改善群众生产生活环境和发展条件，促进各项社会事业协调发展。

——体现经济、社会双重效益，坚持政府引导推动与市场机制调节相结合，合理配置各类资源。

三、主要任务

（三）制定一个规划。在注重生态保护、搞好土地管理、加快区域开发的基础上，从整体利益和长远利益出发，坚持可持续发展，科学安排南部地区的发展空间，制定出南部地区工业、农业、市场、民营经济、科技外贸、文教旅游等领域的规划方案。

（四）开发两个区域。坚持高起点、高标准的原则，搞好002线出入口区域的科学规划和统一开发，使其与新城区南苑小区、康宁小区、世纪新城的整体布局相配套，力争成为我区南部城市建设的窗口。坚持规模适度与注重质量相结合的原则，搞好党家庄镇政府驻地区域的规划布局和科学定位；以沃尔沃项目和党家工业园为依托，搞好小城镇建设和工业组团建设；以工业化带动城市化，不断增强城镇的集聚功能和服务功能，积极接纳市里腾笼换业企业，广泛吸引高科技企业和农业现代化龙头企业在这一区域落户，形成区域工业新高地。

（五）繁荣三条干线。抓住“一环九射”道路综合整治的机遇，在统一定位、统一规划的基础上，加快对贯穿我区的104国道、002线和二环南路三条干线的开发建设。在104国道建设大型专业批发市场和大型国贸设施，形成大型的专业市场带；借助002线南通仲宫、柳埠风景旅游区的优势，在两侧建设一批市场；在二环南路多搞精品工程，带动周围土地升值，形成新型的绿化带、观光路和商业街，从而在我区南部建成三条市场群带和绿色旅游观光线。

（六）建设四大园区。农业科技产业园要立足于高新技术、示范指导、经济和社会效益三个定位，围绕发展优质、高效、创汇农业，建成集种、养、加于一体的现代化农业科技示范基地。腊山民营科技工业园要在思路、体制、政策上重新定位，将园区分为民营科技区和欧洲工业区，形成市场化运作、公司化管理、多元化服务的运行机制，建成现代化的特色园区。党家工业园要加大引企进园力度，积极吸纳各类高科技信息产业和市里腾笼换业企业、民营科技企业和加工型企业。十六里河民营经济园主要面向民营科技企业，走产、学、研联合发展的路子，使之成为民营经济及高新技术产业的孕育基地。

（七）发展五个领域。房地产开发要采取整体规划，分片实施，逐次开发的方法，利用自行开发、联合开发和招商开发等多种形式，结合旧城改造，抓好南部新城区一批商务和住宅组团建设；同时，搞好旧村改造，建设一批新的村居小区。高新技术产业要以园区为载体，围绕高新技术产业化和传统产业高新技术化，推进科技与经济的融合，促进产业结构的调整，创造南部发展的产业优势。特色农业要以市场为导向，以农业增效、农民增收为目标，积极推进农业内部结构调整，突出发展特色产品，不断提高农业产业化水平。外经外贸要以南部开发重点项目为载体，积极吸引利用外资，扩大出口创汇。民营经济要以园区建设、市场建设、专业村和专业户建设为切入点，积极优化发展环境，促进民营经济加快发展。

四、保障措施

（八）加强领导，明确责任。成立市中区南部开发领导小组，下设办公室，负责组织指导和统一协调。成立农业、工业、市场、民营经济、科技外贸、文教旅游、规划建设七个专业组，负责做好各专业规划的制定和组织实施，协调有关部门间的关系，及时向区南部开发领导小组汇报工作进展情况。七贤镇、党家庄镇、十六里河镇作为实施南部开发的重点单位，也要成立由党政一把手挂帅的领导小组，负责本区域范围内的开发建设。各级、各部门和南部开发各专业组要明确责任，强化第一负责人的作用，做到一级抓一级，一级带一级，一级对一级负责。区委办公室、政府办公室和南部开发领导小组办公室要强化对目标任务的运行控制，加强督促检查、准确、全面地掌握工作进展情况，及时协调解决工作中遇到的重大问题，推动各项工作的落实。

（九）齐抓共管，形成合力。区人大要加强对南部开发的监督与检查，定期听取南部开发进展情况汇报，提出合理化建议。区政协要加强调查研究，积极为南部开发建言献计，出谋划策。区纪委要加大执法力度，清理不合理收费，惩处腐败行为，保障南部开发的顺利进行。有关部门要严格按照各专业规划确定的目标任务，制定具体的保证措施，认真组织实施。各职能部门要进一步改进作风，转变职能，提高工作效率，增强主动为南部开发服务的意识，在创造环境优势、政策优势和机制优势上下功夫。各街道办事处要根据南部开发确定的目标任务，从本单位的实际出发，认真研究和提出参与南部开发的积极措施，创造性地开展工作。工、青、妇等组织也要发挥各自的优势，积极投身于南部开发。全区各级各部门要密切配合，扎实工作，促进南部开发的顺利实施。

中共济南市市中区委文件

市中发〔2005〕20号

中共济南市市中区委　济南市市中区人民政府
关于建立完善城乡社会保障体系的意见

为认真贯彻落实党的十六届四中全会精神，做好新形势下的社会保障工作，切实保障城乡居民基本生活，推进“和谐市中”建设，结合区情实际，特制订本意见。

一、总体思路

紧扣“强化服务功能，构建和谐市中”

的主题，坚持政府主导、社会参与，管理规范、法治保障，城乡统筹、分步实施，以最低生活保障为基础，以社会保险为承载，以社会福利和专项救助为辅助，建立完善与经济发展水平相适应的长效工作机制，逐步形成组织网络化、管理制度化、服务社会化、保障法制化的社会保障体系，切实做到困有所济、老有所养、弱有所助、病有所医、灾有所救，全面提高我区城乡社会保障水平。

二、主要任务

（一）坚持规范管理，抓好城乡最低生活保障工作

1. 规范低保对象认定程序。严格执行全市城乡最低生活保障（以下简称“低保”）标准和低保对象认定细则，规范申请、评议、审核程序，按家庭实际可支配收入核定低保对象，将符合条件的城乡居民纳入最低保障范围，按时足额发放低保金；强化区民政部门、街道办事处（镇）两级评审机制，加强工商、劳动就业等部门的沟通配合，准确计算、综合评估申请低保待遇的家庭实际收入，规范低保认定程序，确保应保尽保。

2. 实行低保对象动态管理。搞好最低生活保障与失业保险制度的衔接，对符合条件的下岗失业职工及其家庭，及时纳入最低生活保障范围。坚持公正、公开、公平原则，定期开展社区公示和复查，发挥职能部门、街道社区和社会各界的监督作用，及时掌握低保家庭收入变化情况，按规定进行续保或清退。

3. 提高综合保障水平。进一步完善最低生活保障制度，做到工作管理程序化、投放资金社会化，增强保障救助的针对性、实效性。不断加大对低保对象的就业、教育、医疗等救助，加大临时性、社会性救助力度，提高综合保障水平。

（二）落实投入保障，实施“三无”和“五保”对象集中供养

1. 加强供养设施建设。认真落实民政扶持和社会福利事业发展的政策规定，研究制定老年公寓、敬老院的发展目标和规划，并纳入全区经济社会发展总体规划。积极争取市财政专项补助，加大有效投入，加快相关设施建设步伐。努力创新运作模式，拓宽运营思路，提供优惠政策，创造有利条件，采取定向捐赠、挂牌命名、代理服务等方式，增加社会资金来源，更加广泛地吸引社会力量参与设施建设和管理服务。

2. 落实集中供养政策。坚持自愿参加原则，按照规定供养标准，完善配套服务管理，有计划地实施“五保”对象集中供养。对不愿进敬老院或不适合集体生活的农村“五保”对象，由所在镇、村与个人签订供养协议，落实供养经费和照料人，保证分散供养人员得到较好的生活保障。对我区“三无”对象加大社区服务力度，重点抓好医疗、餐饮等服务，倡导开展定点帮扶、结对认养等慈善义助活动，保障其基本生活。

区、镇两级财政和村集体，按适当比例承担农村“五保”供养资金，逐步由集体供养向财政供养过渡。根据区财政增长情况，不断增加城区“三无”对象供养经费。定期公布收支情况，推进阳光操作，提高集中供养的社会关注度和公信度。

（三）加大工作力度，扩大社会基本保险覆盖面

1. 推进社会保险全面发展。坚持统筹兼顾、均衡协调的原则，全面推进城镇职工基本医疗、养老、工伤、失业和生育保险，积极推行“五险合一、一票征缴”方式，区劳动和社会保障部门要切实加强政策宣传咨询、信息采集工作，认真办理项目登记、申请受

理、初审报批、注销勘误、挂失补办等相关手续，为辖区灵活就业、社会退休、企业在职职工等各类参保人员提供周到细致的服务、系统完备的管理，提高广大参保群众的满意度、信任度。

2. 扩大社会养老保险覆盖面。坚持数量和质量并重方针，以辖区个体工商户、自由职业者和灵活就业人员为重点，宣传、引导他们树立长远观念，依法参加社会养老保险。进一步加大基金征缴稽查力度，强化扩面征缴的目标责任机制、部门联动机制、激励约束机制和监察监督机制，集中力量，抓住重点，突破难点，做到扩进来、留得住、缴得上，实现应收尽收。

3. 加大执法监督力度。劳动监察机构要严格执行国务院《劳动保障监察条例》，对各类用人单位制定内部劳保规章制度、支付劳动者工资和执行最低工资标准、参加各项社会保险和缴纳社会保险费等情况，加强重点执法监督，切实保护劳动者的合法权益，为扩大社会保险覆盖面提供有力的法制保障。

（四）拓展工作途径，搞好就业再就业援助工作

1. 拓宽就业渠道。以开辟、新增就业岗位为重要途径，继续采取政府购买公益岗位等有效办法，优先帮助“4050”就业困难人员实现再就业。大力开发社区服务岗位，增加社区就业安置，实现扩大社区就业再就业和发展社区服务的“双促进”。立足当前，着眼长远，积极探索促进就业再就业的长效机制，鼓励、引导失业人员多渠道就业。调整财政支出结构，确保就业再就业资金的有效投入。

2. 搞好指导帮扶。区劳动就业部门和街道（镇）劳动保障服务机构，要认真做好职业介绍服务和管理工作，开展多种形式的就业技能培训，提高就业指导培训水平，努力扩大辖区内农村转移人员就业安置面，为符合帮扶条件的下岗失业人员办理小额贷款，帮助他们自我就业、自主创业。

3. 加强培训机构建设。按照“条件公开、申请自愿、公平竞争、合理布局、择优认定”的原则，结合再就业工作实际，按照培训质量高、社会信誉好的标准，由区劳动就业管理部门认定申报一批再就业培训定点机构，帮助下岗失业人员就地就近参加培训。加强对定点机构的跟进管理、指导和服务，实行培训经费补贴与再就业效果直接挂钩的激励机制，确保培训效果，增强经费使用的合理性。

（五）立足区情实际，探索失地人员养老保障新途径

1. 抓好自我保障。适应城乡一体化发展形势，对近郊农村因建设征地出现的失地人员，加大政策宣传力度，鼓励、引导他们参加社会养老保险，扩大农村养老保障覆盖面。在集体经济条件允许的村，可试行村民退休金制度，为农村贫困家庭发放最低生活补助，提高农村养老保障整体水平。

2. 完善配套设施。区劳动和社会保障、财政、国土资源、民政、公安、农业等部门和有关办镇，要加强相关政策的研究，积极借鉴外地失业人员养老保障工作的好的经验和做法，制定稳妥有效、切实可行的保障办法和实施计划，健全工作制度，规范管理服务，合力推进失地人员保障工作。

（六）健全配套政策，推进新型农村合作医疗工作进程

1. 构建农村合作医疗体系。统筹城乡公共卫生事业发展，坚持政府组织引导、农民自愿参加、多方筹集资金和保障适度的原则，实行农民个人缴费、政府资助和社会扶持相

结合的筹资机制，建立健全大病统筹、医疗救助和医疗服务三大体系。建立农村合作医疗专项资金，实行专户管理、专款专用。有条件的镇、村应对本地新型农村合作医疗工作给予适当扶持。鼓励社会各界自愿捐助，拓宽筹资渠道。对农村贫困家庭、“五保”供养对象和重点优抚对象，由民政部门救助其参加合作医疗；对符合政策规定的大病救助对象，由民政部门负责提供医疗专项救助。

2. 改善农村卫生服务条件。对镇、村卫生服务设施升级改造进行全面规划定位，纳入全区经济社会发展总体规划，加大政策和财政支持力度，按标准建成集基本医疗、预防、保健、康复、健康教育和计划生育技术指导“六位一体”的综合服务机构，为农民提供方便、优质、廉价的卫生服务。

三、保障措施

（一）加强组织领导

社会保障工作由区社区建设领导小组统一领导。区社区建设办公室负责具体指导协调、工作调度和监督审查。

区劳动保障（就业办）、民政、财政、卫生、教育、残联、总工会、慈善总会和红十字会等部门机构，要健全工作机制，规范工作程序，各负其责，各尽其能，加强业务指导，抓好工作落实。各街道（镇）要成立专门领导机构，负责本辖区的社会保障工作。街道（镇）劳动保障服务中心和社区事务受理中心，要切实发挥基础平台功能，积极承办、认真落实辖区各项保障工作。要进一步充实保障工作队伍，明确专人负责，提升工作效能。要充分发挥区政务中心、社区服务中心、星光老年福利服务站、社区卫生服务中心等服务平台的作用，不断完善保障管理网络，形成配合联动机制，实现资源共享、效益叠加。

（二）完善投入机制

认真执行上级有关政策规定，根据区财政增长情况，逐年提高对社会保障的支出比重。鼓励社会组织和个人为社会救助提供捐赠、资助，确保所提供的捐赠资助全部用于社会保障和救助。重视对社会保障资金和救助资金的管理，强化收支两条线管理，加强监督、检查和审计，确保救助资金按规定支出，专款专用。不断改进救助方式，有效防止救助资金的重复投入和多头使用。

（三）推进规范化建设

坚持公开告知和张榜公示等有效做法，依法加强对保障对象从事公益性社区服务劳动的管理，完善各项保障工作程序，制定具体管理办法，形成配套保障措施。搞好保障工作的对上衔接、横向协作和对下指导，实现有机联动，努力开创全区社会保障工作的新局面。

索 引

本索引设条目索引、表格索引、人物索引三部分。条目索引按目编制。条目索引按词题的首字拼音声母顺序排列，表格索引以在本志中页码先后排列，人物索引按姓氏笔划排列。

条目索引

B

C

D

F

G

H

J

K

L

M

N

P

Q

R

S

T

W

表格索引

人物索引

编后记

《济南市市中区志（1991—2006）》是对1997年版《市中区志》的续修。编纂工作自2007年上半年开始，于2017年下半年交付出版，历时10年，数易其稿，大致经历五个阶段。

一、筹备启动阶段。2007年上半年，区史志办开始拟定篇目大纲，进入前期准备阶段。11月上旬，篇目大纲拟定完成。11月29日，召开《济南市市中区志（1991—2006）》编修工作动员大会，各街镇、区直部门分管领导与撰稿人参加会议。区委副书记、区长苏维泉作动员讲话，副区长谢兆村安排部署区志编修工作，市史志办主任袁淑玲到会讲话，区委副书记王铁志出席会议。会议下发市中区委、区政府《关于开展〈济南市市中区志（1991—2006）〉编纂工作的通知》《济南市市中区志（1991—2006）》编纂工作实施方案及篇目设置、撰稿分工。

二、初稿编写阶段。2008年6月，区史志办邀请市史志办业务专家对全区113个承编单位的编修人员进行培训，印发《济南市市中区志（1991—2006）》篇目大纲、区志编纂行文规范等相关培训材料。市史志办业务专家就区志编纂基本概念、基本理论、基本要求进行授课辅导。经过2天学习，与会人员初步熟悉了资料收集、整理、编写的基本方法。2009年5—7月，区史志办分批召开承编单位修志工作调度会，听取撰稿人汇报各篇目撰写进度及撰写过程中遇到的问题，讲评、指导如何撰写稿件，解决遇到的具体问题，使大家明确写作思路。调度会后，编发会议通报，就第一阶段各单位编写工作情况进行总结，表扬先进，鞭策后进，督促各单位按时完成任务。2009年年底，除部分驻区省、市单位及金融单位稿件未完成征集外，其他单位全部完成第一轮编写，共计113份。

三、编纂阶段。2010年转入分编阶段后，修志工作采取分工负责、集体研讨、上下协作相结合的工作模式进行修改定稿。在工作方法上，一是定期召集工作进度和业务讲评会，听取各分管编辑汇报修改稿件情况，集体讨论修改过程中遇到的疑难问题，明确修改工作思路。二是以优秀志书为样板，提高编辑人员的编纂能力。修志人员普遍比较年轻，又是第一次担负编修任务，要想尽快成为行家里手，必须先学一步，方能指导各单位的志稿编写工作。为此，我们从近几年国内出版的优秀志书中汲取长处，为我所用，先后选取《邗江县志》《宁阳县志》《历城区志》做为样本，择其相关篇章，悉心研究，以突出地方特色与时代特色为目标，确立审稿、改稿思路。三是加强与参编单位联系，保持修志工作的连续性。《济南市市中区志（1991—2006）》时间断限为16年，编纂周期较长，初稿编写完成后，各单位的撰稿人员因种种原因大多不再负责修志工作，给后续修改工作带来许多不便。为了确保编纂工作的连续性，区史志办各分管编辑加强与接手的撰稿人沟通，使他们尽快熟悉情况，跟上修志的步伐，把该补充的资料补充上来。四是组织编纂人员积极参加省市史志部门举办的业务培训，全面提高志办工作人员的业务素质。二轮修志开展以来，全办人员每年参加各类培训的时间均在7天以上。五是强化质量标准，明确重要数据必须以统计年鉴为准，重要事件须出自档案资料及党委工作和政府工作报告。

四、统编总纂阶段。2015—2016年进入全面统编阶段，在市史志办专家组的帮助下，对志书篇目做了进一步调整，同时，增加驻区公用事业、金融单位等方面的内容，严格按照志书体例进行内容修改。2016年5月后，史志办调整了工作思路，调动全办人员的工作积极性，对现有的全部资料进行了系统梳理，了解掌握修志工作的实际进度。具体工作中，主要采取了三项措施。一是将现有资料按篇、章、节，形成了电子版的资料长编，共分为25篇，使志稿一目了然。二是对框架结构不合理、内容缺项的稿件，有针对性地采取填空的方式，发回到原单位做进一步补充资料，提高了资料的可用性。三是对全体工作人员进行了分工，实行分篇包干，每人负责部分篇目，做到责任到人，加快了修志进度。8月份形成统编初稿，交由市史志办专家组初审，根据专家组的初审意见，区史志办对统编初稿进行二次修改，形成比较规范的区志样稿。在志稿统编后期，省史志办李刚处长，市史志办丁爱军处长、庞新华副处长及历城区史志办蒋慧副主任等兄弟区（县）的专家组成员，对市中区志修改工作提出许多建设性意见，对志书样稿的最后形成起到了重要作用。

五、评审定稿阶段。2017年1月，召开志稿评审会。省、市史志部门十分重视，省政府办公厅党组成员、省史志办主任刘爱军，省史志办副主任翟世林，济南市副市长巩宪群，市政府副秘书长韩振国，市史志办主任翟旭东，副巡视员张云雷等亲临评审会指导，省、市地方志评审工作专家组及区史志办全体人员参加评审会。副区长李咸梁汇报了市中区史志工作，省、市领导对《济南市市中区志（1991—2006）》评审稿的完成给予鼓励和肯定，对做好下一步工作提出具体要求。省、市专家组成员按照地方志编纂规范，进行认真细致的评议，提出了中肯的修改建议。评议会后，区史志办根据评审专家意见，从区情出发，进一步拓宽视野，补充相应内容，精化细化文字、数据，强化各篇目的有机统一，同时抓好入志照片的搜集整理工作，于2017年上半年完成修改任务，形成终审稿，呈报市史志编纂委员会，同时送方志出版社。根据市史志编纂委员会、方志出版社审稿意见，再次对志稿进行完善提高，最终定稿付梓。

《济南市市中区志（1991—2006）》编纂几经曲折，最终得以完成，113个参编单位和撰稿人为之倾注了心血，区统计局、档案局是资料数据的主要提供单位，承担全区各参编单位的查阅任务，他们不厌其烦、认真负责，为确保历史资料的完整真实做出了艰辛努力。由于编纂时间跨度长，工作连续性强，大部分撰稿人因种种原因发生工作变动，新上来的人员不因工作生疏而畏难，认真按照要求修改，接力做好编修工作，表现出了良好的敬业精神。

在整个编纂过程中，区委、区政府领导始终关注编修进程，经常询问存在的困难并及时予以解决；省、市史志办给予倾力支持，省、市专家组悉心帮助指导。在此，谨向所有关心支持区志编修工作的领导和同仁表示最诚挚的感谢！

编　者

2017年7月